湖北省地名志丛书
HUBEISHENG DIMINGZHI CONGSHU

安陆市地名志

ANLUSHI DIMINGZHI

《安陆市地名志》编纂委员会
安　陆　市　民　政　局　编纂

WUHAN UNIVERSITY PRESS
武汉大学出版社

图书在版编目(CIP)数据

安陆市地名志/安陆市地名志编纂委员会,安陆市民政局编纂．—武汉:武汉大学出版社,2021.12
湖北省地名志丛书
ISBN 978-7-307-22593-0

Ⅰ.安…　Ⅱ.①安…　②安……　Ⅲ.地名—安陆市　Ⅳ.K926.33

中国版本图书馆 CIP 数据核字(2021)第 196629 号

责任编辑:詹　蜜　　责任校对:汪欣怡　　版式设计:马　佳

出版发行:**武汉大学出版社**　(430072　武昌　珞珈山)
(电子邮箱:cbs22@ whu.edu.cn 网址:www.wdp.com.cn)
印刷:湖北金海印务有限公司
开本:880×1230　1/16　印张:88.25　字数:2256 千字　插页:24
版次:2021 年 12 月第 1 版　　2021 年 12 月第 1 次印刷
ISBN 978-7-307-22593-0　　定价:580.00 元

《安陆市地名志》编纂委员会

名誉主任：李先乔

主　　任：胡明刚

副 主 任：黄　炜　罗　旋　徐落成　刘敦锋
　　　　　刘小贵　杨伦鉴

委　　员：（按姓氏笔画排列）

万东平　王安林　王永波　方升平
田林舟　朱绍斌　朱　毅　刘小贵
刘章彬　刘敦锋　孙小明　谷克忠
李儒智　吴红俊　吴大斌　辛润敏
余雪琴　余雯黎　张金昌　陈继波
严　浩　罗　浩　罗　旋　杨伦鉴
周耀清　胡日新　胡亚强　胡明刚
段亦乐　费智坤　高建新　徐落成
殷　磊　章亚东　黄　炜　黄胜强
黄海波　萧成强　董　琴　董　磊
廖峰海

主　　编：胡日新

副 主 编：王安林　萧成强　辛润敏　张金昌
　　　　　谷克忠

安陆市行

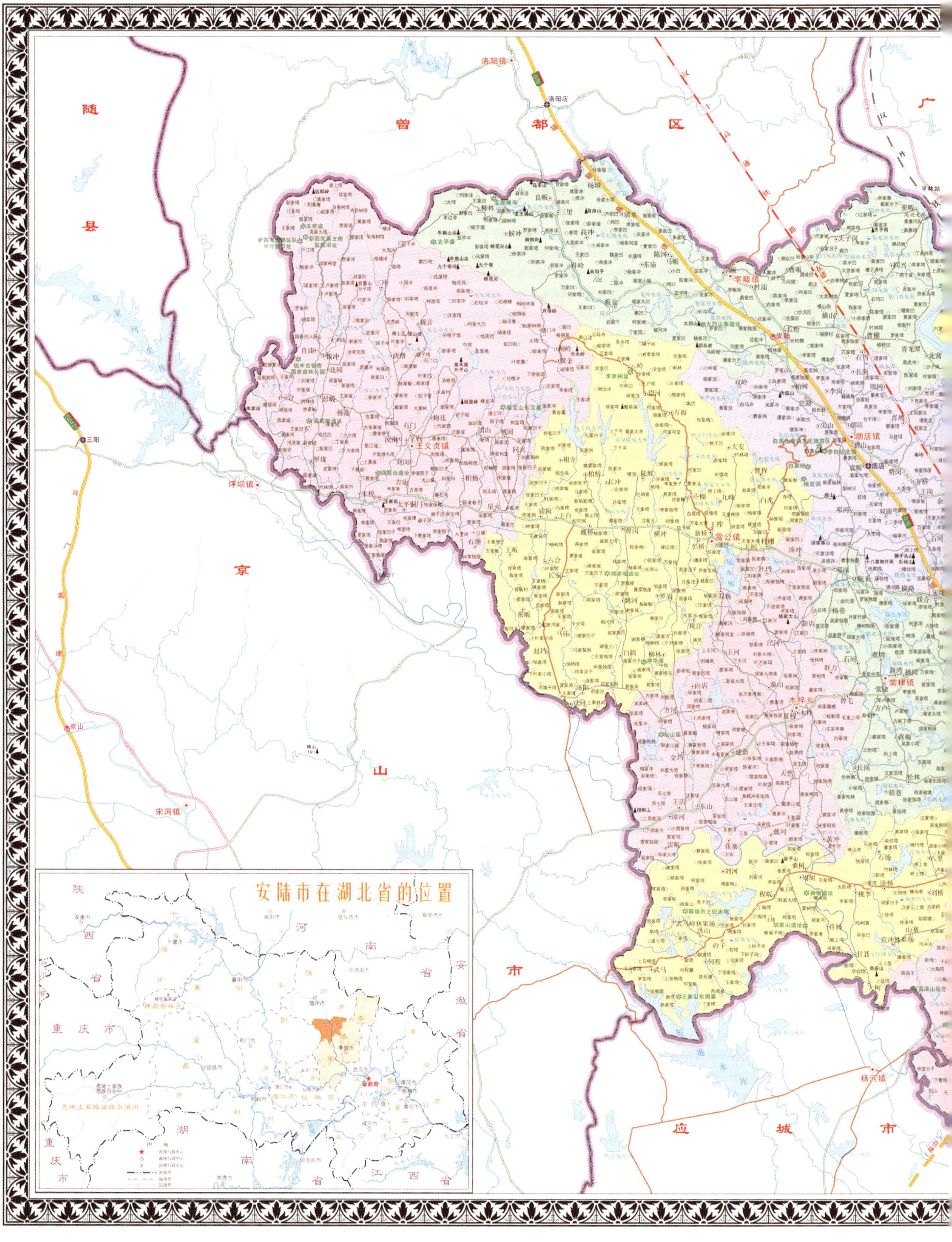

随县
曾都区
广
京山市
应城市
洛阳镇
洛阳店
三阳
坪坝镇
京山
宋河镇
杨河镇
李畈镇
安陆
烟店镇
王义贞镇
雷公镇
木梓乡
棠棣镇
安陆市在湖北省的位置
陕西省
河南省
安徽省
重庆市
湖南省
江西省

政区划图

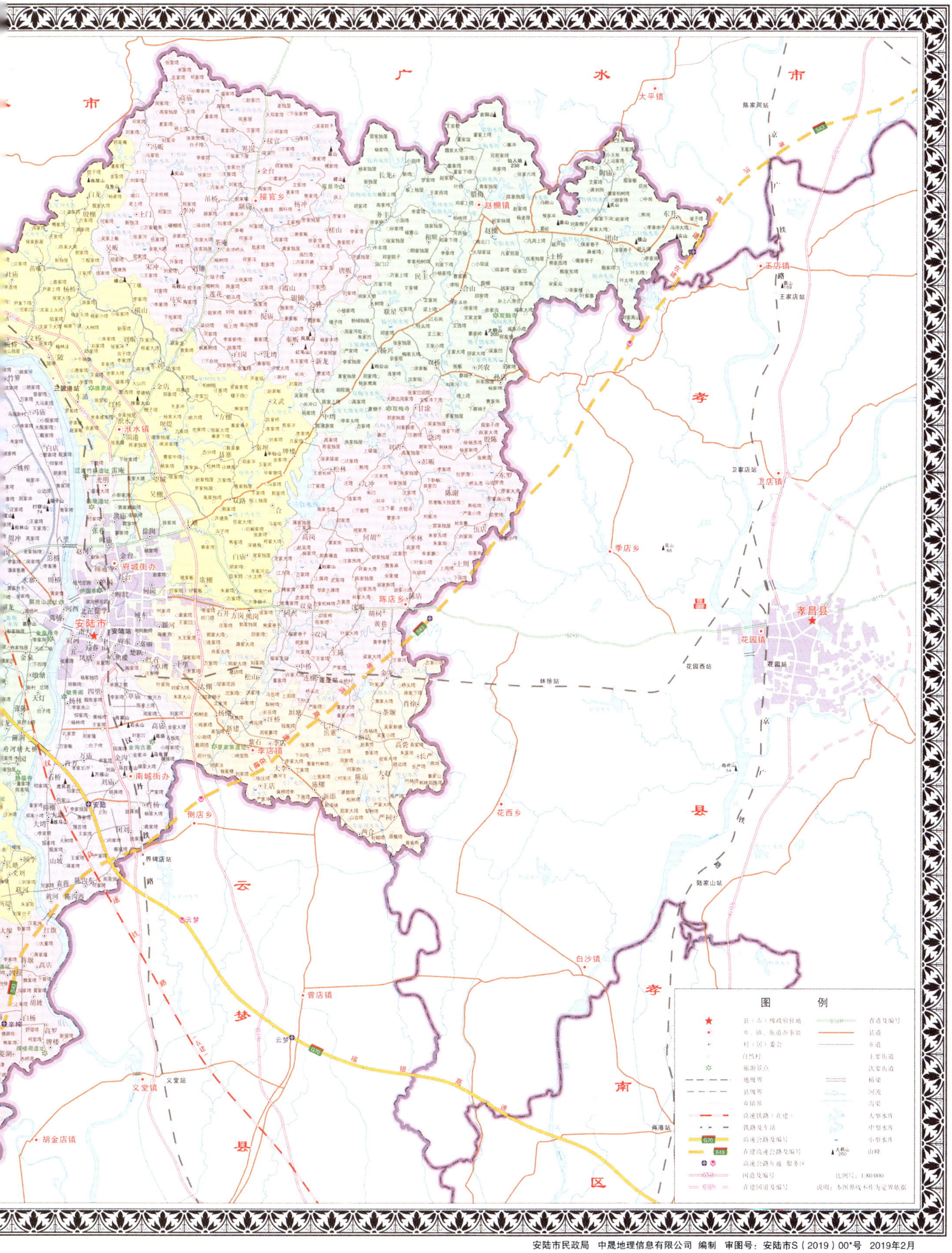

安陆市民政局 中晟地理信息有限公司 编制 审图号：安陆市S（2019）00*号 2019年2月

1. 安陆行政地图

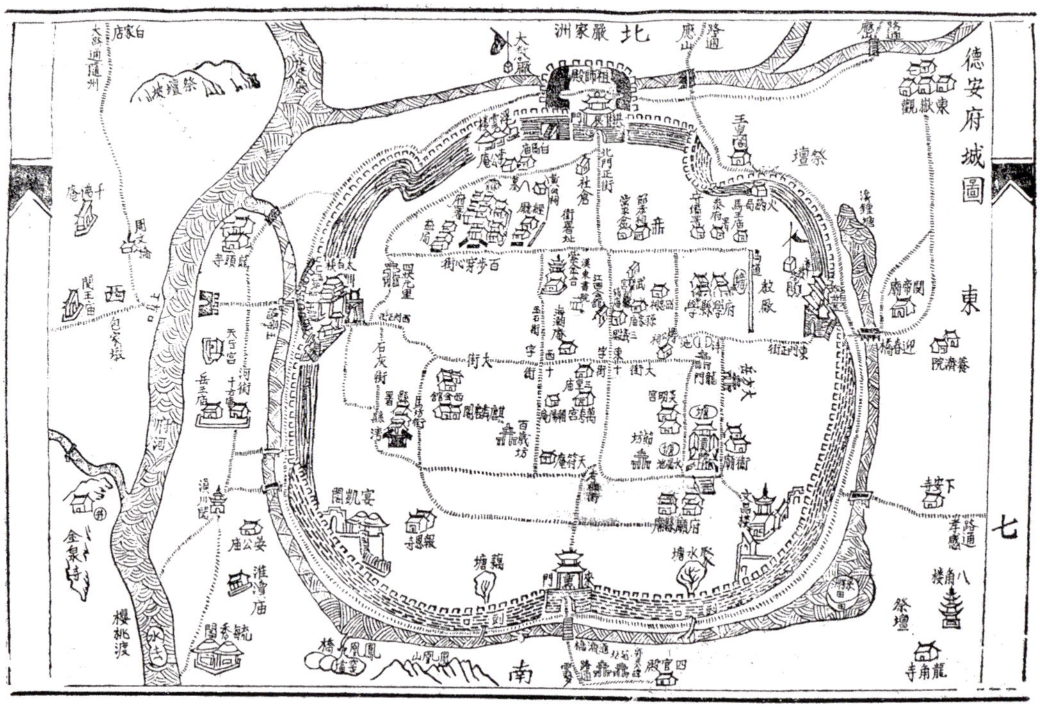

光绪十四年德安府城图

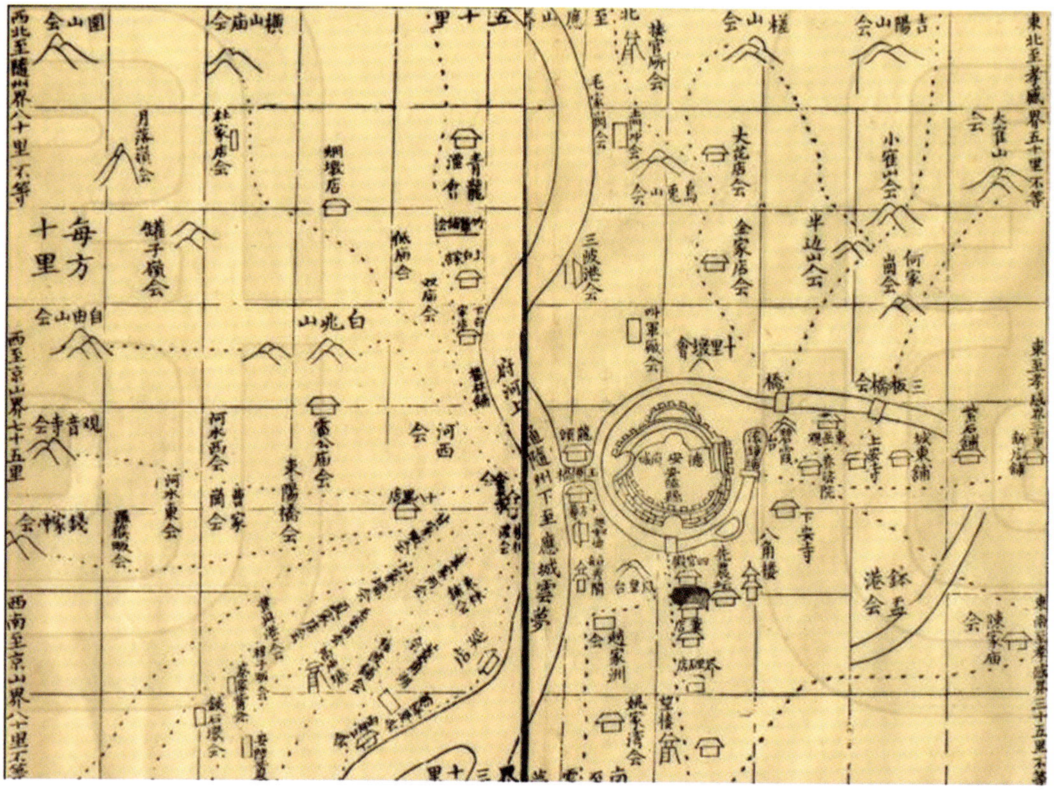

清代安陆地图

（1942年）安陆县行政区划示意图

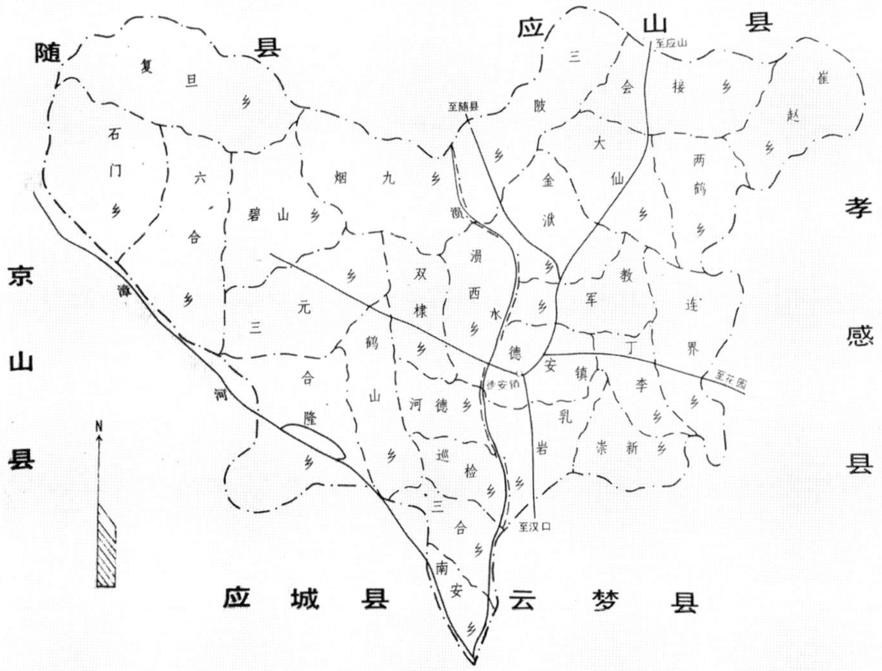

1942年安陆县行政区

（1946年）安陆县行政区划示意图

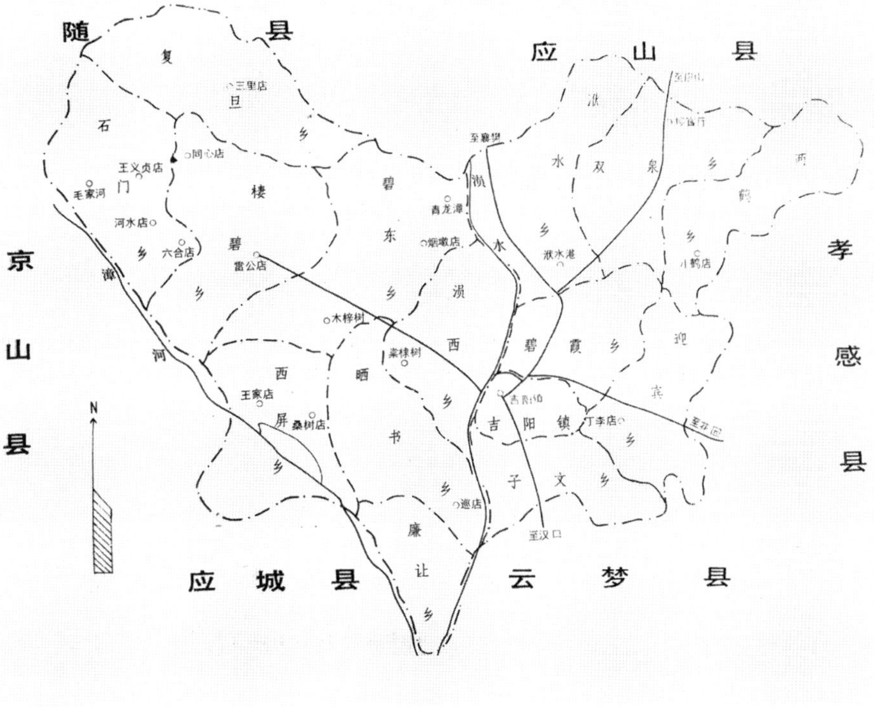

1946年安陆县行政区

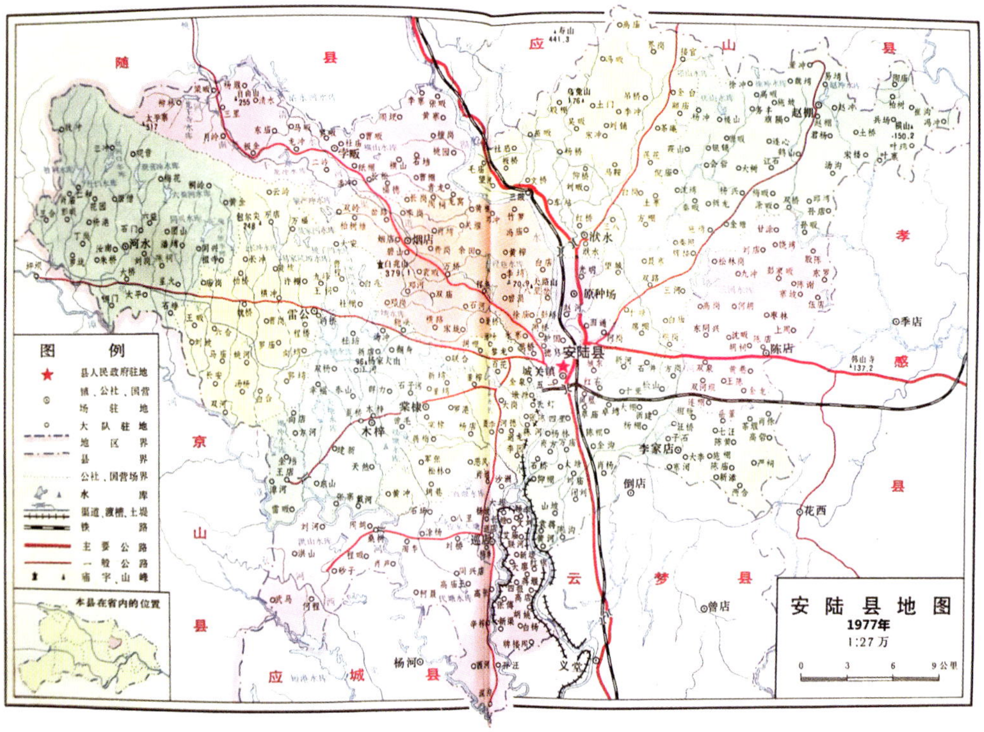

20世纪70年代安陆县行政区划图

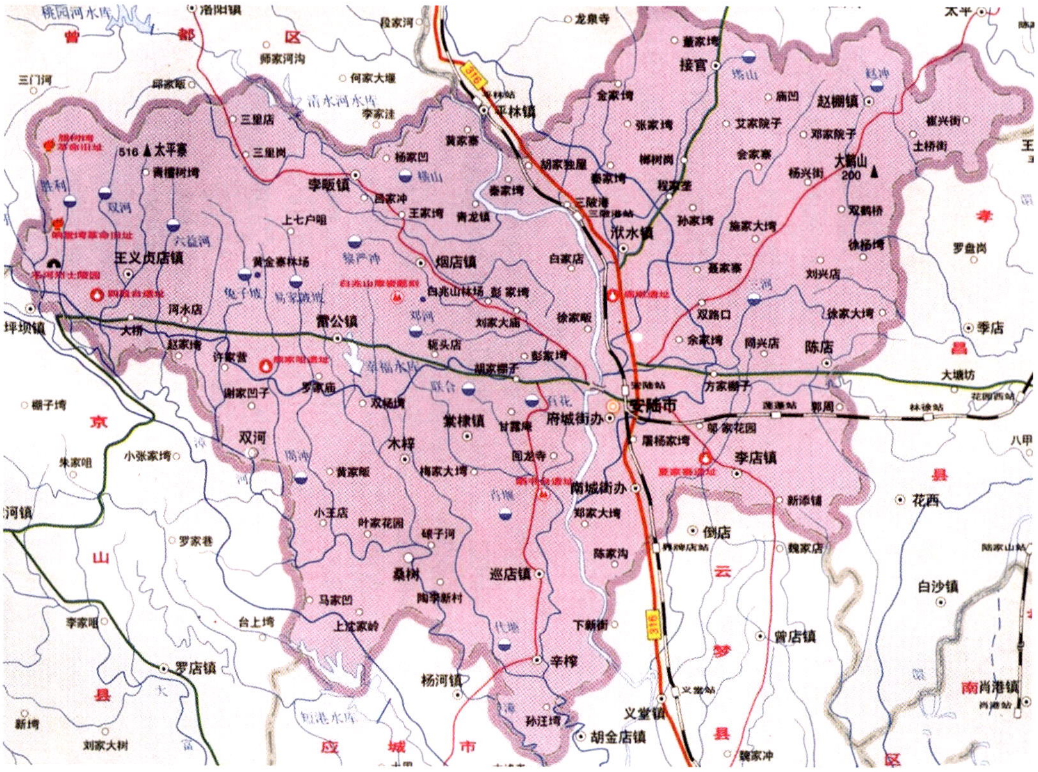

20世纪80年代安陆县行政区划图

安陆市王义贞镇

安陆市孛畈镇

美丽的洑水镇

安陆市陈店乡

安陆市辛榨乡

安陆市木梓乡

20世纪90年代末涢水西岸看安陆城

当今涢水西岸看安陆城

清末正街（中山街）

当今中山街

清代的考棚街，民国的南大街

当今的德安中路（昔日的考棚街、南大街）

北河街

西门河街

巡店老街

烟店老街

三陂老街

青龙老街

4.交 通

当今的安陆火车站

20世纪安陆火车站站台

高速公路安陆市南城收费站

高速公路烟店收费站

20世纪70年代府河大桥

当今的府河大桥

20世纪60年代府河老汽渡

当今府河老汽渡码头遗址

1933年东道街与龙门街相交路口

当今碧涢路（东道街）与龙门路相交路口

20世纪80年代的新大街（碧涢路）

当今碧涢路老城区段（东道街与西道街）

20世纪90年代碧涢路与德安中路相交十字路口

当今碧涢路与德安中路相交十字路口

20世纪末的汉丹路

当今汉丹路

20世纪80年代开辟古代塔尔岗修建316国道（太白大道）

当今太白大道（古塔尔岗段）

20世纪末太白大道与碧霞路相交路口

当今太白大道与碧霞路相交路口

20世纪末南城涢水路

当今涢水路

20世纪中期紫金路粮机厂宿舍段

当今紫金路（原粮机厂宿舍段）

5. 山 丘

4A级风景区白兆山

安陆最高峰太平寨

虎乳岩龙生虎养斗子文

国家古银杏森林公园

6. 纪念地、广场、公园

早期环交大转盘

肖台环交绿化广场（大转盘）

清末考棚街考棚场（当今太白广场）

安陆市太白广场（原体育场）

上埠口遗址

安陆市河滨公园

江家竹林东周时期遗址

安陆市李店夏家寨新石器时代遗址

新四军第五师建军纪念地安陆市王义贞镇彭家祠堂

赵家棚抗日烈士纪念碑

新四军第五师医院旧址

高庙山抗日烈士纪念碑

7. 水 利

1952年县政府领导兴建的中华人民共和国成立后安陆第一座水库曹程水库

棠棣水库

郑河水库

赵棚水库

20世纪修建河滨大堤前的府河东岸

修建河滨大堤后的府河东岸

1975年兴建八里泵站

杨堰村狮子头渡槽

府河解放山大坝

府河毓秀阁橡胶坝

8. 教　育

1910年位于县校场的湖北安陆县立高等小学堂教室

1946—1969年的安一中（原县立高等小学堂）

20世纪七八十年代位于凤凰山的安一中

当今位于太白大道的安陆第一高级中学（局部）

9. 卫 生

20世纪50年代位于龙门路的普爱医院

20世纪90年代位于新大街的普爱医院

21世纪初位于碧涢路（新大街）的普爱医院

当今位于太白大道的普爱医院

湖北省非物质文化遗产汉东书院的传说

建于乾隆三十七年的汉东书院

湖北省非物质文化遗产李白在安陆的传说

湖北省非物质文化遗产麒狮舞

湖北省非物质文化遗产大唐竹马

湖北省非物质文化遗产安陆市松花皮蛋

20世纪30年代26军拍摄的资生门（东门）

清末德安府阜成门（西门）

清末德安府来薰门（南门）

残存的东门城墙横截面

残存的阜成门月城城墙

清末安陆拱辰门（北门月城）

曾经位于大凹山的李白纪念馆

曾经位于大凹山的李白纪念馆

曾经的唐宋名楼浮云楼

曾经的皮影馆

全国第二届农运会开幕式（曾经的河西体育场）

曾经的礼堂电影院

曾经的粮食部东方红粮机厂

曾经的安陆毛纺厂

曾经的安陆卫校

曾经的湖北铝厂

曾经的孝感化肥厂

曾经的孝感水泥厂

曾经的羊毛衫厂

曾经的益力矿泉水（湖北）有限公司

前　　言

安陆是历史上的西周郧国，地处北纬31°，自古就是人类生存发展的乐土。华中师范大学历史文化学院原院长王玉德教授道论安陆历史说：“安陆是有两三千年古文化底蕴的古县城，其历史还可上推到新石器时代的聚落时期。六千年前的安陆人与京山屈家岭人、天门石家河人、襄阳雕龙碑人都有亲缘关系，构成了鄂北云梦泽北沿的文化带，是文化的摇篮，文化的交融之地，在中华文明发生的历史中有极为重要的地位。”

安陆有2个街道办事处，1个经济开发区(省级)，9个镇和4个乡。截至2015年年底，这16个行政单位，辖398个行政村(社区)，3800多个居民点。

安陆有些区域的得名，明显带有古老的《周礼》特征。《周礼》“二十五家(冢)为一社，各树其土所宜之木”。周以封土为社，以树名为本社的标志。所以，安陆好多塆名具备封地特征，以树名而定地名，如柳林、松林、木梓树、柏树、栗树为塆名是典型的西周特征。

安陆有些区域的得名，以渡桥亭铺命名于路河，隐藏着古代的交通文明。公元前701年“蒲骚之战”以后，郧国沦落为楚国的附属国，楚国令尹斗子文(郧国出生)经常东出郧国，出使汉东其他国家，郧国乡民总到与贰国交界的一棵大桑树下迎接令尹子文回故里。后来，人们在此地盖凉亭，形成集镇，称为“接官亭”。

安陆有些区域的得名，以动物名称和方言命名，展现悠久的本土文化。楚人的图腾是凤凰，《方舆记》载：“晋永和中，凤将九子翔集安州之域。”《德安府志》载：“穆帝永和四年戊申，凤产江夏。”古传安陆城南的山有凤凰来栖，故名凤凰山。古郧国方言称老虎为“於菟”，故洑水镇有於菟山。

安陆有些区域的得名，以外族驻扎或移民命名，展现出安陆古人博大的包容胸怀。端平二年(1235年)，元太子孛儿只斤·阔端率蒙古大军由随枣大走廊南下，扎大本营于大洪山南麓的浅丘地带，“孛”字帅旗飘扬在这里，接纳八方难民，形成“孛畈”地名。

安陆有些区域的得名，以人名作地名，反映人们对人物的敬仰。春秋时期的安陆人斗子文，是楚国著名的政治家。在民国时期，安陆城以南、涢水以东的行政区域命名“子文乡”，其办公地点就在城南四里的毓秀阁。唐代李白在安陆生活十年，当今安陆最大的广场叫“太白广场”，安陆最长的道路叫“太白大道”。王义贞是一普通百姓，为穷人的利益打击嚣张跋扈的不法屠户，开店低价卖肉，深受百姓拥戴，人们将集市取名“王义贞店”。

安陆有些区域的得名，以建筑遗址命名，记忆着特有的时代文化。报恩寺小区因报恩寺而得名。报恩寺早已不在，但这个地名，不仅记载了报恩寺的地理位置所在，更重要的是承载了中国历史上明代一段特有的寺庙管理文化。

安陆有些区域的得名，以劳作群体命名，反映职业功能，方便信息交流。辛榨乡盛产油料作物，有辛姓人开榨坊榨油，便有了地名“辛家榨”。安陆城内有一条街古代专门从事石灰交易，一条街专门交易布匹，于是有了“石灰街”和“布市口”。这些以职业功能命名的地名，方便信息交流，同时也记载了一个时期劳作文明的发展。

安陆有些区域的得名，以地理地貌命名，反映出古代先民务农为本的思想意念，也反映出人们对大自然的热爱和崇尚劳动的审美观。古安陆城内有一条街弯弯的像犁辕，还有三条小街围成的一片地像鏊头，人们把它们分别取名“犁辕街”和“鏊头咀”。

安陆有些区域的得名，以兵事命名，牢记战争，保卫和平。古安陆城大小几十条街道，1948 年解放军解放安陆时，从北门的东北角破城而入，在城中心与国民党军展开巷战，西门的国民党军弃城而散，南门的国民党军溃败而逃，解放军乘胜前进。1952 年调整街名时，北门定为“解放街”，中心巷战的街道定名“胜利街”，西门定名“和平街”，南门定为“前进街”。这些地名告诉人们，牢记战争的残酷，珍惜美好的和平。

第一次全国地名普查是 1981 年，改革开放刚刚起步，首编的第一部《安陆县地名志》好多历史资料不便收录。为了防止许多历史资料淹没在历史的尘埃之中，第二次全国地名普查时，全市地名普查工作者的足迹遍布 16 个乡镇(街道、开发区)的 398 个行政村(社区)3800 多个居民点，尽可能地追溯地名历史起源，尽可能详细地记录每一个居民点。他们走村串户，废寝忘食，夜以继日，求真存史的精神和工作态度实在是难能可贵。

《安陆市地名志》于 2019 年年底编纂成功，由于全球性新冠肺炎疫情影响，暂未出版。此次经过整理，交付印刷出版。

凡　例

一、本志编纂的各种资料和数据采集截止于2015年年底。鉴于1980年全国第一次地名普查《安陆县地名志》收录的内容较简略，本次编纂尽可能追溯地名的起源及文化底蕴。

二、本志地名词条内容，来自全国第二次地名普查安陆市各街道、乡、镇、村上报并核实盖章认可的地名登记表。

三、本志的编排采用网状经纬式结构，篇章节目作为经线理清属性；各街道乡镇具体词条作为纬线并列编排。各行政区划按《中华人民共和国行政区划代码》排列顺序。

四、本志中所用纪年，公历的世纪、年代、年月日，中华民国纪年，中华人民共和国纪年均用阿拉伯数字书写。历代皇帝年号纪年换算成公元纪年(在括号中表示)。中华人民共和国的全称可用简称“共和国”，1949年以后称为“共和国诞生后”。

五、交通运输中公路部分只收录长度10千米以上的道路；河流长度少于5千米的不录。自然地理实体和水利建设中不录池塘。

六、本志地名词条均按中国地名委员会《中国地名汉语拼音字母拼写规则》附带汉语拼音。拼音注写方式分专名和通名，最基层的地名拼写一般不分专名和通名，拼写中若有分列的情况予以保留。

七、本志按现代汉语规范化格式书写，标点符号按2011年发布的《中华人民共和国国家标准——标点符号用法》(GB/T15834—2011)使用。

八、木志文字采用国家语言文字工作委员会1986年公布的《简化字总表》为准。特殊情况使用繁体或异体字。异形词用法参见教育部、国家语言文字工作委员会2002年发布试行的《第一批异形词整理表》。常用词语以《现代汉语词典(第6版)》(商务印书馆，2012年6月修订，第6版)为准。

九、本志中的面积及度量衡所用的单位，保持登记表中的原始单位计量，本志中不作换算。

十、本志中的行政区划图为全国第二次地名普查最新测量图。其他图片考虑到本志的截止日，均采用2015年年底以前的图片，图片下不注明摄影者或供图者。

目　　录

第一篇　总　　编

第二篇　政区聚落区片类地名

第三篇　城镇街巷

第四篇　交通运输类地名

第五篇　自然地理实体

第六篇　纪念地、名胜古迹类地名

第七篇　专业部门类地名

第八篇　地域特色品牌

第九篇　地名艺文选

附录篇

第一篇

DÌ YĪ PIĀN

总　编

ZǑNG BIĀN

ANLUSHI

DIMINGZHI

第一章　地名综述

第一节　政区概况

安陆市[Anlù Shì]，位于湖北省东北部，孝感市西北部，涢水中游。地理位置在东经113°19′~113°57′，北纬31°04′~31°29′。安陆市东邻孝昌县，南连云梦县、应城市，西接京山县，北靠随州市曾都区、随县和广水市，在湖北省省会武汉市的北方偏西。从城区沿316国道向东南行50千米至孝感市区，再南行66千米至武汉市。安陆市人民政府所在地在碧涢路210号。

安陆市东西最大纵距约61千米，南北最大跨度约46千米，版图如蝴蝶状，国土面积1355平方千米。2014年，全市辖府城、南城2个街道9个镇4个乡和1个经济开发区。域内有12个民族，20.23万户，62.32万人。其中，少数民族177人；非农业人口11.95万人，以汉族为主。全市农用地、建设用地、未利用地面积分别为143.22万亩、22.09万亩、37.63万亩，占全市土地面积202.94万亩的70.57%、10.89%、18.54%。

第二节　历史沿革

夏、商时代，天下分九州，安陆属古荆州之域。周为郧子国。春秋战国时期，安陆为楚国属县，秦统一天下后，分楚为4郡，安陆为南郡之地。高帝六年(前201年)，汉分南郡置江夏郡，取汉水与夏(沔)水在郡境汇合之意，安陆为江夏郡属县。汉之安陆县包括安陆、云梦、应城3县及汉川、孝感、黄陂、汉阳等县之各一部分。安陆古城因为是涢水流域最大的城，且在涢水中游，其别名被称为“涢城”，也叫“郧城”。

三国初期，安陆属吴，后属魏，隶江夏郡。两晋纷更，安陆皆为江夏郡治。惠帝永兴三年(306年)析出安陆东境设溳阳县(今黄陂地)。

南北朝时期，安陆先后隶郢州、司州、南司州。西魏大统十六年(550年)，南部析出置云梦县。南陈太建十二年(580年)改安陆郡置南司州，安陆为属县，后入北周。隋开皇三年(583年)，隋废郡，置郧州总管府，安陆古城在民间增添了别名"府城"。594年废郧州总管府，仍置安陆郡，治安陆，安陆为属县。大业二年(606年)，改京池县为吉阳县，不久省入安陆县。唐武德四午(621年)改安陆郡为安州，置总管府；624年改为大都督府。贞观元年(627年)安州隶淮南道，629年罢都督府。以后寻复寻罢。开元年间，安陆仍置都督府。天宝元年(742年)改安州为安陆郡，置都督府。乾元元年(758年)复为安州都督府。贞元三年(787年)安州隶山南东道。

五代后梁，安陆置宣威军，置节度使。后唐更名安远军节度使。后晋又罢军为防御州，后又复为安远军。后汉仍为安远军。后周显德元年(954年)复罢军为防御州。宋建隆元年(960年)复为安远军节度使，隶荆湖北路。天圣六年(1028年)隶京西路。庆历元年(1041年)还隶荆湖北路。宣和元年(1119年)升州为府，于安陆置德安府。德安府领安陆、应城、孝感、应山、云梦5县。南宋高宗建炎四年(1130年)，安陆为德安府汉阳镇抚使治所。绍兴三年(1133年)德安府仍隶荆湖北路，治安陆。咸淳七年(1271年)德安府徙治汉阳城头山，安陆县治随之侨置。元至元十三年(1276年)安陆仍为德安府治，隶荆湖北道宣慰司。1278年，析应山县隶随州，府领四县，即安陆、孝感、应城、云梦，州领二县，即随县、应山县。1281年罢宣慰司，德安府直隶鄂州行省，为散府。1293年改隶黄州路，后复隶湖北道宣慰司。

明洪武元年(1368年)，安陆县属德安府，其时，德安府领安陆、孝感、云梦、应城、应山、随州，隶湖广行省。洪武九年(1376年)降德安府为州，隶黄州府，11月属武昌府。1380年复升为府，治安陆，隶湖广布政使司武昌道。1391年改属河南布政使司，未久还属湖广布政使司。万历三十六年(1608年)隶荆西道。清康熙三年(1664年)，安陆为德安府治，属湖北布政使司，隶汉黄德道。孝感从德安府划出，德安府辖安陆、云梦、应城、应山四县和一州(随州)。

中华民国时期，1912年沿袭清制。1913年属湖北省江汉道。1928年裁道，安陆属湖北省直辖。1931年，全县辖26个乡镇253保。1932年属湖北省第五行政督察区。1934年，辖5区139保。1936年改属第三行政督察区。1937年辖3个区(城关、牌楼岗、雷公店)15个自治乡镇。1938年，县城被侵华日军占领，国民党县政府迁于三里店西北围岭的凌氏祠，后迁龙窝寺(1945年冬迁回县城)。1938年10月，安陆沦陷后，府河以西，建立中共京(山)安(陆)应(城)县委、中共安(陆)随(县)工作委员会。1940年春，二者合并为中共京(山)安(陆)县委，建立京(山)安(陆)县；安陆东北部为中共安北工作委员会，1942年8月，建立安(陆)应(山)县。1949年7月，安陆县人民政府成立，属孝感专区。1987年9月，撤销安陆县，建立安陆市。

第二章　境域变迁

第一节　地名的起源与境域变动

关于安陆的命名，历来众说纷纭：一是1935年《湖北县政概况》中说，安陆地势较高，县南古代为云梦泽，大概取义于“安于陆地”的意思。

二是1980年《江汉考古》载有《安陆考源》一文，认为安陆一名起源于公元前278年，秦将白起占领楚郢都后，安陆为秦、楚接壤处，秦人为巩固南方，必须加强前哨阵地防守，才能确保安全，于是将此地取名“安陆”。此说站不住脚，因为1986年荆门包山大冢出土的楚简记载了公元前322年左右的一宗民间官司，里面出现了安陆官员审理案件。安陆之名的出现比云梦出土的秦简记载和秦占郢都的时间要早半个世纪。

三是今人何光岳在《楚国灭国与移民》一文中说，公元前525年，晋国灭了陆浑这个地方，陆浑的移民逃奔楚国，被安置在郧国故地，于是这里便叫安陆，意为“安置陆人”的地方。《左传·昭公十七年》中说：“庚午，遂灭陆浑，数之以其贰于楚也。陆浑子奔楚，其众奔甘鹿”。这说明前人确有陆浑的遗民奔楚的记载。

第四个说法是战争得名。清道光二十三年《安陆县志》载：“郧子曾参与蓼六伐楚，而军蒲骚。”光绪十四年《德安府志》也载：“郧子会随蓼六伐楚而筑蒲骚。”蒲骚一战后，楚震慑安定了汉东六国。楚方言“六、陆”同音，“陆”又是“六”的大写，所以叫“安陆”。楚国是古代最早设县的国家，公元前740年就灭权国而设权县。公元前701年蒲骚之战郧国并于楚，后来演变为安陆县。

史志记载郧楚“地分东西”，郧国在东，楚国在西。古安陆的境域北与随曾贰接壤，东至府河流域，南达云梦泽，西边紧靠楚国。汉代之前县比郡的级别高，范围大。郧国被楚设为县后，疆域扩大，北含随国；东达黄国(今黄陂、大悟)；南吞整个云梦泽，至长江以南咸宁部分地区；西盖轸国至当今的天门、仙桃等地。

秦灭楚后，县郡倒置，郡的级别升高，范围开始扩大；县的级别降低，范围开始缩小。汉高祖六年(公元前 201 年），安陆分析设竟陵、云杜两县。西魏大统十六年（550 年），安陆又分出南部云梦泽设云梦县。晋惠帝永兴二年（305 年），安陆分出东部设滠阳县（黄陂县）。东晋析沙羡、安陆两县地复置沌阳县（今汉川县南）。南朝宋孝建元年（454 年），安陆分地置孝昌县（今孝感和孝昌县）。西魏大统十七年（551 年），废云杜县，其东部回归安陆，西部划入当今的京山县。此后历朝历代，安陆的地域变化大同小异。

第二节 地名形成的因素

安陆地处桐柏山、大洪山余脉的丘陵与江汉平原北部交会地带。地势北高南低，北部为丘陵岗地，占总面积的 90%；南部为河谷平原。最高点在市西北的太平寨，海拔 517. 2 米；最低点在辛榨乡的古周，海拔 31 米。境内有 21 座山峰。过境河流有府河及其主要支流漳河、清水河。府河，亦称涢水，全长 385 千米，自北向南贯穿市境中部，境内流程曲长 49. 7 千米。境内大小港溪 134 条，总长 749. 85 千米，分属府河、澴河两个流域。其中 10 千米以上流程小河 17 条。其他小水面塘堰、水库 3 万余处。

安陆属北亚热带季风气候。平均气温 15. 8℃，气温年较差 25. 2℃；年平均日照时数 1950. 2 小时，年平均无霜期 246 天；年均降水量 1135. 2 毫米。气候特征为春秋短、冬夏长，冬季盛行偏北风，夏季盛行偏南风，四季分明，雨热同期，日照和热量充足，属北亚热带季风气候区，兼有南北气候特点。

安陆森林资源主要分布在西北部和东北部，属北亚热带常绿、落叶与阔叶混交林带。林木树有 68 科、146 属、240 种。2000 年全市有林地面积 54. 02 万亩，活立木总蓄积量 79. 02 万立方米。森林覆盖率 26. 5%。境内有中原地区罕见的古银杏群落，有银杏大树 2. 9 万株。其中，千年以上的 59 株，百年以上的 4673 株。据专家论证，安陆银杏群落呈“半天然状态”，“其数量之多，年代之古老，实属少见”。

市域内已探明的金属、非金属矿产有 17 种，产地 32 处（不含铀矿 29 处）。其中，靠近仁和店附近铜矿的远景储量（D 级）被列入湖北省矿产储量平衡表；规模较大的有黄铁矿、铜矿、石煤等；有一定规格，质量好的有钒矿、重晶石矿和矿泉水。安陆矿泉水储量较为丰富，经地矿部、轻工部、卫生部专家鉴定，含有锶、硒、偏硅酸等 14 种有益人体的微量元素，具有促进新陈代谢、防癌的功能。

安陆土壤有 5 个土类、33 个土属、133 个土种。水稻土一、二级占 83%，旱地一、二级占 60. 1%。土壤酸碱度多为中性。中低产田面积 11. 36 万亩，占耕地面积的 21. 9%。由于实施配方施肥，改良土壤，土壤肥力得以提高。2000 年，土壤普遍缺氮、严重缺磷、部分缺钾的状况有所改变。

安陆是全国粮油机械、厨具、蛋品加工重要的工业生产基地，初步形成了以医药食品、金属制品、纺织服装、粮油机械为主的工业体系。2000 年，全市有乡镇企业 9524 家（规模企业 32 家），是 1978 年的 10. 3 倍。乡镇企业改制面达 100%（合作制 759 家、股份制 1465 家、个体 7300 家）；乡镇企业实现总产值 56. 74

亿元，实现营业收入52.4亿元，利税3.45亿元，分别比1978年增长3万倍、412倍和146倍。2011年5月25日，安陆市被中国农业机械工业协会授予“中国粮油机械之都”称号。

安陆有适宜的气候、肥沃的土地、辽阔的水面、繁盛的植被，农业生产条件优势比较明显。农业主要种植作物有水稻、小麦、棉花等；蔬菜(含瓜类)有30余种，以白花菜、南乡萝卜、吉阳大蒜、袁畈白藕及袁畈大椒驰名。畜牧养殖以猪、牛、鸡、鸭、蜂为主。水产传统养殖以青、草、鲢、鳙“四大家鱼”为主；特种养殖以珍珠、甲鱼和牛蛙为主。经济林木主要有板栗、桃、李等20余种。全市有入药植物504种，野生动物63种。安陆先后被国务院授予“全国优质米基地建设县”“粮食生产全国先进县市”“全国粮食生产大市”称号；被湖北省委、省政府确定为全省优质米建设基地、全省牧工商一体化改革试点县(市)、全省10个畜牧大县、实施秸秆养牛示范县市。

安陆交通四通八达。武襄高速铁路(汉丹铁路)、汉十高速公路、316国道纵贯南北，安花公路(S243)、安卫铁路横穿东西，并与京广铁路、京珠高速公路、“107”国道相连接。市政府所在地北220千米至襄阳，南110千米达武汉。安陆是武汉、襄阳、十堰的重要连接点，为随州曾侯乙编钟、襄阳古隆中、武当山和三峡旅游线路的必经之路。

安陆自古教育文化、医疗卫生发达，现有小学62所，初中21所，普通高中4所，中等职业学校3所。汉东书院(今紫金路小学)创建于乾隆三十二年，是湖北省有名的历史古校之一，汉东书院的传说被列入湖北省第四批非物质文化遗产保护名录。各类医疗机构36个，其中三级甲等医院2所，三级乙等综合医院3所，三级甲等专科医院1所。2000年，全市医疗卫生机构36个，2221人。1734名卫生技术人员中，正高级职称13人，副高级职称117人。实设病床987张，固定资产总值3292.22万元。爱国卫生运动扎实开展，卫生监督执法逐步加强，疾病控制效果明显。2000年，全市传染病发病率188.30/10万，实现基本消灭麻风病、丝虫病、头癣，基本控制疟疾及消除碘缺乏病的目标。

安陆境内主要风景区白兆山风景区，为国家4A级风景区。钱冲古银杏国家森林公园，为国家级森林公园。境内开辟有太白公园、李白纪念馆、安陆博物馆、白兆山祖师殿、钱冲革命旧址群及银杏观赏、赵家棚抗日烈士陵园、太平寨、金泉禅寺等旅游景点百余处，打造6条旅游线路。其中，钱冲古银杏生态旅游区，是全国现存的两大自然状态古银杏群落之一。太平寨旅游风景区有保存完好的原始森林群落，西晋张昌起义时构筑的古寨、石屋、古堡雄伟壮观，至今犹存。

面对安陆的灵山秀水，唐代大诗人李白有诗云：“桃花流水杳然去，别有天地非人间”。李白隐居安陆10年，以白兆山为活动中心，留下脍炙人口诗篇百余首。白兆山留有与李白有关的遗址、遗迹18处。因此，安陆被称为“李白故里”。历代游人士子、迁客骚人如杜牧、苏轼、欧阳修等涉足安陆，赋诗赞美。宋代范雍、元代贯云石、明代何迁等均有题咏白兆山的诗作。宋代安陆人李通儒有诗曰：“地势下临郧子国，山光遥射楚王城。唯有桃花岩上月，曾闻李白读书声。”安陆本土著名历史人物有斗子文、钟仪、黄香、郝处俊、许圉师、王世则、宋祁、宋庠、郑獬、赵复、陈学棻、张笃伦、耿伯钊、陈宧、耿丹、张国藩、池际尚、陈墨香、郭令智等。

安陆为全国著名的“漫画之乡”“足球之乡”“银杏之乡”“李白故里”。地方特色民间艺术有皮影、渔鼓、鼓书、善书、木雕等。市境历史文化遗址丰富，考古勘探发现，有新石器时代至战国时期的地下古文化遗址31处，古墓葬31处200余座，古建筑10处。其中3处遗址、遗迹于1981年被确定为全省第二批重点文物保护单位；14处遗址、遗迹于1982年被确定为安陆重点文物保护单位。从20世纪80年代初至2000年，市境出土、收藏文物4713件。其中，国家一级文物5件、二级文物20件、三级文物65件。

安陆有丰富的“红色”资源。1926年4月，中共党员周人杰(周继英)在县城成立中共安陆县城关支部，10月底成立中共安陆县委支部。在中国共产党的领导下，安陆人民在大革命、土地革命、抗日战争、解放战争时期进行艰苦卓绝的斗争。各个时期为革命牺牲留下姓名的烈士近千人。1939年5月9日，李先念率领新四军豫鄂独立游击大队从河南竹沟南下，到达安陆赵家棚后，在安陆进行了长达8年的革命活动。安陆全市有革命遗址30余处，革命纪念建筑物8处。其中，著名的有新四军第五师成立旧址白兆山西南的彭家祠堂，五师的司令部、政治部、后勤部旧址群钱冲，解放战争时期国民党破坏《停战协定》后国、共、美三方谈判旧址赵棚镇祝家独屋等10处被列为安陆重点文物保护单位。赵家棚抗日烈士陵园是湖北省爱国主义教育示范基地、重点烈士纪念建筑物保护单位。

第三节　地名形成的规律和特点

安陆乡镇村庄的地名形成基本上反映出历史的发展和地貌变化的规律。西部地名明显具备先秦“封社”为名的特征，南部和东部地名具备汉代以后的人文命名特征，记录了历史的发展脉络和地貌的变化。

安陆以植物命名的村塆绝大部分在西部和北部几个乡镇，带有明显的《周礼》封名特征。周礼封土为社，规定“二十五家(冢)为一社，各树其土所宜之木”，社民以树名为本社标志。《论语·八佾》亦有“夏后氏以松，殷人以柏，周人以栗”为本族社树的记载。安陆西部“松林陈”“柏树黄”“木梓树”“棠棣树”“银杏谷”“柳树塆”“柏树塆”“栗树塆”等居民点的名称由此而来。汉代，地名出现行政区划，社树后面加上族姓或区划，就是“松林陈”“栗树塆”。地貌变迁，涢水冲积平原形成，云梦泽泽水退位，移民越来越多，以姓氏命名的聚落就形成“占地加行政区划”的模式，即专名加上通名。所以东部和南部“张家塆”“李家塆”等命名居多。即使如此，西部还是保留了先秦命名特征。例如“孛畈”，虽然在元代得名，人们还是按古法取名，只是到了近代，才加了一个通名“店”或“镇”，成了“孛畈镇”。

从汉代起，安陆的行业开始分析，到了唐宋，盛行以行业命名聚落。例如竹箩铺，以竹篾为行业的聚落；课铃塆，以祭祀用具为行业的聚落；槽坊塆，以酿酒为行业的聚落。这些都是以行业为专名，后面加通名的命名方法。

安陆南部有个地名叫“深沟”，可以看出历史地貌的演变。深沟属于冲积平原，位于古代云梦泽北，於江(音 WūJiāng，即涢水)和漳水在此汇集回旋，形成一个个沙洲，沙洲之间多是深沟或深潭，现在虽为平原，但深沟之名却代代相传。这一带及周边民众至今把涢水叫“於江兜”或“乌江底儿”。安陆城古代“因岗为墉”“险不暇峻”，城内有“竹坞、峒、紫金”三座山，出南门有“凤凰山”。这些山在机械的威力下被推为平地，但“紫金路”“凤凰路”“凤凰社区”等地名显示了安陆的古地貌。

从纵向看，安陆地名基本上反映出历史的发展和地貌变化的规律，而从横向看，安陆地名有以下几个特点。

以地理地貌命名，反映人们对大自然的热爱和崇尚务农为本的审美观。例如古安陆城内有一条街弯弯的像犁辕，还有三条小路围成的一片地像鏊头，人们把它们分别取名“犁辕街”和“鏊头咀”。

以渡桥亭铺命名于路河，显示古代的驿道交通文明。公元前 701 年郧国并于楚后，斗子文经常到贰国办事，郧国乡民总是到两国交界的一棵大桑树下迎接令尹子文回故里。后来，人们在此地盖了凉亭，形成集镇，称为“接官亭”。

以建筑遗址命名于社区，记忆特有的时代文化。报恩寺小区因报恩寺而得名。报恩寺早已不在，但这个地名，不仅记载了报恩寺的地理位置所在，更重要的是承载了中国历史上明代特有的寺庙管理文化。

以驻军兵事命名，牢记战争，珍惜和平。古安陆城大小几十条街道，1948 年解放军解放安陆时，从城墙东北角破城而入，在城中心与国民党军展开巷战，西门的国民党军弃城而逃，南门的国民党军溃败而散。1951 年底调整街名时，北门定为解放街，中心巷战的街道定名胜利街，西门定名和平街，南门定为前进街。这些地名告诉人们，牢记战争的残酷，珍惜美好的和平。

以动物名称和方言命名，展现悠久的本土文化。楚人的图腾是凤凰，《方舆记》载：“晋永和中，凤将九子翔集安州之域。”《德安府志》载：“穆帝永和四年戊申，凤产江夏。”古传安陆城南的山有凤凰来栖，故名“凤凰山”“凤凰社区”。

以神仙和民间传说命名、表达对神灵的敬畏，祈盼安详。雷公店坐落在地势较高的山冈上，相传古时候经常发生雷电击人伤畜的事。当地百姓出钱出力出物资，在山顶建庙宇供奉雷公神像，祈盼雷公体谅民情。由于这座庙建在大路边，来敬香的人很多，生意因庙兴旺而成集镇，人们就把这个镇叫作雷公镇。

以外族驻扎或移民命名，展现安陆古人博大的胸怀。端平二年(1235 年)，元太子孛儿只斤·阔端率蒙古大军沿随枣大走廊南下，扎大本营于大洪山南麓的浅丘地带，“孛”字帅旗飘扬在这里，有了“孛畈”地名。

以封地、占据、家族姓氏命名，清楚地记载繁衍脉络。辛榨乡有四个塆分别叫“上徐”“中徐”“下徐”和“陈徐”。最早只有“上徐”在此繁衍生息，人口多了，将各分分出建新塆，清晰地记载了徐姓繁衍脉络。

以劳作群体命名，反映职业功能，方便信息交流。辛榨乡盛产油料作物，有辛姓人在此开榨坊榨油，便有了“辛家榨”。安陆城内有一条街古代专门从事石灰交易，一条街专门交易布匹，于是有了“石灰街”和“布市口”。这些以职业功能命名的地名，方便信息交流，同时也记载了一个时期的劳作文明发展。

以人名作地名，反映人们对人物品质的敬仰。春秋时期的安陆人斗子文，是楚国著名的政治家，民国时期，安陆城以南行政区域命名“子文乡”。唐代李白在安陆生活十年，当今安陆最大的广场叫“太白广场”，安陆最长的道路叫“太白大道”。王义贞是一普通百姓，为穷人的利益，打击不法屠户的嚣张跋扈，开店低价卖肉，深受百姓拥戴，民众将集市取名“王义贞店”。

以时代发展脉络取名，记录一段历史。1965 年，粮食工业部东方红粮机厂在废墟上建成，粮机厂改制后，这儿的居民区取名“东方家园”，承载安陆工业发展史的一段辉煌。

第二篇

DÌ ÈR PIĀN

政区聚落区片类地名

ZHÈNGQŪJÙLUÒQŪPIÀNLÈIDÌMÍNG

2015年
府城街道平面示意图
罗家塆
姚家塆
聂寨
沙塘角
下白店
雷庵
江家竹林
白店
庙墩遗址
十星
家塆
周冲
吴棚
双路
打锣山
74
严家塆
张巷
洪庙
楼子塆
周家冲
烟
八里
经
徐岗
李家塆
时庙
沟子塆
徐家台子
郭家塆
十塘
彭家垱
济
店
赵河
王家塆
白店
吴家塆
朱家寨
肖家塆
席家大塆
府城街办
周桥
开
金台
何岗
塘家畈
席棚
水寨
护国
肖台
发
何家咀
河西
毛家大塆
方家棚子
区
郭家塆
藕桥
肖家塆
新河
石井
五黄线
安陆市
安陆站
城东
汪家塆
59
金泉
河边塆
下四塆
旗杆塆
墩塘
大塘角
棠
棣
凤凰
四里
草庙
HBALHRXLAOGU
图例

第一章　府城街道

第一节　概　况

府城街道(简称府城)位于安陆市中部偏东南，是中共安陆市委、市政府所在地，全市政治、经济、文化中心。东与安陆市开发区交界，南与南城街道(简称南城)相连，西与棠棣镇、烟店镇隔河相望，北与洑水镇毗邻。街道办事处所在地为太白大道218号，属圆通寺社区土地。府城交通发达，相连成网，武襄高速铁路(汉丹铁路)、汉十高速公路、316国道纵贯南北，安卫铁路、安花公路横穿东西，并与京广铁路、107国道相连接。

府城辖迎春、南大、府河、府东、凤凰、中山、解放、北正、肖台、蒿桥、五一、护国、儒学、八角楼、圆通寺、光明、赵河、张巷、洪庙、河西20个社区居民委员会。2015年年底总面积22平方千米，有43695户，总人口12.9万人，其中农业人口25149人。

228年，孙权之弟孙奂在府城修过邸阁。《梁书·韦叡传》曰："叡至安陆，增筑城二丈余，开天堑，起高楼"。韦叡是南朝梁武帝的名将，著名的军事家，到安陆修过城，还开挖了城壕。两晋时期，安陆皆为江夏郡治。南北朝时期，安陆先后属郢州、司州、南司州管辖，府城也是一个重要的城镇。

隋朝开皇三年(583年)废郡，设安陆为郧州总管府，安陆府城为郡邑。李世民的父亲李渊幼时曾在安陆生活，唐朝开国后安陆城为安州总管府府邑。南宋《挥麈录》记载："宣和元年(1119年)十月，诏以列圣潜邸领地再加讨论。神宗尝为安州观察使，以安州为德安府。"安陆县城为府邑。元明清三朝，德安府府邑都在安陆城。所以，周边属县都称安陆城为"府城"。

1934年，安陆设5区1镇，这一镇就是府城(城关镇)，由安陆县政府直辖。1937年，安陆县城正式命名为安陆县城关镇。1945年，安陆县城关镇改名德安镇。1946年，德安镇改名安陆县吉阳镇。

1948年5月，中国人民解放军江汉军区独立旅解放安陆城，京安应人民政府将吉阳镇改名城关区。

1952年10月，城关区复名城关镇。1958年9月，建立人民公社(简称“公社”)，城关镇改名长春人民公社。同年底，还原城关镇名称。1975年2月，安陆撤区并社，全县为14个公社46个管理区。城关镇再次更名为城关人民公社。1979年3月恢复城关镇之名。

1987年10月，撤区并乡，全县辖10镇5乡31个办事处。原城关镇改为“安陆市人民政府府城办事处”。

府城地处涢水冲积平原，地势平坦，土地肥沃，位于北亚热带季风气候区，春暖、夏热、秋凉、冬冷，四季分明，雨热同期。年平均气温11.5℃，年平均日照2182.7小时，无霜期246天。平均年降雨1117毫米，主要集中在夏季459.6毫米。

府城国土面积22平方千米，水域1235.08亩，耕地面积3815亩，盛产水稻、小麦、棉花、蔬菜及水产品等。矿产资源丰富，有铁、钒、铜、银(金)、型砂、矿泉水等。

府城工业以制造业为主。2015年，完成工业总产值669579万元。主要工业门类有：粮机、服装、铸造、化工等。主要工业产品有：粮机、服装等。

府城农业以蔬菜种植为主，主要农产品有：蔬菜、肉类；2015年，蔬菜产量5649吨；生猪出栏16000头，家禽出笼150000只，肉产量1615吨，禽蛋产量1890吨；全域粮食总产1649吨；油料总产145吨。农业生产总值32789万元。

府城域内建成水库1座(解放山水库)，总库容达5000万立方米；建成电灌站3处，总装机容量55.5千瓦；农田有效灌溉面积1600亩，有效灌溉面积达95%。府河、槎山河、毛河等纵横境内，涢水可通航。

府城有中百仓储、商业大厦、西亚丽宝等大型商业企业和凤凰建材超市、凤凰农资超市等专业批发市场。2015年，社会消费品零售总额24.98亿元，批发零售贸易业16.57亿元，餐饮业7.67亿元。服务业名店有朱氏连锁美容美发店等；旅行社7家，星级宾馆5家，大型酒店13家，大型娱乐场所5家处。

府城为历代要邑，是安陆经济、政治、文化中心，各类手工艺品众多。历史上主要特产品有德安府布等；饮食呈南北交融而偏北方特点，名菜有状元油等；传统宴席有十大盘、十大碗等；名小吃有面窝、油馓、油条、米粑、发糕、烧饼、剁粑等；府城自古出产名酒，涢酒为远近闻名的佳酿；现代产品有神丹系列蛋品等。

府城景致宜人，原建于唐代的浮云楼，因唐代大诗人杜牧写有《安陆浮云楼寄湖州张郎中》、宋代安陆诗人郑獬写有《浮云楼》而闻名遐迩。有明代藩王府、明代建成的四状元坊、清末民初的山陕会馆、江西会馆、紫金路小学内的汉东书院、圆通寺独木桥、江家竹林等名胜古迹遗址。古安陆有“三台八景”，其中府城就有三台七景。“涢水晴波”因解放山水利枢纽工程蓄水区，形成一条长40千米、宽500米到1500米的深水河道，两岸城镇、山林、农田、屋舍如同画廊，美轮美奂，超过历代。紧靠城区的涢水下游，修建橡胶坝，形成一个长5000米、宽1000米的人工湖，湖东是新落成的河滨公园，风景优美，是人们休闲佳处。湖西已列入规划，正在开发成湿地公园风景区，到时解放山上下两个人工湖与两岸公园将面积更大，风光更美。

第二节　社区、居民点

一、凤凰社区[Fènghuáng Shèqū]

此地古代驻扎军队，被称为营盘山。20世纪60年代，国际形势紧张，国家开展“三线建设”，湖北铝厂于1966年在此兴建。2003年10月30日，安陆市人民法院裁定宣告铝业公司破产，原湖北铝厂职工家属居住区交府城办事处管理。

凤凰社区2005年10月在原湖北铝厂破产基础上组建成立，位于安陆市府城南部，距府城办事处机关约6千米。呈块状分布，东接八角楼社区，西邻汉丹路，南连南城街道，北靠迎春社区。2014年年末，社区内有常住居民1260户，4682人，辖区占地面积约1.3平方千米，其中有耕地面积约0.5平方千米。社区居民经济来源由农耕、个体经营和务工为主。截至2015年9月，辖区内共有6个居民点：凤凰城小区、凤凰社区德安南路6号小区、水产公司宿舍楼、凤凰饲料公司宿舍楼、凤凰东区、四里铝厂集贸楼。社区内主要驻区单位有金凤凰幼儿园、安陆市府城凤凰路小学、安陆市水产供销公司、安陆安迅针纺服饰有限公司等。

凤凰城小区[Fèng huáng chéng xiǎo qū]　凤凰城小区以传说故事命名。在古安陆县城南，《方舆记》载：“晋永和中，凤将九子翔集安州之域。”《德安府志》载：“穆帝永和四年戊申，凤产江夏。”古传山有凤凰来栖，故名凤凰山。1966年湖北铝厂建于此，2003年破产。2008年开发商建小区，用凤凰山古名为小区命名。该居民点隶属凤凰社区居民委员会辖，位于汉丹东路29~30号，呈块状分布，东接迎春社区居民区和煤建厂，西邻凤凰社区居民委员会和凤凰路小学，南连河沙线铁路，北靠迎春社区居民区。总面积约0.06平方千米，所住居民均为汉族。2014年年末，全小区共有居民703户，1900人。

水产公司宿舍楼[Shuǐ chǎn gōng sī sù shè lóu]　20世纪70年代在此建水产公司，80年代末水产公司将其改建居民点和菜场，该宿舍楼建于1983年，为安陆水产公司职工的生活住宿区。该居民点位于汉丹东路2号菜场前后，呈块状分布，东是迎春社区的一条街道，西邻汉丹路，南通汉丹东路，北靠迎春社区居民区。总面积约0.01平方千米，所住居民均为汉族。2014年年末，全小区共有居民38户，152人。

凤凰饲料公司宿舍楼[Fèng huáng sì liào gōng sī sù shè lóu]　凤凰饲料公司宿舍楼建于1983年，位于凤凰东区南边，东接凤凰社区居民委员会，西邻汉丹路，南连河沙线铁路，北靠凤凰东区。总面积约0.01平方千米，所住居民均为汉族。2014年年末，全小区共有居民28户，共112人。

凤凰东区[Fèng huáng dōng qū]　凤凰东区以地理位置命名，有凤凰东、西两区，该小区位于东而得名。该小区建于1989年，呈块状分布，东接迎春社区居民区，西邻汉丹东路菜场，南连凤凰社区居民委员会，北靠汉丹东路街道。总面积约0.04平方千米，所住居民为汉族。2014年年末，全小区共有居民85户，340人。

四里铝厂集贸楼[Sì lǐ lǚ chǎng jí mào lóu]　以地理位置和单位名称综合命名。因该地靠近南城四里社区，铝厂安置退休职工集资所建楼区，故而得名。该集贸楼建于1994年，位于太白大道南113号，呈块状分布，西接汉丹路，东邻太白大道，南连安陆市长途汽车站，北靠凤凰村居民区。总面积约0.01平方千米，所住居民均为汉族。2014年年末，全小区共有居民144户，260人，小区内共建有四栋居民楼。

德安南路6号小区[Déān nán lù 6 hào xiǎo qū]　该小区1989年建立，位于凤凰社区德安南路6号，由东南北三栋楼房围成的宿舍院，院内的三栋居民楼均为原湖北铝厂职工宿舍楼。该居民点呈块状分布，东接迎春社区居民区，南连南山居民小区，西、北靠安陆市凤凰高中。总面积约0.01平方千米，所住居民均为汉族。2014年年末，全小区共有居民76户，230人。小区内共建有三栋居民楼。

二、五一社区[Wǔyī Shèqū]

五一社区位于府城西南部，北靠府河社区和迎春社区，南与南城杨林村接壤，东至汉丹路老凤凰高中、水泥厂，西临涢水。社区距府城办事处机关约4.5千米。

五一社区清代属太平乡赵家洲会杨胜旗，1935年属安陆县第一区，1937年属子文乡，1942年属乳岩乡，1946年又属子文乡。1948年安陆解放，五一社区属安陆县城关区。农业合作化时，五个互助组合并成一个合作社，所以叫“五一社”。1958年9月成立人民公社，改名“长春人民公社五一大队”。1984年5月，安陆县复置区（镇）、乡（镇）、村，五一大队改名为五一村，由城关划出，隶属于城北原种场管辖。1987年10月，安陆撤县建市，撤销城关镇成立府城办事处，五一村回归府城管辖。2005年，五一村改为五一社区。

五一社区全力服务企业，克服重重困难，共征用土地330余亩、搬迁农户515户，迁坟126座，搬迁12家，促成投资过千万的企业来五一园区落户兴业。

截至2015年5月，辖区内总面积约1.9平方千米，共有五一社一巷、二巷、三巷、四巷、五巷、凤凰水泥有限公司宿舍区6个居民点。常住居民1378户，4000人，主要经济来源靠个体经营、务工和工薪。辖区内的企业、医院、单位有安陆市昕晨工贸有限公司、安陆市振兴农业机械厂、安陆市第二人民医院、安陆市宏泰工业气体有限公司、安陆市华鑫化工有限公司、安陆市华源电气成套设备制造有限公司、安陆市同心幼儿园、安陆市万豪云水大酒店有限公司、安陆市鑫顺源汽车驾驶员技术培训有限公司、安陆市烟草专卖局城区专卖管理所、安陆市永乐铸造有限公司、安陆新景化工有限公司、湖北白涢商品砼有限公司、湖北德安府糖业有限责任公司、安陆市德安建材有限公司、安陆市凤祥环保设备有限公司、安陆市佳福门业有限公司、安陆市伟鹏针纺制衣有限公司、安陆市文明粮油机械有限公司、安陆天成橡塑有限公司、湖北恒鑫饮料制品有限责任公司、湖北欣华生态畜禽开发有限公司、孝感易达钢铁炉料有限公司、湖北安陆市石油分公司涢水路加油站等 24 家，还有 1 处宗教纪念地。

五一社一巷[Wǔ yī shè 1 xiàng] 以地理位置和排序综合命名。该居民点位于五一社区北侧，东接五一社二巷，西邻府河，南连五一社二巷。占地面积约 0.09 平方千米，所住居民均为汉族。2014 年年末，共有常住居民 370 户，870 人。

五一社二巷[Wǔ yī shè 2 xiàng] 以地理位置和排序综合命名。该居民点位于五一社区，东接凤凰寄宿中学，西邻五一社三巷，南连五一社三巷，北靠迎春社区大唐家园。占地面积约 0.02 平方千米，所住居民均为汉族。2014 年年末，共有常住居民 75 户，262 人。

五一社三巷[Wǔ yī shè 3 xiàng] 以地理位置和排序综合命名。该居民点东接凤凰水泥有限公司，西邻府河，南连五一社四巷，北靠五一社二巷。占地面积约 0.05 平方千米，所住居民均为汉族。2014 年年末，共有常住居民 210 户，640 人。

五一社四巷[Wǔ yī shè 4 xiàng] 以地理位置和排序综合命名。该居民点东接汉丹路 5 号，西邻涢水路，南连五一社五巷，北靠五一社三巷。占地面积约 0.02 平方千米，所住居民均为汉族。2014 年年末，共有常住居民 73 户，260 人。

五一社五巷[Wǔ yī shè 5 xiàng] 以所在地理位置和排序综合命名。该居民点东接凤凰水泥有限公司，西邻涢水路，南连南城杨林村，北靠五一社四巷。占地面积约 0.04 平方千米，所住居民均为汉族。2014 年年末，共有常住居民 147 户，550 人。

凤凰水泥有限公司宿舍区[Fèng huáng shuǐ ní yǒu xiàn gōng sī sù shè qū] “凤凰水泥有限公司”指单位名称，“宿舍区”指为员工提供住宿形成的有规划的聚落。以所属公司名称命名。该居民点因凤凰水泥有限公司宿舍所在地而得名。这里历史上是一片农田和山林，1972 年建水泥厂，地域隶属于五一大队管辖，东接迎春社区、南山名居；西邻五一社二巷、三巷、四巷；南连汉丹路 5 号；北靠凤凰寄宿中学。占地面积约 0.05 平方千米，所住居民均为汉族。2014 年年末，共有常住居民 290 户，1000 人。

三、府东社区[Fǔdōng Shèqū]

府东社区位于府城东南方，与府城办事处机关相距约 3.5 千米。府东社区范围东至太白大道，西至汉丹铁路，南至凤凰社区，北至毛河。

这里在唐代比较荒凉，1983 年在蒋家山发现宋代墓葬群证实，在宋代这里还是乱坟岗。元代周围一大片山冈被称为塔尔岗，明代称凤鸣岗。塔尔岗是蒙古语，意为丘缓坡平，植被茂盛的地方。府东社区处于浅丘，丘缓坡平，植被茂盛，没有荆棘刺林，南边是海子沼泽地，北边是毛河，水草茂密，水清见底，非常适宜放牧和骑兵活动。元明清此地均为牧马场，民国沦为荒地和农田，散布着几个孤零零的村落。1935 年，此地属第一区。1942 年属丁李乡。1946 年属迎宾乡。

中华人民共和国成立，此地先属城关区城东农民协会，1956 年属城关镇城东大队。1966 年安陆建东方红粮机厂，一批拆迁户到此地形成现在的府东南路居民点。1982 年属安陆县城关镇环城管理区管辖。1987 年改名城东村，属府城管辖。1989 年 4 月由城东村改名为府东街，设府东街居民委员会。1990 年，街道建蜂窝煤厂、沙发厂、家具厂。1991 年建皮鞋厂、府东餐馆、电器配件厂。1992 年建废品收购部、府东招待所。1993 年成立府东经济实业开发公司。1996 年成立东星大理石厂。2003 年 5 月府东街改为府东社区。

截至 2015 年，府东社区辖区内有魏家庄、天桥小区、天桥康城、天桥佳园、天桥花园、金港花园、府东名城、府东明珠、东苑小区 9 个城镇居民点。共有常住居民 5000 户，共 13135 人，占地面积 2.5 平方千米，主要经济来源靠个体经营、务工和工薪。

社区内主要驻区单位有府东社区居民委员会、中央储备粮孝感直属库、湖北省安陆市第二高级中学、安陆市司法局、安陆市公安局府城派出所、安陆市公路管理局、安陆市国土资源局府城分局、安陆市环境监测站、安陆市交通运输局、安陆市气象局、安陆市食品药品稽查局、安陆市食品药品监督管理局、安陆市特殊教育学校、安陆市物流发展局、安陆市医疗保险局等 25 家。

魏家庄[Wèi jiā zhuāng]　以姓氏和历史事件综合命名。传说这一支魏姓是元朝时来到安陆的。蒙古军队统治安陆时，驻扎在辎重部队里有几个姓魏的北方汉人，他们趁陈友谅和元军交战时开小差隐匿下来，后来在安陆城东落籍，繁衍生息，逐渐形成一个小村庄而命名。该居民点东接太白大道，西邻府东北路，南连碧涢路，北靠碧山路。总面积约 0.0165 平方千米，小区内居民均为汉族。庄内建有 330 栋房屋，2014 年年末，住户共 452 户，1354 人。

天桥小区[Tiān qiáo xiǎo qū]　该小区位于铁路天桥附近而得名。1992 年春，安陆城跨越汉丹铁路的立交桥竣工，人们称为“天桥”。2010 年附近开发新建小区，并命名天桥小区。该居民点位于安陆市天桥附近，门牌号为安陆市碧山路 31 号，总面积约 0.01 平方千米，小区内居民均为汉族。小区内建有 2 栋房屋，2014 年年末，共有常住居民 42 户，81 人。

天桥康城[Tiān qiáo kāng chéng]　该居民点位于安陆市天桥南侧，门牌号为安陆市碧山路 36 号，总面积约 0.02 平方千米，小区内居民均为汉族。2014 年年末，共有常住居民 197 户，591 人。

天桥佳园[Tiān qiáo jiā yuán]　以地理位置和美好意愿命名。2009 年建小区，因在天桥附近而取名。该居民点位于安陆市天桥南侧，门牌号为安陆市碧山路 32 号，建筑面积约 0.01 平方千米，均为汉族。小区内建有 1 栋房屋，2014 年年末，共有常住居民 40 户 122 人。

天桥花园[Tiān qiáo huā yuán]　以地理位置命名。2009 年建小区，因在天桥附近而取名。该居民点位于安陆市天桥南侧，门牌号为安陆市碧山路 28 号。总面积约 0.01 平方千米，小区内居民均为汉族。小区内建有 4 栋房屋，2014 年年末，共有常住居民 200 户，389 人。

金港花园[Jīn gǎng huā yuán]　“金港”指小区名称，“花园”指小区环境优美似花园。以美好意愿命名，希望该小区能为居民创造出优美生活环境。该居民点于 2007 年建成，位于安陆市太白大道 52 号，东接太白大道，西邻府东街，南连碧山路，北靠粮食储备库。总面积约 0.01 平方千米，小区内居民均为汉族。小区内建有 4 栋房屋，2014 年年末，共有常住居民 110 户，197 人。

府东名城[Fǔ dōng míng chéng]　该居民点于 2013 年建成并命名，位于安陆市碧涢路 34 号。东接府东街，西邻火车站，南连碧涢路，北靠碧山路天桥。总面积约 0.01 平方千米，小区内居民均为汉族。小区内建有 14 栋房屋，2014 年年末，共有常住居民 1500 户，4500 人。

府城明珠[Fǔ chéng míng zhū]　因所在区域和美好愿望命名。“府城”指所在行政区域，“明珠”指意愿，希望该小区能成为府城的一颗璀璨明珠。该居民点于 2007 年建成并命名，位于安陆市汉丹北路 18 号。总面积约 0.16 平方千米，小区内居民均为汉族。小区内建有 3 栋房屋，2014 年年末，共有常住居民 1326 户，3980 人。

东苑小区[Dōng yuàn xiǎo qū]　该居民点位于安陆市府东社区张家巷 113 号。总面积约 0.01 平方千米，均为汉族。小区内建有 2 栋房屋，2014 年年末，共有常住居民 97 户，290 人，主要经济来源以工资、个体经营及外地务工为主。

四、洪庙社区[Hóngmiào Shèqū]

古代附近有寺庙，名曰“洪庙”。洪庙社区因洪庙而得名。

洪庙社区位于府城北部，东接开发区吴棚社区，南连开发区时庙社区，西邻张巷社区，北靠光明社区。社区距府城办事处机关约 1.5 千米。

这一片土地清代属太平乡教军场旗会，驻扎有汉族绿营军辜受二、杨狗儿、黄保儿等军旗，形成聚落。1935 年属第一区。1937 年属福寿乡。1942 年属教军乡。1946 年属碧霞乡。

中华人民共和国成立后，1949 年 10 月，隶属于长兴区管辖。1954 年，隶属洑水区城北乡管辖。1958 年 9 月建立人民公社，这里是东风人民公社城北乡光明大队。1961 年，城北乡改为城北人民公社，光明大队隶属于城北人民公社管辖。1975 年 2 月，撤区并社，光明大队隶属于洑水人民公社管辖。1980 年 1 月，圆通、赵河、光明、何岗 4 个大队一起从洑水人民公社划出，合并为城北原种场，这里属光明大队。1984 年 5 月，安陆复置区(镇)、乡(镇)、村，城北原种场下辖雷庵、洪庙、十里、张巷、时庙、赵河、圆通、金家台、何岗、肖台、城东、凤凰、五一、蒿桥、河西、护国村。洪庙从光明大队析出单独为村。1987 年 10 月撤区并乡，洪庙村隶属于北城办事处。2001 年北城办事处撤销，洪庙村隶属于经济开发区管辖。2013 年将洪庙村改为洪庙社区。2012 年，府城在洪庙社区建有府城工业园。2015 年洪庙划回府城管辖。

洪庙社区共有 8 个居民点。常住居民 430 户，共 1828 人，占地面积 1.33 平方千米，耕地面积 0.95 平方千米，居委会有工作人员 5 人，网格管理员 1 名，社区内主要驻区单位有安陆市交警大队汤家塆中队、天丰粮机有限公司、金谷粮食机械设备有限公司、湖北公路城北管理站等。社区居民主要经济来源靠农业经济作物、外出务工。

洪庙安置区[Hóng miào ān zhì qū]　洪庙指洪庙社区，“安置区”指因拆迁而搬迁过来的居民小区。该地位于洪庙社区，根据市政府发展规划，城市北扩，拆迁安置而成立。该居民点东接 316 国道，西邻府河，南连安陆城区，北靠洑水镇。总面积约 0.02 平方千米，所住居民均为汉族。2014 年年末，共有居民 85 户，

321 人。

洪庙新村[Hóng miào xīn cūn]　该居民点属于洪庙社区新建居民点而得名。2001 年建成，东接 316 国道，西邻张巷社区，南连开发区时庙社区，北靠光明社区。总面积约 0.3 平方千米，所住居民均为汉族。2014 年年末，共有居民 208 户，820 人。

辜家塆[Gū jiā wān]　以姓氏命名。居民以辜姓为主。该居民点位于洪庙社区南部，东接七里河，西邻开发区时庙社区，南连七里桥，北靠本社区 2 组。总面积约 0.19 平方千米，居民主要姓氏为辜姓，均为汉族，2014 年年末，全塆共有居民 58 户，202 人。耕地面积约 0.1 平方千米，主要农作物为水稻、小麦，主要经济来源以务农、外地务工为主。

雷家塆[Léi jiā wān]　以姓氏命名，该地居民主要姓氏为雷姓。该居民点位于洪庙社区南部，东接徐岗社区，西邻 316 国道，南连本社区 1 组(辜家塆)，北靠本社区 3 组(彭家大塆)。居民主要姓氏为雷姓，均为汉族。2014 年年末，全塆共有居民 50 户，187 人。总面积约 0.13 平方千米，耕地面积约 0.088 平方千米，主要农作物为水稻、小麦。

彭家塆[Péng jiā wān]　以姓氏命名，该地居民主要姓氏为彭姓。该居民点东接经济开发区新河社区 8 组，西邻新河社区 2 组，南连新河社区 12 组，北靠新河社区 4 组。总面积约 0.18 平方千米，居民均为汉族。2014 年年末，全塆共有居民 22 户，105 人。耕地面积约 0.134 平方千米。

小彭家塆[Xiǎo péng jiā wān]　以姓氏命名，因该地面积小人口少而得名。该居民点位于洪庙社区北部，东接吴棚社区，北西皆靠光明社区，南连本社区 4 组(黄家寨)。总面积约 0.14 平方千米，均为汉族。2014 年年末，全塆共有居民 73 户，298 人。耕地面积约 0.124 平方千米，主要农作物为水稻、小麦。

杨家畈[Yáng jiā fàn]　别名杨家塆，以姓氏命名。洪武年间有杨姓迁入此地，慢慢形成聚落。该居民点位于洪庙社区西部，东接本社区 2 组(辜家塆)，西邻张家巷，南连开发区时庙社区，北靠本社区 6 组(洪庙安置区)。总面积约 0.14 平方千米，居民主要姓氏为杨姓，均为汉族。2014 年年末，全塆共有居民 61 户，215 人，耕地面积约 0.049 平方千米。

黄家寨新塆[Huáng jiā zhài xīn wān]　以姓氏命名。该自然塆是在老塆基础上新建，故名黄家寨新塆。该居民点位于洪庙社区东部，东部北部皆靠本社区 5 组(黄家河)，西邻本社区 6 组(洪庙安置区)，南连本社区 3 组(彭家大塆)。总面积约 0.07 平方千米，居民主要姓氏为黄姓，均为汉族。2014 年年末，全塆共有居民 64 户，232 人，耕地面积约 0.05 平方千米。

五、张巷社区[Zhāngxiàng Shèqū]

张巷社区西邻府河，南连赵河社区、北靠光明社区，东与洪庙社区及经济开发区时庙社区接壤，距府城办事处机关约 2 千米。

张巷社区清代中期属太平乡十里墩旗会所辖，晚清民国初属福寿乡十里墩旗会辖。1942 年属金湫乡所辖。1946年属碧霞乡所辖。1949年解放初期，属涢水区城北乡。1952年属安陆县第六区时庙乡。1956年，安陆县将涢水、城北、城西3个乡收归县直辖，张巷属涢水乡管辖。1958年，这里是东风人民公社涢水乡的农业合作社。1961年，安陆县大公社改区，管理区和乡改为小公社，这里是涢水区城北人民公社赵河大队。1966年为向阳区城北人民公社赵河大队。1975年安陆县撤区并社，这里划归城关人民公社管辖，是城关人民公社张巷大队。1984年5月，安陆县复置区(镇)、乡(镇)、村，改张巷大队为张巷村，并成立张巷村村民委员会，划归城北原种场。1987年安陆撤县建市，张巷村隶属于北城办事处。2001年北城办事处并入府城办事处，张巷村隶属于府城管辖。2014年，改张巷村为张巷社区，成立张巷社区居民委员会。

张巷社区有古文化遗址。1978年发现，被称为庙墩遗址，时空跨度从龙山文化时期到西周时期。该遗址上原有一座盛家庙，东边为一水塘，南距傅家塆50米，西距汉丹铁路20米，北距盛家大堰塆约100米。遗址为长方形土台，高出四周地面3米左右，遗址南北长145米，东西宽127米，总面积1.84万平方米。在遗址南端断面上，发现有大片的烧红土，遗物十分丰富。

龙山时期文化分为石器和陶器两类。石器有石斧、石锛、刮削器等。石斧：青石制成，两面弧刃，较锋利；石锛：青灰石，锛身粗糙，刃部锐利；刮削器：整体呈长方形，两端有刃，器中部对应成凹面，两边各有一不穿透的圆窝。陶器以泥质灰陶为主，夹砂灰陶次之，有少量的红陶、黑陶；纹饰除素面外，有按窝纹、附加堆纹、划纹和叶脉纹。器物有杯、鼎、罐、圈足盘、纺轮等。杯：一为高把杯，腹较深，把细高，泥质红陶，素面；一为喇叭形杯，杯底上凹，泥质红陶，素面。鼎：仅见口沿和足部。口沿外折、侈口、折腹，灰陶黑衣；足有三种，第一种为宽扁足，正面中间凸出，夹砂红陶，素面，有的在足正面中饰附加堆纹和按窝纹；第二种为不规则形鼎足，足上部有一按窝纹，夹砂灰陶，素面；第三种为凿形，夹砂灰陶，足上有一按窝纹。罐：敛口，宽唇，有颈，广肩，泥质灰陶，唇部饰数道弦纹，颈以下饰叶脉纹。圈足盘，圈足近似喇叭形，灰陶、素面。纺轮：均为扁圆形，有直边和圆边之分，素面和一面饰四组平行红彩两种。

西周时期文化以夹砂灰陶为主，有少量黑衣灰陶；纹饰有绳纹、弦纹、附加堆纹和按窝纹等，绳纹最多。器物有鬲、南瓦等。鬲足：圆柱形，夹砂褐灰陶，足底平面饰绳纹，足上通饰绳纹；南瓦腰：夹砂灰陶，饰绳纹和附加堆纹，其上饰按窝纹。

1982年1月，庙墩遗址被县政府公布为安陆县重点文物保护单位。

张巷社区没有工商业基础，人多田少，耕地主要种植水稻和蔬菜；水面200余亩用于养鱼。

截至2015年9月，辖区内共有2个居民点：付家塆、张巷新村居民小区。社区内有常住居民192户，共823人，辖区占地面积3.8平方千米，其中耕地面积0.1平方千米。社区居民经济来源主要靠务农和外出打工。

付家塆[Fù jiā wān] 该地为付姓聚居地而得名。该居民点位于张巷社区4、5组，东接张巷社区3组土地，西邻府河大堤，南连赵河社区，北靠光明社区。居民主要姓氏为付姓，名族均为汉族，2014年年末，全塆共有居民98户，382人，总面积约0.8平方千米，耕地面积约0.05平方千米，主要农作物为瓜果蔬菜。

张巷新村居民小区[Zhāng xiàng xīn cūn jū mín xiǎo qū] 该小区是为响应上级新农村建设号召，在原张巷村集中选址，集体规划的新农村居民小区而得名。

该居民小区于2012年开始修建，2013年年底建成完工，位于张巷社区1组，东接洪庙新村，西邻武襄铁路，南连通村公路，北靠涢水镇。总面积约0.04平方千米，均为汉族。2014年年末，全小区共有常住居民47户，106人。主要农作物为瓜果、蔬菜。

六、赵河社区[Zhàohé Shèqū]

赵河社区位于老城区北郊，东接时庙社区、圆通寺社区，西邻府河，南连护国社区，北靠张巷社区。武襄高速铁路穿境而过。赵河社区距府城办事处机关约1.5千米

元明清三代，赵河社区这片土地属于德安府教军场的一部分，先归太平乡管辖，晚清属福寿乡教军场旗会。1934年属安陆县第一区管辖；1942年属教军乡管辖；1946年属碧霞乡管辖。

1948年安陆解放，这里属安陆县城关区城北乡；1952年划入第六区，属圆通乡赵河村；1956年与涢水、城西一起划归安陆县直辖，复名城北乡赵河村。1958年成立人民公社，这里又从城关划出，属东风人民公社，全称是东风人民公社城北乡赵河农业合作社。1961年，安陆县将大公社改小公社，这里是涢水区城北公社赵河大队。1975年2月，安陆县撤区并社，这里又划归城关，全称是城关人民公社赵河大队。1979年又划入涢水。1980年1月，安陆县将圆通、赵河、光明、何岗4个大队从涢水人民公社划出，合并成立城北原种场。1984年5月，安陆县复置区(镇)、乡(镇)、村，城北原种场下辖雷庵、洪庙、十里、张巷、时庙、赵河、圆通、金家台、何岗、肖台、城东、凤凰、五一、蒿桥、河西、护国村。1987年10月安陆撤区并乡，撤销原种场，赵河村隶属于北城办事处。2001年北城办事处并入府城办事处，赵河村隶属于府城管辖。2014年将赵河村改为赵河社区。

赵河社区属于府河冲积平原，主要种植蔬菜、小麦和油料农作物，没有工业。直到2009年银杏大道建成，府河二桥竣工通车，这片土地才有所发展。从解放大道到银杏大道有2条主干道已粗具雏形，尚未完工。

截至2015年5月，赵河社区居民委员会有工作人员6人。辖区内共有安置小区、东赵、西赵、李家台、梁河、梁庙、秦家塆、武河8个居民点。2014年年末统计，共有常住居民534户，2319人。辖区内总面积约0.137平方千米，耕种面积约0.134平方千米，居民主要经济来源靠务农和外出打工。辖区内主要驻区单位有安陆市看守所、中国人民武装警察部队孝感市支队安陆中队、安陆市恒利隆服饰有限公司、安陆市平翔化工涂料有限公司。

安置小区[Ān zhì xiǎo qū]　“安置小区”指对被拆迁住户进行安置形成的居民点。因该小区主要用于安置搬迁过来的居民命名，2009年因为项目建设拆迁征地，向上级部门申请，规划一块土地，专供拆迁户居民，安置居住需求而得名。该安置小区自2009年建成，位于赵河社区南侧，东接时庙社区，西邻武河，南连东赵、西赵，北靠银杏大道。占地面积约0.003平方千米，所住居民均为汉族。2014年年末，共有常住居民68户，204人。

东赵[Dōng zhào] 以姓氏和方位命名。此地古为府河、槎山河的荒滩，常被洪水淹没，逐年泥沙沉积，形成沙土平原。明清之际有赵姓迁徙至此形成聚落，分成东西两侧居住，此处位于东侧而得名。该居民点位于赵河社区南侧，东接槎山河，西邻村级道路，南连新河。占地面积约 0.038 平方千米，居民主要姓氏为赵姓，均为汉族。2014 年年末，共有常住居民 87 户，350 人。耕种面积约 0.032 平方千米。

西赵[Xī zhào] 明清之际有赵姓迁徙至此形成聚落，分成东西两侧居住，此处位于西侧而得名。该居民点位于赵河社区西侧，东接府城大道，西邻府河，南连新河，北靠武河。占地面积约 0.02 平方千米，居民主要姓氏为赵姓，均为汉族。2014 年年末，共有常住居民 58 户，199 人。耕种面积约 0.017 平方千米。

李家台[Lǐ jiā tái] 曾用名：李家台子。以姓氏和地势命名，因该地为李姓聚居地且地势较高，像一座小台子，故而得名。该居民点位于赵河社区南侧，东接槎山河及圆通寺社区、护国社区，西邻府河，北靠新河。占地面积约 0.032 平方千米，其中耕种面积 0.026 平方千米。居民主要姓氏为李姓，均为汉族。2014 年年末，共有常住居民 71 户，369 人。

梁河[Liáng hé] 曾用名：下梁家河。该居民点以梁姓居多且位于府河东岸，故而得名。该居民点位于赵河社区北侧，东接府城大道，西邻府河，南连银杏大道，北靠梁庙。占地面积约 0.022 平方千米，居民主要姓氏为梁姓，均为汉族。2014 年年末，共有常住居民 64 户，264 人。耕种面积约 0.018 平方千米。

梁庙[Liáng miào] 曾用名：梁家庙。以姓氏和宗教信仰综合命名，因当地大多数居民是梁姓，且早期曾建有一座寺庙而得名。该居民点位于赵河社区北侧，东接张巷社区、时庙社区，西邻府河，南连梁河。占地面积约 0.031 平方千米，居民主要姓氏为梁姓，均为汉族。2014 年年末，共有常住居民 108 户，380 人。其中耕种面积 0.025 平方千米。

秦家塆[Qín jiā wān] 以姓氏命名，因该地为秦姓聚居地而得名。该居民点位于赵河社区南侧，东接槎山河，西邻府河，南连李台，北靠东赵。占地面积约 0.0028 平方千米，居民主要姓氏为秦姓，均为汉族。2014 年年末，共有常住居民 64 户，268 人。耕种面积约 0.024 平方千米。

武河[Wǔ hé] 曾用名：武家河。以姓氏和地理位置命名，因该地为武姓聚居地且位于一条小河旁而得名。该居民点位于赵河社区西侧，西邻府河，南连西赵，北靠府河二桥银杏大道。占地面积约 0.021 平方千米，居民主要姓氏为武姓，均为汉族。2014 年年末，共有常住居民 53 户，188 人。耕种面积约 0.018 平方千米。

七、中山社区[Zhōngshān Shèqū]

中山社区距府城办事处机关约 3.5 千米，呈长方形，北过儒学路与北正社区和儒学社区接壤；西边和南边由南大社区环抱；东边与府东社区相邻。社区以汉丹路为界，靠西一部分是安陆县城的古代老居民区，靠东一部分是中华人民共和国成立后新开发的区域。汉丹路就是安陆城护城河东边的一条小路扩建成的。

中山社区明清两代和民国时期的主要建筑有德安府卫庙、福音堂、普爱医院、忠烈祠。德安府卫庙和忠烈祠已经被毁，福音堂和普爱医院遗址还在。

1948年安陆解放，县城被分为4个镇，这里属城关区东门镇，辖生产街全部、南大街(德安中路)东边、德安府儒学和县教军场。1952年四镇合一，这里属城关镇所辖，成立胜利街居民委员会，改辖仅仅一条街道两旁的居民，即当今横贯老城东西的中山街。南、北分别划入前进、胜利2街。1981年7月，胜利街居委会更名为中山街居委会，新大街(碧涢路)以北，南大街(德安中路)以东重新划归中山街，所以南大社区(街)呈“∟”形环抱中山社区(街)。1984年5月，安陆复置区(镇)、乡(镇)、村，中山街居委会改名为中山街道办事处，隶属于城关镇管辖。1987年10月，安陆建市，撤销城关镇成立府城办事处，中山街道办事处复名中山街居民委员会，2003年改为中山社区，隶属于府城。

中山社区位于城市中心，交通便利，经济发达，发展迅速。20世纪70年代，推平东城墙，填埋护城河和海子沼泽地，开发了新区。

1978年建胜利旅社，1000余平方米，263床位。1987年12名职工营业额25000元。一楼有南北餐厅。2000年床位150多个。2001年职工20多人，营业额45000余元。

1980年办中山街沙发厂，编织塑料藤椅，30多人，年产藤椅数千套，年产值40多万元。1987年开始生产家具。

1982年中山餐厅建于儒学路，1987年职工20余人，建筑面积4000余平方米，一楼餐厅三楼旅社20多床位，生意兴隆，年收入4万多元。

1983年中山车站旅社开业，300多平方米，床位90多个，职工9人，年收入16000元。

2012年，社区通过资源整合租赁原石油公司空闲老办公楼，投资80余万元对其进行了设计改造装修。建成了现在的社区党员群众服务中心。服务中心共6间三层、办公服务面积853平方米。一楼建设有180平方米的党员群众服务大厅，社区警务室、社区网格化管理办公室；二楼建设有恳谈室、调解室、小会议室及爱心超市、总支办公室；三楼设有社区文化站、文体活动室、多功能大会议室。

截至2015年，中山社区面积0.33平方千米，辖区内有4条大街(文昌路、汉丹路、龙门路、德安中路)和20条小街小巷。经营商户1000余家、辖区常住居民3830余户、13600余人，主要经济来源靠工薪和个体经济。社区有3个居民党支部，居民党员110人。社区居委会有工作人员8人，其中大专以上文化程度4人。社区有居民小组长16人，网格管理员8名，辖白云小区、财政局宿舍、床单住宅区、纺织大楼住宅区、汉丹家园、汉丹小区、火车站宿舍楼、老卫生局住宅区、礼士小区、粮油供应公司住宅区、龙门商场综合楼、梅岭小区、摩托车专业市场、普乐影都住宅楼、轻工业局住宅区、燃情岁月、石油集资楼、石油小区、星苑小区、阳光世纪城、银河浴池小区、印刷厂宿舍、轴承小区共23个城镇居民点。驻区机关、企事业和文教卫单位主要有安陆市财政局、安陆市环境保护局、安陆市疾病预防控制中心、安陆市教育局、安陆市皮肤病防治所、湖北安陆农村商业银行府城支行、湖北省安陆市实验小学、胜利宾馆、中国邮政安陆市支行、安陆火车站、中国石化中心加油站、安陆市基督教福音堂、汉丹村集贸市场、安陆市工商行政管理局城北工商所、安陆市龙门商场、安陆市市场开发服务中心、安陆市顺昌粮机设备有限责任公司、德安中路城区供电所、湖北兴民置业有限公司、湖北盐业有限公司安陆分公司、孝感恒兴联合会计事务所等21个。

白云小区[Bái yún xiǎo qū]　该地为白云化工宿舍楼而得名。自1997年建成起，位于中山社区文昌路22号，共有楼房1栋。2014年年末，共有常住住户23户，80人。占地总面积约0.0033平方千米。

财政局宿舍[Cái zhèng jú sù shè]　1987年拆民房改建财政局，后因办公楼搬迁改为财政局职工宿舍而得名。该居民点位于中山社区儒学路4号，共有楼房4栋。2014年年末，共有住户66户，186人。总面积约0.0035平方千米。

床单住宅区[Chuáng dān zhù zhái qū]　1980年城关镇织布厂升级为县床单厂建于此地，后在此建职工住宅楼并命名为床单住宅区。此处原为沼泽湿地，自1980年建成起，沿用至今。该居民点位于中山社区汉丹路234号，共有楼房1栋7层。2014年年末，共有住户30户，60人。总面积约0.25平方千米。

纺织大楼住宅区[Fǎng zhī dà lóu zhù zhái qū]　以地理位置命名。因该地位于原纺织品经营网点旁而得名。该居民点1975年建成，位于中山社区汉丹路230号，共有楼房1栋7层。2014年年末，住户共20户，40人。总面积0.18平方千米。

汉丹家园[Hàn dān jiā yuán]　以地理位置命名，因该地位于汉丹铁路旁而得名。该居民点2000年建成，位于中山社区汉丹路215号，共有楼房5栋。2014年年末，共有住户146户，500人。总面积约0.027平方千米。

汉丹小区[Hàn dān xiǎo qū]　因该地位于汉丹铁路旁而得名。该居民点2000年建成，位于中山社区汉丹路中段，门牌号为288号，共有楼房4栋。2014年年末，共有住户171户，520人。总面积约0.02平方千米。

火车站宿舍楼[Huǒ chē zhàn sù shè lóu]　以地理位置和所属单位名称命名。因该地位于安陆市火车站旁是火车站集资修建的职工宿舍区，故而得名。该居民点1998年建成，位于中山社区文昌路21号，门牌号范围为文昌路21号9~13栋，共有楼房20栋。2014年年末，共有住户117户，346人。总面积约0.1平方千米。

老卫生局住宅区[Lǎo wèi shēng jú zhù zhái qū]　以所属单位名称命名，因该地位于原安陆县卫生局而得名。该居民点2006年建成，位于中山社区碧涢路177号。共有楼房1栋7层，总面积约0.2平方千米，所住居民均为汉族。2014年年末，共有居民30户，62人。

礼士小区[Lǐ shì xiǎo qū]　以美好意愿命名。希望大家相处都是彬彬有礼的绅士。该居民点2005年建成，位于中山社区文昌路2号，共有楼房3栋。2014年年末，共有常住住户40户，150人。总面积约0.0033平方千米。

粮油供应公司住宅区[Liáng yóu gōng yìng gōng sī zhù zhái qū]　以原单位名称命名，该地为粮油供应公司职工住宅区而得名。该居民点1970年建成，位于中山社区汉丹路169号，共有楼房3栋。2014年年末，住户共有46户，138人。总面积约0.013平方千米。

龙门商场综合楼[Lóng mén shāng chǎng zōng hé lóu]　以地理位置和经济活动命名，该大楼位于碧涢路与龙门路交会处而得名。此地为民国时期忠烈祠遗址，中华人民共和国成立后徐家河水利工程指挥部曾建于此。1992年改建成龙门商场，一二楼商务营业，三楼以上住宅。该居民点位于中山社区碧涢路179号，共有房屋 1 栋 6 层。2014 年年末，共有常住住户 40 户，90 人。总面积约 0.4 平方千米。

梅岭小区[Méi lǐng xiǎo qū] "梅岭小区"由开发商自行命名。该区域曾建城关搬运公司，1997 年改建成居民住宅区，位于中山社区梅园巷中间，门牌号为 14 号，共有楼房 9 栋。2014 年年末，共有常住住户 146 户，500 人。总面积约 0.027 平方千米。

摩托车专业市场[Mó tuō chē zhuān yè shì chǎng] 因该地位于摩托车经营市场旁而得名，2005 年建成。该居民点隶属于中山社区管辖，位于中山社区文昌路 23 号，门牌号范围为文昌路 1~23 号，共有楼房 5 栋。2014 年年末，共有住户 77 户，233 人。总面积约 0.067 平方千米。主要经济来源以个体经营及外地务工为主。

普乐影都住宅楼[Pǔ lè yǐng dōu zhù zhái lóu] 古代是一片池塘，20 世纪 70 年代末建成露天电影院，2006 年改建，一二楼为普乐银都，三楼以上为住宅楼。该居民点位于中山社区龙门路 35 号，共有楼房 3 栋。2014 年年末，共有住户 20 户，60 人。总面积约 0.3 平方千米。

轻工业局住宅区[Qīng gōng yè jú zhù zhái qū] 以单位名称派生命名。原为沼泽湿地，1975 年建轻工业局。该居民点位于中山社区汉丹路 226 号，共有楼房 2 栋，分别为 6 层、7 层。2014 年年末，共有住户 40 户，80 人。总面积约 0.3 平方千米。

燃情岁月[Rán qíng suì yuè] 该小区位于燃情岁月茶楼附近。以商业市场派生命名。因 2004 年新建的燃情岁月茶楼在此经营，居民口口相传而得名。2004 年燃情岁月茶楼在文昌路 52 号开业，为方便记忆，将小区命名为燃情岁月。该居民点位于安陆市文昌路 52 号，东接文昌路，西邻银河浴池小区，南连副食改造楼，北靠石油公司集贸楼。2014 年年末，共有住户 24 户，55 人。总面积约 0.0034 平方千米。

石油集资楼[Shí yóu jí zī lóu] 以所属单位名称命名。1998 年因石油公司职工宿舍不够，集资建的住宅楼，故名。该居民点位于安陆市文昌路 50 号，共有楼房 2 栋。2014 年年末，共有住户 32 户，76 人。总面积约 0.0067 平方千米。

石油小区[Shí yóu xiǎo qū] 以单位名称派生命名。因该地位于原安陆石油公司旁而得名。该居民点 1974 年建成，位于中山社区碧涢路 151 号，共有楼房 5 栋。2014 年年末，共有住户 72 户，173 人。总面积约 0.067 平方千米。

星苑小区[Xīng yuàn xiǎo qū] 以美好意愿命名，希望明星满苑。该居民点 2000 年建成，位于中山社区安陆市龙门路 58 号，共有楼房 2 栋。住户共 20 户，74 人。总面积约 0.003 平方千米。

阳光世纪城[Yáng guāng shì jì chéng] 以美好愿望命名。"阳光"指开朗、积极向上的美好愿望，"世纪城"指的是可以跨越百年的中央之城。该居民点 2008 年建成，位于中山社区碧涢路 175 号，拥有楼房 8 栋。2014 年年末，共有常驻住户 250 户，1000 人。总面积约 0.5 平方千米。

银河浴池小区[Yín hé yù chí xiǎo qū] 因该居民点旁有个银河浴池而得名。该居民点 2009 年建成，位于中山社区碧涢路 149 号，拥有楼房 5 栋。2014 年年末，共有住户 109 户，273 人。总面积约 0.027 平方千米。主要经济来源以个体经营及外地务工为主。

印刷厂宿舍[Yìn shuā chǎng sù shè] 以所属单位名称命名。20 世纪 60 年代改建安陆印刷厂及宿舍。

1998年全部改建为宿舍区，故名。该居民点位于中山社区儒学路26号，拥有楼房5栋。2014年年末，共有住户103户，314人。总面积约0.0035平方千米。

轴承小区[Zhóu chéng xiǎo qū] 以原单位名称命名。因该地是原安陆县轴承厂厂房和宿舍所在地故而得名。该居民点1970年建成，位于中山社区汉丹路195号，拥有楼房5栋。2014年年末，共有常住住户160户，600人。总面积约0.027平方千米。

八、光明社区[Guāngmíng Shèqū]

光明社区位于府城北方，与办事处机关相距约2千米，东接雷庵、洪庙社区，西邻府河，南连护国、圆通寺社区，北靠洑水镇。老316国道、武襄铁路贯穿全区。

清《安陆县志》载："全县辖太平、春和二乡，编户十里。"太平、春和2乡，以府河为界，东为太平乡，西为春和乡。光明社区清代中期属太平乡所辖，晚清民国初为福寿乡所辖。1942年属金洑乡所辖。1946年，一部分属洑水乡所辖，另一部分属碧霞乡所辖。

1949年，隶属城关区。1958年9月，隶属东风人民公社城北农业合作社。1966年隶属向阳区城北人民公社。1980年，隶属城北原种场。1984年，命名为十里村，隶属城北原种场。1987年，隶属北城办事处。2001年，隶属府城办事处。2005年，十里村更名为光明村。2014年，光明村更名为光明社区。

光明社区有一处古代遗址，位于江家竹林塆，1980年发现，被称为江家竹林遗址。此遗址的时空跨东周至东汉时期。1982年1月，遗址被县政府公布为重点文物保护单位。

2014年统计，光明社区有10个村民小组，耕地面积约0.57平方千米。村民的经济来源主要靠种植水稻等农作物、传统的家庭养猪、养鸡、养牛(散养)，农闲外出务工。光明新村建设粗具规模，基础设施不断完善，村级经济不断壮大，村民收入不断增加。光明新村硬化道路10千米，家家通自来水，户户装闭路电视，塆塆通水泥路。全村引进"随州浩然苗木基地""京山景观树基地"为村民土地流转200亩，年创投工收入20余万元，村集体管理收入4万元；利用靠近府河的自然优势，建河沙码头9个，年创纯利22万元；成立了府河内河养殖基地，水面养鸭、水中养鱼300余亩，年创纯利2万元。鼓励并扶持年出栏肉鸡3万只养殖大户7户，年出栏生猪600余头的养殖大户4户，年养鸭5000只，产蛋10万枚，养鸭大户4户；并利用党员养殖大户帮扶，使11户贫困户脱贫致富。2013年村级纯收入达40万元，村民人均纯收入达10930元。光明村的经济发展带动了新村建设的提升，400余平方米的办公大楼建有高标准的群众服务大厅、党员电教室、农家书屋、党员活动室、文体娱乐室等，各功能室齐全。新村配有广场、农贸超市、卫生室、学校、幼儿园、集贸菜场。

截至2015年，光明社区辖区内有光明新村、江家竹林塆、庹家塆、盛家大塆、徐家塆、十里铺等9个城镇居民点，其中有3个居民点有房屋无人居。总面积约2.5平方千米，常住居民486户，1986人，居民主要经济来源靠务农和外出打工。社区内主要驻区单位有安陆市府城光明联合小学、湖北省林业科学研究院安陆银杏研究所等。

光明新村[Guāng míng xīn cūn] 在原辜家塆、大树塆、孔家塆、十里铺的基础上合并新建的新型农村，故名光明新村。该居民点位于光明社区北部。东接太白大道，西邻盛家大塆和江家竹林塆，南连盛家大塆，北靠洑水。居民主要姓氏有辜、李、孟、刘、姚、孔，主要民族为汉族。居民点面积约 0.1 平方千米，耕地面积约为 0.0315 平方千米。共有居民 300 户，389 人。该村为光明社区居委会所在地。

江家竹林塆[Jiāng jiā zhú lín wān] 因江姓居住，而且每家每户种有大片竹林而得名。此处聚落何时形成不得而知，附近有一处东周时期的文化遗址。

该居民点位于光明社区西侧的府河东岸，西邻府河，南连盛家大塆，北与洑水交界，东有大树塆。江家竹林塆紧挨府河，水患严重，居民外迁较多。2014 年年末，共有常住居民 12 户，45 人。耕种面积约 0.5 平方千米。

庹家塆[Tuǒ jiā wān] 清朝末年，有庹姓难民扎根在河滩上建房而住，后形成聚落。庹家塆北、西与洑水接壤，南有江家竹林塆和大树塆，东挨太白大道。2014 年年末，共有常住居民 20 户，85 人。耕种面积约 0.16 平方千米。

盛家大塆[Shèng jiā dà wān] “盛家”指的是盛姓居民。明朝中期，有盛姓难民由江西迁至“林家独屋”，后林姓消失，改名为“盛家独屋”，随着人口不断增加，由“盛家独屋”变为“盛家大塆”。该居民点位于光明社区西部。东接盛家大堰，西邻府河，南连洪庙社区，北靠雷庵社区。南北长约 1500 米，东西宽约 500 米。是光明社区最大的一个自然塆。居民主要姓氏为盛姓，主要民族为汉族。居民点面积约 0.7 平方千米。共有居民 386 户，1478 人。主要经济来源以种植水稻、棉花、花生、黄豆、芝麻、油菜和外出务工为主。

徐家湾[Xú jiā wān] 该居民点徐姓居多，以姓氏命名。该塆位于光明社区北部，北靠洑水镇，南邻盛家大塆，东通光明新村，西达江家竹林。所住居民均为汉族。居民点面积约 0.8 平方千米，14 户 50 人。

十里铺[Shí lǐ pù] “十里铺”代表方位，离古安陆城北十里，也叫北十里铺。最初有一户夏姓住户在此开了间杂货铺子而得名。“北十里铺”1946 年属洑水乡所辖。1958 年 9 月，隶属东风人民公社城北农业合作社。1966 年隶属向阳区城北人民公社。1980 年，隶属城北原种场。1984 年，命名为十里村，隶属城北原种场。1987 年，隶属北城办事处。2001 年，隶属府城办事处。因地处要道，北十里铺从 1958 年起设有光明大队办公室，农科所、卫生室、小学、初中、加工厂等。改革开放后分大队，光明大队分为“十里”“洪庙”“雷庵”三个村。十里铺为光明社区的地理标记。现为光明社区 1、2、3 居民小组居住区。

该居民点位于光明社区中部。东接 316 国道，西邻盛家大堰，南连洪庙社区，北通洑水镇。居民主要姓氏为夏姓，主要民族为汉族。居民点面积约 0.03 平方千米。共有居民 96 户，287 人。有餐馆 5 家，旅社 1 家，小卖铺 3 家。

辜家塆[Gū jiā wān] 已消失，并入光明新村。

大树塆[dà shù wān] “大树”指的是树干比较高大，“塆”指的是村庄。因塆中有十几颗参天大树而得名。2014 年“大树塆”住户东迁 400 米至光明社区新村中心，为光明社区四五组，大树塆随之消失。

孔家塆[Kǒng jiā wān] 已消失，并入光明新村。

九、府河社区[Fǔhé Shèqū]

府河社区地处安陆市中心城区，东至紫金路、报恩寺与南大社区接壤，北靠北正社区；南连五一社区；西临府河。社区距府城办事处机关约4千米。

府河社区包含古代西门城墙、阜成门、玉带街、玉带桥、龙头寺、西门河街、码头街、上埠口、麻线街、太和宫等街道建筑和渡口，是古代安陆城的经济中心之一。安陆素有"金西门"之说。

1948年2月，解放军江汉独立旅解放安陆城，县城设4个镇，这里是城关区府河镇，将古街合并为太和、和平、劳动、府河4条街道。1952年"四镇合一"，因为这一片土地是和平解放，于是将所有街道合名为和平街，设和平街居民委员会。1982年改名城关镇和平街街道居民委员会。1984年改名城关镇府河街街道办事处。1987年安陆撤县建市，城关镇改为府城办事处，府河街街道办事处恢复府河街街道居委会名称。2001年府河街道居委会改名府河社区。该社区总面积约0.2平方千米。辖区内有河滨小区、礼堂小区、紫金园小区、府河正街、上埠口、龙头寺、安陆市佳禾花园小区、报恩寺西巷12号、府河南路等9个城镇居民点，有涢河酒业、通用网机公司、城建执法大队、住房基金管理中心、军粮供应站、太和宫培训学校6个企事业单位，还有一个宗教场所"古符庵"。2014年年末，常住居民2075户，5716人。社区居民经济来源主要靠工薪和个体经营。

河滨小区[Hé bīn xiǎo qū]　以地理位置命名。民国以前，这里靠东是古安陆城西门的一段城墙；靠西是玉带街附近的老民居区。1957年，这段古城墙被平毁，护城河被填平，陆续建有新单位和民房。2005年改建成民居小区，因位于府河河滨大道东侧，故开发商取名该小区为河滨小区。该居民点东接紫金路，西邻龙头寺正街，南连城建执法大队，北靠东方家园。院内建有2栋楼房，总面积约0.002平方千米，所住居民均为汉族。2014年年末，共有常住居民66户，264人。

礼堂小区[Lǐ táng xiǎo qū]　以建筑物命名。1957年9月，安陆县政府大型室内会议建筑"大礼堂"在城墙遗址上竣工。2000年，大礼堂关闭，改建民居小区，取名"礼堂小区"。民国以前，这里是古安陆城西门的一段城墙，东是县弯街；西是护城河。1957年，城墙被平，护城河被填，安陆县政府大型室内会议建筑"大礼堂"在城墙上竣工。2000年后改建成了小区。该居民点位于府河社区紫金路28号，东接紫金菜场，西邻府河正街，南连碧涢路，北靠通用机械厂。总面积约0.001平方千米，所住居民均为汉族。2014年年末，共有常住居民40户，131人。

紫金园小区[Zǐ jīn yuán xiǎo qū]　以地理位置命名。因该小区位于原安陆市紫金山的延伸部位而得名。2003年以前此地为原安陆市服饰公司的一个门市部和食堂，2003年搬迁后在此地建成了一个小区。该居民点位于府河社区碧涢路249号，东接紫金路，西邻府河正街，南连涢酒厂，北靠礼堂小区。院内共有2栋楼房，1栋38套房，2栋15套房，总面积约0.002平方千米，所住居民均为汉族。2014年年末，住户共66户，198人。

府河正街[Fǔ hé zhèng jiē] 历史上自有安陆城起，这里就开始形成街道和居民点。这里因靠府河，且在城西，北段称"西门河街"；南段是绳索市场称"麻线街"。1949 年改为"和平街"。1981 年 7 月更名"府河街"。街东尚剩古居民聚落，为保存历史记忆，取名"府河正街"。该居民点东接礼堂电影院，西邻佳禾小区，南靠碧涢路，北连紫金路。总面积约 0.002 平方千米，所住居民均为汉族。2014 年年末，共有常住居民 112 户，250 人。

上埠口[Shàng bù kǒu] "上"指北面，"埠口"指河口码头。以方位命名。1970 年以前，府河上没有修建府河大桥，上埠口是连接安陆东西城区的重要交通枢纽，也是府河南北水运的重要聚散埠头。因在几个码头之北，故而得名。其居民点也因附近的上埠口码头而得名。该居民点东到紫金路，西邻龙头寺居民点，南连压缩机厂，北靠紫金路。上埠口 1 号和 2 号正位于西门城门洞阜成门遗址。所住居民均为汉族。2014 年年末，共有常住居民 57 户，170 人。

龙头寺[Lóng tou sì] 以宗教信仰命名。龙头寺原是一座道观台，清朝时候做堤坝，为了镇水，用青石凿了一个龙头在此处，故取名龙头寺。自 1926 年起形成聚落。该居民点东接河滨小区紫金路，西邻府河，南连北正街，北靠紫金路西出口。总面积约 0.0015 平方千米，所住居民均为汉族。2014 年年末，共有常住居民 50 户，170 人。

佳禾花园小区[Jiā hé huā yuán xiǎo qū] "佳禾"谐音"家和"，希望居民能够家庭和睦，"花园"指该小区生活环境优美，以美好愿望命名。这里在古代是西门河街、麻线街与码头街之间的一大片古代居民聚落，几处码头渡口和鳞次栉比的店铺成就了"金西门"的繁华之誉。2002 年街西全部拆毁搬迁建商品小区，起名"佳禾花园"。佳禾花园位于府河大桥东北侧，是沿河滨大道建立的一片住宅小区。该居民点 2002 年建成，东接府河正街，西邻沿河大道，南连府河大桥、碧涢大道，北靠上埠口。小区内共建有楼房 18 栋，建筑面积约 0.018 平方千米，所住居民均为汉族。2014 年年末，共有常住居民 324 户，700 人。

报恩寺西巷[Bào ēn sì xī xiàng] 因地理位置和纪念标志性建筑命名。此处古代有一座报恩寺庙，后拆迁，人们为纪念该寺庙而将附近聚落命名报恩寺西巷。该巷位于南大社区碧涢路与海子河之间，东接三〇九小区，西邻府河社区，南连海子河，北靠碧涢路，街道全长 300 米左右。所住居民均为汉族，常住居民 176 户，520 人。占地面积 0.348 平方千米。

府河南路[Fǔ hé ná nlù] 以地理位置和方位命名。这里是安陆城出西门通樱桃古渡的必经之地，其河边称之为"下埠口"，东西各有一片古聚落区，中间一条小街称为"府河南街"，也叫"下河街"，东通"布市口"。新中国成立后城市规模扩大，道路延伸，且西临府河，又在城西南，改名"府河南路"。这里新老居民聚落也就是"府河南路居民点"。该居民点东接南大社区，西邻涢水路，南连凤凰路，北靠碧涢路。总面积约 0.0015 平方千米，所住居民均为汉族。2014 年年末，共有常住居民 193 户，500 人。

十、南大社区[Nándà Shèqū]

南大社区呈"∟"形布局，北靠北正社区和中山社区；东挨汉丹铁路；南临海子河，与迎春社区隔河相望；西与府河社区接壤。

南大社区是安陆城自古就有的老居民区，距府城办事处机关约 4 千米。1949 年城关区设四镇，这片土地为“阜城镇”的一部分，阜城镇辖清代遗存的东道街、西道街、考棚街、下玉石街、马坊街、石灰街、县弯街、付家巷、龙门街。1952 年撤销城关区设立城关镇，原来城关区的四镇改为四条街道，阜城镇的所有街道名称合并成前进街，设前进街居民委员会管理。1958 年城关镇改为公社，这儿是长春人民公社前进街。1981 年 7 月，前进街居委会更名为南大街居委会。1984 年 5 月，安陆县复置区、乡、村，南大街居委会改名为南大街道办事处，属城关镇辖。南大街(今德安中路)以东的部分划入中山街居委会管辖。1987 年 10 月，撤销城关镇成立府城办事处，南大街道办事处改名南大街居委会，属府城办事处辖。2003 年，南大街道居委会改为南大社区，沿用至今。

晚清民国时期，这一片土地是安陆近代工业的发祥地，三皇庙附近建有织袜厂，新中国成立后分离出针织厂、织布厂、服装厂、内衣厂。1987 年织布厂改产，专门生产 106 型外墙涂料、107 胶水，白乳胶，海子河有一间涂料门市部、一间茶庄、一间毛线销售部。涂料门市部年收入 12 万元；茶庄收入 6 万元；毛线收入 3 万元。1987 年，南大社区还创建手套厂，有工人 10 名，街道集体所有制，年产值 4 万元左右，设备落后，厂房破旧，20 世纪 90 年代初和其他工厂一起破产。现在，辖区内还有安陆市鑫鑫机械设备有限公司、安陆市光能电力有限责任公司。

南大社区也是安陆经济中心，清代金碧辉煌的德安府西会馆在湖北名列前茅，德安府布销往西北各省。1961 年改造扩建东道街和西道街，道路两旁商店林立。

中华人民共和国成立后，这里也是安陆政治文化中心，中共安陆县(市)委、安陆县(市)人民政府、安陆人大、安陆政协、档案局、新华书店、图书馆、文化馆、邮电局、电影院、德安中学、实验中学、按摩职业学校、都在辖区内。社区十分重视居民的文化活动和文体设施建设，区域内有体育健身器材十余套，相继成立了“南大社区书法协会”“安陆市老年文体协会南大社区舞蹈分会”。

截至 2015 年 5 月，辖区总面积约 0. 25 平方千米，共有常住居民 4717 户，14773 人。驻社区党组织 41 个、在职党员 1000 余名。辖区内有生资小区、太白小区、外贸小区、文昌小区、无线电小区、五金公司小区、玉石小区、供销社小区、环城小区、企业局小区、乾丰小区、轻工小区、三〇九小区、马坊街、报恩寺东巷等 15 个居民点和主要驻区单位 45 个。辖区居民主要经济来源是个体经济和工薪。

生资小区[Shēng zī xiǎo qū]　“生资”指单位名称，因当地为原安陆市生资公司的职工宿舍而得名。该小区原为单位宿舍楼，于 1986 年将一部分开发成商品楼，位于南大社区紫金路 73 号。占地面积约 0. 004 平方千米，所住居民均为汉族。2014 年年末，共有常住居民 75 户，225 人。

太白小区[Tài bái xiǎo qū]　李白在安陆居住十年，该小区以人名命名，于 2000 年建成。该居民点位于南大社区三皇庙 14 号。占地面积约 0. 007 平方千米，所住居民均为汉族。2014 年年末，共有常住居民 135 户，410 人。

外贸小区[Wài mào xiǎo qū]　因当地为原安陆市外贸公司下建的宿舍楼而得名。自 1998 年建成命名起沿用至今。该居民点位于南大社区汉丹路 165 号，167 号，下建 8 栋宿舍楼，东接中百仓储，西邻汉丹路，南连海子河，北靠碧涢路。占地面积约 0.008 平方千米，所住居民均为汉族。2014 年年末，共有常住居民 134 户，410 人。

文昌小区[Wén chāng xiǎo qū] 以地理位置命名。因该居民点位于安陆市文昌路附近而得名。该小区于 2003 年建成并命名，位于南大社区文昌路 72 号。占地面积约 0.004 平方千米，所住居民均为汉族。2014 年年末，共有常住居民 116 户，305 人。

无线电小区[Wú xiàn diàn xiǎo qū] 此处由原安陆市农机修造宿舍改建而成，也是 20 世纪 80 年代初安陆市无线电厂所在地，故以地理位置命名。该居民点位于南大社区碧涢路 220 号，共有 6 栋。占地面积约 0.006 平方千米，所住居民均为汉族。2014 年年末，共有常住居民 110 户，362 人。

五金公司小区[Wǔ jīn gōng sī xiǎo qū] 因当地为原安陆市五金公司的单位宿舍楼而得名。安陆县五金公司成立以来，原有一部分是单位门面房，另一部分是宿舍楼和办公楼，后于 2003 年改为公司职工宿舍楼，沿用至今。该居民点位于南大社区马坊街 38 号。占地面积约 0.002 平方千米，所住居民均为汉族。2014 年年末，共有常住居民 36 户，108 人。

玉石小区[Yù shí xiǎo qū] 以地理位置命名。因该小区紧邻安陆市玉石街，遂以街道名称和居民点名称相结合取名。此地原为安陆县米厂的收粮广场，于 2002 年改建成居民区并命名。该居民点位于南大社区，东接玉石街，西邻紫金路，南连马坊街，北靠中山街。占地面积约 0.006 平方千米，所住居民均为汉族。2014 年年末，共有常住居民 141 户，418 人。

供销社小区[Gōng xiāo shè xiǎo qū] 因当地原为供销社单位职工居住区得名。市供销社小区 1986 年建立，附近一部分是单位办公楼，后来破产解散改为居民楼。该居民点位于南大社区紫金路 75 号。占地面积约 0.003 平方千米，所住居民均为汉族。2014 年年末，共有常住居民 56 户，170 人。

环城小区[Huán chéng xiǎo qū] 该居民点位于原环城路而得名，此处中华人民共和国成立初期建食品公司养猪场，2002 年在海子河南岸老养猪场的地址上建成。该小区位于南大社区凤凰路 53 号，东接老食品宿舍，西邻三建宿舍。占地面积约 0.004 平方千米，所住居民均为汉族。2014 年年末，共有常住居民 96 户，270 人。

报恩寺东巷[Bào ēn sì dōng xiàng] 地处古代报恩寺东边的菜园，中华人民共和国成立后逐渐有单位和居民迁入，形成居民点，故名。该小区位于南大社区原南大街 15 组，东接德安南路，西邻报恩寺西巷，南连海子河，街道全长 300 米左右。所住居民均为汉族，常住居民 67 户，152 人。占地面积 0.102 平方千米。

企业局小区[Qǐ yè jú xiǎo qū] 该居民点为安陆市企业局宿舍楼所在地得名，自 1984 年建成起沿用至今。该居民点位于南大社区汉丹路 161 路，共有 3 栋宿舍楼。占地面积约 0.003 平方千米，所住居民均为汉族。2014 年年末，共有常住居民 87 户，240 人。

三皇庙巷[Sān huáng miào xiàng] 古代老居民区，因附近有三皇庙而得名。该小区位于南大社区，南连太白小区，北靠中山正街。所住居民均为汉族，常住居民 177 户，540 人。占地面积 0.362 平方千米。

下玉石街[Xià yù shí jiē] 以所在地地名命名，属古代传承居民点，位于安陆市下玉石街两侧。西邻老按摩医院，南连三皇庙菜场，北靠中山正街和上玉石街，所住居民均为汉族，常住居民 121 户，375 人。占地面积 0.006 平方千米。

乾丰小区[Qián fēng xiǎo qū]　以美好意愿命名。乾为大，丰为盛，1998 年开发商建成。该居民点位于南大社区碧涢路 202 号，共有 4 栋住宅楼。占地面积约 0.004 平方千米，所住居民均为汉族。2014 年年末，共有常住居民 90 户，280 人。

轻工小区[Qīng gōng xiǎo qū]　该居民点 1986 年建成命名，为原安陆市轻工业局下建的宿舍而得名。该居民点位于南大社区碧涢路 200 号，内建四栋居民楼。占地面积约 0.004 平方千米，所住居民均为汉族。2014 年年末，共有常住居民 58 户，180 人。

十一、迎春社区[Yíngchūn Shèqū]

迎春社区地处市中心以南，东接八角楼社区，西邻五一社区，南连凤凰社区，北靠南大社区，距府城办事处机关约 5 千米。

这片土地是古代的风景区，安陆著名的三台八景的“凤凰台”“凤山春晓”和“南岗梧雨”都在这里。凤凰山景色秀美，桃树众多，茂林修竹，梧桐遍野。特别是阳春三月，桃花怒放，香飘数里；农夫荷锄，牧童扬鞭；梧桐吐绿，醉人心扉；晨起四望，心旷神怡。游人遇雨，置身梧下，雨戏梧叶，沙沙作响；梧绕玉溪，氤氲朦胧。不知是美景引出了《诗经》“凤凰鸣矣，于彼高岗。梧桐生矣，于彼朝阳”的千古绝唱，还是《诗经》“凤栖于梧，鸣于高岗”的佳句成就了凤山春晓、南岗梧雨的美景。宋代秦观《郧上谣四首》其三云：“凤山何嵯峨，春风艳桃李。花开连理枝，翩翩映罗绮”。清高联捷有诗写道：“楚水莺啼淑景移，凤山凝望日迟迟。桃花夜曲烟似绣，杨柳春风露欲稀。”这些都是对凤凰台景致的真实写照。

清末起，战乱频繁，这里沦为荒岗坟地。1935 年，民国安陆县政府把这儿划入安陆县第一区管辖；1937 年划归子文乡管辖；1942 年子文乡改为乳岩乡，此地属乳岩乡管辖；1946 年乳岩乡又复名子文乡。1947 年国民党军在凤凰山修筑工事，挖战壕、修暗堡，欲与解放军决一死战。

1948 年 2 月，解放军攻克安陆城，这片土地划归城关区(镇)管辖。20 世纪六七十年代，几个国企工厂迁入安陆，拆迁居民和安陆一中迁入此地，划归安陆县城关镇前进街居民委员会管辖。由于此地发展迅速，1981 年，这片土地从前进街分出，成立迎春街居民委员会，由迎春街居民委员会管辖。“迎春”的意思是迎来了改革开放的春天。2003 年，迎春街改为府城办事处迎春社区。

1988—1989 年，迎春社区(街道)先后创办了迎春铸造厂、迎春饮料厂、迎春罐头厂、迎春建筑公司、迎春酱园厂。迎春建筑公司 1992 年由安陆市建筑工程管理局评定为四级企业，可以承建八层以上楼房。2000 年总营业额达到 2000 多万元。

迎春社区以服务居民为重点，满足居民需求，建设和谐社区，不断丰富居民业余文化生活，安陆市老年乒乓球协会、象棋协会开展得如火如荼，连春节大年初一都未停过；社区为安陆义工联免费提供办公室和设备，义工联和社区的“肖春芬”志愿帮扶活动小组对社会义务服务活动生机蓬勃。

迎春社区辖区内划分为7个网格，共有14个居民点：迎春家园、阳光家园、世纪嘉园、南山名居、名都宛小区、璟苑华府、凤凰西区、凤凰南区、凤凰佳园东区、凤凰佳园、凤凰东区、大唐佳园、床单小区、八角楼小区。2014年年末，共有常住居民3950户，11100人。辖区总面积约1.5平方千米。辖区内主要驻区单位有安陆市白蚁防治管理所、安陆市大唐商务会馆、安陆市防汛抗旱指挥部办公室、安陆市房地产估价事务所、安陆市房地产交易管理所、安陆市房屋安全鉴定所、安陆市森林公安局、安陆市水产技术推广中心、安陆市水产局、安陆市水利建筑工程勘察设计院、安陆市野生动物和森林植物保护站、安陆市安全生产监督管理局、安陆市地税局一分局、安陆市工商行政管理局城南工商所、安陆市林业局、安陆市水利局、安陆市微生物研究所、安陆市住房保障和房屋管理局、安陆市凤凰寄宿学校等19个。

迎春家园[Yíng chūn jiā yuán]　因该居民点位于迎春社区旁而得名。原为府城办事处机关旧址，2005年改建成小区，位于迎春社区凤凰路36号。小区内有房屋4栋，占地面积约0.004平方千米，所住居民均为汉族。2014年年末，共有常住居民94户，290人。

阳光家园[Yáng guāng jiā yuán]　2005年建成，隶属于迎春社区管辖。该居民点位于迎春社区文昌路96号，东接铁路，西邻璟苑华府，南连八角楼小区。小区内有房屋2栋，占地面积约0.002平方千米，所住居民均为汉族。2014年年末，共有常住居民60户，200人。

世纪嘉园[Shì jì jiā yuán]　20世纪70年代开始形成聚落，2005年改造建成小区，因跨千禧年而建，故而得名。该居民点位于迎春社区德安南路2号，南连南山名居，北靠铝厂宿舍。小区内有房屋3栋，占地面积约0.003平方千米，所住居民均为汉族。2014年年末，共有常住居民62户，200人。

南山名居[Nán shān míng jū]　“南山”指凤凰山。此地原为安陆农机修造厂。2004年开发建成居民区，位于汉丹路138号，西邻水泥厂宿舍，南连老干局，北靠凤凰高中。小区内有房屋12栋，占地面积约0.012平方千米，所住居民均为汉族。2014年年末，共有常住居民388户，1200人。

名都宛小区[Míng dōu wǎn xiǎo qū]　2002年建成，位于迎春社区凤凰路28号，东接电力局、西邻大唐商务会馆。小区内有房屋4栋，占地面积约0.004平方千米，所住居民均为汉族。2014年年末，共有常住居民48户，150人。

璟苑华府[Jǐng yuàn huá fǔ]　以姓名命名。因开发商女儿名璟而取名。2008年建成，位于迎春社区凤凰路124号，东接房管局，西邻床单小区。小区内有房屋16栋，占地面积约0.016平方千米，所住居民均为汉族。2014年年末，共有常住居民980户，2000人。

凤凰西区[Fèng huáng xī qū]　“凤凰”指凤凰山，以地理位置命名。该居民点2009年建成，位于迎春社区汉丹路，东接汉丹路，西邻五一社区，南连农机宿舍，北靠汉丹西路农机宿舍。小区内有房屋156栋，占地面积约0.013平方千米，所住居民均为汉族。2014年年末，共有常住居民299户，877人。

凤凰南区[Fèng huáng nán qū]　“凤凰”指凤凰山，以地理位置命名。该居民点2007年建成，位于迎春社区汉丹路，东为汉丹路、西邻五一社区、南接四里社区、北靠凤凰西区。小区内有房屋14栋，所住居民均为汉族，常住居民330户，920人。占地面积约0.014平方千米。

凤凰佳园[Fèng huáng jiā yuán]　“凤凰”指凤凰山，以地理位置命名。该居民点2005年建成，位于迎春社区汉丹路135号，东接凤凰佳园东区，南连安陆市安全生产监督管理局。小区内有房屋11栋，占地面积约0.011平方千米，所住居民均为汉族。2014年年末，共有常住居民258户，775人。

凤凰佳园东区[Fèng huáng jiā yuán dōng qū]　“凤凰佳园”指居民区名称，以地理位置命名。因该居民点位于凤凰佳园东边而得名。该居民点2005年建成，位于迎春社区凤凰路118号，东接床单小区，西邻凤凰佳园。小区内有房屋8栋，占地面积约0.008平方千米，所住居民均为汉族。2014年年末，共有常住居民176户，540人。

凤凰东区[Fèng huáng dōng qū]　“凤凰”指凤凰山，以地理位置命名。该居民点2005年建成，位于迎春社区汉丹路129号，安全生产监督管理局旁边，南连凤凰社区，北靠凤凰佳园东区。小区内有房屋6栋，占地面积约0.006平方千米，所住居民均为汉族。2014年年末，共有常住居民118户，360人。

大唐佳园[Dà táng jiā yuán]　“大唐”指如大唐盛世的繁华的美好愿望，“佳园”指环境优美的住宅区，开发商开发此楼盘时抱着美好的愿望，希望此小区如同大唐盛世样繁华。该居民点2006年建成，位于迎春社区凤凰路22号，东接电力公司宿舍区，西邻第二人民医院。小区内有房屋5栋，占地面积约0.005平方千米，所住居民均为汉族。2014年年末，共有常住居民154户，500人。

床单小区[Chuáng dān xiǎo qū]　“床单”指企业名称，以原单位名称命名。1980年城关镇织布厂升级为县床单厂建于此地。床单厂破产后，2006年在此建成居民小区并命名为床单小区。该居民点位于迎春社区，东接璟苑华府，西邻凤凰佳园东区，南连凤凰山。小区内有房屋1栋，占地面积约0.002平方千米，所住居民均为汉族。2014年年末，共有常住居民80户，300人。

八角楼小区[Bā jiǎo lóu xiǎo qū]　此处古代有八角楼，以标志性建筑命名。该居民点2001年建成，位于迎春社区文昌路90号，东接铁路，西邻璟苑华府。小区内有房屋4栋，占地面积约0.004平方千米，所住居民均为汉族。2014年年末，共有常住居民90户，280人。

十二、圆通寺社区[Yuántōngsì Shèqū]

圆通寺社区位于老城区北郊，东傍太白大道，与安陆市经济开发区接壤；北靠开发区时庙社区；西临赵河社区；南接府城肖台社区、护国社区和解放社区，槎山河和武襄高速铁路穿境而过。这里是府城办事处机关所在地。

圆通寺社区因古代附近有圆通寺而得名。元明清三代，这片土地属于德安府教军场的一部分，先归太平乡管辖，晚清属福寿乡教军场旗会。

民国时期的这片土地，1934年属安陆县第一区管辖；1942年属教军乡管辖；1946年属碧霞乡管辖。

1948年安陆解放，这里属安陆县城关区城北乡；1952年划入第六区，叫圆通乡；1956年与洑水、城西一起划归安陆县直辖，复名城北乡。1958年成立人民公社，这里又从城关划出，属东风人民公社，全称是东风人民公社城北乡圆通农业合作社。1961 年，安陆县将大公社改小公社，这里是洑水区城北公社圆通大队。1975 年 2 月，安陆县撤区并社，这里又划归城关，全称是城关人民公社圆通大队。1980 年，撤销城关公社，又从城关划出，与赵河、光明、何岗一起成立城北原种场，这里叫城北原种场圆通村。1987 年 10 月，安陆撤县建市，圆通村划入北城办事处。2001 年，北城办事处并入府城办事处，这里是府城办事处圆通村，2014 年改名圆通寺社区。

圆通寺社区农民收入以种植蔬菜、水稻，开展养殖、外出务工为主，年人平收入 8000 元。社区居委会经济收入以出租房屋、租赁土地为主，年收入 11 万元；社区企业生产年创收 21 万元。为进一步发展壮大集体经济，社区在太白大道以土地出让的形式引进了资产过 500 万元的汽车配件中心企业；在七里桥建环保材料砖厂，另外还利用七里河外闲置土地进行出租。年增收约 15 万元。同时，还大力鼓励农民种植时令大棚蔬菜，以帮资金、帮技术的形式鼓励养殖大户扩大养殖规模。为丰富群众文化生活，投资 40 多万元修建休闲广场，组建了一支业余舞蹈队。

2015 年年末，辖区面积约 1.2 平方千米，耕地面积约 0.209 平方千米，共有常住居民 697 户，5086 人。辖区内共有 9 个村民小组和 2 个小区：圆通寺社区居民委员会刘家饭铺(一组)、金家槽坊(二组)、老河庙(三组)、周家河(四组)、陈家塆(五组)、高罗家塆(六、七、八、九组)、铁西小区、金元小区。辖区内单位有安陆市建管处、安陆市府城办事处、安陆市石油公司北城加油站、安陆市和谐物流公司、安陆市坤捷商贸有限公司、宏宛大酒店、金坤威娜国际酒店、保险公司北城保险站、废旧回收公司、安陆市技术监督局、安陆市人民法院城区法庭。

刘家饭铺[Liú jiā fàn pù]　元明清三朝此地为德安府教军场，因在邮铺和驿道边，刘家开设饭店供路人用餐而得名。该居民点东接太白大道，西邻武襄铁路，南连居民委员会二组(金家槽坊)，北靠时庙社区。总面积约 0.031 平方千米，所住居民均为汉族。2014 年年末，全组共有居民 48 户，205 人。耕地面积约 0.0137 平方千米。

金家槽坊[Jīn jiā cáo fáng]　元明清三代属德安府教军场，在邮道(驿道)边，有金姓人在此开酿酒槽坊而得名。该居民点东接金台村，西邻 5 组(陈家塆)地界，南连 9 组(高罗家塆)地界，北靠一组(刘家饭铺)地界。总面积约 0.0164 平方千米，所住居民均为汉族。2014 年年末，全组共有居民 44 户，190 人。耕地面积约 0.0091 平方千米。

老河庙[Lǎo hé miào]　因河边有一座关帝庙，故名老河庙，也叫老关庙。该居民点处于府河冲积平原，呈块状分布，东接四组周家河，西邻赵河社区，南连四组周家河，北靠槎山河支流。总面积约 0.043 平方千米，所住居民均为汉族。2014 年年末，全组共有居民 24 户，98 人。耕地面积约 0.03 平方千米。

周家河[Zhōu jiā hé]　古代河流各段有隔断的名称。此处古村落姓周的较多，槎山河流经周姓一段，故名周家河。该居民点是圆通寺社区所在地，东接社区 5 组陈家塆，西邻赵河社区地界，南连护国社区地界，北靠槎山河支流。所住居民均为汉族。全组 238 人，58 户，总面积为 0.057 平方千米，其中有耕地面积 0.032 平方千米。

陈家塆[Chén jiā wān]　该居民点陈姓较多，东接社区二组金家槽坊，西邻四组周家河地界，南连护国社区地界，北靠槎山河支流。所住居民均为汉族。全组 123 人，33 户，总面积为 0.03 平方千米，其中有耕地面积 0.0189 平方千米。

高罗家塆[Gāo luó jiā wān]　以姓氏命名，高罗两姓居多而得名。该居民点东接老汉孟公路，西邻社区陈家塆，南连槎山河支流和护国社区，北靠金家槽坊和周家河。总面积约 0.065 平方千米，所住居民均为汉族。2014 年年末，全塆共有居民 170 户，603 人。耕地面积约 0.0364 平方千米。

铁西小区[Tiě xī xiǎo qū]　“铁”指武襄铁路，“西”指方位，该小区位于安陆市武襄铁路以西而得名。该小区建于 2006 年，位于安陆市武襄铁路以西，聚落呈块状分布，东接圆通寺社区六组(高罗家塆)，西邻圆通寺社区四组(周家河)，南连圆通寺社区五组(陈家塆)，北靠圆通寺社区六组(高罗家塆)。总面积约 0.0147 平方千米，所住居民均为汉族。2014 年年末，全小区共有居民 87 户，320 人。

金元小区[Jīn yuán xiǎo qū]　“金元”指地理位置，因该小区位于安陆市开发区金台社区和原元通村(即圆通村)之间，为还建小区，主要安置因安陆市爱仕达拆迁而搬迁至此的社区居民，故叫金元小区。

该小区建于 2007 年，位于安陆市开发区金台社区和圆通寺社区之间，聚落呈块状分布。东接金坤酒店，西邻武襄铁路，南连金家槽坊五草塘，北靠一组刘家饭铺耕地。总面积约 0.093 平方千米，所住居民均为汉族。2014 年年末，全小区共有居民 150 户，610 人。

十三、八角楼社区[Bājiǎolóu Shèqū]

因区域附近有古建筑八角楼而得名。位于府城南端，东接经济开发区卓塆社区，西邻孝感水泥厂，南连南城草庙村，北靠府东、南大社区。距府城办事处机关约 6 千米。

这片区域古代主要驻扎军队拱卫安陆城，随军的老幼妇孺和退伍军人以姓氏组成部落形成现在的村庄。

这片土地清代属太平乡。进入民国后，1935 年属第一区；1937 年大部分属子文乡；1942 年属乳岩乡；1946 年东部属迎宾乡，西部属子文乡。

1949 年 10 月，隶属于城关区管辖。1958 年 9 月建立人民公社，更名红旗大队，隶属于城关人民公社城关镇管辖。1972 年更名为凤凰大队。1979 年 1 月，凤凰大队更名为凤凰村，隶属于城关镇管辖。1987 年 10 月，撤销城关镇成立府城办事处，凤凰村隶属于府城办事处管辖。2015 年，凤凰村改为八角楼社区。

八角楼社区共有 6 个居民点：八角楼社区一组(吴家菜园)、八角楼社区二组(吴家塆)、八角楼社区三组(仰家塆)、八角楼社区四组(大塘角)、八角楼社区五组(高家塆)、八角楼社区六组(旗杆塆)。2014 年年末，社区内有常住居民 760 户，共 2120 人，辖区占地面积约 1.3 平方千米，耕地面积约 0.467 平方千米，居民主要经济来源靠农业和外出务工。

社区内主要驻区单位有八角楼社区居民委员会、安陆市第一高级中学、安陆市瑞源建材有限公司、安陆市振威投资开发有限公司、安陆市中力家居建材有限公司、安陆市赐梦服饰制品有限公司等。

吴家菜园[Wú jiā cài yuán]　“吴家”指吴姓居民，“菜园”指专门用来种菜的小块田地。该居民点位于铝厂西大门对面，为丘陵地形，聚落呈条状分布。东接原铝厂，西邻五一社区，南连南城四里村，北靠迎春社区、南山名居。总面积约 0.009 平方千米，所住居民均为汉族。2014 年年末，全组共有居民 49 户，290 人。

吴家塆[Wú jiā wān]　清绿旗军遗存部落，以姓氏命名。该居民点位于孝襄铁路与河沙铁路交会处，为丘陵地形，聚落呈条状分布。东接八角楼五组(高家塆)，西邻凤凰社区，南连八角楼三组(仰家塆)，北靠南大社区实验中学。总面积约 0.022 平方千米，所住居民均为汉族。2014 年年末，全组共有居民 263 户，705 人。

仰家塆[Yǎng jiā wān]　以姓氏命名。该居民点位于 316 国道与武襄铁路之间，为丘陵地形，聚落呈条状分布。东接 316 国道，西邻凤凰社区，南连四里社区，北靠八角楼二组(吴家塆)。总面积约 0.0053 平方千米，所住居民均为汉族。2014 年年末，全组共有居民 49 户，173 人。

大塘角[Dà táng jiǎo]　以地理位置命名。清代驻扎亦兵亦农的绿营兵，筑有兵寨，故别名为寨塆，因附近有一口大塘，该居民点位于塘角，故而又名大塘角。该居民点位于老 316 国道(太白大道)以南，为丘陵地形，呈条状分布，东接八角楼六组(旗杆塆)，西邻太白大道，南连安花铁路，北靠草庙。总面积约 0.006 平方千米，所住居民均为汉族。2014 年年末，全组共有居民 58 户，195 人。主要经济来源以外地务工和自主营业为主。

高家塆[Gāo jiā wān]　以姓氏命名，该居民点主要姓氏为高姓。清代退伍士兵形成的聚落群。该居民点位于太白大道以西，为丘陵地形，聚落呈条状分布。东接新一中，西邻孝襄铁路，南连安花铁路，北靠府东社区。总面积约 0.0108 平方千米，所住居民均为汉族。2014 年年末，全组共有居民 118 户，350 人。

旗杆塆[Qí gān wān]　以历史事件命名。古代因驻扎军队形成聚落，清初康熙年间比武有一人在军中得冠军，在冠军家的房前立了根旗杆，所以称旗杆屋，后更名旗杆塆。该居民点位于太白大道以东，为丘陵地形，聚落呈条状分布。东接卓塆村，西邻新一中，南连草庙，北靠红石村。总面积约 0.007 平方千米，所住居民均为汉族。2014 年年末，全组共有居民 67 户，235 人。

十四、北正社区[Běizhèng Shèqū]

北正社区位于安陆古城西北部，属于古聚落区，因主要街道古代叫北正街而得名。北正社区东接儒学社区，西邻府河，南连中山社区和南大社区，北靠解放社区。社区距府城办事处机关约 3 千米。

北正社区古有北正街、北横街、紫金街、镵头嘴、府弯街、鲜鱼巷、上玉石街、四状元里等街道；有汉代黄公祠和黄香墓，唐代浮云楼，宋代车盖亭和司马书室，明代北华门、三个藩王府邸，清代江西会馆、汉东书院、碧霞台，历代七相堂等古建筑；还有历代知府、经历、照磨、通判、推官等衙门和职能部门，是古代安陆名副其实的政治、经济、文化中心。

北正社区是一块红色的土地，1919 年，安陆声援北京“五四”运动的学潮在这里发起；北伐战争时期，国民党安陆县党部、共产党安陆第一个支部都在这块土地诞生，农民运动讲习所指挥着全县农民运动轰轰烈烈；1937 年至 1938 年，爱国音乐家冼星海在这儿生活战斗；1938 年 6 月，在陶铸的领导下，这里创办了安陆书报合作社；1941 年，新四军在日军眼皮底下活捉汉奸梁叔和；1948 年 2 月，解放军江汉独立旅从这儿最先解放安陆城。

1935 年，民国政府将全县分为 5 个区，县城属第一区。1937 年安陆县城改名城关镇，北正社区是城关镇的一部分。

抗日战争中，北正社区遭到日军飞机惨无人道地轰炸，古建筑夷为平地，这片土地沦为日军军事禁区。

中华人民共和国成立后，安陆政府将北正社区设为城关区紫金镇。1952 年撤销紫金镇，将所有街道合名为解放街，设解放街居民委员会。1981 年 7 月，解放街居委会更名为北正街居委会。1984 年 5 月，安陆县复置区(镇)、乡(镇)、村，北正街居委会改名为北正街街道办事处，隶属于城关镇管辖。

1987 年 10 月，撤销城关镇成立府城办事处，北正街道隶属于府城办事处管辖。2003 年，将北正街道改为北正社区。

20 世纪，位于北正社区的文化用品厂生产的象棋出口海外。1985 年，建白涢石油化工厂，年产值 10 万元左右，1998 年收归办事处。1985 年成立北正供销公司，销售建工材料，年产值 15 万元。同年成立北正汽运公司，有拖拉机、东风牌卡车等各种车辆 26 辆，年产值 30 万元，1988 年解体；塑料彩印厂年产值 10 万元，主要经营塑料制品加工、塑料彩印、热合等，设备有从南京购回的价值 3 万多的大型彩印机一台，塑料袋热合机 5 台，1990 年停产；草编织工艺厂，产品有：草帽、编织袋、坐垫和其他工艺品，年产值 20 万元；北正修配厂，来料加工，年产值 10 万元；北正废品回收部年产值 200 多万元；北正街经鑫贸易公司，销售各种生活用品年产值 15 万元，1998 年倒闭。

截至 2015 年，北正社区共有 17 个居民点：银河小区、粮机居民区、粮机小区、东方家园、国税小区、公安局居民区、五金小区、泰丰花园、家具厂居民区、剧团居民区、二小居民区、紫金小区、文化用品小区、河滨二号楼小区、调味品小区、紫金佳园、午时药业小区。2014 年年末，社区内有常住居民 3402 户，共 11786 人，辖区占地面积约 0.065 平方千米。居委会工作人员 6 名，社区内主要驻区单位有市国税局府城分局、市公安局、市楚剧团、市五金厂、紫金路小学、粮机医院、妇幼保健医院等。社区居民的主要经济来源是商贸和工薪。

银河小区[Yín hé xiǎo qū]　以地理位置命名。小区北有一条小河，历史上叫“潮金涧”，是府河岔道泊船的理想港湾，造就了几条街道的繁华，被誉为“银北门”，2000 年城市开发建成居民小区，按地理位置靠近河边和“银北门”的典故，取名“银河小区”。

民国以前这里是安陆北门古城墙，东邻北正街古城门(拱辰门)，新中国成立后废了城墙陆续建房成民居区。该居民点位于安陆市德安北路西边 146 号，东接德安北路，西邻原粮机厂，南连粮机厂宿舍区，北靠护城河对面的解放社区。聚落呈块状分布。总面积约 0.0013 平方千米，所住居民均为汉族。2014 年年末，全小区共有居民 131 户，393 人，小区内共建有 4 栋居民楼。

粮机居民区[Liáng jī jū mín qū]　“粮机”指东方红粮食机械厂，以地理位置命名。1965 年，粮食部在此建东方红粮食机械制造厂，此地为宿舍区。因该区居民多数为湖北省粮食机械厂职工及其家属居住的楼群而得名。

古代这里是一座小山，山上有寺庙叫紫金寺，寺前有台叫紫金台，是安陆有名的风景区之一。到了明代，明宪宗之子歧惠王朱佑榆，寿定王朱佑楮、世宗之子朱载圳均封国德安府。三个藩王都在附近建有宫殿，清朝咸丰年间毁于太平天国一把大火。抗战时期沦为日军事禁区，七相堂、北华门、德安府各司职衙门等古建筑再度被毁，成为废墟。该居民点位于安陆市东方家园旁，聚落呈块状分布，东接德安北路，西邻东方家园，南连紫金路，北靠银河小区。总面积约 0.0054 平方千米，所住居民均为汉族。2014 年年末，全小区共有居民 540 户，1620 人，小区内共建有 18 栋居民楼。

粮机小区[Liáng jī xiǎo qū]　“粮机”指原安陆市东方红粮食机械厂，以地理位置命名。因该居民区位于原安陆市东方红粮食机械厂职工宿舍楼旁而派生得名。

历史上的老居民区，属古代街道“鑱头咀”的北横街，1950 年属北正街居民委员会管辖。1962 年北门所有街道改为解放街，属解放街居民委员会管辖。1994 年，隶属于府城办事处北正街道办事处管辖。2000 年德安路拉通开发建成安置小区，因在粮机厂附近命名“粮机小区”。该居民点隶位于安陆市德安北路西边 102 号，市公安局斜对面，聚落呈块状分布。北和西都是原粮机厂家属区，南是紫金路。总面积约 0.00106 平方千米，小区所住居民均为汉族。2014 年年末，全小区共有居民 72 户，216 人，小区内共建有 2 栋居民楼，南、北栋均为两个单元，各六层。

东方家园[Dōng fāng jiā yuán]　“东方”指东方红粮机厂，以原单位名称“东方红粮机厂”命名。1965 年这里建粮食部东方红粮食机械厂。粮机厂改制后 2010 年开发商建商品住宅区，留用东方红粮机厂“东方”二字，取名“东方家园”。

自古以来是安陆少有的繁华地段，德安府衙、四状元坊、浮云楼、司马书室、七相堂、黄香墓都在小区范围内。1938 年被日军夷为平地。1965 年粮食部东方红粮机厂建于此。2010 年，改建东方家园，系北正社区辖，自命名开始沿用至今。该居民区位于安陆市紫金路，呈块状分布。东接德安北路，西邻府河，南连紫金路，北靠解放社区。总面积约 0.0174 平方千米，所住居民均为汉族。2014 年年末，小区共有居民 2564 户，7692 人。小区内共建有 58 栋居民楼。

国税小区[Guó shuì xiǎo qū]　“国税”指安陆市国税局，以单位名称命名。1990 年国税局在此建成办公楼、宿舍楼，逐渐形成居民点，故而得名。

中华人民共和国成立前是北正街一个大户人家的房屋，“土改”时没收成为国有财产，办安陆县城关镇纸箱厂，20 世纪 80 年代移交安陆国税局。该居民点位于安陆市德安北路 99 号，聚落呈块状分布。东接儒学社区，西邻德安北路，北和南是街道居民点。小区内共建有 5 栋居民楼，总面积约 0.00143 平方千米，所住居民均为汉族。2014 年年末，小区共有居民 72 户，216 人。

公安局居民区[Gōng' ān jú jū mín qū]　“公安局”指单位名称，该居民点位于安陆市公安局旁，公安局工作人员及其家属居住地而得名。

清朝此地属街道鑱头咀的靠东部分和农田。20 世纪 50 年代，安陆县公安局和看守所建于农田上。1998 年公安局宿舍楼大多建于鑱头咀东，和城镇居民一起建成聚落群。该居民点位于安陆市德安北路 35 号，呈块状分布。西邻德安北路，南和东是公安局，北靠北正社区其他居民点。总面积约 0. 02892 平方千米，所住居民均为汉族。2014 年年末，小区内共建有 8 栋居民楼，共有居民 244 户，976 人。

五金小区［Wǔ jīn xiǎo qū］　“五金”指安陆市小五金厂，以原单位名称命名。此处原为城关镇五金厂，1977 年改建为小区。

民国时期，这里是湖北名人耿伯钊故居，中华人民共和国成立后充公，20 世纪 50 年代初期曾作剧院。1956 年安陆露天剧院搬到对面，此处作城关镇小五金厂和家具厂，1987 年改为五金厂，2006 年建成小区，隶属于北正社区，沿用至今。该居民点位于安陆市德安北路 15 号院内，聚落呈块状分布，东接妇幼保健院，西邻德安北路，南连儒学路，北靠公安局。总面积约 0. 0012 平方千米，所住居民均为汉族。2014 年年末，小区内共建有 4 栋居民楼，全小区共有居民 46 户，138 人。

泰丰花园［Tài fēng huā yuán］　“泰丰”指安陆市泰丰房地产开发有限公司，以美好意愿和房地产公司命名。寓意国泰民丰。该居民点 2005 年建成，位于安陆市儒学路 19 号，聚落呈块状分布。东接妇幼保健院，西邻家具厂小区，南连儒学路，北靠公安局。总面积约 0. 0024 平方千米，所住居民均为汉族。2014 年年末，全小区共有居民 132 户，396 人，小区内共建有 4 栋居民楼。

家具厂居民区［Jiā jù chǎng jū mín qū］　以单位名称派生。因该居民区位于原安陆市家具厂所在地而得名。20 世纪 70 年代此地建有家具厂。该居民点位于安陆市儒学路 31 号，聚落呈块状分布。东接安陆妇幼保健院，南和西近邻街道商铺，北靠公安局。总面积约 0. 00072 平方千米，所住居民均为汉族。2014 年年末，小区共有居民 24 户，72 人。小区内共建有 2 栋居民楼。

剧团居民区［Jù tuán jū mín qū］　“剧团”指安陆市楚剧团，以地理位置命名。因该居民区位于原安陆市剧团宿舍楼所在地而得名。

这里是古代江西会馆遗址，被侵华日机炸为平地，1956 年后建剧团。该居民点位于安陆市德安北路 2 号，聚落呈块状分布。东接儒学路，西邻紫金路小学，南连农业银行德安路储蓄点，北靠二小小区。总面积约 0. 0015 平方千米，所住居民均为汉族。2014 年年末，全小区共有居民 99 户，287 人。小区内共建有 5 栋居民楼。

二小居民区［Èr xiǎo jū mín qū］　“二小”指安陆市城关第二小学，以附近单位名称命名。这里清朝是汉东书院的一部分，民国时期汉东书院先后更名省立十中、省立八中、吉阳镇中心国民学校。中华人民共和国成立后先后更名城关二小、安陆市紫金路小学。该居民点位于安陆市德安北路 34 号附近，聚落呈块状分布。东接德安北路，西邻紫金小区，南连紫金路小学，北靠紫金路。总面积约 0. 00192 平方千米，所住居民均为汉族。2014 年年末，小区共有居民 98 户，392 人。小区内共建有 4 栋居民楼。

紫金小区［Zǐ jīn xiǎo qū］　“紫金”指安陆紫金山，因该小区位于紫金山之南而得名。明代藩王府邸之一，毁于太平天国战火。清朝时北部成为居民区，南部属汉东书院赵复祠，1938 年毁于侵华日军战火。1966 年建东方红粮机厂科研所。东边的宿舍区现属二小居民区；西边的科研所厂房于 2001 年开发成居民小区，位于安陆市上玉石街 2 号，聚落呈块状分布。东接二小小区，西出口为上玉石街，南连紫金路小学，北靠紫金路。总面积约 0. 0012 平方千米，所住居民均为汉族。2014 年年末，全小区共有居民 123 户，369 人。

小区内共建有 3 栋居民楼。

文化用品小区[Wén huà yòng pǐn xiǎo qū] “文化用品”指原安陆市文化用品厂，以原单位名称命名。原这一片用于城关镇刻印社。刻印社后改名文化用品厂，2007 年开发建成居民小区，因而得名。

清朝这里是汉东书院南大门前的一片小广场，场南是一排民房。20 世纪 50 年代建城关镇刻印社，20 世纪 80 年代改建成文化用品厂。该居民点位于安陆市中山街 71 号，聚落呈块状分布。东西两边紧邻民房，南连中山街，北靠紫金路小学。总面积约 0.002 平方千米，所住居民均为汉族。2014 年年末，全小区共有居民 85 户，255 人。小区内共建有 9 栋居民楼。

河滨二号楼小区[Hé bīn'èr hào lóu xiǎo qū] “河滨”指府河边，以地理位置命名。因该小区位于安陆市府河边上，为河滨小区第二号楼而命名。

在清代是四状元里和鲜鱼巷的一部分，四状元里毁于侵华日军战火。1965 年建粮食部东方红粮机厂，四状元里的废地和鲜鱼巷北部划归粮机厂建宿舍。2004 年重建紫金路南边的居民楼和商铺，南边粮机厂两栋老楼依旧。该居民点位于安陆市紫金路 9 号，聚落呈块状分布。东接粮机医院。南连烟草公司，北西两面是紫金路。总面积约 0.001 平方千米，所住居民均为汉族。2014 年年末，小区共有居民 152 户，456 人。小区内共建有 3 栋居民楼。

调味品小区[Tiáo wèi pǐn xiǎo qū] “调味品”指原安陆市调味品公司，以原公司名称命名。1975 年建，位于安陆市紫金路 33 号，东接西亚丽宝超市，西邻紫金路，南连鲜鱼巷，北靠紫金路，所住居民均为汉族。2014 年年末，全小区共有居民 12 户，36 人。小区内共建有 1 栋居民楼。

紫金佳园[Zǐ jīn jiā yuán] “紫金”指安陆市紫金路小学，“佳园”指寓意美好家园。以紫金路小学派生命名。因该小区位于安陆市紫金路小学西面而得名。

清朝这里是府弯街东边的老居民点，1946 年属吉阳镇管辖。解放初期建安陆城关镇竹器社，20 世纪 70 年代末改成饮料厂。该居民点位于安陆市紫金路 43 号院内，聚落呈块状分布。东接紫金路小学，西邻紫金路，南连烟草公司，北靠粮机医院。总面积约 0.00045 平方千米，所住居民均为汉族。2014 年年末，全小区共有居民 60 户，180 人，小区内共建有 1 栋居民楼。

午时药业小区[Wǔ shí yào yè xiǎo qū] 以原单位名称命名。20 世纪 80 年代中期安陆建制药厂，在厂西建宿舍楼。1987 年制药厂改名午时药业后搬到河西，宿舍未动，故名午时药业小区。小区属老居民区改造，位于鲜鱼巷 45 号院内，聚落呈块状分布，东接紫金路小学，其他三面均邻民房。总面积约 0.001 平方千米，所住居民均为汉族。2014 年年末，全小区共有居民 144 户，432 人。小区内共建有 2 栋居民楼。

十五、蒿桥社区[Hāoqiáo Shèqū]

蒿桥社区位于涢水西岸，东接府河，西邻棠棣镇黎龙村，南连棠棣镇金泉村，北靠河西社区和烟店水寨村。社区距府城办事处机关约 5 千米。

清代以前这里是涢水与灌水交汇的一片荒滩，经常被洪水吞噬。灌水西岸山上驻扎有军队拱卫安陆城，安陆的汉兵绿营有64会72军旗，此地为河西会旗。为饮马方便，驯马场挖有大池塘称为马堰。清代世兵制改募兵制后，退伍士兵在此形成聚落，也有少数躲避太平天国战乱的移民在此落脚。

清末这里属春和乡管辖。1935年属民国政府安陆县第一区。1942年属涢西乡。1948年安陆解放，属城关区管辖。1958年9月建立人民公社，这里是长春人民公社城关镇蒿桥大队。1984年5月，安陆复置区(镇)、乡(镇)、村，蒿桥大队改名为蒿桥村，隶属于城北原种场管辖。1987年10月，撤销城关镇成立府城办事处，蒿桥村隶属于府城办事处管辖。2005年，蒿桥村改为蒿桥社区。

1971年府河大桥通车后，特别是20世纪80年代，一大批市直单位、机关学校迁入此地，这里得到了长足的发展。社区居民委员会于2009年3月建成，投入资金20万元，建筑面积150平方米。一楼设社区事务综合服务大厅(公共服务、代理服务、互助服务)；二楼设社区文体活动室、图书阅览室、维权咨询室、警务室、共驻共建单位活动室、党支部活动室；三楼设市民学校。

截至2015年，蒿桥社区辖区面积1.6平方千米，耕地面积330亩。辖郑家塝、马堰外李家台、李家台子、舒家巷、赵家塆、仙府塆、马堰内李家台、毛纺厂小区、卫校小区、涢西小区10个居民区(小组)，社区常住人口3789人。辖区内的主要经济来源一是农业，二是个体经营，三是工薪。

辖区内主要驻区单位有中共安陆市委党校、安陆市少儿业余体校、安陆市民福宾馆、安陆市农产品质量安全监督检查站、安陆市土壤肥料站、安陆市文化体育新闻出版局、安陆市植物保护站、安陆市种子管理局、安陆市博物馆、安陆市府城涢西小学、安陆市解放山水库管理处、安陆市农业局、安陆市第二技工学校、湖北午时药业股份有限公司、安陆市中医院等15个。

郑家塝[Zhèng jiā bàng]　以姓氏命名。因该地为郑姓聚居地而得名。民国时期，形成聚落，命名为郑家塝，属涢西乡。该居民点处丘陵地带，聚落呈块状分布，东接西干渠，西邻蒿桥河，南连解放大道，北靠水寨。总面积约0.1642平方千米，该社区居民均为汉族。2014年年末，共有居民78户，341人。

马堰外李家台[Mǎ yàn wài lǐ jiā tái]　以地理位置和姓氏命名。清朝初为世兵制，安陆的汉兵绿营有64会72军旗，此地为河西会旗。为饮马方便，驯马场挖有大池塘称为马堰。清朝末年改世兵制为募兵制，原军营中的李姓老兵留守形成聚落。这个聚落于民国初年形成，在马堰外故称马堰外李家台。该居民点处丘陵地带，聚落呈块状分布，东接赵家台，西邻郑家坝，南连蒿桥河，北靠解放大道。总面积约0.3平方千米，该社区居民均为汉族。2014年年末，共有居民86户，285人。

李家台子[Lǐ jiā tái zi]　以姓氏命名。该地居民主要姓氏为李姓且地势周围低中间高故而得名。民国时期，形成聚落，处丘陵地带，呈块状分布，东接赵家台，西邻午时药业，南连碧涢路，北靠涢西小区。总面积约0.0201平方千米，该社区居民均为汉族。2014年年末，共有居民37户，121人。

舒家巷[Shū jiā xiàng]　以姓氏命名。此地古代为蒿桥河边的浅丘，无人居住。民国初年有赵舒两姓迁移到此，形成聚落，其中舒姓聚落所在地取名舒家巷。该居民点处丘陵地带，呈块状分布，东接文体局，西邻赵家台，南连涢西小学，北靠解放大道。总面积约0.0871平方千米，该社区居民均为汉族。2014年年末，共有居民76户，共283人。

赵家塆[Zhào jiā wān] 亦名赵家台、赵家台子，地势周围低中间高，以姓氏命名。民国时期，形成聚落，处丘陵地带，聚落呈块状分布，东接舒家巷，西邻李家大堰，南连涢西小学，北靠解放大道。总面积约0.0737平方千米，该社区居民均为汉族。2014年年末，共有居民97户，423人。

仙府塆[Xiān fǔ wān] 亦名仙府巷，以美好愿望命名。清末民初，有难民迁徙至此落脚形成聚落，见此地依山傍水，东有府河麦畈，西有稻米良田，人们安居乐业，故把聚落取名"仙府巷"。该居民点处丘陵地带，聚落呈块状分布，东接河西社区，西邻西干渠，南连解放大道，北靠烟店水寨。总面积约0.1541平方千米，该社区居民均为汉族。2014年年末，共有居民67户，共323人。

马堰内李家台[Mǎ yàn nèi lǐ jiā tái] 以地理位置和姓氏命名形成聚落，形成原因与马堰外李家台一样，仅区别于"内外"。该居民点处丘陵地带，聚落呈块状分布，东接赵家台，西邻蒿桥河，南连李家台，北靠解放大道。总面积约0.24平方千米，该社区居民均为汉族。2014年年末，共有居民39户，143人。

毛纺厂小区[Máo fǎng chǎng xiǎo qū] 以所属单位名称命名。古代为沙地农田，1984年安陆市毛纺织厂建于此地形成聚落，故取名毛纺厂小区。该居民点呈块状分布，东接府河，西邻涢西小学，南连蒿桥路，北靠永祥粮机分厂。总面积约0.0335平方千米，该社区居民均为汉族。2014年年末，共有居民102户，372人。现有楼房7栋。

卫校小区[Wèi xiào xiǎo qū] 以单位名派生，因该地位于安陆卫校旁故而得名。1984年开发，由农业局、制药厂和疾控中心等单位组成，隶属于城北原种场蒿桥村管辖。1987年10月，隶属于蒿桥村管辖。2005年，更名为蒿桥社区十组，隶属于蒿桥社区管辖。该居民点呈块状分布，东接涢水，西邻河西部队，南连金泉寺，北靠中医院。总面积约0.0268平方千米，该社区居民均为汉族。2014年年末，共有居民49户，158人。

涢西小区[Yún xī xiǎo qū] 以地理位置命名。古代为沙地农田，1984年这片土地开始开发，形成居民区。因这里古代属河西会，民国时期属涢西乡，故取名涢西小区。该居民点呈块状分布，东接府河，西邻赵家台，南连午时药业，北靠涢西小学。总面积约0.134平方千米，该社区均为汉族。2014年年末，共有居民92户，287人。现有楼房10栋。

十六、河西社区[Héxī Shèqū]

河西社区位于安陆市城区涢水西岸，东傍府河，北靠烟店周桥村，西、南均邻蒿桥社区。社区距府城办事处机关约5千米。

河西社区位于古代府河西岸冲积平原，地表是沉积的油沙土，适合种旱地农作物，一米以下多为黄沙。从清代咸丰年间起，有难民躲避"长毛"太平天国战乱，逃荒到此扎根，慢慢形成几个小聚落，史称"九个塆"。

晚清九个塆属春和乡河西会。1937年属均和乡第五保。1942年属涢西乡。1948年属城关区河西乡。

1950年城关区改为城关镇，河西乡划给烟店管辖。1952年10月，全县设7区1镇134乡，河西在土地改革中形成河西农业生产合作社，属青龙区管辖。1956年4月，安陆县区乡再次调整，河西乡由城关镇代管。1958年成立人民公社，河西乡再次由城关(长春人民公社)划出，属红旗人民公社城西乡管辖。

1961年4月，将公社改为区，河西属青龙区城西人民公社管辖，全称是青龙区城西人民公社河西大队。

1975年2月安陆撤区并社，河西大队又回归城关人民公社。20世纪70年代，河西大队将九个塆搬迁合并，路东改为东新村，路西改为西新村，从此九个塆成了历史名称。

1980年春，河西大队划归原种场。第一次地名普查计划改为德慧大队，但未实行。1987年底，安陆县升级安陆市，城关镇改名府城办事处，河西大队又一次回归府城，改名河西村。2014年改为河西社区。

河西社区的文化遗址、名胜、大型建筑有解放山龙山文化遗址、德慧寺和解放山水利枢纽工程。解放山在河西社区东，安陆老城西北一千米左右，最初叫乌龟嘴(jì)。不知何时，乌龟嘴建了一座名曰“救苦寺”的庙宇。唐朝诗人李白曾赋诗《春游救苦寺》。五代十国的周世宗也在乌龟头上洗过脚，于是乌龟嘴的“嘴”也叫洗脚石。元末明初，救苦寺毁于朱元璋的战火之中。至正二十三年(1363年)陈友谅阵亡之后，朱元璋“九剿湖广”“三洗德安”，实行了惨绝人寰的大屠杀，《安陆县志资料》载：“洪武初，大索安陆祖居之人……土著几尽，维山寨之数十家及乌兔山西面山洞里数人，于是徙黄麻人以充实之，合老妇小孩仅二千余口”。洪武十三年(1376年)，德安州复为府，所属各州县得以恢复建制(见《明史·地理志》)。在臣子冒死劝谏下，朱元璋下旨，在德安府修建德慧寺施以德慧，以超度战乱中阵亡的将士和惨遭屠杀的亡灵。1938年，日寇飞机轰炸安陆德慧寺和应城寿宁寺，德慧寺尚有残存。1961年，安陆理发师丁大林的母亲去世，在德慧寺举行火化，这是古德慧寺最后一场法事。德慧寺的和尚后来相继还俗，古老的德慧寺不复存在。2004年，当家师僧常德重建寺院。新建的德慧寺黄墙绿瓦、红柱飞檐、香烟袅绕、磬钟佛韵。

1977年，安陆市一项重大的水利工程设施在古老的乌龟嘴及上游动工。这项工程定名“解放山水利枢纽工程”。因为1948年地方游击队和当地百姓在附近架浮桥运物资，有力地支援了解放军解放安陆城，所以乌龟嘴换名“解放山”。解放山施工中发现灰褐色陶片甚多，器形有鼎、杯、罐、碗、纺轮等。经考古鉴定，属龙山文化时期的文物。

河西社区位于安陆市府河西岸，东接府河，西邻嵩桥社区，南连永祥粮机，北靠周桥村。占地面积约1平方千米，社区内只有1个居民小组：河西新村。

河西新村[Hé xī xīn cūn]　河西新村曾用名九个湾、河西大队，曾经河西大队有小学、赤脚医生卫生室各一所。该居民点东接府河，西邻嵩桥社区五组、六组，南连解放大道，北靠周桥村、水寨村。占地面积约0.8平方千米，全塆共246户，总人口1100人。

十七、护国社区[Hùguó Shèqū]

护国社区因古代有护国寺而得名。社区东接圆通寺社区，西邻府河大坝，南连解放大道，北靠赵河社区。社区距府城办事处机关约3千米。

这片土地古代是府河冲积平原，一片黄沙。千百年来，府河洪水带来泥沙沉积，始成沙洲草地，下挖1米左右，尽是流沙。元明清3个朝代，这片土地是德安府教军场，供军队驯马和士兵练武所用，只有一两个驯马的聚落。

清朝康熙年间，开始有难民迁至此地落户，逐渐发展成村落，属太平乡教军场旗会。1935年，这里属安陆县第一区。1942年属安陆县教军乡。1946年属安陆县碧霞乡。1949年10月，隶属于城关区。1950年城关区改为城关镇，属城关镇辖。1958年9月建立人民公社，定名长春人民公社护国大队。1975年2月撤区并社后，属城关人民公社辖。1984年5月，安陆县复置区、乡、村，改护国大队为护国村，隶属于城北原种场辖；1987年10月撤区并乡，护国村属北城办事处辖；2001年北城办事处并入府城办事处，护国村隶属于府城辖，2005年，护国村改为护国社区。

20世纪60年代，汉丹铁路给这片土地带来了生机。80年代，发展迅猛，一块块沙地变为绿洲，一栋栋楼房拔地而起，一条条道路连成网络，一个个单位迁入此地。解放大道横穿东西，德安北路贯穿南北，解放山大坝控制涢水，上游出平湖。由于发展迅速，2003年将解放大道以南的区域划出，成立解放社区。

截至2015年，护国社区辖区占地面积约1.8平方千米，2014年年末，有常住居民1538户，5813人。社区内共有严家洲、吕家畈市场、园林佳苑、粮贸公司宿舍4个居民点，个体商业网点10个，志愿者队伍5支48人。安陆市摄影协会以社区为基地开展活动。主要驻区单位有安陆市第三水厂、安陆市公共资源交易监督管理局、安陆市老龄工作委员会办公室、安陆市统计局普查中心、安陆市墙体材料革新与建筑节能办公室、安陆市商务综合执法大队、安陆市公共资源交易中心、安陆市建设开发投资有限公司、安陆市建筑行业管理处、安陆市酒类专卖管理局、安陆市生猪定点屠宰管理办公室、安陆市政府采购中心、安陆市城乡建设局、安陆市广播电影电视局、安陆市计划生育服务站、安陆市经济商务和信息局、安陆市水文监测站、安陆市统计局、安陆市园林路绿化管理局、安陆市自来水公司、湖北永祥粮食机械股份有限公司。

严家洲[Yán jiā zhōu]　“严家”指严姓居民，“洲”指江河边面积广阔的陆地。以姓氏和地理实体形态特征综合命名。古代为一片沙洲且居民主要姓氏为严姓，故而得名。该居民点呈条状分布，东接圆通社区，西邻府河，南连解放大道，北靠赵河社区。总面积约1.5平方千米，所住居民均为汉族。2014年年末，共有常住居民1530户，6120人。

吕家畈市场[Lǚ jiā fàn shì chǎng]　1918年，一家姓吕的由外地搬迁过来，靠严家洲东边居住，由于吕氏住户人口不断增多，虽迁入杨氏住户，但杨姓人氏较少，故取名吕家畈，2002年建吕家畈批发市场。该居民点呈条状分布，东接解放社区，西邻护国寺东二巷，南连解放大道，北靠建设开发投资公司。所住居民均为汉族，共有常住居民86人，34户，总面积0.00832平方千米，主要经济来源以个体经营和外地务工为主。

园林佳苑[Yuán lín jiā yuàn]　“园林”指单位名称，即原安陆市园林局，“佳”指美好的，“苑”泛指园林、花园，地处沉积平原。以原单位名称和美好愿望命名。1988年园林所在此建房，园林所升为园林局后搬出。2006年开发商将此地开发成居民区。该小区于2006年建成并投入使用，位于护国社区解放大道128

号，呈条状分布，东接城乡建设局，西邻自来水公司，南连解放大道，北靠居民区。总面积约 0.02 平方千米，所住居民均为汉族。2014 年年末，共有常住居民 204 户，612 人。小区内共建有 8 栋楼房。

粮贸公司宿舍[Liáng mào gōng sī sù shè]　以单位名称命名。该宿舍为原安陆市粮贸公司职工的生活住宿区。该宿舍楼建于 1995 年，所住居民均为汉族，共有常住居民 52 人，16 户，总面积 0.0011 平方千米，共建有楼房 1 栋，主要经济来源以个体经营和外地务工为主。

十八、解放社区[Jiěfàng Shèqū]

解放社区所辖范围东面和南面至槎山河，河对岸是肖台社区、儒学社区和北正社区；西边至涢水河滨公园；北边和护国社区接壤。社区距府城办事处机关约 2.5 千米。

这一片土地古代渺无人烟，尽是黄沙荒滩。历朝历代作为德安府教军场训练兵士。1949 年属城关区。1958 年 9 月起属长春人民公社护国大队(村)。

1969 年，纺织工业部五七棉纺织厂迁到安陆，拆毁了县城北边唯一的古双龙桥。安陆政府在拱辰门(北城门)以北抬高地基 50 余米，修建德安北路，建造工农桥，使陡峭的竹坞山与槎山河北岸贯通，得以兴旺，迎来快速发展。20 世纪 80 年代改造南大街建德安中路，城内大多数拆迁户移居德安北路两边，形成护国东、西 2 区，俗称护国街。由于德安北路和解放大道的形成，街道两边也不断迁进新单位。

2003 年，这片土地从护国村分析出来，成立解放社区。解放社区得名是因为 1948 年解放军从这儿攻打安陆城，安陆北郊最先解放。

截至 2015 年，辖区内共有 7 个居民点：桃园巷、祥和小区、玉皇巷、西一路、西二路、西三路、光明巷。社区内共有居民 4977 户，常住人口 12346 人，有志愿者队伍 3 支 69 人。2012 年，社区实行网格化管理，划分 7 个网格。辖区占地面积约 1.2 平方千米。

驻解放社区机关、单位和学校主要有：安陆市地震局、安陆市质量技术监督局稽查分局、安陆市地方疾病防治领导小组办公室、安陆市对外工作联络处、安陆市发展和改革局信息中心、安陆市计划生育科技药具站、安陆市价格认定分局、安陆市经济责任审计局、安陆市科学技术情报研究所、安陆市农村社会养老保险管理局、安陆市农经函校、中共安陆市委对台工作小组办公室、安陆市劳动就业管理局、安陆市人口和计划生育行政执法大队、安陆市文化市场综合执法大队、安陆市爱国卫生运动委员会、安陆市固定资产投资审计局、安陆市红十字会、安陆市城市建设档案馆、安陆市发展和改革局、安陆市工商行政管理局、安陆市公安局交通警察大队、安陆市公安局刑事警察大队、安陆市环境卫生管理局、安陆市教育技术装备站、安陆市教育教学研究室、安陆市解放路初级中学、安陆市解放路中学附属小学、安陆市科学技术局、安陆市人民检察院、安陆市审计局、中共安陆市委统一战线工作部、安陆市卫生和计划生育局、安陆市物价局、安陆市府城文化站、安陆市府城水管站、新世纪幼儿园、中共安陆市委农村工作领导小组办公室。

桃园巷[Táo yuán xiàng]　曾用名：教师小区。20 世纪 70 年代起，安陆城扩展规模，新建单位增多，拆迁户迁居于此，形成大片民居区。1987 年这儿建教师宿舍区，起初叫教师小区，后经小区居民代表集体商议，以桃李满天下之意，特将该居民点命名为桃园小区，沿路则叫“桃园巷”。

该居民点位于解放社区东区，东接解放路初中，西邻德安北路 131 号劳动保险局路口，南连玉皇巷交叉路口，北靠解放大道主干道。总面积约 0. 0526 平方千米，该社区所住居民均为汉族。共有 452 户，1539 人。

祥和小区[Xiáng hé xiǎo qū]　“祥和”吉祥安定和谐，以美好愿望命名，20 世纪 70 年代开始发展成居民点。该居民点东接槎山河，西邻建设街，南连毛河，北靠肖台社区、护国社区。总面积约 0. 0483 平方千米，该社区所住居民均为汉族。2014 年年末，共有居民 462 户，1426 人。

玉皇巷[Yù huáng xiàng]　以传说故事命名。此居民点的小河南岸据《玉皇经》典故“舍身堵北缺，代存万众生”，在古代建有玉皇阁，故称玉皇巷。该居民点东接双龙桥家园，西邻德安北路，南连护国河，北靠劳动保险局。该社区所住居民均为汉族，共有 751 户，1979 人，总面积约 0. 0713 平方千米。

西一路[Xī yī lù]　“西”指方位为西边，“一”指排序第一，以地理位置命名。因该居民点位于社区范围最西边而得名。元明清三朝，这里是德安府教军场。民国全成沙滩和农田，没有聚落。20 世纪 70 年代起，安陆城扩展规模，新建单位增多，拆迁户迁居于此，形成大片民居区。该居民点东接护国桥，西邻龙头桥，南连物价局，北靠财政宿舍。总面积约 0. 0624 平方千米，该社区所住居民均为汉族。2014 年年末，共有居民 367 户，1231 人。

西二路[Xī èr lù]　以地理位置命名。该居民点东接德安北路，西瞰府河，南与老城区隔河相望，北靠解放大道。总面积约 0. 065 平方千米，该社区所住居民均为汉族。2014 年年末，共有居民 542 户，1900 人。小区内建有一所小学，一个辖区单位教研室，一所新世纪幼儿园及社区卫生服务站等。

西三路[Xī sān lù]　“西”指方位为西边，“三”指排序第三，以地理位置命名。因该居民点东接西三路 1 号，西邻德安北路，南与老城区隔河相望，北靠解放大道、护国社区。总面积约 0. 034 平方千米，该社区所住居民均为汉族。2014 年年末，共有居民 554 户，2033 人。

光明巷[Guāng míng xiàng]　20 世纪 70 年代起，安陆城扩展规模，新建单位增多，拆迁户迁居于此，形成大片民居区。该居民点地理坐标属辖区内最东边，早晨阳光普照这片土地，住在这里的居民代表经过商议，特将该居民点命名为“光明巷”，也寓意着人们的生活会越来越好。该居民点东接双龙桥广场，西邻解放路中学，南与儒学社区隔河相望，北靠解放大道。总面积约 0. 067 平方千米，该社区所住居民均为汉族。2014 年年末，共有居民 721 户。

十九、儒学社区[Rúxué Shèqū]

曾用名：安棉社区。儒学社区呈块状分布，东挨汉丹铁路；西与北正社区接壤；南临儒学路，与中山社区隔路相对；北靠槎山河(护城河)。社区距府城办事处机关约 3 千米。

儒学社区这一片土地古代是安陆县教军场和安陆县城东北的城墙。古迹有玉皇阁、双龙桥、德安府儒学、安陆县儒学，还有清代的安陆县立小学(解放后改为安陆一中)。

1969 年三线建设，纺织工业部选址此地，拆迁安陆一中，推平城墙，围起大院，建设五七棉纺织厂生产区和宿舍区、学校、医院等配套设施。

2005 年，五七棉纺织厂改制，后遗事务交由地方政府。2010 年按社区模式运作成立安棉社区。社区总面积约 0. 32 平方千米，共有居民 2713 户，8000 余人。其中建筑面积约 0. 3 平方千米，小区内建有居民楼 54 栋。

2014 年，府城进行社区调整，范围扩大，接纳原五七棉纺织厂院外的一些单位和区域，建立儒学社区，安棉社区改为安棉小区。

截至 2015 年初，儒学社区内有常住居民 3635 户，10083 人。辖区占地面积约 0. 4 平方千米。居委会现有工作人员 5 名，其中专职党务工作者 1 名。社区党员总数 196 人，其中妇女党员 86 人，占党员总数 43. 9%；流动党员 5 人，占党员总数 2. 6%；离退休党员 183 人，占党员总数 93. 3%；党员中有高中、中专文化程度占 60%。

社区居委会有办公用房 300 平方米，活动场地 5 亩，党员活动室 2 处，居民活动室 2 处。社区有门球队、舞蹈队、蓝球队、舞龙队、舞剑队。

辖区内有安棉小区、农机局小区、粮食局居民区、蛋品小区、公路小区、物资小区、盐业小区、木材小区、粮油工业公司宿舍区、古楼佳园、粮贸小区、红卫雅居、杨家山老居民区等 13 个居民点和安陆市农机局、安陆市粮油食品质检中心、安陆市棉纺医院、安棉社区家庭医生服务团队工作站、湖北省安棉置业有限公司、安陆市粮食执法大队、安陆市粮食局、安陆市农机安全监理站、安陆市实验小学儒学校区、普济老年人养老中心、孝武商场、物资商场等单位。

安棉小区[Ān mián xiǎo qū]　“安棉”指单位名称，以原单位名称命名。该小区是原安棉集团职工生活区。

此小区历史上是安陆校场和安陆第一中学，1969 年后为纺织工业部安陆五七棉纺织厂宿舍区，五七棉纺织厂改制后交由儒学社区管辖。该居民点东接汉丹北路，西邻北正社区，南连儒学路，北与解放社区隔河相望。总面积约 0. 32 平方千米，所住居民均为汉族。2014 年年末，全小区共有居民 2713 户，8000 余人。其中建筑面积约 0. 3 平方千米，小区内建有居民楼 54 栋。

农机局小区[Nóng jī Jú xiǎo qū]　“农机局”指单位名称，因该地原为农机局所在地而得名。老居民区改造。此处古代属德安府和安陆县儒学。清朝太平天国战火烧成废墟。20 世纪 70 年代农机局机关及下属农机公司在此处建宿舍。该居民点位于安陆市儒学路 35 号，五七厂二号门东边，聚落呈块状分布。总面积约 0. 003 平方千米，所住居民均为汉族。2014 年年末，全小区共有居民 70 户，207 人。小区内共建有 4 栋居民楼。

粮食局居民区[Liáng shí jú jū mín qū]　“粮食局”指单位名称，因该居民点位于原安陆县粮食局而得名。此处古为德安府儒学。太平天国战火烧得仅剩大成殿。1938 年日寇占为军事据点。此处在刚解放时是安陆财粮仓库。1952 年安陆县设立粮食局。该居民点位于安陆市儒学路 45 号，聚落呈块状分布。总面积约

0.005 平方千米，所住居民均为汉族。2014 年年末，全小区共有居民 76 户，228 人，小区内共建有 8 栋居民楼。

蛋品小区[Dàn pǐn xiǎo qū]　“蛋品”指蛋品厂，以原单位名称命名。此处曾是安陆东城墙护城河外的农田，1967 年 9 月，安陆建纺织工业部五七棉纺织厂，平城墙将护城河填平连成一片。1976 年安陆县商业局食品公司蛋制品厂建在此处。随着经济变革，1986 年停止经营，将工作厂地改造成宿舍。该居民点位于安陆市儒学路 49 号，呈块状分布，东接汉丹北路，西和北邻安棉小区，南对儒学路。总面积约 0.0021 平方千米，所住居民均为汉族。2014 年年末，全小区共有居民 28 户，98 人，小区内共建有 4 栋楼。

公路小区[Gōng lù xiǎo qū]　“公路”指原安陆县老公路段，以单位位置命名。此地曾是一大片池塘。20 世纪 50 年代初在东南百米处建有安陆县汽车站，汽车站把此池塘作为汽车的供水用塘加以管理。安陆有了自来水后池塘弃用，建交通局公路段。公路段迁址后，1991 年单位为了改善职工的生活居住环境，在此处建 3 栋住宅楼，故称为公路小区。该居民点位于安陆市汉丹北路 330 号，聚落呈块状分布，东接汉丹北路，西和北邻安棉小区，南连蛋品小区。总面积约 0.004 平方千米，所住居民均为汉族。2014 年年末，全小区共有居民 130 户，360 人，小区内共建有 3 栋居民楼。

物资小区[Wù zī xiǎo qū]　“物资”指单位名称，因该居民点位于原安陆县物资局旁而得名。此处自元代起属于塔耳岗的一部分，是牧马场。民国时期成为荒岗和农田。安陆县政府于 1963 年成立物资局，局机关建在此，后由于局机关搬迁，20 世纪 80 年代将办公室楼房改造成职工宿舍。该居民点位于安陆市汉丹北路 231 号，呈块状分布。总面积约 0.0072 平方千米，所住居民均为汉族。2014 年年末，全小区共有居民 165 户，413 人。小区内共建有 7 栋居民楼，另加一排平房和临街原环境监测宿舍 3 栋。

盐业小区[Yán yè xiǎo qū]　“盐业”指单位名称，因该居民点位于原安陆县盐业仓库而得名。此处自元代起属于塔耳岗的一部分，是牧马场。20 世纪 50 年代以前，这里成了安陆县汽车站北边的农田。20 世纪 50 年代安陆在此建“盐业仓库”。该居民点位于安陆市儒学路 53 号，聚落呈块状分布。总面积约 0.003 平方千米，所住居民均为汉族。2014 年年末，全小区共有居民 10 户，21 人。小区内共建有 1 栋居民楼。

木材小区[Mù cái xiǎo qū]　“木材”指单位名称，因该处原为木材公司宿舍所在地而得名。此处自元代起属于牧马场。民国成为农田。1959 年汉丹铁路建成后，成为南来北往木材聚散堆放场。1978 年原木材公司在此处建宿舍楼。该居民点位于安陆市儒学路 55 号，聚落呈块状分布。总面积约 0.0008 平方千米，所住居民均为汉族。2014 年年末，全小区共有居民 20 户，50 人。小区内共建有 1 栋居民楼。

古楼佳园[Gǔ lóu jiā yuán]　“古楼”指带有古时风格的楼房建筑，“佳”指美好的，“园”指生活环境美好。由开发商自行命名。该居民点位于安陆市汉丹北路 235 号，聚落呈块状分布，东接汉丹铁路，西邻汉丹北路，南连火车站，北靠粮食储备站。总面积约 0.0053 平方千米，所住居民均为汉族。2014 年年末，全小区共有居民 128 户，384 人，小区内共建有 4 栋居民楼，外加粮库后一排平房。

粮油工业公司宿舍区[Liáng yóu gōng yè gōng sī sù shè qū]　位于安陆市汉丹北路 233 号，呈块状分布。所住居民均为汉族。全小区 75 人，25 户，总面积为 0.0008 平方千米，小区内共建有南北向一栋楼，共 2 个单元，6 层高，西单元西楼楼顶加一层。主要经济来源以外地务工和个体经营为主。

粮贸小区[Liáng mào xiǎo qū]　“粮贸”指安陆市粮食贸易公司，因该居民点位于原安陆市粮食贸易公司旁而得名。此处自元代起是牧马场。民国时期成为荒岗和农田。1964 年在山冈上建粮食仓库(红卫粮站)。1986 年在红卫粮站附近建粮食局粮贸公司，2002 年改制公司撤销，房子分配给原职工。该居民点位于安陆市汉丹北路 239 号，聚落呈块状分布，紧挨粮食储备库。总面积约 0.0022 平方千米，所住居民均为汉族。2014 年年末，全小区共有居民 66 户，198 人。小区内共建有 3 栋居民楼。

红卫雅居[Hóng wèi yǎ jū]　“红卫”指在红卫粮站，因位于杨家山粮食储备库(原红卫粮站)旁而得名。该小区为原安陆市农机局农机学校所在地，建于 2014 年。该居民点周围数万平方千米为岗地，元朝遗名“塔耳岗”(杨家山)。此部分位于安陆市汉丹北路 241 号，呈块状分布，东接铁路，西邻汉丹路，南连古楼佳园，北靠粮食储备库。总面积约 0.0065 平方千米，所住居民均为汉族。2014 年年末，全小区共有居民 148 户，340 人。小区内共建有 4 栋居民楼。

杨家山老居民区[Yáng jiā shān lǎo jū mín qū]　民国前这片岗地叫杨家山。原为荒山，1968 年开始有人居住。1976 年“文化大革命”结束后，被遣送下放的城镇居民陆续回城，在此修棚搭舍，使聚落倍增，民众一度叫此地为下放街。该居民点位于安陆市汉丹北路 241 号，市农机局与汉丹铁路之间，呈块状分布。所住居民均为汉族。全小区 50 人，20 户，总面积为 0.002 平方千米，小区内共建有 20 间居民房，主要经济来源以外地务工和个体经营为主。

二十、肖台社区[Xiāotái Shèqū]

肖台社区位于府城东部，北靠圆通社区；西邻解放社区；南连府东社区；东接安陆市经济开发区。社区距府城办事处机关约 1 千米。

元明清三个朝代，这里南有塔尔岗(凤鸣岗)牧马场，西有教军场，东有军旗，是德安府牧马场和教军场的结合部。这里处于槎山河、毛河汇入涢水的交汇口，地势低凹，少有居住群落。

清代，这里属寅宾乡何家岗何胜三旗会。1935 年，划入安陆县第一区；1942 年属教军乡管辖；1946 年属碧霞乡管辖。

中华人民共和国成立后，1949 年属长兴区。1954 年划属洑水区所辖。1958 年人民公社化时，名称是城北人民公社肖台大队。1975 年 2 月，安陆县撤区并社后，属洑水人民公社辖。1980 年 1 月，从洑水人民公社划出，并入城北原种场。1984 年 5 月，安陆县复置区、乡、村，更名为肖台村，属城北原种场辖。1987 年 10 月安陆撤区并乡，肖台村属北城办事处辖。2001 年北城办事处并入府城办事处，肖台村的土地上有一片新发展的居民区被命名为太白社区，形成了肖台村与太白社区并存的局面。2005 年，肖台村改为肖台社区，太白社区被分解，大部并入肖台社区。

肖台社区发展迅速，交通发达，327、243 省道交汇于此，汉孟公路(汉丹路)、316 国道(太白大道)、信应公路(解放大道)、江四公路都经过此地，路网纵横四面八方。为缓解交通压力，1995 年安陆市政府在此建有占地面积约672平方米，直径60米的肖台环交绿化广场，人们通俗称“金钥匙”“大转盘”。

截至2015年，社区所辖面积2.5平方千米。辖区内有住户2800户，常住人口7819人，流动人口1755人。下辖金榜名城小区、财政二招、江家巷、高家巷、肖台一村、金鑫楼、汉丹路、水利机务宿舍楼、铝合金宿舍楼、扶贫办宿舍楼、赵桥里、和平里、杨家山、恒坤宿舍楼、仙居巷、农腾里、肖台巷、农腾公司宿舍楼、禾丰宿舍楼、大地人家、供水人家、德邻人家、惠隆综合楼、农业银行宿舍楼24个居民点，还有1个消失的居民点(金家台子)。驻辖区的单位有安陆市府城卫生院、安陆市财校、安陆市府城民政办公室、安陆市中等职业技术学校、安陆市城乡规划局、安陆市政务服务中心、安陆市财政局府城财政分局、安陆市公安局刑事警察大队、安陆市会计局、安陆科威铝业有限公司、安陆市总工会、中国农业银行安陆市支行等12个。

金榜名城小区[Jīn bǎng míng chéng xiǎo qū]　以美好寓意命名。寄予了开发商希望该小区能成为安陆市榜上有名的小区的美好愿景。

该小区2002年建成，位于肖台社区汉丹北路269号，东接太白大道，西邻汉丹北路，南连毛河，北靠农腾里。总面积约0.082平方千米，所住居民均为汉族。2014年年末，共有居民1300户，2900人。小区内已建有楼栋21栋小高层，6栋电梯高层，在建两栋高层。

财政二招宿舍楼[Cái zhèng'èr zhāo sù shè lóu]　“财政二招”指单位名称，因该地是原安陆市财政局第二招待所的职工宿舍楼而得名。该居民点1993年建成，位于肖台社区汉丹北路265号，处丘陵地带，聚落呈条状分布，东接金榜名城，西邻汉丹北路，南连毛河，北靠金榜名城。总面积约0.0059平方千米，所住居民均为汉族。2014年年末，共有居民21户，60人。为砖混结构五层楼房。

江家巷[Jiāng jiā xiàng]　“江家”指江姓居民，“巷”指城中的胡同，因该地为江姓聚居地而得名。此地原名江家口，2006年改建，位于肖台社区太白大道西侧，东接太白大道，西邻槎山河，南连解放大道，北靠高家巷。总面积约0.0267平方千米，所住居民均为汉族。2014年年末，共有居民117户，337人。

高家巷[Gāo jiā xiàng]　该地多为高姓聚居地而得名。该居民点2006年建成，位于肖台社区太白大道西侧，东接太白大道，西邻槎山河，南连江家巷，北靠圆通社区。总面积约0.0318平方千米，所住居民均为汉族，2014年年末，共有居民105户，348人。

肖台一村[Xiāo tái yī cūn]　自然村落，属肖台村辖。该居民点位于肖台社区槎山河西北边，解放社区东南边，总面积约0.0316平方千米，所住居民均为汉族。2014年年末，共有居民126户，363人。

金鑫楼[Jīn xīn lóu]　“金鑫”指金姓居民，指该地金姓人士较多，“楼”指居民楼。以姓氏命名。因该地为金姓聚居地而得名。2001年建成，该居民点位于肖台社区汉丹路北侧，东接汉丹北路，西邻空地，南连毛河，北靠赵桥里。总面积约0.0134平方千米，所住居民均为汉族。2014年年末，共有居民20户，62人。共有3个单元，为砖混结构。

汉丹路(居民点)[Hàn dān lù]　“汉丹”指地名即汉丹路，以地理位置命名。因该居民点位于汉丹路两侧而得名。2005年建成，该居民点位于肖台社区汉丹路北侧372~458号，处丘陵地带，聚落呈条状分布，南连杨家山小区，北靠大转盘，汉丹路穿小区而过。总面积约0.0381平方千米，所住居民均为汉族。2014

年年末，共有居民 96 户，385 人。

水利机务宿舍楼[Shuǐ lì jī wù sù shè lóu]　“水利机务”指单位名称，因该地是原安陆市水利机务队的单位宿舍楼而得名。1993 年建成，该居民点位于肖台社区解放大道 2 号，处丘陵地带，聚落呈条状分布，总面积约 0.0083 平方千米，所住居民均为汉族。2014 年年末，共有居民 25 户，88 人。

铝合金宿舍楼[Lǚ hé jīn sù shè lóu]　以单位名称命名。该地是安陆市铝合金公司的职工宿舍楼。1985 年建成，位于肖台社区赵桥里，处丘陵地带，呈条状分布，所住居民均为汉族，共有 158 人，40 户，总面积 0.0062 平方千米。

扶贫办宿舍楼[Fú pín bàn sù shè lóu]　以单位名称命名。该地是安陆市扶贫办公室的职工宿舍楼。1996 年建成，位于肖台社区解放大道 4 号，处丘陵地带，呈条状分布，所住居民均为汉族，共有 70 人，30 户，总面积 0.0072 平方千米。

赵桥里[Zhào qiáo lǐ]　古代这里是塔耳岗牧场和德安府教军场的交界地，河上有座桥叫赵家桥。民国初期有肖姓人搬至此地开始形成聚落，1998 年改建。该聚落位于肖台社区汉丹路西侧，处丘陵地带，呈条状分布，所住居民均为汉族，共有 380 人，103 户，总面积 0.0312 平方千米。

和平里[Hé píng lǐ]　以人民的美好愿望命名。该地居民希望生活和平安定。2006 年建成，位于肖台社区汉汉丹路后侧，槎山河旁边，处丘陵地带，呈条状分布，所住居民均为汉族，共有 166 人，44 户，总面积 0.019 平方千米。

杨家山[Yáng jiā shān]　古代这里是塔耳岗牧场和德安府教军场的交界地，民国初期有杨姓人搬至此地开始形成聚落。“文革”后期，原下放农村的居民回城，在此落居较多。该居民点位于肖台社区汉丹北路西部，汉丹铁路旁边，处丘陵地带，呈条状分布，所住居民均为汉族，共有 141 人，36 户，总面积 0.027 平方千米，主要经济来源为个体经营和外地务工。

恒坤宿舍楼[Héng kūn sù shè lóu]　以单位名称命名。该地是安陆市恒坤置业的职工宿舍楼。2005 年建成，位于肖台社区解放大道特 2 号，呈条状分布，所住居民均为汉族，共有 26 人，8 户，总面积 0.0069 平方千米，共 6 层，主要经济来源为个体经营和外地务工。

仙居巷[Xiān jū xiàng]　以美好愿望命名。该地居民向往世外桃源的生活。2006 年建成，东接太白大道，西邻汉丹路，南、北均为居民区，呈条状分布，所住居民均为汉族，共有 223 人，55 户，总面积 0.035 平方千米，主要经济来源为个体经营和外地务工。

农腾里[Nóng téng lǐ]　以地理位置命名。因该地坐落于原“农腾饲料有限公司”旁而得名。2006 年建成，位于肖台社区太白大道西边，汉丹路东边，大转盘南边，金榜名城北边，处丘陵地带，聚落呈条状分布。总面积约 0.0365 平方千米，所住居民均为汉族。2014 年年末，共有 64 户，共 242 人。主要经济来源为个体经营和外地务工。

肖台巷[Xiāo tái xiàng]　以地理位置命名。自 2006 年建成起，隶属于肖台社区管辖。该居民点呈条状分布，东接太白大道，西邻汉丹路，南、北均为民房。总面积约 0.0285 平方千米，所住居民均为汉族。2014 年年末，共有居民 39 户，164 人。主要经济来源为个体经营和外地务工。

农腾公司宿舍楼[Nóng téng gōng sī sù shè lóu] 以所属单位名称命名。因该地是原农腾饲料有限公司的职工宿舍楼而得名。1988 年建成，位于肖台社区汉丹路 303 路，呈条状分布，总面积约 0.0016 平方千米，所住居民均为汉族。2014 年年末，共有居民 27 户，65 人，共有 2 栋宿舍楼。

禾丰宿舍楼[Hé fēng sù shè lóu] 以单位名称命名。该地是安陆市禾丰米业的职工宿舍楼。2005 年建成，位于肖台社区太白大道 106 号，呈条状分布。总面积约 0.0185 平方千米，所住居民均为汉族。2014 年年末，共有居民 24 户，78 人。

大地家园[Dà dì jiā yuán] 以美好愿望命名，“大地”指博大宽容之意。2009 年建成，位于肖台社区汉丹北路 339 号，聚落呈条状分布。总面积约 0.0639 平方千米，所住居民均为汉族。2014 年年末，共有居民 140 户，501 人。

供水人家[Gōng shuǐ rén jiā] 以所属单位名称命名。因该地为安陆市自来水公司的职工宿舍而得名。2009 年建成，位于肖台社区太白大道 108 号，聚落呈条状分布。总面积约 0.0167 平方千米，所住居民均为汉族。2014 年年末共有居民 68 户，179 人。

德邻花园[Dé lín huā yuán] “德邻”指有德之人相聚为伴，以美好愿望命名。2006 年建成，位于肖台社区汉丹北路 339 号，聚落呈条状分布。总面积约 0.0428 平方千米，所住居民均为汉族，2014 年年末，共有居民 229 户，425 人。

惠隆综合楼[Huì lóng zōng hé lóu] 以单位名称命名。该地是安陆市惠隆公司的居民综合楼。2013 年建成，位于肖台社区汉丹北路 397 号，处丘陵地带，呈条状分布，所住居民均为汉族，共有 8 人，4 户，总面积 0.0072 平方千米，大部分房屋还未入住。

农业银行宿舍楼[Nóng yè yín háng sù shè lóu] 以单位名称命名。该地是安陆市农业银行的职工宿舍楼。1997 年建成，位于肖台社区江家巷东面，所住居民均为汉族，共有 148 人，48 户，总面积 0.005 平方千米。

金家台子[Jīn jiā tái zi] 以金姓氏得名，1949 年新中国成立后，属长兴区。1954 年划属洑水区所辖。1961 年人民公社化时，属城北人民公社辖。1975 年 2 月，新农村建设，金姓人搬迁至太白大道西侧，金家台子居民点消失。

2015年安陆市南城街道平面示意图
魏家门
墩塘
棠
陈家山坡
天灯
张陈
陈河
棣
李园
石桥
仰家石桥
黄家垮
大塘
仰棚
郑家小垮
大湾
巡
府
李家垮
殷家山坡
文刘
顾李
店
联河
袁蒋
黄河
新堤
河
蔡河
胡蔡
四里
李家兆山
杨林垮
小童家垮
刘家堰
杨林
肖万
万庙
南城街办
月亮山
刘庙
66
柴家垮
闭刘
杨家门
大树垮
小闭
山坡
严家垮
小蒋
喻家庙
陈家园
陈西
陈东
安陆互通
李家门
喻家山
界牌
G316
大塘角
凤凰
草庙
汉
周将
金沟
丹
刘家垮
肖杨
铁
杨家垮
路
丁家垮
卓湾
郭家花园
大棚
卓家独垮
陈家上垮
高庙
刘家河
李
小金家垮
78
高庙
小陈家垮
店
操家小垮
余家大垮
沈家垮
新建
沈家垮
杨棚
上岳
汪桥
龚邹垮
子石
周家
李店
李店街
杨家垮
红山王
王店
大塘
库区
云
大冯
小罗
小罗村
倒店
梦
县
庙
大罗
小孔
上李
东西份院
张台
道上李
方岗
图 例
乡镇级人民政府驻地
国营场驻地
村委会驻地
自然村
地级界
县级界
乡镇级界
复线电气化铁路
复线铁路
单线铁路及车站
高速公路、互通及编码
国道及编码
省道及编码
县道及编码
乡道及编码
村道及编码
G316
S243
X018
Y431
C351
车行桥 人渡
大型水库 中型水库
小（一）型水库
沟渠及渡槽
河流 时令河 湖泊 地下河段
HBALHRXLAOGU

第二章　南城街道

第一节　政区概况

安陆市南城街道(简称南城)位于安陆市南部，北与全市政治、经济、文化中心的市区府城街道相连，南与古泽云梦县相接，东与本市李店镇接壤，西以涢水天堑为界，东西宽约 6.5 千米，南北长约 7 千米，国土面积 45.1 平方千米。

南城所辖的这片区域常年气温平均为 15℃～17℃，7 月份平均最高气温 27℃～29℃，1 月份平均最低气温 2℃～4℃；年均日照 1150～2245 小时，分率 28%～51%；无霜期 280 天；年降雨量 1000 毫米～1200 毫米。

南城系古云梦泽的北岸，山川秀丽，历史悠久，古迹犹存。虎乳崖、毓秀阁、玉皇阁等历史遗迹保存至今，美丽的传说赋予了南城浓郁的文化内涵。虎乳岩在《左传・宣公四年》有详细的记载："初，若敖娶于䢵，生斗伯比。若敖卒，以其母畜于䢵，淫于䢵子之女，生子文焉。䢵夫人使弃诸梦中。虎乳之。䢵子田，见之，惧而归。夫人以告，遂使收之。"涢楚方言谓喂乳为"榖"，谓虎为"於菟(wu tu)"，故命之曰鬬榖於菟(音 dou gou wu tu)，"榖"字并没有简化，后来人们把"榖"误读为"穀、榖"，就约定而成斗谷於菟。以其女妻伯比。实为楚令尹子文。

春秋战国时期，孔子周游列国，从虎乳岩过"於(wu)江渡"到楚国，曾在虎乳泉取水备粮，乘渡到达对岸的晒书台，所以虎乳泉也叫"孔泉"。岁月沧桑，孔泉和其他泉眼的具体方位难以确定，但夏日冰冷刺骨的冷水港还在流淌。

晏马山山顶比较平缓，周边并无晏姓或马姓。传说当年晏子使楚时，他率随从从"徐方"(舒州)过淮河到淮南，取道桐柏山与大别山山口直辕关，经孝感(孝昌)，再过虎乳岩，准备在此过涢水而歇马，所以叫"晏马山"。

南城这片土地清代属太平乡。民国初期属子文乡，1942 年改为乳岩乡，1946 年复为子文乡。1949 年 7 月至 1952 年 10 月，隶属于长兴区；1952 年 10 月至 1954 年 8 月，分属于第一、二区；1954 年 8 月并入第一区；1956年3月划归第二区；1958年后，先后隶属于李店区、李店(上游)人民公社；1966年9月隶属李店(东风)区；1975年2月，划归城关人民公社；1978年2月，复归李店人民公社；1984年1月，安陆改公社为区，划归李店区；1987年9月，安陆撤区并乡镇，将属于李店区的陈沟乡、刘庙乡合并，成立南城办事处。2001年改名南城街道办事处。

南城这片土地交通发达，路网密布。汉丹铁路、汉十高铁、316国道以及涢水(府河)纵贯南北，“汉(口)十(堰)”高速公路穿境而过。“汉十”高速公路与316国道互通，其距离省会武汉市仅100千米，距天河国际机场仅80千米。境内还有三环道、循环路、备战路、万(庙)石(桥)路、黄(河)闭(刘)路等乡村公路；有从市区延伸而下的涢水大道和太白大道等主干公路，并开通有1路、5路、8路公共汽车直达南城各主要集镇。即将竣工的孝襄高速公路横穿7个村辖地。邮电通信方便快捷，境内南北贯通2条市话光缆通信线路，村村通电、通邮。

南城主要资源有玄武岩、河砂、黏合土，其中玄武岩主要分布在东部高庙村与金沟村交界的高庙山一带，河砂主要分布在府河河岸沿线，黏合土遍布全处大多数村。辖区东部以丘陵为主，无大型蓄水工程。有一座小二型水库，库容35万立方米。农业灌溉以塘堰蓄水为主，在册塘堰115口、河坝2处，总容量320万立方米。干旱年景引进水源为孝感徐家河水库，年引水量为200万~500万立方米。西部为冲积平原，紧邻涢水(府河)，农业灌溉以涢水为主，水量充沛。主要粮食作物有水稻、小麦。种植面积36140亩，总产量15943吨；主要油料作物有油菜、芝麻、花生等，种植面积6429亩，总产966吨；主要经济作物有蔬菜、棉花等，蔬菜种植面积12126亩，年产蔬菜23112吨。南城自然资源和名优特产十分丰富。有史书上记载的“南乡萝卜进了城，药铺医生要关门”的南乡萝卜；有独具地方特色的红梗小棵名产白花菜，年播种面积达万亩。

南城辖地的企业单位有137家，有湖北安棉纺织、金禄电子、亚钢金属、鼎沃新材料、龙马化工、盈大钢构、湖北敏驰等16家规模以上企业，产业规模效应明显，现已形成华美智造产业园、小榄产业园、江夏大道产业园3个工业园区。

全处现有集镇5个，布局合理，集镇总面积2.5平方千米，常住人口4200人左右，办事处所在地金沟集镇按市规划要求，建成了一条标准化街道，安装路灯近100对，建起了绿化带、下水道，硬化了非机动车道，集镇面貌焕然一新。

南城有幼儿园4所，幼儿498人，教师37人，保育员13人；小学4所，在校生977人，专任教师82人，小学适龄儿童入学率100%；初中1所，在校生495人，专任教师48人，初中适龄儿童入学率、小升初升学率、九年义务教育覆盖率均达100%。卫生机构10个，其中卫生院1所(二级乙等)，村卫生室9个，医务人员63人。

南城建立了福利保障网络，处办福利院拥有床位88张，收养农村五保人员23人。

南城办事处下辖19个村(社区)，全处常住人口20412人，户籍人口25180人，乡村人口19929人。农村劳动力资源总数11736人，其中劳动年龄内的人口数11072人，不在劳动年龄内而实际参加劳动的728人。乡村劳动力总数11085人，按性别比分：男5649人，女5436人；按部门分：从事农林牧渔业4419人，工业 2267 人，建筑业 2944 人，交通运输业 493 人，仓储及邮电通信 23 人，住宿餐饮业 189 人，其它非农行业(外出务工)5035 人。

第二节　社区(村)、居民点

一、刘庙社区[Liúmiào Shèqū]

刘庙社区东接金沟村、肖杨村，西邻大塘村、石桥村，南连闭刘村，北靠万庙村。原刘庙村因刘姓居民较多，附近有寺庙而得名。

这里 1949 年 7 月隶属于长兴区；1952 年 10 月分属于安陆第一、二区；1954 年 8 月并入第一区；1956 年 3 月划归第二区；1958 年后，先后隶属于李店区、李店(上游)人民公社；1966 年 9 月隶属李店(东风)区；1975 年 2 月，划归城关人民公社；1978 年 2 月，复归李店人民公社；1984 年 1 月，安陆改公社为区，划归李店区；1987 年 9 月，安陆撤区并乡镇，将属于李店区的陈沟乡、刘庙乡合并，成立南城办事处。这里是南城办事处机关所在地。

刘庙社区面积约 1.3 平方千米，辖区内共有朝阳小区、馨怡家园、学府水岸小区、阳光家园、胡蒋塆、李家塆、刘家塆、赵蒋岗、郑家塆、卓家塆 10 个居民点。共有居民 595 户，2504 人，耕地面积约 0.59 平方千米，农村以种植水稻、小麦为主，主要经济来源为个体经营及外出务工。

朝阳小区[Zhāoyáng xiǎo qū]　“朝阳”指阳光、向上，以美好愿望命名。自 2012 年建成命名起，沿用至今。该居民点位于刘庙社区，东接 316 国道，西邻刘庙 3 组胡蒋塆，南连南城小学，北靠刘庙集贸市场。居民点面积约 4020 平方米，建筑面积约 2000 平方米，楼层 6 层，居民主要为汉族，共有居民 26 户，105 人。

馨怡家园[Xīn yí jiā yuán]　“馨”指温馨，“怡”指和悦、愉快，“家园”指家庭，寄托每位家庭都温馨和睦的美好愿望。以美好愿望命名。自 2011 年建成起，沿用至今。该居民点位于刘庙社区，东接 316 国道，西邻刘庙 2 组郑家塆，南连刘庙集贸市场，北靠阳光家园。居民点面积约 1675 平方米，建筑面积约 1300 平方米，楼层 6 层，民族主要为汉族，共有居民 14 户，63 人。

学府水岸小区[Xué fǔ shuǐ àn xiǎo qū]　“学府”指南城中心学校，“水岸”指凤凰湖旁，以地理位置命名。自 2013 年建成命名起，沿用至今。该居民点位于刘庙社区，东接南城初级中学，西邻刘庙社区居委会，南连战备路，北靠凤凰湖。占地面积约 10050 平方米，建筑面积约 6700 平方米，楼层 5 层，居民主要为汉族，共有居民 114 户，456 人。

阳光家园[Yáng guāng jiā yuán]　“阳光”指积极向上、乐观开朗、活泼有朝气，以美好愿望命名。自 2007 年建成起，沿用至今。该居民点位于刘庙社区，东接 316 国道，西南北三面皆连刘庙二组(学府水岸小区、阳光家园、郑家塆)。占地面积约 20000 平方米，建筑面积约 8000 平方米，楼层 3 层，民族主要为汉族，共有居民 80 户，360 人。

胡蒋塆[Hú jiǎng wān]　“胡蒋”指胡姓、蒋姓居民，清朝康熙年间形成聚落。该居民点位于刘庙 3 组，东北皆靠刘庙 2 组郑家塆，西邻刘庙 4 组刘家塆，南连刘庙集镇。居民点面积约 0.25 平方千米，居民主要姓氏为胡姓和蒋姓，居民主要为汉族，共有居民 161 户，676 人，耕地面积约 0.1 平方千米，主要农作物为小麦、水稻。

李家塆[Lǐ jiā wān]　“李家”指李姓居民，以姓氏命名，清末形成聚落。该居民点位于刘庙 8 组，东接刘庙 2 组郑家塆，西邻石桥村，南连大塘村，北靠万庙村。居民点面积约 0.134 平方千米，居民主要姓氏为李姓，居民主要为汉族，共有居民 23 户、102 人，耕地面积约 0.09 平方千米，主要农作物为水稻、小麦，主要经济来源以外地务工为主。

刘家塆[Liú jiā wān]　“刘家”指刘姓居民，自清朝康熙年间形成聚落。该居民点位于刘庙 4、9 组，东接刘庙 5 组，西邻大塘村，南连闭刘村，北靠刘庙 3 组胡蒋塆。居民点面积约 0.11 平方千米，居民主要为汉族。共有居民 45 户，185 人，耕地面积约 0.07 平方千米，主要农作物为水稻、小麦。

赵蒋岗[Zhào jiǎng gǎng]　“赵蒋”指赵姓、蒋姓居民，以姓氏命名。清朝康熙年间形成聚落。该居民点位于刘庙 7 组，东北皆靠肖杨村，西邻 316 国道，南连闭刘村。居民点面积约 0.17 平方千米，居民主要为汉族。共有居民 27 户，125 人，耕地面积约 0.12 平方千米，主要农作物为小麦、水稻。

郑家塆[Zhèng jiā wān]　“郑家”指郑姓居民，以姓氏命名，康熙年间形成聚落。该居民点位于刘庙社区，东接 316 国道，西邻刘庙 8 组李家塆，南连刘庙 3 组胡蒋塆，北靠凤凰湖。居民点面积约 0.09 平方千米，居民主要为汉族，共有村民 26 户，115 人，耕地面积约 0.04 平方千米。

卓家塆[Zhuó jiā wān]　“卓家”指卓姓居民，以姓氏命名。洪武年间迁入此地，慢慢形成聚落。该居民点位于刘庙社区，东接 316 国道，西北皆靠万庙村，南连刘庙 2、8 组(郑家塆、李家塆)。居民点面积约 0.1 平方千米，居民主要为汉族。共有居民 79 户，317 人，耕地面积约 0.035 平方千米。

二、黄河村[Huánghé Cūn]

黄河村 1949 年 7 月隶属于长兴区；1952 年 10 月分属于第一、二区；1954 年 8 月并入第一区；1956 年 3 月划归第二区；1958 年后，先后隶属于李店区、李店(上游)人民公社；1966 年 9 月隶属李店(东风)区；1975 年 2 月，划归城关人民公社；1978 年 2 月，复归李店人民公社；1984 年 1 月，改公社为区，划归李店区；1987 年 9 月，撤区并乡镇，将属于李店区的陈沟乡、刘庙乡合并，成立南城办事处，黄河村属南城办事处辖，距南城办事处机关约 5. 5 千米。

该村东接陈西村，西、南邻府河，北靠袁蒋村。该村总面积约 1. 42 平方千米，辖区内共有 2 个居民点：甘家塆和黄河大塆。共有居民 306 户、1119 人，耕地面积约 0. 88 平方千米，以种植粮棉经济作物为主。该村村民主要经济收入来源于农业和外出务工。

甘家塆[Gān jiā wān]　“甘家”指的是甘姓居民，以姓氏命名。洪武年间迁入此地，慢慢形成聚落。该居民点位于黄河村，东北皆靠袁蒋村，西邻府河，南连黄河大塆。居民点面积约 0. 12 平方千米，居民主要为汉族，共有居民 66 户、246 人。

黄河大塆[Huáng hé dà wān]　“黄”指黄姓居民。“河”指涢水，以居民姓氏和地理位置综合命名。该居民点位于黄河村，东接村委会，西、南邻府河，北靠甘家塆。居民点面积约 0. 35 平方千米，居民主要为汉族，共有居民 240 户、873 人，有耕地面积约 0. 22 平方千米，主要农作物为棉花、油菜、小麦。

三、仰棚村[Yǎngpéng Cūn]

这里古为交通要道，有仰姓居民在此搭棚供路人歇脚，故名仰棚，距南城办事处机关约 4 千米。

古聚落，何时形成不详。清代属春和乡。民国初期属乳岩乡，1946 年属子文乡。1949 年 7 月隶属于长兴区；1952 年 10 月至 1954 年 8 月，分属于第一、二区；1954 年 8 月并入第一区；1956 年 3 月划归第二区；1958 年隶属于李店(上游)人民公社；1966 年 9 月隶属李店(东风)区；1975 年 2 月，划归城关人民公社；1978 年 2 月，复归李店人民公社；1984 年 1 月，改公社为区，划归李店区；1987 年 9 月属于南城办事处。

该村东接大塘村，西邻府河，南连大塆村，北靠石桥村。辖区内共有 2 个居民点：董家塆和仰家棚子。常住居民有 256 户，共 927 人，总面积 96. 06 公顷，其中有耕地面积 745. 5 亩，以种植水稻、小麦为主。村民主要经济来源靠农业和外出务工。

董家塆[Dǒng jiā wān]　“董家”是指董姓居民，以居民姓氏命名。该居民点隶属仰棚村村民委员会辖，东接本村五、六组，西邻涢水，南连大塆村，北靠石桥村。全塆有 217 户，共 776 人，主要以董姓为主，均为汉族，总面积 82. 01 公顷，其中有耕地面积 538. 5 亩，主要农作物为蔬菜、水稻。

仰家棚子[Yǎng jiā péng zǐ]　“仰家”是指仰姓居民，“棚子”是指有仰姓居民在此搭棚供路人歇脚。以居民姓氏和建筑命名。这里古为交通要道，有仰姓人在此搭棚供路人歇脚，故名仰棚。该居民点隶属仰棚村村民委员会辖，位于本村五、六组，东接涢水路，西邻涢水，南连大塆村，北靠石桥村。全塆有 39 户，共 149 人，主要以仰姓为主，均为汉族，总面积 14. 05 公顷，其中有耕地面积 207 亩，主要农作物为水稻、小麦。

四、高庙村[Gāomiào Cūn]

高庙是村民委员会所在地的居民点，古代村南边有座山，山顶上有座古庙而得名，以地理位置命名，距南城办事处机关约 3. 3 千米。

高庙村 1946 年属子文乡。1949 年 7 月隶属于长兴区；1952 年 10 月至 1954 年 8 月，属于第一区；1954 年 8 月并入第二区；1958 年隶属于李店(上游)人民公社；1966 年 9 月隶属李店(东风)区；1975 年 2 月，撤区并社，隶属于城关人民公社管辖。1979 年，将刘庙、城南、陈沟管理区并入李店人民公社，隶属于李店人民公社管辖。1984 年 1 月，改公社为区，划归李店区；1987 年 9 月属于南城办事处。该村东接李店镇杨棚村，西邻金沟村、草庙村，南连肖杨村，北靠李店镇十里村，辖区占地面积约 1. 45122 平方千米，辖区内共有 8 个村民小组：额头陈、金家大塆、上刘河、沈家坡、石板陈、下刘河、杨家岗、周家塆，常住居民 437 户、1681 人，耕地 1. 2395 平方千米，以种植水稻、小麦为主，村民主要经济来源靠农业和外出务工。村内主要主要驻区单位有高庙村村民委员会。

轭头陈[È tóu chén]　“轭头”指该地形似牛脊上的轭头，“陈”指居民以陈姓为主。以居民姓氏和地理实体形状特征综合命名。该居民点位于高庙村西北部，处丘陵地带，居民点呈块状分布，东接杨家岗，西邻金沟村，南连金家大塆，北靠草庙村。居民点面积约 0. 3618 平方千米，居民主要姓氏为陈姓，主要民族为汉族，共有村民 315 人、57 户，耕地面积约 0. 18224 平方千米，主要作物为水稻、小麦。

金家大塆[Jīn jiā dà wān]　“金家”指居民以金姓为主，以居民姓氏命名。该居民点位于高庙村东面，处丘陵地带，居民点呈块状分布，东接杨棚村，西邻本村三组，南连石板陈，北靠本村 5 组。居民点面积约 0. 28944 平方千米，居民点主要姓氏为金姓，主要民族为汉族，共有村民 203 人、32 户，耕地面积约 0. 15276 平方千米，主要作物为水稻、小麦。

上刘河[Shàng liú hé]　“上”指河流上游，“刘”指居民以刘姓为主，以姓氏和地貌特征命名。该居民点处丘陵地带，呈块状分布，东接杨棚村，西邻本村 5 组，南连金家大塆，北靠大棚村。居民点面积约 0. 17353 平方千米，居民主要姓氏为刘姓，主要民族为汉族，共有村民 124 人、21 户，耕地面积约 0. 09581 平方千米，主要作物为水稻、小麦。

沈家坡[Shěn jiā pō]　“沈家”指居民以沈姓为主，以姓氏和地貌特征命名。洪武年间迁入此地，慢慢形成聚落。该居民点位于高庙村东北部，处丘陵地带，居民点呈块状分布，东接大棚村，西邻本村 3 组，南连金家大塆，北靠李店镇十里村。居民点面积约 0. 21105 平方千米，居民点主要姓氏为沈姓，民族为汉族，共有村民 152 人、28 户，耕地面积约 0. 1139 平方千米，主要作物为水稻、小麦。

石板陈[Shí bǎn chén]　“石板”指片状的石头，“陈”指姓陈居民。以姓氏命名。洪武年间迁入此地，慢慢形成聚落。该居民点位于高庙村，处丘陵地带，居民点呈块状分布，东接杨棚村，西邻金沟村，南连云梦县，北靠金家大塆。居民点面积约 0. 3685 平方千米，居民主要姓氏为陈姓，主要民族为汉族，共有村民 352 人、57 户，耕地面积约 0. 28944 平方千米，主要作物为水稻、小麦。

下刘河[Xià liú hé]　以姓氏和地理位置命名。洪武年间迁入此地，慢慢形成聚落。位于高庙村东部，处丘陵地带，东接杨棚村，西邻金家大塆，南连陈家塆，北靠上刘河。居民点面积约 0. 21 平方千米。共有村民 37 户 153 人。耕地面积约 0. 13 平方千米，主要作物为水稻、小麦。

杨家岗[Yáng jiā gǎng]　以姓氏和地理位置命名。洪武年间迁入此地，慢慢形成聚落。位于高庙村东部，处丘陵地带，东接沈家塆，西邻陈家塆，南连金家大塆，北靠周家塆。居民点面积约 0.28 平方千米。共有村民 45 户 162 人。耕地面积约 0.12 平方千米，主要作物为水稻、小麦。

周家塆[Zhōu jiā wān]　以姓氏和地理位置命名。洪武年间迁入此地，慢慢形成聚落。位于高庙村东部，处丘陵地带，东接本村 5 组，西邻本村 1 组，南连本村 8 组，北靠卓塆村。居民点面积约 0.21 平方千米。共有村民 43 户 152 人。耕地面积约 0.16 平方千米，主要作物为水稻、小麦。

五、闭刘村[Bìliú Cūn]

“闭刘”指闭姓和刘姓居民。村委会距南城办事处机关约 2 千米。

1949 年 10 月，闭刘隶属于长兴区管辖。1956 年将草庙乡更名为城南乡，闭刘隶属于第二区城南乡管辖。1958 年建立人民公社，闭刘大队隶属于上游人民公社城南乡管辖。1975 年 2 月，撤区并社，闭刘大队隶属于城关人民公社管辖。1979 年，将刘庙、城南、陈沟管理区并入李店人民公社，闭刘大队隶属于李店人民公社管辖。1984 年 5 月，复置区(镇)、乡(镇)、村，闭刘大队改名为闭刘村，隶属于李家店区刘庙乡管辖。1987 年 10 月，撤区并乡，原刘庙乡、陈沟乡合并为南城办事处，闭刘村隶属于南城办事处管辖，沿用至今。

闭刘村东接肖扬村，西邻山坡村，南连云梦县界碑村，北靠刘庙村，汉十高速公路穿境而过。居民点占地面积约 3 平方千米，所住居民主要为汉族，辖区内共有 8 个居民点：闭刘村银杏山庄安置区、大闭家塆、小闭家塆，蒋家塆、王家塆、严家塆、闭刘村七组新村，闭刘村八组。常住居民 273 户、1232 人，耕地面积约 1.9 平方千米，以种植水稻、油菜为主。村民主要经济来源是农业和外出务工。

闭刘村银杏山庄安置区[Bì liú cūn yín xìng shān zhuāng ān zhì qū]　“闭刘”指闭姓和刘姓居民，以地理位置和物产综合命名，早期由闭刘村土地开发，2012 年迁居到新居民点安置区。安置区位于银杏山庄处。

闭刘村土地开发，居民区自 2012 年新建成起，沿用至今。该居民点位于闭刘村，东接肖杨村黄家大咀，西邻 316 国道，南连瓦厂，北靠刘庙。居民点占地面积约 0.16 平方千米，所住居民姓氏主要为杨姓、蔡姓，主要为汉族。2020 年末，有房屋 160 套，共有居民 45 户、150 人。

大闭家塆[Dā bì jiā wān]　“闭家”指闭姓居民，以姓氏命名。闭姓古代属姬姓，安陆闭姓的来历有三说，一是西周时“汉阳诸姬”散存；二是孔子周游列国时随孔子从山东到安陆；三是从陕西迁入安陆，哪种说法准确，暂无史料和族谱可考。从周围有孔家井、孔家营、江东桥、乌江渡、虎乳岩、孔子晒书台等原始地名和古驿道推测，由山东迁入的说法最靠谱。闭家塆清代属太平乡孔兴旗。民国初期属乳岩乡，1946 年属子文乡。1949 年 10 月，隶属于长兴区管辖。1958 年建立人民公社，隶属于上游人民公社城南乡闭刘大队管辖。1975 年 2 月，撤区并社，隶属于城关人民公社闭刘大队管辖。1979 年，将刘庙、城南、陈沟管理区并入李店人民公社，隶属于李店人民公社闭刘大队管辖。1984 年 5 月，复置区(镇)、乡(镇)、村，属于李家店区刘庙乡闭刘村管辖。1987 年 10 月，撤区并乡，原刘庙乡、陈沟乡合并为南城办事处，隶属于南城办事处闭刘村管辖。大闭家塆居民点位于闭刘村三组，东接汉十高速，西南皆靠农田，北靠陈闭路。居民点占地面积约 0.18 平方千米，以闭姓为主，主要为汉族。2020 年末，共有村民 21 户、132 人，耕地面积约 0.15 平方千米，主要农作物为水稻、油菜。

小闭家塆[Xiǎo bì jiā wān] 居民点位于闭刘村五组，东接中汽零便道，南与陈沟东村接壤，西接汉十高速，北靠中汽零安陆产业基地。居民点占地面积约 0.23 平方千米，以闭姓为主，主要为汉族。共有村民 32 户、130 人，耕地面积约 0.13 平方千米，主要农作物为水稻、油菜。

蒋家塆[Jiǎng jiā wān] 以姓氏命名，该自然塆主要以蒋姓为主。清朝康熙年间就有聚落，该居民点位于闭刘村 1 组，东接汉十高速公路，西北皆靠农田，南连王家塆水库。居民点占地面积约 0.2 平方千米，主要以蒋姓为主，主要为汉族。共有村民 18 户、90 人耕地面积约 0.12 平方千米，主要农作物为水稻、油菜。

王家塆[Wáng jiā wān] 以姓氏命名，该自然塆主要以王姓为主。洪武年间迁入此地，慢慢形成聚落。该居民点位于闭刘村四组，东南西北四面环田。总居民点占地面积约 0.23 平方千米，主要以王姓为主，主要为汉族，共有村民 20 户、86 人，耕地面积约 0.12 平方千米，主要农作物为水稻、油菜。

严家塆[Yán jiā wān] 明洪武年间迁入此地，慢慢形成聚落。该居民点位于闭刘村九组，东接汉十高速公路，南西北三面环田。居民点占地面积约 0.19 平方千米，主要以严姓为主，主要为汉族，共有村民 12 户、60 人，耕地面积约 0.11 平方千米，主要农作物为水稻、油菜。

闭刘村七组新村[Bì liú cūn qī zǔ xīn cūn] 以居民闭、蔡姓氏命名，2004 年建成，为新村试点处。该居民点东接 316 国道，西接中汽零便道，南连瓦厂，北靠小康路。居民点占地面积约 0.25 平方千米，居民主要为闭姓、蔡姓，主要为汉族。共有村民 32 户 198 人，耕地面积约 0.17 平方千米，主要农作物为水稻、油菜。

闭刘村八组[Bì liú cūn bā zǔ] 该居民点东接 316 国道，西接中汽零便道，南连闭刘村小康路，北靠中汽零厂区。居民点占地面积约 0.15 平方千米，居民主要为杨姓，汉族。2020 年末，共有村民 24 户 98 人，耕地面积约 0.17 平方千米，主要农作物为水稻、油菜。

六、草庙村[Cǎomiào Cūn]

“草”指茅草，“庙”指寺庙，属于古代遗存的聚落，距南城办事处机关约 4 千米。1949 年 7 月，隶属于长兴区管辖；1952 年 10 月至 1954 年 8 月，分属于第一、二区；1954 年 8 月并入第一区；1956 年 3 月划归第二区；1958 年后，先后隶属于李店区、李店(上游)人民公社；1966 年 9 月隶属李店区城南人民公社红卫大队管辖；1966 年之后红卫大队分为杨林大队、四里大队、草庙大队；1975 年 2 月，划归城关人民公社草庙大队；1984 年将草庙大队改为草庙村，隶属于刘庙乡管辖，1987 年 9 月，撤区并乡镇，将属于李店区的陈沟乡、刘庙乡合并，成立南城办事处，草庙村隶属于南城办事处管辖。沿用至今。

草庙村，东接高庙村，西邻四里村，南连金沟村，北靠府城八角楼社区。辖区占地面积约 2.0837 平方千米，辖区内共有 8 个村民小组和 2 个小区：郭家塆、惠民小区、屠杨塆、五组新村、卓家上塆、草庙新村、吴家塆、小童家塆、众一小区，傲万方。常住居民 696 户、1858 人，耕地面积约 0.72762 平方千米，以种植水稻、小麦为主，村民主要经济来源靠农业和外出务工。村内主要驻区单位有草庙村村民委员会。

郭家塆[Guō jiā wān]　“郭家”指郭姓居民，以姓氏命名。清代驻扎亦兵亦农的绿营兵拱卫府城，此地属杨胜旗。清灭亡后士兵以农为生，形成聚落，该村多半为郭姓居民，故名郭家塆。该居民点处丘陵地带，聚落呈块状分布，东接李家塆，西邻四里村，南连屠杨塆，北靠卓家塆。居民点占地面积约 0.3752 平方千米，该塆以郭姓为主，主要为汉族，共有村民 28 户、125 人，耕地面积约 0.10452 平方千米，主要作物为水稻、小麦。

安陆市惠民小区[Ān lù shì huì mín xiǎo qū]　2014 年安陆市房产局为解决困难户的居住条件，在草庙村五组修建惠民小区，沿用至今。该居民点处丘陵地带，呈块状分布，东接铁路，西邻五组新村，南连鱼塘，北靠嘉园小区。居民占地面积约 0.03484 平方千米，主要为汉族，共有村民 400 户 700 人。

屠杨塆[Tú yáng wān]　“屠”指屠姓，“杨”指杨姓，以姓氏命名。清代驻扎亦兵亦农的绿营兵拱卫府城，此地属杨胜旗，清灭亡后屠、杨两姓士兵以农为生，形成聚落，故名屠杨塆。该居民点处丘陵地带，聚落呈块状分布，东接池塘，西邻 316 国道，南连草庙村 7 组，北靠新米厂。居民点占地面积约 0.2617 平方千米，主要为汉族。共有村民 24 户、86 人，耕地面积约 0.1524 平方千米，主要作物为水稻、小麦。

五组新村[Wǔ zǔ xīn cūn]　“五组”指草庙村五组，“新”指新建，“村”指乡下聚居的处所。以地理位置命名，于 2006 年新建。2006 年因汉丹铁路扩建，为安置搬迁农户，在草庙村五组建成新村，沿用至今。该居民点处丘陵地带，居民点呈块状分布，东接郭家塆，西邻四里村，南连南城派出所，北靠四里菜场。居民点占地面积约 0.01206 平方千米，该塆主要为汉族，共有居民 24 户 120 人。

卓家上塆[Zhuó jiā shàng wān]　“卓家”指卓姓居民，“上”指方位为北方，以姓氏和方位综合命名。清朝形成聚落，该居民点处丘陵地带，呈块状分布，东接卓家独塆，西邻凤凰村四组，南连双塘，北靠卓家下塆，居民点占地面积约 0.2479 平方千米。该塆以卓姓为主，均为汉族，共有 28 户 110 人，耕地面积约 0.10452 平方千米。主要作物为水稻、小麦。

草庙新村[Cǎo miào xīn cūn]　“草庙”指早期有一个用草搭建的寺庙，“新”指新建，“村”指乡下聚居的处所。所在区域内早期是一个用草搭建的寺庙，后有新搬迁的居民来此居住，得以建立的居民点。1996 年，草庙村农户集中在此建房，形成草庙新村，沿用至今。该居民点处丘陵地带，呈块状分布，东接吴家塆，西邻三环公路，南连草庙村村委会，北靠农田。居民点占地面积约 0.00536 平方千米，该塆主要为汉族，共有村民 22 户 101 人

吴家塆[Wú jiā wān]　清代驻扎绿营兵拱卫府城，属杨胜旗。请灭亡后士兵以农为生，形成聚落，该村多半为吴姓居民，故名吴家塆。该居民点处丘陵地带，聚落呈块状分布，东接本村 8 组，西邻本村 4 组，南连高庙村 2 组，北靠府城。居民点占地面积约 0.24187 平方千米，该塆以吴姓为主，主要为汉族，共有村民

43 户 168 人，耕地面积约 0. 10787 平方千米，主要作物为水稻、小麦。

小童家塆[Xiǎo tóng jiā wān] “小”指面积小，民国时期由大童家塆分出形成聚落，故为小。该居民点处丘陵地带，聚落呈块状分布，东接铁路，西邻 316 国道，南连铁塔厂，北靠瑞祥瓦厂。居民点占地面积约 0. 1876 平方千米，该塆以童姓为主，主要为汉族。共有村民 31 户 156 人，耕地面积约 0. 09447 平方千米，主要作物为水稻、小麦。

草庙村众一小区[Cǎo miào cūn zhòng yī xiǎo qū] “众一”指众一公司，以所属单位名称命名。早期这里有一个用草搭建的寺庙，后在这里由众一公司承建开发，建立了小区。自 2008 年建成命名后沿用至今。该居民点位于草庙村七组，处丘陵地带，居民点呈块状分布，处于七组中心位置，四周环七组。居民点占地面积约 0. 01072 平方千米，该塆主要为汉族，共有村民 68 户 288 人。

傲万方[Ào wàn fāng] 东连高庙，西接吴家塆，北接卓塆，南接高庙一组，傲万方因姓得名，人口 28 户 105 人，面积 0. 3 平方千米，耕地 0. 15 平方千米，丘陵地，水稻，小麦，汉族。

七、陈沟东村[Chéngōu Dōng Cūn]

“陈”指陈姓，“沟”指小河流。陈沟东村位于小河流东岸而得名。村委会成立于 1990 年底，距南城办事处机关约 4. 5 千米。

该村清代属太平乡。民国初期属乳岩乡，1946 年属子文乡。1949 年 7 月隶属于巡店区；1952 年 10 月分属于第一、二区；1954 年 8 月并入第一区；1956 年 3 月划归第二区；1958 年后，先后隶属于李店区、李店(上游)人民公社；1966 年 9 月隶属李店(东风)区；1975 年 2 月，划归城关人民公社；1978 年 2 月，复归李店人民公社；1984 年 1 月，改公社为区，划归李店区；1987 年 9 月，撤区并乡镇，将属于李店区的陈沟乡、刘庙乡合并，成立南城办事处。陈沟东村系南城办事处辖。

该村东接云梦县倒店乡界牌村，西邻陈沟西村，南与云梦县交界，北靠山坡村，呈块状分布。辖区总面积约 1. 5 平方千米，有陈家沟、陈家园、何家塆 3 个自然塆 13 个村民小组，有 41 名党员。辖区内共有村民 349 户 1326 人，耕地面积约 0. 804 平方千米，主要农作物有水稻、小麦，村民主要经济来源靠农业和外出务工。该村主要驻区单位有安陆市南城陈沟卫生所，村委会办公地址设在陈沟东村。

陈家沟[Chén jiā gōu] 以居民姓氏和地理实体形态特征综合命名。洪武二年(1369 年)自麻城迁入此地，慢慢形成聚落。该居民点呈块状分布，东接太白大道，西邻陈沟西村，南连云梦县，北靠山坡村。居民点面积约 0. 8 平方千米，居民点主要姓氏为陈姓，居民主要为汉族。共有居民 249 户 1020 人，耕地面积约 0. 68 平方千米，主要农作物为水稻、小麦。

陈家园[Chén jiā yuán] “陈家”指陈姓居民。“园”指四周翠竹成林，故园。以姓氏命名。早期主要为陈姓居民居住。1876 年从陈家沟分出形成聚落，该居民点呈块状分布，东接云梦县，西邻农田，南连云梦县，北靠闭刘村。居民点占地面积约 0. 14 平方千米，主要以陈姓为主，主要为汉族。共有村民 18 户、95

人，耕地面积约 0. 07 平方千米，主要农作物为水稻、小麦。

何家塆[Hé jiā wān]　以姓氏命名，清朝康熙年间形成聚落。该居民点呈块状分布，东接云梦县，西邻陈沟东村 10 组，南连农田，北靠闭刘村。居民点面积约 0. 12 平方千米，居民主要姓氏为何姓，居民主要为汉族。常住居民 22 人、6 户，耕地面积约 0. 04 平方千米，主要农作物为水稻、小麦。

八、陈沟西村[Chéngōu Xī Cūn]

洪武二年(1369 年)有陈姓人从麻城迁入，在小河边落户，与东村相对，故名陈沟西村。该村委会距南城办事处机关约 5 千米。

1949 年 7 月至 1952 年 10 月，隶属于巡店区；1952 年 10 月至 1954 年 8 月，属于第二区(巡店区)；1954 年 8 月并入第一区(李店)；1956 年 3 月划归第二区(李店区)；1958 年后，先后隶属于李店区、李店(上游)人民公社；1966 年 9 月隶属李店(东风)区；1975 年 2 月，划归城关人民公社；1978 年 2 月，复归李店人民公社；1984 年 1 月，改公社为区，划归李店区；1987 年 9 月，撤区并乡镇，将属于李店区的陈沟乡、刘庙乡合并，成立南城办事处。陈沟西村系南城办事处辖。

该居民点呈块状分布，东接陈沟东村，西邻黄河村，南连袁蒋村，北靠山坡村。辖区总面积约 1. 1 平方千米，所住居民主要为汉族. 辖区内共有 3 个自然塆：榨屋塆、栗树塆、学校塆。共有村民 204 户 752 人，耕地面积约 0. 503 平方千米，主要农作物有水稻、小麦，村民主要经济来源靠农业和外出务工。村委会办公地址设在陈沟西村。

榨屋塆[Zhà wū wān]　“榨屋”指榨坊，榨油的场所。以经济活动命名，早前有 12 个榨坊。

洪武年间迁入此地，慢慢形成聚落。榨屋塆系陈沟西村村民委员会所在地。该居民点位于陈沟西村南部，居民点呈块状分布，东接民堤，西邻孝洪高速公路，南连农田，北靠陈沟西村 2 组。居民点面积约 0. 3 平方千米，主要以陈姓为主，民族为汉族。共有村民 225 户 857 人，耕地面积约 0. 157 平方千米，主要农作物为水稻、小麦。

栗树塆[Lì shù wān]　以物产命名，此塆陈氏祠堂院内有两颗栗树，树大而茂盛。洪武年间麻城过籍迁入此地，慢慢形成聚落。该居民点位于陈沟西村，居民点呈块状分布，东接陈沟河边农田，西邻农田，南连陈沟西村 1 组，北靠陈沟西村 3 组。居民点面积约 0. 18 平方千米，主要以陈姓为主，主要为汉族。共有居民 225 户 857 人，耕地面积约 0. 09 平方千米，主要农作物为水稻、小麦。

学校塆[Xué xiào wān]　“学校”指教书育人的地方。早前这里建有一所学校，后有居民陆续在周围建房，附近居民的孩子都在此上学，故以命名。共和国成立初此地建学校，后有居民陆续在周围建房，形成聚落。该居民点位于陈沟西村五组，呈块状分布，东接山坡村，西邻农田，南连栗树塆，北靠陈沟东村。居民点面积约 0. 52 平方千米，居民主要姓氏为陈姓，民族为汉族。共有村民 225 户 857 人，耕地面积约 0. 484 平方千米，主要农作物为水稻、小麦、玉米。

九、大塘村[Dàtáng Cūn]

“大塘村”以地理位置和群众自治组织命名，该村民委员会距南城办事处机关约 2.7 千米。

1949 年 7 月隶属于长兴区；1952 年 10 月分属于第一、二区；1954 年 8 月并入第一区；1956 年 3 月划归第二区；1958 年后，先后隶属于李店区、李店(上游)人民公社；1966 年 9 月隶属李店(东风)区；1975 年 2 月，划归城关人民公社；1978 年 2 月，复归李店人民公社；1984 年 1 月，改公社为区，划归李店区；1987 年 9 月，撤区并乡镇，将属于李店区的陈沟乡、刘庙乡合并，成立南城办事处。大塘村系南城办事处辖。

该村东接刘庙村，西邻仰棚村、石桥村，南连大塆村，北靠肖万村，呈块状分布。面积约 1 平方千米，共有 5 个自然塆：大塘咀、二家塆、何家山、李家独屋、仰家凹。辖区内常住居民 109 户，455 人，辖区总面积 1 平方千米，耕地面积约 0.335 平方千米，主要农作物有水稻、小麦。该村主要驻区单位有虹彩缘养殖场、利平养殖场，鑫海养殖场，村民主要经济来源是农业和外出务工。

大塘咀[Dà táng zuǐ]　“大塘”指该塆位于像鱼嘴的大塘尖头上，形状特征像鱼嘴。以地理实体形态特征综合命名。洪武年间迁入此地，慢慢形成聚落。该居民点位于大塘村 3 组，处丘陵地带，居民点呈块状分布，东接大塆村，西邻仰棚村，南连大塆村，北靠何家山。居民点面积约 0.235 平方千米，居民主要为汉族，共有村民 37 户、134 人，耕地面积约 0.098 平方千米，主要作物为水稻、小麦。

二家塆[Èr jiā wān]　“二家”指早前只有两户人家，以历史事件命名，洪武年间麻城过籍，何、仰两家迁入此地，形成聚落。该居民点位于大塘村 2 组，处丘陵地带，居民点呈块状分布，东接李家塆，西邻石桥村，南连何家山，北靠肖万村。居民点面积约 0.1809 平方千米，居民主要为汉族。共有村民 18 户、88 人，耕地面积约 0.0804 平方千米，主要作物为水稻、小麦。

何家山[Hé jiā shān]　“何家”指居民以何姓为主，以姓氏和地貌命名。自清朝康熙年间形成聚落，该居民点位于大塘村，处丘陵地带，居民点呈块状分布，东接李家塆，西邻石桥村，南连大塘咀，北靠二家塆。居民点面积约 0.1675 平方千米，居民主要姓氏为何姓，居民主要为汉族。共有村民 15 户 63 人，耕地面积约 0.0871 平方千米，主要作物为水稻、小麦。

李家独屋[Lǐ jiā dú wū]　“李家”指居民姓氏，以居民姓氏和地理实体形态特征综合命名，民国时期只李姓一家，后搬来其他姓氏，慢慢形成聚落。该居民点处丘陵地带，居民点呈块状分布，东接李家塆，西邻石桥村，南连大塘咀，北靠二家塆。居民点面积约 0.1675 平方千米，居民主要姓氏为何姓，居民主要为汉族。共有居民 11 户 56 人，耕地面积约 0.0871 平方千米，主要作物为水稻、小麦。

仰家凹[Yǎng jiā wā]　“仰家”指居民以仰姓为主，“凹”指位于山凹之中。以姓氏和地理实体形态特征综合命名。历史遗存老聚落，形成年代难考。该居民点位于大塘村 1 组，处丘陵地带，居民点呈块状分布，东接刘庙村，西邻石桥村，南连二家塆，北靠肖万村。居民点面积约 0.1206 平方千米，居民姓氏主要为仰姓，居民主要为汉族。共有村民 28 户 111 人，耕地面积约 0.03082 平方千米，主要作物为水稻、小麦。

十、大塆村[Dàwān Cūn]

大湾村曾用名郑家湾，1949 年 7 月隶属于长兴区；1952 年 10 月分属于第一、二区；1954 年 8 月并入第一区；1956 年 3 月划归第二区；1958 年后，先后隶属于李店区、李店(上游)人民公社；1966 年 9 月隶属李店(东风)区；1975 年 2 月，划归城关人民公社；1978 年 2 月，复归李店人民公社；1984 年 1 月，改公社为区，划归李店区；1987 年 9 月，撤区并乡镇，将属于李店区的陈沟乡、刘庙乡合并，成立南城办事处，大湾村隶属于南城办事处，距南城办事处机关约 3.6 千米。

该村呈条状分布，东接闭刘村，西邻府河，南连山坡村，北靠仰棚村。面积约 1.1591 平方千米，该村主要为汉族，现有 11 个村民小组：猫家塆、篾匠塆、三姓街、郑家大塆、郑家小塆，共有 1769 人，442 户，耕地面积约 0.8206 平方千米，主要经济来源为个体经营和外地务工。

猫家塆[Māo jiā wān]　清朝康熙年间形成聚落，早期居民每家每户都养猫，家猫野猫数量比人还多，故得名。该居民点呈条状分布，东接仰家大塆，西邻府河，南连山坡村，北靠仰棚村。居民点面积约 0.03685 平方千米，居民主要为汉族。共有村民 20 户 60 人，耕地面积约 0.02345 平方千米，主要作物为水稻、小麦。

篾匠塆[Miè jiàng wān]　早前该塆有一个老篾匠手艺很好，非常有名，远近乡民都到这儿购买蔑器，故称其为“篾匠塆”。该居民点处丘陵地带，呈条状分布，东接池塘，西邻山地，南连山地，北靠池塘。该塆均为汉族，共有 210 人，49 户，总面积 0.15209 平方千米，其中耕地面积 0.10519 平方千米，主要作物为水稻、小麦。

三姓街[Sān xìng jiē]　“三姓”指三种姓氏，全塆居住着三个姓氏的家族，故而得名。该居民点处丘陵地带，呈条状分布，东接仰棚村，西邻府河，南连山坡村，北靠大塘村。该塆均为汉族，共有 52 户 220 人，总面积 0.06834 平方千米，其中耕地面积 0.04221 平方千米，主要作物为水稻、小麦。

郑家大塆[Zhèng jiā dà wān]　“郑家”指居民以郑姓为主，以姓氏命名。洪武年间迁入此地，慢慢形成聚落。该居民点位于大塆村，处丘陵地带，居民点呈条状分布，东接涢水路，西邻郑家小塆，南连山坡村，北靠仰棚村。居民点面积约 1.2864 平方千米，居民主要姓氏为郑姓，居民主要为汉族。共有村民 161 户 722 人，耕地面积约 0.603 平方千米，主要作物为水稻、小麦。

郑家小塆[Zhèng jiā xiǎo wān]　“郑家”指居民以郑姓为主，“小”指面积小，以姓氏命名。洪武年间迁入此地，慢慢形成聚落。该居民点处丘陵地带，居民点呈条状分布，东接郑家大塆，西邻府河，南连山坡村，北靠仰棚村。居民点面积约 0.21842 平方千米，居民主要姓氏为郑姓，居民主要为汉族。共有村民 160 户 577 人，耕地面积约 0.05762 平方千米，主要作物为水稻、小麦。

十一、金沟社区[Jīngōu Shèqū]

金沟村新改社区，原名金沟村，村委会所在地，距南城办事处机关约1.1千米。

这里1949年7月至1952年10月，隶属于长兴区；1952年10月至1954年8月，分属于第一、二区；1954年8月并入第一区；1956年3月划归第二区；1958年后，先后隶属于李店区、李店(上游)人民公社；1966年9月隶属李店(东风)区；1975年2月，划归城关人民公社；1978年2月，复归李店人民公社；1984年1月，安陆改公社为区，划归李店区；1987年9月，撤区并乡镇，将属于李店区的陈沟乡、刘庙乡合并，成立南城办事处，金沟村系南城办事处辖。

该村东接肖杨村，西邻316国道，南连肖杨村，北靠高庙村，辖区面积约1.8平方千米，辖区内共有13个居民点：金沟小区、幸福小区、南星花园、金秋花园、窑上塆、周蒋塆、金家冲、大洼塆、刘家塆、架上塆、操家大塆、小操家塆、杨家塆。辖区内共有村民889户3235人，耕地面积约0.976平方千米，主要农作物有水稻、小麦、玉米，居民经济来源主要靠农业、个体经济和外出打工。

金沟小区[Jīn gōu xiǎo qū]　“金沟”指的是金沟村，“小区”指的是城市一定区域内建筑的、具有相对独立居住环境的大片居民住宅。以地理位置命名。2006年建成命名起沿用至今。该居民点东接肖杨村农田，西邻316国道，南连南城办事处，北靠幸福小区。面积约0.014平方千米。常住居民136户540人。

幸福小区[Xìng fú xiǎo qū]　“幸福”指广大居民美好幸福和谐生活的美好愿望，以美好愿望命名。2008年建成命名并沿用至今。该居民点位于金沟村二组。东接肖杨村，西邻316国道，南连金沟小区，北靠农田。面积约0.01平方千米。共有居民82户287人。

南星花园[Nán xīng huā yuán]　“南”指方位，该居民点位于金沟村南边，“星”指希望该居民点成为全村的明星居民点，“花园”指环境优美的小区。以方位和美好愿望命名。2009年建成命名并沿用至今。该居民点东接肖杨村，西邻316国道，南连幸福小区，北靠农田。面积约0.008平方千米。共有居民60户210人。

金秋花园[Jīn qiū huā yuán]　“金秋”指希望居住在该小区的居民的生活如金秋般美好。“花园”指环境优美的小区。因美好愿望命名。2012年建成命名并沿用至今。该居民点位于金沟村9组。东接肖杨村，西邻316国道，南连肖杨村，北靠金秋大道。面积约0.035平方千米。共有居民300户1000人。

窑上塆[Yáo shàng wān]　“窑”指烧砖、瓦、陶瓷器的构筑物，以经济活动命名。洪武年间迁入此地，慢慢形成聚落。该居民点呈块状分布，东接高庙村，西邻四里村，南连金钩村三组金家冲，北靠草庙村。居民点面积约0.125平方千米，居民主要为汉族。共有居民35户137人，耕地面积约0.088平方千米，主要农作物为水稻、小麦、油菜。

周蒋塆[Zhōu jiǎng wān]　曾用名：周蒋，以姓氏命名，因该地为周姓和蒋姓聚居地而得名。洪武年间迁入此地，慢慢形成聚落。该居民点位于金沟村，聚落呈块状分布，东接汉丹铁路，西邻316国道，南连金沟大冲，北靠草庙村。居民点面积约 0. 255 平方千米，居民主要以周、蒋两姓为主，居民主要为汉族。共有居民 36 户 152 人，耕地面积约 0. 114 平方千米，主要农作物为水稻、小麦、油菜。

金家冲[Jīn jiā chōng]　“金家”指金姓居民，“冲”指的是山区的平地，两山之间的狭长地带。以姓氏和地貌特征命名。洪武年间迁入此地，慢慢形成聚落。该居民点位于金沟村西北，呈块状分布，东接金钩村三组，西邻 316 国道，南连农科所，北靠四里村。居民点面积约 0. 255 平方千米，居民主要姓氏为金姓，居民主要为汉族。共有居民 53 户、193 人，耕地面积约 0. 113 平方千米，主要农作物为水稻、小麦、油菜。

大洼塆[Dà wā wān]　以地理特征命名。自清朝形成聚落，该居民点位于金沟村北部，居民点呈块状分布，东接铁路，西邻太白大道，南连金钩村三组金家冲，北靠高庙村。居民点面积约 0. 212 平方千米，居民主要为汉族。共有居民 27 户 109 人，耕地面积约 0. 113 平方千米，主要农作物为水稻、小麦、油菜。

刘家塆[Liú jiā wān]　“刘家”指的是刘姓居民，以姓氏命名。民国初年形成聚落，呈块状分布，东接架上塆，西邻杨家塆，南连肖杨村，北靠操家大塆。居民点面积约 0. 1876 平方千米，居民姓氏主要为刘姓，民族主要为汉族。共有居民 19 户 56 人，耕地面积约 0. 0456 平方千米，主要农作物为水稻、小麦、油菜。

架上塆[Jià shàng wān]　“架上”指的是地理位置较高，以地理特征命名。清末形成聚落。该居民点位于金沟村南部，呈块状分布，东接肖扬村，西邻金钩村五组刘家塆，南连肖扬村，北靠金沟村七组操家大塆。居民点面积约 0. 106 平方千米，居民主要为汉族。居民 21 户 84 人，耕地面积约 0. 064 平方千米，主要农作物为水稻、小麦、油菜。

操家大塆[Cāo jiā dà wān]　“操家”指的是操姓居民，以居民姓氏命名。洪武年间迁入此地，慢慢形成聚落。该居民点呈块状分布，东接金沟村八组小操家塆，西邻金沟村三组金家冲，南连金沟村五组刘家塆，北靠高庙。居民点面积约 0. 461 平方千米，居民主要姓氏为操姓，民族主要为汉族。共有居民 54 户 195 人，耕地面积约 0. 281 平方千米，主要农作物为水稻、小麦、油菜。

小操家塆[Xiǎo cāo jiā wān]　“小”指面积，以姓氏命名，因该地为操姓聚居地且面积较小而得名。洪武年间迁入此地，慢慢形成聚落。该居民点位于金沟村东部，呈块状分布，东接肖杨村，西邻金沟村七组操家大塆，南连金沟村六组架上塆，北靠四里。居民点面积约 0. 228 平方千米，居民主要为汉族。共有居民 27 户 90 人，耕地面积约 0. 145 平方千米，主要农作物为水稻、小麦、油菜。

杨家塆[Yáng jiā wān]　以姓氏命名，因该地为杨姓聚居地而得名。康熙年间慢慢形成聚落。该居民点呈块状分布，东接刘家塆，西邻 316 国道，南连操家大塆，北靠肖杨村。居民点面积约 0. 161 平方千米，居民姓氏主要为杨姓，居民主要为汉族。共有居民 39 户 183 人，耕地面积约 0. 043 平方千米，主要农作物为水稻、小麦、油菜。

十二、山坡村[Shānpō Cūn]

“山坡”指山峰和山脚之间的部分山地，因地理位置命名。1949 年 7 月至 1952 年 10 月，隶属于巡店区；

1952 年 10 月至 1954 年 8 月，分属于第一、二区；1954 年 8 月并入第一区；1956 年 3 月划归第二区；1958 年后，先后隶属于李店区、李店(上游)人民公社；1966 年 9 月隶属李店(东风)区；1975 年 2 月，划归城关人民公社；1978 年 2 月，复归李店人民公社；1984 年 1 月，改公社为区，划归李店区；1987 年 9 月，撤区并乡镇，将属于李店区的陈沟乡、刘庙乡合并，成立南城办事处。山坡村系南城办事处辖，距南城办事处机关约 3.5 千米。

该村东接闭刘村，西邻府河，南连陈沟东村，北靠大湾村，呈块状分布。辖区总面积约 1.7 平方千米，辖区内共有 4 个自然塆：王家塆、殷家塆、蒋家塆、喻家塆。辖区内共有居民 337 户、1317 人，耕地面积约 0.756 平方千米，主要农作物有水稻、小麦。居民主要经济来源靠农业、个体经济和外出务工。该村主要驻区单位有山坡村卫生室、山坡村村民委员会。

王家塆[Wáng jiā wān]　“王家”指王姓居民，以姓氏命名。王氏先祖为躲避太平天国战乱，从湖南迁入此地落户，慢慢形成聚落。该居民点呈条状分布，东接王家小塆，西邻郑家小塆，南连殷家塆，北靠蒋家塆。居民点面积约 0.25 平方千米，居民主要姓氏为王姓，民族主要为汉族。共有居民 40 户 224 人，耕地面积约 0.082 平方千米，主要农作物为水稻、小麦。

殷家塆[Yīn jiā wān]　“殷家”指殷姓居民，以姓氏命名。殷氏先祖于洪武年间迁入此地，慢慢形成聚落。该居民点呈条状分布，东接喻家塆，西邻府河，南连蒋家塆，北靠王家塆。居民点面积约 0.88 平方千米，居民主要姓氏为殷姓，汉族共有居民 148 户 482 人，耕地面积约 0.52 平方千米，主要农作物为水稻、小麦。

蒋家塆[Jiǎng jiā wān]　“蒋家”指蒋姓居民，以姓氏命名。康熙年间蒋氏先祖为躲避战乱，从山东迁入此地，慢慢形成聚落。该居民点呈条状分布，东接喻家塆，西邻府河，南连袁蒋村，北靠殷家塆。居民点面积约 0.12 平方千米，居民主要姓氏为蒋姓，居民主要为汉族。共有居民 35 户 134 人，耕地面积约 0.084 平方千米，主要农作物为水稻、小麦。

喻家塆[Yù jiā wān]　“喻家”指喻姓居民，以姓氏命名。喻氏先祖自清朝康熙年间迁入，慢慢形成聚落。聚落呈条状分布，东接闭刘村，西邻殷家塆，南连陈沟东村，北靠王家塆。居民点面积约 0.67 平方千米，居民姓氏主要为喻姓，民族主要为汉族。共有居民 114 户 477 人，耕地面积约 0.070 平方千米，主要农作物为水稻、小麦。

十三、石桥村[Shíqiáo Cūn]

附近有两墩三孔石桥，俗名“仰家石桥”。以建筑物和群众自治组织综合命名。这里 1949 年 7 月至 1952 年 10 月，隶属于巡店区；1952 年 10 月至 1954 年 8 月，属于第二区；1954 年 8 月并入第一区；1956 年 3 月划归新第二区；1958 年后，先后隶属于李店区、李店(上游)人民公社；1966 年 9 月隶属李店(东风)区；1975 年 2 月，划归城关人民公社；1978 年 2 月，复归李店人民公社；1984 年 1 月，改公社为区，划归李店区；1987 年 9 月，撤区并乡镇，将属于李店区的陈沟乡、刘庙乡合并，成立安陆市南城办事处，该村隶属南城办事处辖，距南城办事处机关约 3 千米。

石桥村地处丘陵地带，居民点呈条状分布，东接肖万村，西邻府河，南连仰棚村，北靠杨林村。辖区地面积约 2.4857 平方千米，该村主要为汉族。有 5 个自然塆和 2 个新建小区：石桥塆、高彭塆、卷子塆、仰家塆、玉皇阁、毓秀阁小区、石桥小区，共有居民 683 户 2332 人(不含毓秀阁小区外来住户)，耕地面积 1190.38 亩，主要农作物为蔬菜、南乡萝卜、小麦，主要经济来源为个体经营和外地务工。

石桥村虎乳岩在《左传·宣公四年》有详细的记载："初，若敖娶于邧，生斗伯比。若敖卒，以其母畜于邧，淫于邧子之女，生子文焉。邧夫人使弃诸梦中。虎乳之。邧子田，见之，惧而归。夫人以告，遂使收之。"古涢楚方言谓喂乳为"彀(gou)"，谓虎为"於菟(wu tu)"，故命之曰鬬彀於菟。以其女妻伯比。实为楚令尹子文。

石桥塆[Shí qiáo wān]　洪武年间迁入此地，慢慢形成聚落。该居民点呈条状分布，东接刘庙村，西邻府河，南连卷子塆，北靠仰棚村。该塆以仰姓为主，主要为汉族，共有村民 120 户 590 人，主要农作物为蔬菜、小麦。

卷子塆[Juàn zǐ wān]　"卷子"指春卷，一种食物，最初居民以制作并往邻村贩卖春卷为生。洪武年间迁入此地，慢慢形成聚落。该居民点呈条状分布，东接刘庙村，西邻府河，南连仰家塆，北靠石桥小学。该塆主要为汉族，共有 180 户 540 人，主要农作物为蔬菜、小麦。

仰家塆[Yǎng jiā wān]　该塆居民以仰姓为主。位于石桥村，处丘陵地带，呈条状分布，东接刘庙村，西邻府河，南连卷子塆，北靠仰棚村。该塆以仰姓为主，均为汉族，共有 120 户，590 人，总面积 1.3467 平方千米，其中耕地面积 1.273 平方千米，主要农作物为水稻、小麦，主要经济来源为个体经营和外地务工。

高彭塆[Gāo péng wān]　"高彭"指高姓、彭姓居民，因该地为高姓、彭姓聚居地而得名。洪武年间迁入此地，慢慢形成聚落。该居民点呈条状分布，东接肖万塆，西邻府河，南连石桥小学，北靠汉十高速。主要为汉族，共有村民 210 户 630 人，主要农作物为蔬菜、南乡萝卜、油菜、小麦。

石桥小区[Shí qiáo xiǎo qū]　"石桥"指石桥村，以村名派生命名。2012 年建成命名，属石桥村。该居民点位于石桥村石桥街道，聚落呈条状分布，东接涢水路，西邻高彭塆，南连卷子塆，北靠高彭塆。该小区主要为汉族，共有村民 40 户 140 人。

玉皇阁[Yù huáng gé]　"玉皇"指昊天金阙，"阁"指类似楼房建筑物。以传说故事命名，传说该居民点很久以前是玉皇大帝的行宫。洪武年间迁入此地，慢慢形成聚落。该居民点呈条状分布，东接肖万村，西邻府河，南连汉十高速，北靠杨林村。该塆主要为汉族，共有村民 47 户 198 人，耕地面积 123.7 亩，主要农作物为南乡萝卜、小麦。

毓秀阁小区[Yù xiù gé xiǎo qū]　"毓"指养育，"秀"指优秀，"毓秀"指孕育着优秀的人物，"阁"指类似楼房建筑物，以古建筑命名，小区位于毓秀阁之北。2006 年建成命名起属石桥村，沿用至今。该居民点处丘陵地带，居民点呈条状分布，东接四里村，西邻府河，南连杨林村，北靠杨林村。该小区主要为汉族，共有 292 户 876 人。

十四、四里社区[Sìlǐ Shèqū]

新改社区，原名四里村。光绪十四年版《德安府志》载：“全县(安陆)辖太平、春和2乡，编户十里”这里是太平乡太四里里正所在地，故称四里。

这里1949年7月—1952年10月，隶属于巡店区；1952年10月—1954年8月，分属于第一、二区；1954年8月并入第一区；1956年3月划归第二区；1958年后，先后隶属于李店区、李店(上游)人民公社；1966年9月隶属李店(东风)区；1975年2月，划归城关人民公社；1978年2月，复归李店人民公社；1984年1月，安陆改公社为区，划归李店区；1987年9月，撤区并乡镇，将属于李店区的陈沟乡、刘庙乡合并，成立南城办事处，这里隶属于南城办事处。距南城办事处机关约3.6千米。

该村东接草庙村，西邻杨林村，南连万庙村、金沟村，北靠府城凤凰社区。辖区总面积约2平方千米，辖区内共有13个居民点：城南佳苑、清园丽舍、胡蔡塆、刘家堰、桥上塆、上刘塆、童家塆、万家塆、王家塆、肖家塆、杨家独屋、仰家塆、殷陈家塆。共有村民1246户4150人，耕地面积约12.075平方千米，以种植水稻、小麦为主，居民主要经济来源靠务农、个体经济和外出务工。

城南佳苑[Chéng nán jiā yuàn]　“城南”是指该居民点位于四里村南面，以方位和美好愿望命名。该居民点2010年建成，东接316国道(太白大道)，西邻汉丹铁路，南连四里菜场，北靠安陆客运站。面积约2.5万平方米，主要为汉族。，共有居民476户1400人。

清园丽舍[Qīng yuán lì shě]　“清园丽舍”指所处环境优雅，干净整洁。以美好愿望命名。该居民点2013年建成，东接汉丹铁路，西邻316国道(太白大道)，南连城南佳苑，北靠客运站。面积约2.2万平方米，主要民族为汉族。共有居民190户546人。

胡蔡塆[Hú cài wān]　“胡蔡”是指胡姓和蔡姓居民。以居民姓氏命名。康熙年间迁入此地，慢慢形成聚落。该居民点位于四里村六组，东接杨家独塆，西邻杨林塆，南连肖家塆，北靠府城。居民点面积约0.26平方千米，主要姓氏有胡姓和蔡姓，主要为汉族。全塆有98户366人，耕地面积3.2平方千米，主要农作物为水稻、小麦。

刘家堰[Liú jiā yàn]　“刘家”是指刘姓居民，“堰”是指池塘。以居民姓氏加地理特征命名。历史遗存老居民点，康熙年间起慢慢形成聚落。该居民点位于四里村一组，东接上刘塆，西邻金沟村，南连桥上塆，北靠杨林村。居民点面积约0.27平方千米，居民主要姓氏为刘姓，民族为汉族。全塆有58户225人，耕地面积约3平方千米，主要农作物为水稻、小麦。

桥上塆[Qiáo shàng wān]　“桥上”指该居民点位于四里村南七里桥边。古桥不在，地名未变，以建筑物和姓氏命名。康熙年间迁入此地，慢慢形成聚落。该居民点位于四里村十一组，东接草庙村，西邻刘家堰，南连金沟村，北靠王家塆。居民点面积约0.15平方千米，居民主要民族为汉族。全塆有18户69人，耕地面积约0.017平方千米，主要农作物为水稻、小麦。

上刘塆[Shàng liú wān]　“上”是指当地有一池塘，居民点位于池塘北边，“刘”是指刘姓居民，历史老居民点，康熙年间起慢慢形成聚落。该居民点位于四里村二组，北接仰家塆，西邻万家堰，南连刘家堰，东接王家湾。居民点面积约 0. 13 平方千米，居民主要姓氏为刘姓，民族为汉族。全塆有 35 户 151 人，耕地面积约 0. 08 平方千米，主要农作物为水稻、小麦。

童家塆[Tóng jiā wān]　“童家”是指童姓居民，以居民姓氏命名。康熙年间迁入此地，慢慢形成聚落。该居民点位于四里村九组，东接草庙村，西邻万家塆，南连王家塆，北靠殷陈家塆。居民点面积约 0. 17 平方千米，居民主要姓氏为童姓，民族为汉族，全塆有 37 户 154 人，耕地面积约 0. 01 平方千米，主要农作物为水稻、小麦。

万家塆[Wàn jiā wān]　“万家”指万姓居民，以姓氏命名。该居民点位于四里村四组，北靠殷陈家塆，西邻杨林村，南连杨林村，东接仰家湾。居民点面积约 0. 22 平方千米，居民主要姓氏为万姓，主要为汉族。全塆有 37 户 151 人，耕地面积 0. 013 平方千米，主要农作物为水稻、小麦。

王家塆[Wáng jiā wān]　该自然塆主要以王姓为主，洪武年间迁入此地，慢慢形成聚落。因 2015 年兴建江夏大道整体搬迁至四里安置区。该居民点位于四里村十组，东接草庙村，西邻上刘塆，南连桥上塆，北靠董家塆。居民点面积约 0. 14 平方千米，居民主要姓氏为王姓，民族为汉族。全塆有 22 户 85 人，耕地面积 0. 013 平方千米，主要农作物为水稻、小麦。

肖家塆[Xiāo jiā wān]　“肖家”是指肖姓居民，以居民姓氏命名。历史遗存老居民点，该居民点位于四里村八组，东接四里村委会，西邻胡蔡湾，南连殷陈家塆，北靠杨家独塆。居民点面积 0. 15 平方千米，居民主要姓氏为肖姓，民族为汉族。全塆有 27 户 98 人，耕地面积约 0. 042 平方千米，主要农作物为水稻、小麦。

杨家独屋[Yáng jiā dú wū]　“杨家”指的是杨姓居民，“独屋”指的是居住人口较少面积较小的村庄。以居民姓氏命名，因该地为杨姓聚居地且最初只有一户人家居住而得名。该居民点位于四里村七组，东接府城八角楼社区，西邻胡蔡塆，南连肖家塆，北靠府城。居民点面积约 0. 25 平方千米，居民主要姓氏为杨姓，民族为汉族。有 140 户共 555 人，耕地面积 1. 2 平方千米，主要农作物为水稻、小麦。

仰家塆[Yǎng jiā wān]　“仰家”是指仰姓居民。以居民姓氏命名。洪武年间迁入此地，慢慢形成聚落。该居民点位于四里村三组，东接童家湾，西邻万家湾，南连上刘湾，北靠殷陈湾。居民点面积约 0. 13 平方千米，居民主要姓氏为仰姓，民族为汉族。全塆有 33 户 125 人，耕地面积约 1. 5 平方千米，主要农作物为水稻、小麦。

殷陈家塆[Yīn chén jiā wān]　“殷陈”是指殷姓和陈姓居民。以居民姓氏命名，康熙年间迁入此地，慢慢形成聚落。该居民点位于四里村五组，东接童家湾，西邻杨林村，南连仰家湾，北靠肖家塆。居民点面积约 0. 26 平方千米，居民主要姓氏为殷姓和陈姓，民族为汉族。全塆有 75 户 225 人，耕地面积 3 平方千米，主要农作物为水稻、小麦。

十五、万庙村[Wànmiào Cūn]

古代万姓居民点在丘岗上建有一座庙，故名万庙。

1949 年 7 月—1952 年 10 月，隶属于长兴区；1952 年 10 月—1954 年 8 月，分属于第一、二区；1954 年 8 月并入第一区；1956 年 3 月划归第二区；1958 年后，先后隶属于李店区、李店(上游)人民公社；1966 年 9 月隶属李店(东风)区；1975 年 2 月，划归城关人民公社；1978 年 2 月，复归李店人民公社；1984 年 1 月，安陆改公社为区，划归李店区；1987 年 9 月，撤区并乡镇，将属于李店区的陈沟乡、刘庙乡合并，成立南城办事处。1987 年 9 月，属南城办事处辖。万庙村村民委员会距南城办事处机关约 2 千米。

万庙村处丘陵地带，呈块状分布，东接刘庙村，西邻肖万村，南连大塘村，北靠四里村。该村现有 6 个村民小组：进家塆、刘菜塆、台子塆、万家大塆、万家塆、长冲塆，有 203 户，共 958 人，均为汉族。总面积 1. 207 平方千米，其中耕地面积 0. 0716 平方千米，主要经济来源为个体经营和外地务工。

进家塆[Jìn jiā wān] “进家”是指该塆位于万庙村入口处。以地理位置命名。该居民点隶属万庙村村民委员会辖，处丘陵地带，呈块状分布，东接 316 国道(太白大道)，西邻河流，南连办事处，北靠四里村。该塆有 54 户，共 230 人，均为汉族。总面积 0. 1541 平方千米，其中耕地面积 0. 09849 平方千米，主要作物为水稻、小麦。

刘菜塆[Liú cài wān] “刘”是指刘姓居民，“菜”是指种植蔬菜，以居民姓氏和耕作植物命名。洪武年间迁入此地，慢慢形成聚落。该居民点隶属万庙村村民委员会辖，处丘陵地带，呈块状分布，东接冷水巷，西邻肖万村，南连虎乳岩，北靠万石路。该塆有 56 户，共 250 人，主要以刘姓为主，均为汉族。总面积 0. 11256 平方千米，其中耕地面积 0. 08509 平方千米，主要作物为水稻、小麦。

台子塆[Tái zǐ wān] “台子”是指四周地势较低，中间地势高，形似一个台子。以地理实体形态命名。洪武年间迁入此地，慢慢形成聚落。该居民点隶属万庙村村民委员会辖，处丘陵地带，呈块状分布，东接进家塆，西邻孔家营，南连本村三组，北靠四里村。全塆有 27 户，共 120 人，均为汉族。总面积 0. 06633 平方千米，其中耕地面积 0. 05963 平方千米，主要作物为水稻、小麦。

万家大塆[Wàn jiā dà wān] “万家”是指万姓居民，“大塆”是指大的村庄。以居民姓氏命名。隋末形成聚落，该居民点隶属万庙村村民委员会辖，处丘陵地带，呈块状分布，东接本村一组，西邻本村三组，南连刘庙村，北靠本村四组。该塆有 25 户，共 150 人，主要以万姓为主，均为汉族。总面积 0. 1474 平方千米，其中耕地面积 0. 13802 平方千米，主要作物为水稻、小麦。

万家塆[Wàn jiā wān] “万家”是指万姓居民，以居民姓氏命名。隋末形成聚落，该居民点隶属万庙村村民委员会辖，处丘陵地带，呈块状分布，东接山地，西邻村级公路，南连田地，北靠田地。该塆有 27 户，共 140 人，主要以万姓为主，均为汉族。总面积 0. 08576 平方千米，其中耕地面积 0. 06566 平方千米，主要作物为水稻、小麦。

长冲塆[Cháng chōng wān] “冲”是指对两山中间狭长谷地的俗称。以地理实体形态命名。清朝康熙年间形成聚落，该居民点隶属万庙村村民委员会辖，处丘陵地带，呈块状分布，东接刘庙村，西邻万庙山，南连万福农庄，北靠万石路。该塆有 14 户，共 68 人，主要以李姓为主，均为汉族。总面积 0. 06566 平方千米，其中耕地面积 0. 04824 平方千米，主要作物为水稻、小麦。

十六、肖万村[Xiāowàn Cūn]

“肖万村”1949年7月至1952年10月，隶属于长兴区辖；1952年10月至1954年8月，分属于第一、二区辖；1954年8月并入第一区；1956年3月划归第二区；1958年后，先后隶属于李店区、李店(上游)人民公社辖；1966年9月隶属李店(东风)区辖；1975年2月，划归城关人民公社；1978年2月，复归李店人民公社；1984年1月，安陆改公社为区，划归李店区；1987年9月，撤区并乡镇，将属于李店区的陈沟乡、刘庙乡合并，成立南城办事处。肖万村隶属于南城办事处，距南城办事处机关约2.5千米。

该村处丘陵地带，呈块状分布，东接万庙村，西邻石桥村，南连大塘村，北靠杨林村。该村均为汉族。有两个自然塆六个村民小组，254户，1026人，姓氏分别有肖、万、陈、高、胡、温、钟、吴。主产“南乡萝卜”2014年申办为国家地理标志，2017年被国家授为“南乡萝卜”地理标志产品保护。总面积0.734平方千米，其中耕地面积0.28944平方千米，主要经济来源为个体经营和外地务工。

万家上塆[Wàn jiā shàng wān]　“万家”指的是万姓居民，“上”指的是地理方位北边，南边还有同姓氏村落为“下”，以居民姓氏及居民点所在方位而命名，隋末慢慢形成聚落。该居民点隶属肖万村村民委员会辖，处丘陵地带，呈块状分布，东接万庙村，西邻石桥村，南连万家下塆，北靠杨林村。该居民点主要以万姓为主，均为汉族，有140户，共450人。总面积0.227平方千米，其中耕地面积0.134平方千米，主要作物为水稻、小麦。

万家下塆[Wàn jiā xià wān]　“万家”指的是万姓居民，“下”指的是地理方位南边，北边还有同姓氏村落为“上”，以居民姓氏及居民点所在方位而命名，隋末慢慢形成聚落。该居民点隶属肖万村村民委员会辖，处丘陵地带，呈块状分布，东接万庙村，西邻石桥村，南连大塘村，北靠万家上塆。该居民点有81户，共450人，主要以万姓为主，均为汉族。总面积0.30016平方千米，其中耕地面积0.1876平方千米，主要作物为水稻、小麦。

十七、肖杨村[Xiāoyáng Cūn]

肖杨村1949年7月—1952年10月，隶属于巡店区；1952年10月—1954年8月，分属于第一、二区；1954年8月并入第一区；1956年3月划归第二区；1958年后，先后隶属于李店区、李店(上游)人民公社；1966年9月隶属李店(东风)区；1975年2月，划归城关人民公社；1978年2月，复归李店人民公社；1984年1月，安陆改公社为区，划归李店区；1987年9月，撤区并乡镇，将属于李店区的陈沟乡、刘庙乡合并，成立南城办事处。肖杨村属南城办事处辖，距南城办事处机关约1.5千米。

该村东接滚子河，西邻316国道，南连云梦县，北靠高庙村，呈条状分布。辖区内共有10个自然塆和一个小区：胡家塆、黄家塆、康乐新村、陶操塆、五组新村、肖家塆、熊家塆、严家塆、杨家大塆(七组、八组)、张家塆、赵家塆。辖区内常住居民有515户，共1899人。辖区总面积1.728平方千米，其中耕地面积1.258平方千米，主要农作物有水稻、小麦，该村主要经济来源靠农业生产和外出务工。

胡家塆[Hú jiā wān]　“胡家”是胡姓居民，以居民姓氏命名，洪武年间迁入此地，慢慢形成聚落。该居民点隶属安陆市肖杨村村民委员会辖，呈条状分布，东接滚子河，西邻严家塆，南连肖家塆，北靠熊家塆。常住居民有30户，共140人，主要以胡姓为主，均为汉族。总面积0.2平方千米，其中耕地面积0.123平方千米，主要农作物为水稻、小麦。

黄家塆[Huáng jiā wān]　“黄家”是指黄姓居民，以居民姓氏命名，洪武年间迁入此地，慢慢形成聚落。该居民点隶属肖杨村村民委员会辖，呈条状分布，东接张家塆，西邻闭刘村，南连云梦县，北靠杨家大塆。常住居民有20户，共89人，主要以黄姓为主，均为汉族。总面积0.1平方千米，其中耕地面积0.049平方千米，主要农作物为水稻、小麦。

康乐新村[Kāng lè xīn cūn]　“康乐”寓意健康快乐的生活，以美好寓意命名。该居民点2008年建成，隶属肖杨村。该居民点位于肖杨村五组，呈条状分布，东接农田，西邻316国道，南连一分干主渠，北靠金秋花园。常住居民有215户，共930人，所住居民均为汉族。总面积0.02平方千米，其中耕地面积0.01平方千米，主要农作物为水稻、小麦。

陶操塆[Táo cāo wān]　“陶操”是指陶姓、操姓居民，以居民姓氏命名。洪武年间迁入此地，慢慢形成聚落。该居民点位于肖杨村，呈条状分布，东接滚子河，西邻金沟村，南连熊家塆，北靠高庙村。常住居民有54户，共300人，主要以陶、操两姓为主，均为汉族。总面积0.22平方千米，其中耕地面积0.1742平方千米，主要农作物为水稻、小麦。

五组新村[W ǔzǔ xīn cūn]　按排序命名，“五组”指肖杨村五组，于2006年新建。2006年因汉丹铁路扩建，为安置搬迁农户，在肖杨村五组建成新村，沿用至今。该居民点处丘陵地带，呈块状分布，东接严家塆，西邻316国道，南连刘庙村七组，北靠金沟村。常住居民有20户，共70人，所住居民均为汉族。总面积0.074平方千米，其中耕地面积0.034平方千米，主要农作物为水稻、小麦。

肖家塆[Xiāo jiā wān]　“肖家”是指肖姓居民，以居民姓氏命名。洪武年间迁入此地，慢慢形成聚落。该居民点呈条状分布，东接滚子河，西邻汉丹铁路，南连杨家大塆，北靠严家塆和胡家塆。常住居民有25户，共108人，主要以肖姓为主，均为汉族。总面积0.15平方千米，其中耕地面积0.1平方千米，主要农作物为水稻、小麦。

熊家塆[Xióng jiā wān]　“熊家”是指熊姓居民，以居民姓氏命名，洪武年间迁入此地，慢慢形成聚落。该居民点隶属肖杨村村民委员会辖，呈条状分布，东接滚子河，西邻金沟村，南连胡家塆，北靠陶操塆。常住居民有34户，共200人，主要以熊姓为主，均为汉族。总面积0.25平方千米，其中耕地面积0.129平方千米，主要农作物为水稻、小麦。

严家塆[Yán jiā wān]　“严家”是指严姓居民，以居民姓氏命名，洪武年间迁入此地，慢慢形成聚落。该居民点呈条状分布，东接胡家塆，西邻五组，南连肖家塆，北靠熊家塆。常住居民有35户，共152人，主要以严姓为主，均为汉族。总面积 0.18 平方千米，其中耕地面积 0.104 平方千米，主要农作物为水稻、小麦。

杨家大垮[Yáng jiā dà wān]　“杨家”是指杨姓居民。“大垮”是指大的村庄。以居民姓氏命名。洪武年间迁入此地，慢慢形成聚落。该居民点呈条状分布，东接滚子河，西邻刘庙村，南连张家垮，北靠肖家垮。常住居民有 74 户，共 360 人，主要以杨姓为主，均为汉族。总面积 0.4 平方千米，其中耕地面积 0.224 平方千米，主要农作物为水稻、小麦。

张家垮[Zhāng jiā wān]　“张家”是指张姓居民，以居民姓氏命名。洪武年间迁入此地，慢慢形成聚落。该居民点呈条状分布，东接滚子河，西邻黄家垮，南连云梦县，北靠杨家大垮。常住居民有 46 户，共 276 人，主要以张姓为主，均为汉族。总面积 0.184 平方千米，其中耕地面积 0.134 平方千米，主要农作物为水稻、小麦。

赵家垮[Zhào jiā wān]　“赵家”是指赵姓居民，以居民姓氏命名。聚落形成于宋之前，具体年代不详，元代大儒赵复是此地人。清代这一片属赵家洲会。民国初期属乳岩乡，1946 年属子文乡。1949 年 7 月至 1952 年 10 月，隶属于巡店区；1954 年 8 月并入第一区（李店）。该居民点呈条状分布，东接张家垮，西邻 316 国道，南连云梦县，北靠黄家垮。常住居民有 13 户，共 62 人，主要以赵姓为主，均为汉族。总面积 0.08 平方千米，其中耕地面积 0.037 平方千米，主要农作物为水稻、小麦。

十八、杨林村[Yánglín Cūn]

“杨林村”古代属安陆南大门要塞之地，驻军较多。清末周边都属杨胜旗管辖，杨字旗杆如林，故名杨林。

新中国成立后杨林村隶属于李店区、李店（上游）人民公社；1966 年 9 月隶属安陆县城南人民公社；1975 年 2 月，划归城关人民公社；1978 年 2 月，复归李店人民公社；1984 年 1 月，改公社为区，划归李店区；1987 年 9 月，撤区并乡镇，将属于李店区的陈沟乡、刘庙乡合并，成立南城办事处，这里属南城办事处辖。杨林村距南城办事处机关约 3 千米。

杨林村处丘陵地带，呈条状分布，东接四里村，西邻府河，南连石桥村，北靠府城五一社区。该村现有孔家营、万家畈、杨林小区、杨林安置区 4 个居民点 9 个村民小组，有 418 户，共 1474 人，均为汉族。总面积 2.894 平方千米，其中耕地面积 0.746 平方千米，主要作物为水稻、油菜、南乡萝卜，主要经济来源为个体经营和外地务工。主要驻区单位：杨林村村民委员会、污水处理厂，欣柔科技、鼎沃新材料、金禄科技、亚刚金属、索爱电子、龙马化工、中科铜泊。

孔家营[Kǒng jiā yíng]　“孔家”是指居民姓氏，“营”是指古时用于军事防御。以居民姓氏和军队建制命名。古代形成聚落。清代驻扎亦兵亦农的绿营兵，周围均属杨胜旗。孔氏宗族编入军制，以农为生，故名。该居民点位于杨林村西南部，处丘陵地带，呈条状分布，东接四里村，西眺府河，南连肖万村，北靠李家兆山，府城五一社区。全塆有 78 户，共 280 人，主要以孔姓为主，均为汉族。总面积 0. 3015 平方千米，其中耕地面积 0. 1876 平方千米，主要作物为水稻、小麦。

万家畈[Wàn jiā fàn]　“万家”是指居民姓氏，“畈”是指田地。以居民姓氏命名。隋末，有万姓兄弟分家，其中一支在此平畈地落户繁衍生息。该居民点处丘陵地带，呈条状分布，东接孔家营，西邻府河，南连石桥村，北靠毓秀阁。该居民点有 62 户，共 252 人，主要以万姓为主，均为汉族。总面积 0. 2814 平方千米，其中耕地面积 0. 1876 平方千米，主要作物为水稻、小麦。

杨林小区[Yáng lín xiǎo qū]　“杨林”是指该小区位于杨林村居民点。以地理位置命名。该小区自 2010 年建成命名后沿用至今。该小区位于杨林村，处丘陵地带，呈条状分布，三面环田，西邻涢水路。该小区有 88 户，共 210 人，均为汉族，总面积 0. 03149 平方千米。

杨林安置区[Yáng lí nān zhì qū]　“杨林”是指该安置区位于杨林村居民点。以地理位置命名。该居民点自 2015 年建成命名后沿用至今。该居民点处丘陵地带，呈条状分布，东接本村八组，西邻涢水路，南连道路，北靠道路。该区有 21 户，共 146 人，均为汉族，总面积 0. 0469 平方千米。

十九、袁蒋村[Yuánjiǎng Cūn]

蒋氏族谱记载，洪武年间迁入此地，慢慢形成聚落。族人蒋伯龄出生在此地，清代考取状元，朝廷封此地为“状元街”。民国初期属乳岩乡，1946 年属子文乡。由于聚落南移，状元街现在仅剩遗址。1949 年 7 月隶属于巡店区；1954 年 8 月并入第一区(李店区)；1958 年隶属于李店(上游)人民公社；1966 年 9 月隶属李店(东风)区；1975 年 2 月，划归城关人民公社；1978 年 2 月，复归李店人民公社；1984 年 1 月，改公社为区，划归李店区；1987 年 9 月，系南城办事处辖。村民委员会距南城办事处机关约 5 千米。

该村东接陈沟西村，西邻农田，南连黄河村，北靠山坡村，呈条状分布。辖区内共有 2 个自然塆：七户塆、袁蒋塆。辖区内常住居民由 234 户，共 821 人。辖区总面积 1. 1 平方千米，其中耕地面积 0. 52 平方千米，主要农作物有水稻、小麦，村民经济来源主要靠农业和外出务工。该村主要驻区单位有袁蒋村爱心幼儿园、袁蒋村村民委员会。

七户塆[Qī hù wān]　“七”是指该塆最早只有七户，以户数和居民姓氏命名。洪武年间麻城过籍，七户人家迁入此地，慢慢形成聚落。该居民点呈条状分布，东接陈沟西村，西邻农田，南连黄河村，北靠山坡村。常住居民有 72 户，共 238 人，所住居民均为汉族。总面积 0. 32 平方千米，其中耕地面积 0. 161 平方千米，主要农作物为水稻、小麦。

袁蒋塆[Yuán jiǎng wān]　“袁蒋”是指袁姓、蒋姓居民。以居民姓氏命名。蒋氏族谱记载，洪武年间迁入此地，慢慢形成聚落。该居民点东接陈沟西村，西邻农田，南连黄河村，北靠山坡村。常住居民有 162 户，共 583 人，主要以袁、蒋两姓为主，均为汉族。总面积 0. 7 平方千米，其中耕地面积 0. 355 平方千米，主要农作物为水稻、小麦。

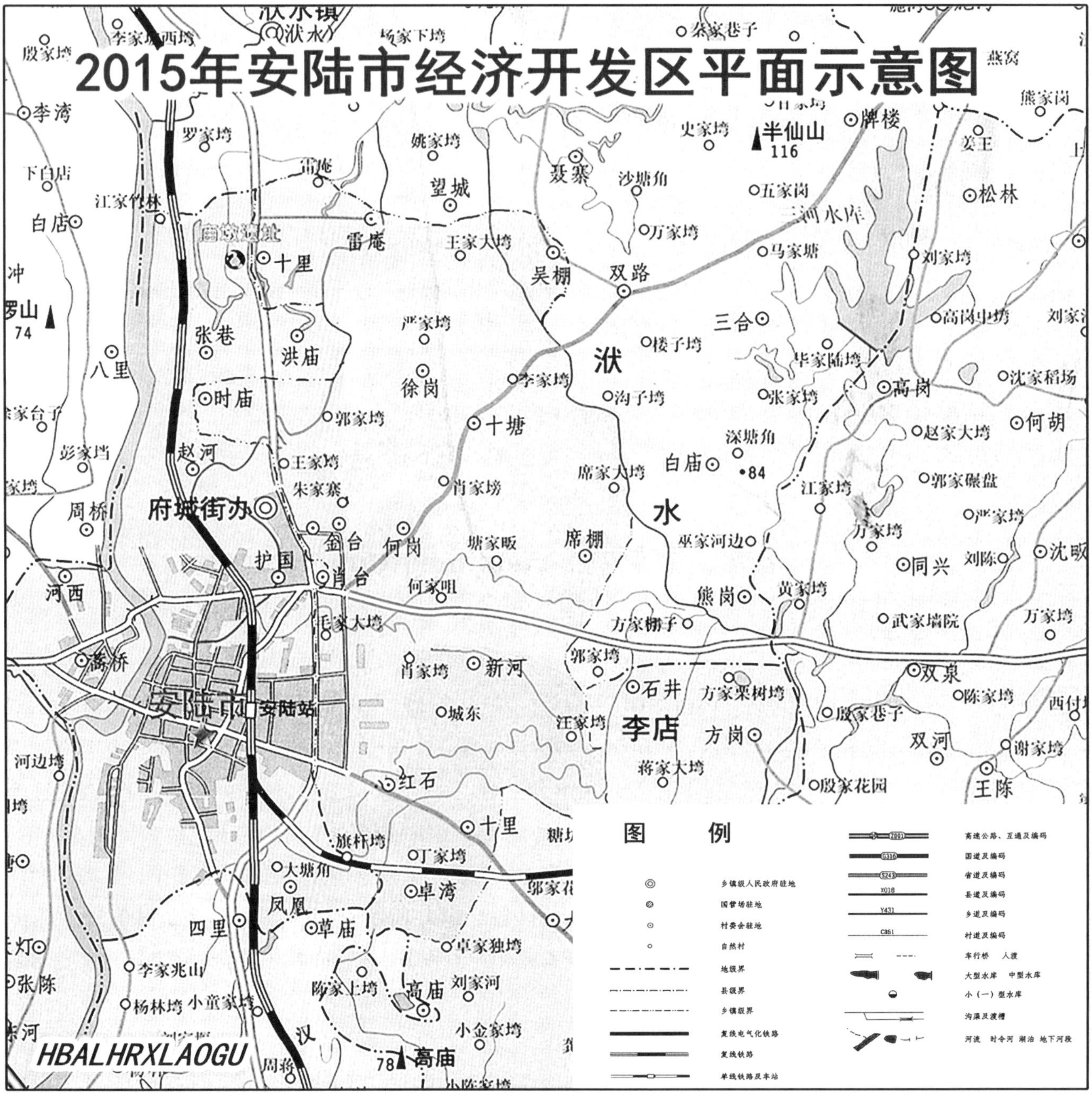
2015年安陆市经济开发区平面示意图
殷家塆
李湾
下白店
白店
江家竹林
罗家塆
雷庵
望城
姚家塆
聂寨
沙塘角
半仙山
116
史家塆
牌楼
熊家岗
姜王
松林
五家岗
三河水库
万家塆
马家塘
刘家塆
十里
王家大塆
吴棚
双路
三合
高岗中塆
刘家
罗山
74
张巷
洪庙
严家塆
楼子塆
华家陆塆
八里
徐岗
李家塆
沟子塆
张家塆
高岗
沈家稻场
时庙
郭家塆
十塘
赵家大塆
何胡
彭家凹
赵河
王家塆
朱家寨
肖家塆
席家大塆
白庙
深塘角
84
江家塆
郭家碾盘
严家塆
府城街办
周桥
水
金台
何岗
塘家畈
席棚
巫家河边
万家塆
同兴
刘陈
沈畈
河西
护国
肖台
何家咀
熊岗
黄家塆
武家墙院
万家塆
毛家大塆
方家棚子
高桥
肖家塆
新河
郭家塆
双泉
安陆市
安陆站
石井
方家栗树塆
陈家塆
城东
汪家塆
李店
方岗
殷家巷子
双河
谢家塆
河边塆
红石
将家大塆
殷家花园
王陈
十里
旗杆塆
丁家塆
大塘角
凤凰
卓湾
四里
草庙
卓家独塆
李家兆山
张陈
陈家上塆
高庙
刘家河
杨林塆
小童家塆
小金家塆
78
高庙
汉
HBALHRXLAOGU
图 例
乡镇级人民政府驻地
国营场驻地
村委会驻地
自然村
地级界
县级界
乡镇级界
复线电气化铁路
复线铁路
单线铁路及车站
高速公路、互通及编码
国道及编码
省道及编码
县道及编码
乡道及编码
村道及编码
车行桥
人渡
大型水库
中型水库
小（一）型水库
沟渠及渡槽
河流
时令河
湖泊
地下河段

第三章　经济开发区

第一节　概　　况

安陆市经济开发区全称是湖北安陆经济技术开发区管理委员会(简称开发区)，位于老城区东北部，北靠洑水镇，东与李店镇接壤，南与南城街道相连，和西与府城街道相邻。

这一片土地，南起海子沼泽湿地，中部为塔尔岗，北部到洑水镇附近，清末分别属寅宾乡城东铺、何家岗旗会和福寿乡教军场、金家店旗会的一部分。1942 年分属乳岩乡、丁李乡、教军乡、金洑乡各一部分。1946 年，此地分别划进子文乡、迎宾乡(即清代寅宾乡)和碧霞乡。1949 年 10 月，此地西部分属城关区、南部和北部分属长兴区和洑水区管辖。1958 年，安陆辖 7 区 1 镇，此地分属长春人民公社、上游人民公社城东乡、东风人民公社洑水乡和城北乡管辖。1975 年，西部划入城关人民公社。1980—1984 年，西部的一部分划入北城原种场。1987 年，安陆市设 10 镇 5 乡 3 个办事处，此地分属府城、北城、洑水镇和李店镇。

1992 年 9 月 16 日，经孝感行政公署批准(孝行函〔1992〕12 号)成立安陆市经济开发区，规划面积 7 平方千米。1995 年 5 月，经湖北省开发区管理办公室批准列为省管开发区。2004 年清理保留面积 5 平方千米。以 316 国道(今太白大道)为西线，靠东边南起安陆第一高级中学南院墙，北至北城七里桥，南北长 5 千米，东西宽 0.4 至 1.5 千米的面积从府城、洑水镇、李店镇三地划出，纳入开发区。截至 2004 年底开发面积 420 公顷，占规划面积的 84%。

开发区地理位置优越，交通发达，南达武汉 110 千米，北通襄阳 170 千米，距武汉天河机场 80 千米。316 国道纵穿南北，243 省道横贯东西；武襄高速铁路贴境而过，汉十高速公路的入口近在咫尺。基础设施由 2008 年的“一纵四横”道路的网格发展到“四纵八横”的道路网络格局。“四纵”指太白大道、金秋大道、发展一路、发展二路；“八横”指碧涢路、碧山路、碧霞路、安花路、二桥连接线、粮机南路、粮机北路、雷庵路。

2004 年，开发区主导产业工业增加值实现 8000 万元，占全区工业增加值的 61.2%。此外，区内还建成了以建材、水产品、副食百货、水果、家具5个专业批发市场，市场建筑总面积25万平方米，吸纳各类工商户近700户。

开发区按照“特色立市、工业强市、开放活市、实干兴市”的发展思路，不断优化产业布局，不断突出引大聚强，不断创优发展平台，以强大的发展气场引进客商落户园区。2011年，企业发展到140户，从业6500人，其中工业项目75户，规模以上企业44家，投资强度每亩达121.3万元。实现项目投资22亿元，生产总值32亿元，规模以上工业增加值10.7亿元，社会固定资产投资20亿元，税收过亿元。

2012年起，开发区引进过亿元项目11个，即爱仕达工业园、潮汕工业园、富棣纺织、华方医药物流、翰思生物科技、美食园食品、航空航达、宝迪食品工业园、神丹食品工业园、安能生物质发电、亚钢金属；引进过千万元项目9个，即金龙商贸、神丹扩能、福祥机械、鸿泰鑫电子材料、安洁食品、荣盛钢构、康尔健生物、天利达环保包装和金日生态能源。

截至2014年，开发区入区企业163家，其中大中型工业企业26家，商贸企业28家。工业园规划面积3平方千米，共引进高科技、高附加值的工业项目15家，总投资额6.98亿元，已投产企业8家，正建项目7个。园区已初步形成以金属制品、医药食品、新型材料、粮油机械、纺织服装为主导的产业格局。

开发区重视文化教育，辖区内有九年一贯制学校一所，泰合小学和三〇九小学各一所，老年大学一所。安陆市第一高级中学、第二高级中学、职业技术中等学校就在太白大道两旁。

德安公园占地0.25平方千米，以植物造景为主，充分利用地形地貌，彰显“林、水”两大主题，恢复与重建植被系统，为安陆居民提供了一个自然山水与历史文化相结合，与自然生态过程相和谐的游览、休憩、教育、实践等活动的开放式城市公园。

这一片土地中，有与府城分享的塔尔岗和海子湿地。塔尔岗又叫凤鸣岗。康熙年间《德安安陆郡县志》记载：“顺帝至正元年，凤见于东郊三里岗。”《德安安陆郡县志》还记载：“凤鸣岗，治东三里，旧名塔尔岗。”这片岗地位于府城东，范围东到古城(三〇九)的一条小河，北靠毛河，西临安陆古城，南瞰海子。“海子”在蒙古语中是大片沼泽的意思。塔尔岗和海子这两个地名都来自元朝。

“古城”位于东城开发区新河村，该遗址属战国晚期，当地人称其为安陆古城，清道光《安陆县志》地舆图在此标有“古城”字样，属于什么古城无文字记载。该遗址1958年发现。遗址呈方圆型，高出地面2至11米，东、南、西三面有夯筑土垣残存，东西长约80米，南北宽约70米，有四门，总面积约5500平方米。在此采集到的陶片多为泥质灰陶和夹砂灰陶。器物有盆、瓮、釜、罐、豆、筒板瓦、铁矍及铜镞(890件)等。盆：卷折沿，方唇，敞口、夹砂灰陶；豆：浅盘，细把，泥质灰陶，素面；筒形板瓦：残，面饰绳纹；铁矍：下部残，有方形銎，中有一圆形插孔；铜镞：有三棱形和扁叶形两种。

辖区内各社区和村都建有医疗卫生机构。2009年，安陆市普爱医院从老城区迁移至辖区内，占地面积89.1亩，建筑面积38000平方米，拥有主楼带裙楼式门诊综合楼10层，住院综合楼12层。配备有电梯、中央空调、中心供氧、中心负压、中心呼叫、层流洁净手术系统、消防系统、监控系统、HIS、PACS网络系统、远程医疗等先进设施，是集医疗、预防、保健、教学、科研于一体的二级甲等综合医院、爱婴医院，是湖北省二级优秀医院、省人民医院技术协作医院、武汉科技大学和湖北省职业技术学院教学基地、孝感市医疗集团理事单位、孝感市十佳平安医院、安陆市医保定点医院、安陆市新型农村合作医疗 AAA 级定点医疗机构。

安陆经济开发区机关驻地在太白大道 67 号，下辖时庙、何岗、金台、雷庵、城东、楚跃、富丽、红石、十里、十塘、吴棚、席棚、新河、徐岗、卓塆共 15 个社区，总面积 33.63 平方千米，户籍人口 3.3 万。

第二节　社区、居民点

一、时庙社区[Shímiào Shèqū]

时庙社区这片土地清代属太平乡，民国初期属金洑乡。解放初属长兴区，1956 年属洑水区城北乡。1958 年属城北公社时庙大队，1975 年改属城北原种场赵河大队，1980 年改为北城办事处时庙村，2013 年村改社区时改为时庙社区，系经济开发区管辖，距经济开发区机关约 3.7 千米。时庙社区得名是因为时家畈附近古代有一座庙宇。

该社区东接原 316 国道，西邻赵河社区，南连七里河，北靠洪庙社区。截至 2015 年 5 月，全社区共有 4 个居民点：丁程塆、时家畈、时庙新区、孙家园。常住居民 316 户、2365 人。辖区总面积约 1 平方千米，该社区主要驻区单位有安陆市太白初级中学、安陆市济民医院、时庙社区卫生所、时庙社区居民委员会等，居民委员会位于时庙社区银杏大道，共有工作人员 4 人。社区居民主要经济来源靠农业和外出务工。

丁程塆[Dīng chéng wān]　丁程指丁姓和程姓居民，以姓氏命名。元末由麻城过籍而来，由于丁姓居民和程姓居民结为亲家同来此地，故名。1958 年属城北公社时庙大队五、六生产队，1975 年改属城北原种场赵河大队 14 队，1980 年属时庙村五、六组。该居民点位于时庙社区东北侧，东接徐岗社区，西邻赵河社区，南连圆通寺社区，北靠洪庙社区。总面积约 0.1742 平方千米。居民主要姓氏为丁姓、程姓，居民主要民族为汉族。2014 年年末，共有村民 98 户，380 人，耕地面积约 0.1206 平方千米。

时家畈[Shí jiā fàn]　“时家”指时姓居民，以姓氏命名。民国初年，时姓家族携老带幼搬迁到此，并修有祠堂，故名。1980 年属时庙村一、二组。该居民点位于时庙社区北侧，东接洪庙社区，西邻赵河社区，南连孙家园，北靠洪庙社区。总面积约 0.1072 平方千米，居民主要姓氏为时姓，主要民族为汉族。2014 年年末，共有居民 119 户，450 人。耕地面积约 0.0335 平方千米。

时庙新区[Shí miào xīn qū]　“时庙”指地理位置，“新区”指新建的小区。以地理位置命名。该新区 2006 年建成，沿用至今。该居民点位于经济开发区时庙社区中心，东接徐岗社区，西邻赵河社区、张巷社区，南连圆通寺社区，北靠时家畈。门牌号范围 1~536 号。2014 年年末，共有居民 558 户，1900 人，总面积约 0.1847 平方千米。

孙家园[Sūn jiā yuán] “孙家”指孙姓居民，“园”指庭院。以姓氏命名。洪武年间，孙氏家族分为上塆下塆，形成一个大家族，加上历史遗留下来两个圆圆的大石磙，象征着家庭兴旺发达，大家族圆圆满满，故名。1980 年属时庙村三、四组，2013 年孙家园系经济开发区时庙社区居民委员会辖。该居民点位于时庙社区西部，东接太白中学，西邻赵河社区，南连丁家塆，北靠时家畈。总面积约 0.0938 平方千米，居民主要姓氏为孙姓，主要民族为汉族。2014 年年末，共有居民 82 户，298 人。耕地面积约 0.0603 平方千米。

二、何岗社区[Hégǎng Shèqū]

曾用名：何岗村。“何”指何姓居民，“岗”指高起的土坡，“社区”指若干社会主体或社会组织聚集在某一领域里所形成的大集体。以地理位置和工作职能命名。因何姓人员较多，又居住在丘陵地段山冈中，故起名何岗村。2013 年政府改造，集中拆迁，2013 年拆迁改造塆之后改为何岗社区居民委员会。

民国时期形成聚落，1949 年为何岗村，人民公社时为何岗大队，1966 年改名为安陆城北原种场红旗大队，1976 年复名为何岗大队，1983—1986 年属洑水公社，1986—1991 年为北城何岗村，1991—2000 年属府城辖，2000—2013 年为开发区何岗村，2013 年根据上级有关文件改名为何岗社区。居委会距经济开发区机关约 2.5 千米。

该社区位于安陆市经济开发区北部，东接开发区新河社区、城东社区，西邻开发区金台社区，南连府城肖台社区，北靠开发区席棚社区、十塘社区、徐岗社区。截至 2015 年 5 月，全社区共有 7 个居民点：何岗小区、高家塆、东方世纪城、林语花都、中冶华府、丰达国际城、德棉宿舍楼。2014 年年末，共有居民 5040 户，共 15203 人。辖区总面积约 2.5 平方千米，该社区主要驻区单位有安陆市中等职业技术学校、何岗社区居民委员会等，社区居民主要经济来源靠农业、个体经济和务工工薪。

何岗小区[Hé gǎng xiǎo qū] 曾用名：何岗塆。“何”指何姓居民，因政府拆迁，何岗塆 10 个小组拆迁以后集中安置到何岗村原来的 6 组，7 组土地，成立何岗小区，以姓氏沿用原名。该居民点位于经济开发区何岗社区中部，东接东方世纪城、烟草专卖局，西邻中冶华府，南北皆靠潮汕工业园。2014 年年末，共有居民 741 户，2223 人，总面积约 0.22 平方千米。

高家塆[Gāo jiā wān] “高家”指高姓居民，以姓氏命名。康熙年间有高姓居民搬于此，慢慢形成聚落，故名。该居民点位于经济开发区何岗社区中西部，东接金秋大道，西邻湖北省神丹健康食品有限公司，南连解放大道，北靠农腾饲料厂。居民主要姓氏为高姓，主要民族为汉族。2014 年年末，共有居民 125 户，428 人，总面积约 0.24 平方千米。

东方世纪城[Dōng fāng shì jì chéng] “东方”指方向，以方位和时空命名。原为荒地农田，2013 年开发建设商品楼，取名为东方世纪城，该住区高层楼房建在商住区的东边，故名。该居民点位于经济开发区何岗社区南部，东接安陆市烟草专卖局，西邻何岗区安置小区，南连解放大道，北靠何岗社区安置小区。2014年年末，共有居民607户，1821人，总面积约0.1平方千米。

林语花都西区[lín yù huā dū xī qū]　以美好意愿和方位命名。原为荒地农田，2008年房地产开发取名为林语花都，属何岗社区辖，沿用至今。该居民点位于经济开发区何岗社区南部，东接毛家河，西邻安陆市人民法院，南连德安植物园，北靠解放大道。2014年年末，共有居民1503户，4509人，总面积约0.2平方千米。

中冶华府[Zhōng yě huá fǔ]　"中冶"指公司名称即中冶公司，以公司名称命名。该小区是由中冶公司征地建成，故名。原为荒地农田，2007年建商居楼取名为中冶华府，属何岗社区辖，沿用至今。该居民点位于经济开发区何岗社区中西部，东接何岗社区居民安置区，西邻金秋大道，南连安花加油站，北靠天力达包装厂。2014年年末，共有居民1066户，3198人，总面积约0.1平方千米。

丰达国际城[Fēng dá guó jì chéng]　"丰达"是沿用原址公司湖北安丰达集团有限公司名字，以原公司名称和开发理念命名。此处原为湖北安丰达集团有限公司地址，故名。原为荒地农田，1984年建德安棉纺厂，1998年该厂改制更名为湖北安丰达集团有限公司，2012年房地产开发取名为丰达国际城，沿用至今。该居民点位于经济开发区何岗社区西部，东接湖北神丹健康食品有限公司，西邻太白大道，南连解放大道，北靠安陆市府城肖台社区办公楼。2014年年末共有居民778户，2334人，总面积约0.1平方千米。

德棉宿舍楼[Dé mián sù shè lóu]　原为农田，1986年在此建安陆市德安棉纺织厂，以所处地理位置和用途职能命名。该楼原为原安陆市德安棉纺厂职工宿舍。隶属安陆市经济开发区何岗社区居民委员会辖，位于经济开发区何岗社区西南部，东接中国人民银行安陆支行，西邻太白大道，南连安陆市职业技术学校，北靠解放大道。常住居民660人，户数220户，总面积0.055平方千米，主要经济来源以个体经营与外出务工为主。

三、金台社区[Jīntái Shèqū]

原名金台村。"金"指金姓居民，"台"指地形，以所在地理位置和工作职能命名。元明清此地为德安府教军场北沿。民国属教军乡。1958—1974年属城北人民公社，1974—1979年改为城关镇辖，1979—1983年属原种场，1983—1986年属洑水镇，1986—2002年属北城办事处，2002年设立开发区，2013年将金台村改为金台社区，沿用至今。社区居委会设在金台村，距经济开发区机关约3千米。

金台社区位于安陆市经济开发区中部，东接何岗社区，西邻府城护国社区，南连府城肖台社区，北靠府城圆通寺社区。2015年年末，金台社区共有3个居民点：金台小区、泰合小区、金元小区。共有居民234户，872人。辖区总面积约1.2平方千米，该社区主要驻区单位有湖北中科铜箔科技有限公司、金台社区卫生室、金台社区居民委员会等，居民委员会共有工作人员5人。社区居民主要经济来源靠农业、个体经营和务工。

金台小区[Jīn tái xiǎo qū]　"金"指金姓居民，"台"指地形，以姓氏和地形特征命名。该小区自2013年建成起沿用至今。该居民点位于经济开发区金台社区中部，东接东方红粮机厂，西邻316国道，南连粮机北路，北靠泰合小区。2014 年年末，共有居民 177 户，568 人，总面积约 0.0603 平方千米。

泰合小区[Tài hé xiǎo qū] “泰合”指国泰民安、合家幸福之意，以美好愿景命名。自 2013 年建成起沿用至今。该居民点位于经济开发区金台社区，东接东方红粮机厂，西邻 316 国道，南连金台小区，北靠银杏大道。2014 年年末，共有居民 2000 户，4650 人，占地面积约 0.268 平方千米，建筑面积约 0.23 平方千米

金元小区[Jīn yuán xiǎo qū] “金”指金台社区，“元”是“圆通寺社区”谐音，以派生地名命名。该居民点位于金台社区和圆通寺社区之间，故取两社区的首字为名。自 2013 年建成起沿用至今。该居民点位于经济开发区金台社区南边，东接 316 国道，西邻武襄铁路，南连圆通寺社区，北靠刘家塆。2014 年年末，共有居民 78 户，392 人，占地面积约 0.048 平方千米，建筑面积约 0.0402 平方千米。

四、雷庵社区[Léiān Shèqū]

雷庵指雷庵寺，以地理位置和工作职能命名，居委会距经济开发区机关约 7 千米。

雷庵村民国时期属金洑乡辖。1949 年属洑水区光明大队，1979 年属于北城原种场管辖，1990 年属于北城办事处管辖，2001 年属于府城办事处管辖，2006 年 5 月改属于安陆市经济开发区管辖，2013 年 10 月改名为安陆市经济开发区雷庵社区，沿用至今。

该社区位于安陆市经济开发区北部，东接洑水镇望城村，西邻府城光明社区，南连府城洪庙社区，北靠洑水镇。辖区总面积约 1.3 平方千米，截至 2015 年 5 月，全社区共有 11 个居民点：安置区、敖家小寨、敖家寨、叉路口、黄家塆、姜家大塘、雷家塆、上庹家塆、汪家独凹、余家独凹、邹家棚子。共有居民 385 户、1647 人。耕地面积约 0.6 平方千米，该社区主要驻区单位有安陆市林业局洑水林业站、湖北悟缘工艺有限公司、雷庵社区居民委员会。社区居民经济来源主要靠务农和外出打工。

安置区[Ān zhì qū] “安置区”指对被拆迁住户进行安置所建的房屋，以功能性质命名。自 2013 年建成起沿用至今。该居民点位于经济开发区雷庵社区西北侧，东接 316 国道，西邻洑水镇，南连邹家棚子，北靠洑水镇。居民主要民族为汉族。总面积约 0.0067 平方千米，2014 年年末，共有居民 45 户，136 人。

敖家小寨[Áo jiā xiǎo zhài] “敖家”指敖姓居民，“小”指面积，“寨”指村庄或者四周有栅栏或围墙的村子。以姓氏命名。该居民点位于经济开发区雷庵社区东北侧，东接槎山河，西邻洑水镇洑水村，南连敖家寨，北靠洑水镇洑水村。居民主要姓氏为敖姓，主要民族为汉族。总面积约 0.1 平方千米。2014 年年末，共有居民 17 户，75 人。耕地面积约 0.05 平方千米。

敖家寨[Áo jiā zhài] “敖家”指敖姓居民，以姓氏命名。该居民点位于经济开发区雷庵社区东北侧，东接槎山河，西邻雷庵塆，南连黄家塆，北靠雷庵社区敖家小寨。居民主要姓氏为敖姓，主要民族为汉族。总面积约 0.2 平方千米，2014 年年末，共有居民 55 户，240 人。耕地面积约 0.114 平方千米。

叉路口[Chā lù kǒu] “叉路口”指路口附近的居民点。以地理位置命名。该居民点位于经济开发区雷庵社区北侧，东接雷家塆，西邻太白大道，南连上庹家塆，北靠洑水镇。居民主要民族为汉族。总面积约

0.1平方千米。2014年年末，共有居民32户，98人。耕地面积约0.069平方千米。

黄家塆[Huáng jiā wān]　“黄家”指黄姓居民，因姓氏命名。该居民点位于经济开发区雷庵社区东侧，东南皆连槎山河，西邻姜家大塘，北靠雷庵社区敖家寨。总面积约0.1平方千米，居民主要姓氏为黄姓，主要民族为汉族。2014年年末，共有居民19户，86人，耕地面积约0.053平方千米。

雷家塆[Léi jiā wān]　“雷家”指雷姓居民，以姓氏命名。该居民点位于经济开发区雷庵社区东侧，东接敖家寨，西邻叉路口，南连姜家大塘，北靠洑水镇。总面积约0.3平方千米，居民主要姓氏为雷姓，主要民族为汉族。2014年年末，共有居民49户，204人，耕地面积约0.122平方千米。

姜家大塘[Jiāng jiā dà táng]　“姜家”指姜姓居民，“大”指面积，以姓氏和地理特征命名，该居民点主要是姜姓居民居住，居民点内有一口池塘，故名。该居民点位于雷庵社区东南侧，东接槎山河、雷庵社区二组，西邻府城光明社区，南连府城洪庙社区，北靠雷庵社区五组。总面积约0.3平方千米，居民主要姓氏为姜姓，主要民族为汉族。2014年年末，共有居民95户，402人，耕地面积约0.16平方千米。

上庹家塆[Shàng tuǒ jiā wān]　“上”指地势较高，“庹家”指庹姓居民，该居民点主要是庹姓居民居住，且地势较高，故名。该居民点东接316国道，西邻府城光明社区，南连邹家棚子，北靠洑水镇。总面积约0.1平方千米，居民主要姓氏为庹姓，主要民族为汉族。2014年年末，共有居民43户，170人，耕地面积约0.043平方千米。

汪家独凹[Wāng jiā dú wā]　“汪家”指汪姓居民，“独”指单一，“凹”指地形周围高，中间低。以姓氏和地理特征命名，该居民点主要是汪姓居民居住，地势周围高，中间低，故名。该居民点东接姜家大塘，西邻太白大道，南连姜家大塘，北靠叉路口。总面积约0.04平方千米，居民主要姓氏为汪姓，主要民族为汉族。2014年年末，共有居民7户，30人。耕地面积约0.022平方千米。

余家独凹[Yú jiā dú wā]　“余家”指余姓居民，“独”指单一，“凹”指地形四周高，中间低。最早就一家人在此居住，该居民点主要是余姓居民居住，地势周围高，中间低，故名。该居民点位于经济开发区雷庵社区西侧，东接316国道，西南皆连府城光明社区，北靠邹家棚子。总面积约0.06平方千米，居民主要姓氏为余姓，主要民族为汉族。2014年年末，共有居民18户，86人，耕地面积约0.04平方千米。

邹家棚子[Zōu jiā péng zi]　“邹家”指邹姓居民，“棚子”指用竹木搭成架子，上面覆盖席、布等做成的遮蔽风雨日光的东西或简陋的小屋。最早为邹姓人家在此居住。以姓氏命名。该居民点位于雷庵社区北侧，东南北三面皆靠洑水镇，西邻太白大道。总面积约0.02平方千米，居民主要姓氏为邹姓，主要民族为汉族。2014年年末，共有居民5户，20人，耕地面积约0.01平方千米。

五、城东社区[Chéngdōng Shèqū]

城东社区这片土地元代属塔尔岗的一部分，主要是元军的牧马之地，明清以后演变为农田和荒野，清代属城东铺旗会；1942年属丁李乡；1946年属迎宾乡。中华人民共和国成立后，1949年属长兴区；1952年属第一区；1956 年属第二区；1958 年属上游人民公社城东乡；1975 年属李店人民公社城东管理区；1984 年属城北原种场。1987 年，安陆建市，城东村划入府城。2012 年，城东村划入安陆经济开发区，2013 年改为城东社区。城东社区距经济开发区机关约 0. 8 千米。

城东社区东接金秋大道，西邻东大时代广场，南连碧涢路和金秋大道交界处，北靠峰海天成小区。截至 2015 年 11 月，辖区内共有 6 个小区：德安植物园安置小区、峰海天城小区、水岸星城小区、城东新村小区、香格里拉小区、金秋御园。常住居民 3400 户，共 7600 人，辖区占地面积 0. 18 平方千米，主要经济来源为个体经营及外出务工。

德安植物园安置小区[Dé ān zhí wù yuán ān zhì xiǎo qū]　原为荒野和农田，2009 年开发，建在德安植物园(德安公园)内，以地理位置命名。该居民点东接安陆市建武置业有限责任公司，西邻安陆市普爱医院，南连安陆市碧霞路，北靠植物园。住户共 275 户，987 人。小区占地面积 0. 027 平方千米。建有 360 套居民住宅。

峰海天城小区[Fēng hǎi tiān chéng xiǎo qū]　因开发商理念命名，该小区开发商旨在打造成安陆市人间“天堂”。自 2012 年建成起，沿用至今。该居民点位于安陆市金秋大道西侧，安陆市植物园内，东接金秋大道，西邻德安植物园，南连安陆市建武置业有限责任公司，北靠毛家河。住户共 120 户，365 人。小区占地面积 0. 046 平方千米。建有 1000 套居民住宅。

水岸星城小区[Shuǐ àn xīng chéng xiǎo qū]　以地理位置和开发商理念命名，该小区位于毛河边，开发商旨在打造成明星小区。自 2009 年建成起，沿用至今。该小区位于安陆市金秋大道东侧，东接新河社区，西邻金秋大道，南连金秋御园小区，北靠毛家河。住户共 330 户，760 人。小区占地面积 0. 076 平方千米，建有 1570 套居民住宅。

城东新村小区[Chéng dōng xīn cūn xiǎo qū]　因拆迁改建新村命名，该小区由原城东村六、七、八、九组拆迁，统一规划新建设的村民安置区。自 2006 年开发商开发成了住宅房起，沿用至今。该小区位于金秋大道东侧，东接新河小区，西邻金秋大道，南连凯旋城小区，北靠香格里拉小区。住户共 370 户，1578 人。小区占地面积 0. 073 平方千米。建有住房 500 套。

香格里拉小区[Xiāng gé lǐ lā xiǎo qū]　该小区 2006 年由开发商开发自行命名，位于安陆市金秋大道东侧，东接新河社区，西邻金秋大道，南连城东新村小区，北靠金秋御园小区。住户共 210 户，631 人。小区占地面积 0. 073 平方千米。建有 2036 套居民住宅。

金秋御园[Jīn qiū yù yuán]　该小区位于金秋大道旁，开发商的理念是建一个高品位的居住小区。自 2006 年开发商开发成了住宅房起，沿用至今。小区东接涢东学校，西邻金秋大道，南连香格里拉小区，北靠水岸星城小区。住户共 537 户，3148 人。小区占地面积 0. 067 平方千米。建有住房 1058 套。

六、楚跃社区[Chǔyuè Shèqū]

此地元代为牧马场东部，明代属凤鸣岗之东，清代以后为农田及荒野。民国时期先属丁李乡后属迎宾乡。中华人民共和国成立后，1949 年属长兴区；1952 年属第一区；1956 年属第二区；1958 年属上游人民公社。1995 年改为李店镇楚跃开发区，2012 年后由楚跃开发区更名为楚跃社区，划入安陆市经济开发区，距经济开发区机关约 1 千米。

楚跃社区东接卓塆社区，西邻富丽社区，南连红石社区，北靠城东社区。截至 2015 年 4 月，全社区共有 21 个居民点：碧涢小区、楚跃新区、东升小区、福兴公司小区、豪城家园、宏扬大厦小区、建工小区、建总小区、凯旋城、铝业小区、人防路 1 号安置区、辛欣小区、一街 88 号等。常住居民 5651 户、14675 人。辖区内总面积 1.5 平方千米，该社区主要驻区单位有楚跃社区一中东路卫生室、楚跃社区居民委员会等，居民委员会共有工作人员 7 人。居民主要经济来源为农业、个体经济和外出务工。

碧涢小区[Bì yún xiǎo qū]　2009 年建成起，系楚跃社区管辖，沿用至今。位于安陆市碧涢路，门牌号为 22 号，所住居民均为汉族，现建有住房约 300 套，常住居民 102 户，306 人。

楚跃新区[Chǔ yuè xīn qū]　以地理位置和建立时间较新命名。该小区位于经济开发区楚跃社区，自 2008 年建成，位于经济开发区楚跃社区金秋大道东侧，门牌号为楚风路 98 号，东接红石社区，西南皆邻楚跃社区，北靠红石社区。所住居民均为汉族，常住居民 503 户，1761 人。总面积 0.06 平方千米。

东升小区[Dōng shēng xiǎo qū]　以美好愿望、性质用途命名，“东升”寄予了该小区居民生活日渐红火的愿望，自 2009 年建成起，系楚跃社区管辖，沿用至今。位于经济开发区楚跃社区碧涢路，门牌号为 66 号，西邻农村商业银行，北靠碧涢路。所住居民均为汉族，常住居民 36 户，108 人。总面积 0.0036 平方千米。

福兴公司小区[Fú xīng gōng sī xiǎo qū]　因单位名称和性质用途命名。该小区原是福兴公司的员工宿舍区，自 2006 年建成起沿用至今。位于经济开发区楚跃社区太白大道，门牌号为 48 号，西邻太白大道，南连福兴路，北靠农村商业银行。所住居民均为汉族，常住居民 78 户，234 人。总面积 0.009 平方千米。

豪城家园[Háo chéng jiā yuán]　以美好愿景命名。希望该小区能成为安陆市经济开发区的豪华之地，是一个温暖的家园。该小区自 2006 年建成，位于经济开发区楚跃社区太白大道，门牌号为 35 号，东接红石社区，西邻太白大道，南连安陆市第一高级中学，北靠宏达加油站。所住居民均为汉族，常住居民 65 户，195 人。总面积 0.0078 平方千米。

宏扬大厦小区[Hóng yáng dà shà xiǎo qū]　因单位名称和性质职能命名。该小区是宏扬大厦单位职工宿舍区。该小区自 2012 年建成，位于经济开发区楚跃社区福兴路，东接楚跃干部楼，西邻楚跃社区，南连红石社区，北靠福兴路。所住居民均为汉族，常住居民 83 户，290 人。总面积 0.01 平方千米。

建工小区[Jiàn gōng xiǎo qū]　“建工”是指建成竣工的意思，代表了开发商渴望居民居住的热切之心。该小区自 2004 年建成，位于经济开发区楚跃社区一中东路，门牌号为 1 号，东接一中东路，西邻红石社区，南连建总小区，北靠福兴路。所住居民均为汉族，常住居民 208 户，674 人。总面积 0.023 平方千米。

建总小区[Jiàn zǒng xiǎo qū]　“建总”是希望该小区能成为经济开发区的重要小区，2004 年建成，位于经济开发区楚跃社区一中东路，门牌号为 2 号，东接一中东路，西邻红石社区，南连安陆市第一高级中学，北靠建工小区。所住居民均为汉族，常住居民 142 户，426 人。总面积 0.017 平方千米。

凯旋城[Kǎi xuán chéng]　“凯旋城”是指胜利之城，代表着美好的寓意。该小区 2009 年建成，位于经济开发区楚跃社区金秋大道，门牌号为 73 号，东南皆连红石社区，西邻金秋大道，北靠城东社区。所住居民均为汉族，常住居民 3395 人，970 户。总面积 0.12 平方千米。

铝业小区[Lǚ yè xiǎo qū]　因原址公司名称命名；此处原为铝制品制造厂。该小区 2006 年建成，位于经济开发区楚跃社区碧涢东路，门牌号为 24 号，所住居民均为汉族，现建有住房 200 套，常住居民 108 户，324 人。总面积 0.003 平方千米。

人防路 1 号安置区[Rén fáng lù 1 hào ān zhì qū]　因地理位置、排序和职能综合命名。“人防路”指地理位置即人民防空办公室旁边，“1 号”指序号。该小区 2007 年建成，位于经济开发区楚跃社区人防路，门牌号为 1 号，东接国土资源局，西邻金秋大道，南连红石社区，北靠碧涢东路。所住居民均为汉族，常住居民 97 户，291 人。总面积 0.0068 平方千米。

辛欣小区[Xīn xīn xiǎo qū]　因美好愿景命名。该小区 2007 年建成，位于经济开发区楚跃社区碧涢路，门牌号为 8 号，所住居民均为汉族，现建有住房 100 多套，常住居民 48 户，共 136 人。总面积 0.0022 平方千米。

一街 88 号[Yī jiē 88 hào]　因地理位置和排序命名。该小区位于经济开发区楚跃一街 88 号。该小区 2007 年建成，位于经济开发区楚跃社区楚跃一街，门牌号为 88 号。所住居民均为汉族，现建有住房约 300 套，常住居民 164 户，492 人。总面积 0.0072 平方千米。

楚跃北巷[Chǔ yuè běi xiàng]　以所处地理位置、方位命名，该居民点位于安陆市经济开发区楚跃社区北部。1985 年建成，位于经济开发区楚跃社区金秋大道，呈条状分布，门牌号为 1~63 号。所住居民均为汉族。全巷有常住人口 295 人，63 户，总面积为 0.005355 平方千米。

安陆市农村商业银行小区[Ān lù Shì Nóng cūn shāng yè yín háng xiǎo qū]　以单位名称命名。该小区位于安陆市农村商业银行附近，是该银行职工所住楼房。该小区 1996 年建成，东接本社区居委会，西邻太白大道，南连福兴公司，北靠碧涢路。均为汉族，共有 204 人，68 户，总面积 0.0085 平方千米。

荣兴小区[Róng xīng xiǎo qū]　“荣”指繁荣昌盛，“兴”指兴旺发达，因美好愿景命名。该小区 1998 年建成，位于金秋南路 22 号，东接金秋大道，西部北部皆靠学府家园，南连红石社区。均为汉族，共有 939 人，303 户，总面积 0.03 平方千米。

双枪制衣厂小区[Shuāng qiāng zhì yī chǎng xiǎo qū]　“双枪制衣厂”指单位名称，因单位名称命名。该小区是安陆市双枪制衣厂宿舍楼所在地，2007 年建成。位于经济开发区楚跃社区，呈条状分布，东接国安制盖厂，西南北三面皆靠红石社区。所住居民均为汉族。全小区常住人口 374 人，107 户，总面积为 0.01484 平方千米。

天隆机械厂小区[Tiān lóng jī xiè chǎng xiǎo qū]　“天隆机械厂”指单位名称，以单位名称命名，该小区是安陆市天隆机械厂宿舍楼所在地。2008 年建成，位于经济开发区楚跃社区，呈条状分布，东接红石社区，西邻双枪制衣厂，南连国安制盖厂，北靠红石安置区。所住居民均为汉族。全小区有常住人口 161 人，46 户，总面积为 0.006454 平方千米。

学府家园[Xué fǔ jiā yuán]　“学府”指实施高等教育的学校，此处指重点中学，2000 年建成，位于一中东路 3 号，东南皆连红石社区，西邻安陆一中，北靠一中东路。均为汉族，共有 1768 人，505 户，总面积 0.04 平方千米。

制盖厂小区[Zhì gài chǎng xiǎo qū]　以单位名称命名。该住宅区位于制盖厂附近，是该厂职工所住楼房。该小区 2007 年建成，东接红石社区，西邻双枪制衣厂，南连金力电子，北靠天隆机械厂。均为汉族，共有 262 人，75 户，总面积 0.0091 平方千米。

众一小区[Zhòng yī xiǎo qū]　“众一”是希望小区群众人心一致、互帮互助，以美好愿望命名。该小区 2006 年建成，位于碧涢路 58 号，东接安陆市交警一中队，西邻东升小区，南连本社区居民点，北靠碧涢路。均为汉族，共有 163 人，51 户，总面积 0.0051 平方千米。

七、富丽社区[Fùlì Shèqū]

这片土地元代为牧马场，明代属凤鸣岗，清代以后为农田及荒野。民国时期先属丁李乡后属迎宾乡。民国起形成聚落，1949 年中华人民共和国成立后，属安陆县城关区城东乡；1958 年属李店公社城东大队，1994 年后城市东扩，建立开发区时成立富丽小区，隶属于城东村管辖，2003 年定名为富丽社区。社区距经济开发区机关约 0.7 千米。

富丽社区位于安陆市人民政府驻地北部，呈块状分布。东接金秋大道，西邻太白大道，南连碧涢东路，北靠碧霞路。截至 2014 年 9 月，辖区内共有 10 个居民点：富国街、富强街、富民街、富华街、富安街、富春街、富康街、市场路、市场东路、市场西路。2014 年年末，共有居民 5677 户，16240 人，占地面积约 2.18 平方千米。居委会现有工作人员 4 名，社区内主要驻区单位有安陆市红苹果幼儿园、安陆市起跑线幼儿园、安陆市小百灵幼儿园、安陆市小太阳幼儿园、富丽社区居民委员会等。社区居民主要经济来源靠个体经济和外出务工。

富国街[Fù guó jiē]　以美好意愿命名。该居民点有富国强国之意，因居民点位于富国街两侧，故名。20 世纪 80 年代开始开发。1994 年建立开发区时成立富丽小区。富国街由原西街演变而来，沿用至今。该居民点呈条状分布，东接富强街，西邻 316 国道，南连楚强路，北靠碧山路。居民主要民族为汉族。2014 年年末，共有居民 609 户，1827 人，总面积约 0.12 平方千米。

富强街[Fù qiáng jiē]　以美好意愿命名，有国富民强之意。20 世纪 80 年代开始开发。1994 年建立开发区时成立富丽小区，富强街由原中街演变而来。该居民点呈条状分布，东连富民街，西邻富国街，北靠碧霞路，南通碧涢东路。居民主要民族为汉族。2014 年年末，共有居民 205 户，615 人，总面积约 0.05 平方千米。

富民街[Fù mín jiē]　以美好意愿命名，有国富强民之意。20 世纪 80 年代开始开发。1994 年建立开发区时成立富丽小区，由原东街演变而来。该居民点呈条状分布，东接富华街，西邻富强街，南连楚强路，北靠碧霞路。居民主要民族为汉族。2014 年年末，共有居民 397 户，1097 人，总面积约 0.09 平方千米。

富华街[Fù huá jiē] 以美好意愿命名，有富强中华民族之意。20 世纪 80 年代开始开发。1994 年建立开发区时成立富丽小区，富华街由原东 1 街演变而来。该居民点呈条状分布，东接富安街，西邻富民街，南连碧山路，北靠碧霞路。居民主要民族为汉族。2014 年年末，共有居民 223 户，669 人，总面积约 0.06 平方千米。

富安街[Fù ān jiē] 以美好意愿命名有国富民强、春华安康之意。20 世纪 80 年代开始开发，1994 年建立开发区时成立富丽小区，由富丽社区居委会规划命名，由原东 2 街演变而来。该居民点西邻富华街，东连富春街，南连碧涢东路，北靠碧霞路。居民主要民族为汉族。2014 年年末，共有居民 1241 户，3598 人，总面积约 0.24 平方千米。

富春街[Fù chūn jiē] 以美好意愿命名，有富民迎春之意。20 世纪 80 年代开始开发，1994 年由富丽社区居委会规划命名，由原东三街演变而来。该居民点东接富康街，西邻富安街，南连碧涢路，北靠碧山路。居民主要民族为汉族。2014 年年末，共有居民 332 户，885 人，总面积约 0.08 平方千米。

富康街[Fù kāng jiē] 以美好意愿命名，希望广大人民群众富裕起来，直奔小康。20 世纪 80 年代开始开发，1994 年建立开发区时成立富丽小区，由原东 4 街演变而来。该居民点东接金秋大道，西邻富春街，南连富丽社区菜市场，北靠碧山路。居民主要民族为汉族。2014 年年末，共有居民 662 户，1853 人，总面积约 0.12 平方千米。

市场路[Shì chǎng lù] 以地理位置命名。20 世纪 80 年代开始开发，因居民点位于安陆市经济开发区富丽社区菜市场附近，故名。该居民点东接金秋大道，西邻富安街，南连碧涢路，北靠停车场。居民主要民族为汉族。2014 年年末，共有居民 132 户，396 人，总面积约 0.03 平方千米。

市场东路[Shì chǎng dōng lù] 以地理位置命名。20 世纪 90 年代开始开发，因居民点位于富丽社区菜市场以东，故名市场东路。该居民点东接金秋大道，西邻富康街，南连碧涢路，北靠停车场。居民主要民族为汉族。2014 年年末，共有居民 244 户，732 人，总面积约 0.067 平方千米。

市场西路[Shì chǎng xī lù] 以地理位置命名，该居民点位于富丽社区菜市场以西，故名。该居民点东接富丽社区菜市场，西邻富康街，南连碧涢路，北靠停车场。居民主要民族为汉族。2014 年年末，共有居民 21 户，63 人，总面积约 0.005 平方千米。

八、红石社区[Hóngshí Shèqū]

此地清末属寅宾乡城东铺旗会。1942 年属丁李乡，1946 年属迎宾乡(即清代寅宾乡)。中华人民共和国成立后，1949 年属长兴区；1956 年属李店区城东乡；1958 年成立人民公社，此地属上游人民公社城东乡；1975 年属李店人民公社城东管理区红石大队。1984 年，安陆复置区、乡、村，此处属李店镇十里乡红石村。1992 年纳入经济开发区，2013 年改名红石社区。社区距经济开发区机关约 1.5 千米。

红石社区位于安陆市经济开发区东部，东接十里、新河社区，西邻城东社区、府城凤凰社区，南连府城凤凰社区，北靠城东社区、新河社区。2015 年年末，全社区共有 3 个居民点：季家塆、红石社区安置小区、人防安置区。由于城镇化建设，有 5 个老居民点消失。共有居民 232 户、970 人。辖区总面积约 0.335 平方千米。该社区主要驻区单位有红石社区便民服务站、红石社区民兵连、红石社区居民委员会，居民委员会共有工作人员 4 人。红石社区居民主要经济来源靠个体经营和外出务工。

季家塆[Jì jiā wān]　以姓氏和地理特征命名，该居民点早前主要是季姓居民居住，故名。自民国时期形成聚落，位于经济开发区红石社区，东南皆连安陆市新一中，西邻 316 国道(太白大道)，北靠安陆市农村商业银行宿舍区。居民主要以季姓为主，主要民族为汉族。2014 年年末，共有居民 17 户，50 人，总面积约 0.02 平方千米。

红石社区安置小区[Hóng shí shè qū ān zhì xiǎo qū]　以地理实体形态命名。因当地有一座红石山头，上下山形成一个坡型，故名红石坡。2013 年村改社区更名红石社区。后来因丁家独屋、候家塆、周家塆拆迁后为了安置三个塆的居民，社区于 2013 年新建了一个小区，故名。该居民点东接发展一路，西邻楚跃新区，南连新兴门窗厂，北靠雄楚路。2014 年年末，共有居民 110 户，430 人，总面积约 0.013 平方千米。

人防安置区[Rén fáng ān zhì qū]　以单位名派生地名。1993 年因楚跃开发需要分别将红石坡、荣家大塆土地征用，房屋拆迁，为了安置拆迁户，社区于 2013 年在人民防空指挥部后面新建了一个小区，故名。荣家大塆自民国时期形成聚落，2013 年将红石村改为红石社区，此居民点搬迁到人防安置区，现在是红石社区六组。该居民点东接 22 万变电站，西邻安陆市新一中宿舍，南连卓塆安置区，北靠楚跃社区。2014 年年末，共有居民 120 户，380 人，总面积约 0.0134 平方千米。

丁家独屋[Dīng jiā dú wù]　2013 年消失，迁至红石社区安置小区。

侯家塆[Hòu jiā wān]　2013 年消失，迁至红石社区安置小区。

周家塆[Zhōu jiā wān]　2013 年消失，迁至红石社区安置小区。

荣家大塆[Róng jiā dà wān]　2013 年消失，迁至人防安置区。

荣家小塆[Róng jiā xiǎo wān]　2013 年消失，迁至人防安置区。

九、十里社区[Shílǐ Shèqū]

此地离安陆城十里左右，古代有一个十里铺，人称东十里铺。2013 年改村为社区，在距各个居民点较适中的位置设置居民委员会，所在地为十里铺，故名十里社区。

此地民国时期属迎宾乡管辖。1949 年中华人民共和国成立后属长兴乡，1952 年属第一区，1958 年属上游人民公社，1980—2009 年属李店镇十里村，2009—2013 年属开发区十里村，2013 年改村为社区。社区距经济开发区机关约 2.5 千米。

十里社区呈块状分布。东接李店镇大棚村，西邻开发区卓塆社区和红石社区，南连南城高庙村和开发区卓垮社区，北靠开发区新河社区和李店镇石井村。截至2014年9月，辖区内共有11个居民点：十里安置区、刘家大塆、刘家独塆、刘家小塆、十里铺、涂家店、邬家大塆、邬家墙塆、邬家上塆、邬家中塆、丁家塆。社区内有常住居民502户，共2210人，辖区占地面积1.05平方千米，其中有耕地面积0.48平方千米。居委会现有工作人员4名，社区内主要驻区单位有十里社区居民委员会、十里中心小学、安陆市李店镇十里中学等。社区居民主要经济来源靠个体经营和外出务工。

十里安置区[Shí lǐ ān zhì qū]　2015年，该地居民因原来住处土地被征用，房屋拆迁而在此建的安置区域，命名后系安陆市经济开发区十里社区管辖。该居民点位于经济开发区十里社区1组，为丘陵山地地形，呈条状分布，安置区建有住宅168户，总面积约0.021平方千米，居民主要民族为汉族。2014年年末，共有居民13户，67人。

刘家大塆[Liú jiā dà wān]　以姓氏命名。清朝咸丰年间，应山刘姓迁移至此形成聚落，因人口较多，故名大塆。该居民点位于经济开发区十里社区7组，为丘陵山地地形，呈条状分布，东南皆连大棚村，西邻卓塆社区，北靠涂家店。总面积约0.2平方千米，居民主要姓氏为刘姓，主要民族为汉族。2014年年末，共有居民72户，300人。耕地面积约0.167平方千米，主要农作物为小麦、水稻。

刘家独塆[Liú jiā dú wān]　以姓氏命名。清朝末年，因刘家大塆土地面积广，无法耕种，为了方便耕种，刘姓的曾祖先在此建了一栋房子，故名。该居民点位于经济开发区十里社区6组，为丘陵山地地形，呈条状分布。东接大棚村，西南皆连南城高庙，北靠卓塆社区。总面积约0.024平方千米，居民主要姓氏为刘姓，主要民族为汉族。2014年年末，共有居民10户，36人。耕地面积约0.017平方千米，主要农作物为小麦、水稻。

刘家小塆[Liú jiā xiǎo wān]　以姓氏命名。清朝咸丰年间，应山刘姓迁移至此形成聚落，且居民较少，故名小塆。该居民点位于经济开发区十里社区2组，为丘陵山地地形，呈条状分布。东接十里中学，西邻十里小学，南连安花铁路，北靠碧涢东路。总面积约0.01平方千米，居民主要姓氏为刘姓，主要民族为汉族。2014年年末，共有居民36人，8户。该塆耕地因政府开发建设需要现已被征用，主要经济来源以外地务工和自主营业为主。

十里铺[Shí lǐ pù]　以距离命名。清末年间，此处为邮铺，位于安陆城东十里，故名。该居民点形成聚落时间不详，民国时期属迎宾乡管辖。1949年中华人民共和国成立后属长兴乡，1952年属第一区，1958年属上游人民公社；1980—2009年属李店镇十里村，2009—2013年隶属于开发区十里村；2013年起系安陆市经济开发区十里社区管辖。十里铺位于经济开发区十里社区2组，为丘陵山地地形，呈条状分布。东接十里小学，西邻火凤凰公司，南连丁家塆，北靠碧涢公路。居民主要民族为汉族。2014年年末，共有居民21户，76人，总面积约0.013平方千米。

涂家店[Tú jiā diàn]　以姓氏命名。聚落大约形成于康熙年间，涂姓人丁颇旺。清朝末年聚落被大火吞噬，只有一家幸存，以开店维持生活，故名。该居民点位于经济开发区十里社区9组，为丘陵山地地形，呈条状分布。东接大棚村，西邻禾丰米厂，南连刘家大塆，北靠碧涢东路。总面积约0.033平方千米，居民主要姓氏为涂姓，主要民族为汉族。2014年年末，共有居民24户，118人。

邬家大塆[Wū jiā dà wān]　以姓氏命名。洪武年间，四川有个叫邬福三的人带全家流落到此居住，逐渐形成聚落。清代家族兴旺，需要分居，于是将此塆定名“邬家大塆”。该居民点位于经济开发区十里社区5组，为丘陵山地地形，呈条状分布。东接智祥箱包工业园，西邻十里中学，南连卓塆社区，北靠碧涢东路。总面积约0.1平方千米，居民主要姓氏为邬姓，主要民族为汉族。2014年年末，共有居民82户，310人。耕地面积约0.08平方千米，主要农作物为小麦、水稻。

邬家墙塆[Wū jiā qiáng wān]　以姓氏和建筑特征命名。洪武年间，四川有个叫邬福三的人带全家流落到此居住，逐渐形成聚落。清代家族兴旺，需要分居，于是分出此聚落。为防盗，四面筑有高墙，将此塆定名“邬家墙塆”。该居民点位于经济开发区十里社区组十组，为丘陵山地地形，呈条状分布。东接邬家窑塆，西邻邬家上塆，南连邬家中塆，北靠新河社区。总面积约0.033平方千米，居民主要姓氏为邬姓，主要民族为汉族。2014年年末，共有居民18户，80人。耕地面积约0.02平方千米，主要农作物为小麦、水稻。

邬家上塆[Wū jiā shàng wān]　以姓氏命名。洪武年间，四川有个叫邬福三的人带全家流落到此居住，逐渐形成聚落。清代家族兴旺，需要分居，于是分出此聚落。因在北面，将此塆定名“邬家上塆”。该居民点位于经济开发区十里社区10组，为丘陵山地地形，呈条状分布，东接邬家墙塆，西邻发展二路，南连李店工业园，北靠新河社区。总面积约0.04平方千米，居民主要姓氏为邬姓，主要民族为汉族。2014年年末，共有村民38户，171人。耕地面积约0.027平方千米，主要农作物为小麦、水稻。

邬家中塆[Wū jiā zhōng wān]　以姓氏和地理特征命名。洪武年间，四川有个叫邬福三的人带全家流落到此居住，逐渐形成聚落。清代家族兴旺，需要分居，于是分出此聚落。因周围有邬姓聚落，此地位于中部，将此塆定名“邬家中塆”。该居民点位于经济开发区十里社区4组，为丘陵山地地形，呈条状分布。东接李店工业园，西邻双发服饰厂，南连碧涢东路，北靠邬家墙塆。总面积约0.013平方千米，居民主要姓氏为邬姓，主要民族为汉族。2014年年末，共有居民22户，88人。

丁家塆[Dīng jiā wān]　以姓氏命名。民国时期，有个叫丁国金的人在此买房置地，慢慢形成聚落，故名。该居民点位于经济开发区十里社区3组，为丘陵山地地形，呈条状分布。东接十里小学，西南皆邻开发区卓塆社区，北靠十里铺。总面积约0.1平方千米，居民主要姓氏为丁姓，主要民族为汉族。2014年年末，共有居民52户，208人，耕地面积约0.08平方千米，主要农作物为小麦、水稻。

十、十塘社区[Shítáng Shèqū]

此地周边有十口大池塘，故名十塘。清代属太平乡，民国时期属碧霞乡。1949年属洑水区。1958至1980年名为洑水公社双路乡十塘大队，1984年改名为十塘村，隶属于洑水镇管辖，2009年划归安陆市经济开发区，2013年10月改名为十塘社区，隶属于安陆市经济开发区管辖，沿用至今。

十塘社区隶属于安陆市经济开发区，位于开发区东北边，属丘陵地区，东接洑水镇双路村，西邻徐岗社区，南连席棚社区，北靠吴棚社区。截至2015年11月，辖区内共有5个居民点：蔡家塆、廖家塆、刘家塆、红山独屋、李家染坊塆。常住居民 280 户，共 1161 人，辖区占地面积 3. 37 平方千米，其中耕地面积 1. 48 平方千米。主要经济来源为个体经营及外出务工。社区距经济开发区机关约 4. 5 千米。

蔡家塆[Cài jiā wān] 因姓氏命名，该自然塆主要以蔡姓为主，何时形成聚落无考，位于十塘社区东北部，呈块状分布。东接席棚社区，西邻本社区三组，南连本社区四组，北靠本社区三组。主要以蔡姓为主，均为汉族，全塆 106 人，29 户，总面积 0. 6 平方千米，其中耕地面积 0. 055 平方千米，主要农作物为水稻、小麦。

廖家塆[Liào jiā wān] 因姓氏命名，该自然塆主要以廖姓为主，何时形成聚落无考，位于十塘社区南部，呈块状分布。东接席棚社区二组，西邻徐岗社区，南连席棚社区七组，北靠本社区四组。主要以廖姓为主，均为汉族，全塆 102 人，18 户，总面积 0. 8 平方千米，其中耕地面积 0. 06 平方千米，主要农作物为水稻、小麦。

刘家塆[Liú jiā wān] 因姓氏命名，该自然塆主要以刘姓为主，何时形成聚落无考，位于十塘社区东部，呈块状分布。东接本社区三组，西邻本社区一组，南连本社区四组，北靠本社区二组。主要以刘姓为主，均为汉族，全塆 92 人，14 户，总面积 0. 7 平方千米，其中耕地面积 0. 04 平方千米，主要农作物为水稻、小麦。

红山独屋[Hóng shān dú wū] 以该地土质颜色命名，该自然塆土质为红色。最初在此只有一户人家，故名红山独屋。该居民点呈块状分布，位于十塘社区东部，东南皆连席棚社区，西北均靠本社区四组。均为汉族，全塆 103 人，20 户，总面积 0. 7 平方千米，其中耕地面积 0. 048 平方千米，主要农作物为水稻、小麦。

李家染坊塆[Lǐ jiā rǎn fáng wān] 因姓氏和职业特点命名，该自然塆主要以李姓为主且早期开有染坊。该聚落何时形成无考证，位于十塘社区东部，呈块状分布，东北均靠本社区三组，西南皆连本社区五组。主要以李姓为主，均为汉族，全塆 96 人，16 户，总面积 0. 6 平方千米，其中耕地面积 0. 071 平方千米，主要农作物为水稻、小麦。

十一、吴棚社区[Wúpéng Shèqū]

“吴”指吴姓居民，“棚”指简陋的小屋。不知何时吴姓人家在此搭棚落户，慢慢形成聚落。此地及周边清代属太平乡。民国时期属碧霞乡。1949 年属长兴乡，1958 年人民公社时属双路人民公社望城大队，1961 年隶属于洑水区管辖。1987 年体制改革后，改为洑水镇吴棚村，2013 年改名为吴棚社区，系经济开发区管辖。社区居民委员会距经济开发区机关约 6. 7 千米。

吴棚社区位于安陆市经济开发区北部，东接洑水聂寨村、双路村；西邻洪庙社区、雷庵社区；南连十塘社区、徐岗社区；北靠洑水望城村、雷庵社区。辖区总面积约 1. 675 平方千米，截至 2015 年 5 月，全社区共有 7 个居民点：代家壕沟、高吴家塆、黄家塆、孙家塆、王家塆、张家塆、祝家塆。常住居民 425 户、

1441 人。耕地面积约 0. 8737 平方千米，主要农作物有水稻、小麦。该社区主要驻区单位有吴棚社区卫生室、吴棚社区居民委员会，居民委员会办公地址设在吴棚社区 4 组，共有工作人员 4 人。社区居民主要经济来源靠农业和外出务工。

代家壕沟[Dài jiā háo gōu]　亦名代家塆，以姓氏和地理特征命名，原名叫吴家壕沟。洪武年间吴姓弟兄八个，家族衰落。代姓由麻城过籍到孝感，迁入此地，家族开始兴旺，改名为代家壕沟，徐姓也由麻城过籍到此地，逐渐形成居民点。该居民点呈块状分布。东接吴棚社区高吴家塆，西邻吴棚社区祝家塆，南连徐岗社区，北靠吴棚社区张家塆。总面积约 0. 1173 平方千米，居民主要姓氏为代姓、徐姓，主要民族为汉族。2014 年年末，共有居民 43 户，134 人。耕地面积约 0. 0891 平方千米，主要农作物有水稻、小麦。

高吴家塆[Gāo wú jiā wān]　以姓氏和地理特征命名，洪武年间，高吴两姓由麻城过籍到现在的巡店镇居住，后高吴两姓都由巡店镇的高家大塆和吴家河搬迁到此地，将原名吴家棚子更名高吴家塆，逐渐形成居民点。该居民点呈块状分布。东接吴棚社区王家塆和黄家塆，西邻吴棚社区代家壕沟和张家塆，南连徐岗，北靠吴棚社区张家塆和王家塆。总面积约 0. 11 平方千米，居民主要要姓氏为高姓、吴姓，主要民族为汉族。2014 年年末，共有居民 30 户，112 人。耕地面积约 0. 0737 平方千米，主要农作物有水稻、小麦。

黄家塆[Huáng jiā wān]　以姓氏和地理特征命名，原名黄土岗。洪武年间有一户黄姓人家由麻城过籍，到现在的黄家塆落籍，当时黄姓有一儿一女，女儿招女婿姓赵，形成聚落。该居民点现在有黄姓和赵姓两家，黄、赵不分家，两姓儿女不能喜结姻缘。该居民点呈块状分布，东接徐家河渠道，西邻吴棚社区王家塆，南连吴棚社区王家塆，北靠吴棚社区王家塆。总面积约 0. 1474 平方千米，居民主要姓氏为黄姓，主要民族为汉族。2014 年年末，共有居民 50 户，166 人。耕地面积约 0. 0811 平方千米，主要农作物有水稻、小麦。

孙家塆[Sūn jiā wān]　以姓氏命名，孙姓由古代麻城过籍，到现在的安陆市棠棣镇孙家咀居住，民国时期孙学志、孙学梦兄弟两人搬迁到此地，建独屋，叫孙家独屋，后有张、吴、刘姓居民先后入迁，逐渐形成居民点。该居民点呈块状分布，东接聂寨、双路村；西邻吴棚社区黄家塆；南连十塘、徐岗；北靠吴棚社区黄家塆。总面积约 0. 2345 平方千米，居民主要姓氏为孙姓，主要民族为汉族。2014 年年末，共有居民 100 户，295 人。耕地面积约 0. 189 平方千米，主要农作物有水稻、小麦。

王家塆[Wáng jiā wān]　以姓氏命名，洪武年间，王姓由麻城过籍到此地居住，属于王姓三槐堂后人。三槐堂是指王天一，王天二，王天三三兄弟。后有黄、张、章姓居民先后迁入此地，形成聚落。该居民点东接吴棚社区黄家塆，西邻吴棚社区张家塆和高吴家塆，南连吴棚社区高吴家塆和黄家塆，北靠洑水镇望城村。居民主要姓氏为王姓，主要民族为汉族。2014 年年末，共有居民 66 户，210 人。总面积约 0. 1876 平方千米，耕地面积约 0. 1307 平方千米，主要农作物有水稻、小麦。

张家塆[Zhāng jiā wān]　以姓氏命名。洪武年间由麻城过籍到安陆市接官乡张家院墙居住，后由张家院墙迁至此地居住。后有孙姓、陈姓和章姓居民先后迁入，逐渐形成居民点。该居民点呈块状分布。东接吴棚社区王家塆和高吴家塆，西邻吴棚社区祝家塆，南连吴棚社区代家壕沟，北靠洑水望城村。总面积约 0. 2144 平方千米，居民主要姓氏为张姓，主要民族为汉族。2014 年年末，共有居民 45 户，148 人。耕地面积约 0. 1166 平方千米，主要农作物有水稻、小麦。

祝家塆[Zhù jiā wān] 以姓氏命名。洪武年间祝姓最早由麻城过籍迁入此地，后来时姓和戴姓先后也迁入到此地居住，逐渐形成居民点。该居民点呈块状分布，东接吴棚社区张家塆和代家壕沟，西邻洪庙社区，南连徐岗社区，北靠雷庵社区、洑水镇望城村。总面积约 0. 2881 平方千米，居民主要姓氏为祝姓，主要民族为汉族。2014 年年末，共有居民 109 户，376 人。耕地面积约 0. 1936 平方千米，主要农作物有水稻、小麦。

十二、席棚社区[Xípéng Shèqū]

以地理位置和工作职能综合命名。古代曾有一个姓席的人在这里开茶棚迎接南来北往的商人，故名席棚。这里清代属太平乡。民国时期属碧霞乡。1949 年属长兴乡，1958 年叫洑水人民公社席棚大队，1978 年属洑水镇席棚村，2009 年 11 月起隶属于安陆市经济开发区，2013 年 12 月改村为社区后，系安陆市经济开发区辖。居委会距经济开发区机关约 4. 5 千米。

该社区位于安陆市经济开发区东北角，属丘陵地区，呈块状分布。东接白庙村、熊岗村，西邻何岗社区，南连安花公路，北靠十塘社区。辖区占地面积约 4 平方千米。截至 2014 年 9 月，辖区内共有 7 个居民点：席家园子、席家大塆、席家棚子、王家塆、蔡家小塆、席棚社区四组、席棚社区七组。共有居民 450 户，1886 人，耕地面积约 0. 735 平方千米。居委会办公地址在原老学校后院中，现有工作人员 5 名。社区内主要驻区单位有席棚社区居民委员会、安陆市恒升水泥制品有限公司等。社区居民主要经济来源为农业和外出务工。

席家园子[Xí jiā yuán zi] 以姓氏和建筑物命名，嘉庆三年至十年(1798 至 1805 年)，福建同安人蔡牵起义，以浙闽沿海为根据地，屡败清军。约在嘉庆十五年至二十五年(1810—1820 年)，席氏家族族人由江苏迁徙过来，经过湖北麻城兵站时，兄弟三人逃难到此，在现在的地方搭建一个园子落籍，故名。该居民点为丘陵地形，呈条状分布。东接白庙村，西邻大天线公路，南连席家大塆，北靠双路村。总面积约 0. 167 平方千米，居民主要姓氏为席姓，主要民族为汉族。2014 年年末，共有居民 31 户，120 人。耕地面积约 0. 127 平方千米，主要农作物为小麦、水稻。

席家大塆[Xí jiā dà wān] 以姓氏命名，1810—1820 年，由江苏迁徙过来的席姓兄弟在现在的这个地方建房屋，安居乐业，繁衍后代，形成聚落，故名。该居民点为丘陵地形，呈条状分布。东接徐家河渠道，西邻十塘社区，南连砖瓦厂，北靠席家园子。总面积约 0. 147 平方千米，居民主要姓氏为席姓，主要民族为汉族。2014 年年末，共有居民 50 户，220 人。耕地面积约 0. 12 平方千米，主要农作物为小麦、水稻。

席家棚子[Xí jiā péng zi] 以姓氏和建筑物命名，有一个姓席的人曾在这里开茶棚迎接南来北往的商人，故名。该居民点为丘陵地形，呈条状分布。东接大天线公路，西邻杨家岗，南连王家塆，北靠席家大塆。总面积约 0. 173 平方千米，居民主要姓氏为席姓，主要民族为汉族。2014 年年末，共有居民 50 户，240

人。耕地面积约 0. 1333 平方千米，主要农作物为小麦、水稻。

王家塆[Wáng jiā wān]　以姓氏命名，明朝初期连年战乱，三槐堂王氏三兄弟为躲避战乱，逃难到此。几百年祖居本地，故名。王姓后来又分两支。一支分到护国社区，一支分到河西包家墩。该居民点为丘陵地形，呈条状分布。东接周家塆，西邻蔡家小塆，南连 316 大安线公路，北靠居委会办公室。总面积约 0. 14 平方千米，居民主要姓氏为王姓，主要民族为汉族。2014 年年末，共有居民 55 户，270 人。耕地面积约 0. 1 平方千米，主要农作物为小麦、水稻。

蔡家小塆[Cài jiā xiǎo wān]　以姓氏命名，明末清初，受战乱影响，蔡姓兄弟三人从河南上蔡地方逃难到此，见此地山清水秀，河道环绕，便在此安家，繁衍生息，故名“蔡家小塆”。大部分搬迁到东边，故名“蔡家大塆”。该居民点为丘陵地形，呈条状分布。东接熊岗村，西邻王家大塆，南连大安线，北靠席家棚子。总面积约 0. 285 平方千米，居民主要姓氏为段姓、蔡姓，主要民族为汉族。2014 年年末，共有居民 35 户，160 人。耕地面积约 0. 1 平方千米，主要农作物为小麦、水稻。

席棚社区四组[Xí péng shè qū sì zǔ]　由原周家塆、李家塆、彭家塆合并而成，为丘陵地形，呈条状分布，东接熊岗村，西邻王家大塆，南连大安线，北靠席家棚子。居民均为汉族。全塆 160 人，35 户，总面积为 0. 14 平方千米，其中耕地面积 0. 1 平方千米，主要农作物为小麦、水稻。

席棚社区七组[Xí péng shè qū qī zǔ]　由原竹林塆、杨家岗、段家岗合并而成，属历史延续聚落。其中竹林塆以植物命名，杨家岗以姓氏命名。段家岗有一段传说：不知哪个朝代，这儿地广人稀，河边一条土岗。一天，一群人不知从哪儿抬着一尊菩萨路过此地，因为要过河就先到土岗边歇歇脚。歇脚后再抬菩萨怎么也抬不动，猛一使劲抬架都断了。重新整理抬架后，再抬仍然如此，就只有在菩萨不愿走的土岗上修了一座庙，叫断架庙以供奉这尊菩萨，土岗也取名断架岗。后来几户段姓人家听说此事，认为菩萨都不愿走，肯定是风水宝地，就在这儿落户重修了庙宇。从此断架岗改名段家岗，断架庙改名段家庙。建了一座桥方便交通，这座桥叫段家桥。席棚社区七组为丘陵地形，呈条状分布，东接席家棚子，西邻 316 国道，南连蔡家小塆，北靠十塘社区。所住居民均为汉族。全塆 110 人，29 户，总面积为 0. 128 平方千米，其中耕地面积 0. 101 平方千米，主要农作物为小麦、水稻。

十三、新河社区[Xīnhé Shèqū]

新河社区以地理位置命名，新中国成立初土改时，这里新开挖了一条小河，所以 2000 年经济开发区设社区时取名新河社区。

这片土地位于安陆市经济开发区东南部，属丘陵地区，呈块状分布。东接石井村，西邻城东社区，南连十里社区、红石社区，北靠安花公路。社区距经济开发区机关约 3 千米。

这片土地历史悠久。1958 年，一支考古队发现这片土地有一处古代城池遗址(即当今的三〇九、新河小区)。遗址呈方圆型，高出地面 2 至 11 米，东、南、西三面有夯筑土垣残存，东西长约 80 米，南北宽约 70

米，有四门，总面积约5500平方米。在此采集到的陶片多为泥质灰陶和夹砂灰陶。器物有盆、瓮、釜、罐、豆、筒板瓦、铁矍及铜镞(890件)等。盆：卷折沿，方唇，敞口、夹砂灰陶；豆：浅盘，细把，泥质灰陶，素面；筒形板瓦：残，面饰绳纹；铁矍：下部残，有方形銎，中有一圆形插孔；铜镞：有三棱形和扁叶形两种。当地曾有老人说安蛮人参与了讨伐殷人，朝廷将周围几百户封为安蛮国，后来被郧国赶到了澴河以东，这里是安蛮古城。《宋书·州郡志》，有“本志在安陆太守条中叙安蛮(徐志有安蛮县……孝武大明八年属安陆)”的记载。由此谭其骧先生推论，安陆郡当领安蛮县。清《德安府志》也有“安陆太守孝武帝建元元年分江夏立，属郢州。后废帝元徽四年，度司州有安蛮县，孝明大明八年省为县，属安陆”的记载。清道光《安陆县志》地舆图在此地标有“古城”二字，但无“安蛮”二字。古城四周河流环绕，植被茂密，交通发达，但其名称和历史渊源还待确切考证。

清朝安陆县设2乡10里64会，这片土地属太平乡三板桥会。

民国时期，这里1937年属迎宾乡三板桥旗会。1942年属丁李乡。1946年属迎宾乡。

安陆在新中国成立后，这里1949年属第一区长兴乡。1954年属李店区长兴乡。1956年属第二区李店乡。1958年9月属上游人民公社李店合作社。1966年李店区改名东风区，这里属东风区管辖。20世纪中期起，核工业部中南地质勘探局309地质大队以古城中部为基地，驻扎数十年之久，担任鄂陕川交界地区的矿产普查。这里建有机关、科研所、工厂、中小学、住宅区、电影院、商店，形成了一个颇具规模的集镇。餐饮小吃店“309狗肉”几十年享誉安陆。309这个名称，盖过了原先所有的名称，以至于外乡人不知道原来的名称，而提到309，妇孺皆知。

1975年，这儿行政划分归李店公社李店管理区；1984年归李店区十里乡新河村；1987年归李店镇新河村。1992年，新河村划入安陆经济开发区，2000年改为新河社区。

新河社区辖区占地面积约3.4684平方千米，截至2014年9月，辖区内共有16个居民点：肖何塆、王家新塆、王家前塆、王家后塆、桥上塆、陈家塆、王家塆、龙家塆、李家塆、蒋家塆、黄家塆、何家塆、严家塆、新河安置区、新河小区、安陆市砖瓦厂宿舍区。共有居民420户，1565人。耕地面积约1.892平方千米。居委会现有工作人员5名，社区内主要驻区单位有新河社区居民委员会、开发区国土分局、开发区建管中心等。社区居民主要经济来源靠农业、个体经营和外出务工。

肖何塆[Xāo hé wān] 以姓氏命名，因当地肖姓居民、何姓居民较多而命名。该居民点位于经济开发区新河社区西侧，为丘陵地形，呈条状分布。东接新河社区何家塆，西邻府城府东社区，南连农田，北靠耕地。总面积约0.267平方千米，居民主要民族为汉族。2014年年末，共有居民43户，165人。耕地面积约0.233平方千米，主要农作物为小麦、水稻。

王家新塆[Wáng jiā xīn wān] 以姓氏命名，该塆所住居民以王姓居多，由别处搬迁至此处新建而成的自然塆，故名。该居民点位于经济开发区新河社区西侧，为丘陵地形，呈条状分布。东接新河社区黄家塆13组，西邻何家塆，南连社区桥上塆，北靠市转瓦厂。居民主要民族为汉族。2014年年末，共有居民50人。15户，总面积约0.067平方千米，耕地面积约0.053平方千米。

王家前塆[Wáng jiā qián wān] 以姓氏和地理位置命名。该塆位于新河社区王姓聚居区的前部，故名。

该居民点位于经济开发区新河社区东南侧，为丘陵地形，呈条状分布。东接新河社区王家后塆，西邻新河龙家塆，南连十里社区，北靠新河社区严家塆。总面积约 0.133 平方千米，居民主要姓氏为王姓，主要民族为汉族。2014 年年末，共有居民 20 户，90 人。

王家后塆[Wáng jiā hòu wān]　以姓氏和地理位置命名，该塆位于社区王姓聚居区的后部，故名。该居民点位于经济开发区新河社区东南侧，为丘陵地形，呈条状分布。东接李店镇石井村，西邻新河社区王家前塆，南连十里社区，北靠新河社区严家塆。总面积约 0.233 平方千米，居民主要姓氏为王姓，主要民族为汉族。2014 年年末，共有居民 39 户，148 人。耕地面积约 0.2 平方千米，主要农作物为小麦、水稻。

桥上塆[Qiáo shàng wān]　以地理位置命名。该塆位于安陆市经济开发区新河社区的一座桥梁的北部，故名。该塆位于经济开发区新河社区西侧，为丘陵地形，呈条状分布。东接新河社区严家塆，西邻新河社区何家塆，南连新河社区李家塆，北靠新河社区王家新塆。总面积约 0.187 平方千米。居民主要民族为汉族，共 105 人，22 户。耕地面积约 0.133 平方千米，主要农作物为小麦、水稻。

陈家塆[Chén jiā wān]　以姓氏命名，位于经济开发区新河社区东北侧，为丘陵地形，呈条状分布。东接李店镇石井村，西邻新河社区 5 组，南连新河社区 7 组，北靠三〇九安花公路。总面积约 0.2 平方千米，居民主要姓氏为陈姓，主要民族为汉族。2014 年年末，共有居民 30 户，120 人。耕地面积约 0.16 平方千米，主要农作物为小麦、水稻。

王家塆[Wáng jiā wān]　以姓氏命名，该塆所住居民以王姓居多，故名。该居民点位于经济开发区新河社区北侧，为丘陵地形，呈条状分布。东接新河社区 6 组，西邻新河社区黄家塆，南连新河社区严家塆，北靠三〇九安花公路。总面积约 0.173 平方千米，居民主要姓氏为王姓，主要民族为汉族。2014 年年末，共有居民 25 户，118 人。耕地面积约 0.133 平方千米，主要农作物为小麦、水稻。

龙家塆[Lóng jiā wān]　以姓氏命名，该塆所住居民以龙姓居多，故名。该居民点位于经济开发区新河社区南侧，为丘陵地形，呈条状分布。东接新河社区王家前塆，西邻新河社区李家塆，南连十里社区，北靠龙王水库。总面积约 0.12 平方千米，居民主要姓氏为龙姓，主要民族为汉族。2014 年年末，共有居民 13 户，60 人。耕地面积约 0.067 平方千米，主要农作物为小麦、水稻。

李家塆[Lǐ jiā wān]　以姓氏命名，因当地李姓居民较多而命名。该居民点位于经济开发区新河社区西南侧，为丘陵地形，呈条状分布。东接新河社区 11 组，西邻红石社区，南连十里社区，北靠新河 3 组。总面积约 0.267 平方千米，居民主要姓氏为李姓，主要民族为汉族。2014 年年末，共有居民 40 户，150 人。耕地面积约 0.213 平方千米，主要农作物为小麦、水稻。

蒋家塆[Jiǎng jiā wān]　以姓氏命名，因当地蒋姓居民较多而命名。该居民点位于经济开发区新河社区东侧，为丘陵地形，呈条状分布。东接李店镇石井村，西邻新河社区 5 组，南连新河社区王家后塆，北靠新河社区 6 组。总面积约 0.233 平方千米，居民主要姓氏为蒋姓，主要民族为汉族。2014 年年末，共有居民 32 户，126 人。耕地面积约 0.187 平方千米，主要农作物为小麦、水稻。

黄家塆[Huáng jiā wān]　以姓氏命名，该塆所住居民以黄姓居多，故名。该居民点位于经济开发区新河社区北侧，为丘陵地形，呈条状分布。东接新河社区 5 组，西邻新河社区王家新塆，南连新河社区桥上塆，北靠新河砖厂。总面积约 0. 173 平方千米，居民主要姓氏为黄姓，主要民族为汉族。2014 年年末，共有居民 26 户，110 人。耕地面积约 0. 107 平方千米，主要农作物为小麦、水稻。

何家塆[Hé jiā wān]　以姓氏命名，因当地何姓居民较多而命名。该居民点位于经济开发区新河社区西侧，为丘陵地形，呈条状分布。东接新河社区桥上塆和王家新塆，西邻新河社区肖何塆，南北都是农田。总面积约 0. 213 平方千米，居民主要姓氏为何姓，主要民族为汉族。2014 年年末，共有居民 40 户，160 人。耕地面积约 0. 173 平方千米，主要农作物为小麦、水稻。

严家塆[Yán jiā wān]　以姓氏命名，因当地严姓居民较多而命名。该居民点位于经济开发区新河社区东南侧，为丘陵地形，呈条状分布。东接新河社区蒋家塆，西邻新河社区桥上塆，南连新河社区王家后塆，北靠新河社区 5 组。总面积约 0. 16 平方千米，居民主要姓氏为严姓，主要民族为汉族。2014 年年末，共有居民 100 人。20 户，耕地面积约 0. 133 平方千米，主要农作物为小麦、水稻。

新河安置区[Xīn hé ān zhì qū]　以地理位置命名，按照市政府发展规划，城市东扩，拆迁安置办设立了新河安置区。2008 年开始拆迁安置，2015 年全部建成形成规模，系安陆市经济开发区新河社区居民委员会辖。该居民点位为丘陵地形，呈条状分布。东接发展二路，西邻发展一路，南连碧山路，北靠碧霞路。总面积约 0. 07 平方千米，居民主要民族为汉族。2014 年年末，共有居民 450 户，1800 人。安置区内共建有房屋 164 栋，一期 300 套房子，两期 360 套房子。

新河小区[Xīn hé xiǎo qū]　以地理位置命名，该小区位于安陆市经济开发区新河社区，故名。该小区于 2010 年建成居住，自建成起沿用至今，系安陆市经济开发区新河社区居民委员会辖。该居民点位于经济开发区新河社区 309 地段，门牌号为 48 号，呈条状分布。东接次干道，西邻肉牛场，南连荒地，北靠 243 省道。总面积约 0. 0067 平方千米，居民主要民族为汉族。2014 年年末，共有居民 60 户，300 人。主要经济来源以外地务工和自主营业为主。

安陆市砖瓦厂宿舍区[Ān lù shì zhuān wǎ chǎng sù shè qū]　以单位名称命名，该宿舍区原为安陆县砖瓦厂职工的生活住宿区，故名。该宿舍区建于 1972 年，位于解放大道东路 62 号，呈条状分布。东接天星粮机，西邻荒地，南连河流，北靠 324 省道。总面积约 0. 0013 平方千米，居民主要民族为汉族。2014 年年末，共有居民 50 户，200 人。主要经济来源以外地务工和个体经营为主。

十四、徐岗社区[Xúgǎng Shèqū]

以地理位置命名。徐岗社区清朝属太平乡。1937 年属金洑乡。1942 年属丁李乡。1946 年属碧霞乡。1949 年 10 月，徐岗隶属于洑水区管辖，1958 年 9 月，建立人民公社，徐岗隶属于东风人民公社洑水乡管辖，1975 年 2 月，撤区并社，徐岗隶属于洑水人民公社双路管理区管辖；1984 年元月，复置区（镇）、乡（镇）、村，徐岗大队改为徐岗村系双路乡管辖；1987 年 10 月，撤区并乡，洑水镇由原洑水办事处、三陂、双路乡并成，徐岗村系洑水镇管辖；2007 年徐岗村改为安陆市经济开发区管辖，2013 年 12 月改村为社区后，徐岗村改为徐岗社区系安陆市经济开发区管辖。社区距经济开发区机关约 4 千米。

徐岗社区属丘陵地区。东接十塘社区，西邻七里河，南连何岗社区，北靠吴棚社区。截至 2015 年 11 月，辖区内共有 7 个居民点：徐岗安置楼一期、徐岗安置楼二期、徐岗小区、蔡家大塆、祝家大塆、严家塆、戴家塆。辖区占地面积约 0.19 平方千米，共有居民 522 户，2431 人。主要经济来源为个体经营及外出务工。

徐岗安置楼一期[Xú gǎng ān zhì lóu yī qī]　因地理位置命名，该小区为本社区的住房拆迁安置楼，故名。2013 年建成，位于徐岗社区，南连安赵公路。有 8 栋四单元六楼，6+1 结构。共有 876 人，216 户，总面积 0.01 平方米，主要经济来源以经商及外地务工为主。

徐岗安置楼二期[Xú gǎng ān zhì lóu èr qī]　因地理位置命名，该小区为本社区的住房拆迁安置楼，故名。2014 年建成，位于徐岗社区，有楼房 13 栋，6+1 复式楼。共有 1200 人，401 户，总面积 0.08 平方米，主要经济来源以经商及外地务工为主。

徐岗小区[Xú gǎng xiǎo qū]　以地理位置命名，该小区位于徐岗社区，故名。2009 年建成，位于徐岗社区中心，门牌号为 1~400。东接十塘社区，西邻七里桥，南连何岗社区，北靠吴棚社区。总面积约 0.5 平方千米。2014 年年末，共有居民 400 户，1300 人。

蔡家大塆[Cài jiā dà wān]　以姓氏命名，因当地蔡姓居民较多。该居民点位于徐岗社区北部。东连新 316 国道，西邻七里桥，南连徐岗安置楼，北靠洑水镇。总面积约 0.15 平方千米，居民主要姓氏为蔡姓，主要民族为汉族，2014 年年末，共有居民 207 人，41 户。耕地面积约 0.086 平方千米，主要农作物为水稻、小麦。

祝家大塆[Zhù jiā dà wān]　以姓氏命名。因当地祝姓居民较多。该居民点位于徐岗社区西部，东南西北四面环田。总面积约 0.12 平方千米，居民主要姓氏为祝姓，主要民族为汉族。2014 年年末，共有居民 40 户，201 人。耕地面积约 0.06 平方千米，主要农作物为水稻、小麦。

严家塆[Yán jiā wān]　以姓氏命名，因当地严姓居民较多。该居民点位于徐岗社区北部，东接新 316 国道，西邻发展二路，南连银杏大道，北靠洑水镇。总面积约 0.21 平方千米，居民主要姓氏为严姓，主要民族为汉族。2014 年年末，共有居民 49 户，249 人。耕地面积约 0.12 平方千米，主要农作物为水稻、小麦。

戴家塆[Dài jiā wān]　又名代家壕沟。以姓氏命名，该自然塆主要以戴姓居民为主，故名。该居名点位于徐岗社区东北部。东接 316 国道，西邻发展二路，南连银杏大道，北靠洑水。总面积约 0.25 平方千米，居民主要姓氏为戴姓，主要民族为汉族。2014 年年末，共有村民 50 户，217 人。耕地面积约 0.15 平方千米，主要农作物为水稻、小麦。

十五、卓塆社区[Zhuówān Shèqū]

以地理位置命名，该社区早期所住居民以卓姓为主。这里古代属塔尔岗的东南角和海子湿地东坡，民国时期属迎宾乡辖。1949 年属第一区城东乡，1958 年属上游人民公社，1959 年与李店公社红石属同一大队，1960 年与红石分开更名为新塆大队，1984 年撤区建镇后新塆大队更名为李店镇卓塆村，2003 年从李店镇划入安陆经济开发区，2013 年改村为社区，更名为卓塆社区并成立居民委员会。社区距经济开发区机关约 2.7 千米。

卓塆社区位于安陆市经济开发区东南角，属丘陵地区，居民点呈块状分布。东接十里社区，西邻府城凤凰社区，南连南城高庙、草庙村，北靠红石社区。辖区占地面积约 0.97 平方千米，截至 2014 年 9 月，辖区内共有 8 个居民点：卓家新塆、卓家大塆、魏家塆、芒子都、门业小区、黄自平小区、万三小区、卓塆新村。社区内有常住居民 957 户，共 3928 人，耕地面积约 0.581 平方千米。居委会现有工作人员 5 名，社区内主要驻区单位有卓塆社区居民委员会、大拇指幼儿园、佳洁食品有限公司等。社区居民主要经济来源靠务农、打工和自主个体经营。

卓家新塆[Zhuó jiā xīn wān] 以姓氏和地理特征命名，洪武年间卓姓移民至此，形成聚落卓家塆，后分一塆，故为新塆。该居民点位于经济开发区卓塆社区 1 组，为丘陵山地地形，呈条状分布。东接十里社区 3 组，西邻府城凤凰社区，南连卓塆新村，北靠碧涢大道。总面积约 0.16 平方千米，居民主要姓氏为卓姓，主要民族为汉族。2014 年年末，共有居民 57 户，183 人。耕地面积约 0.079 平方千米，主要农作物为小麦、水稻。

卓家大塆[Zhuó jiā dà wān] 以姓氏命名。洪武年间卓姓移民至此，形成聚落，人口较多，故名。该居民点位于经济开发区卓塆社区 2、3 组，为丘陵山地地形，呈条状分布。东接十里社区，西邻府城凤凰社区，南连南城草庙村，北靠碧涢大道。总面积约 0.36 平方千米，居民主要姓氏为卓姓，主要民族为汉族。2014 年年末，共有居民 72 户，264 人。耕地面积约 0.28 平方千米，主要农作物为小麦、水稻。

魏家塆[Wèi jiā wān] 以姓氏命名。民国以前，魏姓在此形成聚落，故名。后来其他姓氏先后迁入，魏姓逐渐减少，但塆名未变。该居民点位于经济开发区卓塆社区 4 组，为丘陵山地地形，呈条状分布。东接十里社区，西邻府城凤凰社区，南连南城高庙村，北靠碧涢大道。总面积约 0.09 平方千米，居民主要民族为汉族。2014 年年末，共有居民 13 户，55 人。耕地面积约 0.062 平方千米，主要农作物为小麦、水稻。

芒子都[Máng zi dū] 又名芒子独塆，以植物命名。元代为沼泽湿地“海子河”最东的地区，湿地边长满芒子(芭茅)。后形成陆地，于民国初年搬来几户人家，故名。该居民点位于经济开发区卓塆社区 5 组，为丘陵山地地形，呈条状分布。东接十里社区 7 组，西邻府城凤凰社区，南连南城高庙村，北靠碧涢大道。总面积约 0.12 平方千米，居民主要民族为汉族。2014 年年末，共有居民 23 户，118 人。耕地面积约 0.098 平方千米，主要农作物为小麦、水稻。

门业小区[Mén yè xiǎo qū] 以单位名称命名。该小区位于金伟门业公司附近，故名。该小区始建于 2007 年，于 2009 年建成完工，自命名开始沿用至今。该居民点位于经济开发区卓塆社区，为丘陵地形，呈条状分布。东接十里社区 3 组，西邻发展一路，南连南城高庙、草庙村，北靠碧涢大道。总面积约 0.009 平方千米，居民主要为汉族。2014 年年末，共有居民 130 户，670 人。

黄自平小区[Huáng zì píng xiǎo qū] 以建筑商姓名命名。该小区始建于 2008 年，于 2009 年建成完工，建筑商自命名。该居民点位于经济开发区卓塆社区，为丘陵地形，呈条状分布。东接十里社区 3 组，西邻发展一路，南连老战服务公司，北靠金伟门业小区。总面积约 0.027 平方千米，居民主要民族为汉族。2014 年年末，共有居民 230 户，1370 人。小区内建有 4 栋六层楼房。

万三小区[Wàn sān xiǎo qū]　“万三”指开发商，以开发商的乳名命名。该小区始建于 2008 年，于 2010 年建成完工，小区为丘陵地形，呈条状分布，东接卓塆社区 1 组，西邻发展一路，南连社区 1 组，北靠正兴铝业。总面积约 0.029 平方千米，居民主要民族为汉族。2014 年年末，共有居民 20 户，213 人。小区内共建有 7 栋楼房，其中 4 层 5 栋、5 层 1 栋、6 层 1 栋。

卓塆新村[Zhuó wān xīn cūn]　“卓塆”指地名即卓塆社区，以地理位置命名。该居民点于 2007 年规划上报市政府，2009 年开始动工，2012 年建成完工。位于经济开发区卓塆社区，为丘陵地形，呈条状分布。东接十里社区 3 组，西邻红石社区，南连南城高庙、草庙村，北靠碧涢大道。总面积约 0.03 平方千米，居民主要民族汉族。2014 年年末，共有居民 213 户，1200 人。建筑面积约 0.015 平方千米，现建有 15 栋居民楼房，水、电、路、天然气、下水道、管网等配套工程已基本达到标准化。

2015年安陆市赵棚镇平面示意图
赵棚镇
广水市
广水市
接官
孝昌县
汊洪县
洑水
陈店
观音山 261
大鹤山 200
仙人老 236
虎须冲水库
路山水库
徐冲水库
曹冲水库
赵冲水库
彭山水库
双洪水库
董冲
魏湾
张家冲
易湾
高畈
徐冲
务丰
施坡
牧牛山林场
赵冲
棋格
民主
万冲
江石
合山
汤沟
余畈
西张
宋楼
叶寨
土桥
双桥
涂板
甘涂
孙畈
刘店
饶湾
杨兴
梅畈
兵塘
群联
柏树
陶店
崔沟
黄刘岗
楼山
唐畈
大树
王家坊
FBALHRXLAOGU
图例
乡镇级人民政府驻地
国营场驻地
村委会驻地
自然村
地级界
县级界
乡镇级界
复线电气化铁路
复线铁路
单线铁路及车站
高速公路、互通及编码
国道及编码
省道及编码
县道及编码
乡道及编码
村道及编码
车行桥 人渡
大型水库 中型水库
小（一）型水库
沟渠及渡槽
河流 时令河 湖泊 地下河段

第四章　赵棚镇

第一节　概　况

赵棚镇位于安陆市东北部，镇政府所在地距安陆城区 23 千米。东接孝昌县，西邻接官乡，南连陈店乡、洑水镇，北靠广水市。赵棚镇政府所在地为振兴街 1 号，属赵棚村辖区。

赵棚镇辖 16 个村(社区)，307 个村民小组，户籍人口 4.1 万人。

赵棚镇依其所在地赵家棚简化得名。据《安陆县志》记载：唐开元年间就有“赵家棚店”。传说，有一对老伴在此地搭棚做生意，烟火日繁，居民逐渐增多，慢慢形成了集市，人们依老伴的夫姓称之为赵家棚。赵家棚一直是当地的政治、经济、文化中心。人们把赵家棚集镇为中心的行政区域称为赵棚。

赵棚境内土桥街，南齐时置永阳县，西魏改吉阳县，隋朝并入安陆县。赵家棚在清朝末年是吉阳山会、邓洑旗的政治、经济、文化中心。1949 年 7 月设赵棚区，1952 年 10 月改为第七区，辖土桥、丰乐、尖山、三合、杨兴、赵棚、槎山、高庙、大山、大鹤、会寨、务丰、黄兴、崔兴共 14 乡。1954 年 8 月区乡调整，将第一区的普安、刘兴、小鹤 3 乡并入第七区。赵棚区辖 11 乡，将小鹤并入刘兴，丰乐并入大鹤，大山并入务丰，黄兴并入杨兴，槎山分别并入会寨乡和三合乡，尖山并入土桥乡和崔兴乡，普安、赵棚、新林 3 乡未变。1956 年 3 月区乡再次调整，第一区辖赵棚、崔兴、会寨、刘兴、大鹤 5 乡。1956 年 4 月改为第一指导组。1958 年初废指导小组，恢复区建制，1958 年 9 月改为卫星人民公社。同年底公社以原区名命名，改为赵棚人民公社。1961 年 4 月改赵棚区。1966 年 9 月改为红卫区。1975 年 2 月撤区改并社为赵棚人民公社，辖赵棚、崔兴、大鹤、杨兴管理区。刘兴划入陈店公社，会寨划入接官公社。1979 年春，撤销莲花人民公社，将所辖的会寨管理区并入赵棚人民公社。1984 年 1 月改为赵棚区，辖赵棚镇、会寨乡、杨兴乡、刘兴乡、崔兴乡、大鹤乡共 59 个村。1987 年 9 月撤区并乡为赵棚镇，下辖赵棚、杨兴、大鹤、崔兴四管理区。刘兴管理区划入陈店乡，会寨管理区划入接官乡。2000 年 4 个管理区撤销，全镇辖 40 个村。2005 年 10 月改制合村，全镇辖 16 个村 307 个村民小组，沿用至今。

赵棚全镇北高南低，大部分属岗地丘陵地带，属于北亚热带季风气候区，年平均气温为16.0℃，一月份平均气温为2.8℃，七月份平均气温26.5℃，全年无霜期自3月初至11月初共240天左右。夏季酷热湿润多雨，冬季寒冷雨量较少，年平均降水量1100毫米，多分布在5～7月。区域内最高点吉阳山，海拔328.4米，坐落在北部边陲；西北边沿有海拔302米高的槎山；南部有大鹤山，海拔为200米。最低点是土桥村的四张塆，海拔84米。

赵棚镇国土面积112.4平方千米，其中耕地面积36922亩，可养水面6000亩，小一二型水库21座，山场面积45027亩，是典型的农业大镇。

特色农业发展较快。该镇突出吉阳大蒜种植特色，建成崔兴大蒜连片种植基地2000亩，带动全镇大蒜种植达到7000亩，种植农户2000多户。突出油茶种植特色，建成槎山(高畈)千亩油茶示范基地和腊梅油茶基地，全镇油茶种植达到5000多亩。突出苗木水果种植特色。先后建成团山、黑凹、张家山、一禾生态农庄、保安生态农场等苗木水果基地，规模经营面积达到11000多亩，生态农业初具规模。其中，团山鑫民生态公司伍欣甸园已建成桂花园、海棠园、樱花园等赏花园和蓝莓、猕猴桃、三水梨、水蜜桃等采摘园，是全镇生态农业龙头企业。主要矿藏有钡矿和重晶石。

招商引进成效明显。全镇共引进企业项目30多个，其中过5000万元项目3个，过1000万元项目16个。格奥欣医药物流、大鼎家具，在全市具有较大的影响力。

农村基础设施不断完善。双桥、合山、和顺等村土地整理项目1万亩，土地增减挂钩项目520亩。对21座水库除险加固，挖塘扩堰600多口，增加蓄水量600多万方，修建泵站38处，整治渠道76千米。完成通村、通组公路建设281千米，修建错车台70多个。

集镇建设加快发展。完成中心集镇及镇域规划，实施集镇道路改造升级，完成集镇电网改造，新增4台1100千伏安变压器，集镇装机2200千伏安，安装路灯100多盏，新建成自来水厂，新建垃圾中转站1个。通村公路全部硬化，村村开通有线电视和互联网。赵棚集镇建设得到了进一步加强，居民户达4012户，集镇人口13600人，集镇路面全面硬化。巩固了东大街建设，新建了南大街(工业一条街)，同时新建了杨兴、陶庙、团山、中塆、孙店、陶庙、务丰等中心村，极大地带动了集镇建设。此外，赵棚镇人民还黑色化了赵务、赵徐、双桥至孙店、涂畈、陶庙至柏树等村级公路，实现了全镇公路四通八达，交通便利。

赵棚镇现有初中1所，即安陆市赵棚初级中学，小学4所，分别是安陆市赵棚镇中心小学、安陆市赵棚镇大合中心小学、安陆市赵棚镇杨兴中心小学、安陆市赵棚镇东方红希望小学。

赵棚红色文化底蕴深厚。1926年至1927年先后成立了土桥、会家寨、紫石桥、栗林塆党支部，1927年成立了徐冲区委，广泛开展农民运动，播下了革命火种。抗日战争时期，1938年11月，曾参加“黄麻起义”的红军战士汪立波奉命秘密来到赵家棚发展党员，组织抗日地方力量。1939年春，在赵家棚东张家祠堂建立了抗日战争时期安北地区第一个党支部。同年5月，李先念奉中央和中原局之命率部挺进赵家棚，召集统战会议，组建了由地方抗日组织合编的鄂豫边地区第一个主力团——新四军挺进团。6月陈少敏奉中央和中原局之命，率部来到赵家棚东的张家冲与李先念会师，开创了以赵家棚为中心的安陆、应山、孝感三县接壤区的鄂中第一个敌后抗日民主根据地。1943 年 8 月在陶庙村的黄家柏树塆建立了安应县民主政府，领导安应地区人民进行抗日游击活动。赵家棚地区是当时区党委的重要活动基地。为配合党的武装斗争，赵家棚人民纷纷组建抗日十人团及农民、青年、妇女、商人各界“救国会”。区人民武装委员会，在 1941 年到 1945 年间在赵家棚召开了 5 次重要会议，发动群众参战抗日、协助和支援了主力部队，抗击敌伪；捣其据点，扫其政权，力挫频繁的“扫荡”，誓死保卫根据地。

赵家棚根据地是当时边区、分区的重要后勤基地，英雄的赵家棚人民协助新四军五师相继开辟了军需后勤基地，在赵家棚建立了军队医院、军械所、兵工厂、被服厂、《七七报》印刷厂，节衣缩食支援前方。为了发展、巩固这块红色基地，李先念组织农民废止苛捐杂税，开展减租、减息运动，组织民工兴修水利，修千塘筑百坝，解决农业用水困难，发展经济建设后方基地，使赵家棚一度成为中原抗战的坚实后勤基地。抗战时期，这块地盘始终坚如磐石，屹立于鄂中大地，成为新四军五师部队连接路东路西根据地的枢纽，为彻底打败日本侵略军起了重要作用。

李先念、陈少敏等老一辈革命家曾感叹赵棚在抗战时期有“四多”即：出的钱多、出的粮多、参军的人多、牺牲的也多。为了缅怀先烈，继承和发扬先烈遗志，激励后人弘扬爱国主义精神，1984 年赵棚镇党委、政府筹资建成了占地面积 100 余亩的抗日烈士陵园及由李先念主席亲自题写碑名的“赵家棚抗日烈士纪念碑”、怀念亭，建筑面积 100 多平方米的革命文物陈列室。1988 年党和国家主要领导人李先念及夫人林佳眉、省委书记关广富来到赵棚，向革命烈士纪念碑敬献了花篮。李先念主席还亲手在烈士纪念碑前植下了常青树。1995 年，赵家棚抗日烈士陵园被孝感市、安陆市确定为爱国主义教育基地，1998 年、2002 年连续两次被省政府授予“省级爱国主义教育示范基地”。赵家棚抗日烈士陵园于 2009 年 10 月被湖北省人民政府批准为全省第三批革命烈士纪念建筑物重点保护单位；2011 年至 2013 年先后投入 1000 多万元对烈士陵园进行改造升级。初具规模的赵家棚抗日烈士陵园对于唱响“省级爱国主义教育基地”品牌、打造“安陆市红色教育主基地”、发挥红色教育作用具有重要意义。

赵棚镇主要旅游景点有：赵家棚抗日烈士陵园，吉阳山风景区，张氏宗祠，团山果木林园。著名历史人物有：李先念，陈少敏，唐质民，樊筱亭，杨弼卿。主要历史事件有：新四军第五师建军活动地，吉阳山保卫战，土桥惨案，千塘百坝运动。

近年来，赵棚镇以建设“特色农业大镇、红色教育名镇、安北中心集镇”为中心工作，发扬老区人民不怕牺牲、敢于拼搏精神，制定发展规划，加强水利交通等基础设施建设，改善农业生产条件；加快教育、卫生、文化、养老等社会事业发展，提高群众生活质量；开展美丽乡村建设，解决农村“脏”“乱”“差”问题，营造良好的人居环境；加强综治信访工作，搞好矛盾纠纷排查调处，切实维护社会稳定。全镇经济社会事业得到长足发展，人民生活水平显著提高，财政收入稳步增长，“飞地经济”实现突破，生态农业迅猛发展，特色品牌不断增多，农业旅游深度融合，红绿结合精彩纷呈。赵棚镇被湖北省委、省政府表彰为 2014 年度全省社会管理综合治理先进单位，被安陆市委市政府表彰为 2016 年度绩效考核优秀乡镇。

数据 年度	地区生产总值（亿元）	财政收入（万元）	固定资产投资（亿元）	农民人均纯收入（元）	招商引资项目（个）	备注
2009	5.2	162	0.83	4787	4	
2010	6.4	264	0.91	5593	6	
2011	7.2	773	1.1	6632	8	
2012	8.6	789	1.3	7510	4	
2013	10.6	860	1.2	8613	6	
2014	13.2	707	1.3	9484	4	
2015	9.7	566	3.9	10370	3	

第二节　社区（村）、居民点

一、东升村［Dōngshēng Cūn］

隶属于赵棚镇。“东升”寓意该村如东升的太阳冉冉升起，2005年由原冯冲、尖山、崔沟三村合并而成。

东升村位于赵棚镇东部，村委会所在地稻场咀，距赵棚镇政府所在地8千米，该村东接广水市太平乡，西邻团山村，南连团山村，北靠广水市太平乡群利村。截至2014年年末，辖区内共有12个自然塆：稻场咀、冯冲大塆、冯家塆、后岗、老屋塆、李家淌子、楼子塆、坡子塆、新塆、熊岗、染行塆、中岗。常住居民420户，共1500人，主要姓氏为崔、冯，均为汉族。辖区总面积6平方千米，耕地面积2840亩，其中水田1552亩，旱地388亩，山地面积3200亩，2013年人均收入6228元。党员52人，其中流动党员5人，现有村干部3名。农作物以水稻、油菜、大蒜为主，吉阳大蒜是东升村的主导产业。经济来源以务农、务工为主，部分为商。

1949年10月冯冲村、尖山村、崔沟村属赵棚区崔兴乡，1952年10月属第七区崔兴乡管辖，1954年8月属赵棚区崔兴乡，1956年3月属第一区崔兴乡，1956年4月属第一指导小组崔兴乡，1958年9月属卫星人民公社，冯冲村、尖山村、崔沟村更名为冯冲大队、尖山大队、崔沟大队。同年底卫星人民公社更名为赵棚人民公社。1961年4月公社规模缩小恢复区制，赵棚公社更名为赵棚区，冯冲大队、尖山大队、崔沟大队属赵棚区崔兴人民公社。1966年9月赵棚区改红卫区，冯冲大队、尖山大队、崔沟大队属红卫区崔兴人民公社。1975 年 2 月撤区并社，冯冲大队、尖山大队、崔沟大队属赵棚人民公社崔兴管理区。1978 年尖山并入崔沟，1982 年尖山从崔沟析出。1984 年元月复置区、乡、村，冯冲大队更名为冯冲村，尖山大队更名为尖山村，崔沟大队更名为崔沟村，属赵棚区崔兴乡。1987 年撤区并乡，建赵棚镇，下辖赵棚、杨兴、大鹤、崔兴 4 个管理区，冯冲村、尖山村、崔沟村属赵棚镇崔兴管理区管辖。2000 年管理区撤销，冯冲村，尖山村，崔沟村隶属赵棚镇管辖。2005 年冯冲、尖山、崔沟三村合并为东升村，东升村名称沿用至今。

稻场咀[Dào chǎng zuǐ]　隶属于赵棚镇东升村。1949 年 10 月稻场咀属赵棚区崔兴乡尖山村。因当地位于一用于晾晒稻谷的场地旁，“咀”指的是大自然形成的三面环沟的地方。该居民点位于赵棚镇东升村东部，距村委会所在地 100 米。东接坡子塆，西邻新塆，南连冯冲大塆，北靠广水市太平乡，呈条状分布。2014 年年末全塆住有 35 户，共 210 人。耕地面积 0. 174 平方千米，总面积 0. 2 平方千米，主要农作物有水稻和小麦。主要经济来源为种植农作物及外出打工。

冯冲大塆[Féng chōng dà wān]　隶属于赵棚镇东升村。1949 年 10 月冯冲大塆属赵棚区崔兴乡冯冲村。相传明朝时从“麻城过籍”而来，刚迁徙来时只有 4 户冯姓居民，历经几百年的繁衍，现有人口 300 余人，因人口比其他冯姓塆人口多，故名。该居民点位于赵棚镇东升村东部，距村委会所在地 400 米。东接楼子塆，西邻崔家大塆，南连广水市太平乡陶家塆，北靠坡子塆。呈条状分布，主要以冯姓为主，均为汉族。2014 年年末全塆住有 25 户，共 110 人。耕地面积 0. 1 平方千米，总面积 0. 123 平方千米，主要农作物有水稻和小麦。主要经济来源为种植农作物及外出打工。

冯家塆[Féng jiā wān]　隶属于赵棚镇东升村。民国开始形成此居民点，1949 年 10 月冯家塆属赵棚区崔兴乡冯冲村。因当地为冯姓聚居地，故名。该居民点位于赵棚镇东升村东部，西距村委会 500 米。东接广水市太平乡大塘岗，西邻后岗，南连中岗，北靠广水市太平乡中锋塆。呈条状分布，主要以冯姓为主，均为汉族。2014 年年末全塆住有 18 户，共 68 人。耕地面积 0. 28 平方千米，总面积 0. 33 平方千米，主要农作物有水稻和小麦。主要经济来源为种植农作物及外出打工。

后岗[Hòu gǎng]　隶属于赵棚镇东升村村民委员会管辖。清朝开始形成此居民点，1949 年 10 月后岗属赵棚区崔兴乡崔沟村。当地为崔姓聚居地，且位于一山冈上，“后岗”指的是位于中岗的后方山冈，故名。该居民点位于赵棚镇东升村东部，东距村委会 500 米。东接广水市太平乡大塘角，西邻张家塆，南连中岗，北靠广水市太平乡乌龟塆。呈条状分布，居民均为汉族，2014 年年末全塆住有 24 户，共 96 人。耕地面积 0. 1 平方千米，总面积 0. 123 平方千米，主要农作物是水稻和小麦。主要经济来源为种植农作物及外出打工。

老屋塆[Lǎo wū wān]　隶属于赵棚镇东升村村民委员会管辖。清朝开始形成此居民点，1949 年 10 月老屋塆属赵棚区崔兴乡尖山村。该塆建塆历史悠久，据说附近崔姓居民都是从该塆分支出去的，故名。该居民点位于赵棚镇东升村东部，北距村委会所在地 100 米。东接稻场咀，西邻崔沟大塆，南连广水太平乡长角塆，北靠广水太平乡高家塆。呈条状分布，居民均为汉族，2014 年年末全塆住有 17 户，共 74 人。耕地面积 0. 0871 平方千米，总面积 0. 1 平方千米，主要农作物有水稻和小麦。主要经济来源为种植农作物及外出打工。

李家淌子[Lǐ jiā tàng zi]　隶属于赵棚镇东升村村民委员会管辖。1949 年 10 月李家淌子属赵棚区崔兴乡崔沟村。该居民点村民姓氏多为李姓，且地势较低，故名。该居民点位于赵棚镇东升村南部，北距村委会所在地 1 千米。东接崔沟大塆，西邻崔兴街，南连楼角塘，北靠中岗. 呈条状分布，主要以李姓为主，均为汉族，2014 年年末全塆住有 11 户，共 65 人。耕地面积 0. 03 平方千米，总面积 0. 04 平方千米，主要农作物有水稻和小麦。主要经济来源为种植农作物及外出打工。

楼子塆[Lóu zi wān] 隶属于赵棚镇东升村村民委员会管辖。清朝末期开始形成该居民点。1949 年 10 月楼子塆属赵棚区崔兴乡冯冲村。居民因居住地地势较高，和楼屋一样高而命名。1982 年《安陆地名志》记载：从前建有 3 座小楼房，故名。该居民点位于赵棚镇东升村东部，西距村委会所在地 600 米。东接广水市群利村，西邻坡子塆，南连陶家塆，北靠冯冲大塆。呈条状分布，居民均为汉族，全塆住有 15 户，共 85 人。耕地面积 0. 05 平方千米，总面积 0. 07 平方千米，主要农作物有水稻和小麦。主要经济来源为种植农作物及外出打工。

坡子塆[Pō zi wān] 隶属于赵棚镇东升村村民委员会管辖。民国开始形成此居民点，1949 年 10 月坡子塆属赵棚区崔兴乡冯冲村。居民因居住在山坡上，故名。该居民点位于赵棚镇东升村东部，西距村委会所在地 600 米。东接广水市太平乡群利村，西邻冯冲塆，南连染行塆，北靠广水市太平乡群利村。呈块状分布，居民均为汉族，2014 年年末全塆住有 40 人，共 10 户。总面积 0. 013 平方千米，其中耕地面积 0. 005 平方千米，主要农作物有水稻和小麦。主要经济来源为种植农作物及外出打工。

染行塆[Rǎn háng wān] 隶属于赵棚镇东升村村民委员会管辖。民国开始形成此居民点，1949 年 10 月染行塆属赵棚区崔兴乡冯冲村。因历史上当地有居民以开染布作坊谋生，附近百姓都把织好的白布送到此地来染色，故名。该居民点位于赵棚镇东升村东部，西距村委会所在地 700 米。东接广水市太平乡，西邻冯冲街，南连楼子塆，北靠广水市太平乡。呈条状分布，居民均为汉族，全塆住有 20 户，共 95 人。耕地面积 0. 05 平方千米，总面积 0. 073 平方千米，主要农作物有水稻和小麦。主要经济来源为种植农作物及外出打工。

新塆[Xīn wān] 隶属于赵棚镇东升村村民委员会管辖。1949 年 10 月新塆属赵棚区崔兴乡尖山村。因当地是新建的居民区，相比该村老屋塆等其他居民点，形成时间较晚，故名。该居民点位于赵棚镇东升村东部，南距村委会所在地 200 米。东接广水市太平乡，西邻老屋塆，南连崔兴街，北靠广水市太平乡。呈条状分布，居民均为汉族，2014 年年末全塆住有 26 户，共 110 人。耕地面积 0. 1 平方千米，总面积 0. 123 平方千米，主要农作物有水稻和小麦。主要经济来源为种植农作物及外出打工。

熊岗[Xióng gǎng] 隶属于赵棚镇东升村村民委员会管辖。民国开始形成此居民点，1949 年 10 月熊岗属赵棚区崔兴乡崔沟村。因当地为熊姓聚居地，且居住的位置在山冈，故名。该居民点位于东升村南部，东距村委会所在地 1 千米。东接崔沟大塆，西邻团山村，南连横山，北靠中岗。呈条状分布，主要以熊姓为主，均为汉族。2014 年年末全塆住有 28 户，共 140 人。耕地面积 0. 08 平方千米，总面积 0. 1 平方千米，主要农作物有水稻和小麦。主要经济来源为种植农作物及外出打工。

中岗[Zhōng gǎng] 隶属于赵棚镇东升村村民委员会管辖。清朝开始形成此居民点，1949 年 10 月中岗属赵棚区崔兴乡崔沟村。该居民点位于地势不平整的山冈之间，故名。该居民点位于赵棚镇东升村东部，东距村委会所在地600米。东接广水市太平乡高家塆，西邻张家凹，南连熊岗，北靠后岗。呈条状分布，主要以崔姓为主，均为汉族。2014年年末全塆住有25户，共96人。耕地面积0.097平方千米，总面积0.123平方千米，主要农作物有水稻和小麦。主要经济来源为种植农作物及外出打工。

二、合山村[Héshān Cūn]

隶属于赵棚镇。相传双鹤山在形成山之前，有一户人家在建房挖宅基地时，挖得一个尺余长的石盒子，打开一看，里面装有两只石鹤，不料石鹤突变冲天而起，在天上盘旋良久，然后落地成了两座山峰。先落地的石鹤成山，名大鹤山，后为小鹤山。从此，双鹤山蜿蜒十余里，高四十余仞，形如双鹤展翅。因“鹤”字笔画较多，人们为图方便，以“合”代替“鹤”字。

合山村位于赵棚镇南部，距镇政府所在地3千米。辖区总面积9.6平方千米，村委会所在地在合山村侯家大塆合山卫生室旁。东接孙店村，西邻和顺、联星村，南连双桥、兴农村，北靠赵棚村。辖区内共有13个自然塆：艾东塆、艾西塆、侯大塆上塆、侯大塆下塆、李咀、刘家塆、龙窝、徐家塆、付家塆、邱家塆、杨家塆、殷棚、竹林塆。主要姓氏有侯、杨、李、邱、徐、艾等，民族为汉族。2014年年末全村410户，1665人。耕地面积2149亩，其中水田1854亩，旱地295亩，山地面积1168亩，农作物以水稻、油菜、小麦为主。人均收入6315元，经济来源以农耕和打工为主。合山村有党员50人，其中流动党员6人，村干部3名。驻村单位有：合山村卫生室、合山村村委会、合山村党支部、合山村信用社。

1949年10月鹤山村属赵棚区大鹤乡，1952年10月属第七区大鹤乡，1954年8月属赵棚区大鹤乡，1956年3月属第一区大鹤乡，1956年4月属第一指导小组大鹤乡，1958年9月属卫星人民公社，鹤山村更名为鹤山大队。同年底卫星人民公社更名为赵棚人民公社。1961年4月公社规模缩小恢复区制，赵棚公社更名为赵棚区，鹤山大队属赵棚区大鹤人民公社。1966年9月赵棚区改红卫区，鹤山大队属红卫区大鹤人民公社。1975年2月撤区并社，鹤山大队属赵棚人民公社大鹤管理区。1984年元月复置区、乡、村，鹤山大队更名为鹤山村，设立鹤山村村民委员会，属赵棚区大鹤乡。1987年撤区并乡，建赵棚镇，下辖赵棚、杨兴、大鹤、崔兴4个管理区，鹤山村属赵棚镇大鹤管理区管辖。2000年管理区撤销，鹤山村隶属赵棚镇管辖，鹤山村名称沿用至今。

艾东塆[Ài dōng wān]　隶属于赵棚镇合山村村民委员会管辖。明朝开始形成此居民点。相传很早艾姓两兄弟从麻城孝感乡迁移而来，居住地处一个土山旁，兄弟两商量，老大居住在山坡东面，老二住在山坡西面，故名。1982年《安陆地名志》记载艾东塆与艾西塆合称为艾家大塆。本居民点位于赵棚镇合山村东部。东接邱塆村、双桥村，西邻合山村12组西塆，南连双桥村王家大塆，北靠徐塆。聚落呈块状分布，主要为艾姓，均为汉族。全村26户，104人。总面积0.21平方千米，其中耕地面积0.16平方千米，主要农作物为水稻、小麦、油菜。主要经济来源为种植农作物及外出打工。

艾西塆[Ài xī wān]　隶属于赵棚镇合山村村民委员会管辖。明朝开始形成此居民点。相传很早艾姓两兄弟从麻城孝感乡迁移而来，居住地处一个土山旁，兄弟两商量，老大居住在山坡东面，老二住在山坡西面，故名。1982 年《安陆地名志》记载艾东垮与艾西垮合称为艾家大垮。本居民点位于赵棚镇合山村东部。东接合山村 13 组，西邻联星、双桥村，南连双桥村王家大垮，北靠合山村 9、10 组。聚落呈块状分布，主要为艾姓，均为汉族。全村 50 户，201 人。总面积 0. 22 平方千米，其中耕地面积 0. 18 平方千米，主要农作物为水稻、小麦、油菜。主要经济来源为种植农作物及外出打工。

侯大垮上垮[Hóu dà wān shàng wān]　隶属于赵棚镇合山村村民委员会管辖。当地侯姓居民依山建房，分上下两个自然垮，因此地地势较高，故名。1982 年《安陆地名志》记载侯家大垮上垮与侯家大垮下垮合称为侯家大垮。本居民点位于赵棚镇合山村东部。东接邱家垮，西邻刘家垮，南连侯大垮下垮，北靠竹林垮。聚落呈块状分布，主要为侯姓，均为汉族。全村 42 户，120 人。总面积 0. 17 平方千米，其中耕地面积 0. 12 平方千米，主要农作物为水稻、小麦、油菜。主要经济来源为种植农作物及外出打工。

侯大垮下垮[Hóu dà wān xià wān]　隶属于赵棚镇合山村村民委员会管辖。当地侯姓居民依山建房，分上下两个自然垮，因此地地势较低，故名。1982 年《安陆地名志》记载侯家大垮上垮与侯家大垮下垮合称为侯家大垮。本居民点位于赵棚镇合山村东部。东接徐家垮，西邻刘家垮，南连桥头垮，北靠侯大垮上垮。聚落呈块状分布，主要为侯姓，均为汉族。全村 40 户，160 人。总面积 0. 16 平方千米，其中耕地面积 0. 12 平方千米，主要农作物为水稻、小麦、油菜。主要经济来源为种植农作物及外出打工。

李咀[Lǐ zuǐ]　隶属于赵棚镇合山村村民委员会管辖。亦称李家咀。当地居民在一处大自然形成的三面环沟的地方，一条宽阔的河滩拐弯处，贯穿上下冲畈，故而得名“李家咀”，后演变成现名。本居民点位于赵棚镇合山村西部。东接竹林垮，西邻和顺村，南连刘家垮，北靠竹林垮。聚落呈块状分布，主要为李姓，均为汉族。全村 25 户，100 人。总面积 0. 07 平方千米，耕地面积 0. 06 平方千米，主要农作物为水稻、小麦、油菜。主要经济来源为种植农作物及外出打工。

刘家垮[Liú jiā wān]　隶属于赵棚镇合山村村民委员会管辖。民国开始形成此居民点。因居民多为刘姓而自然形成的村落，故名。本居民点位于赵棚镇合山村西部。东接侯大垮上下垮，西邻李咀，南连侯大垮下垮，北靠竹林垮。聚落呈块状分布，主要为刘姓，均为汉族。全村 35 户，140 人。总面积 0. 19 平方千米，其中耕地面积 0. 12 平方千米，主要农作物为水稻、小麦、油菜。主要经济来源为种植农作物及外出打工。

龙窝[Lóng wō]　隶属于赵棚镇合山村村民委员会管辖。亦称艾家龙窝。因当地地处双鹤山西侧，相传，金龙摆尾时，不小心扫到了双鹤山，拖出了像龙尾一样的一条深山沟，后居民居住于此，故名。1982 年《安陆地名志》记载：传说该地有一地窟窿内流锈水，是龙修行的地方。本居民点位于赵棚镇合山村东部。东接大合山与多村地段为界，西邻合山村徐家垮，南连合山村艾家大垮东垮，北靠合山村邱家垮。聚落呈块状分布，主要为艾姓，均为汉族。全村 16 户，65 人。总面积 0. 07 平方千米，其中耕地面积 0. 057 平方千米，主要农作物为水稻、小麦、油菜。主要经济来源为种植农作物及外出打工。

徐家垮[Xú jiā wān]　隶属于赵棚镇合山村村民委员会管辖。清朝末期开始形成此居民点。以姓氏命名。本居民点位于赵棚镇合山村南部。东接合山村龙窝，西邻合山村侯家大垮下垮，南连合山村艾家东垮、艾家西垮，北靠汪家坡。聚落呈块状分布，主要为徐姓，均为汉族。全村 40 户，162 人。总面积 0. 2 平方千米，耕地面积 0. 13 平方千米，主要农作物为水稻、小麦、油菜。主要经济来源为种植农作物及外出打工。

付家塆[Fù jiā wān]　隶属于赵棚镇合山村村民委员会管辖。该地名以姓氏命名。本居民点位于赵棚镇合山村 2 组。东接杨家塆，西邻侯家竹林，南连殷棚，北靠军阳村。聚落呈块状分布，主要为付姓，均为汉族。全村 30 户，130 人。总面积 0. 13 平方千米，耕地面积 0. 09 平方千米，主要农作物为水稻、小麦、油菜。主要经济来源为种植及外出打工。

邱家塆[Qiū jiā wān]　隶属于赵棚镇合山村村民委员会管辖。因当地最早是一户邱姓在此居住，后侯姓和艾姓陆续迁进居住，故名。本居民点位于赵棚镇合山村东北部。东接汤沟，西邻侯家大塆上塆，南连徐家塆，北靠殷棚。聚落呈块状分布，主要为侯姓和艾姓，均为汉族。全村 35 户，137 人。总面积 0. 14 平方千米，其中耕地面积 0. 09 平方千米，主要农作物为水稻、小麦、油菜。主要经济来源为种植农作物及外出打工。

杨家塆[Yáng jiā wān]　隶属于赵棚镇合山村村民委员会管辖。民国时期开始形成此居民点。以姓氏命名。本居民点为赵棚镇合山村 1 组。东接汤沟村，西邻殷棚，南连大合山，北靠军阳塆。聚落呈块状分布，主要姓氏为杨姓，均为汉族。全村 30 户，130 人。总面积 0. 13 平方千米，其中耕地面积 0. 09 平方千米，主要农作物为水稻、小麦、油菜。主要经济来源为种植农作物及外出打工。

殷棚[yīn péng]　隶属于赵棚镇合山村村民委员会管辖。民国时期开始形成此居民点。该塆有殷姓居民居住过，后绝户，现多为侯姓居民。用竹木搭成架子，上面覆盖席、布等做成的遮蔽风雨日光的东西或简陋的小屋称为棚。1982 年《安陆地名志》载：迷信说法，此地处“金牛”之地，牛需要草才能膘壮，故房子只能用草搭棚子，殷姓居住，故而得名。本居民点为赵棚镇合山村 3 组。东接杨家塆，西邻竹林塆，南连邱家塆，北靠付家塆。聚落呈块状分布，主要姓氏为侯姓，均为汉族。全村 30 户，120 人。总面积 0. 14 平方千米，其中耕地面积 0. 096 平方千米，主要农作物为水稻、小麦、油菜。主要经济来源为种植农作物及外出打工。

竹林塆[zhú lín wān]　隶属于赵棚镇合山村村民委员会管辖。民国时期开始形成此居民点。亦称侯家竹林塆。此地在历史上盛产山竹，因当地居民在此居住形成的自然村庄，因而得名。本居民点为赵棚镇合山村 5 组。东接殷棚，西邻李咀，南连侯大塆上塆，北靠军杨。聚落呈块状分布，居民主要为侯姓，均为汉族。全村 45 户，180 人。总面积 0. 24 平方千米，其中耕地面积 0. 16 平方千米，主要农作物为水稻、小麦、油菜。主要经济来源为种植农作物及外出打工。

三、和顺村[Héshùn Cūn]

隶属于赵棚镇。“和顺”喻意村民团结和和顺顺。2005 年由民主、牧牛山、棋格(1982 年《安陆地名志》登记为旗隔村。旗杆塆与隔山塆为主要居民点，故名旗隔村) 三个村合并。

和顺村位于赵棚镇中部，东北距赵棚镇政府所在地 2. 5 千米，村委会所在地于侯家院子与刘家大塆之间。东接赵棚集镇，西邻务丰村，南连联星村，北靠务丰村。截至2014年年末，辖区内有16个自然塆：破寨山、大杨家塆、邓家独屋、邓家下塆、格上塆、侯家院子、李家柏树塆、李家陡坡、李家塆、刘家上塆、刘家下塆、刘家小塆、明家独屋、棋杆塆、汤家塆、小杨家塆，另有董家独屋、高家独屋、饶家独屋已并入其他居民点。常住居民550户，1700人。辖区总面积1.33平方千米，耕地面积1462亩，其中水田1312亩，旱地148亩，山地面积1497亩，农作物以水稻、油菜。现有村干部3名，主要农作物有水稻、小麦、油菜。

1949年10月大杨村、棋格村属赵棚区管辖，1952年10月属第七区，1954年8月属赵棚区，1956年3月属第一区，1956年4月属第一指导小组，1958年9月属卫星人民公社，大杨村、棋格村更名为大杨大队、棋格大队。同年底卫星人民公社更名为赵棚人民公社。1961年4月公社规模缩小恢复区制，赵棚公社更名为赵棚区，大杨大队、棋格大队属赵棚区。1966年9月赵棚区改红卫区。1975年2月撤区并社，大杨大队属赵棚人民公社杨兴管理区，棋格大队属赵棚管理区。1978年大杨大队、万冲大队合并为连心大队。1984年1月复置区、乡、村，大杨大队、万冲大队分治，分别更名为大杨村、万冲村，棋格大队更名为棋格村，分属赵棚区杨兴乡和赵棚镇。1987年撤区并乡，建赵棚镇，下辖赵棚、杨兴、大鹤、崔兴4个管理区，大杨村属赵棚镇杨兴管理区管辖，棋格村属赵棚镇赵棚管理区管辖。1991年，大杨村更名为民主村，牧牛山村从棋格村析出。2000年管理区撤销，民主村、棋格村、牧牛山村隶属赵棚镇管辖。2005年民主、棋格、牧牛山三村合并为和顺村，设立和顺村村民委员会，和顺村名称沿用至今。

破寨山[Pòzhàishān]　隶属于赵棚镇和顺村村民委员会管辖。1949年10月破寨山属赵棚区棋格村管辖。此地有一山，自明朝开始建寨驻军，寨子经年风吹雨淋破败，因此居民点靠近破寨山，故名。该居民点位于村委会西方向800米。东接棋杆塆，西临格上塆，南连明家独屋，北靠破寨山，聚落呈月亮形分布。总人口330人，户数100户。有耕地155亩，主产水稻、小麦。

大杨家塆[Dà yáng jiā wān]　隶属于赵棚镇和顺村村民委员会管辖。1949年10月大杨家塆属赵棚区大杨村管辖。因早前以杨姓居民居多且分为大杨家塆和小杨家塆，故名。后杨姓绝户，现主要为侯姓居多。该居民点位于和顺村南部。东接大杨水库，西邻杨家堰，南连大山，北靠邓家独屋。聚落呈条状分布，主要为侯、万姓，均为汉族。全塆住有23户，共69人。耕地面积0.04平方千米，总面积0.07平方千米，主要农作物有水稻和小麦、油菜。主要经济来源为种植农作物及外出打工。

邓家独屋[Dèng jiā dú wū]　隶属于赵棚镇和顺村村民委员会管辖。1949年10月邓家独屋属赵棚区棋格村管辖。该居民点多为邓姓居民居住，早期由于居住人数较少，故名。该居民点位于和顺村西南部。东接大山，西邻李家柏树塆，南连大杨家塆，北靠侯家院子。聚落呈条状分布，主要姓邓，均为汉族。全塆住有22户，共75人。耕地面积0.0536平方千米，总面积0.08平方千米，主要农作物有水稻和小麦、油菜。主要经济来源为种植农作物及外出打工。

邓家下塆[Dèng jiā xià wān]　隶属于赵棚镇和顺村村民委员会管辖。1949年10月邓家下塆属赵棚区棋格村管辖。因当地多为邓姓家族居住，并分为两个村庄，此居民点位于下方，地势较低，故名。该居民点位于和顺村北部。东接赵棚村，西邻格上塆，南连李家塆，北靠赵棚村。聚落呈条状分布，主要姓邓，均为汉族。全塆住有27户，共76人。耕地面积0.04平方千米，总面积0.065平方千米，主要农作物有水稻和小麦、油菜。主要经济来源为种植农作物及外出打工。

格上塆[Gé shàng wān]　隶属于赵棚镇和顺村村民委员会管辖。1949 年 10 月格上塆属赵棚区棋格村管辖。相传在清代初期，朝廷军队在此扎营居住，当时军队的营房一排排很整齐，像格子一样，后居民迁往此地居住，故名。1982 年《安陆地名志》载：与旗杆塆一山相隔，故称隔山塆。该居民点位于和顺村北部。东接邓家下塆，西邻棋杆塆，南连侯家院子，北靠茅草山。聚落呈条状分布，全塆住有 42 户，共 110 人。耕地面积 0.05 平方千米，总面积 0.076 平方千米，主要农作物有水稻和小麦、油菜。主要经济来源为种植农作物及外出打工。

侯家院子[Hóu jiā yuàn zi]　隶属于赵棚镇和顺村村民委员会辖。1949 年 10 月侯家院子属赵棚区大杨村管辖。因当地家家户户做有院墙，该居民点以侯氏人家居多，而且房屋都以院子相隔，故名。该居民点位于和顺村西部，东接和顺村办公室，西邻大山，南连邓家独屋，北靠大山。聚落呈条状分布，主要姓侯，均为汉族。全塆住有 23 户，共 70 人。耕地面积 0.04 平方千米，总面积 0.07 平方千米，主要农作物有水稻和小麦、油菜。主要经济来源为种植农作物及外出打工。

李家柏树塆[Lǐ jiā bǎi shù wān]　隶属于赵棚镇和顺村村民委员会管辖。1949 年 10 月李家柏树塆属赵棚区大杨村管辖。因该居民点旁种植扁柏树甚多而闻名，故名。该居民点位于和顺村西南部。东接邓家独屋，西邻联星村肖家独屋，南连山峰，北靠山峰。聚落呈条状分布，主要姓李，均为汉族。全塆住有 52 户，共 140 人。耕地面积 0.097 平方千米，总面积 0.14 平方千米，主要农作物有水稻和小麦、油菜。主要经济来源为种植农作物及外出打工。

李家陡坡[Lǐ jiā dǒu pō]　隶属于赵棚镇和顺村村民委员会管辖。1949 年 10 月李家陡坡属赵棚区棋格村管辖。因居民点以李氏人家居多且居住在地势较不平整的陡坡上，故名。该居民点位于和顺村西部。东西皆邻山，南连联星村，北靠务丰村。聚落呈条状分布，主要姓李，均为汉族。全塆住有 48 户，共 155 人。耕地面积 0.099 平方千米，总面积 0.148 平方千米，主要农作物有水稻和小麦、油菜。主要经济来源为种植农作物及外出打工。

李家塆[Lǐ jiā wān]　隶属于赵棚镇和顺村村民委员会管辖。1949 年 10 月李家塆属赵棚区棋格村管辖。因当地为李姓居民聚居地，故名。该居民点位于和顺村东北部。东接高家独屋，西部南部均连山，北靠邓家下塆。聚落呈条状分布，主要姓氏为李，均为汉族。全塆住有 22 户，共 75 人。耕地面积 0.065 平方千米，总面积 0.098 平方千米，主要农作物有水稻和小麦、油菜。主要经济来源为种植农作物及外出打工。

刘家上塆[Liú jiā shàng wān]　隶属于赵棚镇和顺村村民委员会管辖。1949 年 10 月刘家上塆属赵棚区棋格村管辖。因该居民点为刘姓居民聚居，分为刘家上、中、下塆，且此地位置偏高，故名。该居民点位于和顺村东部。东接刘家小塆，西邻牛子塆山，南北皆靠山。聚落呈条状分布，主要姓氏为刘，均为汉族。全塆住有 36 户，共 130 人。耕地面积 0.08 平方千米，总面积 0.13 平方千米，主要农作物有水稻和小麦、油菜。主要经济来源为种植农作物及外出打工。

刘家下塆[Liú jiā xià wān]　隶属于赵棚镇和顺村村民委员会管辖。1949 年 10 月刘家下塆属赵棚区棋格村管辖。因自然塆为刘氏居民聚居，分为刘家上、中、下塆，且地势偏低，故名。该居民点位于和顺村东部。东接刘家小塆，西邻牛子塆山，南北皆靠山。聚落呈条状分布，主要姓氏为刘，均为汉族。全塆住有42户，共135户。总面积0.013平方千米，耕地面积0.90平方千米，主要农作物有水稻和小麦、油菜。主要经济来源为种植农作物及外出打工。

刘家小塆[Liú jiā xiǎo wān]　隶属于赵棚镇和顺村村民委员会管辖。1949年10月刘家小塆属赵棚区棋格村管辖。该塆最早叫“戴家大塆”后改为“刘杨庙”，这其中有一典故。很早以前一戴姓发现了这里是一个“乌龟地”也就是风水宝地，遂迁此居住，不久戴姓人丁兴旺，人才辈出，一度叫“戴家大塆”，后因戴氏后人不争气，仗着财大气粗，横行乡里，鱼肉百姓，民生怨道，加之戴氏后人在朝廷做了奸臣。后朝严惩了奸臣，灭了戴姓九族，从此戴姓绝户。附近刘、杨姓为祈福行善，筹资在原址上建了一座庙，供奉菩萨，保佑百姓平安。后刘、杨迁居，以刘姓居民聚居，分为刘家上、中、下塆。该居民点位于和顺村东部。东接河流，南连刘家上下塆泵站，西邻刘家上下塆，北靠大山。聚落呈条状分布，主要姓氏为刘姓，均为汉族，全塆住有21户，共80人。总面积0.08平方千米，耕地面积0.05平方千米，主要农作物有水稻和小麦、油菜。主要经济来源为种植农作物及外出打工。

明家独屋[Míng jiā dú wū]　隶属于赵棚镇和顺村村民委员会管辖。1949年10月明家独屋属赵棚区棋格村管辖。因当地曾有明姓居民居住过，且因人口规模较少，故名。后明姓绝户，现以邓姓为主。该居民点位于和顺村西部。东接山边，南连黄家独屋，西邻明家水库，北靠大山。聚落呈条状分布，主要姓氏为邓姓，均为汉族。共20人。耕地面积0.006平方千米，总面积0.013平方千米，主要农作物有水稻和小麦、油菜。主要经济来源为种植农作物及外出打工。

旗杆塆[Qí gǎn wān]　隶属于赵棚镇和顺村村民委员会管辖。1949年10月旗杆塆属赵棚区棋格村管辖。相传清朝年间，该地驻扎一支朝廷军队，所在地竖立一杆帅旗，因旗得名，当地居民以自然塆形成在一个旗杆周围，故称为“棋杆塆”。1982年《安陆地名志》载：很早以前此塆有一万姓人家在村前竖了一对旗杆。该居民点位于和顺村西北部。东接格上塆，西邻坡庙山，南连侯家院子，北靠大山。聚落呈条状分布。全塆住有45户，共138人，耕地面积0.09平方千米，总面积0.136平方千米，主要农作物有水稻和小麦、油菜。主要经济来源为种植农作物及外出打工。

汤家塆[Tāng jiā wān]　隶属于赵棚镇和顺村村民委员会管辖。1949年10月汤家塆属赵棚区棋格村管辖。因该自然塆以汤姓居民居多，故名。该居民点位于和顺村西部. 东西皆邻山，南连联星水库，北靠务丰村。聚落呈条状分布，主要以汤姓为主，7户30人，均为汉族。总面积0.033平方千米，其中耕地面积0.02平方千米，主要农作物有水稻和小麦、油菜。主要经济来源为种植农作物及外出打工。

小杨家塆[Xiǎo yáng jiā wān]　隶属于赵棚镇和顺村村民委员会管辖。1949年10月小杨家塆属赵棚区大杨村管辖。“小”是指村庄规模，“杨家”指杨姓居民，现已绝户，现居民以侯姓和万姓为主。该居民点位于和顺村南部。东接汪公坝河，西邻大杨水库，南连饶家独屋，北靠大山。聚落呈条状分布，主要为侯姓和万姓，均为汉族。全塆住有28户，共90人。总面积0.09平方千米，耕地面积0.06平方千米，主要农作物有水稻和小麦、油菜。主要经济来源为种植农作物及外出打工。

董家独屋[Dǒng jiā dú wū]　因村规划已合并到赵棚镇和顺村李家塆。

高家独屋[Gāo jiā dú wū]　因村规划已合并到赵棚镇和顺村 13 组李家塆。

饶家独屋[Ráo jiā dú wū]　因村规划已合并到赵棚镇和顺村 8 组小杨家塆。

四、腊梅村[Làméi Cūn]

位于赵棚镇北部，村委会所在地为腊梅村何家塆，距赵棚镇政府所在地 1.5 千米。“腊梅”指吉阳山腊梅沟，2005 年并村，区域内著名的吉阳风景区腊梅沟是腊梅村所属地域，特取风景区的腊梅沟中的腊梅，故名。东、南接赵棚村，西邻长龙村，北与广水市太平乡朝阳村、广水陈巷镇洪庙村隔山相望。截至 2014 年年末，辖区内共有 27 个自然塆：赵家独屋、樊家独屋、下张塆、张家六塆、赵家上塆、易家塆、明程家塆、寨冲、上张、方家塆、军陈、何家塆、周家塆、董家上塆、董家中塆、董冲下塆、董家垅、王家塆、魏家大塆、王家六塆、董家塆、邹家塆、刘家塆、赵家窑、叶桥、王家小塆、王家大塆。全村 760 户，共 3060 人。辖区总面积 1.2 平方千米，耕地面积 2173 亩，其中水田 1886 亩，旱地 287 亩，山场面积 2183 亩，农作物以水稻、小麦、油菜、大蒜为主，吉阳大蒜是腊梅村的主导产业。各自然塆主要经济来源为种植农作物及外出打工。

1949 年 10 月易塆村、魏塆村、董冲村属赵棚区大山乡，1952 年 10 月属第七区大山乡管辖，1954 年 8 月大山乡并入务丰乡，1956 年 3 月属第一区赵棚乡，1956 年 4 月属第一指导小组赵棚乡，1958 年 9 月属卫星人民公社，易塆村、魏塆村、董冲村更名为易塆大队、魏塆大队、董冲大队。同年底卫星人民公社更名为赵棚人民公社。1961 年 4 月赵棚公社更名为赵棚区，易塆大队、魏塆大队、董冲大队属赵棚区赵棚人民公社。1966 年 9 月赵棚区改红卫区，易塆大队、魏塆大队、董冲大队属红卫区赵棚人民公社。1975 年 2 月撤区并社，易塆大队、魏塆大队、董冲大队属赵棚人民公社赵棚管理区。1984 年元月复置区、乡、村，易塆大队更名为易塆村，魏塆大队更名为魏塆村，董冲大队更名为董冲村，属赵棚区赵棚镇。1987 年撤区并乡，建赵棚镇，下辖赵棚、杨兴、大鹤、崔兴 4 个管理区，易塆村、魏塆村、董冲村属赵棚镇赵棚管理区管辖。2000 年管理区撤销，易塆村、魏塆村、董冲村隶属赵棚镇管辖。2005 年易塆、魏塆、董冲三村合并为腊梅村，设立腊梅村村民委员会，腊梅村名称沿用至今。

董家下塆[dǒng jiā xià wān]　隶属于赵棚镇腊梅村村民委员会管辖。1949 年 10 月董家下塆属赵棚区大山乡董冲村管辖。该地主要姓氏为董，且分为上、中、下塆，因该居民点地势低洼，依山而建，故名。该居民点位于赵棚镇腊梅村北部，距村委会所在地 2 千米。东接军陈塆，西邻王家六塆，南连邹家塆，北靠董家中塆。聚落呈块状分布，主要姓氏为董，均为汉族。2014 年年末全塆 20 户，76 人。总面积 0.048 平方千米，其中耕地面积 0.04 平方千米。主要农作物为水稻、小麦、油菜，主要经济来源为种植农作物及外出打工。

董家垅[dǒng jiā lǒng]　隶属于赵棚镇腊梅村村民委员会管辖。1949 年 10 月汪家垅(后称董家垅)属赵棚区大山乡董冲村管辖。原名汪家垅。该居民点最早汪姓居住过，后绝户。附近董、张、樊姓陆续迁居，因董姓占多，且地处垅上，故名。该居民点位于赵棚镇腊梅村北部，距村委会所在地 2 千米。东接腊梅村董家上塆，西邻赵家岗、王家塆，南连腊梅村王家六塆，北靠广水市洪庙村建岭。聚落呈块状分布，主要姓氏为董，均为汉族。2014 年年末全塆 38 户，160 人。总面积 0.094 平方千米，耕地面积 0.073 平方千米。主要农作物为水稻、小麦、油菜，主要经济来源为种植农作物及外出打工。

董家上塆[Dǒng jiā shàng wān]　隶属于赵棚镇腊梅村村民委员会管辖。1949 年 10 月董家上塆属赵棚区大山乡董冲村管辖。董姓由北至南沿山冲分为上、中、下塆三个居民点，此居民点因位于北方地势较高，故名。该居民点位于赵棚镇腊梅村北部，距村委会所在地 2 千米。东接腊梅村周家塆，西邻腊梅村汪家垅，南连腊梅村董家中塆，北靠吉阳山林场。聚落呈块状分布，主要为董姓，均为汉族。2014 年年末全塆 34 户，130 人。总面积 0.08 平方千米，耕地面积 0.06 平方千米。主要农作物为水稻、小麦、油菜，主要经济来源为种植农作物及外出打工。

董家塆[Dǒng jiā wān]　隶属于赵棚镇腊梅村村民委员会管辖。1949 年 10 月董家塆属赵棚区大山乡董冲村管辖。该居民点村民主要姓氏为董，故名。该居民点位于赵棚镇腊梅村西部，距村委会所在地 2.5 千米。东接腊梅村邹家塆，西邻广水市金家塆，南连腊梅村刘家窑，北靠腊梅村王家六塆。聚落呈块状分布，主要姓氏为董，均为汉族。2014 年年末全塆 16 户，68 人。总面积 0.04 平方千米，耕地面积 0.033 平方千米。主要农作物为水稻、小麦、油菜，主要经济来源为种植农作物及外出打工。

董家中塆[Dǒng jiā zhōng wān]　隶属于赵棚镇腊梅村村民委员会管辖。1949 年 10 月董家中塆属赵棚区大山乡董冲村管辖。该居民点村民主要姓氏为董，且分为董家上、中、下塆，该居民点处于中间，因此得名。该居民点位于赵棚镇腊梅村中部，距村委会所在地 1.5 千米。东接腊梅村方家塆，西邻腊梅村魏家大塆，南连腊梅村董冲下塆(又名塘畻边)，北靠腊梅村董家上塆。聚落呈块状分布，主要姓董，均为汉族。2014 年年末全塆 36 户，138 人。总面积 0.07 平方千米，耕地面积 0.05 平方千米。主要农作物为水稻、小麦、油菜，主要经济来源为种植农作物及外出打工。

何家塆[Hé jiā wān]　隶属于赵棚镇腊梅村村民委员会管辖。清朝初期开始形成此居民点，1949 年 10 月何家塆属赵棚区大山乡易塆村管辖。清朝中期，两位不同辈分的何姓始祖结伴从孝昌县厉店四何大塆迁居此地，得名何家塆。后赵姓两始祖分别从赵冲村现赵棚水库淹没处和水牛坡塆迁入。现周姓、樊姓分别为何姓、赵姓招赘的后裔。该居民点位于赵棚镇腊梅村南部，村委会所在地。东接腊梅村凡家独屋，西邻王家大塆、叶家桥，南连赵棚村胡家大塆、薛家塆，北靠腊梅村军陈塆。聚落呈条状分布，主要姓氏为何、赵，均为汉族。2014 年年末全塆 16 户，70 人。总面积 0.05 平方千米，耕地面积 0.04 平方千米。主要农作物为水稻、小麦、油菜，主要经济来源为种植农作物及外出打工。

军陈[Jūn chén]　隶属于赵棚镇腊梅村村民委员管辖。明朝开始形成此居民点，1949 年 10 月军陈塆属赵棚区大山乡易塆村管辖。军陈塆命名有两种说法：其一，原易塆村有陈姓和程姓两个聚居地，因当地人“陈”与“程”发音相同，且有先到为君后到为民的说法，陈家塆因历史较长而得名“君陈”，谐音为“军陈”；程家塆得名“民程”。其二，相传明朝期间，朝廷军队驻守地方后，老弱病残的士兵不能打仗，留在当地娶妻生子，繁衍后代，为区别地方上的同姓，称为“军”，故名。该居民点位于赵棚镇腊梅村中部，距村委会所在地 0.7 千米。东接腊梅村张家塆，西邻腊梅村王家岭(又称挖断岭)山，南连何家塆、凡家独屋，北靠方家塆。聚落呈块状分布，主要姓氏为陈，均为汉族。2014 年年末全塆 29 户，120 人。总面积 0.07 平方千米，耕地面积 0.06 平方千米。主要农作物为水稻、小麦、油菜，主要经济来源为种植农作物及外出打工。

刘家窑[Liú jiā yáo]　隶属于赵棚镇腊梅村村民委员会管辖。1949 年 10 月刘家窑属赵棚区大山乡魏塆村管辖。该居民点村民主要姓氏为刘，且早前大都从事做瓦烧窑的行当，故名。该居民点位于赵棚镇腊梅村西部，距村委会所在地 1.5 千米。东接腊梅村王家窑、赵家窑，西邻广水市观音村夏家塆，南连腊梅村王家小塆，北靠腊梅村董家塆。聚落呈块状分布，主要为刘姓，均为汉族。2014 年年末全塆 28 户，120 人。总面积 0.082 平方千米，耕地面积 0.064 平方千米。主要农作物为水稻、小麦、油菜，主要经济来源为种植农作物及外出打工。

民程家塆[mín chéng jiā wān]　隶属于赵棚镇腊梅村村民委员会管辖。明朝开始形成此居民点，1949 年 10 月民程塆属赵棚区大山乡易塆村管辖。明初年间，全国人口大迁徙，程姓始祖从“麻城过籍”而来。当地已有陈姓聚居地，且当地人“程”与“陈”发音相同。民间有先到为君后到为民的说法，程姓居民到达时，已有别的陈姓先到，故名。该居民点位于赵棚镇腊梅村东北部，距村委会所在地 1 千米。东接腊梅村赵家上塆，西邻腊梅村上张家塆，南连易家塆，北靠寨冲。聚落呈块状分布，主要姓氏为赵、程，均为汉族。2014 年年末全塆 32 户，130 人。总面积 0.083 平方千米，耕地面积 0.067 平方千米，主要农作物为水稻、小麦、油菜，主要经济来源为种植农作物及外出打工。

上张家塆[Shàng zhāng jiā wān]　隶属于赵棚镇腊梅村村民委员会管辖。1949 年 10 月上张家塆属赵棚区大山乡易塆村管辖。上张塆地名来历有二。其一，以村民主要姓氏和家族排名综合命名。因张姓最早共十兄弟，该居民点村民主要姓张且辈份高，故称上张。其二，以姓氏和地理方位综合命名。原易塆村有两个张姓聚居地，为示区别，偏北的村落称为上张家塆，偏南的村落称为下张家塆。该居民点位于赵棚镇腊梅村东北部，距村委会所在地 1.5 千米。东接腊梅村民程家塆，西邻方家塆，南连腊梅村军陈塆，北靠腊梅村吉阳山、周家塆。聚落呈块状分布，主要姓氏为张，均为汉族。2014 年年末全塆 29 户，110 人，总面积 0.067 平方千米，耕地面积 0.05 平方千米。主要农作物为水稻、小麦、油菜，主要经济来源为种植农作物及外出打工。

王家大塆[Wáng jiā dà wān]　隶属于赵棚镇腊梅村村民委员会管辖。1949 年 10 月王家大塆属赵棚区大山乡魏塆村管辖。相传早前王姓六兄弟迁往各地居住，王家大塆为长兄繁衍的后代，故得名。该居民点位于赵棚镇腊梅村西部，距村委会所在地 0.5 千米。东接胡薛塆、何家塆，南连赵棚村，西邻腊梅村叶家桥，北靠腊梅村董冲下塆。聚落呈块状分布，主要姓氏为王，均为汉族。2014 年年末全塆 36 户，150 人。总面积 0.1 平方千米，耕地面积 0.08 平方千米。主要农作物为水稻、小麦、油菜，主要经济来源为种植农作物及外出打工。

王家六塆[Wáng jiā liù wān]　隶属于赵棚镇腊梅村村民委员会管辖。1949 年 10 月王家六塆属赵棚区大山乡魏塆村管辖。相传早前王姓六兄弟迁往各地居住，王家六塆为第六兄弟繁衍的后代，故名。该居民点位于赵棚镇腊梅村西北部，距村委会所在地 1 千米。东接王家大塆，西邻广水市陈巷镇观音村金家塆，南连叶家桥，北靠魏家大塆。聚落呈条状分布，主要姓氏为王，均为汉族。2014 年年末全塆 21 户，70 人。总面积

0.047 平方千米，耕地面积 0.035 平方千米。主要农作物为水稻、小麦、油菜，主要经济来源为种植农作物及外出打工。

王家小塆[Wáng jiā xiǎo wān]　隶属于赵棚镇腊梅村村民委员会辖。1949 年 10 月王家小塆属赵棚区大山乡魏塆村管辖。此居民点为王姓先民幺房的居住地，在王姓辈分较长，因先民排行靠后，故称“小”。该居民点位于赵棚镇腊梅村西部，距村委会所在地 2 千米。东接叶家桥，南接赵棚村邓家上塆，西接长龙村，北靠刘家窑。聚落呈块状分布，主要姓氏为王，均为汉族。2014 年年末全塆 36 户，136 人。总面积 0.093 平方千米，耕地面积 0.07 平方千米。主要农作物为水稻、小麦、油菜，主要经济来源为种植农作物及外出打工。

魏家大塆[Wèi jiā dà wān]　隶属于赵棚镇腊梅村村民委员会管辖。1949 年 10 月魏家大塆属赵棚区大山乡魏塆村管辖。魏姓在当地是望族，附近魏姓塆落都由此塆分支而来，也可以称本地为魏姓老屋。该居民点位于赵棚镇腊梅村北部，距村委会所在地 2 千米。东接董家中塆、董家上塆，西邻广水市陈巷镇观音村曹家塆，南连邹家塆，北靠汪家垅。聚落呈块状分布，主要姓氏为魏，均为汉族。2014 年年末全塆共 60 户，280 人。总面积 0.16 平方千米，耕地面积 0.13 平方千米。主要农作物为水稻、小麦、油菜，主要经济来源为种植农作物及外出打工。

下张家塆[Xià zhāng jiā wān]　隶属于赵棚镇腊梅村村民委员会管辖。1949 年 10 月下张家塆属赵棚区大山乡易塆村管辖。下张塆地名来历有二。其一，以村民主要姓氏和家族排名综合命名。因张姓最早共十兄弟，该居民点为姓张第三房后裔，故称下张。其二，以姓氏和地理方位综合命名。原易塆村有两个张姓聚居地，为示区别，偏北的村落称为上张家塆，偏南的村落称为下张家塆。该居民点位于赵棚镇腊梅村东北部，距村委会所在地 1 千米。东边是赵冲水库，西边是军陈塆，北边是赵家上塆，南边是赵家独屋。聚落呈块状分布，主要姓氏为张，均为汉族。2014 年年末全村 12 户，50 人。总面积 0.037 平方千米，耕地面积 0.025 平方千米。主要农作物为水稻、小麦、油菜，主要经济来源为种植农作物及外出打工。

叶桥[Yè qiáo]　隶属于赵棚镇腊梅村村民委员会管辖。1949 年 10 月叶家桥属赵棚区大山乡魏塆村管辖。该居民点门前有一条河，早前叶姓居民为方便往来的行人，共同出资修建一座石桥，故名。该居民点位于赵棚镇腊梅村西部，距村委会所在地 1 千米。东接王家大塆，西邻王家小塆、刘家窑，南连腊梅村邓家上塆，北靠邹家塆。主要姓氏为叶，均为汉族。聚落呈块状分布，全塆 30 户，120 人。总面积 0.08 平方千米，耕地面积 0.06 平方千米。主要农作物为水稻、小麦、油菜，主要经济来源为种植农作物及外出打工。

易家塆[Yì jiā wān]　隶属于赵棚镇腊梅村村民委员会管辖。1949 年 10 月易家塆属赵棚区大山乡易塆村管辖。该居民点村民主要姓氏为易，故名。该居民点位于赵棚镇腊梅村东部，距村委会所在地 1.5 千米。东接赵家上塆，南连下张家塆，西邻方家塆，北靠民程塆。聚落呈块状分布，主要姓氏为易，均为汉族。2014 年年末全塆 38 户，150 人。总面积 0.085 平方千米，耕地面积 0.065 平方千米。主要农作物为水稻、小麦、油菜，主要经济来源为种植农作物及外出打工。

寨冲[Zhài chōng]　隶属于赵棚镇腊梅村村民委员会管辖。1949 年 10 月寨冲属赵棚区大山乡易塆村管辖。该居民点后山古代建有军事寨墙且处在山间的一片平地上，故名。该居民点位于赵棚镇腊梅村北部，距村委会所在地 2 千米。东接寨山，西邻腊梅村周家塆，南连腊梅村民程家塆，北靠吉阳山。聚落呈块状分布，居民均为汉族。全塆 6 户，28 人，赵姓居多。总面积 0.026 平方千米，耕地面积 0.02 平方千米。主要农作物为水稻、小麦、油菜，主要经济来源为种植农作物及外出打工。

张家六塆[Zhāng jiā liù wān]　隶属于赵棚镇腊梅村村民委员会管辖。1949 年 10 月张家六塆属赵棚区大山乡易塆村管辖。因张姓最早共十兄弟，该居民点村民为第六兄弟后裔，故名。1982 年《安陆地名志》载，此塆张姓从前建有两座楼房而得名张家楼塆。该居民点位于赵棚镇腊梅村东北部，距村委会所在地 2 千米。东接广水市太平镇青山村龙窝，西邻腊梅村下张家塆，南连赵棚镇水库，北靠广水市太平镇。聚落呈块状分布，主要姓氏为张，均为汉族。2014 年年末有居民 35 户，190 人。总面积 0.027 平方千米，耕地面积 0.02 平方千米。主要农作物为水稻、小麦、油菜，主要经济来源为种植农作物及外出打工。

赵家独屋[Zhào jiā dú wū]　隶属于赵棚镇腊梅村村民委员会管辖。1949 年 10 月赵家独屋属赵棚区大山乡易塆村管辖。此居民点原只有 3 户赵姓人家，故名赵家独屋。1958 年修赵冲水库时，原赵家大塆住址和农田属淹没区，故整塆搬迁至赵家独屋居住，合并为一个塆，沿用赵家独屋名称。该居民点位于赵棚镇腊梅村东南部，距村委会所在地 1 千米。东邻赵冲水库，西邻凡家独屋，北靠下张家塆，南接赵棚村。聚落呈块状分布，居民以赵姓为主，均为汉族。全塆 25 户，120 人。总面积 0.05 平方千米，耕地面积 0.04 平方千米。主要农作物为水稻、小麦、油菜，主要经济来源为种植农作物及外出打工。

赵家上塆[Zhào jiā shàng wān]　隶属于赵棚镇腊梅村村民委员会管辖。1949 年 10 月赵家上塆属赵棚区大山乡易塆村管辖。该居民点村民主要姓氏为赵，且位于赵家独屋、赵冲水库之北，故名。该居民点位于赵棚镇腊梅村东北部，距村委会所在地 2 千米。东接腊梅村张家六塆，西邻腊梅村民程家塆，南连腊梅村下张家塆，北靠广水市。聚落呈块状分布，居民以赵姓为主，均为汉族。全塆 32 户，140 人。总面积 0.07 平方千米，耕地面积 0.05 平方千米，主要农作物为水稻、小麦、油菜，主要经济来源为种植农作物及外出打工。

赵家窑[Zhào jiā yáo]　隶属于赵棚镇腊梅村村民委员会管辖。1949 年 10 月赵家窑属赵棚区大山乡魏塆村管辖。该居民点村民主要姓赵，且先祖从事烧窑做瓦行当较多，故名。该居民点位于赵棚镇腊梅村西部，距村委会所在地 1.5 千米。东接叶家桥，西邻刘家窑，南连王家小塆，北靠董家塆。聚落呈块状分布，居民以赵姓为主，均为汉族。2014 年年末全塆 4 户，23 人。总面积 0.017 平方千米，耕地面积 0.013 平方千米。主要农作物为水稻、小麦、油菜，主要经济来源为种植农作物及外出打工。

周家塆[Zhōu jiā wān]　隶属于赵棚镇腊梅村村民委员会管辖。1949 年 10 月周家塆属赵棚区大山乡董冲村管辖。清初，本塆周姓从现广水市杨寨镇迁徙而来，本塆周姓与邓店周姓同宗同辈分，故名。该居民点位于赵棚镇腊梅村北部，村委会所在地 2 千米。东接民程家塆、寨冲，西邻董家中塆，南连军陈，北靠吉阳山与广水市太平镇相邻。聚落呈条状分布，居民以周姓为主，均为汉族。2014 年年末全塆 29 户，104 人。总面积 0.059 平方千米，耕地面积 0.047 平方千米。主要农作物为水稻、小麦、油菜，主要经济来源为种植农作物及外出打工。

邹家塆[Zōu jiā wān]　隶属于赵棚镇腊梅村村民委员会管辖。1949 年 10 月邹家塆属赵棚区大山乡魏塆村管辖。邹姓最早迁居此地，后邹姓搬迁到会寨胡家月塘塆，现以董、黄、徐、邓、刘等8姓居住，故名。该居民点位于赵棚镇腊梅村西部，距村委会所在地1千米。东为何家塆、陈家塆，西邻董家塆，北靠王家六塆，南为叶家桥。2014年年末全塆30户，130人。总面积0.072平方千米，耕地面积0.053平方千米。主要农作物为水稻、小麦、油菜，主要经济来源为种植农作物及外出打工。

樊家独屋[Fán jiā dú wū] 隶属于赵棚镇腊梅村村民委员会管辖。1949年10月樊家独屋属赵棚区大山乡易塆村管辖。“樊家”指的是樊姓居民，“独屋”指的是早期房屋少。本居民点位于赵棚镇腊梅村东南部，距村委会住地0.6千米。东接赵家独屋，西接何家塆，南连赵棚村，北靠军陈塆、易家塆，聚落呈条状分布。主要姓樊，均为汉族。2014年年末，全塆6户，共30人。总面积0.02平方千米，耕地面积0.011平方千米。主要农作物为水稻、小麦、油菜，主要经济来源为种植农作物及外出打工。

方家塆[Fāng jiā wān] 隶属于赵棚镇腊梅村村民委员会管辖。1949年10月方家塆属赵棚区大山乡易塆村管辖。清代方姓居民在此建了一座庙，供奉菩萨，供附近百姓祈求平安、烧香拜佛。后庙毁，改名方家塆。本居民点位于赵棚镇腊梅村中部，距村委会所在地1千米。东接民程家塆、上张家塆，西邻周家塆，南连军陈家塆，北靠寨冲。聚落呈块状分布，主要姓氏为方，均为汉族。2014年年末全塆8户，共40人。总面积0.048平方千米，耕地面积0.04平方千米。主要农作物为水稻、小麦、油菜，主要经济来源为种植农作物及外出打工。

王家塆[Wáng jiā wān] 隶属于赵棚镇腊梅村村民委员会管辖。1949年10月王家塆属赵棚区大山乡魏塆村管辖。以姓氏命名。本居民点位于赵棚镇腊梅村西部，距村委会所在地2千米。东接汪家垅，北为广水程巷镇洪庙村李家陡坡，西为广水市观音村李家咀，南是观音村魏家独屋。聚落呈块状分布，主要姓氏为王，均为汉族。2014年年末全塆6户，共38人。总面积0.034平方千米，耕地面积0.025平方千米。主农作物为水稻、小麦、油菜，主要经济来源为种植农作物及外出打工。

五、联星村[Liánxīng Cūn]

隶属于赵棚镇。2005年原江石、大树、万冲三村合并，为鼓励村民团结，镇政府拟命名为“连心”村。后因“连心”有可能与其他村同名，遂改为“联星”，喻意三个村的联合像璀璨的星星一样。

联星村位于赵棚镇西部，距镇政府所在地7千米。村委会所在地柱头塆。地处丘陵地带。东接杨兴村，西邻接官乡，南连杨兴村，北靠合山村。截至2014年年末，辖区内共有34个自然塆：塝上塆、桥上塆、艾家岗、艾家楼、池家塆、大树塆、邓家院子、店上塆、粉铺独屋、何家独屋、胡家大塆、江石岗、李家塆、梁上塆、楼子塆、南上塆、铺子塆、秦家塆、缺老婆冲、孙家塆、唐家独屋、万家上塆、万家下塆、万家中塆、武家塆、肖黄家独屋、肖家独屋、小胡家塆、小杨家塆、杨家大塆、印家塆、余家塆、张家塆、柱头塆。主要姓氏为江、万，常住居民626户，共2600人，辖区总面积1.3平方千米，耕地面积3069亩，其中水田2604亩，旱地465亩，山地面积1668亩，农作物以水稻、油菜为主，经济来源以农耕和打工为主。

1949年10月江石村、大树村、万冲村属赵棚区杨兴乡，1952年10月属第七区杨兴乡管辖，1954年8月属赵棚区杨兴乡，1956年3月属第一区杨兴乡，1956年4月属第一指导小组杨兴乡，1958年9月属卫星人民公社，江石村、大树村、万冲村更名为江石大队、大树大队、万冲大队。同年底卫星人民公社更名为赵棚人民公社。1961年4月公社规模缩小恢复区制，赵棚公社更名为赵棚区，江石大队、大树大队、万冲大队属赵棚区杨兴人民公社。1966年9月赵棚区改红卫区，江石大队、大树大队、万冲大队属红卫区杨兴人民公社。1975年2月撤区并社，江石大队、大树大队、万冲大队属赵棚人民公社杨兴管理区。1978年万冲大队与大杨大队合并为连心大队。1984年元月复置区、乡、村，江石大队更名为江石村，大树大队更名为大树村，万冲大队与大杨大队分设，更名为万冲村，属赵棚区杨兴乡。1987年撤区并乡，建赵棚镇，下辖赵棚、杨兴、大鹤、崔兴4个管理区，江石村、大树村、万冲村属赵棚镇杨兴管理区管辖。2000年管理区撤销，江石村、大树村、万冲村隶属于赵棚镇管辖。2005年江石、大树、万冲三村合并为联星村，名称沿用至今。

塝上塆[Bàng shàng wān] 隶属于赵棚镇联星村村民委员会辖。1949年10月塝上塆属赵棚区杨兴乡江石村管辖。因居民点地处小山的边坡，故名。该居民点位于联星村东北部，距村委会所在地0.5千米，居民点呈条状分布，东接梅畈，西邻村委会所在地，南连梅畈，北靠柱头塆；居民点面积约0.002平方千米，居民主要姓氏为江，民族为汉族。2014年年末，共有村民6户、22人。耕地面积210亩；村民主要种植水稻、小麦、油菜，经济来源以外出务工为主。

桥上塆[Qiáo shàng wān] 隶属于赵棚镇联星村村民委员会辖。1949年10月桥上塆属赵棚区杨兴乡江石村管辖。因位于子石桥边，故名。该居民点位于联星村东部，距村委会所在地1.5千米，居民点呈圆状分布，东接艾家大塆，西邻江石子岗，南连梅畈，北靠梁上塆；居民点面积约0.004平方千米，居民主要姓氏为江、艾，民族为汉族。2014年年末，共有村民10户、48人。耕地面积60亩；村民主要种植水稻、小麦、油菜，经济来源以外出务工为主。

艾家岗[Ài jiā gǎng] 隶属于赵棚镇联星村村民委员会辖。1949年10月艾家岗属赵棚区杨兴乡江石村管辖。该居民点村民艾姓居多，且地处一片山冈之上，故名。该居民点位于联星村西部，距村委会所在地1.5千米，居民点呈块状分布，东接江石岗，西邻艾家楼，南连应家塆，北靠原民主村(现和顺村)；居民点面积约0.012平方千米，居民主要姓氏为艾，民族为汉族。2014年年末，共有村民38户、128人。耕地面积0.08平方千米；村民主要种植水稻、小麦、油菜，经济来源以外出务工为主。

艾家楼[Ài jiā lóu] 隶属于赵棚镇联星村村民委员会辖。1949年10月艾家楼属赵棚区杨兴乡江石村管辖。因当地为艾姓聚居地，且早年有一艾姓有钱人家修建了一座吊脚楼房，闻名乡里，故名。该居民点位于联星村西部，距村委会所在地1.5千米，居民点呈块状分布，东接艾家岗，西邻原民主村(现和顺村)，南连五冲水库，北靠艾家岗；居民点面积约0.014平方千米，居民主要姓氏为艾，民族为汉族。2014年年末，共有村民43户、152人。耕地面积0.15平方千米；村民主要种植水稻、小麦、油菜，经济来源以外出务工为主。

池家塆[Chí jiā wān] 隶属于赵棚镇联星村村民委员会辖。1949年10月池家塆属赵棚区杨兴乡大树村管辖。因居民主要姓氏为池，故名。该居民点位于联星村西部，距村委会所在地2.5千米，居民点呈块状分布，东接何家独屋，西邻池家河，南连楼子塆，北靠李家塆；居民点面积约0.0075平方千米，居民主要姓氏为池，民族为汉族。2014年年末，共有村民25户、108人。耕地面积0.73平方千米；村民主要种植水稻、小麦、油菜，经济来源以外出务工为主。

大树塆[Dà shù wān]　隶属于赵棚镇联星村村民委员会辖。1949年10月大树塆属赵棚区杨兴乡大树村管辖。因当地周围有数株超过200年的古树，故名。该居民点位于联星村西北部，距村委会所在地1.5千米，居民点呈块状分布，东接南上塆，西邻胡家大塆，南连铺子塆，北靠轭头塆；居民点面积约0.006平方千米，居民主要姓氏为杨，民族为汉族。2014年年末，共有村民20户、97人。耕地面积0.065平方千米；村民主要种植水稻、小麦、油菜，经济来源以外出务工为主。

邓家院子[Dèng jiā yuàn zi]　隶属于赵棚镇联星村村民委员会辖。1949年10月邓家院子属赵棚区杨兴乡万冲村管辖。该居民点村民邓姓居多，且为防盗居民每家都建有围墙院子，在当地较有名，故名。该居民点位于联星村北部，距村委会所在地3千米，居民点呈块状分布，东接肖黄家独屋，西邻汤家塆，南连唐畈村曾家楼，北靠格上塆；居民点面积约0.016平方千米，居民主要姓氏为邓，民族为汉族。2014年年末，共有村民49户、152人。耕地面积0.1平方千米；村民主要种植水稻、小麦、油菜，经济来源以外出务工为主。

店上塆[Diàn shàng wān]　隶属于赵棚镇联星村村民委员会辖。1949年10月店上塆属赵棚区杨兴乡江石村管辖。该居民点村民主要姓氏为江，且早前居民在此开了各种类型的小店铺，招揽生意。该居民点位于联星村北部，距村委会所在地0.5千米，居民点呈块状分布，东接柱头塆，西邻余家塆，南连杨兴街，北靠艾家岗；居民点面积约0.011平方千米，居民主要姓氏为江、杨，民族为汉族。2014年年末，共有村民32户、160人。耕地面积0.05平方千米；村民主要种植水稻、小麦、油菜，经济来源以外出务工为主。

粉铺独屋[Fěn pū dú wū]　隶属于赵棚镇联星村村民委员会辖。1949年10月粉铺独屋属赵棚区杨兴乡大树村管辖。因当地居民早前人少房少，开了小麦磨面粉作坊，附近居民把小麦拿到这里加工成面粉而得名。该居民点位于联星村西部，距村委会所在地1.5千米，居民点呈块状分布，东接余家塆，西邻大山，南连大山，北靠孙家独屋；居民点面积约0.012平方千米，居民主要姓氏为杨，民族为汉族。2014年年末，共有村民35户、160人。耕地面积0.08平方千米；村民主要种植水稻、小麦、油菜，经济来源以外出务工为主。

何家独屋[Hé jiā dú wū]　隶属于赵棚镇联星村村民委员会辖。1949年10月何家独屋属赵棚区杨兴乡大树村管辖。该居民点村民主要姓氏为何，人少屋少，故名。该居民点位于联星村西部，距村委会所在地2千米，居民点呈块状分布，东接杨家大塆，西邻楼子塆，南连周家河咀，北靠池家塆；居民点面积约0.0016平方千米，居民主要姓氏为何，民族为汉族。2014年年末，共有村民5户、20人。耕地面积0.013平方千米；村民主要种植水稻、小麦、油菜，经济来源以外出务工为主。

胡家大塆[Hú jiā dà wān]　隶属于赵棚镇联星村村民委员会辖。1949年10月胡家大塆属赵棚区杨兴乡大树村管辖。该居民点村民主要姓氏为胡，且人多屋多，故名。位于联星村北部，距村委会所在地2.5千米，居民点呈块状分布，东接大树垮，西邻刘家轭头垮，南连曾家楼，北靠缺老婆冲；居民点面积约 0.01 平方千米，居民主要姓氏为胡，民族为汉族。2014 年年末，共有村民 30 户、151 人。耕地面积 0.09 平方千米；村民主要种植水稻、小麦、油菜，经济来源以外出务工为主。

江石岗[Jiāng shí gǎng]　隶属于赵棚镇联星村村民委员会辖。1949 年 10 月江石岗属赵棚区杨兴乡江石村管辖。因村民主要姓氏为江，且建在一片乱石岗上，故名。该居民点位于联星村东部，距村委会所在地 1 千米，居民点呈块状分布，东接王家小垮，西邻大山，南连柱头垮，北靠梁上垮；居民点面积约 0.006 平方千米，居民主要姓氏为江，民族为汉族。2014 年年末，共有村民 20 户、91 人。耕地面积 0.08 平方千米；村民主要种植水稻、小麦、油菜，经济来源以外出务工为主。

李家垮[Lǐ jiā wān]　隶属于赵棚镇联星村村民委员会辖。1949 年 10 月李家垮属赵棚区杨兴乡大树村管辖。因村民主要姓氏为李，故名。该居民点位于联星村西北部，距村委会所在地 2 千米，居民点呈块状分布，东接小杨家垮，西邻何家独屋，南连池家垮，北靠刘家轭头垮；居民点面积约 0.0015 平方千米，居民主要姓氏为李，民族为汉族。2014 年年末，共有村民 5 户、20 人。耕地面积 0.006 平方千米；村民主要种植水稻、小麦、油菜，经济来源以外出务工为主。

梁上垮[Liáng shàng wān]　隶属于赵棚镇联星村村民委员会辖。1949 年 10 月梁上垮属赵棚区杨兴乡江石村管辖。该垮艾姓居民占多，房屋建在一道山梁上，故得名。该居民点位于联星村北部，距村委会所在地 2 千米，居民点呈块状分布，东接河流，西邻武家垮，南连江石岗，北靠原民主村；居民点面积约 0.0135 平方千米，居民主要姓氏为艾，民族为汉族。2014 年年末，共有村民 44 户、168 人。耕地面积 0.1 平方千米；村民主要种植水稻、小麦、油菜，经济来源以外出务工为主。

楼子垮[Lóu zi wān]　隶属于赵棚镇联星村村民委员会辖。1949 年 10 月楼子垮属赵棚区杨兴乡大树村管辖。形成垮落之后，居民天灾人祸不断，人口锐减，为辟邪灾求安康，村民筹钱在垮头建了一座五丈高的楼式建筑，故名。该居民点位于联星村西部，距村委会所在地 2.5 千米，居民点呈块状分布，东接何家独屋，西邻池家河，南连周家河咀，北靠池家垮；居民点面积约 0.006 平方千米，居民主要姓氏为池、王，民族为汉族。2014 年年末，共有村民 19 户、81 人。耕地面积 0.05 平方千米；村民主要种植水稻、小麦、油菜，经济来源以外出务工为主。

南上垮[Nán shàng wān]　隶属于赵棚镇联星村村民委员会辖。1949 年 10 月南上垮属赵棚区杨兴乡大树村管辖。因此地为胡家垮的分支垮，且地处其之南，故名。该居民点位于联星村西部，距村委会所在地 1.5 千米，居民点呈块状分布，东接小胡家垮，西邻孙家独屋，南连粉铺独屋，北靠唐家独屋；居民点面积约 0.0062 平方千米，居民主要姓氏为杨，民族为汉族。2014 年年末，共有村民 5 户、20 人。耕地面积 0.005 平方千米；村民主要种植水稻、小麦、油菜，经济来源以外出务工为主。

铺子垮[Pū zi wān]　隶属于赵棚镇联星村村民委员会辖。1949 年 10 月铺子垮属赵棚区杨兴乡大树村管辖。因当地早前有几个裁缝，开了几家裁缝作坊铺子，以裁剪衣服谋生，故名。该居民点位于联星村西部，距村委会所在地 2 千米，居民点呈块状分布。东接唐家独屋，西邻无名山，南连粉铺独屋，北靠余家垮；居民点面积约 0.002 平方千米，居民主要姓氏为杨，民族为汉族。2014 年年末，共有村民 5 户、20 人。

耕地面积 0.07 平方千米；村民主要种植水稻、小麦、油菜，经济来源以外出务工为主。

秦家塆[Qín jiā wān]　隶属于赵棚镇联星村村民委员会辖。1949 年 10 月秦家塆属赵棚区杨兴乡大树村管辖。该居民点村民主要姓氏为秦，故名。该居民点位于联星村南部，距村委会所在地 2.5 千米，居民点呈块状分布。东接张家塆，西邻黄家大塆，南连孙家独屋，北靠杨家大塆；居民点面积约 0.004 平方千米，居民主要姓氏为秦，民族为汉族。2014 年年末，共有村民 10 户、45 人。耕地面积 0.013 平方千米；村民主要种植水稻、小麦、油菜，经济来源以外出务工为主。

缺老婆冲[Quē lǎo pó chōng]　隶属于赵棚镇联星村村民委员会辖。1949 年 10 月缺老婆冲属赵棚区杨兴乡大树村管辖。因当地地处穷乡僻壤，村民不富裕，过去这里单身汉多，娶不上媳妇，大多男人缺老婆，故名。该居民点位于联星村北部，距村委会所在地 2 千米，居民点呈块状分布。东接五冲水库，西邻胡家塆，南连余家塆，北靠万冲；居民点面积约 0.0065 平方千米，居民主要姓氏为杨、艾、曹、唐，民族为汉族。2014 年年末，共有村民 20 户、91 人。耕地面积 0.16 平方千米；村民主要种植水稻、小麦、油菜，经济来源以外出务工为主。

孙家塆[Sūn jiā wān]　隶属于赵棚镇联星村村民委员会辖。1949 年 10 月孙家塆属赵棚区杨兴乡大树村管辖。该居民点村民主要姓氏为孙，故名。该居民点位于联星村南部，距村委会所在地 2 千米，居民点呈块状分布。东接粉铺独屋，西邻孙家独屋，南连孙家独屋，北靠南上塆；居民点面积约 0.002 平方千米，居民主要姓氏为孙，民族为汉族。2014 年年末，共有村民 4 户、15 人。耕地面积 40 亩；村民主要种植水稻、小麦、油菜，经济来源以外出务工为主。

唐家独屋[Táng jiā dú wū]　隶属于赵棚镇联星村村民委员会辖。1949 年 10 月唐家独屋属赵棚区杨兴乡大树村管辖。该居民点居民唐姓居多，且为独立的村庄，人少房屋少，故名。该居民点位于联星村西部，距村委会所在地 2 千米，居民点呈块状分布，东接南上塆，西邻铺子塆，南连粉铺独屋，北靠大树塆；居民点面积约 0.001 平方千米，居民主要姓氏为唐，民族为汉族。2014 年年末，共有村民 3 户、11 人，耕地面积 0.002 平方千米；村民主要种植水稻、小麦、油菜，经济来源以外出务工为主。

万家上塆[Wàn jiā shàng wān]　隶属于赵棚镇联星村村民委员会辖。1949 年 10 月万家上塆属赵棚区杨兴乡万冲村管辖。相传"麻城过籍"而来的万氏三兄弟，分别在一条山冲三个地方落籍建房，形成上、中、下三个塆，该居民点处于上方，故名。该居民点位于联星村北部，距村委会所在地 3 千米，居民点呈块状分布。东接艾家楼，西邻曾家楼，南连万家中塆，北靠邓家院子；居民点面积约 0.009 平方千米，居民主要姓氏为万，民族为汉族。2014 年年末，共有村民 30 户、90 人。耕地面积 0.09 平方千米；村民主要种植水稻、小麦、油菜，经济来源以外出务工为主。

万家下塆[Wàn jiā xià wān]　隶属于赵棚镇联星村村民委员会辖。1949 年 10 月万家下塆属赵棚区杨兴乡万冲村管辖。相传"麻城过籍"而来的万氏三兄弟，分别在一条山冲三个地方落籍建房，形成上、中、下三个塆，该居民点处于下方，故名。该居民点位于联星村北部，距村委会所在地 3 千米，居民点呈块状分布。东接胡家塆，西邻曾家楼，南连唐畈，北靠邓家院子；居民点面积约 0.006 平方千米，居民主要姓氏为万，民族为汉族。2014 年年末，共有村民 20 户、78 人。耕地面积 0.053 平方千米；村民主要种植水稻、小麦、油菜，经济来源以外出务工为主。

万家中塆[Wàn jiā zhōng wān]　隶属于赵棚镇联星村村民委员会辖。1949 年 10 月万家中塆属赵棚区杨兴乡万冲村管辖。相传"麻城过籍"而来的万氏三兄弟，分别在一条山冲三个地方落籍建房，形成上、中、下三个塆，该居民点为中间，故名。该居民点位于联星村北部，距村委会所在地 3 千米，居民点呈块状分布。东接缺老婆冲，西邻曾家楼，南连万家下塆，北靠万家上塆；居民点面积约 0.006 平方千米，居民主要姓氏为万，民族为汉族。2014 年年末，共有村民 20 户、72 人。耕地面积 0.06 平方千米；村民主要种植水稻、小麦、油菜，经济来源以外出务工为主。

武家塆[Wǔ jiā wān]　隶属于赵棚镇联星村村民委员会辖。1949 年 10 月武家塆属赵棚区杨兴乡江石村管辖。最早为武姓居民居住，故名。后武姓绝户，现艾、邓、侯姓居多。该居民点位于联星村东部，距村委会所在地 2 千米，居民点呈块状分布。东接江石岗，西邻艾家楼，南连艾家岗，北靠子水桥；居民点面积约 0.012 平方千米，居民主要姓氏为艾，民族为汉族。2014 年年末，共有村民 40 户、125 人。耕地面积 0.08 平方千米；村民主要种植水稻、小麦、油菜，经济来源以外出务工为主。

肖黄家独屋[Xiāo huáng jiā dú wū]　隶属于赵棚镇联星村村民委员会辖。1949 年 10 月肖黄家独屋属赵棚区杨兴乡万冲村管辖。该居民点以肖、黄姓居多，且为独立的小村落，故名。该居民点位于联星村北部，距村委会所在地 3.5 千米，居民点呈块状分布，东接李家柏树塆，西邻邓家院子，南连曾家楼，北靠李家陡坡塆；居民点面积约 0.006 平方千米，居民主要姓氏为肖、黄，民族为汉族。2014 年年末，共有村民 20 户、92 人。耕地面积 0.05 平方千米；村民主要种植水稻、小麦、油菜，经济来源以外出务工为主。

肖家独屋[Xiāo jiā dú wū]　隶属于赵棚镇联星村村民委员会辖。1949 年 10 月肖家独屋属赵棚区杨兴乡万冲村管辖。该居民点居民肖姓居多，且为独立的小村落，故名。该居民点位于联星村北部，距村委会所在地 1.5 千米，居民点呈块状分布，东接五冲水库，西邻胡家塆，南连余家塆，北靠万冲；居民点面积约 0.004 平方千米，居民主要姓氏为肖，民族为汉族。2014 年年末，共有村民 11 户、45 人。耕地面积 0.01 平方千米；村民主要种植水稻、小麦、油菜，经济来源以外出务工为主。

小胡家塆[Xiǎo hú jiā wān]　隶属于赵棚镇联星村村民委员会辖。民国时期开始形成此居民点，1949 年 10 月小胡家塆属赵棚区杨兴乡大树村管辖。该居民点居民胡姓居多，因胡姓人口相比其他胡姓村落较少，故名。该居民点位于联星村西部，距村委会所在地 1.5 千米，居民点呈块状分布。东接余家塆，西邻唐家独屋，南连南上塆，北靠大冲；居民点面积约 0.0015 平方千米，居民主要姓氏为胡，民族为汉族。2014 年年末，共有村民 4 户、20 人。耕地面积 0.06 平方千米；村民主要种植水稻、小麦、油菜，经济来源以外出务工为主。

小杨家塆[Xiǎo yáng jiā wān]　隶属于赵棚镇联星村村民委员会辖。1949 年 10 月小杨家塆属赵棚区杨兴乡大树村管辖。该居民点村民主要姓氏为杨，且人口数量较少，故名。该居民点位于联星村西部，距村委会所在地 3 千米，居民点呈块状分布。东接杨家大塆，西邻李家塆，南连何家独屋，北靠刘家塆；居民点面积约 0.007 平方千米，居民主要姓氏为杨，民族为汉族。2014 年年末，共有村民 20 户、86 人。耕地面积 0.09 平方千米；村民主要种植水稻、小麦、油菜，经济来源以外出务工为主。

杨家大塆[Yáng jiā dà wān] 隶属于赵棚镇联星村村民委员会辖。1949 年 10 月杨家大塆属赵棚区杨兴乡万冲村管辖。该居民点村民杨姓居多，且人口与房屋规模较大，故名。该居民点位于联星村西部，距村委会所在地 3 千米，居民点呈块状分布。东接张家独屋，西邻小杨家塆，南连秦家塆，北靠铺子塆；居民点面积约 0.013 平方千米，居民主要姓氏为杨，民族为汉族。2014 年年末，共有村民 40 户、171 人。耕地面积 0.15 平方千米；村民主要种植水稻、小麦、油菜，经济来源以外出务工为主。

印家塆[Yìng jiā wān] 隶属于赵棚镇联星村村民委员会辖。1949 年 10 月印家塆属赵棚区杨兴乡大树村管辖。此塆过去印染棉布、床单、被面等，故名。该居民点位于联星村东部，距村委会所在地 0.6 千米，居民点呈块状分布，东接柱头塆，西邻余家塆，南连杨兴街，北靠艾家岗；居民点面积约 0.011 平方千米，居民主要姓氏为应，民族为汉族。2014 年年末，共有村民 36 户、162 人。耕地面积 0.1 平方千米；村民主要种植水稻、小麦、油菜，经济来源以外出务工为主。

余家塆[Yú jiā wān] 隶属于赵棚镇联星村村民委员会辖。1949 年 10 月余家塆属赵棚区杨兴乡大树村管辖。该居民点余姓居多，故名。该居民点位于联星村西北部，距村委会所在地 1.5 千米，居民点呈块状分布，三面环山，西邻小胡塆。居民点面积约 0.008 平方千米，居民主要姓氏为余，民族为汉族。2014 年年末，共有村民 25 户、96 人。耕地面积 0.06 平方千米；村民主要种植水稻、小麦、油菜，经济来源以外出务工为主。

张家塆[zhāng jiā wān] 隶属于赵棚镇联星村村民委员会辖。1949 年 10 月张家塆属赵棚区杨兴乡大树村管辖。该居民点村民张姓居多，故名。该居民点位于联星村西部，距村委会所在地 2 千米，居民点呈条状分布。东接南上塆，西邻大树塆，南连粉铺独屋，北靠杨家独屋。居民点面积约 0.003 平方千米，居民主要姓氏为张，民族为汉族。2014 年年末，共有村民 11 户、51 人。耕地面积 0.02 平方千米；村民主要种植水稻、小麦、油菜，经济来源以外出务工为主。

柱头塆[Zhù tóu wān] 隶属于赵棚镇联星村村民委员会辖。1949 年 10 月柱头塆属赵棚区杨兴乡江石村管辖。因当地过去较富有，建房用柱子，故名。该居民点位于联星村东部，距村委会所在地 200 米，居民点呈块状分布。东接梅畈水库，西邻应家塆，南连公路道班，北靠江石岗；居民点面积约 0.014 平方千米，居民主要姓氏为江、严，民族为汉族。2014 年年末，共有村民 45 户、161 人。耕地面积 0.17 平方千米；村民主要种植水稻、小麦、油菜，经济来源以外出务工为主。

六、双桥村[Shuāngqiáo Cūn]

隶属于赵棚镇。双桥的来历有二。其一，此地有一双桥居民点，形成比较早，可追溯到汉代，著名的大鹤山和小鹤山，一个正北、一个正南。中间一条小河隔断两山，因此该居民点先民在此小河建起一座九孔十八块铁石的石桥。历经千年，石桥依然坚固如初，因石桥地处两山之间，故称双鹤桥，简称双桥。其二，该地小河环绕，行人出行极不方便，清朝末年，当地有钱人出资修建了两座青石板桥，故名双桥。2005 年由双桥、涂畈、梅畈三村合并为双桥村。

双桥村位于赵棚镇南部，村民委员会所在地双桥街，东北距赵棚镇政府所在地5千米。东接兴农村张家畈，南邻陈店乡甘涂村，东连兴农村，北靠联星村。截至2014年年末，辖区13个村民小组17个自然塆：蔡家大塆、连家塆、梅畈、梅家三塆、梅家五塆、沈家咀、双桥、涂家畈、艾三家、河西塆、刘家河、梅家大塆、王家大塆、王家小塆、杨家大塆、余家咀、朱家塆。全村496户，2589人，总面积3.01平方千米，耕地面积2149亩，其中水田1854亩，旱地295亩，山地面积1168亩。主要农作物为水稻、小麦、油菜。主要经济来源为种植农作物及外出打工。全村党员82人，其中流动党员12人，5个党小组，村干部4名。

1949年10月双桥村、涂畈村、梅畈村属赵棚区大鹤乡，1952年10月属第七区大鹤乡管辖，1954年8月属赵棚区大鹤乡，1956年3月属第一区大鹤乡，1956年4月属第一指导小组大鹤乡，1958年9月属卫星人民公社，双桥村、涂畈村、梅畈村更名为双桥大队、涂畈大队、梅畈大队。同年底卫星人民公社更名为赵棚人民公社。1961年4月公社规模缩小恢复区制，赵棚公社更名为赵棚区，双桥大队、涂畈大队、梅畈大队属赵棚区大鹤人民公社。1966年9月赵棚区改红卫区，双桥大队、涂畈大队、梅畈大队属红卫区大鹤人民公社。1975年2月撤区并社，双桥大队、涂畈大队、梅畈大队属赵棚人民公社大鹤管理区。1984年元月复置区、乡、村，双桥大队更名为双桥村，涂畈大队更名为涂畈村，梅畈大队更名为梅畈村，属赵棚区大鹤乡。1987年撤区并乡，建赵棚镇，下辖赵棚、杨兴、大鹤、崔兴4个管理区，双桥村、涂畈村、梅畈村属赵棚镇大鹤管理区管辖。2000年管理区撤销，双桥村，涂畈村，梅畈村隶属赵棚镇管辖。2005年双桥、涂畈、梅畈三村合并为双桥村，名称沿用至今。

蔡家大塆[Cài jiā dà wān]　隶属于赵棚镇双桥村村民委员会管辖。1949年10月蔡家大塆属赵棚区大鹤乡双桥村管辖。该居民点居民蔡姓居多，且人口、房屋规模较大，故名。该居民点位于赵棚镇双桥村北部，南距村委会所在地500米。东接王家大塆，南连沈家咀，西邻梅五塆，北靠梅家畈。聚落呈块状分布，以蔡姓居多，均为汉族。全塆22户，80人。总面积0.13平方千米，耕地面积0.1平方千米，主要农作物为水稻、小麦、油菜。主要经济来源为种植农作物及外出打工。

连家塆[Lián jiā wān]　隶属于赵棚镇双桥村村民委员会管辖。1949年10月连家塆属赵棚区大鹤乡双桥村管辖。该居民点居民连姓居多，故名。该居民点位于赵棚镇双桥村西北部，东南距村委会所在地1000米。东接涂家畈，南连周家塆，西邻余家塆，北靠朱家塆。聚落呈块状分布，以连姓居多，均为汉族。全塆17户，92人。总面积0.073平方千米，耕地面积0.07平方千米，主要农作物为水稻、小麦、油菜。主要经济来源为种植农作物及外出打工。

梅畈[Méi fàn]　隶属于赵棚镇双桥村村民委员会管辖。1949年10月梅畈属赵棚区大鹤乡梅畈村管辖。该居民点村民梅姓居多，且处于一片畈地上，故名。该居民点位于赵棚镇梅畈村东北部，西南距村委会所在地1000米。东接王家大塆，南连茂家独屋，西邻王家小塆，北靠艾三家。聚落呈块状分布，以梅姓居多，均为汉族。全塆18户，94人，总面积0.08平方千米，耕地面积0.07平方千米，主要农作物为水稻、小麦、油菜。主要经济来源为种植农作物及外出打工。

梅家三塆[Méi jiā sān wān]　隶属于赵棚镇双桥村村民委员会管辖。1949年10月梅家三塆属赵棚区大鹤乡梅畈村管辖。梅家三塆的地名来历有二：一、该居民点村民主要姓氏为梅、孙、杨三姓；二、梅氏第三个村落，1982 年《安陆地名志》采用此说。该居民点位于赵棚镇梅畈村西北部，南距村委会所在地 1000 米。东接梅家大塆，西邻杨家大塆，南连涂家畈，聚落呈块状分布，主要姓氏为梅、孙、杨三姓，均为汉族。全塆 25 户，103 人。总面积 0.08 平方千米，耕地面积 0.06 平方千米，主要农作物为水稻、小麦、油菜。主要经济来源为种植农作物及外出打工。

梅家五塆[Méi jiā wǔ wān] 隶属于赵棚镇双桥村村民委员会管辖。1949 年 10 月梅家五塆属赵棚区大鹤乡梅畈村管辖。梅家五塆的地名来历有二：一、该居民点村民主要姓氏为梅，且以五姓聚居组成；二、梅氏第五个村落，1982 年《安陆地名志》采用此说。该居民点位于赵棚镇梅畈村北部，南距村委会所在地 600 米。东接蔡家大塆，西邻梅三塆，南连涂家畈，北靠梅家大塆。聚落呈块状分布，以梅姓居多，均为汉族。全塆 21 户，83 人。总面积 0.06 平方千米，耕地面积 0.05 平方千米，主要农作物为水稻、小麦、油菜。主要经济来源为种植农作物及外出打工。

沈家咀[Shěn jiā zuǐ] 隶属于赵棚镇双桥村村民委员会辖。1949 年 10 月沈家咀属赵棚区大鹤乡双桥村管辖。该居民点位于山嘴处且沈姓居多，故名。该居民点位于赵棚镇双桥村西部，东距村委会所在地 1000 米。东接双家桥，南连甘涂村，西邻涂家畈，北靠蔡家大塆。聚落呈块状分布，以沈姓居多，均为汉族。全塆 18 户，95 人。总面积 0.13 平方千米，耕地面积 0.1 平方千米，主要农作物为水稻、小麦、油菜。主要经济来源为种植农作物及外出打工。

双桥[Shuāng qiáo] 隶属于赵棚镇双桥村村民委员会管辖。1949 年 10 月双桥属赵棚区大鹤乡双桥村管辖。双桥街居民点形成比较早，可追溯到汉代。著名的大鹤山和小鹤山，一个正北、一个正南。中间一条小河隔断两山，该居民点族人在此小河建起一座九孔十八块铁石的石桥。历经千年，石桥依然坚固如初。因石桥地处两山之间，故称双鹤桥，地名由此而来。该居民点位于赵棚镇双桥村南部，为村委会所在地。东接刘家河，南连张家凹，西邻沈家咀，北靠王家大塆。聚落呈块状分布，居民均为汉族。全塆 30 户，150 人。总面积 0.13 平方千米，耕地面积 0.1 平方千米，主要农作物为水稻、小麦、油菜。主要经济来源为种植农作物及外出打工。

涂家畈[Tú jiā fàn] 隶属于赵棚镇双桥村村民委员会管辖。1949 年 10 月涂家畈属赵棚区大鹤乡涂畈村管辖。该居民点位于畈地且涂姓人口居多，故名。该居民点位于赵棚镇涂畈村西北部，东南距村委会所在地 1500 米。东接蔡家大塆，南连周家塆，西邻河西塆，北靠杨家塆。聚落呈块状分布，以涂姓居多，均为汉族。全塆 72 户，360 人。总面积 0.23 平方千米，耕地面积 0.2 平方千米，主要农作物为水稻、小麦、油菜。主要经济来源为种植农作物及外出打工。

艾三家[Ài sān jiā] 隶属于赵棚镇双桥村村民委员会管辖。1949 年 10 月艾三家属赵棚区大鹤乡双桥村管辖。地名来历有二：一、该居民点村民主要姓氏为艾、高、蔡；二、艾姓老三居住地，1982 年《安陆地名志》采用此说。该居民点位于赵棚镇双桥村东北部，东南距村委会所在地 1500 米。东接艾家大塆，西邻王家小塆，南连梅畈，北靠江石岗，聚落呈条状分布。以艾、高、蔡三姓为主，均为汉族。全塆 23 户，152 人，总面积 0.13 平方千米，耕地面积 0.1 平方千米，主要农作物为水稻、小麦、油菜。主要经济来源为种植农作物及外出打工。

河西塆[Hé xī wān]　隶属于赵棚镇双桥村村民委员会管辖。1949年10月河西塆属赵棚区大鹤乡双桥村管辖。该居民点位于井边河西岸，故名。该居民点位于赵棚镇双桥村西北部，东南距村委会所在地2000米。东接涂家畈，西邻连家塆，南连朱家塆，北靠余家咀。聚落呈块状分布，均为汉族。全塆18户，90人。总面积0.065平方千米，耕地面积0.06平方千米，主要农作物为水稻、小麦、油菜。主要经济来源为种植农作物及外出打工。

刘家河[Liú jiā hé]　隶属于赵棚镇双桥村村民委员会管辖。1949年10月刘家河属赵棚区大鹤乡双桥村管辖。明代末期，该塆刘姓先祖从现孝昌县花园刘家沙窝迁移而来，居住在弯弯曲曲的小河边，故命名刘家河。相传在历史上刘家河出了一位神童，11岁点进士，12岁出任江西主考官，有一次主考他别出心裁穿了一身绿色官袍，然而举子们为了吉利，都穿上红袍参考。一些举子见小孩主考心生不服，想故意捉弄一下这个小主考官，便有人出了上联，试试神童的才学深浅：幼小的青蛙穿绿袄。这时神童稍加思索出了下联：落锅的虾子着红袍。举子们见小考官如此思维敏捷，对答如流，个个目瞪口呆，再也不敢小视考官了。刘姓自出了这个神童，感到是刘姓的荣耀，有关神童的传说故事，口口相传至今。该居民点位于赵棚镇双桥村南部，北距村委会所在地1000米。东接张家畈，南连把上塆，西邻方田，北靠双桥街。聚落呈块状分布，居民主要为刘姓，均为汉族。全塆28户，120人。总面积0.14平方千米，耕地面积0.11平方千米，主要农作物为水稻、小麦、油菜。主要经济来源为种植农作物及外出打工。

梅家大塆[Méi jiā dà wān]　隶属于赵棚镇双桥村村民委员会管辖。1949年10月梅家大塆属赵棚区大鹤乡梅畈村管辖。该居民点村民梅姓为主，且人口、房屋规模较大，故名。该居民点位于赵棚镇梅畈村东北部，西南距村委会所在地1000米。东接王家小塆，西邻梅家五塆，南连梅家三塆，北靠艾三家。聚落呈块状分布，以梅姓居多，均为汉族。全塆45户，205人。总面积0.19平方千米，耕地面积0.15平方千米，主要农作物为水稻、小麦、油菜。主要经济来源为种植农作物及外出打工。

王家大塆[Wáng jiā dà wān]　隶属于赵棚镇双桥村村民委员会管辖。清朝开始形成此居民点，1949年10月王家大塆属赵棚区大鹤乡双桥村管辖。该居民点王姓居多，且人口、房屋规模较大，故名。该居民点位于赵棚镇双桥村东部，西距村委会所在地900米。东接张家畈，南连双桥街，西邻王家小塆，北靠艾家大塆。聚落呈块状分布，以王姓居多，均为汉族。全塆62户，460人。总面积0.28平方千米，耕地面积0.25平方千米，主要农作物为水稻、小麦、油菜。主要经济来源为种植农作物及外出打工。

王家小塆[Wáng jiā xiǎo wān]　隶属于赵棚镇双桥村村民委员会辖。1949年10月王家小塆属赵棚区大鹤乡梅畈村管辖。该居民点主要姓氏为王，且规模较小，故名。该居民点位于赵棚镇双桥村东北部，西南距村委会所在地1000米。东接王家大塆，南连茂家独屋，西邻梅家大塆，北靠梅畈。聚落呈块状分布，以王姓居多，均为汉族。全塆23户，130人。总面积0.1平方千米，耕地面积0.09平方千米，主要农作物为水稻、小麦、油菜。主要经济来源为种植农作物及外出打工。

杨家大塆[Yáng jiā dà wān]　隶属于赵棚镇双桥村村民委员会管辖。1949年10月杨家大塆属赵棚区大鹤乡梅畈村管辖。该居民点主要姓氏为杨，且规模较大，故名。本居民点位于赵棚镇梅畈村北部偏西，南距村委会所在地1500米。东接梅家五塆，西邻余家咀，南连杨兴街，北靠田地。聚落呈块状分布，以杨姓居多，均为汉族。全塆28户，150人。总面积0.18平方千米，耕地面积0.16平方千米，主要农作物为水稻、小麦、油菜。主要经济来源为种植农作物及外出打工。

余家咀[Yú jiā zuǐ]　隶属于赵棚镇双桥村村民委员会管辖。1949年10月余家咀属赵棚区大鹤乡梅畈村管辖。该居民点位于山嘴处且村民主要姓氏为余，故名。该居民点位于赵棚镇涂畈村西北部，东南距村委会所在地2000米。东接涂家咀，南连河西塆，西邻余家塆，北靠杨家塆。聚落呈块状分布，以余姓居多，均为汉族。全塆25户，120人。总面积0.18平方千米，耕地面积0.16平方千米，主要农作物为水稻、小麦、油菜。主要经济来源为种植农作物及外出打工。

朱家塆[Zhū jiā wān]　隶属于赵棚镇双桥村村民委员会管辖。1949年10月朱家塆属赵棚区大鹤乡梅畈村管辖。该居民点村民主要姓氏为朱，故名。该居民点位于赵棚镇涂畈村西北部，东南距村委会所在地2500米。东接河西塆，南连连家塆，西邻余家塆，北靠余家咀。聚落呈块状分布，以朱姓居多，全塆21户，105人。总面积0.072平方千米，耕地面积0.067平方千米，主要农作物为水稻、小麦、油菜。主要经济来源为种植农作物及外出打工。

七、孙店村[Sūndiàn Cūn]

隶属于赵棚镇。传说很早麻城一户姓肖的到这里搭棚子落户，取名肖家棚。后孙姓在此发展开店做生意，逐步形成集市贸易，故名孙家店。

孙店村位于赵棚镇东南部，村委会所在地孙家店，距赵棚镇政府所在地7千米。东接孝昌县，西邻兴农村，南连陈店乡，北靠土桥村。截至2014年年末，该辖区共有14个自然塆：曹家岗、程家楼、嫩楼子塆、彭家塆、戚家大塆、戚家小塆、钱家垅、松林塆、孙上八里岔、孙下八里岔、汤家沟、王家塆、杨家田、孙店街。全村540户，2360人，辖区总面积2.5平方千米，耕地面积2450亩，其中水田2170亩，旱地280亩，山地面积1332亩，农作物以水稻、油菜、小麦。有党员51名，村干部4人。

1949年10月孙店村、汤沟村属赵棚区大鹤乡，1952年10月属第七区大鹤乡管辖，1954年8月属赵棚区大鹤乡，1956年3月属第一区大鹤乡，1956年4月属第一指导小组大鹤乡，1958年9月属卫星人民公社，孙店村、汤沟村更名为孙店大队、汤沟大队。同年底卫星人民公社更名为赵棚人民公社。1961年4月公社规模缩小恢复区制，赵棚公社更名为赵棚区，孙店大队、汤沟大队属赵棚区大鹤人民公社。1966年9月赵棚区改红卫区，孙店大队、汤沟大队属红卫区大鹤人民公社。1975年2月撤区并社，孙店大队、汤沟大队属赵棚人民公社大鹤管理区。1984年元月复置区、乡、村，孙店大队更名为孙店村，汤沟大队更名为汤沟村，属赵棚区大鹤乡。1987年撤区并乡，建赵棚镇，下辖赵棚、杨兴、大鹤、崔兴4个管理区，孙店村、汤沟村属赵棚镇大鹤管理区管辖。2000年管理区撤销，孙店村、汤沟村隶属赵棚镇管辖。2005年孙店、汤沟两村合并为孙店村，名称沿用至今。

曹家岗[Cáo jiā gǎng]　隶属于赵棚镇孙店村村民委员会管辖。1949 年 10 月曹家岗属赵棚区大鹤乡孙店村管辖。位于山冈且村民主要姓氏为曹，故名。该居民点位于赵棚镇孙店村南部，聚落呈块状分布，距村委会所在地 1500 米。东接松林塆，南连陈店乡殷陈村，西邻兴农村，北靠孙店街。以曹姓居多，均为汉族。全塆 32 户，142 人。总面积 0. 16 平方千米，耕地面积 0. 08 平方千米，主要农作物为水稻、小麦、油菜。主要经济来源为外出务工。

程家楼[Chéng jiā lóu]　隶属于赵棚镇孙店村村民委员会管辖。1949 年 10 月程家楼属赵棚区大鹤乡孙店村管辖。昔时程姓为镇邪保百姓平安，特建高 10 丈木楼在塆的中央，故得名。该居民点位于赵棚镇孙店村北部，聚落呈块状分布，距村委会所在地 2500 米。东接孝昌安界村孙家独屋，西邻军山，南连嫩楼子塆，北靠汤家沟。以程姓居多，均为汉族。全塆 35 户，145 人。总面积 0. 094 平方千米，耕地面积 0. 08 平方千米，主要农作物为水稻、小麦、油菜。主要经济来源为外出务工。

嫩楼子塆[Nèn lóu zi wān]　隶属于赵棚镇孙店村村民委员会管辖。1949 年 10 月嫩楼子塆属赵棚区大鹤乡孙店村管辖。附近有一老楼子塆，此塆历史较老楼子塆短，故名。该居民点位于赵棚镇孙店村西部，聚落呈块状分布，距村委会所在地 1000 米。东接孙店村王家塆，西邻老邱塆村胡家塆，南连孙店村农田，北靠君山。全塆 26 户，105 人。总面积 0. 13 平方千米，耕地面积 0. 06 平方千米，主要农作物为水稻、小麦、油菜。主要经济来源为外出务工。

彭家塆[Péng jiā wān]　隶属于赵棚镇孙店村村民委员会管辖。1949 年 10 月彭家塆属赵棚区大鹤乡汤沟村管辖。村民主要姓氏为彭，故名。1982 年《安陆地名志》载：从前彭、方两姓居住，因方姓人多，故称方家楼。后来彭姓人多于方姓，改名为彭家塆。该居民点位于赵棚镇孙店村北部，聚落呈块状分布，距村委会所在地 4000 米。东接戚家大塆，西邻大鹤山，南连汤家沟，北靠孙上八里岔。以彭姓居多，均为汉族。全塆 20 户，98 人。总面积 0. 06 平方千米，耕地面积 0. 05 平方千米，主要农作物为水稻、小麦、油菜。主要经济来源为外出务工。

戚家大塆[Qī jiā dà wān]　隶属于赵棚镇孙店村村民委员会管辖。1949 年 10 月戚家大塆属赵棚区大鹤乡汤沟村。村民主要姓氏为戚，人口、房屋规模较大，故名。该居民点位于赵棚镇孙店村北部，聚落呈块状分布，距村委会所在地 3500 米。东接孝昌四何村刘畈，西邻彭家塆，南连戚家小塆，北靠孙上八里岔。以戚姓居多，均为汉族。全塆 40 户，154 人。总面积 0. 16 平方千米，耕地面积 0. 11 平方千米，主要农作物为水稻、小麦、油菜。主要经济来源为外出务工。

戚家小塆[Qī jiā xiǎo wān]　隶属于赵棚镇孙店村村民委员会管辖。1949 年 10 月戚家小塆属赵棚区大鹤乡汤沟村管辖。村民主要姓氏为戚，规模偏小，故名。该居民点位于赵棚镇孙店村北部，聚落呈块状分布，距村委会所在地 3000 米。东接孝昌县安界村，西邻汤家沟，南连程家楼，北靠戚家大塆。以戚姓居多，均为汉族。全塆 16 户，47 人。总面积 0. 037 平方千米，耕地面积 0. 03 平方千米，主要农作物为水稻、小麦、油菜。主要经济来源为外出务工。

钱家垅[Qián jiā lǒng]　隶属于赵棚镇孙店村村民委员会管辖。1949 年 10 月钱家垅属赵棚区大鹤乡汤沟村管辖。该居民点主要姓氏为钱，居住在垅上，故名。该居民点位于赵棚镇孙店村北部，聚落呈块状分布，距村委会所在地4500米。东接张家凹，南连孙店村上八里岔，西邻大鹤山，北靠合山村杨家塆。以钱姓居多，均为汉族。全塆25户，105人。总面积0.07平方千米，耕地面积0.06平方千米，主要农作物为水稻、小麦、油菜。主要经济来源为外出务工。

松林塆[Sōng lín wān]　隶属于赵棚镇孙店村村民委员会管辖。1949年10月松林塆属赵棚区大鹤乡孙店村管辖。昔时该居民点有很多松树，故名。该居民点位于赵棚镇孙店村南部，聚落呈块状分布，距村委会所在地1500米。东接孝昌县北河村，西邻本村曹家岗，南连陈店乡，北靠老孙店街。居民均为汉族，全塆36户、136人。总面积0.13平方千米，耕地面积0.09平方千米，主要农作物为水稻、小麦、油菜。主要经济来源为外出务工。

孙上八里岔[Sūn shàng bā lǐ chà]　隶属于赵棚镇孙店村村民委员会管辖。1949年10月孙上八里岔属赵棚区大鹤乡汤沟村。该居民点位于距孙店街八里的岔口上，且村民主要姓氏为孙，故名。该居民点位于赵棚镇孙店村北部，聚落呈块状分布，距村委会所在地8000米。东接孙下八里岔，西邻大鹤山，南连彭家塆，北靠钱家垅。以孙姓居多，均为汉族。全塆22户，123人。总面积0.09平方千米，耕地面积0.086平方千米，主要农作物为水稻、小麦、油菜。主要经济来源为外出务工。

孙下八里岔[Sūn xià bā lǐ chà]　隶属于赵棚镇孙店村村民委员会管辖。1949年10月孙下八里岔属赵棚区大鹤乡汤沟村管辖。该居民点位于距孙店街八里路的八里岔下边且村民主要姓氏为孙，故名。该居民点位于赵棚镇孙店村北部，聚落呈块状分布，距村委会所在地8000米。东接戚家大塆，西邻大鹤山，南连汤家沟，北靠孙上八里岔。以孙姓居多，均为汉族。全塆20户，98人。总面积0.06平方千米，耕地面积0.046平方千米，主要农作物为水稻、小麦、油菜。主要经济来源为外出务工。

汤家沟[Tāng jiā gōu]　隶属于赵棚镇孙店村村民委员会管辖。1949年10月汤家沟属赵棚区大鹤乡汤沟村管辖。该居民点位于大鹤山东麓山沟且村民主要姓氏为汤，故名。该居民点位于赵棚镇孙店村北部，聚落呈块状分布，距村委会所在地3.5米。东接戚家小塆，西邻程家楼，南连大鹤山，北靠彭家塆。以汤姓居多，均为汉族。全塆40户，202人。总面积0.13平方千米，耕地面积0.07平方千米，主要农作物为水稻、小麦、油菜。主要经济来源为外出务工。

王家塆[Wáng jiā wān]　隶属于赵棚镇孙店村村民委员会管辖。1949年10月王家塆属赵棚区大鹤乡孙店村管辖。以居民姓氏命名。该居民点位于赵棚镇孙店村北部，聚落呈块状分布，距村委会所在地1000米。东接原汤沟村至土桥公路，西邻嫩楼子塆，南连汤沟村农田，北靠程家楼。以王姓居多，均为汉族。全塆25户，100人。总面积0.067平方千米，耕地面积0.05平方千米，主要农作物为水稻、小麦、油菜。主要经济来源为外出务工。

杨家田[Yáng jiā tián]　隶属于赵棚镇孙店村村民委员会管辖。1949年10月杨家田属赵棚区大鹤乡汤沟村管辖。很早以前本地没有杨姓，因方圆几里路的良田是杨姓地主的，为方便收租，杨姓地主在此修建几间房子收租，故得名杨家田，现在以孙姓为主。该居民点位于赵棚镇孙店村北部，聚落呈块状分布，距村委会所在地4000米。东接孝昌县四何村刘畈，西邻孙下八里岔，南连戚家大塆，北靠余畈。以杨姓居多，均为汉族。全塆15户，45人。总面积0.03平方千米，耕地面积0.02平方千米，主要农作物为水稻、小麦、油菜。主要经济来源为外出务工。

孙店街[Sūn diàn jiē]　该居民点位于赵棚镇孙店村，东接孝昌县安界村，西邻老邱塆村，南连孙店村17组杨家塆，北靠老汤家沟。起于基站，止于曹家岗，全长500米，宽5米。路面性质为水泥混凝土。因孙店街早先称肖家棚子，建于一条官道两旁，后来孙姓大批迁进居住，肖姓衰退，孙姓居多而命名。1949年属赵棚区大鹤乡孙店村。

八、陶庙村[Táomiào Cūn]

隶属于赵棚镇。很早以前，这里有一座宗庙，后被毁。1949年后，在此建学校，设代销店，后附近居民迁入，逐渐形成了居民点，并形成以农历单日的集市陶庙街。2005年陶庙、柏树两村合并为陶庙村。

陶庙村位于赵棚镇东部，村委会所在地陶庙街，距赵棚镇政府所在地米7千米。该村东接东升村，西邻广水市青山村，南连赵棚村，北靠广水市太平乡。截至2014年年末，辖区内共有18个居民点：艾家塆、大王岗、胡家塆、黄家柏树塆、黄家院子、黄刘岗、楼子塆、上冯家塆、土门、王家塆、下冯家塆、小王岗、新塆、易家塆、殷家畈、章家塆、周家田、陶庙街。常住居民有1900人，408户。总占地面积5.3平方千米，耕地面积1940亩，其中水田1548亩，旱地396亩，山地面积2981亩。农作物以水稻、油菜、大蒜为主，已形成千亩大蒜种植规模。党员50人，其中流动党员9人，村干部3名。2009年被市委市政府授予“先进单位”，2010年度被赵棚镇授予“先进单位”，2012年被赵棚镇党委评为先进基层党组织。该村主要驻村单位有陶庙村卫生室。

1949年10月陶庙村、柏树村属赵棚区崔兴乡，1952年10月属第七区崔兴乡管辖，1954年8月属赵棚区崔兴乡，1956年3月属第一区崔兴乡，1956年4月属第一指导小组崔兴乡，1958年9月属卫星人民公社，陶庙村、柏树村更名为陶庙大队、柏树大队。同年底卫星人民公社更名为赵棚人民公社。1961年4月公社规模缩小恢复区制，赵棚公社更名为赵棚区，陶庙大队、柏树大队属赵棚区崔兴人民公社。1966年9月赵棚区改红卫区，陶庙大队、柏树大队属红卫区崔兴人民公社。1975年2月撤区并社，陶庙大队、柏树大队属赵棚人民公社崔兴管理区。1984年元月复置区、乡、村，陶庙大队更名为陶庙村，柏树大队更名为柏树村，属赵棚区崔兴乡。1987年撤区并乡，建赵棚镇，下辖赵棚、杨兴、大鹤、崔兴4个管理区，陶庙村、柏树村属赵棚镇崔兴管理区管辖。2000年管理区撤销，陶庙村、柏树村隶属于赵棚镇管辖。2005年陶庙、柏树两村合并为陶庙村，名称沿用至今。

艾家塆[Ài jiā wān]　隶属于赵棚镇陶庙村村民委员会辖。民国时期形成此居民点，1949年10月艾家塆属赵棚区崔兴乡陶庙村管辖。当地曾为艾姓聚居地，后绝户，黄姓迁入，仍用原名。该居民点位于陶庙村西部，聚落呈块状分布，距村委会所在地1000米。东接陶庙街，西邻应山猫子湖村寨塆，南连楼子塆，北靠新塆。以黄姓居多，均为汉族。全塆18户，60人。总面积0.4平方千米，耕地面积0.0335平方千米，主要农作物为水稻、小麦、油菜，主要经济来源为务工务农。

大王家岗[Dà wáng jiā gǎng]　隶属于赵棚镇陶庙村村民委员会辖。民国时期开始形成此居民点，1949年10月大王家岗属赵棚区崔兴乡陶庙村管辖。因当地为王姓聚居地且人口较多，居住在山冈上。该居民点位于陶庙村东北部，聚落呈块状分布，距村委会所在地1500米。东接广水市猫子湖村大步塆，西邻小王岗，南连冯家湾，北靠广水市墩子塆。以王姓居多，均为汉族。全塆25户，78人。总面积0.034平方千米，耕地面积0.03平方千米，主要农作物为水稻、小麦、油菜，主要经济来源为务工务农。

胡家塆[Hú jiā wān]　隶属于赵棚镇陶庙村村民委员会辖。1949年10月胡家塆属赵棚区崔兴乡柏树村管辖。该居民点位于陶庙村南部，聚落呈块状分布，距村委会所在地1000米。东接易家岗，西邻柏树塆，南连下冲，北靠陶庙街。以胡姓居多，均为汉族。全塆16户，60人。总面积0.04平方千米，耕地面积0.036平方千米，农作物以水稻、小麦、油菜为主，主要经济来源为务工务农。

黄家柏树塆[Huáng jiā bǎi shù wān]　该居民点是1942年8月安(陆)应(山)县人民政府成立的旧址，现隶属于赵棚镇陶庙村村民委员会辖。清朝开始形成此居民点，1949年10月黄家柏树塆属赵棚区崔兴乡柏树村管辖。当地黄姓人家居住的地方昔时有一片柏树林。该居民点位于陶庙村南部，聚落呈块状分布。东接易家岗，西邻黄刘岗，南连胡家塆，北靠陶庙村委会。以黄姓居多，均为汉族。全塆80户，275人。总面积0.19平方千米，耕地面积0.18平方千米，主要农作物为水稻、小麦、油菜，主要经济来源为务工务农。

黄家院子[Huáng jiā yuàn zi]　隶属于赵棚镇陶庙村村民委员会辖。1949年10月黄家院子属赵棚区崔兴乡陶庙村管辖。该塆为黄姓聚居地，昔时周围用石头垒起院墙，用于夜晚防盗，故名。该居民点位于陶庙村西部，聚落呈块状分布，距村委会所在地500米。东接陶庙街，西邻新塆，南连土楼子塆，北靠冯家塆。以黄姓居多，均为汉族。全塆38户，140人。总面积0.09平方千米，耕地面积0.08平方千米，农作物以水稻、小麦、油菜为主，主要经济来源为务工务农。

黄刘岗[Huáng liú gǎng]　隶属于赵棚镇柏陶庙村村民委员会辖。1949年10月黄刘岗属赵棚区崔兴乡柏树村管辖。黄姓村民和刘姓村民聚居在山冈上，别名岗上塆。该居民点位于陶庙村村南部，聚落呈块状分布，距村委会所在地1500米。东接柏树塆，西邻广水猫子湖村竹林塆，南连黄家咀子，北靠土楼子塆。居民以黄、刘姓居多，均为汉族。全塆35户，142人。总面积0.12平方千米，耕地面积0.1平方千米，主要农作物为水稻、小麦、油菜，主要经济来源为务工务农。

楼子塆[Lóu zi wān]　隶属于赵棚镇陶庙村村民委员会辖。1949年10月楼子塆属赵棚区崔兴乡柏树村管辖。早期易姓员外建有三层楼房，因不洋气，故称土楼子，后改名楼子塆。该居民点位于陶庙村西部，聚落呈块状分布，距村委会所在地1500米。东接陶庙，西邻广水竹林塆，南连黄刘岗，北靠新塆。以黄姓居多，均为汉族，全塆16户，80人。总面积0.05平方千米，耕地面积0.047平方千米，农作物以水稻、小麦、油菜为主，主要经济来源为务工务农。

上冯家塆[Shàng féng jiā wān]　隶属于赵棚镇陶庙村村民委员会辖。1949年10月上冯家塆属赵棚区崔兴乡陶庙村管辖。当地为冯姓聚集地，且居于下冯家塆西方，故名。该居民点位于赵棚镇陶庙村西北部，聚落呈块状分布，距村委会所在地1000米。东接王家塆，西邻新塆，南连院子塆，北靠小王岗。主要为冯姓，全塆20户，70人。占地面积0.054平方千米，耕地面积0.05平方千米，主要农作物为水稻、小麦、油菜，主要经济来源为务工务农。

陶庙街[Táo miào jiē]　隶属于赵棚镇陶庙村村民委员会辖。1949 年 10 月陶庙街属赵棚区崔兴乡陶庙村管辖。因很早以前有一座宗庙，后被毁，新中国成立后在此建学校，设代销店，后来附近居民迁进，逐渐形成居民点，并形成以农历单日的集市。该居民点位于赵棚镇陶庙村中心，村委会所在地，聚落呈条状分布。东接王家塆，南连柏树塆，西邻新塆，北靠冯家塆。居民均为汉族。住有 60 户，102 人。总面积 0. 04 平方千米，耕地面积 0. 02 平方千米，农作物以水稻、小麦、油菜为主，主要经济来源为务工务农。

土门[Tǔ mén]　隶属于赵棚镇陶庙村村民委员会辖。1949 年 10 月土门属赵棚区崔兴乡陶庙村管辖。居民住房建在一处小山凹，塆前有一处形似门的山凹，故命名“土门”，又称冯家土门。该居民点位于赵棚镇陶庙村东部，聚落呈块状分布，距村委会所在地 500 米。东接王家塆，西邻祝田，南连冯家塆，北靠大王家岗。以黄、冯姓为主，居民均为汉族。全塆 8 户，35 人。总面积 0. 03 平方千米，耕地面积 0. 027 平方千米，农作物以水稻、小麦、油菜为主，主要经济来源为务工务农。

王家塆[Wáng jiā wān]　隶属于赵棚镇陶庙村村民委员会辖。1949 年 10 月王家塆属赵棚区崔兴乡陶庙村管辖。该居民点位于赵棚镇陶庙村东部，聚落呈块状分布，距村委会所在地 1000 米。东接广水市烧脚(筲箕)塆，西邻土门，南连殷家畈，北靠大王家岗。主要姓氏为王，均为汉族，全塆 30 户，100 人。占地面积 0. 07 平方千米，耕地面积 0. 067 平方千米，农作物以水稻、小麦、油菜为主，主要经济来源为务工务农。

下冯家塆[Xià féng jiā wān]　隶属于赵棚镇陶庙村村民委员会辖。1949 年 10 月下冯家塆属赵棚区崔兴乡陶庙村管辖。因当地为冯姓聚居地，且人口多，分为上、下冯家塆，东部为下冯家塆。该居民点位于赵棚镇陶庙村东北部，聚落呈块状分布，距村委会所在地 500 米。东接祝田，西邻陶庙街，南连章家塆，北靠大王岗。主要姓氏为冯，均为汉族，全塆 12 户，50 人。总面积 0. 036 平方千米，耕地面积 0. 03 平方千米，农作物以水稻、小麦、油菜为主，主要经济来源为务工务农。

小王岗[Xiǎo wáng gǎng]　隶属于赵棚镇陶庙村村民委员会辖。1949 年 10 月小王岗属赵棚区崔兴乡陶庙村管辖。因当地为王姓聚居地，规模比大王家岗小且居住在地势不平整的山冈上。该居民点位于赵棚镇陶庙村北部，聚落呈块状分布，距村委会所在地 1500 米。东接大王家岗，西邻广水猫子湖村涂家塆，南连冯家塆，北靠广水猫子湖村大步塆。主要为王姓，均为汉族，全塆 25 户，78 人。占地面积 0. 045 平方千米，耕地面积 0. 04 平方千米，农作物以水稻、小麦、油菜为主，主要经济来源为务工务农。

新塆[Xīn wān]　隶属于赵棚镇陶庙村村民委员会辖。1961 年新塆属赵棚区崔兴人民公社陶庙大队管辖。该居民点为 20 世纪 60 年代迁建的新村庄，故名。该居民点位于赵棚镇陶庙村西部，聚落呈块状分布，距村委会所在地 1500 米。东接院子塆，西邻广水市青山村，南连楼子塆，北靠广水猫子湖村涂家塆。全塆 23 户，110 人。占地面积 0. 08 平方千米，耕地面积 0. 0743 平方千米。农作物以水稻、小麦、油菜为主，主要经济来源为务工务农。

易家塆[Yì jiā wān]　隶属于赵棚镇陶庙村村民委员会辖。1949 年 10 月易家塆属赵棚区崔兴乡柏树村管辖。当地为易姓聚居地。该居民点位于赵棚镇陶庙村东南，聚落呈块状分布，距村委会所在地 1500 米。东接张凹，西邻柏树塆，南连崔沟，北靠陶庙街。主要姓氏为易，均为汉族，全塆 20 户，65 人。总面积

0.035平方千米，耕地面积0.03平方千米，农作物以水稻、小麦、油菜为主，主要经济来源为务工务农。

殷家畈[Yīn jiā fàn] 隶属于赵棚镇陶庙村村民委员会辖。1949年10月殷家畈属赵棚区崔兴乡陶庙村管辖。该居民点地处畈地且为殷姓聚居地。该居民点位于赵棚镇陶庙村东南部，聚落呈块状分布，距村委会所在地1000米。东接山峰，西邻章家塆，南连张凹，北靠河流。以殷姓居多，均为汉族，全塆11户，50人。占地面积0.035平方千米，耕地面积0.03平方千米。农作物以水稻、小麦、油菜为主，主要经济来源为务工务农。

章家塆[Zhāng jiā wān] 隶属于赵棚镇陶庙村村民委员会辖。以姓氏命名。该居民点位于赵棚镇陶庙村东南部，聚落呈块状分布，距村委会所在地1000米。东接公路，西邻陶庙街，南连陡山，北靠殷家畈。主要姓氏为章，均为汉族。全塆45户，160人。总面积0.1平方千米，耕地面积0.0938平方千米。农作物以水稻、小麦、油菜为主，主要经济来源为务工务农。

周家田[Zhù jiā tián] 隶属于赵棚镇陶庙村村民委员会辖。1949年10月周家田属赵棚区崔兴乡陶庙村管辖。昔时周姓在一大块田地边聚居。该居民点位于赵棚镇陶庙村东部，聚落呈块状分布，距村委会所在地1000米。东接王家塆，西邻冯家塆，南连章家塆，北靠大王岗。主要为黄、冯姓，均为汉族。全塆7户，30人。总面积0.023平方千米，耕地面积0.02平方千米。农作物以水稻、小麦、油菜为主，主要经济来源为务工务农。

九、土桥村[Tǔqiáo Cūn]

隶属于赵棚镇。因历史上河面架有一土木结构桥，故名。2005年土桥、宋楼、四张、余畈四村合并为土桥村。

土桥村位于赵棚镇东部，村委会所在地土桥街，距赵棚镇政府所在地4000米。东接团山村，西邻赵棚街，南连双鹤山，北靠陶庙村。截至2014年年末，辖区内共有19个自然塆：岗上塆、艾家独屋、北上独屋、侯家冲、葫芦包、栗岭、四张塆、宋家沟、宋家楼、土桥街、伍家独屋、谢家独屋、熊家东塆、熊家高屋、余家畈、张家独屋、周家塆、魏塆、熊家西塆。常住居民520户，共2229人，辖区总面积2.9平方千米，耕地面积4024亩，其中水田2607亩，旱地540亩，山地面积1300亩，农作物以水稻、油菜为主。有党员66人，村干部5名。2013年被镇表彰为先进村，2014土桥村通过新修村级公路、维修塘堰、环境整治、开展精神文明建设等措施改善民生和村容村貌。驻村单位：土桥信用社，土桥粮站。土桥在抗战时期，因日军血染土桥店而闻名鄂中，现在该村被省市确认为爱国主义教育基地。

据《安陆县志》载，土桥店，隋代置永阳县，复改吉阳县，后并入安陆县辖。1949年10月土桥村、宋楼村属赵棚区崔兴乡，1952年10月属第七区崔兴乡管辖，1954年8月属赵棚区崔兴乡，1956年3月属第一区崔兴乡，1956年4月属第一指导小组崔兴乡，1958年9月属卫星人民公社，土桥村、宋楼村更名为土桥大队、宋楼大队。同年底卫星人民公社更名为赵棚人民公社。1961年4月公社规模缩小恢复区制，赵棚公社更名为赵棚区，土桥大队、宋楼大队属赵棚区崔兴人民公社。1966 年 9 月赵棚区改红卫区，土桥大队、宋楼大队属红卫区崔兴人民公社。1975 年 2 月撤区并社，土桥大队、宋楼大队属赵棚人民公社崔兴管理区。1984 年元月复置区、乡、村，土桥大队更名为土桥村，四张、余畈从土桥析出单独成村，宋楼大队更名为宋楼村，属赵棚区崔兴乡。1987 年撤区并乡，建赵棚镇，下辖赵棚、杨兴、大鹤、崔兴 4 个管理区，土桥村、宋楼村、四张村、余畈村属赵棚镇崔兴管理区管辖。2000 年管理区撤销，土桥村、宋楼村、四张村、余畈村隶属赵棚镇管辖。2005 年土桥、宋楼、四张、余畈四村合并为土桥村。

岗上塆[Gǎng shàng wān]　隶属于赵棚镇土桥村村民委员会辖。1949 年 10 月岗上塆属赵棚区崔兴乡土桥村。因坐落在山冈上，故名。本居民点位于土桥村中部，聚落呈条状分布，距村委会所在地 1000 米。东接葫芦包，西邻栗岭，南连八口堰，北靠侯家冲。居民以侯姓为主，均为汉族。总人口 30 人，户数 10 户。农作物以水稻、小麦为主，主要经济来源为务工务农。

艾家独屋[Ài jiā dú wū]　隶属于赵棚镇土桥村村民委员会管辖。1949 年 10 月艾家独屋属赵棚区崔兴乡宋楼村。该居民点主要姓氏为艾，且自然塆规模较小，故名。该居民点位于赵棚镇土桥村东南部，聚落呈条状分布，距村委会所在地 1000 米。东接叶寨，西邻谢家独屋，南连孝昌厉店四何村，北靠大山。居民以艾姓为主，均为汉族。截至 2014 年年末，全塆 3 户，13 人。总面积 0.08 平方千米，耕地面积 0.067 平方千米。农作物以水稻、小麦为主，主要经济来源为务工、务农。

北上独屋[Běi shàng dú wū]　隶属于赵棚镇土桥村村民委员会管辖。1949 年 10 月北上独屋属赵棚区崔兴乡土桥村。北上独屋地处土桥街之北上且居民人口和房屋规模小，故名。该居民点位于土桥村北部，聚落呈条状分布，距村委会所在地 100 米。东接侯家塆，西邻周家塆，南连土桥街，北靠葫芦包。截至 2014 年年末，全塆 28 户，140 人。总面积 0.1 平方千米，耕地面积 0.087 平方千米。农作物以水稻、小麦为主，主要经济来源为务工、务农。

侯家冲[Hóu jiā chōng]　隶属于赵棚镇土桥村村民委员会管辖。1949 年 10 月侯家冲属赵棚区崔兴乡土桥村。该聚落居民主要姓氏为侯，且聚落地势为山间一片平地。该居民点位于土桥村北部，聚落呈条状分布，距村委会所在地 1500 米。东接侯家塆，西邻马鞍山，南连嘴上塆，北靠广水市太平镇青山村。居民以侯姓为主，均为汉族。全塆 16 户，110 人。总面积 0.09 平方千米，耕地面积 0.08 平方千米。农作物以水稻、小麦为主，主要经济来源为务工、务农。

葫芦包[Hú lú bāo]　隶属于赵棚镇土桥村村民委员会管辖。1949 年 10 月葫芦包属赵棚区崔兴乡土桥村。该塆处在像葫芦一样的小山包上，故名。该居民点位于土桥村北部，聚落呈条状分布，距村委会所在地 1000 米。东接侯家塆，西邻周家塆，南连北上独屋，北靠侯家冲。居民主要为李姓，均为汉族。截至 2014 年年末，全塆 16 户，86 人。总面积 0.052 平方千米，耕地面积 0.038 平方千米。农作物以水稻、小麦为主，主要经济来源为务工、务农。

栗岭[Lì lǐng]　隶属于赵棚镇土桥村村民委员会管辖。1949 年 10 月栗岭属赵棚区崔兴乡土桥村。因该塆种栗树而闻名，居民房屋建在山岭上，故名。该居民点位于土桥村西部，聚落呈条状分布，距村委会所在地 1500 米。东接侯家冲，西邻杨家老屋，南连西李家塆，北靠马鞍山。截至 2014 年年末，全塆 12 户，45

人，占地面积 0.063 平方千米，耕地面积 0.053 平方千米。农作物以水稻、小麦为主，主要经济来源为务工、务农。

四张塆[Sì zhāng wān]　隶属于赵棚镇土桥村村民委员会管辖。1949 年 10 月四张塆属赵棚区崔兴乡土桥村。相传本地张姓始为九兄弟分支居住，该塆为张姓第四支，故名。该居民点位于土桥村南部，聚落呈块状分布，距村委会所在地 1000 米。东接宋沟，西邻余家畈，南连孝昌厉店四何村，北靠土桥街。主要姓氏为张，均为汉族，截至 2014 年年末，全塆 90 户，330 人。总面积 0.3 平方千米，耕地面积 0.254 平方千米。农作物以水稻、小麦为主，主要经济来源为务工、务农。

宋家沟[Sòng jiā gōu]　隶属于赵棚镇土桥村村民委员会管辖。1949 年 10 月宋家沟属赵棚区崔兴乡宋楼村。因当地为宋姓聚居地，且居住在一条河沟旁。该居民点位于土桥村南部，聚落呈条状分布，距村委会所在地 1000 米。东接魏家塆，西邻四张塆，南连孝昌厉店四何河，北靠熊家西塆。居民以宋姓居多，均为汉族。截至 2014 年年末，全塆 65 户，145 人。总面积 0.14 平方千米，耕地面积 0.12 平方千米。农作物以水稻、小麦为主，主要经济来源为务工、务农。

宋家楼[Sòng jiā lóu]　隶属于赵棚镇土桥村村民委员会管辖。1949 年 10 月宋家楼属赵棚区崔兴乡宋楼村。该自然塆以宋氏人家居多，原有楼房两座，故名。该居民点位于土桥村东部，聚落呈条状分布，距村委会所在地 2500 米。东接叶寨，西邻宋家沟，南连孝昌富丽独屋，北靠谢家独屋。居民以宋姓居多，均为汉族。截至 2014 年年末，全塆 43 户，150 人，总面积 0.218 平方千米，耕地面积 0.17 平方千米。农作物以水稻、小麦为主，主要经济来源为务工、务农。

土桥街[Tǔ qiáo jiē]　隶属于赵棚镇土桥村村民委员会管辖。1949 年 10 月土桥街属赵棚区崔兴乡土桥村。土桥街因河面架有土木结构桥而得名，土桥街形成集市，约有 200 余年的历史。抗战时期，日军因血染土桥街而名播鄂中，日军当年屠杀居民 24 人，有 3 户人家杀绝，现是爱国主义教育旧址。该居民点位于土桥村中部，聚落呈块状分布，为村委会所在地。东接熊家西塆，西邻伍家独屋，南连四张塆，北靠葫芦包。住有 65 户，230 人。总面积 0.19 平方千米，耕地面积 0.171 平方千米。主要农作物以水稻、小麦为主，主要经济来源为务工、务农。

伍家独屋[Wǔ jiā dú wū]　隶属于赵棚镇土桥村村民委员会管辖。1949 年 10 月伍家独屋属赵棚区崔兴乡四张村。因早期该塆住有五户人家，故名。该居民点位于土桥村西部，聚落呈条状分布，距村委会所在地 500 米。东接土桥街，西邻岗上塆，南连余家畈，北靠西李家塆。以张姓居多，均为汉族。全塆 11 户，50 人。总面积 0.07 平方千米，耕地面积 0.067 平方千米。农作物以水稻、小麦为主，主要经济来源为务工、务农。

谢家独屋[Xiè jiā dú wū]　隶属于赵棚镇土桥村村民委员会管辖。1949 年 10 月谢家独屋属赵棚区崔兴乡宋楼村。因当地为谢姓聚居地，且自然塆范围较小，故名。该居民点位于土桥村东部，聚落呈条状分布，距村委会所在地 1500 米。东接熊家高屋，西邻熊家东塆，南连宋楼，北靠侯家塆。主要姓氏为谢，均为汉族，截至 2014 年年末，全塆 12 户，60 人。总面积 0.04 平方千米，其中耕地面积 0.02 平方千米。农作物以水稻、小麦为主，主要经济来源为务工、务农。

熊家东塆[Xióng jiā dōng wān]　隶属于赵棚镇土桥村村民委员会辖。1949年10月熊家东塆属赵棚区崔兴乡宋楼村。当地为熊姓聚居地，分东西两个熊姓自然塆，此居民点位于东部，故名。该居民点位于土桥村东部，聚落呈条状分布，距村委会所在地1500米。东接谢家独屋，西邻熊家西塆，南连魏塆，北靠侯家塆。以熊姓居多，均为汉族。截至2014年年末，全塆45户，120人。总面积0.067平方千米，耕地面积0.049平方千米。农作物以水稻、小麦为主，主要经济来源为务工、务农。

熊家高屋[Xióng jiā gāo wū]　隶属于赵棚镇土桥村村民委员会管辖。清代该居民点叫熊家高屋，其中有一典故。该居民点清代中叶出了一名一品武官叫熊光辉，后武官年迈告老还乡，皇上御批武官回乡做9间高楼豪宅颐养天年。不料武官擅自作主做了10间。此事被熊光辉过去同在朝廷为官且一向不和的文官黄尔璧知道了，便向皇上奏了一本，称武官熊光辉犯了欺君之罪。皇上大怒，责罚熊光辉拆掉豪宅，只留两间楼房。因豪宅依然气派，比老百姓的房子要高大，故称熊家高屋。该居民点位于赵棚镇土桥村东南部，聚落条状分布，距村委会所在地2000米。东接叶寨，西邻谢家独屋，南连孝昌富丽独屋，北靠大山。以熊姓居多，均为汉族。截至2014年年末，全塆5户，22人。总面积0.08平方千米，耕地面积0.067平方千米。农作物以水稻、小麦为主，主要经济来源为务工、务农。

余家畈[Yú jiā fàn]　隶属于赵棚镇土桥村村民委员会管辖。1949年10月余家畈属赵棚区崔兴乡土桥村。该自然塆以余氏人家居多且居住在田间冲畈上而得名。该居民点位于土桥村南部，呈条状分布，距村委会所在地1200米。东接四张塆，西邻张家塆，南连八里叉，北靠伍家独屋。以余姓居多，均为汉族。截至2014年年末，全塆80户，376人。总面积0.24平方千米，耕地面积0.067平方千米。农作物以水稻、小麦为主，主要经济来源为务工、务农。

张家独塆[Zhāng jiā dú wān]　隶属于赵棚镇土桥村村民委员会管辖。1949年10月张家独塆属赵棚区崔兴乡土桥村。张姓始祖在此定居时，房屋很少，故名张家独屋。该居民点位于土桥村中部，聚落呈块状分布，距村委会所在地100米。东接熊家西塆，西邻周家塆，南连土桥街，北靠葫芦包。以张、侯姓为主，均为汉族。总人口120人，户数30户。农作物以水稻、小麦为主，主要经济来源为务工务农。

周家塆[Zhōu jiā wān]　隶属于赵棚镇土桥村村民委员会管辖。1949年10月周家塆属赵棚区崔兴乡土桥村。因当地为周姓聚居的自然塆，故名。该居民点位于土桥村北部，聚落呈条状分布，距村委会所在地500米。东接葫芦包，西邻西李家塆，南连土桥街，北靠侯家冲。以周姓居多，均为汉族，截至2014年年末，全塆25户，100人。总面积0.17平方千米，耕地面积0.154平方千米。农作物以水稻、小麦为主，主要经济来源为务工、务农。

魏塆[Wèi wān]　隶属于赵棚镇土桥村村民委员会管辖。1949年10月魏塆属赵棚区崔兴乡宋楼村。当地为魏姓聚居地。该居民点位于赵棚镇土桥村南部，聚落呈块状分布，距村委会所在地1500米。东接宋家楼，西邻宋沟，南连孝昌厉店四何大塆，北靠熊家西塆。以魏姓居多，均为汉族。截至2014年年末，全塆11户，45人。农作物以水稻、小麦为主，主要经济来源为务工、务农。

熊家西塆[Xióng jiā xī wān]　隶属于赵棚镇土桥村村民委员会管辖。1949年10月熊家西塆属赵棚区崔兴乡宋楼村。熊姓聚居地分为东、西两个自然村落。该居民点位于赵棚镇土桥村中部，呈块状分布，距村委会所在地500米。东接熊家东塆，西邻土桥街，南连宋沟、魏塆，北靠葫芦包。以熊姓居多，均为汉族。截至2014年年末，全塆30户，92人。农作物以水稻、小麦为主，主要经济来源为务工、务农。

十、团山村[Tuánshān Cūn]

隶属于赵棚镇。2005年兵场、叶塆、叶寨村合并，因合并的几个村都在团山周围，故取名“团山村”。

团山村位于赵棚镇东部，村委会所在地崔家大塆南边，距赵棚镇政府所在地4500米。东接孝昌卫店双洪村，西邻土桥村，南连孝昌厉店镇，北靠东升村。截至2014年年末，辖区内共有27个自然塆：黄家咀、淳家巷子、崔大塆、崔家下冲、崔兴街、豆腐塆、殷家塆、牯牛坡、横山头塆、侯家巷子、胡家独屋、胡家塆、黄家巷子、李家岗、刘家高山、刘家棚子、麻雀塆、坡子塆、叶大塆、叶东塆、叶家寨、叶上塆、殷家塆、章家塆、赵家塆、轭头塆、新崔兴街，常住居民680户，共2825人，辖区总面积2.5平方千米，其中耕地面积1.25平方千米，主要农作物有水稻、油菜、大蒜。党员54人，村干部5名。

坐落在该村的伍欣甸园是2010年由安陆市赵棚籍退伍军人叶小伍投资1.2亿元，流转荒山冈地8000亩，开发建设的现代生态农业旅游观光采摘园。通过与省农科院携手战略合作，伍欣甸园于2012年引进栽种被誉为“水果皇后”“浆果之王”的美国蓝莓70万株，建设蓝莓观光采摘长廊和蓝莓生鲜储藏设备，开发出蓝莓鲜果、干果、蓝莓汁、蓝莓酒等多个产品，是华中地区最大的蓝莓种植研发基地。伍欣甸园还常年举办樱花节、帐篷节、摄影赛、骑行赛、马拉松赛等文体活动，吸引国内外游客纷至沓来，这里被评为“国家级标准化种植示范基地”“湖北省休闲农业示范区”“孝感市农业产业化重点龙头企业”“金融精准支持‘插花村’产业扶贫基地”等。

1949年10月兵场村、叶塆村、叶寨村属赵棚区崔兴乡，1952年10月属第七区崔兴乡管辖，1954年8月属赵棚区崔兴乡，1956年3月属第一区崔兴乡，1956年4月属第一指导小组崔兴乡，1958年9月属卫星人民公社，兵场村、叶塆村、叶寨村更名为兵场大队、叶塆大队、叶寨大队。同年底卫星人民公社更名为赵棚人民公社。1961年4月公社规模缩小恢复区制，赵棚公社更名为赵棚区，兵场大队、叶塆大队、叶寨大队属赵棚区崔兴人民公社。1966年9月赵棚区改红卫区，兵场大队、叶塆大队、叶寨大队属红卫区崔兴人民公社。1975年2月撤区并社，兵场大队、叶塆大队、叶寨大队属赵棚人民公社崔兴管理区。1984年1月复置区、乡、村，兵场大队更名为兵场村，叶塆大队更名为叶塆村，叶寨大队更名为叶寨村，属赵棚区崔兴乡。1987年撤区并乡，建赵棚镇，下辖赵棚、杨兴、大鹤、崔兴4个管理区，兵场村、叶塆村、叶寨村属赵棚镇崔兴管理区管辖。2000年管理区撤销，兵场村、叶塆村、叶寨村隶属赵棚镇管辖。2005年底兵场、叶塆、叶寨三村合并为团山村。

黄家咀[Huáng jiā zuǐ]　隶属于赵棚镇团山村村民委员会辖。1949年10月黄家咀属赵棚区崔兴乡兵场村。黄姓始祖定居在此山嘴处，故名。该居民点位于团山村西北部，聚落呈块状分布，距村委会所在地3000米。东接崔家下冲，西邻陶庙村刘家岗，南连砖厂，北靠陶庙村柏树塆。以余、崔姓居多，均为汉族。

总人口 46 人，户数 11 户。农作物以水稻、小麦、油菜为主，主要经济来源为务工务农。

淳家巷子[Chún jiā xiàng zi]　隶属于赵棚镇团山村村民委员会辖。1949 年 10 月淳家巷子属赵棚区崔兴乡兵场村。当地为淳姓人口聚居地，昔时有很深的巷子。该居民点位于团山村中部，聚落呈条状分布，距村委会所在地 600 米。东接崔兴街，西邻牯牛坡，南连叶寨、叶家大塆，北靠崔兴街。以淳、熊姓居多，均为汉族。现已搬迁。

崔大塆[Cuī dà wān]　隶属于赵棚镇团山村村民委员会辖。1949 年 10 月崔大塆属赵棚区崔兴乡兵场村。明朝初年，全国人口大迁移，从江西迁移而来的崔姓老大，在此落籍，后繁衍成塆且人口规模较大，故名“崔家大塆”。该居民点位于赵棚镇团山村北部，聚落呈块状分布，为村委会所在地，距村委会办公楼 500 米。东接崔兴街，西邻崔家下冲，南连牯牛坡，北靠赵家塆。以崔姓居多，均为汉族。截至 2014 年年末，全塆 85 户，340 人。总面积 0. 29 平方千米，耕地面积 0. 23 平方千米。农作物以水稻、小麦、油菜为主，主要经济来源为务工、务农。

崔家下冲[Cuī jiā xià chōng]　隶属于赵棚镇团山村村民委员会辖。1949 年 10 月崔家下冲属赵棚区崔兴乡兵场村。因位于崔家大塆西面，且地势较低，故名。该居民点位于赵棚镇团山村北部，聚落呈块状分布，距村委会所在地 3000 米。东接崔家大塆，西邻黄咀子，南连崔家大塆，北靠柏树村(现陶庙村)。均为汉族。截至 2014 年年末，全塆 23 户，70 人。总面积 0. 14 平方千米，耕地面积 0. 07 平方千米。农作物以水稻、小麦、油菜为主，主要经济来源为务工、务农。

崔兴街[Cuī xīng jiē]　隶属于赵棚镇团山村村民委员会辖。1949 年 10 月崔兴街属赵棚区崔兴乡兵场村。早期一户崔姓居民在此开店做生意，后逐步发展成集市贸易地，为了吉利，使之生意兴隆故而命名。设有供销、粮站、食品、学校等。该居民点处团山村东部，聚落呈块状分布，距村委会所在地 500 米。东接胡家独屋，西邻崔家大塆，南连巷子塆，北靠横山。主要姓氏为崔，均为汉族。截至 2014 年年末，全街 45 户，220 人。总面积 0. 033 平方千米，农作物以水稻、小麦、油菜为主，主要经济来源为务工、务农。

豆腐塆[Dòu fǔ wān]　隶属于赵棚镇团山村村民委员会辖。1949 年 10 月豆腐塆属赵棚区崔兴乡叶塆村。该塆居民过去以开豆腐作坊而闻名，每年腊月附近村民做年豆腐，都到该塆加工，客人络绎不绝，生意兴隆，故因豆腐行当而得名。该居民点位于赵棚镇团山村东部，聚落呈块状分布，距村委会所在地 1500 米。东接轭头塆，西邻李家岗，南连叶东塆，北靠横山头塆。居民以叶姓为主，均为汉族。截至 2014 年年末，全塆 18 户，52 人。总面积 0. 1 平方千米，耕地面积 0. 042 平方千米。农作物以水稻、小麦、油菜为主，主要经济来源为务工、务农。

殷家塆[Yin jiā wān]　隶属于赵棚镇团山村村民委员会辖。1949 年 10 月殷家塆属赵棚区崔兴乡兵场村。当地以殷姓人口居多。该居民点位于赵棚镇团山村西部，聚落呈块状分布，距村委会所在地 1500 米。东接刘家棚子，西邻胡家塆，南连赵家塆，北靠崔家下冲。以殷姓居多，均为汉族，截至 2014 年年末，全塆 10 户，40 人。总面积 0. 1 平方千米，耕地面积 0. 033 平方千米。农作物以水稻、小麦、油菜为主，主要经济来源为务工、务农。

牯牛坡[Gǔ niú pō]　隶属于赵棚镇团山村村民委员会辖。1949 年 10 月牯牛坡属赵棚区崔兴乡兵场村。

当地塆门前一座小山包形似一头躺下的牯水牛。该居民点位于赵棚镇团山村南部，聚落呈块状分布，距村委会所在地 500 米。东接团山村林场，西邻麻雀塆，南连叶寨，北靠崔大塆。居民以淳姓居多，均为汉族。截至 2014 年年末，全塆 51 户，200 人。总面积 0.2 平方千米，耕地面积 0.134 平方千米。农作物以水稻、小麦、油菜为主，主要经济来源为务工、务农。

横山头塆[Héng shān tóu wān]　隶属于赵棚镇团山村村民委员会辖。1949 年 10 月横山头塆属赵棚区崔兴乡兵场村。因该自然塆位于横山山头而得名。该居民点位于赵棚镇团山村东部，聚落呈块状分布，距村委会所在地 1500 米。东接轭头塆，西邻胡家独屋，南连李家岗，北靠横山。居民以叶、淳、李姓居多，均为汉族。截至 2014 年年末，全塆 4 户，12 人。总面积 0.03 平方千米，耕地面积 0.008 平方千米。农作物以水稻、小麦、油菜为主，主要经济来源为务工、务农。

侯家巷子[Hóu jiā xiàng zi]　隶属于赵棚镇团山村村民委员会辖。明朝开始形成此居民点，1949 年 10 月侯家巷子属赵棚区崔兴乡叶寨村。当地居民以侯姓为主，建塆较早，居民建房前后重叠形成较多的巷子。该居民点位于赵棚镇团山村西南部，聚落呈块状分布，距村委会所在地 3000 米。东接麻雀塆，西邻土桥村葫芦凹，南连土桥村谢家独屋，北靠刘家棚子。主要为侯姓，均为汉族，截至 2014 年年末，全塆 42 户，170 人。总面积 0.16 平方千米，耕地面积 0.11 平方千米。农作物以水稻、小麦、油菜为主，主要经济来源为务工、务农。

胡家独屋[Hú jiā dú wū]　隶属于赵棚镇团山村村民委员会辖。清朝开始形成此居民点，1949 年 10 月胡家独屋属赵棚区崔兴乡兵场村。该塆在历史上有一典故，原名叫运粮独屋，在很早以前当地的农民秋收后，要向朝廷交皇粮，每户都有派交皇粮的清单，皇粮一般要送到路途遥远的县城，要走十几天，有些农民忍受不了交粮路上的饥饿，拿上交的皇粮充饥，因此皇粮数量不足，这些农民就要遭厄运。而唯独本塆的胡姓人家，每年皇粮足额上交，就是自家断了口粮也不动上交的皇粮一粒。后受到催粮官上奏朝廷，得到皇帝的褒奖遂命名为运粮独屋，后改名为胡家独屋。该居民点位于赵棚镇团山村东部，聚落呈块状分布，距村委会所在地 1000 米。东接叶家塆，西邻崔兴街，南连叶塆，北靠横山。以胡姓居多，均为汉族。截至 2014 年年末，全塆 18 户，68 人。总面积 0.08 平方千米，耕地面积 0.04 平方千米。农作物以水稻、小麦、油菜为主，主要经济来源为务工、务农。

胡家塆[Hú jiā wān]　隶属于赵棚镇团山村村民委员会辖。1949 年 10 月胡家塆属赵棚区崔兴乡兵场村。当地以胡姓人家居多。该居民点位于赵棚镇团山村西部，聚落呈块状分布，距村委会所在地 1000 米。东接崔家塆，西邻殷家塆，南连麻雀塆，北靠崔家塆。以胡姓居多，均为汉族。截至 2014 年年末，全塆 14 户，58 人。总面积 0.053 平方千米，耕地面积 0.027 平方千米。农作物以水稻、小麦、油菜为主，主要经济来源为务工、务农。

黄家巷子[Huáng jiā xiàng zi]　隶属于赵棚镇团山村村民委员会辖。明朝开始形成此居民点，1949 年 10 月黄家巷子属赵棚区崔兴乡叶寨村。清朝初期，本地大姓黄姓和熊姓在朝廷各出了一位三品大官。黄姓为文官，熊姓为武官。当地人都以本姓在朝廷出了大人物而感到光宗耀祖。黄姓和熊姓历来不合，时不时为一点小事而发生摩擦，甚至上升到械斗。身为朝廷命官的黄姓，因是文官出身，文笔自然犀利，武官熊姓自差一筹，告状不是黄姓的对手，屡屡败下阵来。然而熊姓还是不服，后访八卦高人指点，熊姓在垮子后山，全垮百姓花了几个冬春，修建了形似一枝箭头的土建工程。“箭头”直射黄姓垮方向，以报仇恨。说来也巧，自建“土箭”以后黄姓建房，屡建屡塌，最后只剩下几条巷子，故得名黄家巷子。该居民点位于赵棚镇团山村南部，聚落呈块状分布，距村委会所在地2500米。东接章家垮，西邻侯家巷子，南连叶家寨，北靠赵家垮。以黄姓居多，均为汉族。截至2014年年末，全垮31户，130人。总面积0.15平方千米，耕地面积0.11平方千米。农作物以水稻、小麦、油菜为主，主要经济来源为务工、务农。

李家岗[Lǐ jiā gǎng]　隶属于赵棚镇团山村村民委员会。1949年10月李家岗属赵棚区崔兴乡叶垮村。当地李姓人家居多且居住在地势陡峭的山冈上。该居民点位于赵棚镇团山村东部，聚落呈块状分布，距村委会所在地1500米。东接豆腐垮，西邻坡子垮，南连叶东垮，北靠横山头垮。主要姓氏为李姓，均为汉族，截至2014年年末，全垮住有17户，共50人。总面积0.8平方千米，耕地面积0.04平方千米，农作物以水稻、小麦、油菜为主，主要经济来源为务工、务农。

刘家高山[Liú jiā gāo shān]　隶属于赵棚镇团山村村民委员会辖。1949年10月刘家高山属赵棚区崔兴乡叶垮村。当地刘氏人家居多且居住在一座高山周围。该居民点位于赵棚镇团山村东部，聚落呈块状分布，距村委会所在地4500米。东接孝昌县卫店镇双洪村清家凹，西邻季店乡牛角村上彭，南连卫店镇砂塘村，北靠叶大垮。主要姓氏为刘，均为汉族。截至2014年年末，全垮100户，320人。总面积0.29平方千米，耕地面积0.23平方千米。农作物以水稻、小麦、油菜为主，主要经济来源为务工、务农。

刘家棚子[Liú jiā péng zi]　隶属于赵棚镇团山村村民委员会辖。1949年10月刘家棚子属赵棚区崔兴乡兵场村。当地居民刘氏在早年间用棚子搭建成简陋房屋。该居民点位于赵棚镇团山村西部，聚落呈块状分布，距村委会所在地1800米。东接殷家垮，西邻土桥村侯冲，南连殷家垮，北靠随州广水市太平镇竹林垮。主要姓氏为刘，均为汉族，截至2014年年末，全垮12户，40人。总面积0.07平方千米，耕地面积0.03平方千米。农作物以水稻、小麦、油菜为主，主要经济来源为务工、务农。

麻雀垮[Má què wān]　隶属于赵棚镇团山村村民委员会辖。1949年10月麻雀垮属赵棚区崔兴乡兵场村。居民居住的位置状似一只麻雀的样子。该居民点位于赵棚镇团山村西部，聚落呈块状分布，距村委会所在地1200米。东接牯牛坡，西邻赵家垮，南连黄家巷子，北靠胡家垮。居民淳姓居多，均为汉族，截至2014年年末，全垮10户，38人。总面积0.067平方千米，耕地面积0.03平方千米。农作物以水稻、小麦、油菜为主，主要经济来源为务工、务农。

坡子垮[Pō zi wān]　隶属于赵棚镇团山村村民委员会辖。1949年10月坡子垮属赵棚区崔兴乡叶垮村.当地居民居住在一个山坡，故名。又名淳家老屋。该居民点位于赵棚镇团山村东部，聚落呈块状分布，距村委会所在地2000米。东接叶东垮，西邻殷家垮，南连叶大垮，北靠北冲水库。居民以淳、叶、宋姓居多，均为汉族。截至2014年年末，全垮9户，30人。总面积0.06平方千米，耕地面0.02平方千米积。农作物以水稻、小麦、油菜为主，主要经济来源为务工、务农。

叶大垮[Yè dà wān]　隶属于赵棚镇团山村村民委员会辖。1949年10月叶大垮属赵棚区崔兴乡叶垮村。当地为叶氏聚居地且人多房屋多。该居民点位于赵棚镇团山村东部，聚落呈块状分布。东接叶东垮，西邻胡冲水库，南连刘家高山，北靠坡子塆。以叶姓居多，均为汉族。截至2014年年末，全塆57户，230人。总面积0.22平方千米，耕地面积0.16平方千米。农作物以水稻、小麦、油菜为主，主要经济来源为务工、务农。

叶东塆[Yè dōng wān]　隶属于赵棚镇团山村村民委员会辖。1949年10月叶东塆属赵棚区崔兴乡叶塆村。当地叶氏人家多且居住在崔兴街东边。该居民点位于赵棚镇团山村东部，聚落呈块状分布，距村委会所在地3000米。东接随州市广水市学堂塆，西邻坡子塆，南连双洪水库，北靠轭头塆。以叶姓居多，均为汉族。截至2014年年末，全塆51户，130人。总面积0.14平方千米，耕地面积0.1平方千米。农作物以水稻、小麦、油菜为主，主要经济来源为务工、务农。

叶家寨[Yè jiā zhài]　隶属于赵棚镇团山村村民委员会辖。1949年10月叶家寨属赵棚区崔兴乡叶寨村。当地叶氏人家居多，过去曾建有寨子。该居民点位于赵棚镇团山村南部，聚落呈块状分布，距村委会所在地3000米。东接孝昌县牛角村江家井，西邻土桥村熊家高屋，南连孝昌县四河村杨家坡，北靠章家塆。以叶姓居多，均为汉族。截至2014年年末，全塆145户，580人。总面积0.42平方千米，耕地面积0.4平方千米。农作物以水稻、小麦、油菜为主，主要经济来源为务工、务农。

叶上塆[Yè shàng wān]　隶属于赵棚镇团山村村民委员会辖。1949年10月叶上塆属赵棚区崔兴乡叶塆村。位于叶寨北方，故称叶上塆。该居民点位于团山村东部，聚落呈块状分布，距村委会所在地2000米。东接孝昌双洪村双家政塆，西邻殷家塆，南连孝昌牛角村江家井，北靠坡子塆。以叶姓居多，均为汉族。总人口300多人，户数60户。农作物以水稻、小麦、油菜为主，主要经济来源为务工务农。

殷家塆[Yīn jiā wān]　隶属于赵棚镇团山村村民委员会辖。1949年10月殷家塆属赵棚区崔兴乡叶塆村。当地殷氏人家居多。该居民点位于赵棚镇团山村东部，聚落呈块状分布，距村委会所在地1500米。东接坡子塆，西邻张家塆，南连胡冲水库，北靠团山基地。以殷姓居多，均为汉族。截至2014年年末，全塆12户，50人。总面积0.07平方千米，耕地面积0.04平方千米。农作物以水稻、小麦、油菜为主，主要经济来源为务工、务农。

章家塆[Zhāng jiā wān]　隶属于赵棚镇团山村村民委员会辖。1949年10月章家塆属赵棚区崔兴乡叶寨村。当地章氏人家居多。该居民点位于赵棚镇团山村南部，聚落呈块状分布，距村委会所在地2500米。东接胡冲水库，西邻黄家巷子，南连叶家寨，北靠牯牛坡。以章姓居多，均为汉族。截至2014年，全塆15户，40人。总面积0.04平方千米，耕地面积0.03平方千米。农作物以水稻、小麦、油菜为主，主要经济来源为务工、务农。

赵家塆[Zhào jiā wān]　隶属于赵棚镇团山村村民委员会辖。1949年10月赵家塆属赵棚区崔兴乡兵场村。以姓氏命名。该居民点位于赵棚镇团山村西部，聚落呈块状分布，距村委会所在地2000米。东接麻雀塆，西邻土桥村，南连侯家巷子，北靠殷家塆。以赵姓居多，均为汉族。截至2014年年末，全塆11户，30人。总面积0.067平方千米，耕地面积0.04平方千米。农作物以水稻、小麦、油菜为主，主要经济来源为务工、务农。

轭头塆[Ě tóu wān]　隶属于赵棚镇团山村村民委员会辖。1949年10月轭头塆属赵棚区崔兴乡叶塆村。

当地居民建房排列走势，整个塆像轭头形状。该居民点位于赵棚镇团山村东部，聚落呈块状分布，距村委会所在地2000米。东接随州广水市学堂塆，西邻豆腐塆，南连叶东塆，北靠楼堂阁。以淳姓居多，均为汉族。截至2014年年末，全塆30户，120人。总面积0.22平方千米，耕地面积0.08平方千米。农作物以水稻、小麦、油菜为主，主要经济来源为务工、务农。

十一、务丰村[Wùfēng Cūn]

隶属于赵棚镇。因境内集镇务丰店而得名。“务丰”指农务丰收的美好愿望。2005年由务丰、施坡两村合并而成。

务丰村位于赵棚镇西部，村委会所在地务丰店，距赵棚镇政府所在地3500米。该村东接赵棚村，西邻接官村，南连和顺村和联星村，北靠长龙村。截至2014年年末，辖区内共有18个自然塆：曹家塆、大周家塆、稻场塆、胡家塆、李家塆、牛车塆、沁水冲、施家塆、史家独屋、孙家塆、务丰店、小周家塆、徐家桥、板子桥、邓家独屋、染行咀、仁家塆、王家西塆。全村380户，1848人，辖区总面积3.35平方千米，耕地面积1256亩，其中水田1150亩，旱地106亩，山地面积1683亩。主要农作物为水稻、小麦、油菜，经济来源以务农、务工为。党员38人，村干部4名。

1949年10月务丰村、施坡村属赵棚区务丰乡，1952年10月属第七区务丰乡管辖，1954年8月属赵棚区务丰乡，1956年3月属第一区赵棚乡，1956年4月属第一指导小组赵棚乡，1958年9月属卫星人民公社，务丰村、施坡村更名为务丰大队、施坡大队。同年底卫星人民公社更名为赵棚人民公社。1961年4月公社规模缩小恢复区制，赵棚公社更名为赵棚区，务丰大队、施坡大队属赵棚区赵棚人民公社。1966年9月赵棚区改红卫区，务丰大队、施坡大队属红卫区赵棚人民公社。1975年2月撤区并社，务丰大队、施坡大队属赵棚人民公社赵棚管理区。1984年元月复置区、乡、村，务丰大队更名为务丰村，施坡大队更名为施坡村，属赵棚区赵棚镇。1987年撤区并乡，建赵棚镇，下辖赵棚、杨兴、大鹤、崔兴4个管理区，务丰村、施坡村属赵棚镇赵棚管理区管辖。2000年管理区撤销，务丰村、施坡村隶属赵棚镇管辖。2005年务丰、施坡两村合并为务丰村。

曹家塆[Cáo jiā wān] 隶属于赵棚镇务丰村村民委员会管辖。1949年10月曹家塆属赵棚区务丰乡务丰村。因村民主要姓氏为曹，故名。该居民点位于赵棚镇务丰村南部，呈条状分布，距村委会所在地600米。东接孙家塆，西邻徐家桥，南连牛车塆，北靠稻场塆。以曹姓居多，均为汉族。全塆32户，175人。总面积0.18平方千米，耕地面积0.07平方千米。农作物以种植水稻、小麦、油菜为主，主要经济来源为务工务农。

大周塆[Dà zhōu wān] 隶属于赵棚镇务丰村村民委员会管辖。1949年10月大周塆属赵棚区务丰乡施坡村。周姓在当地有两个自然塆，昔时兄弟二人分开居住，兄称大周，弟称小周，故名。该居民点位于赵棚镇务丰村东部，呈条状分布，距村委会所在地1000米。东接破庙，西邻沈家塆，南连李家陡坡，北靠李家塆。以周姓居多，均为汉族。全塆32户，135人。总面积0.15平方千米，耕地面积0.07平方千米。农作物以种植水稻、小麦、油菜为主，主要经济来源为务工务农。

稻场塆[Dào chǎng wān]　隶属于赵棚镇务丰村村民委员会管辖。1949年10月稻场塆属赵棚区务丰乡务丰村。昔时当地有一块较大的空地，用来晒稻谷，故名。又称邓家稻场塆。该居民点位于赵棚镇务丰村中心，呈条状分布，距村委会所在地300米。东接务丰店，西邻徐家桥，南连曹家塆，北靠仁家塆。以邓、杨、唐、徐姓居多，均为汉族。全塆29户，140人。总面积0.16平方千米，耕地面积0.07平方千米。农作物以种植水稻、小麦、油菜为主，主要经济来源为务工务农。

胡家塆[Hú jiā wān]　隶属于赵棚镇务丰村村民委员会管辖。1949年10月胡家塆属赵棚区务丰乡务丰村。以姓氏命名。该居民点位于赵棚镇务丰村西部，呈条状分布，距村委会所在地1500米。东接沁水冲，西邻李家塆，南连李家塆，北靠邓家独屋。以胡姓居多，均为汉族。全塆22户，115人。总面积0.1平方千米，耕地面积0.05平方千米。农作物以种植水稻、小麦、油菜为主，主要经济来源为务工务农。

李家塆[Lǐ jiā wān]　隶属于赵棚镇务丰村村民委员会管辖。1949年10月李家塆属赵棚区务丰乡施坡村。以姓氏命名。该居民点位于赵棚镇务丰村东部，呈条状分布，距村委会所在地1500米。东接汤家塆，西邻小周家塆，南连大周家塆，北靠王家西塆。以李姓居多，均为汉族。全塆20户，110人。总面积0.1平方千米，耕地面积0.05平方千米。农作物以种植水稻、小麦、油菜为主，主要经济来源为务工务农。

牛车塆[Niú chē wān]　隶属于赵棚镇务丰村村民委员会管辖。1949年10月牛车塆属赵棚区务丰乡务丰村。该居民点地处一条河边，很早村民抗旱车水，不用人车水，而是设计一个圆盘木齿轮水车，用两头牛推动圆盘水车，故名。该居民点位于赵棚镇务丰村南部，呈条状分布，距村委会所在地1500米。东接邓家院子，西邻胡家塆，南连黄家塆，北靠曹家塆。全塆25户，135人。总面积0.22平方千米，耕地面积0.068平方千米。农作物以种植水稻、小麦、油菜为主，主要经济来源为务工务农。

沁水冲[Qìn shuǐ chōng]　隶属于赵棚镇务丰村村民委员会管辖。1949年10月沁水冲属赵棚区务丰乡务丰村。“沁水”是指地下水涌出地面。因当地山泉水比较多，居民点犹如浸润在水中一般，且该居民点处在一片山间平地上，故名。该居民点位于赵棚镇务丰村西部，呈条状分布，距村委会所在地1300米。东接稻场塆，西邻胡家塆，南连徐家桥，北靠王家独屋。全塆32户，160人。总面积0.12平方千米，耕地面积0.07平方千米。农作物以种植水稻、小麦、油菜为主，主要经济来源为务工务农。

施家塆[Shī jiā wān]　隶属于赵棚镇务丰村村民委员会管辖。1949年10月施家塆属赵棚区务丰乡施坡村。以姓氏命名。该居民点位于赵棚镇务丰村，呈条状分布，距村委会所在地1200米。东接王家塆，西邻魏家咀，南连史家独屋，北靠易家洼。以施姓居多，均为汉族。全塆24户，115人。总面积0.12平方千米，耕地面积0.08平方千米。农作物以种植水稻、小麦、油菜为主，主要经济来源为务工务农。

史家独屋[Shǐ jiā dú wū]　隶属于赵棚镇务丰村村民委员会管辖。1949年10月史家独屋属赵棚区务丰乡施坡村。此居民点为史姓聚居地，且人少房屋少，故名。本居民点位于赵棚镇务丰村东部，聚落呈条状分布，距村委会所在地1000米。东接李家塆，西邻板子桥，南连大周家塆，北靠施家塆。以史姓居多，均为汉族。全塆21户，105人。总面积0.08平方千米，耕地面积0.05平方千米。农作物以种植水稻、小麦、油菜为主，主要经济来源为务工务农。

孙家塆[Sūn jiā wān]　隶属于赵棚镇务丰村村民委员会管辖。1949年10月孙家塆属赵棚区务丰乡务丰村。以姓氏命名。该居民点位于赵棚镇务丰村南部，呈条状分布，距村委会所在地800米。东接大周家塆，西邻稻场塆，南连曹家塆，北靠务丰店。以孙姓居多，均为汉族，全塆36户，180人。总面积0.17平方千米，耕地面积0.085平方千米。农作物以种植水稻、小麦、油菜为主，主要经济来源为务工务农。

务丰店[Wù fēng diàn]　隶属于赵棚镇务丰村村民委员会管辖。1949年10月务丰店属赵棚区务丰乡务丰村。此地土地肥沃，水源充沛，历年农业都有好的收成，且曾经为集市所在地，故清代官府特命名地名。该居民点位于赵棚镇务丰村中部，聚落呈条状分布，为村委会所在地。东接小周家塆，西邻仁家塆，南连稻场塆，北靠高家塆。全塆30户，250人。总面积0.16平方千米，耕地面积0.05平方千米。农作物以种植水稻、小麦、油菜为主，主要经济来源为务工务农。

小周塆[Xiǎo zhōu wān]　隶属于赵棚镇务丰村村民委员会管辖。1949年10月小周塆属赵棚区务丰乡施坡村。周姓在当地有两个自然塆，为兄弟二人分开居住，兄称大周，弟称小周，故名。该居民点位于赵棚镇务丰村东部，聚落呈条状分布，距村委会所在地600米。东接大周家塆，西邻史家独屋，南连沈家塆，北靠李家塆。以周姓居多，均为汉族，全塆22户，98人。总面积0.08平方千米，耕地面积0.05平方千米。农作物以种植水稻、小麦、油菜为主，主要经济来源为务工务农。

徐家桥[Xú jiā qiáo]　隶属于赵棚镇务丰村村民委员会管辖。1949年10月徐家桥属赵棚区务丰乡务丰村。因当地徐姓居民居多，且位于一座桥梁旁，故名。该居民点位于赵棚镇务丰村，呈条状分布，距村委会所在地700米。东接稻场塆，西邻李家塆，南连染行咀，北靠沁水冲。以徐姓居多，均为汉族，全塆24户，101人。总面积0.051平方千米，耕地面积0.046平方千米。农作物以种植水稻、小麦、油菜为主，主要经济来源为务工务农。

板子桥[Bǎn zi qiáo]　隶属于赵棚镇务丰村村民委员会。1949年10月板子桥属赵棚区务丰乡施坡村。昔时该居民点附近有一用木板搭成的桥。本居民点位于赵棚镇务丰村东部，聚落呈条状分布，距村委会所在地1000米。东接李家独屋，南连小周家塆，西邻高家塆，北靠魏家咀。全塆共9户，80人。总面积0.04平方千米，耕地面积0.02平方千米。农作物以水稻、小麦、油菜为主，主要经济来源为务工务农。

邓家独屋[Dèng jiā dú wū]　隶属于赵棚镇务丰村村民委员会管辖。1949年10月邓家独屋属赵棚区务丰乡务丰村。该居民点为邓姓人口聚居地，且人少房屋少，故名。本居民点位于赵棚镇务丰村西部，聚落呈条状分布，距村委会所在地1500米。东接仁家塆，西邻胡家塆，南连沁水冲，北靠汪家独屋。以邓姓居多，均为汉族。全塆共8户，75人。总面积0.046平方千米，耕地面积0.02平方千米。农作物以水稻、小麦、油菜为主，主要经济来源为务工务农。

染行咀[Rǎn xíng zuǐ]　隶属于赵棚镇务丰村村民委员会管辖。1949年10月染行咀属赵棚区务丰乡务丰村。该居民点地处山咀处，昔时当地有人开有染布作坊。本居民点位于赵棚镇务丰村南部，聚落呈条状分布，距村委会所在地1500米。东接曹家塆，西邻胡家塆，南连接官乡唐畈村胡家塆，北靠徐家桥。以邓姓居多，均为汉族。全塆共9户，70人。总面积0.046平方千米，耕地面积0.02平方千米。主要农作物为水稻、小麦，油菜，主要经济来源为外出务工。

仁家垱[Rén jiā wān]　隶属于赵棚镇务丰村村民委员会管辖。1949 年 10 月仁家垱属赵棚区务丰乡务丰村。以姓氏命名。本居民点位于赵棚镇务丰村北部，聚落呈条状分布，距村委会所在地 600 米。东接务丰店，西邻沁水河，南连稻场垱，北靠高家垱。以仁姓居多，均为汉族。全垱共 8 户，60 人。总面积 0.033 平方千米，耕地面积 0.015 平方千米。农作物以水稻、小麦、油菜为主，主要经济来源为务工务农。

王家西垱[Wáng jiā xī wān]　隶属于赵棚镇务丰村村民委员会管辖。1949 年 10 月王家西垱属赵棚区务丰乡务丰村。本居民点位于赵棚街西部而得名，聚落呈条状分布，距村委会所在地 1900 米。东接魏垱，西邻曹冲水库，南连大山，北靠王家小垱。以王姓居多，均为汉族。全垱共 9 户，130 人。总面积 0.053 平方千米，耕地面积 0.025 平方千米。主要农作物为水稻、小麦，油菜，主要经济来源为外出务工。

十二、兴农村[Xīngnóng Cūn]

隶属于赵棚镇。2005 年邱垱、孙畈两村合并而成。两村都是农业村，赵棚镇政府希望合并后的村，每年都有个好收成，故名。

兴农村位于赵棚镇南部，村委会所在地殷家垄，距赵棚镇政府所在地 5000 米。该村东接孙店村，西邻陈店乡，南连殷陈村，北靠合山村、双桥村。截至 2014 年年末，辖区内共有 18 个自然垱：塝上垱、蔡家岭、蔡垱子、程家畈、祠堂垱、畈上垱、胡家垱、老楼子垱、季家独屋、邱家大垱、孙独屋、孙家独屋、吴家凹、下蔡垱子、殷家垄、张畈、郑杨畈、周家独屋。截至 2014 年年末，全村 520 户、2744 人，辖区总面积 0.88 平方千米，有耕地面积 0.67 平方千米，主要农作物为水稻、小麦、油菜。

1949 年 10 月邱垱村、孙畈村属赵棚区大鹤乡，1952 年 10 月属第七区大鹤乡管辖，1954 年 8 月属赵棚区大鹤乡，1956 年 3 月属第一区大鹤乡，1956 年 4 月属第一指导小组大鹤乡，1958 年 9 月属卫星人民公社，邱垱村、孙畈村更名为邱垱大队、孙畈大队。同年底卫星人民公社更名为赵棚人民公社。1961 年 4 月公社规模缩小恢复区制，赵棚公社更名为赵棚区，邱垱大队、孙畈大队属赵棚区大鹤人民公社。1966 年 9 月赵棚区改红卫区，邱垱大队、孙畈大队属红卫区大鹤人民公社。1975 年 2 月撤区并社，邱垱大队、孙畈大队属赵棚人民公社大鹤管理区。1984 年 1 月复置区、乡、村，邱垱大队更名为邱垱村，孙畈大队更名为孙畈村，属赵棚区大鹤乡。1987 年撤区并乡，建赵棚镇，下辖赵棚、杨兴、大鹤、崔兴 4 个管理区，邱垱村、孙畈村属赵棚镇大鹤管理区管辖。2000 年管理区撤销，邱垱村、孙畈村隶属赵棚镇管辖。2005 年邱垱、孙畈两村合并为兴农村。

塝上垱[Bàng shàng wān]　隶属于赵棚镇兴农村村民委员会管辖。当地地处山丘塝上，故名。1949 年 10 月塝上垱属赵棚区大鹤乡孙畈村。本居民点位于赵棚镇兴农村南部，聚落呈块状分布，距村委会所在地 1800 米。东接下蔡家垱子，西邻刘家河，南连刘家河，北靠上蔡家垱子。截至 2014 年年末，全村 60 户，340 人。总面积 0.15 平方千米，耕地面积 0.1 平方千米。主要农作物为水稻、小麦、油菜，主要经济来源为外出务工。

蔡家岭[Cài jiā lǐng] 隶属于赵棚镇兴农村村民委员会管辖。1949 年 10 月蔡家岭属赵棚区大鹤乡邱塆村。蔡家岭原名挖断岭，这其中有一段传说，蔡家岭地处双鹤山南麓，远看双鹤山像一卧地的龙头，其龙身曲折蜿蜒几十里，蔡家岭就处在龙身的颈部，占据了龙的经脉。这里山清水秀，卧虎藏龙，是一宝地，该塆相继在朝廷出了几个一品大官，蔡姓在此地可谓光宗耀祖，人丁兴旺。而居住“龙颈”下方的孙姓大族不服蔡姓的飞黄腾达，十分眼红。孙姓头人便召集孙姓族人开会，决定治一治这“龙脉”，召集 500 劳力，把“龙身”斩断了一个豁口。可奇怪的是，白天挖断的口子晚上又复原了，孙姓十分纳闷。孙姓正无计可施时一路过仙鹤道人指点迷津：“要让口子不合拢不难，只要把挖断的口子两侧各钉 8 个大铜钉便可”，说完乘仙鹤而去。孙姓依了仙道，果真挖断的口子不再合拢了，因断了“龙脉”蔡姓从此衰落。顺了孙姓的意逐取名挖断岭。本居民点位于赵棚镇兴农村北部，聚落呈块状分布，距村委会所在地 1700 米。东接大合山，西邻合山村，南连邱家大塆，北靠大合山。以蔡姓居多，均为汉族。截至 2014 年年末，全村 30 户，120 人。总面积 0. 12 平方千米，耕地面积 0. 067 平方千米。主要农作物为水稻、小麦、油菜，主要经济来源为外出务工。

蔡淌子[Cài tǎng zi] 隶属于赵棚镇兴农村村民委员会管辖。1949 年 10 月蔡淌子属赵棚区大鹤乡邱塆村。该地以蔡姓居民居多，建在一处低洼地带，故名。又称上蔡家埫子。本居民点位于赵棚镇兴农村中部，聚落呈块状分布，距村委会所在地 400 米。东接 4 组殷家垅，西邻 3 组郑杨畈，南连梁山，北靠殷家垅。以蔡姓居多，均为汉族。截至 2014 年年末，全塆 33 户，110 人。总面积 0. 09 平方千米，耕地面积 0. 06 平方千米。主要农作物为水稻、小麦、油菜，主要经济来源为外出务工。

程家畈[Chéng jiā fàn] 隶属于赵棚镇兴农村村民委员会管辖。1949 年 10 月程家畈属赵棚区大鹤乡孙畈村。当地程姓居民居多且房屋建在一片田畈上，故名。本居民点位于赵棚镇兴农村东南部，聚落呈块状分布，距村委会所在地 1800 米。东接丰乐坝，南连河殷陈，西邻畈上塆，北靠周家独屋。以程姓居多，均为汉族。截至 2014 年年末，全塆 50 户，200 人。总面积 0. 1 平方千米，耕地面积 0. 073 平方千米。主要农作物为水稻、小麦、油菜，主要经济来源为外出务工。

祠堂塆[Cí táng wān] 隶属于赵棚镇兴农村村民委员会管辖。又称孙家祠堂。此地为孙氏祠堂所在地，故名。1949 年 10 月祠堂塆属赵棚区大鹤乡孙畈村。本居民点位于赵棚镇兴农村南部，聚落呈块状分布，距村委会所在地 1800 米。东接畈上塆，西邻陈店乡方家田，南连陈店乡饶塆村，北靠塝上塆。主要姓氏为孙，居民均为汉族。截至 2014 年年末，全塆 40 户，150 人。总面积 0. 087 平方千米，耕地面积 0. 058 平方千米。主要农作物为水稻、小麦、油菜，主要经济来源为外出务工。

畈上塆[Fàn shàng wān] 隶属于赵棚镇兴农村村民委员会管辖。又称孙家畈。因当地地势平坦，孙氏人家居住于此，故名。1949 年 10 月畈上塆属赵棚区大鹤乡孙畈村。本居民点位于赵棚镇兴农村西南部，聚落呈块状分布，距村委会所在地 1800 米。东接程家畈，西邻祠堂塆，南边隔河与陈店乡饶塆村相连，北靠下蔡家埫子。截至 2014 年年末，全塆 90 户，400 人。总面积 0. 23 平方千米，耕地面积 0. 17 平方千米。主要农作物为水稻、小麦、油菜，主要经济来源为外出务工。

胡家塆[Hú jiā wān] 隶属于赵棚镇兴农村村民委员会管辖。以姓氏命名。1949 年 10 月胡家塆属赵棚区大鹤乡邱塆村。本居民点位于赵棚镇兴农村中部，聚落呈块状分布，距村委会所在地400米。东接孙店村，西邻殷山，南连曹岗，北靠大合山。以胡姓居多，均为汉族。截至2014年年末，全塆44户，140人。总面积0.1平方千米，耕地面积0.087平方千米。主要农作物为水稻、小麦、油菜，主要经济来源为外出务工。

老楼子塆[Lǎo lóu zi wān]　隶属于赵棚镇兴农村村民委员会管辖。因当地居民祖先很早的时候做有楼子屋，故名。1949年10月老楼子塆属赵棚区大鹤乡邱塆村。本居民点位于赵棚镇兴农村北部，聚落呈块状分布，距村委会所在地650米。东接吴家凹，西邻邱家大塆，南连殷山，北靠大合山。居民孙姓居多，均为汉族。截至2014年年末，全塆51户，183人。总面积0.13平方千米，耕地面积0.085平方千米。主要农作物为水稻、小麦、油菜，主要经济来源为外出务工。

季家独屋[Jǐ jiā dú wū]　隶属于赵棚镇兴农村村民委员会管辖。早期季姓在此居住时人少房屋少，故名。1949年10月季家独屋属赵棚区大鹤乡孙畈村。本居民点位于赵棚镇兴农村南部，聚落呈块状分布，距村委会所在地2000米。东接畈上塆，西邻陈店乡方家田，南连陈店乡饶塆，北靠塝上塆。以季姓居多，均为汉族。截至2014年年末，全塆11户，50人。总面积0.03平方千米，耕地面积0.026平方千米。主要农作物为水稻、小麦、油菜，主要经济来源为外出务工。

邱家大塆[Qiū jiā dà wān]　隶属于赵棚镇兴农村村民委员会管辖。邱姓聚居地且村落较大，故名。1949年10月邱家大塆属赵棚区大鹤乡邱塆村。本居民点位于赵棚镇兴农村西部，聚落呈块状分布，距村委会所在地500米。东接村委办公室，西邻王大塆，南连一组张畈，北靠蔡家岭。以邱姓居多，均为汉族。截至2014年年末，全塆61户，240人。总面积0.13平方千米，耕地面积0.09平方千米。主要农作物为水稻、小麦、油菜，主要经济来源为外出务工。

孙独屋[Sūn dú wū]　隶属于赵棚镇兴农村村民委员会管辖。孙氏在此定居时人少、房屋少，故名。1949年10月孙独屋属赵棚区大鹤乡孙畈村。本居民点位于赵棚镇兴农村东部，聚落呈块状分布，距村委会所在地1700米。东接孙店村曹岗，西邻畈上塆，南连程畈，北靠下蔡埫子。以孙姓居多，均为汉族。截至2014年年末，全塆20户，70人。总面积0.063平方千米，耕地面积0.05平方千米。主要农作物为水稻、小麦、油菜，主要经济来源为外出务工。

孙家独屋[Sūn jiā dú wū]　隶属于赵棚镇兴农村村民委员会管辖。孙姓在此定居时人少房屋少，故名。1949年10月孙家独屋属赵棚区大鹤乡孙畈村。本居民点位于赵棚镇兴农村东部，聚落呈块状分布，距村委会所在地700米。东接孙店街，西邻殷家垅，南连孙店村，北靠胡家塆。以孙姓居多，均为汉族。截至2014年年末，全塆44户，140人。总面积0.11平方千米，耕地面积0.08平方千米。主要农作物为水稻、小麦、油菜，主要经济来源为外出务工。

吴家凹[Wú jiā wā]　隶属于赵棚镇兴农村村民委员会管辖。当地吴姓居民居多，地势低洼，故名。1949年10月吴家凹属赵棚区大鹤乡邱塆村。本居民点位于赵棚镇兴农村北部，聚落呈块状分布，距村委会所在地1300米。东接孙店，西邻老楼子塆，南连胡家塆，北靠大合山。以吴姓居多，均为汉族。截至2014年年末，全塆20户，67人，总面积0.087平方千米，耕地面积0.07平方千米。主要农作物为水稻、小麦、油菜，主要经济来源为外出务工。

下蔡淌子[Xià cài tǎng zi]　隶属于赵棚镇兴农村村民委员会管辖。当地有两个蔡家埫子，均为蔡姓居民居多且建在一片低洼处。此蔡埫子位于下面，故名。1949 年 10 月下蔡埫子属赵棚区大鹤乡孙畈村。本居民点位于赵棚镇兴农村东部，聚落呈块状分布，距村委会所在地 1500 米。东接孙店村曹岗，西邻塝上塆，南连程家畈，北靠殷家龙。以蔡姓居多，均为汉族。截至 2014 年年末，全塆 34 户，130 人。总面积 0.12 平方千米，耕地面积 0.083 平方千米。主要农作物为水稻、小麦、油菜，主要经济来源为外出务工。

殷家垄[Yīn jiā lǒng]　隶属于赵棚镇兴农村村民委员会管辖。殷姓居民居多且居住在垄上，故名。1949 年 10 月殷家垄属赵棚区大鹤乡邱塆村。本居民点位于赵棚镇兴农村中部，聚落呈块状分布，为村委会所在地。东接孙店街，西邻 3 组蔡家埫子，南连下蔡家埫子，北靠殷山。以殷姓居多，均为汉族。截至 2014 年年末，全塆 42 户，135 人。总面积 0.11 平方千米，耕地面积 0.08 平方千米。主要农作物为水稻、小麦、油菜，主要经济来源为外出务工。

张畈[Zhāng fàn]　隶属于赵棚镇兴农村村民委员会辖。地处畈上且张姓居民居多，故名。亦称张家畈。1949 年 10 月张畈属赵棚区大鹤乡邱塆村。本居民点位于赵棚镇兴农村西南部，聚落呈块状分布，距村委会所在地 500 米。东接 2 组郑杨畈，西邻双桥街，南连刘杨河，北靠邱家大塆。以张姓居多，均为汉族。截至 2014 年年末，全塆 98 户，132 人。总面积 0.1 平方千米，耕地面积 0.08 平方千米。主要农作物为水稻、小麦、油菜，主要经济来源为外出务工。

郑杨畈[Zhèng yáng fàn]　隶属于赵棚镇兴农村村民委员会管辖。因当地郑、杨姓居民居多，且居住在畈上，故名。1949 年属赵棚区大鹤乡邱塆村。本居民点位于赵棚镇兴农村西南部，聚落呈块状分布，距村委会所在地 400 米。东接 3 组蔡家埫子，西邻 1 组张家畈，南连刘河，北靠殷山。以郑、杨两姓居多，均为汉族。截至 2014 年年末，全塆 38 户，102 人。总面积 0.087 平方千米，耕地面积 0.058 平方千米。主要农作物为水稻、小麦、油菜，主要经济来源为外出务工。

周家独屋[Zhōu jiā dú wū]　隶属于赵棚镇兴农村村民委员会管辖。周氏在此定居时人少、房屋少，故名。1949 年 10 月周家独屋属赵棚区大鹤乡孙畈村。本居民点位于赵棚镇兴农村东南部，聚落呈块状分布，距村委会所在地 1700 米。东接黄家岗，西邻畈上塆，南连程家畈，北靠下蔡埫子。以周姓居多，均为汉族。截至 2014 年年末，全塆 9 户，35 人。总面积 0.03 平方千米，耕地面积 0.026 平方千米。主要农作物为水稻、小麦、油菜，主要经济来源为外出务工。

十三、杨兴村[Yángxīng Cūn]

隶属于赵棚镇。以前有一杨氏人家在此经营商业，生意兴隆，故名。

杨兴村位于赵棚镇南部，安赵公路贯穿杨兴村，村委会所在地杨兴街，距赵棚镇政府所在地 7000 米。东接双桥村，西邻会砦村，南连中塆村，北靠连心村。截至 2014 年年末，辖区内共有 24 个居民点：邓家塆、黄家冲塆、黄家独屋、黄家下塆、黄家中塆、梅家小塆、碾子塆、孙家独屋、杨家大塆、杨茂楠、杨兴街、余家塆、张家塆、周家河咀、周家塆、陈家独屋、郭家独屋、后头塆、李家独屋、梅家凹、染行塆、王家冲、夏家独屋、严家塆。常住居民 320 户，共 1592 人，辖区总面积 3.29 平方千米，耕地面积 2748 亩，其中水田 2450 亩。主要农作物为水稻、小麦、油菜，经济来源以务农、务工为主。全村有劳动力 1105 人，其中外出劳动力 740 人。党员 33 人，村干部 3 名，其中女干部 1 人。主要驻村单位：杨兴村卫生所、杨兴中心小学。

安赵公路从杨兴村穿过，居民沿公路建房，形成杨兴街集镇。全长 400 米，宽 4 米。路面性质为混凝土，道路等级次干道。

1949 年 10 月杨兴村属赵棚区，1952 年 10 月属第七区杨兴乡管辖，1954 年 8 月属赵棚区杨兴乡，1956 年 3 月属安陆县第一区，1956 年 4 月属安陆县第一指导小组，1958 年 9 月属卫星人民公社，杨兴村更名为杨兴大队。同年底卫星人民公社更名为赵棚人民公社。1961 年 4 月赵棚公社更名为赵棚区。1966 年 9 月赵棚区改红卫区。1975 年 2 月撤区并社，杨兴大队属赵棚人民公社杨兴管理区。1984 年元月复置区、乡、村，杨兴大队更名为杨兴村，属赵棚区杨兴乡。1987 年撤区并乡，建赵棚镇，下辖赵棚、杨兴、大鹤、崔兴 4 个管理区，杨兴村属赵棚镇杨兴管理区管辖。2000 年管理区撤销，杨兴村隶属赵棚镇管辖。

邓家塆[Dèng jiā wān]　隶属于赵棚镇杨兴村村民委员会管辖。当地邓姓居民居多，故名。本居民点位于赵棚镇杨兴村北部，聚落呈块状分布，距村委会所在地 500 米。东接杨兴街，西邻联星村，南连杨家大塆，北靠联星村。总面积 0.057 平方千米，耕地面积 0.05 平方千米。全塆 60 人、20 户。邓姓居多，均为汉族。主要农作物为水稻、小麦、花生，主要经济来源为外出务工。

黄家冲塆[Huáng jiā chōng wān]　隶属于赵棚镇杨兴村村民委员会管辖。该居民点黄姓居民居多且位于山冲间，故名。本居民点位于赵棚镇杨兴村中部，聚落呈块状分布，距村委会所在地 2000 米。东接染行独屋，西邻碾子塆，南连中塆村，北靠郭家独屋。总面积 0.13 平方千米，耕地面积 0.1 平方千米。共有 198 人、48 户。以黄姓居多，均为汉族。主要农作物为水稻、小麦、花生，主要经济来源为外出务工。

黄家独屋[Huáng jiā dú wū]　隶属于赵棚镇杨兴村村民委员会管辖。黄姓始祖从黄家大塆迁居此地时，房屋很少，形成单独的村落，故名。该居民点位于村委会西方向，距村委会所在地 3500 米。东接黄家大塆，西临周家河咀，南连接官河，北靠大树村，聚落呈块分布。总人口 15 人，户数 4 户。

黄家下塆[Huáng jiā xià wān]　隶属于赵棚镇杨兴村村民委员会管辖。该居民点为黄姓聚居地，且在附近几个黄姓村落中居南边，故名。本居民点位于赵棚镇杨兴村西部，聚落呈块状分布，距村委会所在地 3000 米。东接周家河咀，西邻郭家独屋，南连碾子塆，北靠孙家独屋。总面积 0.056 平方千米，耕地面积 0.05 平方千米。全塆 120 人、20 户。以黄姓居多，均为汉族。主要农作物为水稻、小麦、花生，主要经济来源为外出务工。

黄家中塆[Huáng jiā zhōng wān]　隶属于赵棚镇杨兴村村民委员会管辖。该居民点为黄姓聚居地，且在附近几个黄姓村落中居中间，故名。本居民点位于赵棚镇杨兴村西部，聚落呈块状分布，距村委会所在地 2500 米。东接安赵公路，西邻碾子塆，南连施塆村，北靠郭家独屋。总面积 0.046 平方千米，耕地面积 0.04 平方千米。全 60 人、19 户，以黄姓居多，均为汉族。主要农作物为水稻、小麦、花生，主要经济来源为外出务工。

梅家小垮[Méi jiā xiǎo wān]　隶属于赵棚镇杨兴村村民委员会管辖。当地梅姓居民居多且村落较小，故名。本居民点位于赵棚镇杨兴村东部，聚落呈块状分布，距村委会所在地1500米。东接双桥村，南连金家垮，北靠杨家大垮。总面积0.055平方千米，耕地面积0.05平方千米。全垮77人、17户，以梅姓居多，均为汉族。主要农作物为水稻、小麦、花生，主要经济来源为外出务工。

碾子垮[Niǎn zi wān]　隶属于赵棚镇杨兴村村民委员会管辖。当地垮头有碾盘，故名。本居民点位于赵棚镇杨兴村西部，聚落呈块状分布，距村委会所在地3500米。东接郭家独屋，西邻严家垮，南连杨茂楠，北靠黄家下垮。总面积0.87平方千米，耕地面积0.08平方千米。全垮138人、32户，居民以胡姓居多，均为汉族。主要农作物为水稻、小麦、花生，主要经济来源为外出务工。

孙家独屋[Sūn jiā dú wū]　隶属于赵棚镇杨兴村村民委员会管辖。该居民点为孙姓聚居地，且早期人少、房屋少，故名。本居民点位于赵棚镇杨兴村西北部，聚落呈块状分布，距村委会所在地2000米。东接张家垮，南连黄家大垮，总面积0.025平方千米，耕地面积0.02平方千米。全垮43人，15户，主要姓氏为孙，均为汉族。主要农作物为水稻、小麦、花生，主要经济来源为外出务工。

杨家大垮[Yáng jiā dà wān]　隶属于赵棚镇杨兴村村民委员会管辖。当地杨姓居民居多且村落较大，故名。本居民点位于赵棚镇杨兴村东北部，聚落呈块状分布，距村委会所在地1000米。东接双桥村，南连金家垮，北靠杨兴街。总面积0.087平方千米，耕地面积0.08平方千米。全垮165人、34户，以杨姓居多，均为汉族。主要农作物为水稻、小麦、花生，主要经济来源为外出务工。

杨茂楠[Yáng mào nán]　隶属于赵棚镇杨兴村村民委员会管辖。相传在明代该垮出了一个举人，名叫杨茂楠，后在朝廷做官，家乡人感到很荣耀，故名。本居民点位于赵棚镇杨兴村南部，聚落呈块状分布，距村委会所在地3500米。东接夏家独屋，西邻后头垮，南连中垮村，北靠李家独屋。总面积0.86平方千米，耕地面积0.08平方千米。全垮共有120人、25户，主要姓氏为杨，居民均为汉族。主要农作物为水稻、小麦、花生，主要经济来源为外出务工。

杨兴街[Yáng xīng jiē]　隶属于赵棚镇杨兴村村民委员会管辖。杨兴街很早前叫缘遇店，这个地名有极动人的爱情故事传说。很早以前有一对夫妻逃荒，不幸走失，男的找妻，女的找夫，整整找了三年，还是没有音讯。后来巧的是，夫妻俩不约而同地在这个地方相遇，夫妻抱头痛哭，欣喜万分决定再不逃荒，在此地居住落籍。两人为了生计，开了一家饭店，并取名“缘遇店”，后来演变成地名，此地由缘遇店演变而来。本居民点位于赵棚镇杨兴村北部，为村委会所在地。东接双桥村，西邻联星村，南连杨家大垮，北靠联星村。聚落呈块状分布，杨姓居多，均为汉族。总面积0.1平方千米，耕地面积0.1平方千米。主要农作物为水稻、小麦、花生，全街道150人、50户，主要经济来源为个体经营和外出务工。

余家垮[Yú jiā wān]　隶属于赵棚镇杨兴村村民委员会管辖。以姓氏命名。本居民点位于赵棚镇杨兴村东部，聚落呈块状分布，距村委会所在地3000米。东接双桥村，西邻染行独屋，南连周家垮，北靠梅家小垮。余姓居多，均为汉族。总面积0.85平方千米，耕地面积0.08平方千米。主要农作物为水稻、小麦、花生。全垮128人、24户，主要经济来源为外出务工。

张家塆[Zhāng jiā wān]　隶属于赵棚镇杨兴村村民委员会管辖。以姓氏命名。本居民点位于赵棚镇杨兴村西北部，聚落呈块状分布，距村委会所在地2000米。东接杨家大塆，西邻孙家独屋，南连黄家下塆，北靠联星村。张姓居多，均为汉族。总面积0.046平方千米，耕地面积0.04平方千米，主要农作物为水稻、小麦、花生。全村72人、12户，主要经济来源为外出务工。

周家河咀[Zhōu jiā hé zuǐ]　隶属于赵棚镇杨兴村村民委员会管辖。该居民点位于河咀处且周姓居民居多，故名。本居民点位于赵棚镇杨兴村西部，聚落呈块状分布，距村委会所在地4000米。东接孙家独屋，西邻联星村楼子塆，南连严家塆，北靠联星村杨家大塆。周姓居多，均为汉族。总面积0.14平方千米，耕地面积0.1平方千米。主要农作物为水稻、小麦、花生。全村196人、27户，主要经济来源为外出务工。

周家塆[Zhōu jiā wān]　隶属于赵棚镇杨兴村村民委员会管辖。以姓氏命名。本居民点位于赵棚镇杨兴村东南部，聚落呈块状分布，距村委会所在地3500米。东接双桥村，西邻梅家凹，南连农田，北靠余家塆。周姓居多，均为汉族。总面积0.064平方千米，耕地面积0.06平方千米。主要农作物为水稻、小麦、花生。全塆115人、22户，主要经济来源为外出务工。

陈家独屋[Chén jiā dú wū]　隶属于赵棚镇杨兴村村民委员会管辖。该地名以当地为陈姓居民形成的聚居地且规模小而命名。本居民点位于赵棚镇杨兴村中部，呈块状分布，距村委会所在地2000米。东接安赵公路，西邻杨茂楠，南连中塆村，北靠黄家冲塆。陈姓居多，均为汉族。总面积0.1平方千米，耕地面积0.05平方千米。全塆17人、4户。主要农作物为水稻、小麦、花生，主要经济来源为外出务工。

郭家独屋[Guō jiā dú wū]　隶属于赵棚镇杨兴村村民委员会管辖。该地名以当地郭姓形成的村塆且村塆很小而命名。本居民点位于杨兴村中部，聚落呈块状分布，距村委会所在地1800米。东接安赵公路，西邻碾子塆，南连黄家冲塆，北靠黄家下塆。主要姓氏为郭，均为汉族。居民20户，70人。总面积0.15平方千米，主要农作物为水稻、小麦、花生，主要经济来源为外出务工。

后头塆[Hòu tóu wān]　隶属于赵棚镇杨兴村村民委员会管辖。因位于杨茂楠塆后头，故称后头塆。本居民点位于杨兴村南部，聚落呈块状分布，距村委会所在地4000米。东至夏家塆，西至白果园，南至中塆村，北至李家独屋。居民为杨姓，均为汉族。共3户，12人。总面积0.15平方千米，主要农作物为水稻、小麦、花生，主要经济来源为外出务工。

李家独屋[Lǐ jiā dú wū]　隶属于赵棚镇杨兴村村民委员会管辖。本居民点位于杨兴村西南部，聚落呈块状分布，距村委会所在地3000米。东至黄家冲塆，西至白果园，南至杨茂楠，北至碾子塆。主要姓氏为李，均为汉族。居民5户，18人，总面积0.1平方千米，主要农作物为水稻、小麦、花生，主要经济来源为外出务工。

梅家凹[Méi jiā āo]　隶属于赵棚镇杨兴村村民委员会管辖。该地名以居民姓氏及地势而命名。本居民点位于杨兴村东南部，聚落呈块状分布，距村委会所在地3500米。东至周家塆，西至中塆村，南至中塆村杨家鹰窝，北至染行独屋。主要姓氏为梅，均为汉族。居民17户，60人。总面积0.3平方千米，主要农作物为水稻、小麦、花生，主要经济来源为外出务工。

染行塆[Rǎn xíng wān]　隶属于赵棚镇杨兴村村民委员会管辖。该地名以当地历史上有一家染布作坊而命名。本居民点位于杨兴村东南部，聚落呈块状分布，距村委会所在地3500米。西至安赵公路，东至梅家凹，南至中塆村，北至安赵公路。居民8户，30人。总面积0.12平方千米，主要农作物为水稻、小麦、花生，主要经济来源为外出务工。

王家冲[Wáng jiā chōng]　隶属于赵棚镇杨兴村村民委员会管辖。因王氏家庭居住在山冲间而得名。本居民点位于杨兴村中部，聚落呈块状分布，距村委会所在地米1000米。东至杨家大塆，西至张家塆，南至郭家独屋，北至张家塆。主要姓氏为王，均为汉族。居民9户，30人。总面积0.2平方千米，主要农作物为水稻、小麦、花生，主要经济来源为外出务工。

夏家独屋[Xià jiā dú wū]　隶属于赵棚镇杨兴村村民委员会管辖。该地名以居民姓氏和村庄规模综合命名。本居民点位于杨兴村南部，聚落呈块状分布，距村委会所在地3000米。东接安赵公路，西邻杨茂楠，南连中塆村，北靠黄家冲塆。主要姓氏为夏，均为汉族。居民11户，38人。总面积0.3平方千米，主要农作物为水稻、小麦、花生，主要经济来源为外出务工。

严家塆[Yán jiā wān]　隶属于赵棚镇杨兴村村民委员会管辖。以姓氏命名。本居民点位于杨兴村西南部，聚落呈块状分布，距村委会所在地3500米。东接碾子塆，西邻白果园，南连后头塆，北靠周家河咀。主要姓氏为严，均为汉族。居民7户，28人。总面积0.1平方千米，主要农作物为水稻、小麦、花生，主要经济来源为外出务工。

十四、长龙村[Chánglóng Cūn]

隶属于赵棚镇。该村所属自然塆依山冲而建，像一条巨龙蜿蜒盘踞，故名。2005年徐冲、高畈两村合并为长龙村。

长龙村位于赵棚镇西部，村委会所在地长龙村大胡塆，距镇政府所在地4000米。东接腊梅村、务丰村，西邻槎山、观音山，南连务丰村，北靠广水市陈巷镇观音村。截至2014年年末，辖区内共有16个自然塆：打鹰佬、大胡塆、粉铺独屋、高家塆、雷家独屋、刘家独屋、罗家塆、唐家塆、魏家咀、小胡塆、新独屋、杨家上塆、杨家塆、窑上塆、易家凹、江家独塆。另有消失居民点9个：畈上独屋、徐家冲、河边独屋、新塆、许家塆、杨家独屋、易家咀、俞家塆、张家独屋。全村594户、1835人，辖区总面积11.4平方千米，耕地面积2.33平方千米，山地面积6.55平方千米，林地2.51平方千米。主要农作物有水稻、小麦、油菜，该村主要经济来源为种植农作物及外出打工。

1949年10月徐冲村、高畈村属赵棚区，1952年10月属第七区，1954年8月属赵棚区，1956年3月属第一区赵棚乡，1956年4月属第一指导小组赵棚乡，1958年9月属卫星人民公社，徐冲村、高畈村更名为徐冲大队、高畈大队。同年底卫星人民公社更名为赵棚人民公社。1961年4月公社规模缩小恢复区制，赵棚公社更名为赵棚区，徐冲大队、高畈大队属赵棚区赵棚人民公社。1966年9月赵棚区改红卫区，徐冲大队、高畈大队属红卫区赵棚人民公社。1975年2月撤区并社，徐冲大队、高畈大队属赵棚人民公社赵棚管理区。1984年元月复置区、乡、村，徐冲大队更名为徐冲村，高畈大队更名为高畈村，属赵棚区赵棚镇。1987年撤区并乡，建赵棚镇，下辖赵棚、杨兴、大鹤、崔兴4个管理区，徐冲村、高畈村属赵棚镇赵棚管理区管辖。2000年管理区撤销，徐冲村、高畈村隶属赵棚镇管辖。2005年徐冲、高畈两村合并为长龙村。

打鹰佬[Dǎ yīng lǎo] 隶属于赵棚镇长龙村村民委员会管辖。该居名点地处深山老林，是山鹰栖息的绝佳场所，塆子周围山林遍地是山鹰巢窝。“打鹰佬”是指鹰的老巢。1982年《安陆地名志》载：此地原是一个古战场，当时敌对的任何一方谁先占领此地，就有打赢仗的希望，故称“打赢老”。1949年10月打鹰佬属赵棚区徐冲村。本居民点位于赵棚镇长龙村西部，聚落呈条状分布，距村委会所在地1500米。东接大胡塆，西邻槎山，南连俞家塆，北靠裤子堰。居民徐姓居多，均为汉族。全村90人，13户。总面积0.12平方千米，耕地面积0.06平方千米。主要农作物为水稻、小麦、油菜，主要经济来源为种植农作物及外出打工。

大胡塆[Dà hú wān] 隶属于赵棚镇长龙村村民委员会管辖。该居名点人口较多，为胡姓聚居地，故名。1949年10月大胡塆属赵棚区徐冲村。本居民点位于赵棚镇长龙村西部，聚落呈条状分布，村委会所在地。东接魏家咀，西邻打鹰佬，南连杨家上塆，北靠小胡塆、粉铺独屋。总面积0.24平方千米，耕地面积0.1平方千米。全村200人，25户，以胡姓居多，均为汉族。主要农作物为水稻、小麦、油菜，主要经济来源为种植农作物及外出打工。

粉铺独屋[Fěn pū dú wū] 隶属于赵棚镇长龙村村民委员会管辖。因早期房屋较少且开有粉铺，故名。1949年10月粉铺独屋属赵棚区徐冲村。本居民点位于赵棚镇长龙村西部，聚落呈条状分布，距村委会所在地2000米。东接小胡家塆，西邻徐冲水库与杨家塆，南连徐冲水库，北靠杨家塆。总面积0.107平方千米，耕地面积0.053平方千米。全村80人，14户，居民以徐、杨姓居多，均为汉族。主要农作物为水稻、小麦、油菜，主要经济来源为种植农作物及外出打工。

高家塆[Gāo jiā wān] 隶属于赵棚镇长龙村村民委员会管辖。此居民点昔时为高姓聚居地，故名。1949年10月高家塆属赵棚区高畈村。本居民点位于赵棚镇长龙村南部，聚落呈块状分布，距村委会所在地1000米。东接板子桥，南连务丰街，西邻唐家塆，北靠新塆。高姓居多，均为汉族。总面积0.23平方千米，耕地面积0.17平方千米。全村160人，25户。主要农作物为水稻、小麦、油菜，主要经济来源为种植农作物及外出打工。

雷家独屋[Léi jiā dú wū] 隶属于赵棚镇长龙村村民委员会管辖。以当地居民的姓氏为雷姓且房屋较少而命名。清初，雷姓始祖从现广水市李店乡雷家河迁徙而来。1949年10月雷家独屋属赵棚区徐冲村。本居民点位于赵棚镇长龙村西部，聚落呈条状分布，距村委会所在地3000米。东接观音山，西邻裤子堰山，南连许家塆，北靠广水市陈巷镇观音村。总面积0.12平方千米，耕地面积0.053平方千米。全村35人，9户，以雷姓居多，均为汉族。主要农作物为水稻、小麦、油菜，主要经济来源为种植农作物及外出打工。

刘家独屋[Liú jiā dú wū] 隶属于赵棚镇长龙村村民委员会管辖。因当地为刘姓聚居地且早期仅一户人家，故名。1949年10月刘家独屋属赵棚区高畈村。本居民点位于赵棚镇长龙村东部，聚落呈块状分布，距村委会所在地2000米。北靠广水市陈巷镇观音村，南连女堂庙，东接魏塆村刘家窑，西邻河边独屋。主要姓氏为刘，总面积0.06平方千米，耕地面积0.033平方千米。全村35人，7户。主要农作物为水稻、小麦、油菜，主要经济来源为种植农作物及外出打工。

罗家塆[Luó jiā wān]　隶属于赵棚镇长龙村村民委员会管辖。以姓氏命名。1949 年 10 月罗家塆属赵棚区高畈村。本居民点位于赵棚镇长龙村东部，聚落呈条状分布，距村委会所在地 2000 米。东接务丰村王家西塆，西邻新独屋，南连易家咀，北靠山冈、河边独屋。总面积 0.066 平方千米，耕地面积 0.033 平方千米。全村 40 人，共 6 户，以罗姓居多，均为汉族。主要农作物为水稻、小麦、油菜，主要经济来源为种植农作物及外出打工。

唐家塆[Táng jiā wān]　隶属于赵棚镇长龙村村民委员会管辖。以姓氏命名。1949 年 10 月唐家塆属赵棚区高畈村。本居民点位于赵棚镇长龙村南部，聚落呈条状分布，距村委会所在地 1500 米。东接高家塆，南连务丰村仁家塆，西邻新独屋，北靠俞家塆。总面积 0.066 平方千米，耕地面积 0.045 平方千米。全村 140 人，20 户，以唐姓居多，均为汉族。主要农作物为水稻、小麦、油菜，主要经济来源为种植农作物及外出打工。

魏家咀[Wèi jiā zuǐ]　隶属于赵棚镇长龙村村民委员会管辖。该塆魏姓居民清代初从赵家棚北魏家大塆分支而来，且居住在山嘴处，故名。1949 年 10 月魏家咀属赵棚区高畈村。本居民点位于赵棚镇长龙村南部，聚落呈条状分布，距村委会所在地 1000 米。东接易家咀，南连窑上塆，西邻山冈，北靠易家凹。总面积 0.2 平方千米，耕地面积 0.1 平方千米。全村 340 人，50 户，以魏姓居多，均为汉族。主要农作物为水稻、小麦、油菜，主要经济来源为种植农作物及外出打工。

小胡塆[Xiǎo hú wān]　隶属于赵棚镇长龙村村民委员会管辖。该塆曾有胡姓居民居住过，后绝户，早年胡姓依据人口多少，分大小胡姓自然塆。1949 年 10 月小胡塆属赵棚区徐冲村。本居民点位于赵棚镇长龙村中部，聚落呈条状分布，距村委会所在地 1000 米。东接河边独屋，西邻徐冲水库，南连畈上独屋，北靠广水市陈巷镇观音村。总面积 0.14 平方千米，耕地面积 0.047 平方千米。全村 150 人，20 户，以徐姓居多，均为汉族。主要农作物为水稻、小麦、油菜，主要经济来源为种植农作物及外出打工。

新独屋[Xīn dú wū]　隶属于赵棚镇长龙村村民委员会管辖。该塆于 20 世纪 70 年代从原唐家塆分支而成一个新的居民点，故名。1975 年新独屋属赵棚人民公社赵棚管理区高畈大队。本居民点位于赵棚镇长龙村西部，聚落呈条状分布。东接唐家塆，南连张家独屋，西邻槎山，北靠俞家塆。总面积 0.053 平方千米，耕地面积 0.017 平方千米。全村 30 人，5 户，均为汉族。主要农作物为水稻、小麦、油菜，主要经济来源为种植农作物及外出打工。

杨家上塆[Yáng jiā shàng wān]　隶属于赵棚镇长龙村村民委员会管辖。该塆杨姓居民是清代后期从赵家棚南面的河西杨家塆分支而来。因居民多以烧陶窑为生，被称为窑上塆。又因该塆为杨姓聚居地，窑上塆被称为现名。1949 年 10 月杨家上塆属赵棚区高畈村。本居民点位于赵棚镇长龙村西部，聚落呈块状分布，距村委会所在地 1500 米。东接窑塆，南连唐家塆，西邻俞家，北靠大胡家塆。总面积 0.1 平方千米，耕地面积 0.033 平方千米。全村 71 人，12 户，以杨姓居多，均为汉族。主要农作物为水稻、小麦、油菜，主要经济来源为种植农作物及外出打工。

杨家塆[Yáng jiā wān]　隶属于赵棚镇长龙村村民委员会辖。该塆杨姓居民是赵家棚附近杨姓村塆的分支。1949年10月杨家塆属赵棚区高畈村。本居民点位于赵棚镇长龙村西部，聚落呈块状分布，距村委会所在地2000米。北靠杨家独屋，南连粉铺独屋，东接小胡家塆，西邻裤子堰。总面积0.15平方千米，耕地面积0.047平方千米。全村130人，20户，主要姓氏为杨，均为汉族。主要农作物为水稻、小麦、油菜，主要经济来源为种植农作物及外出打工。

窑上塆[Yáo shàng wān]　隶属于赵棚镇长龙村村民委员会管辖。该居民点过去陶窑很多，居民大多从事陶制品烧制谋生，故名。1949年10月窑上塆属赵棚区高畈村。本居民点位于赵棚镇长龙村中部，聚落呈块状分布，距村委会所在地1500米。东接耕地与板子桥，南连山地与高家塆，西邻山冈与新塆，北靠耕地与杨家上塆。总面积0.13平方千米，耕地面积0.053平方千米。居民以唐、高、杨姓居多，全村90人，12户。主要农作物为水稻、小麦、油菜，主要经济来源为种植农作物及外出打工。

易家凹[Yì jiā wā]　隶属于赵棚镇长龙村村民委员会管辖。易姓聚居于凹地，故名。1949年10月易家凹属赵棚区高畈村。本居民点位于赵棚镇长龙村东部，聚落呈块状分布，距村委会所在地500米。东接易家咀，西邻大胡塆，南连魏家咀，北靠山冈、小胡家塆。总面积0.08平方千米，耕地面积0.04平方千米。全村40人，6户，易姓居多，均为汉族。主要农作物为水稻、小麦、油菜，主要经济来源为种植农作物及外出打工。

汪家独塆[Wāng jiā dú wān]　隶属于赵棚镇长龙村村民委员会管辖。该塆为汪姓聚居地，且人少、房屋少，故名。1949年10月汪家独塆属赵棚区高畈村。位于村委会西方向2千米。东接务丰店，西临槎山，南连务丰村仁家塆，北靠高家塆。邓、汪姓居多，总人口22人，户数5户。

畈上独屋[Fàn shàng dú wū]　隶属于赵棚镇长龙村村民委员会管辖。历史地名。因位于畈地且房屋小而命名。原属徐冲村，因村规划已合并至长龙村小胡家塆。

徐家冲[Xú jiā chōng]　隶属于赵棚镇长龙村村民委员会管辖。历史地名。徐姓聚居于山冲间，故名。东接徐家塆，南连大胡塆，西、北与槎山相邻。1959年10月修建徐冲水库时全塆迁出。

河边独屋[Hé biān dú wū]　隶属于赵棚镇长龙村村民委员会管辖。历史地名。因居民点位于一河边而命名。原属徐冲村，因村规划已合并至长龙村小胡家塆。

新塆[Xīn wān]　隶属于赵棚镇长龙村村民委员会管辖。历史地名。因建成时间不长而命名。原属高畈村，因村规划已合并至长龙村4组新塆、窑上塆、唐家塆。

许家塆[Xǔ jiā wān]　隶属于赵棚镇长龙村村民委员会管辖。历史地名。当地为许姓聚居地而命名。原属徐冲村，因村规划已合并至长龙村黎家独屋、杨家独屋、粉铺独屋。

杨家独屋[Yáng jiā dú wū]　隶属于赵棚镇长龙村村民委员会管辖。历史地名。“杨家”指的是姓氏，“独屋”指的是居住户数少。原属徐冲村，因村规划已合并至长龙村2组黎家独屋、杨家独屋、粉铺独屋。

易家咀[Yì jiā zuǐ]　隶属于赵棚镇长龙村村民委员会管辖。历史地名。当地为易姓聚居地且位于山嘴处。原属徐冲村，因村规划已合并至长龙村魏家咀、罗家塆。

俞家塆[Yú jiā wān]　隶属于赵棚镇长龙村村民委员会管辖。历史地名。当地为俞姓聚居地而命名。原属高畈村，因村规划已合并至长龙村新塆、窑上塆、唐家塆。

张家独屋[Zhāng jiā dú wū]　隶属于赵棚镇长龙村村民委员会管辖。历史地名。“张家”指的是姓氏，“独屋”指的是居住户数少。原属高畈村，因村规划已合并至长龙村4组新垮、窑上垮、唐家垮。

十五、赵棚社区[Zhàopéng Shèqū]

新改社区，原名赵棚村，隶属于赵棚镇。据《安陆县志》记载，唐开元元和年间就有“赵家棚店”。传说，有一对老伴在此搭棚做生意，烟火日繁，居民逐渐增多，形成了集镇，人们依老伴的夫姓而称赵家棚。2005年赵棚村、赵冲村、军杨村、吉阳街合并为赵棚村。

该村位于赵棚镇北部，为镇政府所在地。村委会所在地赵家棚南大街财经所对面。东接土桥村，西邻务丰村，南连合山村，北靠腊梅村。截至2014年年末，辖区内共有32个居民点，分别是：柏林垮、陈家独屋、大侯垮、大塘角、大邬家垮、邓家上垮、邓家中垮、凡岗上垮、凡家大垮、凡前垮、凡燕屋、畈上咀、河西杨、胡家大垮、军杨垮、马鞍山、南北门、水牛坡、汤家大垮、外朗咀、小侯垮、小邬垅、杨老屋、张冲、张家凹、张家祠堂垮、郑家大垮、祝家独屋、东大街、百步街、吉阳街、振兴街。常住居民1132户，4237人，辖区总面积10平方千米，其中耕地面积5平方千米，主要农作物有水稻、小麦、油菜。该村主要驻区单位有镇政府及其部门、赵棚村卫生室等。经济来源以务农、务工为主，部分为商。

1949年10月赵棚村、赵冲村、军杨村属赵棚区，1952年10月属第七区赵棚乡辖，1954年8月属赵棚区赵棚乡，1956年3月属第一区赵棚乡，1956年4月属第一指导小组赵棚乡，1958年9月属卫星人民公社，赵棚村更名为赵棚大队，赵冲村更名为赵冲大队，军杨村更名为军杨大队。同年底卫星人民公社更名为赵棚人民公社。1961年4月公社规模缩小恢复区制，赵棚公社更名为赵棚区，赵棚大队、赵冲大队、军杨大队属赵棚区赵棚人民公社。1966年9月赵棚区改红卫区，赵棚大队、赵冲大队、军杨大队属红卫区赵棚人民公社。1975年2月撤区并社，赵棚大队、赵冲大队、军杨大队属赵棚人民公社赵棚管理区。1984年1月复置区、乡、村，赵棚大队更名为赵棚村，赵冲大队更名为赵冲村、军杨大队更名为军杨村，属赵棚区赵棚镇。1987年撤区并乡，建赵棚镇，下辖赵棚、杨兴、大鹤、崔兴4个管理区，赵棚村、赵冲村、军杨村、吉阳街属赵棚镇赵棚管理区管辖。2000年管理区撤销，赵棚村、赵冲村、军杨村、吉阳街隶属赵棚镇管辖。2005年赵棚、赵冲、军杨、吉阳街合并为赵棚村，赵棚村名称沿用至今。

柏林垮[Bó lín wān]　隶属于赵棚镇赵棚村村民委员会辖。因该地盛产柏树，树木茂密，故而得名。亦称百灵垮。1949年10月柏林垮属赵棚区赵棚村。该居民点位于赵棚村西部，聚落呈块状分布，距村委会所在地2000米。东接邓家中垮，西邻王家西垮，南连河西杨，北靠汤家大垮。全垮31户，共68人。以李姓、杨姓居多，均为汉族。耕地面积0.05平方千米，总面积0.33平方千米。主要农作物有水稻和小麦、油菜，主要经济来源为种植农作物及外出打工。

陈家独屋[Chén jiā dú wū]　隶属于赵棚镇赵棚村村民委员会辖。该地为陈姓聚居地且最初只有一户居民而得名。1949年10月陈家独屋属赵棚区赵冲村。该居民点位于赵棚村东北部，聚落呈条状分布，距村委会所在地1000米。东接张家冲，西邻赵冲水库，南连畈上咀，北靠应山冲。全塆22户，共95人，陈姓居多，均为汉族。耕地面积0.013平方千米，总面积0.4平方千米。主要农作物有水稻和小麦、油菜，主要经济来源为种植农作物及外出打工。

大侯塆[Dà hóu wān]　隶属于赵棚镇赵棚村村民委员会辖。因该地为侯姓聚居地且面积大而得名。1949年10月大侯塆属赵棚区赵冲村。该居民点位于赵棚村东部，聚落呈块状分布，距村委会所在地1500米。东接杨家老屋，西邻祝家独屋，南连凡前塆，北靠畈上咀。全塆48户，共190人，侯姓居多，均为汉族。耕地面积0.14平方千米，总面积0.33平方千米。主要农作物有水稻和小麦、油菜，主要经济来源为种植农作物及外出打工。

大塘角[Dà táng jiǎo]　隶属于赵棚镇赵棚村村民委员会辖。该居民点地处一池塘的尾部，故名。1949年10月大塘角属赵棚区吉阳街。该居名点位于赵棚村东部，聚落呈块状分布，为村委会所在地。东接凡前塆，西邻外郎咀，南连南北门，北靠祝家独屋。全塆60户，230人，居民以杨姓居多，均为汉族。耕地面积0.1平方千米，总面积0.33平方千米。主要农作物有水稻和小麦、油菜，主要经济来源为种植农作物及外出打工。

大邬家垅[Dà wū jiā lǒng]　隶属于赵棚镇赵棚村村民委员会辖。因该地为邬姓聚居地且面积较大而得名。1949年10月大邬家垅属赵棚区军杨村。该居民点位于赵棚镇南部，聚落呈条状分布，距村委会所在地1000米。东接军杨塆，西邻和顺村刘家小塆，南连合山村竹林塆，北靠赵棚集镇。全塆40户，210人，邬姓居多，均为汉族。耕地面积0.1平方千米，总面积0.43平方千米。主要农作物有水稻和小麦、油菜，主要经济来源为种植农作物及外出打工。

邓家上塆[Dèng jiā shàng wān]　隶属于赵棚镇赵棚村村民委员会辖。昔时邓姓分三个塆，由北至南分别为邓家上塆、邓家中塆和邓家下塆。1949年10月邓家上塆属赵棚区赵棚村。该居民点位于赵棚村西部，聚落呈条状分布，距村委会所在地1500米。东接烈士陵园，西邻汤家塆，南连邓家中塆，北靠胡家大塆。全塆32户，68人，邓姓居多，均为汉族。耕地面积0.05平方千米，总面积0.4平方千米。主要农作物有水稻和小麦、油菜，主要经济来源为种植农作物及外出打工。

邓家中塆[Dèng jiā zhōng wān]　隶属于赵棚镇赵棚村村民委员会辖。昔时邓姓分三个居民点居住，从北到南依次为邓家上塆、邓家中塆、邓家下塆。1949年10月邓家中塆属赵棚区赵棚村。该居民点位于赵棚村西部，聚落呈条状分布，距村委会所在地1500米。东接烈士陵园，西邻汤家塆，南连汤家塆，北靠邓家上塆。全塆120户，350人，邓姓居多，均为汉族。耕地面积0.14平方千米，总面积0.5平方千米。主要农作物有水稻和小麦、油菜，主要经济来源为种植农作物及外出打工。

凡岗上塆[Fán gǎng shàng wān]　隶属于赵棚镇赵棚村村民委员会辖。因该地为凡姓居民的聚居地且处在山冈上，故名。1949年10月凡岗上塆属赵棚区军杨村。该居民点位于赵棚村东部，聚落呈块状分布，距村委会所在地1500米。东接李家大塆，西邻凡家大塆，南连张家凹，北靠栗岭塆。此塆45户，170人，凡姓居多，均为汉族。耕地面积0.13平方千米，总面积0.5平方千米。主要农作物有水稻和小麦、油菜，主要经济来源为种植农作物及外出打工。

凡家大塆[Fán jiā dà wān]　隶属于赵棚镇赵棚村村民委员会辖。该地为凡姓聚居地且面积大人口多而得名。1949 年 10 月凡家大塆属赵棚区军杨村。该居民点位于赵棚村东部，聚落呈块状分布，距村委会所在地 800 米。东接凡岗上塆，西邻大塘角，南连凡家前塆，北靠大侯塆。全塆 50 户，200 人，凡姓居多，均为汉族。耕地面积 0. 14 平方千米，总面积 0. 33 平方千米。主要农作物有水稻和小麦、油菜，主要经济来源为种植农作物及外出打工。

凡家燕屋[Fán jiā yàn wū]　隶属于赵棚镇赵棚村村民委员会辖。因该地为凡姓聚居地且地形像燕子窝一样，故名。1949 年 10 月凡家燕窝属赵棚区军杨村。该居民点位于赵棚村东部，聚落呈块状分布，距村委会所在地 600 米。东接凡岗上塆，西邻大塘角，南连军杨塆，北靠凡家大塆。全塆 110 户，321 人，凡姓居多，均为汉族。耕地面积 0. 23 平方千米，总面积 0. 9 平方千米。主要农作物有水稻和小麦、油菜，主要经济来源为种植农作物及外出打工。

凡前塆[Fán qián wān]　隶属于赵棚镇赵棚村村民委员会辖。因该地为凡姓聚居地且位于凡家大塆前方，故名。1949 年 10 月凡前塆属赵棚区军杨村。该居民点位于赵棚村东部，聚落呈块状分布，距村委会所在地 900 米。东接凡岗上塆，西邻大塘角，南连军杨塆，北靠祝家独屋。全塆 35 户，110，凡姓居多，均为汉族。耕地面积 0. 04 平方千米，总面积 0. 33 平方千米。主要农作物有水稻和小麦、油菜，主要经济来源为种植农作物及外出打工。

畈上咀[Fàn shàng zuǐ]　隶属于赵棚镇赵棚村村民委员会辖。“畈上”指成片的田地，“咀”指大自然形成的三面环沟的地方。1949 年 10 月畈上咀属赵棚区赵冲村。该居民点位于赵棚村北部，聚落呈块状分布，距村委会所在地 1000 米。东接张家祠堂塆，西邻赵棚集镇，南连祝家独屋，北靠陈家独屋。全塆 35 户，158 人，艾姓居多，均为汉族。耕地面积 0. 1 平方千米，总面积 0. 33 平方千米。主要农作物有水稻和小麦、油菜，主要经济来源为种植农作物及外出打工。

河西杨[Hé xī yáng]　隶属于赵棚镇赵棚村村民委员会辖。因该地为杨姓聚居地且位于一条小河的西边而得名。明朝开始形成此居民点，1949 年 10 月河西杨属赵棚区赵棚村。该居民点位于赵棚村西南部，聚落呈块状分布，距村委会所在地 1600 米。东接外郎咀，西邻邓家下塆，南连南北门，北靠柏林塆。全塆 79 户，212 人，杨姓居多，均为汉族。耕地面积 0. 13 平方千米，总面积 0. 5 平方千米。主要农作物有水稻和小麦、油菜，主要经济来源为种植农作物及外出打工。

胡家大塆[Hú jiā dà wān]　隶属于赵棚镇赵棚村村民委员会辖。因该地为胡姓聚居地且面积大人口多而得名。又称胡薛，由胡家大塆与薛家塆组成。明朝开始形成此居民点，1949 年 10 月胡家大塆属赵棚区赵棚村。该居民点位于赵棚村西北部，聚落呈块状分布，距村委会所在地 1000 米。东接烈士陵园，西邻王家小塆，南连邓家上塆，北靠腊梅村何家塆。全塆 58 户，176 人，以胡、薛姓为主，均为汉族。耕地面积 0. 1 平方千米，总面积 0. 5 平方千米。主要农作物有水稻和小麦、油菜，主要经济来源为种植农作物及外出打工。

军杨塆[Jūn yáng wān]　隶属于赵棚镇赵棚村村民委员会辖。该地为杨姓聚居地，古代朝廷驻军的士兵留在当地娶妻生子繁衍后代，故名。1949 年 10 月军杨塆属赵棚区军杨村。该居民点位于赵棚村东南部，聚落呈条状分布，距村委会所在地 1000 米。东接张家凹，西邻大塘角，南连合山村下杨家塆，北靠凡前塆。

主要姓氏为杨，全塆 47 户，198 人，均为汉族。耕地面积 0.13 平方千米，总面积 0.5 平方千米。主要农作物有水稻和小麦、油菜，主要经济来源为种植农作物及外出打工。

马鞍山[Mǎ ān shān]　隶属于赵棚镇赵棚村村民委员会辖。相传一仙人骑马路过此地歇脚，走时忘把马鞍带走，后来丢下的马鞍变成了一座形似马鞍的山，故名。还有一说是，这一带在古代善于制造马鞍，故名。1949 年 10 月马鞍山属赵棚区赵冲村。该居民点位于赵棚村东部，聚落呈块状分布，距村委会所在地 2500 米。东接栗林、侯冲，西邻张冲，南连侯冲，北靠广水市太平镇左楼子。全塆 70 户，280 人，居民以邓姓居多，均为汉族。耕地面积 0.14 平方千米，总面积 0.67 平方千米。主要农作物有水稻和小麦、油菜，主要经济来源为种植农作物及外出打工。

南北门[Nán běi mén]　隶属于赵棚镇赵棚村村民委员会辖。早期该塆分别是杨姓和王姓聚居，该地早期有两户人家，一户朝南，一户朝北而命名。1949 年 10 月南北门属赵棚区赵棚村。该居民点位于赵棚村西南部，聚落呈块状分布，距村委会所在地 400 米。东接原老农科所，西邻河西杨，南连赵棚街，北靠河西杨。全塆 31 户，150 人，居民以杨姓居多，均为汉族。耕地面积 0.07 平方千米，总面积 0.4 平方千米。主要农作物有水稻和小麦、油菜，主要经济来源为种植农作物及外出打工。

水牛坡[Shuǐ niú pō]　隶属于赵棚镇赵棚村村民委员会辖。因居民点形成的地理形态貌似水牛，故名。1949 年 10 月水牛坡属赵棚区赵冲村。该居民点位于赵棚村东部，聚落呈块状分布，距村委会所在地 1300 米。东接张冲，西邻祠堂塆，南连小侯塆，北靠陈家独屋。全塆 22 户，75 人，居民以赵姓居多，均为汉族。耕地面积 0.03 平方千米，总面积 0.67 平方千米。主要农作物有水稻和小麦、油菜，主要经济来源为种植农作物及外出打工。

汤家大塆[Tāng jiā dà wān]　隶属于赵棚镇赵棚村村民委员会辖。因该地为汤姓聚居地且面积大人口多而得名。1949 年 10 月汤家大塆属赵棚区赵棚村。该居民点位于赵棚村西部，聚落呈块状分布，距村委会所在地 2000 米。东接邓家中塆，西邻王家西塆，南连河西杨，北靠邓家上塆。全塆 48 户，194 人，居民以汤姓居多，均为汉族。耕地面积 0.1 平方千米，总面积 0.4 平方千米。主要农作物有水稻和小麦、油菜，主要经济来源为种植农作物及外出打工。

外郎咀[Wài láng zuǐ]　隶属于赵棚镇赵棚村村民委员会辖。该塆历史悠久，相传此塆有一王姓人家招女婿入赘，夫妻相亲相爱，邻里都夸是个好女婿。然而，好景不长，招来的女婿不幸病故，乡亲门特为修了一座大坟，纪念逝者，取名“外郎坟”后人因“坟”字不吉利，加之塆子位于生北朝南山咀处，故取名外郎咀。明朝开始形成此居民点，1949 年 10 月外郎咀属赵棚区赵棚村。该居民点位于赵棚村西部，距村委会所在地 200 米。东接大塘角，西邻河西杨，南连南北门，北靠郑家大塆。全塆 68 户，176 人，居民以杨姓居多，均为汉族。耕地面积 0.07 平方千米，总面积 0.3 平方千米。主要农作物有水稻和小麦、油菜，主要经济来源为种植农作物及外出打工。

小侯塆[Xiǎo hóu wān]　隶属于赵棚镇赵棚村村民委员辖。因该地为侯姓聚居地且占地面积与大侯家塆相比较小而得名。1949 年 10 月小侯塆属赵棚区赵冲村。该居民点位于赵棚村东部，聚落呈块状分布，距村委会所在地 1500 米。东接杨老屋，西邻赵棚集镇，南连大塘角，北边是张冲。全塆 32 户，106 户，侯姓居多，均为汉族。耕地面积 0.01 平方千米，总面积 0.04 平方千米。主要农作物有水稻和小麦、油菜，主要经济来源为种植农作物及外出打工。

小邬垅[Xiǎo wū lǒng]　隶属于赵棚镇赵棚村村民委员会辖。因该地为邬姓聚居地且面积较小而得名。1949 年 10 月小邬家垅属赵棚区军杨村。该居民点位于赵棚镇南部，聚落呈块状分布，距村委会所在地 1400 米。东接合山村下杨家塆，西邻刘家小塆，南连合山村侯家竹林，北靠大邬家垅。全塆 27 户，140 人，以邬姓、杨姓、刘姓为主，均为汉族。耕地面积 0.09 平方千米，总面积 0.4 平方千米。主要农作物水稻和小麦、油菜，主要经济来源为种植农作物及外出打工。

杨老屋[Yáng lǎo wū]　隶属于赵棚镇赵棚村村民委员会辖。“老屋”指相对于其他杨姓居民点历史更久远的村庄。明朝开始形成此居民点，1949 年 10 月杨老屋属赵棚区赵冲村。该居民点位于赵棚村东部，聚落呈块状分布，距村委会所在地 1200 米。东接侯冲，西邻张冲，南连栗岭，北靠应山右楼子。全塆 17 户，70 人，杨姓居多，均为汉族。耕地面积 0.06 平方千米，总面积 0.3 平方千米。主要农作物有水稻和小麦、油菜，主要经济来源为种植农作物及外出打工。

张冲[Zhāng chōng]　隶属于赵棚镇赵棚村村民委员会辖。“冲”指两山之间狭长的谷地。1949 年 10 月张冲属赵棚区赵冲村。该居民点位于赵棚村东部，聚落呈块状分布，距村委会所在地 1500 米。东接马鞍山塆，西邻水牛坡塆，南连杨家老屋，北靠陈家独屋。全塆 28 户，125 人，张姓居多，均为汉族。耕地面积 0.05 平方千米，总面积 0.42 平方千米。主要农作物有水稻和小麦、油菜。

张家凹[Zhāng jiā āo]　隶属于赵棚镇赵棚村村民委员会辖。“张家”指张姓居民，“凹”指山间的低洼平地。1949 年 10 月张家凹属赵棚区军杨村。该居民点位于赵棚村东南部，聚落呈块状分布，距村委会所在地 2000 米。东接余畈，西邻军杨塆，南连下杨家塆，北靠凡岗上塆。全塆 58 户，共 205 人，张姓居多，均为汉族。耕地面积 0.16 平方千米，总面积 0.6 平方千米。主要农作物有水稻和小麦、油菜，主要经济来源为种植农作物及外出打工。

张家祠堂塆[Zhāng jiā cí táng wān]　隶属于赵棚镇赵棚村村民委员会辖。张家祠堂是著名革命旧址，是抗日战争时期中共在安陆安北地区的第一个独立党支部旧址，祠堂墙壁为青砖直砌，顶盖灰色布瓦。一门四窗，东西长 16.2 米，南北宽 19 米，总面积 308 平方米。祠堂建于 1885 年。1938 年 10 月，中共党员汪立波奉命到赵家棚地区一带，进行抗日活动，发展共产党员 36 名，并建立了中共张氏祠堂党支部。1982 年，被安陆县列为重点文物保护单位，2012 年张氏族人捐款 85 万元，修缮重建。1949 年 10 月张家祠堂属赵棚区赵冲村。该居民点位于赵棚村东部，聚落呈块状分布，距村委会所在地 1000 米。东接水牛坡，西邻畈上咀，南连大侯塆，北靠陈家独屋。全塆 32 户，142 人，以张姓为主，均为汉族。耕地面积 0.067 平方千米，总面积 0.17 平方千米。主要农作物有水稻和小麦、油菜，主要经济来源为种植农作物及外出打工。

郑家大塆[Zhèng jiā dà wān]　隶属于赵棚镇赵棚村村民委员会辖。该地为郑姓聚居地且面积大人口多而得名。1949 年 10 月郑家大塆属赵棚区吉阳街。该居民点位于赵棚村西部，聚落呈块状分布，距村委会所在地 500 米。东接赵棚集镇，西邻邓家上塆，南连河西杨，北靠胡家大塆。全塆 120 户，350 人，以郑姓为主，均为汉族。耕地面积 0.14 平方千米，总面积 0.5 平方千米。主要农作物有水稻和小麦、油菜，主要经济来源为种植农作物及外出打工。

祝家独屋[Zhù jiā dú wū] 隶属于赵棚镇赵棚村村民委员会辖。该地为祝姓聚居地且最初只有一户居民而得名。1949年10月祝家独屋属赵棚区军杨村。该居民点位于赵棚村北部，聚落呈块状分布，距村委会所在地300米。东接大侯塆，西邻福利院，南连东大街，北靠畈上咀。全塆24户，100人，以祝姓为主，均为汉族。耕地面积0.05平方千米，总面积0.27平方千米。主要农作物有水稻和小麦、油菜，主要经济来源为种植农作物及外出打工。

百步街[bǎi bù jiē] 隶属于赵棚镇赵棚村村民委员会辖。位于赵棚村北部，此街向北延伸到百步桥，故名。百步桥全称为百步三礅桥，为青条石建造，三礅四孔，长度约为成年人步伐的100步。20世纪70年代初修公路时该桥被拆，青条石部分被村民抬走，部分埋于地下。东到赵冲水库，北到腊梅村，西到水管站，南接振兴街。聚落呈条状分布，均为汉族，全街130户，450人，占地面积0.67平方千米。主要经济来源为个体经营和外出务工。1988年新建，隶属于赵棚镇赵棚村管辖，沿用至今。

东大街[Dōng dà jiē] 隶属于赵棚镇赵棚村村民委员会辖。该街道位于赵棚集镇东侧，故名“东大街”。1990年赵棚集镇扩建，分建了东大街、振兴街等新街道。西到转盘，东到中心幼儿园，北为派出所，南到信用社。呈条状分布，均为汉族，全街300户，1000人，占地面积0.3平方千米。主要经济来源为个体经营和外出务工。1990年至2004年隶属吉阳村管辖，2005年村合并，隶属于赵棚镇赵棚居民委员会管辖，沿用至今。

吉阳街[Jí yáng jiē] 隶属于赵棚镇赵棚村村民委员会辖。吉阳街就是赵棚集镇老街。相传在清康熙年间就开埠建集市。最早是一赵姓老两口在德安府至信阳州的驿道上的赵家岭松树林中搭草棚做茶水小生意，后来增加吃住生意方便过往行人。再后来周围乡民逐渐搬来居住，开小百货店做生意，生意兴隆，几百年来住户不断增加，在方圆二十里路范围内是一处较大的农村集市。乡民为纪念集市的缔造者赵姓卖茶水老两口，遂起地名赵家棚。1949年吉阳街属赵棚区赵棚乡赵棚村。南到大塘角，北到北大街，东到东大街，西到镇中。呈条状分布，全街480户，1600人，占地面积0.06平方千米。主要经济来源为个体经营和外出务工。

振兴街[Zhèn xīng jiē] 隶属于赵棚镇赵棚村村民委员会辖。镇政府以美好愿望命名。北接北大街，南到客运站，东到赵棚集贸中心，西到卫生院诊所，呈条状分布。全街600户，1800人。占地面积0.5平方千米，主要经济来源为个体经营和外出务工。1985年建街，1987年属吉阳街道居委会管辖。2005年至今，隶属于赵棚镇赵棚村管辖。

十六、中塆村[Zhōngwān Cūn]

隶属于赵棚镇。此地位于府城街道与赵棚正中间，安赵线从原施塆村陈家中塆经过，在此设站点，后形成小街道。2005年施塆与金塘合并后，以中塆给新村命名。

中塆村位于赵棚镇南部，村委会所在地设在中塆村16组陈家上塆安赵线上，距赵棚镇政府所在地11000米。东接陈店乡九冲村、松林村，西邻洑水镇文武村、接官乡新龙村，南连洑水牌楼村，北靠杨兴村、联星村。截至2014年年末，辖区内共有19个自然塆：陈家上塆、陈家燕窝、方家塆、高家塆、胡冲、胡家院墙、姜刘塆、李家大塆、沈家塆、施家大塆、施家独屋、王家塆、邬家独屋、吴家塆、夏家棚子、熊岗、杨家塆、杨家鹰窝、长冲口。常住居民532户，2375人，辖区占地面积2.8平方千米，耕地面积1.4平方千米，主要农作物有水稻、小麦、油菜。主要驻区单位有中塆村卫生室。

1949年10月施塆村、胡棚村属赵棚区，1952年10月属第七区杨兴乡管辖，1954年8月属赵棚区杨兴乡，1956年3月属第一区，1956年4月属第一指导小组，1958年9月属卫星人民公社，施塆村、胡棚村更名为施塆大队、胡棚大队。同年底卫星人民公社更名为赵棚人民公社。1961年4月赵棚公社更名为赵棚区。1966年9月赵棚区改红卫区。1975年2月施塆大队、胡棚大队属赵棚人民公社杨兴管理区。1980年胡棚大队改为金塘大队。1984年元月复置区、乡、村，施塆大队更名为施塆村，金塘大队更名为金塘村，属赵棚区杨兴乡。1987年撤区并乡，建赵棚镇，下辖赵棚、杨兴、大鹤、崔兴4个管理区，施塆村、金塘村属赵棚镇杨兴管理区管辖。2000年管理区撤销，施塆村，金塘村隶属赵棚镇管辖。2005年施塆、金塘两村合并为中塆村，名称沿用至今。

陈家上塆[Chén jiā shàng wān]　隶属于赵棚镇中塆村村民委员管辖。因该地为陈姓聚居地，且相较于下塆此居民点位于北边而得名。明朝开始形成此居民点，1949年10月陈家上塆属赵棚区施塆村。该居民点位于赵棚镇中塆村中心，聚落呈块状分布，为村委会所在地。东接安赵公路，西邻徐家河渠道，南连旧安赵公路，北靠胡冲。以陈姓为主，均为汉族。全塆38户，141人。耕地面积0.05平方千米，总面积0.14平方千米。以种植水稻、小麦、油菜为主，主要经济来源为外出务工。

陈家燕窝[Chén jiā yàn wō]　隶属于赵棚镇中塆村村民委员管辖。因该地为陈姓聚居地且居民点面积较小。明朝开始形成此居民点，1949年10月陈家燕窝属赵棚区施塆村。该居民点位于赵棚镇中塆村西南部，聚落呈块状分布，距村委会所在地800米。东接陈店乡松林村姜王，西邻施家大塆，南连三河水库，北靠中塆村车站。以陈姓为主，均为汉族。全塆35户，139人。耕地面积0.08平凡千米，总面积0.1876平方千米。以种植水稻、小麦、油菜为主，主要经济来源为外出务工。

方家塆[Fāng jiā wān]　隶属于赵棚镇中塆村村民委员管辖。以姓氏命名。1949年10月方家塆属赵棚区胡棚村。该居民点位于赵棚镇中塆村东南部，聚落呈块状分布，距村委会所在地1500米。东接九冲水库，西邻李家塆，南连熊岗，北靠沈家塆。以方姓为主，均为汉族。全塆50户，193人。耕地面积0.088平方千米，总面积0.18平方千米。以种植水稻、小麦、油菜为主，主要经济来源为外出务工。

高家塆[Gāo jiā wān]　隶属于赵棚镇中塆村村民委员会辖。该地为高姓聚居地而得名。分为上高家塆和下高家塆。上高家塆亦称轭头塆，位于赵棚镇中塆村东北部；下高家塆位于东南部。聚落呈块状分布，距村委会所在地米600米。1949年10月上高家塆和下高家塆分属赵棚区胡棚村和施塆村。东接原金塘村李家塆，西邻安赵公路，南连陈家燕窝，北靠杨家鹰窝。以高姓为主，均为汉族。全塆30户，145人。耕地面积0.067平方千米，总面积0.16平方千米。以种植水稻、小麦、油菜为主，主要经济来源为外出务工。

胡冲[Hú chōng]　隶属于赵棚镇中塆村村民委员会辖。胡姓居住在两山之间的平地。1949年10月胡冲属赵棚区胡棚村。该居民点位于赵棚镇中塆村西部，聚落呈块状分布，距村委会所在地1000米。东接安赵线，西邻费家塆，南连陈家塆，北靠杨兴村杨木兰。以胡姓为主，均为汉族。全塆 32 户，131 人。耕地面积 0.07 平方千米，总面积 0.165 平方千米。以种植水稻、小麦、油菜为主，主要经济来源为外出务工。

胡院墙[Hú yuàn qiáng] 隶属于赵棚镇中塆村村民委员管辖。因该地为胡姓聚居地，战乱时期为防盗寇，家家户户做有院墙，房屋都以院子相隔，故名。1949 年 10 月胡院墙属赵棚区胡棚村。该居民点位于赵棚镇中塆村西部，聚落呈块状分布，距村委会所在地 900 米。东接杨鹰窝，西邻胡冲，南连安赵线，北靠杨木兰。以胡姓为主，均为汉族。全塆 15 户，54 人。耕地面积 0.028 平方千米，总面积 0.069 平方千米。以种植水稻、小麦、油菜为主，主要经济来源为外出务工。

姜刘塆[Jiāng liú wān] 隶属于赵棚镇中塆村村民委员管辖。该地为姜姓、刘姓聚居地而得名。1982 年《安陆地名志》登记为刘家塆。1949 年 10 月姜刘塆属赵棚区胡棚村。该居民点位于赵棚镇中塆村东部，聚落呈块状分布，距村委会所在地 1700 米。东接陈店乡刘店村寨塆，西邻方家塆，南连陈店乡九冲村，北靠夏家棚子、邬家独屋。以姜、刘姓为主，均为汉族。全塆 39 户，152 人。耕地面积 0.08 平方千米，总面积 0.13 平方千米。以种植水稻、小麦、油菜为主，主要经济来源为外出务工。

李家大塆[Lǐ jiā dà wān] 隶属于赵棚镇中塆村村民委员管辖。该地为李姓聚居地且面积大人口多而得名。明朝开始形成此居民点，1949 年 10 月李家大塆属赵棚区胡棚村。该居民点位于赵棚镇中塆村东南部，聚落呈块状分布，距村委会所在地 700 米。东接方家塆，西邻本村 10 组下高家湾，南连陈店乡松林村高严塆，北靠本村通组公路(至安赵线)。以李姓为主，均为汉族。全塆 40 户，171 人。耕地面积 0.09 平方千米，总面积 0.17 平方千米。以种植水稻、小麦、油菜为主，主要经济来源为外出务工。

沈家塆[Shěn jiā wān] 隶属于赵棚镇中塆村村民委员管辖。该地为沈姓聚居地而得名。1949 年 10 月沈家塆属赵棚区胡棚村。该居民点位于赵棚镇中塆村东部，聚落呈块状分布，距村委会所在地 1600 米。东接姜刘家塆，西邻李家塆，南连方家塆，北靠王家大山。以沈姓为主，均为汉族。全塆 12 户，32 人。耕地面积 0.0087 平方千米，总面积 0.026 平方千米。以种植水稻、小麦、油菜为主，主要经济来源为外出务工。

施家大塆[Shī jiā dà wān] 隶属于赵棚镇中塆村村民委员管辖。该地为施姓聚居地且面积大人口多而得名。1949 年 10 月施家大塆属赵棚区施塆村。该居民点位于赵棚镇中塆村西部，聚落呈块状分布，距村委会所在地 700 米。东接安赵公路，西邻长冲口、杨家塆，南连洑水牌楼村，北靠府城至会砦公路。以施姓为主，均为汉族。全塆 69 户，271 人。耕地面积 0.18 平方千米，总面积 0.25 平方千米。以种植水稻、小麦、油菜为主，主要经济来源为外出务工。

施家独屋[Shī jiā dú wū] 隶属于赵棚镇中塆村村民委员管辖。该地为施姓聚居地且最初只有一户居民而得名。1949 年 10 月施家独屋属赵棚区胡棚村。该居民点位于赵棚镇中塆村东南部，聚落呈块状分布，距村委会所在地 2000 米。东接陈店乡九冲村，西邻李家塆，南连陈店乡松林村高严塆，北靠熊岗。以施姓为主，均为汉族。全塆 6 户，16 人。耕地面积 0.02 平方千米，总面积 0.067 平方千米。以种植水稻、小麦、油菜为主，主要经济来源为外出务工。

王家塆[Wáng jiā wān] 隶属于赵棚镇中塆村村民委员管辖。该地为王姓聚居地而得名。1949 年 10 月王家塆属赵棚区施塆村。该居民点位于赵棚镇中塆村西部，聚落呈块状分布，距村委会所在地 1200 米。东接公路边，西邻吴家塆，南连长冲口，北靠费家塆。以王姓为主，均为汉族。全塆21户，71人。耕地面积0.04平方千米，总面积0.1139平方千米。以种植水稻、小麦、油菜为主，主要经济来源为外出务工。

邬家独屋[Wū jiā dú wū]　隶属于赵棚镇中塆村村民委员管辖。该地为邬姓聚居地且最初只有一户居民而得名。1949年10月邬家独屋属赵棚区胡棚村。该居民点位于赵棚镇中塆村北部，聚落呈块状分布，距村委会所在地1500米。东接陈店乡甘涂村，西邻高家塆，南连夏棚子，北靠周家塆。以邬姓为主，均为汉族。全塆9户，38人。耕地面积0.0382平方千米，总面积0.0764平方千米。以种植水稻、小麦、油菜为主，主要经济来源为外出务工。

吴家塆[Wú jiā wān]　隶属于赵棚镇中塆村村民委员管辖。该地为吴姓聚居地而得名。1949年10月吴家塆属赵棚区施塆村。该居民点位于赵棚镇中塆村西部，聚落呈块状分布，距村委会所在地1200米。东接杨家塆，西邻伏水镇文吴村，南连山边，北靠王家塆。以吴姓为主，均为汉族。全塆38户，141人。耕地面积0.04平方千米，总面积0.134平方千米。以种植水稻、小麦、油菜为主，主要经济来源为外出务工。

夏棚子[Xià péng zi]　隶属于中塆村村民委员会。该地为夏姓聚居地且最初居住在搭建的草棚内而得名。1949年10月夏棚子属赵棚区胡棚村。该居民点位于村委会东北方向，聚落呈十字分布，距村委会所在地1200米。东接姜刘塆，西临上高家塆，南连李家大塆，北靠邬家垅，总人口32人，户数10户。

熊岗[Xióng gǎng]　隶属于赵棚镇中塆村村民委员管辖。“熊”指姓氏，“岗”指高起的土坡。1949年10月熊家岗属赵棚区胡棚村。该居民点位于赵棚镇中塆村东南部，聚落呈块状分布，距村委会所在地2000米。东接陈店乡九冲水库，西邻陈店乡松林村高严塆，南连李家塆，北靠方家塆。以熊姓为主，均为汉族。全塆35户，126人。耕地面积0.08平方千米，总面积0.16平方千米。以种植水稻、小麦、油菜为主，主要经济来源为外出务工。

杨家塆[Yáng jiā wān]　隶属于赵棚镇中塆村村民委员管辖。该地为杨姓聚居地而得名。1949年10月杨家塆属赵棚区施塆村。该居民点位于赵棚镇中塆村西部，聚落呈块状分布，距村委会所在地1200米。东接施家大塆，西邻吴家塆，南连方家塆，北靠王家塆。以杨姓为主，均为汉族。全塆20户，69人。耕地面积0.042平方千米，总面积0.1平方千米。以种植水稻、小麦、油菜为主，主要经济来源为外出务工。

杨家鹰窝[Yáng jiā yīng wō]　隶属于赵棚镇中塆村村民委员管辖。“杨家”指姓氏，“鹰窝”指老鹰窝，比喻居民点较小。1982年《安陆地名志》登记为杨家莺窝。1949年10月杨家鹰窝属赵棚区胡棚村。该居民点位于赵棚镇中塆村北部，聚落呈块状分布，距村委会所在地1000米。东接邬家独屋，西邻胡家院墙，南连高家塆，北靠周家塆。以杨姓为主，均为汉族。全塆30户，101人。耕地面积0.07平方千米，总面积0.14平方千米。以种植水稻、小麦、油菜为主，主要经济来源为外出务工。

长冲口[Cháng chōng kǒu]　隶属于赵棚镇中塆村村民委员会辖。该居民点地处一片距离较长的山间平地首端，故名。1949年10月长冲口属赵棚区施塆村。该居民点位于赵棚镇中塆村西部，聚落呈块状分布，距村委会所在地1200米。东接施家大塆，西邻吴家塆，南连杨家塆，北靠王家塆。以高姓为主，均为汉族。全塆20户，69人。耕地面积0.041平方千米，总面积0.082平方千米。以种植水稻、小麦、油菜为主，主要经济来源为外出务工。

2015年安陆市李店镇平面示意图

第五章　李店镇

第一节　概　况

李店镇[Lǐdiàn Zhèn]，“李”指的是李姓居民，“店”指的是店铺，“镇”指的是集镇。以姓氏和地理特征命名。因当地早期有李姓居民聚集在此，开有各种商铺长期形成集镇而命名。

李店全称李家店，因李家店集镇而得名。1949 年 10 月，安陆县辖 10 区，李店隶属于长兴区。1952 年 10 月，安陆县辖 7 区 1 镇，134 个乡，李店隶属于第一区 22 乡里面的紫石乡。1954 年 8 月区乡调整，安陆县辖 6 区 1 镇 88 乡，李店区辖 13 乡。1956 年 3 月区、乡再次调整，全乡并为 35 乡，李店隶属第二区。1958 年 9 月建立人民公社，李店属于上游人民公社。1966 年 9 月，各区更换名称，李店改为东风，1975 年 2 月，撤区并社，李店隶属于李店人民公社。1984 年 1 月复置区(镇)，李家店区公所住地李家店镇，辖 4 个管理区 27 个行政村 1 个街道。2010 年 1 月，将原十里管理区所辖十里、红石、卓垮、新河、楚跃社区并入市经济开发区。至此，李店镇行政区划由原来的 27 个行政村 1 个街道整合成 24 个行政村(社区)。

李店镇是省政府命名的湖北省农民漫画之乡、湖北省文化体育先进乡镇。李店镇位于安陆城区东郊，安、云、孝三县交界处，全镇国土面积 56.4 平方千米，共辖 23 个行政村，32202 人，劳动力 14651 个，耕地面积 20.666666 平方千米，是一个典型的农业乡镇。李店镇党委下设 10 个总支部委员会，56 个支部委员会，全镇共有党员 971 人，其中机关党员 262 人，农村党员 709 人。镇机关现有行政干部 35 人，工勤人员 4 人，其中：党政成员 8 人，主任科员 2 人，副主任科员 4 人，一般干部 19 人。镇内设三个办公室：党政办公室、经济发展办公室、社会事务办公室，设主任 3 人、副主任 4 人、干事 12 人。

镇政府下设一个事业单位和 8 个服务中心，共有人员 59 人，其中事业单位财政经管站有 16 人，社会事务服务中心、乡镇企业服务中心、农机水利水产服务中心、农业技术服务中心、人口与发展服务中心、村镇建设和环境保护服务中心、畜牧兽医技术服务中心、文化体育服务中心共有 43 人。主要种植水稻、小麦。工业以医药食品、机械制造、化工、纺织服装产业为主。2005 年，实现工农业总产值 2.9 亿元，其中工业总产值2.1亿元，农业总产值8000万元，以猪禽渔为主的多种经营总产值占农业总产值的65%。完成预算内财政收入207万元；农民人均纯收入达到11618元，呈恢复性增长势头。近年来，该镇突出加快发展目标，大力实施“农业稳镇”“民营富镇”“以工强镇”“科教兴镇”战略，初步形成三大发展格局，即镇域西部依托城郊优势，以楚跃小区为载体，形成以建筑建材、小商品批发、餐饮娱乐三条专业街为主的民营经济园区和以华通电缆、汉水化工、楚跃铝业为龙头的乡镇工业小区；镇域中部以商品粮基地建设为契机，发挥水土资源优势，建成以中国香稻为主的万亩优质稻生产基地；镇域东部以富丽水产品市场为龙头，依托现有三大农型基地，带动千塘百堰配套开发，形成以“猪、禽、渔”为主的立体种养示范带。2011年，有镇文化中心一处，村级文化中心24个、各类文化专业户26户，各类图书室28个。社会保障：2011年享受城镇最低生活保障户数65户，人数119人。境内有省道大安线，主干线云安、李高、两新、新严、严高公路5条，村村通硬化公路63千米。西距汉丹铁路7千米。

第二节　社区(村)、居民点

一、李店社区[Lǐdiàn Shèqū]

1949年10月划入安陆，隶属长兴区管辖；1952年10月属第一区紫石乡辖。1954年8月属李店区李店乡辖。1956年4月属第二指导小组李店乡辖。1958年9月属上游人民公社李店管理区辖。1961年4月属李店区人民公社辖。1975年2月属李店人民公社李店管理区辖。1984年1月属李店区李店乡辖。1987年10月属安陆市李店镇辖，沿用至今。

位于李店镇中心，属丘陵地区。东接大李村，西邻紫石村，南连紫石村，北靠紫石村。辖区总面积2.4平方千米，全社区576人、共136户，有耕地面积0.117平方千米。主要农作物为水稻、小麦。辖管西组、东组2个自然垸，居委会办公室地址设在李店街，现有工作人员4名，主要驻区单位有李店镇党政各部门及街道支部委员会等。

李家店[Lǐ jiā diàn]　“李家”指李姓居民，“店”指集镇。明朝末年，有丁姓、李姓人家迁居此地，至清朝年间，因住户增多，便以住地旁一小河上的简易小桥而命名为矮桥。由于此处紧邻驿道、交通便利，便陆续有其他姓氏(如王、冯、陈、程、沈、周、施等)迁入，并沿路摆摊设点。官方沿驿道五里设一店，十里设一铺，此处便以店命名。因丁姓、李姓迁入较早，故称丁李家店。新中国成立后，由于李姓人口数量较多，而更名为李家店。隶属李店镇街道居民委员会辖，属丘陵区，呈条状分布，东接大李村三组，西邻新建村一组，南连王店村，北靠紫石村周家寨。均为汉族，全塆 576 人，共 136 户，总面积 0.66 平方千米，其中有耕地面积 0.097 平方千米，主要农作物为小麦、水稻，主要经济来源以外地务工为主。

二、大棚村[Dàpéng Cūn]

“大棚”指过去邬姓人家在路边搭建较大的一个草棚(邬家棚子)，“村”指自治组织。

1949 年 10 月属安陆县长兴区管辖；1952 年 10 月属第一区紫石乡辖。1954 年 8 月属李店区十里乡辖。1956 年 4 月属第二指导小组十里乡辖。1958 年 9 月属上游人民公社十里管理区大棚大队辖。1961 年 4 月属李店区十里公社大棚大队辖。1975 年 2 月属李店人民公社十里管理区大棚大队辖。1984 年元月复置区(镇)、乡(镇)、村，大棚大队属李店区十里乡辖。1987 年 10 月，撤区并乡，李店镇由原李家店镇、高砦乡、十里乡并成，大棚村属安陆市李店镇辖，沿用至今。

位于李店镇西部，距政府所在地约 2 千米。东接松山村，西邻经济开发区十里社区，南连李店镇杨棚村、南城高庙村，北靠古井村、方岗村。辖区总面积 2.9 平方千米，全村 1482 人、共 333 户，有耕地面积 1.26 平方千米。主要农作物为水稻、小麦。下辖方家塆、邬家棚子、刘家祠堂、米家大山、上郑家塆、糖坊塆、万家塆、下侯家塆、萧郑家塆、徐家塆、叶侯家塆、叶家塘角、郑家大塆 13 个自然塆。村民委员会有职工 5 人，村内主要驻区单位有大棚村村民委员会等。

方家塆[Fāng jiā wān]　“方家”指的是方姓居民，“塆”指的是自然形成的村庄。以姓氏和地理特征命名。方姓人家由麻城过籍迁居此地，因以方姓为主，故称方家塆。该居民点位于大棚村西部，呈块状分布，东接万家塆，西邻珠穆朗玛食品有限公司，南连萧郑家塆，北靠叶家塘角。主要以方姓为主，均为汉族。全塆 180 人，共 40 户，总面积 0.2 平方千米，其中有耕地面积 0.14 平方千米，主要农作物为小麦、水稻，主要经济来源以外地务工为主。

刘家祠堂[Liú jiā cí táng]　“刘家”指的是刘姓居民，“祠堂”指的是汉族人祭祀祖先或先贤的场所。以姓氏和建筑物命名。祖籍应山寿山，清朝时期刘姓人家迁居此地，因建有刘姓祠堂，故称刘家祠堂。该居民点位于大棚村西部，呈块状分布，东接邬家棚，西邻刘家大塆，南连米家大山，北靠萧郑家塆。主要以刘姓为主，均为汉族。全塆 80 人，共 20 户，总面积 0.22 平方千米，其中有耕地面积 0.102 平方千米，主要农作物为小麦、水稻，主要经济来源以外地务工为主。

米家大山[Mǐ jiā dà shān]　“米家”指的是米姓居民，“大山”指的是地理位置。以姓氏和地理位置命名。洪武六年，米姓夫妻二人由麻城过籍迁居此地，死后葬于此，后人为纪念两位先人将其坟墓称麻城坟，因塆建在一座山旁，故名米家大山。该居民点位于大棚村南部，呈块状分布，东接杨棚村五组柏松金，西邻南城高庙村沈家塆，南连高庙村下刘家河塆，北靠东城经济开发区十里社区邬家中塆。主要以米姓为主，均为汉族。全塆 170 人，共 32 户，总面积 0.35 平方千米，其中有耕地面积 0.127 平方千米，主要农作物为小麦、水稻，主要经济来源以外地务工为主。

上郑家塆[Shàng zhèng jiā wān]　“郑家”指的是郑姓居民，“塆”指的是自然形成的村庄。以方位和姓氏命名。“上郑家塆”主要来源于郑氏家族聚居地分为两个塆此塆在北部，故名。该居民点位于大棚村北部。呈块状分布，东接郑家大塆，西邻刘家大塆，南连邬家棚，北靠石井村萧家大塆。主要以郑姓为主，均为汉族。全塆 50 人，共 13 户，总面积 0.16 平方千米，其中有耕地面积 0.053 平方千米，主要农作物为小麦、水稻，主要经济来源以外地务工为主。

糖坊塆[Táng fāng wān]　“糖坊”指的是制糖作坊，“塆”指的是自然形成的村庄。以经济活动命名。明朝末年，邬姓迁居此地，因开有熬糖的作坊，而取名糖坊塆。位于大棚村西北部，呈块状分布，东接叶侯家塆，西邻上郑家塆，南连涂家塆，北靠石井村萧家小塆。均为汉族。全塆 70 人，共 20 户，总面积 0.11 平方千米，其中有耕地面积 0.053 平方千米，主要农作物为小麦、水稻，主要经济来源以外地务工为主。

涂家塆[Tú jiā wān]　“涂家”指的是涂姓居民，“塆”指的是自然形成的村庄。清朝光绪年间涂姓人家从十里村涂家店迁居此地，后有郑姓从郑家大塆搬迁此地，因涂姓家族较大，故称涂家塆。该居民点位于大棚村中心位置，呈块状分布，东接叶侯家塆，西邻万家塆，南连萧郑家塆，北靠糖坊塆。主要以涂姓为主，均为汉族。全塆 190 人，共 40 户，总面积 0.28 平方千米，其中有耕地面积 0.11 平方千米，主要农作物为小麦、水稻，主要经济来源以外地务工为主。

万家塆[Wàn jiā wān]　“万家”指的是万姓居民,”塆“指的是自然形成的村庄。以姓氏命名。清朝末年，万姓人家从南城萧塆迁居此地，因万姓迁入较早，故称万家塆。后陆续有萧、郑、邬等姓迁入。该居民点位于大棚村中部，呈块状分布，东接糖坊塆，西邻方家塆，南连侯家塆，北靠叶家塘角。主要以万姓为主，均为汉族。全塆 55 人，共 15 户，总面积 0.09 平方千米，其中有耕地面积 0.047 平方千米，主要农作物为小麦、水稻，主要经济来源以外地务工为主。

邬家棚子[Wū jiā péng zǐ]　“邬家”指的是邬姓居民，“棚子”指的是草棚。清朝末年，邬、周两姓人家迁居此地，因住地有一大塘，原名草塘角，塆北边有一条大路是德安府通往云、孝两地要道，邬姓人家在路边搭一草棚供路人歇脚、喝茶，路人便将此处称为邬家棚子，后便以此为名至今。该居民点位于大棚村南部，呈块状分布，东接杨棚村沈家塆，西邻刘家祠堂，南连杨棚村邬家塆，北靠萧郑家塆。主要以邬姓为主，均为汉族。全塆 85 人，共 22 户，总面积 0.23 平方千米，其中有耕地面积 0.102 平方千米，主要农作物为小麦、水稻，主要经济来源以外地务工为主。

下侯塆[Xià hóu wān]　“下”指的是地理位置，“侯”指的是侯姓居民，“塆”指的是自然形成的村庄。清初，侯姓人家从麻城三槐堂迁居此地，因地处叶侯塆下面，而称下侯塆。该居民点位于大棚村东部，呈块状分布，东接松山村魏家塆，西邻涂家塆，南连沈家塆，北靠叶侯家塆。主要以侯姓为主，均为汉族。全塆 80 人，共 18 户，总面积 0.18 平方千米，其中有耕地面积 0.1 平方千米，主要农作物为小麦、水稻，主要经济来源以外地务工为主。

萧郑塆[Xiāo zhèng wān]　“萧郑”指的是萧姓和郑姓，“塆”指的是自然形成的村庄。清朝萧姓人家从石井萧家大塆迁居此地，后郑姓人家从陈沟郑家刺林迁居此地，因萧郑两家在此落籍，取名萧郑塆。该居民点位于大棚村西部，呈块状分布，东接金皇冠珠宝有限公司，西邻裕龙粮食有限公司，南连刘家祠堂，北靠涂家塆。主要以萧姓和郑姓为主，均为汉族。全塆 182 人，共 40 户，总面积 0.24 平方千米，其中有耕地面积 0.115 平方千米，主要农作物为小麦、水稻，主要经济来源以外地务工为主。

叶侯塆[Yè hóu wān]　“叶侯”指的是叶姓和侯姓，“塆”指的是自然形成的村庄。清朝末年，叶姓人家从陈店叶家大塆迁居此地，后民国初期侯姓从城东侯家塆迁居此地，故称叶侯塆。该居民点位于大棚村东部，呈块状分布，东接松山村磨家塆，西邻涂家塆，南连下侯塆，北靠糖坊塆。主要以叶姓和侯姓为主，均为汉族。全塆 75 人，共 14 户，总面积 0.27 平方千米，其中有耕地面积 0.1 平方千米，主要农作物为小麦、水稻，主要经济来源以外地务工为主。

叶家塘角[Yè jiā táng jiǎo]　“叶家”指的是叶姓居民，“塘角”指的是地理位置。以姓氏和地理特征命名。清朝末年，叶姓人家从连棚双泉叶家堰迁居此地，因塆建在一大塘角，而取名叶家塘角。该居民点位于大棚村西北部，呈块状分布，东接糖坊塆，西邻开发区十里社区郭家塆，南连方家塆，北靠石井村萧家小塆。主要以叶姓为主，均为汉族。全塆 70 人，共 18 户，总面积 0.13 平方千米，其中有耕地面积 0.053 平方千米，主要农作物为小麦、水稻，主要经济来源以外地务工为主。

郑家大塆[Zhèng jiā dà wān]　“郑家”指的是郑姓居民，“大塆”指的是面积大的村庄。以姓氏和地理特征命名。郑姓人家由麻城过籍迁居此地，因塆人口较多，故称郑家大塆。该居民点位于大棚村最北端，呈块状分布，东接松山村刘家大塘角，西邻石井村萧家塆、郭家塆，南连松山村叶侯家塆，北靠方岗村郭家大塆。主要以郑姓为主，均为汉族。全塆 195 人，共 41 户，总面积 0.28 平方千米，其中有耕地面积 0.153 平方千米，主要农作物为小麦、水稻，主要经济来源以外地务工为主。

三、方岗村[Fānggǎng Cūn]

“方岗”指村有小山名“方家岗”，“村”指群众自治组织。

1949 年 10 月属安陆县长兴区管辖；1952 年 10 月属第一区紫石乡辖。1954 年 8 月属李店区十里乡辖。1956 年 4 月属第二指导小组十里乡辖。1958 年 9 月属上游人民公社十里管理区方岗大队辖。1961 年 4 月属李店区十里公社方岗大队辖。1975 年 2 月属李店人民公社十里管理区方岗大队辖。1984 年元月复置区（镇）、乡（镇）、村，方岗大队属李店区十里乡辖。1987 年 10 月，撤区并乡，设李店镇，方岗村属安陆市李店镇辖，沿用至今。

位于李店镇西北部，距政府所在地约 2.5 千米，属于丘陵地带。东接陈店乡双泉村，西邻石井村，南连松山村，北靠洑水镇徐岗社区。辖区总面积 1.13 平方千米，全村 1757 人、共 379 户，有耕地面积 0.952 平方千米。主要农作物为水稻、小麦。下辖蒋家大塆、方家中塆、方家上塆、梨树塆、熊家巷子、许家塆、邱家塆、王家塆、郭家独屋 9 个自然塆。村民委员会现有职工 5 人，村内主要驻区单位有方岗村村民委员会等。

方家上塆[Fāng jiā shàng wān]　“方家”指的是方姓居民，“上”指的是方位，“塆”指的是自然形成的村庄。以姓氏和方位命名。方姓人家由麻城过籍迁居此地，因地势较高，故名方家上塆。位于方岗村西南部。呈块状分布，东接邱家塆，西邻石井村郭家中塆，南连方家中塆，北靠郭家下塆。主要以方姓为主，均为汉族。全塆 240 人，共 52 户，总面积 0.16 平方千米，其中有耕地面积 0.14 平方千米，主要农作物为小麦、水稻，主要经济来源以外地务工为主。

方家中塆[Fāng jiā zhōng wān]　“方家”指的是方姓居民，“中”指的是中间位置，“塆”指的是自然形成的村庄。以姓氏和方位命名。方姓人家由麻城过籍迁居于此，因居住在方家上塆和方家下塆中间，故名方家中塆。位于方岗村西北部。呈块状分布，东接梨树塆，西邻郭家独屋，南连蒋家大塆，北靠郭家中塆。主要以方姓为主，均为汉族。全塆 108 人，共 35 户，总面积 0.087 平方千米，其中有耕地面积 0.073 平方千米，主要农作物为小麦、水稻，主要经济来源以外地务工为主。

郭家独屋[Guō jiā dú wū]　“郭家”指的是郭姓居民，“独屋”指的是居住的房屋。以姓氏命名。约一百多年前，郭氏兄弟三人从郭家亭子迁居此地，因户数少又靠近其他郭姓塆，而取名郭家独屋。位于方岗村东北部，呈块状分布，东接陈店乡双泉村黄家塆，西邻郭家塆，南连方家中塆，北靠熊家塆。主要以郭姓为主，均为汉族。全塆 42 人，共 10 户，总面积 0.03 平方千米，其中有耕地面积 0.027 平方千米，主要农作物为小麦、水稻，主要经济来源以外地务工为主。

蒋家大塆[Jiǎng jiā dà wān]　“蒋家”指的是蒋姓居民，“大塆”指的是面积大人口多的村庄。以姓氏和地理特征命名。清朝时期蒋姓兄弟三人迁居此地，原居有笪、陈、章姓陆续迁出，仅剩蒋姓，因塆边有一小土岗，原称蒋家岗，民国时期改称蒋家大塆。该居民点位于方岗村南部。呈块状分布，东接邱家塆，西邻石井村萧家大塆，南连松山村郑家大塆，北靠方家下塆。主要以蒋姓为主，均为汉族。全塆 240 人，共 80 户，总面积 0.17 平方千米，其中有耕地面积 0.13 平方千米，主要农作物为小麦、水稻，主要经济来源以外地务工为主。

梨树塆[Lí shù wān]　又名：方家下塆。“梨树”指的是植物，“塆”指的是自然形成的村庄。相传，明初时方姓人家由麻城过籍迁居此地，因塆内有一古梨树，故名梨树塆。位于方岗村西北部。呈块状分布，东接王家塆，西邻郭家大塆，南连蒋家大塆，北靠方家中塆。主要以方姓为主，均为汉族。全塆 135 人，共 42 户，总面积 0.113 平方千米，其中有耕地面积 0.1 平方千米，主要农作物为小麦、水稻，主要经济来源以外地务工为主。

邱家塆[Qiū jiā wān]　“邱家”指的是邱姓居民，“塆”指的是自然形成的村庄。以姓氏和地理特征命名。清朝道光年间，邱姓人家从孝昌大庙上邱塆迁居此地。目前，方、蒋、熊、殷姓居住此地，因邱姓迁居早且户数多，故名邱家塆。位于方岗村南部，呈块状分布。东接陈店乡中桥村殷家花园，西邻方家中塆，南连蒋家大塆，北靠梨树塆。主要以邱姓为主，均为汉族。全塆 152 人，共 42 户，总面积 0.087 平方千米，其中有耕地面积 0.08 平方千米，主要农作物为小麦、水稻，主要经济来源以外地务工为主。

王家塆[Wáng jiā wān]　“王家”指的是王姓居民，“塆”指的是自然形成的村庄。以姓氏和地理特征命名。因当地为王姓聚居地，故名。位于方岗村中部。呈块状分布，东接熊家巷子，西邻郭家独塆，南连邱家榨场塆，北靠熊岗塆。主要以王姓为主，均为汉族。全塆 45 人，共 9 户，总面积 0.032 平方千米，其中有耕地面积 0.028 平方千米，主要农作物为小麦、水稻，主要经济来源以外地务工为主。

熊家巷子[Xióng jiā xiàng zǐ]　“熊家”指的是熊姓居民，“巷子”指的是地理特征。以姓氏和地理特征命名。熊姓由麻城过籍迁居此地，因塆内建有数条巷子，故名熊家巷子。位于方岗村东部。呈块状分布，东接黄家塆，西邻石井村萧家塆，南连松山村槽坊塆，北靠松山村郑家大塆。主要以熊姓为主，均为汉族。全塆 265 人，共 50 户，总面积 0.18 平方千米，其中有耕地面积 0.16 平方千米，主要农作物为小麦、水稻，主要经济来源以外地务工为主。

许家塆[Xǔ jiā wān]　曾用名：邱家塆。“许家”指的是许姓居民，“塆”指的是自然形成的村庄。以姓氏和地理特征命名。二百年左右，邱姓人家从孝昌邱家上塆搬迁此地，清朝末年许姓女婿户在此繁衍生息，因邱姓先居于此，取名邱家塆，后因本村邱家塆较多，故名许家塆。位于方岗村东南部。呈块状分布，东接黄家塆，西邻石井村，南连陈店乡中桥村殷家花园，北靠熊家新塆。主要以许姓为主，均为汉族。全塆 172 人，共 52 户，总面积 0.057 平方千米，其中有耕地面积 0.053 平方千米，主要农作物为小麦、水稻，主要经济来源以外地务工为主。

四、七汪村[Qīwāng Cūn]

“七汪”指的是该村原有七个汪姓居民点，“村”指自治组织。

1949 年 10 月属安陆县长兴区管辖；1952 年 10 月属第一区紫石乡辖。1954 年 8 月属李店区李店乡辖。1956 年 4 月属第二指导小组李店乡辖。1958 年 9 月属上游人民公社李店管理区七汪大队辖。1961 年 4 月属李店区李店公社七汪大队辖。1975 年 2 月属李店人民公社李店管理区七汪大队辖。1984 年元月复置区（镇）、乡（镇）、村，七汪大队属李店区李店乡辖。1987 年 10 月，撤区并乡，李店镇由原李家店镇、高砦乡、十里乡并成，七汪村属安陆市李店镇辖，沿用至今。

该村隶属李店镇人民政府辖，属于丘陵地区，东接新店村，西邻坦塘村，南连施棚村，北靠陈店乡岳董村。截至 2014 年年末，辖区内共有 5 个自然塆：段家塆、严家塆、七汪塆、三汪塆、岳家塆，全村常住居民 1332 人，共 302 户，辖区内总面积 0.16 平方千米，其中耕地面积 0.8476 平方千米，主要农作物有水稻、小麦、油菜。村委会办公室地址设在七汪村，现有工作人员 4 人，主要驻区单位有七汪村村民委员会。

段家塆[Duàn jiā wān]　“段家”指的是段姓居民，“塆”指的是自然形成的村庄。以姓氏和地理特征命名。清朝末年，段姓人家从孝昌花园镇迁居此地，因皆为段姓，故称段家塆。位于七汪村北部，呈块状分布，东接陈店乡岳董村岳董下塆，西邻陈店乡连棚村小董塆，南连七汪塆，北靠严家塆。主要以段姓氏为主，均为汉族。全塆 320 人，80 户，总面积 0.4288 平方千米，其中耕地面积 0.2144 平方千米，主要农作物为小麦、水稻、油菜，主要经济来源以外地务工为主。

七汪塆[Qī wāng wān]　“七”指的是排序，“汪”指的是汪姓居民，“塆”指的是自然形成的村庄。以姓氏和家族排序命名。汪姓由麻城过籍七户人家中老大、老七迁居此地，其他迁居别处，故有一汪、七汪一说。后简称为七汪。位于七汪村中部，呈块状分布，东接蒋家塆，西邻汪桥村钱家桥，南连施棚村张家塆，北靠严家塆。主要以汪姓氏为主，均为汉族。全塆410人，85户，总面积0.5494平方千米，其中耕地面积0.2747平方千米，主要农作物为小麦、水稻、油菜，主要经济来源以外地务工为主。

三汪塆[Sān wāng wān]　曾用名：江家垅。“三”指的是上中下三个塆，“汪”指的是汪姓居民，“塆”指的是自然形成的村庄。以姓氏和方位命名。原江氏人家由麻城过籍迁居此地，故原名江家垅，后清朝末年，三户汪姓人家从七汪迁居此处，因江姓绝户，只剩汪姓，故称三汪塆。位于七汪村东南部，呈块状分布，东接新店村，西邻坦塘村张家塆，南连施棚村刘家上塆，北靠蒋家塆。主要以汪姓氏为主，均为汉族。全塆260人，52户，总面积0.3484平方千米，其中耕地面积0.1742平方千米，主要农作物为小麦、水稻、油菜，主要经济来源以外地务工为主。

严家塆[Yán jiā wān]　“严家”指的是严姓居民，“塆”指的是自然形成的村庄。以姓氏和地理特征命名。清朝末年，严姓人家从大赵巷子塆迁居此地，因以严姓为主，故称严家塆。位于七汪村北部，呈块状分布，东接岳董村小董塆，西邻陈店乡连棚村小董塆，南连七汪塆，北靠陈店乡连棚村岳董独屋。主要以严姓氏为主，均为汉族。全塆400人，80户，总面积0.536平方千米，其中耕地面积0.268平方千米，主要农作物为小麦、水稻、油菜，主要经济来源以外地务工为主。

岳家塆[Yuè jiā wān]　“岳家”指的是岳姓居民，“塆”指的是自然形成的村庄。相传明初岳姓人家由麻城过籍迁居此地形成塆落，因此塆以岳姓入居最早，故称岳家塆。位于七汪村南部，呈块状分布，东接新店村张家塆，西邻七汪塆，南连三汪塆，北靠陈店乡连棚村连家塆。主要以岳姓氏为主，均为汉族。全塆50人，8户，总面积0.3平方千米，其中耕地面积0.15平方千米，主要农作物为小麦、水稻、油菜，主要经济来源以外地务工为主。

五、施棚村[Shīpéng Cūn]

“施棚”指村内的一个居民点原名“施家棚子”，“村”指群众自治组织。

1949年10月属安陆县长兴区管辖；1952年10月属第一区紫石乡辖。1954年8月属李店区李店乡辖。1956年4月属第二指导小组李店乡辖。1958年9月属上游人民公社李店管理区施棚大队辖。1961年4月属李店区李店公社施棚大队辖。1975年2月属李店人民公社李店管理区施棚大队辖。1984年元月复置区(镇)、乡(镇)、村，施棚大队属李店区李店乡辖。1987年10月，撤区并乡，李店镇由原李家店镇，高砦乡，十里乡并成，施棚村属安陆市李店镇辖，沿用至今。

该村位于李店镇东南部，距政府所在地约2.5千米，东接新添村，西邻大李村，南连云梦县倒店乡操祝村，北靠七汪村。截至2014年年末，辖区内共有11个自然塆：施家杨林、中施塆、东祝家塆、上施塆、何家塆、笪家塆、黄家竹林、上刘塆、下刘塆、张家塝、李家独屋，常住居民1337人，共267户，辖区总面积1.8平方千米，其中耕地面积0.9695平方千米，主要农作物有水稻、小麦、油菜。主要驻区单位有施棚村村民委员会等，村委会办公室地址设在施棚村，现有工作人员 5 名。

笪家塆[Dá jiā wān] “笪家”指的是笪姓居民，“塆”指的是自然形成的村庄。以姓氏和地理特征命名。清朝年间，笪姓人家从江苏南京江宁土桥逃荒迁居此地落籍，因过去塆内生长较多刺树，故称笪家刺林，亦名笪家塆。位于施棚村东部，呈条状分布，东接新添村隗家塆，西邻李家独屋，南连何家塆，北靠黄家竹林塆。主要以笪姓为主，均为汉族。全塆 112 人，28 户，总面积 0. 15 平方千米，其中耕地面积 0. 075 平方千米，主要农作物为小麦、水稻，主要经济来源以外地务工为主。

何家塆[Hé jiā wān] “何家”指的是何姓居民，“塆”指的是自然形成的村庄。以姓氏和地理特征命名。何姓兄弟由麻城过籍三人迁居此地，因塆以何姓为主，故称何家塆。位于施棚村东部，呈条状分布，东接陈庙村大马家塆，西邻上施塆，南连中施塆，北靠笪家塆。主要以何姓为主，均为汉族。全塆 84 人，21 户，总面积 0. 113 平方千米，其中耕地面积 0. 0563 平方千米，主要农作物为小麦、水稻，主要经济来源以外地务工为主。

黄家竹林塆[Huáng jiā zhú lín wān] “黄家”指的是黄姓居民，“竹林”指的是地理环境，“塆”指的是自然形成的村庄。以姓氏和地理特征命名。约二百年，黄姓人家从茶堰村黄家大塆迁居此地，因塆栽种很多竹子，而取名黄家竹林塆。位于施棚村东部，呈条状分布，东接陈庙村周家塆，西邻大李村李郎塆，南连笪家塆，北靠七汪村三汪塆。主要以黄姓为主，均为汉族。全塆 92 人，28 户，总面积 0. 12 平方千米，其中耕地面积 0. 0616 平方千米，主要农作物为小麦、水稻，主要经济来源以外地务工为主。

老屋东祝[Lǎo wū dōng zhù] “老屋”指的是旧址，“东祝”指的是地理位置和祝姓居民。据族谱载，唐时祝氏先祖由睦州避兵乱迁至江西，后迁湖北麻城，元末徐寿辉肇事避于城中，洪武年间其先祖迁黄陂三渠口祝家冲落籍。后由祝家冲迁安陆此处，因年代久远加之位于子石西祝以东，故称老屋东祝。位于施棚村西南部，呈条状分布，东接中施塆，西邻李家独屋，南连施家杨林，北靠上施塆。主要以施姓为主，均为汉族。全塆 88 人，22 户，总面积 0. 118 平方千米，其中耕地面积 0. 059 平方千米，主要农作物为小麦、水稻，主要经济来源以外地务工为主。

李家独屋[Lǐ jiā dú wū] “李家”指的是李姓居民，“独屋”指的是居住的房屋少。以姓氏和建筑物命名。清末民初，李姓户从大李村李郎塆迁居此地，因仅此一户而取名李家独屋。位于施棚村东部，呈条状分布，东接笪家塆，西邻大李村丁家塆，南连上施家塆，北靠下刘塆。主要以李姓为主，均为汉族。全塆 90 人，18 户，总面积 0. 1206 平方千米，其中耕地面积 0. 0603 平方千米，主要农作物为小麦、水稻，主要经济来源以外地务工为主。

上刘塆[Shàng liú wān] “上”指的是地势较高，“刘”指的是刘姓居民，“塆”指的是自然形成的村庄。以姓氏和地理特征命名。刘姓人家由麻城过籍迁居此地，因此塆地势比另一刘姓塆高，而取名上刘塆。位于施棚村东部，呈条状分布，东接黄家竹林，西邻下刘塆，南连黄家竹林，北靠七汪村三汪塆。主要以刘姓为主，均为汉族。全塆 102 人，20 户，总面积 0. 1367 平方千米，其中耕地面积 0. 0683 平方千米，主要农作物为小麦、水稻，主要经济来源以外地务工为主。

上施家塆[Shàng shī jiā wān] “上”指的是地处偏高，“施家”指的是施姓居民，“塆”指的是自然形成的村庄。相传施姓祖先明初从江西筷子巷过籍到湖北麻城，再由麻城过籍安陆施棚村，分三处居住，依地势而分上、中、下施塆，此塆地处三塆上头而取名上施家塆。位于施棚村中部偏北，呈条状分布，东接何家塆，西邻大李村李家独屋，南连东祝塆，北靠李家独屋。主要以施姓为主，均为汉族。全塆98人，20户，总面积0.1313平方千米，其中耕地面积0.0657平方千米，主要农作物为小麦、水稻，主要经济来源以外地务工为主。

施家杨林[Shī jiā yáng lín]　“施家”指施姓居民；“杨林”指的是树木。以传说命名。施姓祖先兄弟三人从江西筷子巷过籍到了湖北麻城，再由麻城过籍到安陆，分别居住李店施棚村、赵棚施塆村、洑水施家大堰，且施姓过去栽种很多杨树，故名。该居民点位于李店镇施棚村南部，东接新添村新添铺，西邻大李村麻榨塆，南连云梦县操祝村夏家塆，北靠东祝塆，居民主要姓氏为施姓，主要民族为汉族，居民点面积为0.053平方千米，共有居民37户，126人，耕地面积0.063平方千米，主要经济来源以水稻为主。

下刘塆[Xià liú wān]　“下”指的是地势偏低，“刘”指的是刘姓居民，“塆”指的是自然形成的村庄。以姓氏和地理特征命名。刘姓人家由麻城过籍迁居此地，因塆地形低于上刘塆，而取名下刘塆。位于施棚村西北，呈条状分布，东接上刘塆，西邻张家塆，南连大李村李郎塆，北靠七汪村张家塆。主要以刘姓为主，均为汉族。全塆132人，33户，总面积0.175平方千米，其中耕地面积0.088平方千米，主要农作物为小麦、水稻，主要经济来源以外地务工为主。

张家塝[Zhāng jiā bàng]　“张家”指的是张姓居民，“塝”指的是地势高。以姓氏和地理特征命名。张姓人家由麻城过籍迁居此地，后陆续有汪姓、苏姓、刘姓、周姓迁入，因塆建在土坡旁，加之张姓迁居较早，故称张家塝。位于施棚村北部，呈条状分布，东接下刘塆，西邻大李村方岳塆，南连大李村李家塆，北靠七汪村七汪塆。主要以张姓为主，均为汉族。全塆138人，28户，总面积0.185平方千米，其中耕地面积0.0925平方千米，主要农作物为小麦、水稻，主要经济来源以外地务工为主。

中施家塆[Zhōng shī jiā wān]　“中”指的是地处三塆的中间，“施家”指的是施姓居民，“塆”指的是自然形成的村庄。相传明初施姓祖先从江西筷子巷过籍到湖北麻城，再由麻城过籍到安陆施棚村，分三处居住，依地势而分上、中、下施塆，此塆地处三塆中间，而取名中施家塆。位于东部施棚村，呈条状分布，东接何家塆，西邻东祝家塆，南连施家杨林，北靠上施塆。主要以施姓为主，均为汉族。全塆108人，23户，总面积0.1447平方千米，其中耕地面积0.0723平方千米，主要农作物为小麦、水稻，主要经济来源以外地务工为主。

六、石井村[Shí jǐng Cūn]

“石井”指村内有一口古井，“村”指群众自治组织。

1949年10月属安陆县长兴区管辖；1952年10月属第一区紫石乡辖。1954年8月属李店区十里乡辖。1956年4月属第二指导小组十里乡辖。1958年9月属上游人民公社十里管理区石井大队辖。1961年4月属李店区十里公社石井大队辖。1975年2月属李店人民公社十里管理区石井大队辖。1984年元月复置区(镇)、乡(镇)、村，石井大队属李店区十里乡辖。1987年10月，撤区并乡，李店镇由原李家店镇，高砦乡，十里乡并成，石井村属安陆市李店镇辖，沿用至今。

该村位于李店镇西北部，距政府所在地约5.5千米，西北部属丘陵地带，东接方岗村、熊岗村，南连大棚村，西邻席棚、新河社区，北靠安花公路。截至2014年年末，辖区内共有10个自然塆：郭家亭子、郭家上塆、郭家中塆、郭家下塆、对门塆、李家塆、舒家塆、连家塆、萧家大塆、萧家小塆。全村常住居民1470人，共294户，辖区总面积2.21平方千米，耕地面积1.105平方千米，主要农作物有水稻、小麦、油菜。村委会办公地址设在石井村，现有工作人员5名，主要驻区单位有石井村村民委员会等。

对门塆[Duì mén wān]　“对门”指的是地理位置，“塆”指的是自然形成的村庄。以地理位置命名。清朝末年由附近居民迁入此地，且房屋建在冲塘两边，其坐向属门对门，故名对门塆。目前居住了六个家族(刘、郭、彭、沈、萧、王)，位于石井村西部，呈条状分布，东接郭家中塆，西邻李家塆，南连舒家塆，北靠严家塆。所住居民均为汉族。全塆40人，13户，总面积0.11平方千米，其中耕地面积0.0583平方千米，主要农作物为小麦、水稻、油菜，主要经济来源以外地务工为主。

郭家大塆[Guō jiā dà wān]　“郭家”指的是郭姓居民，“大”指居民多，“塆”指的是自然形成的村庄。因郭氏家族聚居此地分为三个自然塆，此塆最大，故命名为郭家大塆。位于石井村中部偏西南，呈条状分布，东接方岗村王家塆，西邻连家塆，南连萧家大塆，北靠郭家中塆。主要以郭姓氏为主，均为汉族。全塆144人，36户，总面积0.23平方千米，其中耕地面积0.1139平方千米，主要农作物为小麦、水稻、油菜，主要经济来源以外地务工为主。

郭家上塆[Guō jiā shàng wān]　“郭家”指的是郭姓居民，“上”指的是地势偏高，“塆”指的是自然形成的村庄。以姓氏和地理特征命名。麻城过籍郭姓兄弟三人来此居住，其中老大的居住地位置偏高，故称郭家上塆。位于石井村东北部，呈条状分布，东接方岗，西邻连家塆，南连萧家大塆，北靠郭家中塆。主要以郭姓氏为主，均为汉族。全塆128人，27户，总面积0.15平方千米，其中耕地面积0.097平方千米，主要农作物为小麦、水稻、油菜，主要经济来源以外地务工为主。

郭家亭子[Guō jiā tíng zǐ]　“郭家”指的是郭姓居民，“亭子”指的是凉亭。相传明初时麻城过籍郭姓兄弟三人来此居住，其中老三居住于此，因其塆边建有一木凉亭，故称郭家亭子。位于石井村，呈条状分布，东接方岗村王家塆，西邻连家塆，南连萧家大塆，北靠洑水镇熊岗村方家棚子。主要以郭姓氏为主，均为汉族。全塆134人，37户，总面积0.2平方千米，其中耕地面积0.11平方千米，主要农作物为小麦、水稻、油菜，主要经济来源以外地务工为主。

郭家中塆[Guō jiā zhōng wān]　“郭家”指的是郭姓居民，“中”指的是位置在三塆的中间，“塆”指的是自然形成的村庄。以姓氏和地理特征命名。麻城过籍郭姓兄弟三人来此居住，其中老二居住位于中间，故称郭家中塆。位于石井村中部，呈条状分布，东接方岗村方家上塆，西邻对门塆，南连郭家大塆，北靠郭家塆。主要以郭姓氏为主，均为汉族。全塆135人，34户，总面积0.27平方千米，其中耕地面积0.1353平方千米，主要农作物为小麦、水稻、油菜，主要经济来源以外地务工为主。

李家塆[Lǐ jiā wān] “李家”指的是李姓居民，“塆”指的是自然形成的村庄。以姓氏命名。清朝末年，李督军因罪充军在此落籍，后繁衍生息，因此名人而得名李家塆。位于石井村北部，呈条状分布，东接对门塆，西邻新河社区，南连舒家塆，北靠洑水镇。主要以郭姓氏为主，均为汉族。全塆 134 人，35 户，总面积 0. 1742 平方千米，其中耕地面积 0. 0871 平方千米，主要农作物为小麦、水稻、油菜，主要经济来源以外地务工为主。

连家塆[Lián jiā wān] “连家”指的是连姓居民，“塆”指的是自然形成的村庄。以姓氏命名。清朝末年从陈店九冲连家畈迁居此地，故称连家塆。位于李店镇石井村西南部，呈条状分布，东接郭家大塆，西邻舒家塆，南连萧家大塆，北靠对门塆。主要以连姓氏为主，均为汉族。全塆 88 人，24 户，总面积 0. 1166 平方千米，其中耕地面积 0. 0583 平方千米，主要农作物为小麦、水稻、油菜，主要经济来源以外地务工为主。

舒家塆[Shū jiā wān] “舒家”指的是舒姓居民，“塆”指的是自然形成的村庄。以姓氏命名。始于明朝，舒姓最早居住于此，故名舒家塆。目前居住有五个家族(舒、刘、郭、吕、汪)。位于石井村西部，呈条状分布，东接李家塆，西邻新河社区大王家塆，南连萧家小塆，北靠对门塆。主要以舒姓氏为主，均为汉族。全塆 150 人，37 户，总面积 0. 25 平方千米，其中耕地面积 0. 1353 平方千米，主要农作物为小麦、水稻、油菜，主要经济来源以外地务工为主。

萧家大塆[Xiāo jiā dà wān] “萧家”指的是萧姓居民，“大塆”指的是面积大人口多的村庄。以姓氏命名。麻城过籍萧姓迁居此地，居户多称萧家大塆。位于石井村南部，呈条状分布，东接松山村方家塆，西邻萧家小塆，南连大棚村郑家大塆，北靠郭家塆。主要以萧姓为主，均为汉族。全塆 232 人，65 户，总面积 0. 34 平方千米，其中耕地面积 0. 175 平方千米，主要农作物为小麦、水稻、油菜，主要经济来源以外地务工为主。

萧家小塆[Xiāo jiā xiǎo wān] “萧家”指的是肖姓居民，“小”指的是人数少，“塆”指的是自然形成的村庄。以姓氏命名。萧姓由麻城过籍迁居此地，居户少称肖家小塆。位于李店镇石井村西南部，呈条状分布，东接萧家大塆，西邻新河社区邬家窑塆，南连十里社区叶家塘角，北靠连家塆。主要以郭姓氏为主，均为汉族。全塆 150 人，41 户，总面积 0. 25 平方千米，其中耕地面积 0. 1353 平方千米，主要农作物为小麦、水稻、油菜，主要经济来源以外地务工为主。

七、萧徐村[Xiāoxú Cūn]

“萧徐”指村中姓“萧、徐”居民较多，“村”指群众自治组织。

1949 年 10 月属安陆县长兴区管辖；1952 年 10 月属第一区紫石乡辖。1954 年 8 月属李店区高寨乡辖。1956 年 4 月属第二指导小组高砦乡辖。1958 年 9 月为上游人民公社高砦管理区肖徐大队。1961 年 4 月为李店区高砦公社萧徐大队。1975 年 2 月为李店人民公社高砦管理区肖徐大队。1984 年元月复置区(镇)、乡(镇)、村，萧徐村属李店区高砦乡辖。1987 年 10 月，撤区并乡，李店镇由原李家店镇、高砦乡、十里乡并成，萧徐村属安陆市李店镇辖，沿用至今。

该村隶属李店镇人民政府辖，为丘陵山地地形，呈块状分布，东接孝昌县花西乡朱祠村，西邻茶堰村，南连高砦村，北靠陈店乡黄巷村，截至 2014 年年末，辖区内共有 7 个自然塆：萧家塆、下徐塆、桥头塆、上徐塆、郭周塆、砌匠塆、新塆刘。全村常住居民 289 户、1156 人，总面积 3. 3077 平方千米，其中耕地面积 0. 9729 平方千米，主要农作物为小麦、水稻，村委会办公室地址设在萧徐村，现有工作人员 4 名，主要驻区单位有肖徐村村民委员会等。

郭周塆[Guō zhōu wān]　“郭周”指的是郭姓，周姓居民，“塆”指的是自然形成的村庄。以姓氏命名。周姓人家由清朝中期从孝昌朱祠村金果塆、白果塆搬迁至此，郭姓由麻城过籍来此居住，郭姓居住时间比周姓要早，所以故名郭周塆。位于萧徐村东北部，为丘陵山地地形，呈块状分布，东接砌匠塆，西邻陈店乡金龙村黄家稻场，南连上徐塆，北靠孝昌县花西乡朱祠村竹林塆。全塆主要以郭、周姓为主，均为汉族，共有 119 人，23 户，总面积 0. 4074 平方千米，其中耕地面积 0. 1273 平方千米，主要农作物为小麦、水稻，主要经济来源为外地务工。

砌匠塆[Qì jiàng wān]　又名七厢塆。“砌匠”指的是一种行业，“塆”指的是自然形成的村庄。此塆有四个姓氏人口(吉、黄、曹、杨)，清朝时期吉姓从孝昌花西大圣村吉家大塆搬迁此地，因有居民以砌匠为业故名砌匠塆。又因早期只有七户人家，故又名七厢塆。地处萧徐村北部，为丘陵山地地形，呈块状分布，东接新塆刘，西邻郭周塆，南连桥头塆，北靠孝昌县花西乡康杨村大吉塆。全塆均为汉族，共有 107 人，22 户，总面积 0. 3822 平方千米，其中耕地面积 0. 1233 平方千米，主要农作物为小麦、水稻，主要经济来源为外地务工。

桥头塆[Qiáo tóu wān]　“桥头”指的是石桥，“塆”指的是自然形成的村庄。以建筑物命名。此塆居住人口都姓黄，传说在宋朝时期，有一柯姓官员，有八箱银子，其父认为是其贪污，令其修桥三座，一名柯家桥，二名中桥，三名金龙桥，而黄姓人家从金龙村岗上塆搬迁在此居住，黄姓家族居住地北靠近金龙桥，故名桥头塆。地处萧徐村西北部，为丘陵山地地形，呈块状分布，东接徐家塆，西邻陈店乡金龙村岗上塆，南连黄家大塆，北靠陈店乡金龙村王家河。全塆均为汉族，共有 174 人，44 户，总面积 0. 4288 平方千米，其中耕地面积 0. 134 平方千米，主要农作物为小麦、水稻，主要经济来源为外地务工。

萧家塆[Xiāo jiā wān]　“萧家”指的是肖姓居民，“塆”指的是自然形成的村庄。以姓氏和地理特征命名。根据族谱记载，萧姓发源地系安徽萧县，1639 年从江西迁入孝感萧港，后从萧港迁入此地，故取名叫萧家塆。位于萧徐村南部，为丘陵山地地形，呈块状分布，东接孝昌县朱祠村竹林塆，西邻茶堰村黄家大塆，南连高砦村高家砦，北靠徐家塆。全塆主要以萧姓为主，均为汉族，共有 369 人，69 户，总面积 0. 9648 平方千米，其中耕地面积 0. 3015 平方千米，主要农作物为小麦、水稻，主要经济来源为外地务工。

新塆刘[Xīn wān liú]　又名新庵刘、新庵庙刘。“新”指的是新建，“塆”指的是自然形成的村庄，“刘”指的是刘姓居民。以姓氏命名。此塆居住有三个家族(刘、陈、黄)，最早刘姓家人在此居住(约三百年)，因住地东有一座尼姑庵，故又名新庵刘、新庵庙刘。位于萧徐村东北部，为丘陵山地地形，呈块状分布，东接孝昌县花西乡康杨村吉家大塆，西邻砌匠塆，南连孝昌县花西乡朱祠村白果塆，北靠孝昌县花西乡康杨村吉家小塆。全塆主要以刘姓为主，均为汉族，共有 97 人，23 户，总面积 0.2659 平方千米，其中耕地面积 0.083 平方千米，主要农作物为小麦、水稻，主要经济来源为外地务工。

徐家上塆[Xú jiā shàng wān] “上”指的是地势偏高，“徐”指的是徐姓居民，“塆”指的是自然形成的村庄。相传明初时徐姓人家由麻城过籍迁居此地，后分成几个塆，因位置较低取名下塆。位于萧徐村，为丘陵山地地形，呈块状分布，东接孝昌县花西乡朱祠村竹林塆，西邻下徐塆，南连萧家塆，北靠郭周塆。全塆主要以徐姓为主，均为汉族，共有 176 人，32 户，总面积 0.39 平方千米，其中耕地面积 0.1219 平方千米，主要农作物为小麦、水稻，主要经济来源为外地务工。

徐家下塆[Xú jiā xià wān] “下”指的是地势偏低，“徐”指的是徐姓居民，“塆”指的是自然形成的村庄。相传明初时徐姓人家由麻城过籍迁居此地，后分成几个塆，因位置较低取名下塆。地处萧徐村西北部，为丘陵山地地形，呈块状分布，东接上徐塆，西邻金龙村中间塆，南连萧家塆，北靠桥头塆。全塆主要以徐姓为主，均为汉族，共有 97 人，23 户，总面积 0.2959 平方千米，其中耕地面积 0.0925 平方千米，主要农作物为小麦、水稻，主要经济来源为外地务工。

八、新店村[Xīndiàn Cūn]

“新店”指村中有居民点名“新店”，“村”指的是群众自治组织。

1949 年 10 月属安陆县长兴区管辖；1952 年 10 月属第一区紫石乡辖。1954 年 8 月属李店区高寨乡辖。1956 年 4 月属第二指导小组高砦乡辖。1958 年 9 月属上游人民公社高砦管理区新店大队辖。1961 年 4 月属李店区高砦公社新店大队辖。1975 年 2 月属李店人民公社高砦管理区新店大队辖。1984 年元月复置区(镇)、乡(镇)、村，新店大队属李店区高砦乡辖。1987 年 10 月，撤区并乡，设李店镇，新店村属安陆市李店镇辖，沿用至今。

该村位于李店镇东部，距政府所在地约 2 千米，为丘陵山地地形，呈块状分布，东接大赵村，西邻七汪村，南连陈庙村，北靠茶堰村。全塆主要以陈、黄、赵、鲁、马、杨、董姓为主，下辖 6 个自然塆：陈家塆、赵黄塆、鲁家塆、西杨塆、新店街、新农村，均为汉族，共有 1172 人，298 户，总面积 2.7955 平方千米，其中耕地面积 0.7605 平方千米，主要农作物为小麦、水稻，村委会办公室地址设在新店村，现有工作人员 4 名，主要驻区单位有新店村村民委员会等。

陈家塆[Chén jiā wān] “陈家”指的是陈姓居民，“塆”指的是自然形成的村庄。以姓氏命名。明朝洪武年间，陈氏先祖由麻城过籍迁居此地，因居住人口皆为陈姓，故称陈家塆。位于新店村西部，为丘陵山地地形，呈块状分布，东接陈黄塆，西邻七汪村三汪塆，南连陈庙村周家塆。全塆主要以陈姓为主，均为汉族，共有 394 人，95 户，总面积 0.6282 平方千米，其中耕地面积 0.1963 平方千米，主要农作物为小麦、水稻，主要经济来源为外地务工。

鲁家塆[Lǔ jiā wān] “鲁家”指的是鲁姓居民，“塆”指的是自然形成的村庄。以姓氏命名。鲁姓先祖由麻城过籍迁入孝感南门鲁家院子，清朝光绪年间有两户鲁姓人家从孝感南门鲁家院子搬迁到土门新店杨家大塘，居住两代人后再迁至现居住地“鲁家塆”。位于新店村南部，为丘陵山地地形，呈块状分布，东接大赵村黄家塆和赵家塆，西邻赵黄塆，南连陈庙村何家塆。全塆主要以鲁姓为主，均为汉族，共有 242 人，46 户，总面积 0. 6926 平方千米，其中耕地面积 0. 2137 平方千米，主要农作物为小麦、水稻，主要经济来源为外地务工。

土门新店[Tǔ mén xīn diàn]　曾用名：陈家小街。“新店”指的是新建的店铺，“街”指的是街道。相传明朝洪武年间，有陈姓家族由麻城过籍此地，人口增多便形成一个小的街道，故称陈家小街。日寇侵入此地后，将原地全部烧毁。抗战结束后，居住此地的陈姓家族便重新用土将住地筑成围墙，只在四方留有土门，故改称土门新店。位于新店村东部，为丘陵山地地形，呈块状分布，东接西杨塆，西邻陈店乡岳董村董家独屋，南连陈家塆，北靠西杨塆。全塆居民以陈姓为主，均为汉族，共有 128 人，25 户，总面积 0. 2814 平方千米，其中耕地面积 0. 0804 平方千米，主要农作物为小麦、水稻，主要经济来源为外地务工。

西杨塆[Xī yáng wān]　“杨”指的是杨姓居民，“塆”指的是自然形成的村庄。以姓氏和地理特征命名。杨姓人家由麻城过籍迁居此地，后陆续有赵姓、鲁姓、黄姓、董姓迁入，因当地有两个杨姓自然塆，此塆在西，且杨姓迁居较早，故称西杨塆。位于新店村北部，为丘陵山地地形，呈块状分布，东接吴家小塆，西邻陈店乡岳董村岳家独屋，南连陈家塆，北靠茶堰村严家塆。全塆主要以杨姓为主，均为汉族，共 208 有人，47 户，总面积 0. 5162 平方千米，其中耕地面积 0. 1434 平方千米，主要农作物为小麦、水稻，主要经济来源为外地务工。

新农村[Xīn nóng cūn]　“新”指的是新建，“农村”指的是农庄。此居民点是 2007 年组建的一个新农村，目前有六个姓氏人口迁居(黄姓、陈姓、赵姓、鲁姓、何姓、严姓)，因其住房是按新农村要求所建，故称新农村。位于新店村北部，为丘陵山地地形，呈块状分布，东接高砦村吴家小塆，西接土门新店，南连黄家塆，北靠西杨塆。全塆均为汉族，共有 61 人，15 户，总面积 0. 2023 平方千米，其中耕地面积 0. 0613 平方千米，主要农作物为小麦、水稻，主要经济来源为外地务工。

赵黄塆[Zhào huáng wān]　“赵黄”指的是赵姓和黄姓居民，“塆”指的是自然形成的村庄。以姓氏命名。清朝道光年间，赵姓人家从赵家大塆迁居此地，民国初黄姓人家从茶堰黄家大塆搬迁入居，因赵姓早于黄姓，故名赵黄塆。位于新店村南部，为丘陵山地地形，呈块状分布，东接叶家冲，西邻七汪村刘家上塆，南连陈庙村陈家大塆，北靠七汪村和严家塆。全塆主要以赵姓黄姓为主，均为汉族，共有 139 人，28 户，总面积 0. 4052 平方千米，其中耕地面积 0. 1266 平方千米，主要农作物为小麦、水稻，主要经济来源为外地务工。

九、新添村[Xīntiān Cūn]

“新添”指的是村内的一个居民点名为“新添铺”，“村”指群众自治组织。

1949年10月属安陆县长兴区管辖；1952年10月属第一区紫石乡辖。1954年8月属李店区高寨乡辖。1956年4月属第二指导小组高砦乡辖。1958年9月属上游人民公社高砦管理区新添大队辖。1961年4月属李店区高砦公社新添大队辖。1975年2月属李店人民公社高砦管理区新添大队辖。1984年元月复置区(镇)、乡(镇)、村，新添大队属李店区高砦乡辖。1987年10月，撤区并乡，设李店镇，新添村属安陆市李店镇辖，沿用至今。

该村位于李店镇东南部，距政府所在地约8.5千米，为丘陵山地地形，呈块状分布，东接两合村，西邻施棚村，南连云梦县倒店乡操祝村，北靠陈庙村。全村均为汉族，下辖有4个自然塆：马家塆、婆媳塆、何家塆、新添铺，共有807人，192户，总面积2.78平方千米，其中耕地面积0.4858平方千米，主要农作物为小麦、水稻，村委会办公室地址设在新添村，现有工作人员4名，主要驻区单位有新添村村民委员会等。

何家塆[Hé jiā wān]　原名隗家塆。“何家”指的是何姓居民，“塆”指的是村庄。清朝时期，隗姓人家从长严村秦郑隗迁居此处种庄田(种别人土地)落籍，故名隗家塆，清末民初又有何姓人家从陈庙何家垱迁居此地，后何姓逐步多于隗姓，便更名何家塆。位于新添村西北，为丘陵山地地形，呈块状分布，东接马家塆，西邻施棚村上施家塆，南连婆媳塆，北靠施棚村笪家塆。全塆主要以何姓、隗姓为主，均为汉族，共有72人，13户，总面积0.1681平方千米，其中耕地面积0.0509平方千米，主要农作物为小麦、水稻，主要经济来源为外地务工。

马家塆[Mǎ jiā wān]　“马家”指的是马姓居民，“塆”指的是自然形成的村庄。以姓氏命名。清朝年间，马姓人家从两合马家店(现无人居住)迁居此地，因此塆以马姓为主，故称马家塆。位于新添村东北，为丘陵山地地形，呈块状分布，东接陈庙村陈庙塆，西邻婆媳塆，南连两合村郑家大塆，北靠陈家大塆。全塆主要以马姓为主，均为汉族，共有132人，36户，总面积0.2929平方千米，其中耕地面积0.0945平方千米，主要农作物为小麦、水稻，主要经济来源为外地务工。

婆媳塆[Pó xí wān]　“婆媳”指的是历史传说，“塆”指的是自然形成的村庄。以历史传说命名。清朝末年，婆媳二人携郑姓子孙从陈庙松村塆迁居此地，守寡将子女抚养成人，后人为报答其养育之恩，故将此塆取名为婆媳塆。位于新添村北部，为丘陵山地地形，呈块状分布，东接马家塆，西邻施棚村中施家塆，南连新添铺，北靠何家塆。全塆主要以郑姓为主，均为汉族，共有143人，41户，总面积0.3473平方千米，其中耕地面积0.1085平方千米，主要农作物为小麦、水稻，主要经济来源为外地务工。

新添铺[Xīn tiān pū]　“新添铺”指的是集镇。以建筑物命名。远古时期，安陆至白沙的通商驿道途经此地，官方沿途五里设一店，十里设一铺，此地因当时人口少，居户分散，无经商店铺，故未设名称。明朝时期有郑姓人家迁居此地，到顺治年间又有陈姓人家迁来，随着人口增多，便有住户沿道路两边开店经商。为此，官方按照原店铺的设置方案，将此处新设为铺，故称新添铺。位于新添村南部，为丘陵山地地形，呈块状分布，东接两合村郑家大塆，西邻施棚村施家杨林，南连云梦县魏店乡魏店村王家塆，北靠婆媳塆、施棚。全塆主要以郑、陈姓为主，均为汉族，共有456人，78户，总面积0.9348平方千米，其中耕地面积0.2921平方千米，主要农作物为小麦、水稻，主要经济来源为外地务工。

十、严祠村[Yáncí Cūn]

“严祠”指村中原建有严家祠堂，“村”指的是群众自治组织。

1949年10月属安陆县长兴区管辖；1952年10月属第一区紫石乡辖。1954年8月属李店区高寨乡辖。1956年4月属第二指导小组高砦乡辖。1958年9月属上游人民公社高砦管理区严祠大队辖。1961年4月属李店区高砦公社严祠大队辖。1975年2月属李店人民公社高砦管理区严祠大队辖。1984年元月复置区(镇)、乡(镇)、村，严祠大队属李店区高砦乡辖。1987年10月，撤区并乡，设李店镇，严祠村属安陆市李店镇辖，沿用至今。

该村位于李店镇东部，距政府所在地约2.5千米，为丘陵山地地形，呈条状分布，东接孝昌县花西乡大香村，西邻两合村、陈庙村，南连云梦县倒店乡操祝村，北靠大赵村。全村均为汉族，共有1218人，226户，现有6个居民点：滑稽塆、黄家岗、梨树塆、西塆严、严店集镇、猪行塆，总面积3.1287平方千米，其中耕地面积1.0609平方千米，主要农作物为小麦、水稻，村委会办公室地址设在严祠村，现有工作人员4名，主要驻区单位有严祠村村民委员会等。

滑稽塆[Huá jī wān]　曾用名：花姓塆、杂姓塆。花姓的本意是姓“花”，安陆方言有“杂”的意思，花姓塆无花姓，显得很滑稽，于是戏称为“滑稽塆”。清朝年间，有严姓人家从严家大塆迁住此地，后陆续有郑姓、金姓等异姓迁来，因姓氏庞杂而取名花姓塆，当地戏传为滑稽塆。位于严祠村东南部，为丘陵山地地形，呈条状分布，东接孝昌县花西乡河东郑，西邻两合店，南连大楼子张，北靠郑杨塆。全塆主要以严、郑、金姓为主，均为汉族，共有157人，35户，总面积0.3849平方千米，其中耕地面积0.1132平方千米，主要农作物为小麦、水稻，主要经济来源为外地务工。

黄家岗[Huáng jiā gǎng]　“黄家”指的是黄姓居民，“岗”指的是地理位置。以姓氏和地理特征命名。黄姓兄弟由麻城过籍六人举家搬迁，其中老六(黄正六)迁住此地，因地势高而取名黄家岗。位于严祠村东南，为丘陵山地地形，呈条状分布，东接孝昌县刘王村西冯塆，西邻豆渣塆，南连孝昌县花西乡建二村下塆张，北靠滑稽塆。全塆主要以黄姓为主，均为汉族，共有428人，69户，总面积0.9148平方千米，其中耕地面积0.3484平方千米，主要农作物为小麦、水稻，主要经济来源为外地务工。

梨树塆[Lí shù wān]　“梨树”指的是植物，“塆”指的是自然形成的村庄。以物产命名。清朝末年，严姓人家从严家大塆搬迁此地，因此处多产梨树，故名。位于严祠村西南部，为丘陵山地地形，呈条状分布，东接严家大塆，西邻两合村染坊塆，南连两合村新屋塆，北靠西塆严。全塆均为汉族，共有42人，8户，总面积0.1321平方千米，其中耕地面积0.04556平方千米，主要农作物为小麦、水稻，主要经济来源为外地务工。

西塆严[Xī wān yán]　“西”指的是西边，“塆”指的是自然形成的村庄，“严”指的是严姓居民。以姓氏和方位命名。清朝年间，严姓人家从严家大塆搬迁定居大塆西边，故名。位于严祠村中部偏南，为丘陵山地地形，呈条状分布，东接周严垮，西邻陈庙村松林垮，南连梨树垮，北靠赵家山。全垮主要以严姓为主，均为汉族，共有 139 人，26 户，总面积 0. 5317 平方千米，其中耕地面积 0. 1849 平方千米，主要农作物为小麦、水稻，主要经济来源为外地务工。

严家店[Yán jiā diàn] 曾用名：严家大垮。“严”指的是严姓居民，“店”指的是店铺。相传战国时期有一君王叫侣，死后谥号庄王，传到东汉时，汉明帝叫刘庄，为避讳天子的名称，改庄姓为严姓。此地居民由湖北江陵迁居于此，因人口众多，故名严家大垮。1995 年当地新建一个集镇(严店)，原严家大垮整体搬迁严家店，故名严家店。位于严祠村东南部，呈条状分布，东接孝昌县花西乡吴店村冯家庙，西邻梨树垮，南靠严家小垮，北靠西垮严。全垮主要以严姓为主，均为汉族，共有 598 人，136 户，总面积 1. 092 平方千米，其中耕地面积 0. 264 平方千米，主要农作物为小麦、水稻，主要经济来源为外地务工。

猪行垮[Zhū háng wān] “猪行”指的是行业，“垮”指的是自然形成的村庄。以经济活动命名。清朝年间，严姓家族从严家大垮搬迁此地，以开猪行谋生，故名。村庄为丘陵山地地形，呈条状分布，东接严店，西邻陈庙村陈家大垮，南连李家坝，北靠大赵村路边垮。全垮主要以严姓为主，均为汉族，共有 156 人，32 户，总面积 0. 3409 平方千米，其中耕地面积 0. 1065 平方千米，主要农作物为小麦、水稻，主要经济来源为外地务工。

十一、杨棚村[Yángpéng Cūn]

“杨棚村”指村中有居民点“杨家棚子”，“村”指群众自治组织。

1949 年 10 月属安陆县长兴区管辖；1952 年 10 月属第一区紫石乡辖。1954 年 8 月属李店区十里乡辖。1956 年 4 月属第二指导小组十里乡辖。1958 年 9 月属上游人民公社十里管理区杨棚大队辖。1961 年 4 月属李店区十里公社杨棚大队辖。1975 年 2 月属李店人民公社十里管理区杨棚大队辖。1984 年元月复置区(镇)、乡(镇)、村，杨棚大队属李店区十里乡辖。1987 年 10 月，撤区并乡，原李家店镇、高砦乡、十里乡并成李店镇，杨棚村属安陆市李店镇辖，沿用至今。

位于李店镇西北部，距政府所在地约 1 千米，为丘陵山地地形，呈块状分布。东接新建村、紫石村，西邻大棚村，南连南城高庙村，北靠松山村、大棚村、新建村。主要以张、胡、代、夏、金、沈、刘姓为主，均为汉族。截至 2014 年年末，辖区内共有 13 个自然垮：柏树金、陈家垮、戴胡垮、高家垮、龚邹垮、荷叶张、刘家垮、沈家垮、夏家寨、小胡垮、小金垮、杨家棚子、杨家垮。村内有常住居民 480 户，共 1925 人，辖区占地面积 2. 1 平方千米，其中耕地面积为 1. 03 平方千米，主要农作物为小麦、水稻、油菜。村委会现有工作人员 5 名，村内主要驻区单位有杨棚村村民委员会、杨棚村卫生室等。

柏树金[Bǎi shù jīn] “柏树”指的是地理环境，“金”指的是金姓居民。以姓氏和地理特征命名。金姓由麻城过籍来此居住，因此处有一古柏树，故名。位于杨棚村西部，为丘陵山地地形，呈条状分布，东接高家垮，西邻 316 国道，南连刘家垮，北靠大棚村。主要以金姓为主，均为汉族。全垮 136 人，34 户，总面积 0.12 平方千米，其中有耕地面积 0.09 平方千米，主要农作物为小麦、水稻，主要经济来源以外地务工为主。

陈家垮[Chén jiā wān]　“陈家”指的是陈姓居民，“垮”指的是自然形成的村庄。相传明初时陈姓人家麻城过籍于此，故名。位于杨棚村东北部，为丘陵山地地形，呈条状分布，东接坦塘村长岳垮，西邻沈家垮，南连杨家棚子，北靠大棚村邬家花园。主要以陈姓为主，均为汉族。全垮 148 人，37 户，总面积 0.12 平方千米，其中有耕地面积 0.06 平方千米，主要农作物为小麦、水稻，主要经济来源以外地务工为主。

戴胡垮[Dài hú wān]　“戴胡”指的是戴胡两姓居民，“垮”指的是自然形成的村庄。相传明朝末年由麻城过籍迁居于此，老祖宗为耿氏。1964 年该垮由原名沈龙旗更名戴胡。位于杨棚村南部，为丘陵山地地形，呈条状分布，东接紫石村邱夏垮，西邻王店村，南连荷叶张，北靠小渠道。主要以戴、胡二姓为主，均为汉族。全垮 149 人，37 户，总面积 0.19 平方千米，其中有耕地面积 0.095 平方千米，主要农作物为小麦、水稻，主要经济来源以外地务工为主。

高家垮[Gāo jiā wān]　原名高家独屋。“高家”指的是高姓居民，“垮”指的是河水弯曲处。该地原只有两户高姓人家居住，土改后有刘姓、胡姓人家迁居于此，人口增多后更名高家垮。位于杨棚村委会所在地中部，为丘陵山地地形，呈条状分布，东接杨家垮，西邻南城办事处高庙村刘家河，南连小胡家垮，北靠柏树金。主要以高姓为主，均为汉族。全垮 107 人，27 户，总面积 0.14 平方千米，其中有耕地面积 0.07 平方千米，主要农作物为小麦、水稻，主要经济来源以外地务工为主。

龚邹垮[Gōng zōu wān]　“龚邹”指的是龚姓和邹姓居民，“垮”指的是村庄。相传清代时，龚姓人家由云梦龚家大垮迁居于此，后有邹姓、夏姓、金姓、胡姓迁入于此，因龚邹两姓迁入较早，故名龚邹垮。位于杨棚村东南部，为丘陵山地地形，呈块状分布，东接夏家寨，西邻小金家垮，南连戴胡垮，北靠小胡家垮。主要以龚、邹、胡、夏、金姓为主，均为汉族。全垮 124 人，31 户，总面积 0.15 平方千米，其中有耕地面积 0.075 平方千米，主要农作物为小麦、水稻，主要经济来源以外地务工为主。

荷叶张[Hé yè zhāng]　“荷叶”指的是植物，“张”指的是张姓居民。以传说故事命名。元末明初，一张姓夫妻二人在战乱时藏身于水塘荷叶之中而幸免于难，并在此居住，为让后代铭记荷叶的救命之恩，故将此垮取名为荷叶张。隶属李店镇杨棚村村民委员会第十一组辖，为丘陵山地地形，呈块状分布，东接代胡垮，西邻新 316 国道，南连王店村，北靠小胡垮。主要以张姓为主，均为汉族。全垮 171 人，43 户，总面积 0.16 平方千米，其中有耕地面积 0.086 平方千米，主要农作物为小麦、水稻，主要经济来源以外地务工为主。

刘家垮[Liú jiā wān]　“刘家”指的是刘姓居民，“垮”指的是自然形成的村庄。以姓氏命名。因当地为刘姓聚居地，故名。位于杨棚村西南，为丘陵山地地形，呈条状分布，东接杨家汊河，西邻村公路，南连小胡垮，北靠刘家垮。主要以刘、杨、孙姓为主，均为汉族。全垮 115 人，29 户，总面积 0.16 平方千米，其中有耕地面积 0.085 平方千米，主要农作物为小麦、水稻，主要经济来源以外地务工为主。

沈家垮[Shěn jiā wān]　曾用名：沈家庙。“沈家”指的是沈姓居民，“垮”指的是自然形成的村庄。以姓氏命名。沈姓人家由麻城过籍于此，因此处有一座寺庙称沈家庙，后改名沈家垮。位于杨棚村北部，为丘陵山地地形，呈条状分布，东接徐家河总渠，西邻陈家塆，南连碧涢路，北靠新建村。主要以沈姓为主，均为汉族。全塆 115 人，19 户，总面积 0. 12 平方千米，其中有耕地面积 0. 07 平方千米，主要农作物为小麦、水稻，主要经济来源以外地务工为主。

夏家寨[Xià jiā zhài]　“夏家”指的是夏姓居民，“寨”指的是古建筑物。以姓氏和地理特征命名。夏家寨是一处屈家岭至龙山时期的文化遗址，其北边有一 800 米长的半圆形土寨(当地人称“古城岗”)。此处住居的人皆为夏姓，故名。此寨位于杨棚村南部，为丘陵地形，呈块状分布，东接紫石村，西邻龚邹塆，南连戴胡塆，北靠新建村下刘家塆。主要以夏姓为主，均为汉族。全塆 149 人，37 户，总面积 0. 18 平方千米，其中有耕地面积 0. 095 平方千米，主要农作物为小麦、水稻，主要经济来源以外地务工为主。

小胡塆[Xiǎo hú wān]　“小”指的是占地面积，“胡”指的是胡姓居民，“塆”指的是自然形成的村庄。土改时从戴胡塆迁出居于此地，故名。位于杨棚村中部，为丘陵山地地形，呈条状分布，东接紫石村紫石桥塆，西邻小金塆，南连龚邹塆，北靠上刘家塆。主要以胡姓为主，均为汉族。全塆 152 人，38 户，总面积 0. 21 平方千米，其中有耕地面积 0. 108 平方千米，主要农作物为小麦、水稻，主要经济来源以外地务工为主。

小金塆[Xiǎo jīn wān]　“小”指的是占地面积，“金”指的是金姓居民，”塆“指的是自然形成的村庄。土改时金姓人家从高庙金家大塆迁居于此，且塆子较小，故称小金塆。位于杨棚村南部，为丘陵山地地形，呈块状分布，东接龚邹塆，西邻南城办事处高庙村金家大塆，南连南城办事处高庙村石板陈，北靠刘家塆。主要以金姓为主，均为汉族。全塆 98 人，25 户，总面积 0. 13 平方千米，其中有耕地面积 0. 064 平方千米，主要农作物为小麦、水稻，主要经济来源以外地务工为主。

杨家棚子[Yáng jiā péng zǐ]　“杨家”指的是杨姓居民，“棚子”指的是建筑物茶棚。以姓氏和建筑物命名。杨姓人家由麻城过籍于此，有云安线途经此地，南来北往商客在此歇脚，其居户见有商机，便在路边搭棚子经商，供商客饮食居住，故名。位于杨棚村东部，为丘陵山地地形，呈条状分布，东接新建村落楚塆，西邻杨家塆，南连下刘家塆，北靠沈家塆。主要以杨、张、李、陈、沈、龚姓为主，均为汉族。全塆 136 人，23 户，总面积 0. 11 平方千米，其中有耕地面积 0. 054 平方千米，主要农作物为小麦、水稻，主要经济来源以外地务工为主。

杨家塆[Yáng jiā wān]　又名梨树杨。“杨家”指的是杨姓居民，“塆”指的是自然形成的村庄。相传明初时杨姓由麻城过籍来此居住，繁衍成塆后名杨家塆，又因此处有一数百年古梨树而又名梨树杨。此处为丘陵山地地形，呈块状分布，东接杨家棚子，西邻南城办事处刘家河，南连下刘家塆，北靠柏树金。主要以杨姓为主，均为汉族。全塆 107 人，26 户，总面积 0. 14 平方千米，其中有耕地面积 0. 07 平方千米，主要农作物为小麦、水稻，主要经济来源以外地务工为主。

十二、长严村[Chángyán Cūn]

“长严”指村中有居民点名“长严塆”，“村”指的是群众自治组织。

1987 年设立。1990 年前该村隶属李店镇高砦村辖，1990 年 4 月原高砦村分为两个村(高砦村、长严村)。此后正式成立长严村民委员会，沿用至今。

位于李店镇东部，距政府所在地约 3 千米，为丘陵山地地形，呈块状分布，东接孝昌县花西乡高陈村，西邻严祠村、高砦村，南连孝昌县花西乡高陈村，北靠严祠村、高砦村。全村均为汉族，共有 1153 人，296 户，现有 9 个居民点：刺林塆、凼子塆、蒋家塆、秦家山、隗家塆、燕塆、长严塆、周严塆、竹林塆，总面积 3. 2825 平方千米，其中耕地面积 1. 0258 平方千米，主要农作物为小麦、水稻，村委会办公室地址设在长严村，现有工作人员 4 名，主要驻区单位有长严村村民委员会等。

刺林塆[Cì lín wān]　“刺林”指的是带刺的树木，“郑、隗”指的是郑姓，隗姓居民，“塆”指的是自然形成的村庄。相传明初时郑姓人家由麻城过籍迁居此地，后有隗姓迁入，因塆内林木茂盛，加之带刺的树木较多，故名。位于长严村东部，为丘陵山地地形，呈块状分布，东接孝昌县花西乡竹林傅，西邻蒋家塆，南连隗家塆，北靠秦家山。全塆主要以秦、郑、隗姓为主，均为汉族，共有 93 人，24 户，总面积 0. 321 平方千米，其中耕地面积 0. 1005 平方千米，主要农作物为小麦、水稻，主要经济来源为外地务工。

凼子塆[Dàng zǐ wān]　“凼子”指的是地理特征，“塆”指的是自然形成的村庄。以地理特征命名。族谱载朱氏先祖浤一公原籍江西饶洲府乐平县石砍山，后堕籍楚坏，发系八份。是朱氏在湖北的开基始祖，其一与明朝洪武年间因陈友谅兵乱避于麻城，后迁往云梯山(今孝昌华西乡朱祠村)，后有朱氏从孝昌朱祠村迁居此地。因塆地形较低，四周略高，故名。位于长严村北部，为丘陵山地地形，呈块状分布，东接燕塆，南连长严塆，北靠高家塆。全塆主要以朱姓为主，均为汉族，共有 218 人，54 户，总面积 0. 5372 平方千米，其中耕地面积 0. 1679 平方千米，主要农作物为小麦、水稻，主要经济来源为外地务工。

蒋家塆[Jiǎng jiā wān]　“蒋家”指的是蒋姓居民，“塆”指的是自然形成的村庄。以姓氏命名。清朝末年，蒋姓人家从孝昌县萧港蒋家寨迁入此地，因住户大部分姓蒋，故名。位于长严村中部偏南，为丘陵山地地形，呈块状分布，东接刺林塆，西邻竹林塆，南连隗家塆，北靠长严塆。全塆主要以蒋姓为主，均为汉族，共有 72 人，19 户，总面积 0. 1929 平方千米，其中耕地面积 0. 0603 平方千米，主要农作物为小麦、水稻，主要经济来源为外地务工。

秦家山[Qín jiā shān]　“秦家”指的是秦姓居民，“山”指的是山峰，亦指村庄。以姓氏和地理特征命名。因由秦姓人家麻城过籍迁居此地，因塆旁有一小山丘，故名秦家山。位于长严村东部，为丘陵山地地形，呈块状分布，东接孝昌县花西乡杨桥村竹林傅，西邻长严塆，南连刺林塆，北靠燕塆。全塆主要以秦姓为主，均为汉族，共有 62 人，19 户，总面积 0. 433 平方千米，其中耕地面积 0. 1354 平方千米，主要农作物为小麦、水稻，主要经济来源为外地务工。

隗家塆[Wěi jiā wān]　“隗家”指姓氏，“塆”指村庄。相传明初时由江西麻城过籍到此，隗姓先人到这里建房居住，后繁衍成塆。位于长严村东南部，东接孝昌县花西乡吴店村大塆丁，南接孝昌县，西邻周严塆，北靠刺林塆。全塆主要以隗姓为主，均为汉族，共有 65 人，23 户，总面积 0. 2371 平方千米，其中耕地面积 0. 0924 平方千米，主要农作物为小麦、水稻，主要经济来源为外地务工。

燕塆[Yàn wān]　“燕”指的是地理特征，“塆”指的是自然形成的村庄。以地理特征命名。明末清初有朱姓人家从孝昌朱祠迁居此地。传说塆北头曾飞来很多燕子，故名。位于长严村东北部，为丘陵山地地形，呈块状分布，东接秦家山，西邻大赵村路边塆，南连长严塆，北靠凼子塆。全塆主要以朱姓为主，均为汉族，共有 252 人，58 户，总面积 0. 5251 平方千米，其中耕地面积 0. 1694 平方千米，主要农作物为小麦、水稻，主要经济来源为外地务工。

长严塆[Cháng yán wān] “长”指的是地理特征，“严”指的是严姓居民，“塆”指的是自然形成的村庄。以地理特征命名。约二百年间，有严姓人家从当地周严塆迁入，因人口多，且住屋排列长，故名。位于长严村中部，为丘陵山地地形，呈块状分布，东接秦家山，西邻高寨村学堂塆，南连蒋家塆，北靠凼子塆。全塆主要以严姓为主，均为汉族，共有 257 人，75 户，总面积 0. 6958 平方千米，其中耕地面积 0. 2245 平方千米，主要农作物为小麦、水稻，主要经济来源为外地务工。

周严塆[Zhōu yán wān] “周、严”指的是周姓，严姓居民，“塆”指的是自然形成的村庄。以姓氏和地理特征命名。周姓居民由麻城过籍迁居此地，后严姓迁入，因周姓早于严姓迁入，故名。位于长严村南部，为丘陵山地地形，呈块状分布，东接竹林塆，西邻严祠村西塆严，南连孝昌县花西乡吴店村大塆丁，北靠大赵村跃进塆。全塆主要以严姓为主，均为汉族，共有 90 人，19 户，总面积 0. 1836 平方千米，其中耕地面积 0. 0335 平方千米，主要农作物为小麦、水稻，主要经济来源为外地务工。

竹林塆[Zhú lín wān] “竹林”指的是竹子，“塆”指的是自然形成的村庄。以物产命名。严姓人家由麻城过籍迁居此地，因塆内栽有较多竹子，故名。位于长严村东南部，为丘陵山地地形，呈块状分布，东接刺林塆，西邻陈庙村赵家山，南连隗家塆，北靠长严塆。全塆主要以严姓为主，均为汉族，共有 99 人，25 户，总面积 0. 2671 平方千米，其中耕地面积 0. 0954 平方千米，主要农作物为小麦、水稻，主要经济来源为外地务工。

十三、茶堰村[Cháyàn Cūn]

“茶堰”指村内的一口大池塘“茶壶堰”，“村”指群众自治组织。

1949 年 10 月属安陆县长兴区管辖；1952 年 10 月属第一区紫石乡辖。1954 年 8 月属李店区高寨乡辖。1956 年 4 月属第二指导小组高砦乡辖。1958 年 9 月为上游人民公社高砦管理区茶堰大队。1961 年 4 月为李店区高砦公社茶堰大队。1975 年 2 月为李店人民公社高砦管理区茶堰大队。1984 年元月复置区(镇)、乡(镇)、村，茶堰大队属李店区高砦乡辖。1987 年 10 月，撤区并乡，原李家店镇、高砦乡、十里乡并成李店镇，茶堰村属安陆市李店镇辖，沿用至今。

位于李店镇东北部，距政府所在地约 2. 5 千米，为丘陵山地地形，呈条状分布。东接萧徐村，西邻岳董村，南连高砦村，北靠陈店乡金龙村。截至 2014 年年末，辖区内共有 5 个自然塆：黄家大塆、吴家塆、严家塆、郑家塆、小赵塆。村内有常住居民 1309 人，共 275 户，辖区总占地面积 1. 5 平方千米，其中有耕地面积 0. 91 平方千米。主要农作物为水稻、小麦。村委会现有工作人员 4 名，村内主要驻区单位有茶堰村村民委员会等。

黄家大塆[Huáng jiā dà wān]　“黄家”指的是黄姓居民，“大塆”指的是自然形成的村庄。以姓氏和村庄规模命名。清朝年间黄姓祖先在陕西为官，因塆大，人口较多，故名。位于茶堰北部，呈条状分布，东接萧徐村萧家塆，西邻陈店乡岳董村岳家独屋，南连严家塆，北靠陈店乡金龙村许家塆。主要以黄姓为主，均为汉族。全塆 650 人，156 户，总面积 0.6 平方千米，其中有耕地面积 0.45 平方千米，主要农作物为小麦、水稻，主要经济来源以外地务工为主。

吴家塆[Wú jiā wān]　曾用名：吴家楼。“吴家”指的是吴姓居民，“塆”指的是自然形成的村庄。以姓氏命名。吴姓二户人家由麻城过籍迁居此地，其中一家房屋结构为两层木制楼，故称吴家楼。后因人口增多而更名吴家塆。位于茶堰村中部。呈条状分布，东接孝昌县花西乡吴店村军刘塆，西邻严家塆，南连高砦村杨家下塆，北靠黄家大塆。主要以吴姓为主，均为汉族。全塆 420 人，共 70 户，总面积 0.35 平方千米，其中有耕地面积 0.233 平方千米，主要农作物为小麦、水稻，主要经济来源以外地务工为主。

小赵塆[Xiǎo zhào wān]　“小赵”指的是赵姓居民，“塆”指的是自然形成的村庄。据老年人口述，清朝末年，赵姓二人一从护国村、一从赵棚逃荒在此落籍，因户数少而称小赵塆。位于茶堰村西南部。呈条状分布，东接萧徐村萧家塆，西邻陈店乡岳董村岳家独屋，南连严家塆，北靠黄家大塆。主要以赵姓为主，均为汉族。全塆 50 人，共 8 户，总面积 0.09 平方千米，其中有耕地面积 0.023 平方千米，主要农作物为小麦、水稻，主要经济来源以外地务工为主。

严家塆[Yán jiā wān]　曾用名：新塘角严。“严家”指的是严姓居民，“塆”指的是自然形成的村庄。以姓氏命名。清朝年间，严姓人家从护国严家洲迁居此地，在吴家新塘旁发家落籍，故称新塘角严，后因人口增多，又称为严家塆。位于茶堰村南部，呈条状分布，东接吴家塆，西邻新店村西杨塆，南连吴家小塆，北靠黄家大塆。主要以严姓为主，均为汉族。全塆 140 人，共 26 户，总面积 0.21 平方千米，其中有耕地面积 0.11 平方千米，主要农作物为小麦、水稻，主要经济来源以外地务工为主。

郑家塆[Zhèng jiā wān]　曾用名：茶壶堰郑。“郑家”指的是郑姓居民，“塆”指的是自然形成的村庄。以姓氏命名。其先祖郑子二由麻城过籍迁居此地，因塆内皆为郑姓居户，故取名郑家塆。位于茶堰村北部。呈条状分布，东接萧徐村萧家塆，西邻陈店乡金龙村岗上塆，南连黄家大塆，北靠陈店乡金龙村黄家塆。主要以郑姓为主，均为汉族。全塆 185 人，共 45 户，总面积 0.12 平方千米，其中有耕地面积 0.087 平方千米，主要农作物为小麦、水稻，主要经济来源以外地务工为主。

十四、陈庙村[Chénmiào Cūn]

“陈庙”指以前陈氏家族修建的一座庙，“村”指群众自治组织。

1949 年 10 月属安陆县长兴区管辖；1952 年 10 月属第一区紫石乡辖。1954 年 8 月属李店区高寨乡辖。1956 年 4 月属第二指导小组高砦乡辖。1958 年 9 月属上游人民公社高砦管理区陈庙大队辖。1961 年 4 月属李店区高砦公社陈庙大队辖。1975 年 2 月属李店人民公社高砦管理区陈庙大队辖。1984 年 1 月复置区(镇)、乡(镇)、村，陈庙大队属李店区高砦乡辖。1987 年 10 月，撤区并乡，原李家店镇、高砦乡、十里乡并成李店镇，陈庙村属安陆市李店镇辖，沿用至今。

该村位于李家店东南部，距政府办公地约 5 千米，为丘陵地形，呈条状分布。东接严祠村，西邻新添村，南连两合村，北靠大赵村。辖区总面积 1.5 平方千米，全村 628 人、共 150 户，有耕地面积 1 平方千米。主要农作物为水稻、小麦。下辖陈家大塆、何家塆、周家塆、陈家小塆、松林塆 5 个自然塆。村民委员会有职工 4 人，村内主要驻区单位有陈庙村村民委员会等。

陈家大塆[Chén jiā dà wān] “陈家”指的是陈姓居民，“大塆”指的是面积大，人口多的村庄。以姓氏和村庄规模命名。陈姓人家由麻城过籍迁居此地，因人口发展较快，故名陈家大塆。位于陈庙村北部。呈块状分布，东接大赵村跃进塆，西邻何家庄，南连陈家庙，北靠何家庄。主要以陈姓为主，均为汉族。全塆 280 人，共 60 户，总面积 0.45 平方千米，其中有耕地面积 0.38 平方千米，主要农作物为小麦、水稻，主要经济来源以外地务工为主。

陈家小塆[Chén jiā xiǎo wān] “陈家”指的是陈姓居民，“小塆”指的是面积小，人口较少的村庄。以姓氏和地理特征命名。陈姓人家由麻城过籍迁居此地，因人口发展慢，住户少，而取名陈家小塆。位于陈庙村西部。呈块状分布，东接大赵村赵家山，西邻马家大塆，南连松林塆，北靠陈家庙。主要以陈姓为主，均为汉族。全塆 61 人，共 13 户，总面积 0.15 平方千米，其中有耕地面积 0.08 平方千米，主要农作物为小麦、水稻，主要经济来源以外地务工为主。

松林塆[Sōng lín wān] “松林”指的是树林，“塆”指的是自然形成的村庄。以树木命名。郑氏祖先彝莽原籍黄州府麻城县吉城十五里郑家垅。据传此塆祖公在朝为官，奉昭守德安府遂籍安陆。洪武二年(1369 年)调德安府安陆县新添铺东陈家庙会落籍此地，因塆内松树茂盛，故名松林塆。位于陈庙村南部，东接严祠村西塆严，西邻新添村婆媳塆，南连两合村梨树塆，北靠陈家小塆。均为汉族，全塆 93 人，共 19 户，总面积 0.21 平方千米，其中有耕地面积 0.13 平方千米，主要农作物为小麦、水稻，主要经济来源以外地务工为主。

周家塆[zhōu jiā wān] “周家”指周姓人家；“塆”指村庄。以传说命名。此塆有两个姓氏人口(周姓、张姓)，周姓是麻城过籍迁入此地，民国十二年张姓搬迁入住，因周姓迁住较早，故称周家塆。该居民点位于陈庙村西北部，东接大赵村赵家大塆，西邻黄家竹林，南连陈家大塆，北靠新店村陈家塆，居民主要姓氏为周、张姓，主要民族为汉族，居民点面积为 0.0198 平方千米，共有居民 12 户，84 人，耕地面积 0.089 平方千米，主要经济来源以水稻为主。

周张塆[Zhōu jiā wān] 曾用名：张家店。“周张”指周姓和张姓居民，“塆”指的是自然形成的村庄。以姓氏和地理特征命名。周姓人家由麻城过籍迁居此地，后张姓人家迁入，在周姓住地旁一道路两边居住，曾名张家店，后两屋地几乎连为一自然塆，故名周张塆。位于陈庙村西部，呈块状分布，东接孝昌县花西乡新民村大塆丁，西邻严祠村西塆严，南连严家大塆，北靠陈家大塆。主要以周姓为主，均为汉族。全塆 58 人，共 12 户，总面积 0.13 平方千米，其中有耕地面积 0.078 平方千米，主要农作物为小麦、水稻，主要经济来源以外地务工为主。

十五、大李村[Dàlǐ Cūn]

“大李”指村中有居民点名“李家大塆”，“村”指群众自治组织。

1949年10月属安陆县长兴区管辖；1952年10月属第一区紫石乡辖。1954年8月属李店区李店乡辖。1956年4月属第二指导小组李店乡辖。1958年9月为上游人民公社李店管理区大李大队。1961年4月为李店区李店公社大李大队。1975年2月为李店人民公社李店管理区大李大队。1984年1月复置区(镇)、乡(镇)、村，大李大队属李店区李店乡辖。1987年10月，撤区并乡，原李家店镇、高砦乡、十里乡并成李店镇，大李村属安陆市李店镇辖，沿用至今。

地处李店镇东南部，距政府所在地约1.5千米。东接施棚村，西邻紫石村，南与云梦县倒店乡庙王村接壤，北靠汪桥村。辖区总面积2.33平方千米，全村1425人、共280户，有耕地面积1.117平方千米。主要农作物为水稻、小麦。下辖稻场塆、丁家大塆、丁李大塆、方岳塆、河边岳、李郎塆、麻榨塆李、山边塆、周家院墙、祝家大塘塆10个自然塆。村民委员会有职工4人，村内主要驻区单位有大李村村民委员会等。

大塘祝[Dà táng zhù]　即祝家大塘。“大塘”指的是池塘，“祝”指的是祝姓居民。清朝末年，祝姓人家从施棚东祝塆迁居此地，种王氏庄田，后祝姓在塆边挖一大塘，便将此塆取名大塘祝。位于大李村南部。呈条状分布，东接李家独屋，西邻王店村王家店，南连云梦县魏店村小塆程，北靠王店村寨河王。主要以祝姓为主，均为汉族。全塆95人，共15户，总面积0.16平方千米，其中有耕地面0.088平方千米，主要农作物为小麦、水稻，主要经济来源以外地务工为主。

稻场塆[Dào chǎng wān]　又名：岳家稻场。“稻场”指的是翻晒、碾轧稻谷的场地，“塆”指的是自然形成的村庄。清末民初，岳姓人家从汪桥岳家祠堂迁居此地，因塆的四周皆为晒谷的稻场，故称稻场塆。位于大李村北部。呈条状分布，东接七汪村蒋家塆，西邻汪桥村周家寨，南近接方岳塆，北靠坦塘村钱家小塆。均为汉族，全塆35人，共10户，总面积0.012平方千米，其中有耕地面积0.0067平方千米，主要农作物为小麦、水稻，主要经济来源以外地务工为主。

丁家塆[Dīng jiā wān]　“丁家”指的是丁姓居民，“塆”指的是自然形成的村庄。传说丁姓人家在清朝年间从孝昌迁居此地，因有人家住户门面用土窑烧制的青砖砌成，很风光、气派。故名风气塆，后改名丁家塆。位于大李村中部偏东，呈条状分布，东连李家独屋，南接麻榨塆，北靠李郎塆。主要以丁姓为主，均为汉族。全塆153人，共29户，总面积0.24平方千米，其中有耕地面积0.11平方千米，主要农作物为小麦、水稻，主要经济来源以外地务工为主。

方岳塆[Fāng yuè wān]　“方岳”指的是方姓和岳姓居民，“塆”指的是自然形成的村庄。以姓氏和地理特征命名。清朝末年，方姓人家从方岗村迁居此地，后岳姓从汪桥村岳家祠堂居迁此地，因方先、岳后，故取名方岳塆。位于大李村北部，东接施棚村张家塆，西邻周家园墙，南连李郎塆，北靠稻场塆。主要以方姓和岳姓为主，均为汉族。全塆187人，共33户，总面积0.27平方千米，其中有耕地面积0.15平方千米，主要农作物为小麦、水稻，主要经济来源以外地务工为主。

河边岳[Hé biān yuè]　“河边”指的是地理位置，“岳”指岳姓居民。清末民初，岳姓人家从汪桥岳家祠堂迁居此地，因塆旁有一条小河，故名河边岳。位于大李村西部，呈条状分布，东靠坦塘村钱家桥，北连坦塘村钱家塆，西邻汪桥村竹林塆，南连稻场塆。主要以岳姓为主，均为汉族。全塆147人，共28户，总面积0.26平方千米，其中有耕地面积0.12平方千米，主要农作物为小麦、水稻，主要经济来源以外地务工为主。

李家大塆[Lǐ jiā dà wān]　“李家”指的是李姓居民，“大塆”指的是面积大，人口聚多的村庄。丁姓人家由麻城过籍迁居此地，后兄弟分家各取父母姓氏。因母亲姓李，故取名丁李塆，后李姓强盛，丁姓人家大部分迁住丁家塆，便更名李家大塆。位于大李村西部，呈条状分布，东接李郎塆，西邻王店村白合王，南连王店村寨河王，北靠方岳塆。主要以李、丁二姓为主，均为汉族。全塆230人，共48户，总面积0.35平方千米，其中有耕地面积0.23平方千米，主要农作物为小麦、水稻，主要经济来源以外地务工为主。

李郎塆[Lǐ láng wān]　“李”指的是李姓居民，“郎”指的是女婿，“塆”指的是自然形成的村庄。以姓氏命名。李姓由麻城过籍而来，后在此处招女婿做新郎，取名李郎塆。位于大李村东南部，东接施棚村黄家竹林，西邻李家大塆，南连丁家塆，北靠方岳塆。主要以李姓为主，均为汉族。全塆272人，共55户，总面积0.31平方千米，其中有耕地面积0.17平方千米，主要农作物为小麦、水稻，主要经济来源以外地务工为主。

麻榨塆李[Má zhà wān lǐ]　“麻榨”指的是榨麻油(香油)，“塆”指的是自然形成的村庄，“李”指的是李姓居民。李姓人家由麻城过籍迁居此地，因早期李姓人家以榨麻油(香油)为营生，故取名麻榨塆李。位于大李村南部，呈条状分布，东接施棚村施家杨林，西邻王店村大严家塆，南连云梦县魏店村，北靠祝家塆。均为汉族。全塆147人，共30户，总面积0.33平方千米，其中有耕地面积0.105平方千米，主要农作物为小麦、水稻，主要经济来源以外地务工为主。

山边塆[Shān biān wān]　“山边”指的是地理位置，“塆”指的是自然形成的村庄。以地理位置命名。民国六年从李郎塆迁居此地，因塆边有一座小山，故称山边塆。位于大李村5、11组。呈条状分布，东接施棚村，西邻本村祝家塆，南连本村麻榨塆，北靠本村丁家塆。均为汉族。全塆32人，共7户，总面积0.17平方千米，其中有耕地面积0.027平方千米，主要农作物为小麦、水稻，主要经济来源以外地务工为主。

周家园墙[Zhōu jiā yuán qiáng]　“周家”指的是周姓居民，“园墙”指的是围墙。周姓人家在清朝年间从孝感附近迁居此地，因每家居户皆建有一小园，故取名周家园墙。位于大李村北部。呈条状分布，东接方岳塆，西邻李店镇集镇，南连李家大塆。主要以周姓为主，均为汉族。全塆125人，共25户，总面积0.23平方千米，其中有耕地面积0.11平方千米，主要农作物为小麦、水稻，主要经济来源以外地务工为主。

十六、大赵村[Dàzhào Cūn]

“大赵”指村中有居民点名“大赵塆”，“村”指的群众自治组织。

1988年以前隶属李店镇严祠村辖，1988年10月原严祠村分为两个村(严祠村、大赵村)。此后，正式成立大赵村民委员会，沿用至今。

位于李店镇东南部，距政府所在地约5千米，属于丘陵地区。东接高砦村，西邻陈庙村、新店村，南连严祠村，北靠新店村、高砦村。辖区总面积3.4平方千米，全村1207人、共246户，有耕地面积0.82平方千米。主要农作物为水稻、小麦。辖管赵家大塆、路边塆、跃进塆、巷子塆、小赵塆5个自然塆。村民委员会有职工4人，村内主要驻区单位有大赵村村民委员会等。

路边塆[Lù biān wān]　曾用名：路头塆。“路边”指的是地理位置，“塆”指的是自然形成的村庄。以地理位置命名。当时老百姓在跃进塆赶集时，都要经过路头塆，并在此地乘凉喝茶，又是路边上，后更名为路边塆。位于大赵村中部偏南，呈块状分布，东接学堂塆，西邻陈庙村何家庄，南连跃进塆，北靠赵家大塆。主要以严氏家族为主，均为汉族。全塆92人，共18户，总面积0.102平方千米，其中有耕地面积0.063平方千米，主要农作物为小麦、水稻，主要经济来源以外地务工为主。

巷子塆[Xiàng zǐ wān]　曾用名：小严塆、严家巷子。”巷子“指的是地理特征，”塆“指的是自然形成的村庄。以地理特征命名。此塆主要多巷，房屋做成大巷小巷比较规范，到处都是巷子，故称巷子塆。位于大赵村西部，属丘陵地形，呈块状分布，东接跃进塆，西邻陈庙村何家庄，南连陈家大塆，北靠赵家大塆。主要以严姓为主，均为汉族。全塆228人，共45户，总面积0.35平方千米，其中有耕地面积0.147平方千米，主要农作物为小麦、水稻，主要经济来源以外地务工为主。

小赵塆[Xiǎo zhào wān]　曾用名：小赵菜棚。“小赵”指的是赵姓居民，“塆”指的是自然形成的村庄。以姓氏命名。因当地两兄弟因种地不方便，从赵家大塆迁居此地，搭草棚种地种菜，繁衍生息，后更名为小赵塆。属丘陵地形，呈块状分布，东接巷子塆，西邻陈家塆，南连严祠村西严塆，北靠巷子塆。主要以赵姓为主，均为汉族。全塆98人，共16户，总面积0.2平方千米，其中有耕地面积0.063平方千米，主要农作物为小麦、水稻，主要经济来源以外地务工为主。

跃进塆[Yuè jìn wān]　“跃进”指的是历史时代性记载，“塆”指的是自然形成的村庄。以历史文化命名。1958年，从老屋塆、梨树塆拆迁合并成两排，后来方园老百姓都来赶集卖菜做生意，1958年“大跃进”大会正在此塆召开，故此得名为跃进塆。位于大赵村南部，属丘陵地形，呈块状分布，东接长严村长严塆，西邻巷子塆，南连严家大塆，北靠路边塆。主要以严姓为主，均为汉族。全塆207人，共45户，总面积0.212平方千米，其中有耕地面积0.124平方千米，主要农作物为小麦、水稻，主要经济来源以外地务工为主。

赵家大塆[Zhào jiā dà wān]　“赵家”指的是赵姓居民，“大塆”指的是面积大人口聚多的村庄。以姓氏和地理特征命名。明朝洪武六年从河南辉县过籍迁入鲁家刺林(现在的赵鲁大塆)。家族中因赵兴鲁衰改名为赵鲁大塆，后又更名为赵家大塆。位于大赵村西北部，属丘陵地形，呈块状分布，东接高寨村朱家岗，西邻陈庙村何家庄，南连巷子塆，北靠杨家塆。主要以赵姓为主，均为汉族。全塆592人，共121户，总面积0.55平方千米，其中有耕地面积0.354平方千米，主要农作物为小麦、水稻，主要经济来源以外地务工为主。

十七、高寨村[Gāozhài Cūn]

“高寨”指村中有居民点“高寨街”，“村”指的是群众自治组织。

1949年10月属安陆县长兴区管辖；1952年10月属第一区紫石乡辖。1954年8月属李店区高寨乡辖。1956年4月属第二指导小组高寨乡辖。1958年9月属上游人民公社高寨管理区高寨大队辖。1961年4月属李店区高寨公社高寨大队辖。1975年2月属李店人民公社高寨管理区高寨大队辖。1984年元月复置区(镇)、乡(镇)、村，高寨大队属李店区高寨乡辖。1987年10月，撤区并乡，原李家店镇、高寨乡、十里乡并成李店镇，高砦村属安陆市李店镇辖，沿用至今。

位于李店镇东部，离政府所在地约10千米，为丘陵山地地形，呈块状分布。东接孝昌县花西乡高陈村，西邻新店村，南连大赵村，北靠萧徐村。主要以杨、米、高、严、吴姓为主，均为汉族。截至2014年9月，辖区内共有6个自然塆和1条街道：吴家小塆、上杨塆、下杨塆、高砦街、高家塆、朱家岗、学堂塆。村内有常住居民186户，共915人，辖区占地面积1.2平方千米，其中耕地面积为0.63平方千米，主要农作物为小麦、水稻、油菜。村委会现有工作人员4名，村内主要驻区单位有高寨村村民委员会、高寨村卫生室、李店镇高寨小学等。

岗上塆[Gǎng shàng wān]　又名朱家岗。“岗”指的是山冈，“上”是指的地理位置，“塆”指的是自然形成的村庄。此塆先祖从孝昌大庙村朱家祠堂迁居此地，因塆建在地势高的山冈上，故名岗上塆。位于高寨村西南部，呈块状分布，东接长严村高家塆，西邻大赵村赵家大塆，南连学堂塆，北靠高砦街。所住居民均为汉族。全塆240人，56户，总面积0.335平方千米，其中耕地面积0.1675平方千米，主要农作物为小麦、水稻、油菜，主要经济来源以外地务工为主。

高寨街[Gāo zhài jiē]　“高寨”指的是地理位置，“街”指的是街道。高姓人家由麻城过籍迁黄陂，后迁蕲春，再由蕲春迁入此地，随后有杨姓、朱姓、严姓等相继迁入，人们在一场地的四周构建住房，并在东、西、南留有通道，供摊贩进场摆摊设点，逐步形成集贸市场。因高姓迁入较早，加之房屋建筑形状，形同一个寨子，取名高砦。现重新规划一条宽敞的街道。位于高砦村北部，呈块状分布，东接孝昌县花西乡邱家村栗树塆邱，西邻下杨塆，南连朱家塆，北靠萧徐村萧家塆。所住居民均为汉族。全塆168人，34户，总面积0.033平方千米，主要经济来源以自主营业和商业贸易为主。

河西高[Hé xī gāo]　又名高家塆。“河西”指的是方位，“高”指的是该姓居民，“塆”指的是自然形成的村庄。高姓先祖由麻城过籍迁居黄陂后迁蕲春，再由蕲春迁居此地，塆边有一小河，与河东高隔河相望，故名河西高。位于高砦村东部，呈块状分布，东接孝昌县花西乡高陈村栗树塆邱，西邻岗上塆，南连长严村燕塆，北靠孝昌县花西乡高陈村黄金塘陈。所住居民均为汉族。全塆176人，50户，总面积0.235平方千米，其中耕地面积0.118平方千米，主要农作物为小麦、水稻、油菜，主要经济来源以外地务工为主。

上杨塆[Shàng yáng wān]　“杨”指的是杨姓居民，“塆”指的是自然形成的村庄。以姓氏和方位命名。

杨姓人家由麻城过籍迁居此地，因塆建在地势较高处，且居户皆姓杨，故称上杨塆。位于高砦村西部，呈块状分布，东接高家塆，西邻新店村陈黄塆，南连大赵村赵家大塆，北靠茶堰村严家塆。主要以杨姓为主，均为汉族。全塆 176 人，52 户，总面积 0.235 平方千米，其中耕地面积 0.118 平方千米，主要农作物为小麦、水稻、油菜，主要经济来源以外地务工为主。

吴家小塆[Wú jiā xiǎo wān]　“吴家”指的是吴姓居民，“小塆”指的是面积小，住户较少的村庄。以姓氏和地理特征命名。民国初期，吴姓人家从茶堰吴家新塘迁居此地，且住户少，而称吴家小塆。位于高砦村，呈块状分布，东接上杨塆，西邻茶堰村吴家塆，南连新店村鲁家塆，北靠茶堰村吴家塆。主要以吴姓为主，均为汉族。全塆 42 人，7 户，总面积 0.628 平方千米，其中耕地面积 0.576 平方千米，主要农作物为小麦、水稻、油菜，主要经济来源以外地务工为主。

下杨塆[Xià yáng wān]　“杨”指的是杨姓居民，“塆”指的是自然形成的村庄。以姓氏和方位命名。清末民初，杨姓人家从上杨塆迁居此地，因其地势低于上杨塆，且与上杨塆相对应，故取名下杨塆。位于高砦村北部，呈块状分布，东接高寨街，西邻朱家岗，南连杨家上塆，北靠萧徐村萧家塆。所住居民均为汉族。全塆 161 人，32 户，总面积 0.215 平方千米，其中耕地面积 0.108 平方千米，主要农作物为小麦、水稻、油菜，主要经济来源以外地务工为主。

学堂塆[Xué táng wān]　“学堂”指的是建筑物，“塆”指的是自然形成的村庄。相传清朝年间，严姓人家从长严塆迁居此地，因从前塆边建有教书学堂，故名学堂塆。位于高寨村南部，呈块状分布，东接长严村长严塆，西邻大赵村路边塆，南连长严村竹林塆，北靠朱家岗。所住居民均为汉族。全塆 98 人，16 户，总面积 0.13 平方千米，其中耕地面积 0.065 平方千米，主要农作物为小麦、水稻、油菜，主要经济来源以外地务工为主。

十八、两合村[Liǎnghé Cūn]

“两合”指村中有居民点名“两合店”，“村”指群众自治组织。

1949 年 10 月属安陆县长兴区管辖；1952 年 10 月属第一区紫石乡辖。1954 年 8 月属李店区高砦乡辖。1956 年 4 月属第二指导小组高砦乡辖。1958 年 9 月属上游人民公社高砦管理区两合大队辖。1961 年 4 月属李店区高砦公社两合大队辖。1975 年 2 月属李店人民公社高砦管理区两合大队辖。1984 年 1 月复置区(镇)、乡(镇)、村，两合大队属李店区高砦乡辖。1987 年 10 月，撤区并乡，原李家店镇、高砦乡、十里乡并成李店镇，两合村属安陆市李店镇辖，沿用至今。

该村位于李店镇东南部，距政府所在地约 2.5 千米，东接孝昌县花西乡高陈村，西邻新添村，南连云梦县倒店乡大潘村，北靠陈庙村。截至 2014 年年末，辖区内共有 7 个自然塆：豆渣塆、封砌塆、染行塆、山边塆、两合店、新塆、郑家大塆，常住居民 1184 人，共 290 户，辖区总面积 2 平方千米，其中耕地面积 1.1 平方千米，主要农作物有水稻、小麦、油菜。村委会办公室地址设在两合村，现有工作人员 4 名，主要驻区单位有两合村村民委员会等。

豆渣垮[Dòu zhā wān] “豆渣”指的是豆渣作坊，“垮”指的是自然形成的村庄。以经济活动命名。清朝时期，从陈庙松林垮搬迁几户人家在此居住，因祖上以卖豆腐为生，其豆渣尤为有名，故名豆渣垮。位于两合村东南部，呈块状分布，东接孝昌县花西乡吴店村黄家岗，西邻云梦县曾店镇魏店村汤黄垮，南连云梦县曾店镇向袁垮，北靠封砌垮。主要以郑、严、李姓氏为主，均为汉族。全垮 144 人，36 户，总面积 0. 15 平方千米，其中耕地面积 0. 067 平方千米，主要农作物为小麦、水稻、油菜，主要经济来源以外地务工为主。

封砌垮[Fēng qì wān] 曾用名：风气垮。“封砌”指的是房屋特点，“垮”指的是自然形成的村庄。清朝末年，从郑家大垮搬迁几户人家重建此垮，因所建房屋门面加以装饰感觉很体面，故名风气垮，后因笔误为封砌垮。位于两合村东南部，呈块状分布，东接孝昌县花西乡吴店村黄家岗，西邻云梦县曾店镇魏店村汤黄垮，南靠豆渣垮。主要以郑姓氏为主，均为汉族。全垮 121 人，30 户，总面积 0. 2278 平方千米，其中耕地面积 0. 1139 平方千米，主要农作物为小麦、水稻、油菜，主要经济来源以外地务工为主。

两合店[Liǎng hé diàn] “两合”指的是两家合在一起，“店”指的是店铺。明朝年间，朝廷从安陆至白沙的驿道上设为十里一铺五里一店，此处离新添铺约五里，故设为店。又因在此店做生意的客商由安陆、云梦两处合成，故名两合店。位于两合村南部，呈块状分布，东接施家独屋，西邻云梦县曾店镇张袁村殷陈垮，南连云梦村曾店镇魏店村两合陈，北靠新屋垮。主要以郑姓氏为主，均为汉族。全垮 111 人，27 户，总面积 0. 197 平方千米，其中耕地面积 0. 0985 平方千米，主要农作物为小麦、水稻、油菜，主要经济来源以外地务工为主。

染坊垮[Rǎn fāng wān] “染坊”指的是染布的作坊，“垮”指的是自然形成的村庄。清朝末年，从郑家大垮迁出几户郑姓人家在此居住，因该垮开有染布的作坊，而取名叫染坊垮。位于两合村中北部，呈块状分布，东接梨树垮，西邻郑家大垮，南连新屋垮，北靠陈庙村松林垮。主要以郑姓氏为主，均为汉族。全垮 116 人，29 户，总面积 0. 185 平方千米，其中耕地面积 0. 0925 平方千米，主要农作物为小麦、水稻、油菜，主要经济来源以外地务工为主。

山边垮[Shān biān wān] “山边”指的是地理位置，“垮”指的是自然形成地村庄。以地理位置命名。清朝年间，从郑家大垮迁出几户郑姓人家在此居住，因垮边有一小山，为求靠山吉利之意，故名山边垮。位于两合村西南部，呈块状分布，东接新屋垮两合店，西邻云梦县曾店镇张袁村夏家垮，南连两合店，北靠郑家大垮。主要以郑、朱姓氏为主，均为汉族。全垮 92 人，23 户，总面积 0. 1072 平方千米，其中耕地面积 0. 0536 平方千米，主要农作物为小麦、水稻、油菜，主要经济来源以外地务工为主。

新垮[Xīn wān] 曾用名：新屋垮。“新”指的是新建，“垮”指的是自然形成的村庄。清朝末年，从郑家大垮搬出几户人家重建一垮(原名叫新屋垮)，后更名为新垮。位于两合村中部，呈块状分布，东接长严村严家小垮，西邻山边垮，南连两合店，北靠染坊垮。主要以郑姓氏为主，均为汉族。全垮 132 人，33 户，总面积 0. 1728 平方千米，其中耕地面积 0. 0864 平方千米，主要农作物为小麦、水稻、油菜，主要经济来源以外地务工为主。

郑家大塆[Zhèng jiā dà wān]　“郑家”指的是郑姓居民，“大塆”指的是面积大，人口较多的村庄。以姓氏和地理特征命名。原籍黄州府麻城郑家垅，其祖上在朝为官，奉昭镇守德安府而落籍安陆，洪武二年(1369年)其后代移居安陆东新添铺，生子三人，其一迁居于此。后来人口较多，故名郑家大塆。位于两合村西部，呈块状分布，东接山边塆，西邻新添村新添铺，南连山边塆，北靠染坊塆。主要以郑、陈姓氏为主，均为汉族。全塆343人，77户，总面积0.4583平方千米，其中耕地面积0.2291平方千米，主要农作物为小麦、水稻、油菜，主要经济来源以外地务工为主。

十九、松山村[Sōngshān Cūn]

“松山”指该村地段上有一座小山，山上栽有松树，“村”指群众自治组织。

1949年10月属安陆县长兴区管辖；1952年10月属第一区紫石乡辖。1954年8月属李店区十里乡辖。1956年4月属第二指导小组十里乡辖。1958年9月属上游人民公社十里管理区松山大队辖。1961年4月属李店区十里公社松山大队辖。1975年2月属李店人民公社十里管理区松山大队辖。1984年元月复置区(镇)、乡(镇)、村，松山大队属李店区十里乡辖。1987年10月，撤区并乡，原李家店镇、高砦乡、十里乡并成李店镇，松山村属安陆市李店镇辖，沿用至今。

该村位于李店镇西北部，距政府所在地约2千米，属丘陵地区，东接坦塘村，西邻大棚村，南连新建村，北靠方岗村。截至2014年年末，辖区内共有5个自然塆：魏家塆、磨坊塆、刘家塆、余家大塆、胡家塆，全村常住居民789人，共160户，辖区总面积2.38平方千米，耕地面积1.19平方千米，主要农作物有水稻、小麦、油菜。村委会办公地址设在松山村，现有工作人员5名，村内主要驻区单位有松山村村民委员会等。

胡家塆[Hú jiā wān]　“胡家”指的是胡姓居民，“塆”指的是自然形成的村庄。以姓氏命名。胡姓由麻城过籍迁居此地，故称胡家塆。位于松山村东北部，呈块状分布，东接陈店乡中桥村许家大塆，西邻松山棚子，南连张余家大塆，北靠刘家塆。主要以胡姓为主，均为汉族。全塆94人，20户，总面积0.125平方千米，其中耕地面积0.063平方千米，主要农作物为小麦、水稻、油菜，主要经济来源以外地务工为主。

刘家塆[Liú jiā wān]　“刘家”指的是刘姓居民，“塆”指的是自然形成的村庄。以姓氏命名。因当地为刘姓聚居地，故名。东接陈店乡中桥村萧家塆，西邻郑家塆，南连胡家塆，北靠蒋家塆。主要以刘姓为主，均为汉族。全塆114人，24户，总面积0.1608平方千米，其中耕地面积0.0804平方千米，主要农作物为小麦、水稻、油菜，主要经济来源以外地务工为主。

磨坊塆[Mó fāng wān]　“磨坊”指的是磨食物的作坊，“塆”指的是自然形成的村庄。此塆居住有两个姓氏人口，殷姓是清朝末年迁居此地，郑姓是民国八年搬迁入住，因早期殷姓人家开设有磨坊而取名磨坊塆。位于松山村中部偏南，呈块状分布，东接余家大塆，西邻大棚村叶侯家塆，南连魏家塆，北靠松山棚子。主要以郑姓为主，均为汉族。全塆40人，10户，总面积0.11平方千米，其中耕地面积0.055平方千米，主要农作物为小麦、水稻、油菜，主要经济来源以外地务工为主。

魏家塆[Wèi jiā wān] “魏家”指的是魏姓居民，“塆”指的是自然形成的村庄。以姓氏命名。清朝道光年间魏姓从云梦魏店迁居此地。后有殷、邬姓搬迁于此，因魏姓人家最早落脚此处，故名魏家塆。位于松山村南部，东接新建村殷家大塆，西邻大棚村邬家花园，南连新建村沈家塆，北靠磨坊塆。主要以魏姓为主，均为汉族。全塆 185 人，37 户，总面积 0. 25 平方千米，其中耕地面积 0. 1253 平方千米，主要农作物为小麦、水稻、油菜，主要经济来源以外地务工为主。

余家大塆[Yú jiā dà wān] “余家”指的是余姓居民，“大塆”指的是面积较大人口较多的村庄。以姓氏命名。明朝末年余姓兄弟二人从江西下邳州(现为市)迁居此地。后来人口发展较多，故称余家大塆。位于松山村东南部，呈块状分布，东接陈店乡中桥村萧家塆，西邻魏家塆，南连曹家塆，北靠胡家塆。主要以余姓为主，均为汉族。全塆 352 人，72 户，总面积 0. 4087 平方千米，其中耕地面积 0. 2044 平方千米，主要农作物为小麦、水稻、油菜，主要经济来源以外地务工为主。

二十、坦塘村[Tǎntángcūn Cūn]

“坦塘”指村中有一口较大的池塘，“村”指的是群众自治组织。

1949 年 10 月属安陆县长兴区管辖；1952 年 10 月属第一区紫石乡辖。1954 年 8 月属李店区李店乡辖。1956 年 4 月属第二指导小组李店乡辖。1958 年 9 月属上游人民公社李店管理区坦塘大队辖。1961 年 4 月属李店区李店公社坦塘大队辖。1975 年 2 月属李店人民公社李店管理区坦塘大队辖。1984 年元月复置区(镇)、乡(镇)、村，坦塘大队属李店区李店乡辖。1987 年 10 月，撤区并乡，原李家店镇、高砦乡、十里乡并成李店镇，坦塘村属安陆市李店镇辖，沿用至今。

位于李店镇北部，距政府所在地约 1 千米，东接七汪村，西邻汪桥村，南连大李村，北靠陈店乡连棚村。截至 2014 年年末，辖区内共有 6 个自然塆：半头塆钱、钱家桥、梨树塆、坦塘周、上钱塆、上周塆，全村常住居民 1230 人，共 282 户，辖区总面积 1. 32 平方千米，其中耕地面积 0. 602 平方千米，主要农作物有水稻、小麦、油菜。村委会办公室地址设在坦塘村，现有工作人员 5 名，村内主要驻区单位有坦塘村村民委员会等。

半头塆钱[Bàn tóu wān qián] “半头”指的是居住人口少，“塆”指的是自然形成的村庄，“钱”指的是钱姓居民。以姓氏和地理特征命名。钱姓人家由麻城过籍迁居此地，因人口发展不快，始终只有其它钱姓塆的人口一半左右，故称半头塆钱。位于坦塘村南部，呈条状分布，东接七汪村七汪塆，西邻紫石村周家寨，南连大李村岳家稻场，北靠钱家桥。主要以钱姓为主，均为汉族。全塆 50 人，14 户，总面积 0. 1 平方千米，其中有耕地面积 0. 0515 平方千米，主要农作物为小麦、水稻，主要经济来源以外地务工为主。

梨树塆[Lí shù wān] “梨树”指的是树木，“塆”指的是自然形成的村庄。周姓人家由麻城过籍迁居此地渐成塆落，因塆内有一古梨树，而取名梨树塆。位于坦塘村北部，呈条状分布，东接陈店乡连棚村上秦塆，西邻陈店乡中桥村河边董，南连上钱塆，北靠陈店乡中桥村余家小塆。所住居民均为汉族。全塆 130 人，35 户，总面积 0.201 平方千米，其中有耕地面积 0.0737 平方千米，主要农作物为小麦、水稻，主要经济来源以外地务工为主。

钱家桥[Qián jiā qiáo] “钱家”指的是钱姓居民，“桥”指的是桥梁，借指村庄。相传明初钱姓人家由麻城过籍迁居此地，因居住地旁有一条小河，小河上架有一座小桥，故名钱家桥。位于坦塘村，呈条状分布，东接七汪村七汪塆，西邻坦塘周，南连半头塆，北靠长辛店。主要以钱姓为主，均为汉族。全塆 330 人，102 户，总面积 0.335 平方千米，其中有耕地面积 0.201 平方千米，主要农作物为小麦、水稻，主要经济来源以外地务工为主。

上钱塆[Shàng qián wān] “上”指的是地势较高，“钱”指的是钱姓居民，“塆”指的是自然形成的村庄。相传明初钱姓人家由麻城过籍迁居此地，因居住地高于其他两个钱姓塆，故称上钱塆。位于坦塘村东南部，呈条状分布，东接七汪村七汪塆，南与钱家桥，西与汪桥村竹林塆相连，北与上周塆相邻。全塆 250 人，50 户，总面积 0.035 平方千米，其中有耕地面积 0.0150 平方千米，主要农作物为小麦、水稻，主要经济来源以外地务工为主。

上周塆[Shàng zhōu wān] “上周”指的是地理位置，“塆”指的是自然形成的村庄。相传明初周姓人家由麻城过籍迁居此地，因此塆地势略高于坦塘周塆，故称上塆周。位于坦塘村北部，呈条状分布，东接陈店乡连棚村大董塆，西接陈店乡中桥村河边董，南与坦塘周接壤，北与陈店乡中桥村余家小塆交界。所住居民均为汉族。全塆 100 人，27 户，总面积 0.134 平方千米，其中有耕地面积 0.05 平方千米，主要农作物为小麦、水稻，主要经济来源以外地务工为主。

坦塘周[Tǎn táng zhōu] “坦塘”指的是地理位置，“周”指的是周姓居民。相传明初周姓兄弟由麻城过籍二人迁居，其一率家人散居此地渐成塆落，因塆旁有一大塘，地势低洼且平坦，故将此地塆取名为坦塘周。位于坦塘村中部，呈条状分布，东接陈店乡中桥村许家塆，西邻汪桥村长岳塆，南连梨树塆，北靠上周塆。主要以周姓为主，均为汉族。全塆 539 人，150 户，总面积 0.489 平方千米，其中有耕地面积 0.2935 平方千米，主要农作物为小麦、水稻，主要经济来源以外地务工为主。

二十一、汪桥村[Wāngqiáo Cūn]

“汪桥”指村中原有一座桥名“汪家桥”，“村”指群众自治组织。

1949 年 10 月属安陆县长兴区管辖；1952 年 10 月属第一区紫石乡辖。1954 年 8 月属李店区李店乡辖。1956 年 4 月属第二指导小组李店乡辖。1958 年 9 月属上游人民公社李店管理区汪桥大队辖。1961 年 4 月属李店区李店公社汪桥大队辖。1975 年 2 月属李店人民公社李店管理区汪桥大队辖。1984 年 1 月复置区(镇)、乡(镇)、村，汪桥大队属李店区李店乡辖。1987 年 10 月，撤区并乡，原李家店镇、高砦乡、十里乡并成李店镇，汪桥村属安陆市李店镇辖，沿用至今。

该村位于李店镇东北部，距政府所在地约1千米，西与新建村接壤，南与紫石村相连，东与坦塘村相邻，北近陈店乡中桥村，为丘陵山地地形，呈块状分布。东接坦塘村，西邻新建村，南连紫石村祝家塆，北靠陈店乡中桥村董家塆。截至2014年年末，辖区内共有4个自然塆：冯岳塆、榨岳塆、竹林塆、长岳塆。村内有常住居民198户，共795人，辖区占地面积1.5平方千米，其中耕地面积为0.8平方千米，主要农作物为小麦、水稻、油菜。村委会现有工作人员4名，村内主要驻区单位有汪桥村村民委员会等。

冯岳塆[Féng yuè wān]　“冯岳”指的是冯姓居民，“塆”指的是自然形成的村庄。相传冯姓人家、岳姓人家是明朝麻城过籍迁居于此，许姓人家是清朝道光年间搬迁此地，董姓和周姓人家属民国时期迁居此地。因冯姓、岳姓迁入较早，故名冯岳塆。位于汪桥村北部，呈条状分布。东接坦塘村钱家小塆，西邻新建村殷家小塆，南连长岳塆，北靠陈店乡中桥村河边董。主要以岳姓为主，均为汉族。全塆200人，40户，总面积为0.278平方千米，其中耕地面积0.139平方千米，主要农作物为小麦、水稻、油菜，主要经济来源以外地务工为主。

榨岳塆[Zhà yuè wān]　“榨”指的是榨油器具场所，“岳”指的是岳姓居民，“塆”指的是自然形成的村庄。岳姓由麻城过籍迁入此处居住，因塆内开设榨油的作坊，故称榨岳塆。位于汪桥村西南部，呈方块分布，东接钱家小塆，西邻新建村落楚塆，南连紫石村西祝塆，北靠长岳塆。主要以岳姓为主，均为汉族。全塆215人，43户，总面积为0.288平方千米，其中耕地面积0.144平方千米，主要农作物为小麦、水稻、油菜，主要经济来源以外地务工为主。

长岳塆[Chǎng yuè wān]　“长”指的是形状呈长方形，“岳”指的是岳姓居民，“塆”指的是自然形成的村庄。岳姓由麻城过籍迁入此地居住，因居住此塆人皆姓岳，且塆的形状呈长方形，故称长岳塆。位于汪桥村西北部，呈长方形分布，东接竹林塆，西邻新建村孙家大塆，南连榨岳塆，北靠新建村洪家塆。主要以岳姓为主，均为汉族。全塆208人，42户，总面积为0.28平方千米，其中耕地面积0.14平方千米，主要农作物为小麦、水稻、油菜，主要经济来源以外地务工为主。

竹林塆[Zhú lín wān]　“竹林”指的是植物，“塆”指的是自然形成的村庄。该塆有两个姓氏(岳、许)，岳姓是麻城过籍时迁入此地，许姓是清朝道光年间搬迁入住，因塆内竹子较多，故名竹林塆。位于汪桥村中部，呈条状分布，东接紫石村周家寨，西邻长岳塆，南连榨岳塆，北望冯岳塆。主要以岳姓为主，均为汉族。全塆185人，37户，总面积为0.248平方千米，其中耕地面积0.124平方千米，主要农作物为小麦、水稻、油菜，主要经济来源以外地务工为主。

二十二、王店村[Wángdiàn Cūn]

“王店村”指村中的居民点名为“王家店”，“村民”指的是群众自治组织。

1949年10月属安陆县长兴区管辖；1952年10月属第一区紫石乡辖。1954年8月属李店区李店乡辖。1956年4月属第二指导小组李店乡辖。1958年9月属上游人民公社李店管理区王店大队辖。1961年4月属李店区李店公社王店大队辖。1975 年 2 月属李店人民公社李店管理区王店大队辖。1984 年元月复置区(镇)、乡(镇)、村，王店大队属李店区李店乡辖。1987 年 10 月，撤区并乡，王店村属安陆市李店镇辖，沿用至今。

该村位于李店镇南部，距政府所在地约 1 千米，东接大李村，西邻杨棚村，南连云梦县倒店乡库区村，北靠李店街道居委会。截至 2014 年年末，辖区内共有 9 个自然塆：张家洼、杨家楼、刘家塆、张沈塆、严家冲、王家店、寨河王、白鹤王、叉河王。常住居民 270 户、1358 人，辖区总面积 1.8 平方千米，其中耕地面积 0.91 平方千米，主要农作物有水稻、小麦、油菜。村内主要驻区单位有王店村村民委员会等，村委会办公室地址设在王店村，现有工作人员 4 名。

白鹤塆[Bái hè wān]　又名白鹤王。“白鹤”指的是鸟类，“塆”指的自然形成的村庄。清朝年间，王姓人家从寨河王塆迁居此地，因塆内树木较多，且多有白鹤栖身，故称白鹤塆。位于王店村中部偏北，呈块状分布，东接叉河塆，西邻张家塆和红石塆，南连寨河王，北靠游家塆。主要以王姓为主，均为汉族。全塆 169 人，41 户，总面积为 0.22 平方千米，其中耕地面积 0.1132 平方千米，主要农作物为小麦、水稻、油菜，主要经济来源以外地务工为主。

叉河塆[Chā hé wān]　又名：叉河王。“叉河”指的是河流，“塆”指的自然形成的村庄。清朝末年，王姓人家从寨河王迁居此地，因塆旁有条小河，河名叫叉河，故名叉河塆。位于王店村西部，呈块状分布，东接大李村李家大塆，西邻游家塆，南连白鹤王，北靠李店街道。主要以李、王姓为主，均为汉族。全塆 59 人，15 户，总面积为 0.118 平方千米，其中耕地面积 0.059 平方千米，主要农作物为小麦、水稻、油菜，主要经济来源以外地务工为主。

刘家塆[Liú jiā wān]　“刘家”指的是刘姓居民，“塆”指的是自然形成的村庄。以姓氏命名。清朝年间，刘姓人家种了李塆庄田落籍此地，后龚姓、李姓、邬姓、肖姓陆续迁入，因刘姓定居早于其他多姓，故名刘家塆。位于王店村西南部，呈块状分布，东接张沈塆，西邻杨家楼，南连云梦县倒店乡库区村大张塆，北靠紫石村响堂陈。主要以刘姓为主，均为汉族。全塆 87 人，20 户，总面积为 0.1166 平方千米，其中耕地面积 0.0583 平方千米，主要农作物为小麦、水稻、油菜，主要经济来源以外地务工为主。

王家店[Wáng jiā diàn]　“王家”指的是王姓居民，“店”指的是店铺。以姓氏和建筑物命名。1947 年，王氏家族有一个身份较高的人王知三，为了与李家店街争抢生意，于是号召王姓的农户在此建了一个小集镇开展贸易交往，后有李姓人家搬迁入住，因此店属王氏家族所建，故称王家店。位于王店村，呈块状分布，东接大李村大塘祝，西邻云梦县倒店乡库区村曹李塆，南连严家冲，北靠寨河王。主要以李、张姓为主，均为汉族。全塆 80 人，24 户，总面积为 0.1072 平方千米，其中耕地面积 0.0536 平方千米，主要农作物为小麦、水稻、油菜，主要经济来源以外地务工为主。

严家冲[Yán jiā chōng]　“严家”指的是严姓居民，“冲”指的是冲沟。以姓氏和地理特征命名。清朝年间，严姓人家从严祠村巷子塆迁居此地，后陆续有李姓、王姓迁入，因塆前后都有冲沟，加之严姓迁入较早，故名严家冲。位于王店村南部，呈块状分布，东接大李村麻榨塆，西邻云梦县倒店乡库区村曹李塆，南连云梦县倒店乡庙王村陈家空，北靠王家店。主要以严姓为主，均为汉族。全塆 108 人，32 户，总面积为

0.1447 平方千米，其中耕地面积 0.0724 平方千米，主要农作物为小麦、水稻、油菜，主要经济来源以外地务工为主。

杨家楼[Yáng jiā lóu]　“杨家”指的是杨姓居民，“楼”指的是楼房。以姓氏和建筑物命名。明末杨氏先祖从云梦清明河杨家埧迁居此地(约 200 年)，为了防盗和战乱故将此塆四周筑了一座围墙，同时在出口处建了一个门楼，故称杨家楼。位于王店村西南，呈块状分布，东接刘家塆，西邻张家洼，南连云梦县倒店乡库区村大张塆，北靠紫石村响堂陈。主要以杨姓为主，均为汉族。全塆 137 人，36 户，总面积为 0.18 平方千米，其中耕地面积 0.0918 平方千米，主要农作物为小麦、水稻、油菜，主要经济来源以外地务工为主。

寨河王[Zhài hé wáng]　“寨”指的是建筑物，“河”指河流，“王”指的是王姓居民。以姓氏和建筑物命名。明朝末年，王氏先祖从麻城三槐堂迁居此地，后来在塆边挖一口较大池塘，池塘中间留了一个土堆，形成了一个寨子，且在寨子上建了一座庙，又有一条小河由北向南从寨子旁穿流，故称寨河王。位于王店村东北部，呈块状分布，东接大李村丁家塆，西邻张沈塆，南连王家店，北靠白鹤王。所住居民均为汉族。全塆 238 人，65 户，总面积为 0.3 平方千米，其中耕地面积 0.1595 平方千米，主要农作物为小麦、水稻、油菜，主要经济来源以外地务工为主。

张家洼[Zhāng jiā wā]　“张家”指的是张姓居民，“洼”指的是地势低洼。以姓氏和地理特征命名。明朝避战乱，张姓从此地迁往江南苗耳湖，战乱平息后，从苗耳湖迁回此处，因塆建在地势低洼地段上，故名张家洼。位于王店村西南部，呈块状分布，东接杨家楼，西邻南城办事处高庙村操家小塆，南连云梦县倒店乡库区村大张塆，北靠杨棚村胡家塆。主要以张姓为主，均为汉族。全塆 218 人，62 户，总面积为 0.292 平方千米，其中耕地面积 0.146 平方千米，主要农作物为小麦、水稻、油菜，主要经济来源以外地务工为主。

张沈塆[Zhāng shěn wān]　“张沈”指的是张姓、沈姓居民，“塆”指的是自然形成的村庄。以姓氏命名。清朝年间，张姓人家从杨棚茶叶张迁居此地，明朝年间，其祖沈万九迁居连棚沈家祠堂，清朝初期有沈姓从沈家祠堂迁居此地，因其户皆以张沈为主，故称张沈塆。位于王店村东南部，呈块状分布，东接寨河王，西邻刘家塆，南连云梦县倒店乡库区村冯家楼，北靠紫石村游家塆。主要以沈姓为主，均为汉族。全塆 262 人，78 户，总面积为 0.351 平方千米，其中耕地面积 0.1755 平方千米，主要农作物为小麦、水稻、油菜，主要经济来源以外地务工为主。

二十三、紫石社区[Zǐshí Shèqū]

新改社区，原名紫石村，“紫石”指村中原有一古桥名“紫石桥”，“村”指的是群众自治组织。

1949 年 10 月属安陆县长兴区管辖；1952 年 10 月属第一区紫石乡辖。1954 年 8 月属李店区李店乡辖。1956 年 4 月属第二指导小组李店乡辖。1958 年 9 月属上游人民公社李店管理区紫石大队辖。1961 年 4 月属李店区李店公社紫石大队辖。1975 年 2 月属李店人民公社李店管理区紫石大队辖。1984 年 1 月复置区(镇)、乡(镇)、村，紫石大队属李店区李店乡辖。1987 年 10 月，撤区并乡，紫石村属安陆市李店镇辖，沿用至今。

该村位于李店镇西部，离政府所在地约4.5千米，为丘陵山地地形，呈条状分布，东接大李村，西邻新建村，南连王店村，北靠汪桥村。全村均为汉族，共有1346人，246户，现有6个自然塆：红石塆、游家塆、周家寨塆、西祝塆、邱夏塆、响堂陈，总面积2.36平方千米，其中耕地面积0.6941平方千米，主要农作物为小麦、水稻，村委会办公室地址设在紫石村，现有工作人员4名，主要驻区单位有紫石村村民委员会等。

红石塆[Hóng shí wān]　“红石”指的是红色的石头，“塆”指的是自然形成的村庄。清末民初，王姓家人从王店村叉河塆王迁居此地，因塆旁有一座小山，山上皆为红石，故名红石塆。该居民点位于紫石村东南部，为丘陵山地地形，呈条状分布，东接王店村白合王，西邻响堂陈，南连王店村张沈塆，北靠游家塆。主要以王姓为主，均为汉族。全塆80人，16户，总面积0.219平方千米，其中耕地面积0.0804平方千米，主要农作物为小麦、水稻，主要经济来源为外地务工。

邱夏塆[Qiū xià wān]　“邱夏”指的是邱姓、夏姓居民，“塆”指的是自然形成的村庄。传说邱姓最早从方岗邱家塆迁入此地(清朝道光年间)，郭姓是民国十二年由落楚塆迁入此地，因此该塆的名称是按姓氏迁入时间先后取名，故名邱夏塆。郭姓是在此塆得名后搬迁入住。该居民点位于紫石村中部，为丘陵山地地形，呈条状分布，东接李店街道，西邻紫石村夏家寨，南连游家塆，北靠西祝塆。全塆均为汉族，共有250人，49户，总面积0.629平方千米，其中耕地面积0.207平方千米，主要农作物为小麦、水稻，主要经济来源为外地务工。

西祝塆[Xī zhù wān]　“西”指的是地理位置，“祝”指的是祝姓居民，“塆”指的是自然形成的村庄。以姓氏命名。祝氏来自大唐，千五先祖由睦州避兵乱，迁至江西，后迁湖北麻城，元末徐寿辉肇事避于城中，其先祖千五公、千六公于洪武年间迁黄皮三渠口祝家冲落籍，后千五公之子迁安陆子石(紫石)落籍。因与东西祝家塆(东祝)相呼应，故称西祝。该居民点位于紫石村中部，为丘陵山地地形，呈条状分布，东接周家寨塆，西邻邱夏塆，南连游家塆，北靠汪桥村榨岳塆。全塆均为汉族，共有210人，43户，总面积0.619平方千米，其中耕地面积0.197平方千米，主要农作物为小麦、水稻，主要经济来源为外地务工。

响堂陈[Xiǎng táng chén]　“响堂”指的是古建筑物，“陈”指的是陈姓居民。以姓氏和建筑物命名。相传汉朝年间，一忠臣良将被害，其头颅不知去向，朝廷为表彰其功劳，用纯金铸造一人头与其身躯合葬。为防盗墓，朝廷下令全国四十八处棺冢大张旗鼓同时下葬，将其真身金头隐藏其中(此处为衣冠冢)故有响堂一说。并安排守墓人值守，因为守墓人姓陈，故名响堂陈。明代任过刑部侍郎的安陆人何迁，相中此地风水，死后葬此。该居民点位于紫石村西南，为丘陵地形，呈条状分布，东接游家塆，西邻杨棚村夏家寨，南连杨家塆，北靠桥头塆。全塆主要以陈姓为主，均为汉族，共有390人，69户，总面积1.087平方千米，其中耕地面积0.3397平方千米，主要农作物为小麦、水稻，主要经济来源为外地务工。

游家塆[Yóu jiā wān]　“游家”指的是游姓居民，“塆”指的是自然形成的村庄。以姓氏命名。根据族谱记载，游家塆是由游氏二世祖从江西吉安府永丰县移迁到德安府南门应城街，后(清朝1676年)由德安府南门街迁移此地，故名。该居民点位于紫石村东北部，为丘陵山地地形，呈条状分布，东接李店街道，西邻响堂陈，南连红石塆，北靠邱夏塆。全塆主要以游姓为主，均为汉族，共有150人，28户，总面积0.4692平方千米，其中耕地面积0.1273平方千米，主要农作物为小麦、水稻，主要经济来源为外地务工。

周家寨塆[Zhōu jiā zhài wān]　“周家”指的是周姓居民，“寨塆”指的是村庄。以姓氏和地理特征命名。周姓弟兄二人由麻城过籍迁来此地，其一率家人散居此处形成塆落。居户为防战乱、土匪盗窃等，沿塆四周在原有池塘的基础上开挖较宽壕沟，只留有几条出路，形成四周环水的寨子，故称周家寨。后陆续有祝姓、王姓、秦姓、许姓等家人迁入。该居民点位于紫石村东北，为丘陵山地地形，呈条状分布，东接大李村钱家小塆，西邻西祝塆，南连李店街道，北靠汪桥村竹林塆。全塆主要以周姓为主，均为汉族，共有260人，48户，总面积0.602平方千米，其中耕地面积0.2065平方千米，主要农作物为小麦、水稻，主要经济来源为外地务工。

二十四、新建村[Xīnjiàn Cūn]

“新建”该村系新建立的，由原杨棚村和松山村分别划拨9个自然塆新组合的一个村，“村”指群众自治组织。

1964年由原杨棚村和松山村分别划拨九个自然塆新组合的一个村，属李店区李店公社辖。1975年2月属李店人民公社李店管理区辖。1984年1月复置区(镇)、乡(镇)、村，新建大队属李店区李店镇辖。1987年10月，撤区并乡，新建村属安陆市李店镇辖，沿用至今。

该村地处李店镇西北部，离政府所在地约2千米，为丘陵山地地形，呈条状分布，东接汪桥村，西邻杨棚村，南连王店村，北靠松山村。全塆主要以夏，沈，孙，李等姓为主，均为汉族，共有9个自然塆：桥头塆、烟墩塆、落楚塆(骆楚塆)、沈家塆、孙家大塆、殷家小塆、殷家大塆、洪家塆、曹家塆，共有1200人，263户，总面积4.2036平方千米，其中耕地面积1.1725平方千米，主要农作物为小麦、水稻，村委会办公室地址设在新建村，现有工作人员4名，主要驻区单位有新建村村民委员会等。

曹家塆[Cáo jiā wān]　“曹家”指的是曹姓居民，“塆”指的是自然形成的村庄。以姓氏和地理特征命名。曹姓人家由麻城过籍迁居此地，后殷姓人家迁居，因曹姓迁居较早，故名。该居民点位于新建村东部，为丘陵山地地形，呈条状分布，东接陈店乡连棚村，西邻松山村魏家塆，南连坦塘村长岳塆，北靠松山村余家大塆。全塆主要以曹姓为主，均为汉族，共有98人，21户，总面积0.2637平方千米，其中耕地面积0.0824平方千米，主要农作物为小麦、水稻，主要经济来源为外地务工。

洪家塆[Hóng jiā wān]　“洪家”指的是洪姓居民，“塆”指的是自然形成的村庄。以姓氏命名。明朝初期，洪姓人家迁居此地，后殷姓人家由麻城过籍迁居此塆，因洪姓人家迁居早，故名洪家塆。该居民点位于新建村东部，为丘陵山地地形，呈条状分布，东接坦塘村上岳塆，西邻殷家塆，南连坦塘村长岳塆，北靠松山村余家大塆。全塆均为汉族，共有120人，24户，总面积0.2492平方千米，其中耕地面积0.0836平方千米，主要农作物为小麦、水稻，主要经济来源为外地务工。

落楚塆[Luò chǔ wān]　即骆楚塆。“落楚”指的是历史典故，一个传说是秦末楚汉相争，楚霸王项羽带兵途经此地驻扎一夜，故名“落楚塆”；第二个传说是吴楚之战，楚昭王逃到云梦泽，在此处遇强盗抢劫，上岸逃到郧国，楚昭王落乱的这个地方就叫“落楚地”；第三个传说是元末明初，麻城过籍三兄弟沿於江(涢水)溯流而上到达此地，正好“落楚地”与老二夏落楚同名，认为这里就是老天爷为他安排的住处，就在此落脚，还有弟兄二人也在附近落脚。夏落楚住的这个塆故名落楚塆。老大也因涢水改名夏涢楚，老三因明初迁来改名夏明楚。落楚塆隶属李店镇新建村村民委员会辖，位于新建村，为丘陵山地地形，呈条状分布，东接汪桥村榨岳塆，西邻杨棚村杨家棚，南连烟台塆，北靠孙家塆。全塆主要以夏姓为主，均为汉族，共有105人，23户，总面积0.2694平方千米，其中耕地面积0.09287平方千米，主要农作物为小麦、水稻，主要经济来源为外地务工。

桥头塆[Qiáo tóu wān]　“桥头”指的是地理位置，“塆”指的是自然形成的村庄。相传明朝初年夏姓人家由麻城过籍迁居此地，因塆边有一座古桥(紫石桥)，故称桥头塆。位于新建村，为丘陵山地地形，呈条状分布，东接紫石村西祝塆，西邻本村烟墩塆，南连杨棚村紫石村响堂陈，北靠落楚塆。全塆均为汉族，共有96人，21户，总面积0.2109平方千米，其中耕地面积0.0777平方千米，主要农作物为小麦、水稻，主要经济来源为外地务工。

沈家塆[Shěn jiā wān]　“沈家”指的是沈姓居民，“塆”指的是自然形成的村庄。清朝年间，沈姓人家从杨棚村沈家庙迁居此地，后有李姓人家迁入，因沈姓迁居较早，故名沈家塆。该居民点位于新建村西北部，为丘陵山地地形，呈条状分布，东接洪家塆，西邻大棚村邹家塆，南连杨棚村沈家塆，北靠松山村魏家塆。全塆主要以沈姓为主，均为汉族，共有103人，22户，总面积0.2685平方千米，其中耕地面积0.0966平方千米，主要农作物为小麦、水稻，主要经济来源为外地务工。

孙家塆[Sūn jiā wān]　“孙家”指的是孙姓居民，“塆”指的是自然形成的村庄。族谱载一世祖孙子俊由江西麻城筷子巷迁居湖北安陆鹤岭(1531年)，再由鹤岭迁居此地，因此塆皆为孙姓，且人口发展较快，故名。位于新建村中部，为丘陵山地地形，呈条状分布，东接坦塘村长岳塆，西邻沈家塆，南连落楚塆，北靠殷家大塆。全塆主要以孙姓为主，均为汉族，共有420人，78户，总面积1.0468平方千米，其中耕地面积0.3376平方千米，主要农作物为小麦、水稻，主要经济来源为外地务工。

烟墩塆[Yān dūn wān]　“烟墩”指的是古代烟火台，“塆”指的是自然形成的村庄。传说，该塆地名来源于夏家寨遗址“古城岗”官府设置的一个烟火台，据光绪《德安府志》载，此烟火台“《晋穆帝纪》：永和五年六月所筑”。隶属李店镇新建村村民委员会辖，位于新建村，为丘陵山地地形，呈条状分布，东接桥头塆，西邻杨棚村龚邹塆，南连杨棚村夏家寨，北靠落楚塆。全塆主要以夏姓为主，均为汉族，共有150人，27户，总面积0.3979平方千米，其中耕地面积0.1206平方千米，主要农作物为小麦、水稻，主要经济来源为外地务工。

殷家大塆[Yīn jiā dà wān]　“殷家”指的是殷姓居民，“大塆”指的是面积较大的村庄。以姓氏和村庄规模命名。殷氏先祖从江西麻城筷子巷过籍，兄弟四人迁居此地，分别居住两个塆(老大、老二住此地塆，老三、老四住洪家塆)，因塆内住户皆为殷姓，且人口发展较快，故名。该居民点位于新建村东北部，为丘陵山地地形，呈条状分布，东接洪家塆，西邻松山村魏家塆，南连孙家塆，北靠松山村胡家塆。全塆主要以殷姓为主，均为汉族，共有 180 人，34 户，总面积 0. 4738 平方千米，其中耕地面积 0. 1394 平方千米，主要农作物为小麦、水稻，主要经济来源为外地务工。

殷家小塆[Yīn jiā xiǎo wān] “殷家”指的是殷姓居民，“小塆”指的是面积较小的村庄。以姓氏和村庄规模命名。民国初，殷姓人家从殷家大塆迁居此地，因塆内人口少，故名。位于新建村中部偏北，为丘陵山地地形，呈条状分布，东接洪家塆，西邻本村沈家塆，南连孙家大塆，北靠殷家大塆。全塆主要以姓为主，均为汉族，共有 60 人，13 户，总面积 0. 2106 平方千米，其中耕地面积 0. 067 平方千米，主要农作物为小麦、水稻，主要经济来源为外地务工。

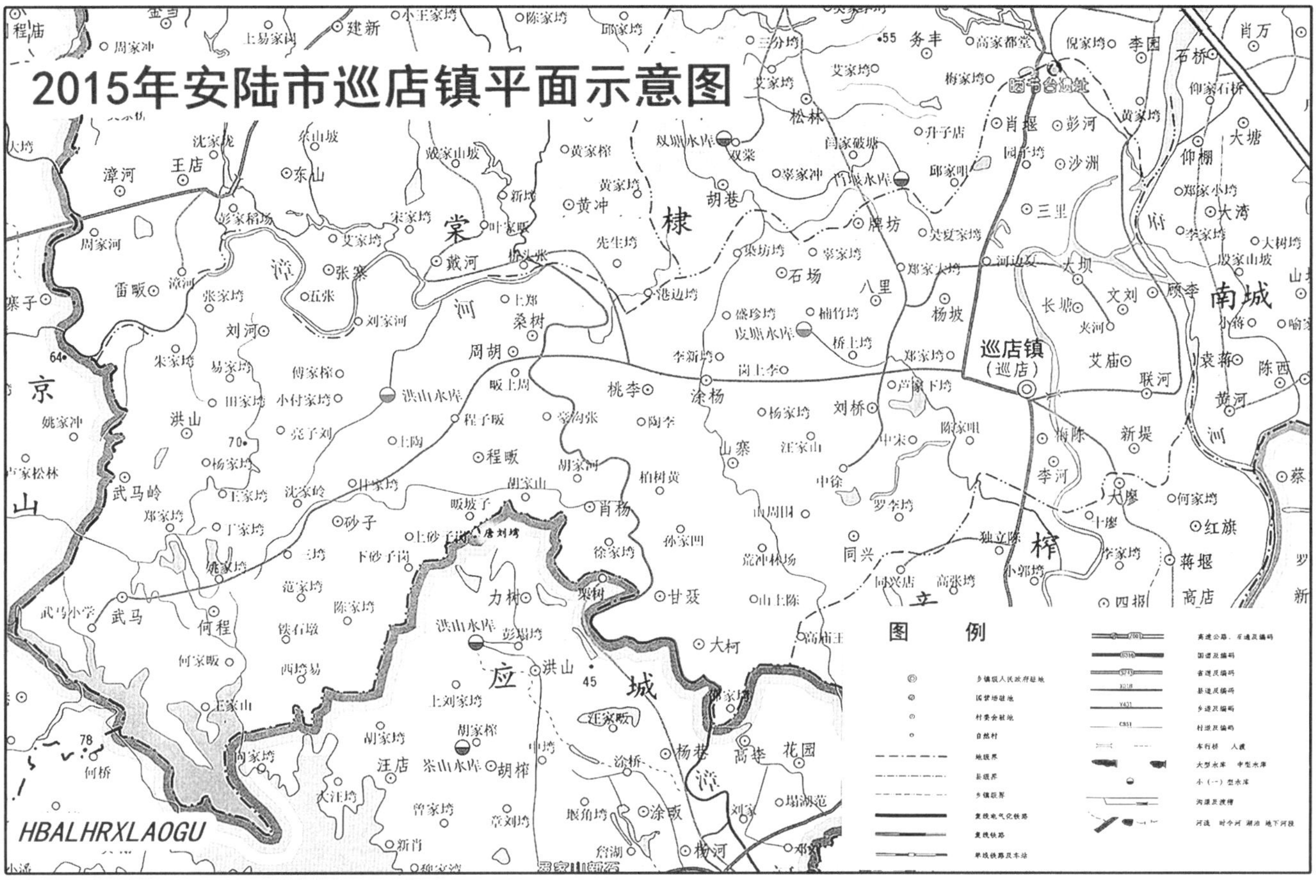

2015年安陆市巡店镇平面示意图

第六章　巡店镇

第一节　概　　况

巡店镇[Xúndiàn Zhèn]，又名巡店，由古代“巡检司”演变而来。“巡检”，本为官名，“司”为机关，巡检司始于宋代，主要设于关隘要地，以镇压人民反抗为专责。明清之际，多设司于距城稍远之处。巡检司大约是这个时期设立的。因为紧挨安陆的应城也有一处巡检司，人们便称安陆巡店为“上巡检司”“府巡检司”，简称为“巡店”。清代修的《安陆县志》记载，唐朝元和年间，这里称“高桥镇”“高窍镇”。相传清朝初年，巡店镇上有高姓等八个大姓人家住在镇上，高姓人家不吝钱财，在镇南面小河沟上，出资建了座木桥，方便人们进出小镇，这个镇便取名高桥镇，有人谐音，便记为“高窍”。

1949 年 10 月为巡店区，1952 年为第二区，1956 年 3 月为第三指导小组，1958 年 9 月为幸福人民公社，同年底为巡店人民公社，1961 年 4 月为巡店区。1975 年 2 月为巡店人民公社，辖夹河、巡店、辛榨、高店管理区。1979 年 2 月桑树人民公社并入巡店人民公社。1987 年为巡店镇，分离辛榨、高店管理区，设立辛榨乡；分离桑树、洪山管理区，设立桑树乡。2001 年 4 月桑树乡并入巡店镇，下辖 33 个行政村、1 个社区及 2 个村级林场。

巡店镇位于安陆市西南部，曾一度因府河便利的水运交通而极度繁荣，素有河中帆船万只，岸上店铺百家，商贾南来北往，货物应有尽有的“小汉口”之美誉，曾是大革命时期和抗日战争时期的革命根据地。1987 年被孝感地委第一批批准建制镇。镇人民政府驻鲁班街南路 80 号，2014 年年末辖彭河、沙洲、肖堰、三里、牌坊、杨坡、八里、刘桥、同兴、梅陈、李河、大坝、长塘、文刘、顾李、联河、艾庙、武马、新堤、石场、涂杨、山寨、桑树、洪山、何程、砂子、刘河、程畈、肖杨、周胡、大柯、甘聂、桃李 33 个村民委员会，武马岭、荒冲 2 个村级林场和 1 个巡店居民委员会。巡店镇现有国土面积 101 平方千米，其中镇区面积 4.5 平方千米，辖区总人口 45285 人，其中城镇常住人口 7258 人，主产粮、棉、油、蔬菜，是一个典型的农业乡镇。

巡店镇地处江汉平原北缘和大洪山山脉延伸的低山丘陵交会地带。东部为冲积平原的夹河洲，西部属大洪山余脉的中低丘陵区，府河、漳河自北向南分别从东西穿流而过。这里气候温和，四季较分明，兼具南北气候的特点；雨量充沛，年降雨量为1200mm左右；日照充足，年日照天数为300天左右；土地肥沃，山水资源丰富，全镇耕地中一、二级水稻土为4万亩，是粮食高产稳产的基础；旱地中一、二级油沙土1万亩，是种植棉花、油料、蔬菜等经济作物的良好土壤；在林荒地中，五、六级土2万亩，多为黄棕壤为紫色土，适宜发展多种经济果木林和速生用材林。

巡店镇地理位置优越，基础设施完善。距安陆县城约10千米，烟应公路纵贯全境，北与孝襄高速公路、316国道和汉丹铁路相接，南与汉十、宜黄高速公路相连，交通便利、四通八达；集镇西建有11万伏变电站，电力充沛；建有装机容量2000门的数字程控电话及中国移动、中国联通通讯差转塔3座；建有设备先进的有线电视转播台和集餐饮、娱乐为一体的镇文化娱乐中心；集镇建设规划科学、设施配套、管理规范、环境优良。境内有天上白鹭飞、林中硕果累、水下鱼儿戏，风景如画，秀色可餐，堪称人间仙境的荒冲林场和武马岭林场。

改革开放以来，全镇紧紧围绕经济建设中心，大力实施“开放兴镇、工业强镇、诚信立镇”战略，做大优质稻、林果、畜牧三大产业，做强白花菜、中药材、建材业三大支柱。农业和农村经济结构调整显现规模效益，坚持念山水经、唱特色戏，种植业调整上形成优质稻基地、万亩林果基地，以白花菜为主的蔬菜基地，以金银花为主的中药材基地。养殖肉牛、鸡、良种猪、羊、大雁鹅等养殖业不断壮大，养鳝、养蟹等特种养殖蓬勃发展，出现一大批种、养、加能手和大户。由单一巡店镇唐宋白花菜的粮油特产品逐步扩展到肉蛋、水产、林果、蔬菜等多个领域。打工经济持续上扬，全年外出务工经商人员逾万人，在外从事建筑资产过百万的大工头、大老板近百人，是有名的“建筑之乡”。同时以创建信用乡镇为契机，不断加大环境的创建和整治力度，不断优化发展软环境，集镇功能日臻完善。精神文明建设硕果累累，曾被省政府授予“楚天明星乡镇”，省综治委授予“社会治安综合治理先进单位”。

第二节　社区(村)、居民点

一、巡店社区[xúndiàn Shèqū]

“巡”指的是源自明代起，朝廷在此设置巡检司，“店”指的是集镇。清修《安陆县志》载：唐开元年间便有此集镇”。自明代至清末，朝廷均在镇上设置巡检司，民国时期，在此设置安陆县南二区办公机关，日寇占领时期，日军在镇上建有两处据点。

巡店社区居民委员会隶属于巡店镇。东接内府河，西邻刘桥村，南连梅陈村，北靠杨坡村。7 个居民点常住人口 8000 多人，占地面积 2.5 平方千米，现有耕地面积 0.12 平方千米。经济来源主要以外出务工和经商为主。主要驻区单位有巡店社区居民委员会，居委会现有工作人员 4 人。居委会办公地址设在唐宋大道。

初中路[Chū zhōng lù]　因巡店镇初中在此街道而命名。巡店初中路属巡店社区居委会，起于金墩广场，止于烟应公路，全长 690 米，宽 29 米，路面性质为水泥，道路等级为四级，现住 123 户，约 500 人。

吊桥街[Diào qiáo jiē]　因街道最南边古代有一吊桥而命名。巡店吊桥街属巡店社区居委会，起于河边，止于吊桥，全长 420 米，宽 4 米，路面性质为水泥，道路等级为四级，现住 99 户，约 300 人。

金墩街[Jīn dūn jiē]　因该街道西边有小山金家墩而得名。巡店金墩街属巡店社区居委会，起于东方红超市，止于烟应公路，全长 780 米，宽 45 米，路面性质为沥青，道路等级为三级，现住 212 户，约 700 人。

鲁班街[Lǔ bān jiē]　因街道南边有一鲁班桥而命名。巡店鲁班街属巡店社区居委会，起于三岔路口，止于梅陈村，全长 330 米，宽 20 米，路面性质为沥青，道路等级为三级，现住 198 户，约 750 人。

唐宋大道[Táng sòng dà dào]　因唐宋白花菜厂在此街道附近而命名。唐宋大道属巡店社区居委会，起于金色小区，止于烟应公路，全长 1024 米，宽 50 米，路面性质为水泥，道路等级为四级，现正在建设中，无人居住。

文昌街[Wén chāng jiē]　因该街道边有著名建筑文昌阁命名。巡店文昌街属巡店社区居委会，起于三岔路口，止于内府河边，全长 450 米，宽 5 米，路面性质为水泥，道路等级为三级，现住 200 户，约 800 人。

中心广场街[Zhōng xīn guǎng chǎng jiē]　因该街道位于巡店社区中心广场附近命名。巡店中心广场街属巡店社区居委会，起于金墩广场，止于农田，全长 450 米，宽 13 米，路面性质为水泥，道路等级为四级。

二、大柯村[Dàkē Cūn]

因境内大柯塆及群众自治组织名称综合命名。

清属程子畈会，民国属西屏乡。1949 年 10 月大柯村属安陆县巡店区管辖；1952 年 10 月属第二区桑树乡辖；1954 年 8 月属巡店区桑树乡辖。1956 年 4 月属第三指导小组桑树乡辖。1958 年 9 月大柯村改为大柯大队，属幸福人民公社桑树管理区辖。同年底属巡店人民公社桑树管理区辖。1964 年 9 月属巡店区桑树人民公社辖。1975 年属巡店人民公社桑树管理区辖。1984 年 1 月大柯大队改为大柯村，属巡店镇桑树乡辖。1987 年属桑树乡辖，2001 年 4 月属巡店镇辖，沿用至今。

大柯村位于巡店镇西南部，距政府所在地 7 千米。东接荒冲林场，西邻漳河，南连应城市杨河镇高李村，北靠甘聂村。2014 年年末，辖区内共有 6 个自然塆：大柯塆、小柯塆、上段塆、下段塆、邵家塆、学校塆。常住居民 144 户、758 人，辖区内总面积 1.34 平方千米，其中耕地面积 0.67 平方千米，主要农作物有小麦、水稻。该村主要驻区单位有大柯村村民委员会，村委会办公地址设在大柯村。

大柯垮[Dà kē wān] “大”指面积，“柯”指柯姓居民“垮”指村庄。以姓氏命名。明洪武年间，柯姓居民从江西麻城来到此地，发现此地有平原、临漳河，就在此地居住，因土地肥沃，繁衍较快，人口较多，故名“大柯垮”。该居民点位于大柯村中部，呈条状分布。东接上段垮，西邻漳河，南连漳河，北靠小柯。居民点面积0.6平方千米，主要以柯姓为主，均为汉族。共有居民94户、450人，耕地面积0.301平方千米，主要农作物为小麦、水稻，主要经济来源以外地务工为主。

上段垮[Shàng duàn wān] “上”指该垮位于村北部，“段”指段姓居民，“垮”指村庄。以姓氏和方位命名。明洪武年间，段姓居民从江西麻城来到此地，发现此地适合开垦，就在此地居住，因土地肥沃，繁衍较快。到清康熙年间，部分居民迁出，宗族中大房住在此地，此处又位于村北部，故名“上段垮”。该居民点位于大柯村东北部，呈条状分布。东接辛榨乡高庙村高庙王，西邻大柯垮，南连下段垮，北靠小柯垮。居民点面积0.12平方千米，主要以段姓为主，均为汉族。共有居民12户、60人，耕地面积0.06平方千米，主要农作物为小麦、水稻，主要经济来源以外地务工为主。

邵家垮[Shào jiā wān] “邵家”指邵姓居民，“垮”指村庄。以姓氏命名。明洪武年间，邵姓居民从江西麻城来到此地，发现此地有平原、临漳河，就在此地居住，繁衍成垮后，取名“邵家垮”。该居民点位于大柯村南部，呈条状分布。东接应城市杨河镇大堰村廖八垮，西邻漳河，南连应城市杨河镇大堰村涂家松林，北靠下段垮。居民点面积0.12平方千米，主要以邵姓为主，均为汉族。共有居民8户、51人，其中有耕地面积0.062平方千米，主要农作物为小麦、水稻，主要经济来源以外地务工为主。

下段垮[Xià duàn wān] “下”指上段垮南部，“段”指段姓居民，“垮”指村庄。以姓氏方位命名。明洪武年间，段姓居民从江西麻城来到上段垮居住，到清康熙年间，部分居民迁出，宗族中较小的房头住在此地，此垮位于上段垮南部，故名“下段垮”。该居民点位于大柯村中部，呈条状分布。东接应城市杨河镇大堰村杨西垮，西邻漳河，南连邵家垮，北靠上段垮。居民点面积0.16平方千米，主要以段姓为主，均为汉族。共有居民户14户，99人，耕地面积0.083平方千米，主要农作物为小麦、水稻，主要经济来源以外地务工为主。

小柯垮[Xiǎo kē wān] “小”指面积较小，“柯”指柯姓居民，“垮”指村庄。以姓氏命名。明洪武年间，柯姓居民从江西麻城来到大柯垮居住，清康熙年间，因原垮太大，部分居民迁到此地，故名“小柯垮”。该居民点位于大柯村东北部，呈条状分布。东接荒冲林场操家垮，西邻大柯垮，南连上段垮，北靠甘聂村新垮。居民点面积0.25平方千米，主要以柯姓为主，均为汉族。共有居民16户、98人，耕地面积0.125平方千米，主要农作物为小麦、水稻，主要经济来源以外地务工为主。

学校垮[Xué xiào wān] 学校指的是此地最初为村小学，“垮”指的是村落。中华人民共和国成立后，村小学建在此地，不久从各垮迁出部分居民来此建房，因最初是学校，故名“学校垮”。该居民点位于大柯村北部，呈条状分布。东接小柯垮，西邻漳河，南连大柯垮，北靠甘聂村聂家垮。主要以李姓为主，均为汉族。全垮45人，10户，总面积0.06平方千米，占地面积0.01平方千米，耕地面积0.03平方千米，主要农作物为小麦、水稻，主要经济来源为外地务工与种植。

三、洪山村[Hóngshān Cūn]

“洪山”指的是村委会所在地在洪山。以境内山名派生而得名。当地山地贫瘠，岩石和土壤呈红色，得名“红山”，后因在大洪山最南端，讹变为“洪山”。

清属铁石墩会，民国先为合隆乡，后为属西屏乡。1949年10月洪山村属安陆县巡店区管辖；1952年10月属第二区铁石乡辖；1954年8月属巡店区武马乡辖。1956年4月属第三指导小组桑树乡辖。1958年9月改为洪山大队，属幸福人民公社洪山管理区辖。同年底属巡店人民公社洪山管理区辖。1964年9月属巡店区洪山人民公社辖。1975年属巡店人民公社洪山管理区辖。1984年1月洪山大队改为洪山村，属巡店镇桑树乡辖。1987年属桑树乡辖，2001年4月属巡店镇辖，沿用至今。

该村位于巡店镇西部，距政府所在地15千米。东接刘河村，西邻京山县罗店镇刘家冲村，南连何程村、五马村，北靠木梓乡雷畈村。辖区内共有朱家塆、张家塆、易家塆、姚家塆、杨家塆、熊家塆、小沈家塆、王家塆、田家塆、宋家塆、刘家塆、李家塆、李家咀、丁家塆、程家塆、蔡家塆16个自然塆。常住居民286户，共1516人，总面积4.8平方千米，其中有耕地面积1.7平方千米，以种植水稻、小麦为主，主要驻区单位为洪山村村民委员会，居委会现有工作人员4人。村委会办公地址设在胡家山。

蔡家塆[Cài jiā wān]　“蔡家”指蔡姓居民，“塆”指村庄。以姓氏命名。明洪武年间，蔡姓居民从江西麻城来到此地居住，繁衍成塆，故名“蔡家塆”。该居民点位于洪山村东北部，呈条状分布。东接小傅家塆，北连程家塆，西邻易家塆，南靠杨家塆。居民点面积0.12平方千米，主要以蔡姓为主，均为汉族。2014年年末，共有居民5户、35人，耕地面积0.063平方千米，主要农作物为水稻、小麦，主要经济来源以种植和外地务工为主。

程家塆[Chéng jiā wān]　“程家”指程姓居民，“塆”指村庄。以姓氏命名。明洪武年间，程姓居民从江西麻城来到此地居住，繁衍成塆，故名“程家塆”。该居民点位于洪山村东北部，呈条状分布。东接刘河村傅家榨，西邻易家塆，南连蔡家塆，北靠刘河村张家塆。居民点面积0.3平方千米，主要以程姓为主，均为汉族。2014年年末，共有居民5户、25人，耕地面积0.046平方千米，主要农作物为水稻、小麦，主要经济来源以种植和外地务工为主。

丁家塆[Dīng jiā wān]　“丁家”指丁姓居民，“塆”指村庄。以姓氏命名。明洪武年间，丁姓居民从江西麻城来到此地居住，繁衍成塆，故名“丁家塆”。该居民点位于洪山村东南部，呈条状分布。东接砂子村沈家岭，西邻郑家塆，南连何程村姚家塆，北连王家塆。居民点面积0.18平方千米，主要以丁姓为主，均为汉族。2014年年末，共有居民10户、53人，耕地面积0.053平方千米，主要农作物为水稻、小麦，主要经济来源以种植和外地务工为主。

李家咀[Lǐ jiā zuǐ]　“李家”指李姓居民，“咀”指地形像鹤嘴，“嘴”同“咀”。以姓氏与地理实体形态特征命名。明初，朝廷动员江西麻城一带百姓移民到此地，李姓居民迁到此地，看到此地形如鹤嘴(方言称

“咀”），就在此建房居住，繁衍成村落，故名“李家咀”。该居民点位于洪山村西北部，呈条状分布。东接胡家山，西邻京山县罗店镇刘家冲村姚家冲，南连涂家塆，北靠宋家塆。居民点面积 0.8 平方千米，主要以李姓为主，均为汉族。2014 年年末，共有居民 16 户、104 人，耕地面积 0.07 平方千米，主要农作物为水稻、小麦，主要经济来源以种植和外地务工为主。

李家塆[Lǐ jiā wān] “李家”指李姓居民，“塆”指村庄。以姓氏命名。明洪武年间，李姓居民从江西麻城来到此地居住，繁衍成塆，故名“李家塆”。该居民点位于洪山村东南部，呈条状分布。东接小沈家塆，西连涂家塆，南邻王家塆，北靠杨家塆。居民点面积 0.58 平方千米，主要以李姓为主，均为汉族。2014 年年末，共有居民 11 户、58 人，耕地面积 0.072 平方千米，主要农作物为水稻、小麦，主要经济来源以种植和外地务工为主。

刘家塆[Liú jiā wān] “刘家”指刘姓居民，“塆”指村庄。以姓氏命名。明洪武年间，刘姓居民从江西麻城来到此地居住，繁衍成塆，故名“刘家塆”。该居民点位于洪山村东北部，呈条状分布。东接砂子村上陶家塆，西邻田家塆，南连刘家塆，北靠刘河村苏家塆，东接砂子村上陶塆。居民点面积 0.12 平方千米，主要以刘姓为主，均为汉族。2014 年年末，居民 7 户、26 人，耕地面积 0.06 平方千米，主要农作物为水稻、小麦，主要经济来源以种植和外地务工为主。

宋家塆[Sòng jiā wān] “宋家”指宋姓居民，“塆”指村庄。以姓氏命名。明洪武年间，宋姓人从江西麻城来到此地居住，繁衍成塆，故名“宋家塆”。该居民点位于洪山村西北部，呈条状分布。东接熊家塆，西邻京山县罗店镇刘冲村山上塆，南连李家塆，北靠姚家塆。居民点面积 0.5 平方千米，主要以宋姓为主，均为汉族。2014 年年末，共有居民 12 户、60 人，耕地面积 0.07 平方千米，主要农作物为水稻、小麦，主要经济来源以种植和外地务工为主。

田家塆[Tián jiā wān] “田家”指田姓居民，“塆”指村庄。以姓氏命名。明洪武年间，田姓居民从江西麻城来到此地居住，繁衍成塆，故名“田家塆”。该居民点位于洪山村东北部，呈条状分布。东接蔡家塆，西接熊家塆，南接杨家塆，北靠易家塆。居民点面积 0.18 平方千米，主要以田姓为主，均为汉族。2014 年年末，共有居民 20 户、150 人，耕地面积 0.1 平方千米，主要农作物为水稻、小麦，主要经济来源以种植和外地务工为主。

王家塆[Wáng jiā wān] “王家”指王姓居民，“塆”指村庄。以姓氏命名。明洪武年间，王姓居民从江西麻城来到此地居住，繁衍成塆，故名“王家塆”。该居民点位于洪山村东北部，呈条状分布。东接小沈家塆，西邻魏家塆，南连丁家塆，北靠李家塆。居民点面积 0.32 平方千米，主要以王姓为主，均为汉族。2014 年年末，共有居民 12 户、58 人，耕地面积 0.082 平方千米，主要农作物为水稻、小麦，主要经济来源以种植和外地务工为主。

小沈家塆[Xiǎo shěn jiā wān] “小”指面积小、“沈家”指沈姓居民，“塆”指村庄。以姓氏命名。明初，朝廷动员江西麻城一带百姓移民到此地，沈姓居民迁到砂子村沈家塆居住，清康熙年间，部分居民迁到此地，因面积较小，故名“小沈家塆”。该居民点位于洪山村东北部，呈条状分布。东接砂子村甘家塆，西接李家塆，南连砂子村沈家岭。居民点面积 0.3 平方千米，主要以沈姓为主，均为汉族。2014 年年末，共有居民12户、48人，耕地面积0.064平方千米，主要农作物为水稻、小麦，主要经济来源以种植和外地务工为主。

熊家塆[Xióng jiā wān]　“熊家”指熊姓居民，“塆”指村庄。以姓氏命名。明洪武年间，熊姓居民从江西麻城来到此地居住，繁衍成塆，故名“熊家塆”。该居民点位于洪山村北部，呈条状分布。东接田家塆，西邻宋家塆，南连胡家山，北靠易家塆。居民点面积0.25平方千米，主要以熊姓为主，均为汉族。2014年年末，共有居民12户、68人，耕地面积0.059平方千米，主要农作物为水稻、小麦，主要经济来源以种植和外地务工为主。

杨家塆[Yáng jiā wān]　“杨家”指杨姓居民，“塆”指村庄。以姓氏命名。明洪武年间，杨姓居民从江西麻城来到此地居住，繁衍成塆，清乾隆年间，该塆有一个人，绰号“鸡虱子”，故有俗名“杨家鸡虱子塆”。平时人们叫“杨家塆”。该居民点位于洪山村东南部，呈条状分布。东接砂子村刘家独屋，西邻马家凹，南连王家塆，北靠田家塆。主要以杨姓为主，均为汉族，全塆97人，15户，总面积0.51平方千米，其中有耕地面积0.133平方千米，主要农作物为水稻、小麦，主要经济来源以种植和外地务工为主。

姚家塆[Yáo jiā wān]　“姚家”指姚姓居民，“塆”指村庄。以姓氏命名。明洪武年间，姚姓居民从江西麻城来到此地居住，繁衍成塆，故名“姚家塆”。该居民点位于洪山村西北部，呈条状分布。东接程家塆，西邻木梓乡雷畈村谢家塆，南连宋家塆，北靠木梓乡雷畈村雷家畈。居民点面积1平方千米，主要以姚姓为主，均为汉族。2014年年末，共有居民11户、110人，耕地面积0.15平方千米，主要农作物为水稻、小麦，主要经济来源以种植和外地务工为主。

易家塆[Yì jiā wān]　又名：龚田易。“易家”指易姓居民，“塆”指村庄。以姓氏命名。明洪武年间，易姓居民从江西麻城来到此地居住，繁衍成塆，故名“易家塆”。该居民点位于洪山村东北部，呈条状分布。东接刘河村程家塆，西邻宋家塆，南连田家塆，北靠朱家塆。居民点面积0.24平方千米，主要以易姓为主，均为汉族。2014年年末，共有居民12户、48人，耕地面积0.07平方千米，主要农作物为水稻、小麦，主要经济来源以种植和外地务工为主。

张家塆[Zhāng jiā wān]　“张家”指张姓居民，“塆”指村庄。以姓氏命名。明洪武年间，张姓居民从江西麻城来到此地居住，繁衍成塆，故名“张家塆”。该居民点位于洪山村西北部，呈条状分布。东接砂子村沈家岭，西邻武马村马家榨，南连何程村姚家塆，北靠下沈家岭。居民点面积0.14平方千米，主要以张姓为主，均为汉族。2014年年末，共有居民8户、42人，耕地面积0.08平方千米，主要农作物为水稻、小麦，主要经济来源以种植和外地务工为主。

朱家塆[Zhū jiā wān]　“朱家”指朱姓居民，“塆”指村庄。以姓氏命名。明洪武年间，朱姓居民从江西麻城来到此地居住，繁衍成塆，故名“朱家塆”。该居民点位于洪山村西北部，呈条状分布。东接刘河村严刘塆，西邻漳河，南连易家塆，北靠刘河村张家塆。居民点面积0.95平方千米，主要以朱姓为主，均为汉族。2014年年末，共有居民15户、95人，耕地面积0.11平方千米，主要农作物为水稻、小麦，主要经济来源以种植和外地务工为主。

四、程畈村[Chéngfàn Cūn]

以境内居民点名称派生而得名。因该村内有一“程家大塆”居民点，故名。

清属程子畈会，民国属西屏乡。1949年10月程畈村属安陆县巡店区管辖；1952年10月属第二区桑树乡辖；1954年8月属巡店区桑树乡辖。1956年4月属第三指导小组桑树乡辖。1958年9月程畈村改为程畈大队，属幸福人民公社桑树管理区辖。同年底属巡店人民公社桑树管理区辖。1964年9月属巡店区桑树人民公社辖。1975年属巡店人民公社桑树管理区辖。1984年1月程畈大队改为程畈村，属巡店镇桑树乡辖。1987年属桑树乡辖，2001年4月属巡店镇辖，沿用至今。这片土地历史悠久，境内有新石器时期的古文化遗址和宋代古墓群。

该村民委员会位于巡店镇西部，距政府所在地7千米。东接肖杨村，西邻砂子村，南连应城市杨河镇栗树村，北靠周胡村。辖区内面积2.57平方千米，共有程家大塆、程家咀、畈坡子胡、胡家山、唐刘塆、伊家港6个自然塆。2014年年末，共有居民350户、共1610人，耕地面积1.5平方千米，以种植水稻、小麦为主，村委会现有工作人员4人。村委会办公地址设在程家大塆一组。

程家大塆[Chéng jiā dà wān] 即程子畈。“程家”指程姓居民，“大”指面积较大，“塆”指村庄。以姓氏命名。明洪武年间，程姓人从河南筷子山来到此地，一群人乘船从汉江到漳河，船行到此地，看到河岸边有一片芦苇，觉得这里适合开垦，就停船上岸，开荒种地，最初分为程家塆、前小塆、后小塆3个塆，后来3个塆合成一个较大的塆，故名“程家大塆”。该居民点呈条状分布。东接肖杨村熊家塆，西邻砂子村港庙程，南连程家咀，北靠周胡村李家塆。居民点面积0.8平方千米，主要以程姓为主，均为汉族。2014年年末，共有居民135户、610人，耕地面积0.6平方千米，主要农作物为水稻、小麦，主要经济来源以种植和外地务工为主。

程家咀[Chéng jiā zuǐ] “程家”指程姓居民，“咀”指地势形似鹤嘴，“嘴”同“咀”。以姓氏与地理实体形态特征综合命名。明洪武年间，程姓人从河南筷子山来到此地，一群人乘船从汉江到漳河，船行到此地程家大塆上岸，繁衍成塆，清康熙年间，部分居民迁到此地，因村落地势如鹤嘴（方言称“咀”），故名“程家咀”。该居民点位于程畈村西北部，呈条状分布。东接肖杨村胡家河，西邻小塆，南连王家塆，北靠程家大塆。居民点面积0.4平方千米，主要以程姓为主，均为汉族。2014年年末，共有居民90户、520人，耕地面积0.2平方千米，主要农作物为水稻、小麦，主要经济来源以种植和外地务工为主。

畈坡子胡[Fàn pō zǐ hú] “畈”指田地，“坡子”指村落处在小山坡，“胡”指胡姓居民。以姓氏与地理实体形态特征综合命名。明洪武年间，胡姓人从江西省麻城县过籍来到此地，见此地多为田地（方言称“畈”），就在畈边小山坡上居住，后繁衍成塆，故名“畈坡子胡”。该居民点位于程畈村南部，呈条状分布。东接伊家港，西邻砂子村上砂子岗，南连应城市杨河镇栗树村朱家塆，北靠王家塆。居民点面积0.33平方千米，以胡姓为主，均为汉族。2014年年末，共有居民30户、110人，耕地面积0.16平方千米，主要农作物为水稻、小麦，主要经济来源以种植和外地务工为主。

胡家山[Hú jiā shān]　“胡家”指胡姓居民，“山”指小山坡。以姓氏命名。明洪武年间，胡姓人从江西省麻城县过籍来到此地，一人懂风水，看到一座小山坡适合居住，就在此建房，后繁衍成塆，故名“胡家山”。该居民点位于程畈村东南部，呈条状分布。东接伊家港，西邻畈坡子，南连应城市杨河镇栗树村胡么塆，北靠程家畈。居民点面积0.23平方千米，主要以胡姓为主，均为汉族。2014年年末，共有居民30户、130人，耕地面积0.2平方千米，主要农作物为水稻、小麦，主要经济来源以种植和外地务工为主。

唐刘塆[Táng liú wān]　“唐刘”指唐姓、刘姓居民，“塆”指村庄。以姓氏命名。明洪武年间，唐姓居民从江西省麻城县过籍来到云梦县唐家港，清康熙年间部分居民迁到此地，不久刘姓、王姓、古姓等居民也来此居住，以“先到为大”惯例，故名“唐刘塆”。该居民点位于应城境内，是安陆的一块“飞地”，四周皆为应城田地。该居民点东望安陆肖杨村栗树塆，西眺安陆砂子村下陶塆，南连应城市杨河镇栗林村新塆，北有一条小道通程畈村。居民点面积0.33平方千米，主要以唐姓和刘姓为主，均为汉族。2014年年末，共有居民35户、130人，耕地面积0.2平方千米，主要农作物为水稻、小麦，主要经济来源以种植和外地务工为主。

伊家港[Yī jiā gǎng]　“伊家”指伊姓居民，古代的“港”指码头或主河流的岔河。传说这里古代是云梦泽北乌江(涢水)的岔河口，如遇下雨，河中之水流入乌江，数里之遥清浊分明，故名漳水。漳水的这个地方是郧国的一处口岸。明洪武年间，伊姓居民从河南筷子山来到此地，一群人乘船从汉江到漳河，船行到此地，看到河岸边有一处废弃的好码头，就在此上岸居住，故名“伊家港”。该居民点位于程畈村东南部，呈条状分布。东接肖杨村芦家河，西邻畈坡子，南连应城市杨河镇栗林村新塆，北靠肖杨村胡家河。居民点面积0.33平方千米，主要以伊姓为主，均为汉族。2014年年末，共有居民30户、110人，耕地面积0.21平方千米，主要农作物为水稻、小麦，主要经济来源以种植和外地务工为主。

五、荒冲林果场[Huāngchōng Línguǒ Chǎng]

以地理实体形态特征命名。因该地曾为一片荒地，后逐渐发展，以种林木果树而得名荒冲林果场。

1966年在该地成立荒冲林果场，属巡店公社管辖。1975年撤区并社为巡店人民公社，荒冲林果场属巡店人民公社管辖；1987年巡店撤区建镇，荒冲林果场属巡店镇管辖。

该林场位于巡店镇西，离政府所在地5千米，位于荒冲林果场，为丘陵山地地形。东接同兴村，西邻甘聂村，南连高庙村，北靠棠棣镇胡巷村。面积1.34平方千米，全村均为汉族。2014年年末，有4个居民点：陈家塆、操家塆、染竹塆、小陈塆。共有居民60户、265人，耕地面积0.16348平方千米，主要农作物为小麦、水稻，主要经济来源为外地务工。

操家塆[Cāo jiā wān]　“操家”指操姓居民，“塆”指村庄。以居民姓氏命名。因当地为操姓聚居地而得名。该居民点位于荒冲林果场西南，呈条状分布。东接同兴村姚家塆，西邻大柯村小柯家塆，南连甘聂村新塆，北靠刘桥村上徐塆。居民点面积0.0402平方千米，全塆以操姓为主，均为汉族。共有居民6户、30人，耕地面积 0. 02211 平方千米，主要农作物为小麦、水稻，主要经济来源为外地务工。

陈家塆[Lì jiā wān]　“陈家”指陈姓居民，“塆”指村庄。以姓氏命名。因当地为陈姓聚居地。该居民点位于林果场西南，呈条状分布。东接同兴村姚家塆，西邻甘聂村新塆，南连辛榨乡高庙村高庙王，北靠刘桥村上徐家塆。居民点面积 0. 067 平方千米，以陈姓为主，均为汉族。共有居民 6 户、42 人，耕地面积 0. 02814 平方千米，主要农作物为小麦、水稻，主要经济来源为外地务工。

染竹塆[Rǎn zhú wān]　“染”指染布，“竹”指竹子，“塆”指村庄。因早先该塆有一户居民染布十分有名，村落长有很多竹子而命名。该居民点位于林果场南，呈条状分布。东接山寨村大陶塆，西邻甘聂村聂家河，南连大柯村上段塆，北靠操家塆。居民点面积 0. 3685 平方千米，全塆均为汉族。共有居民 11 户、120 人，耕地面积 0. 067 平方千米，主要农作物为小麦、水稻，主要经济来源为外地务工。

小陈塆[Xiǎo chén wān]　“小”指面积较小，“陈”指陈姓居民，“塆”指村庄。以姓氏命名。因该地是陈姓聚居地而得名。该居民点位于林果场西南，呈条状分布。东接山寨村大陶塆，西邻大柯村小柯塆，南连大柯村上段塆，北靠桃村村孙家凹。居民点面积 0. 03484 平方千米，全塆以陈姓为主，均为汉族。共有 10 户、50 人，耕地面积 0. 02144 平方千米，主要农作物为小麦、水稻，主要经济来源为外地务工。

六、牌坊村[Páifāng Cūn]

以建筑物命名。因此处古时建有一座牌坊而得名。

1949 年 10 月牌坊村属安陆县巡店区辖；1952 年 10 月属第二区巡店乡辖；1954 年 8 月属巡店区巡店乡辖。1956 年 4 月属第三指导小组巡店乡辖。1958 年 9 月牌坊村改为牌坊大队，属幸福人民公社巡店管理区辖。同年底属巡店人民公社巡店管理区辖。1964 年 9 月属巡店区巡店人民公社辖。1975 年属巡店人民公社巡店管理区辖。1984 年 1 月牌坊大队改为牌坊村，属巡店镇巡店乡辖。1987 年属巡店镇辖，沿用至今。

该村民委员会位于巡店镇北部，离政府所在地 1. 2 千米。东接杨坡村，西邻八里村，南连八里村，北靠萧堰村、棠棣镇松林村。辖区内面积 2. 09 平方千米，均为汉族，2014 年年末，有 8 个居民点：曹家塆、棚子塆、沈夏塆、夏家坟头、杨家塆、槽坊塆、郑家大塆、郑家新塆。共有居民 246 户、1136 人，耕地面积 1. 02108 平方千米，主要农作物为小麦、水稻，主要经济来源为外地务工。

曹家塆[Cáo jiā wān]　“曹家”指曹姓居民，“塆”指村庄。以姓氏命名。明洪武年间，曹姓居民从江西麻城迁至此，后繁衍成塆，故名“曹家塆”。该居民点位于牌坊村东部，呈条状分布。东接杨坡村西塆，西邻郑家大塆，南连棚子塆，北靠杨家塆。居民点面积 0. 08174 平方千米，主要以曹姓为主，均为汉族。共有居民 15 户、65 人，耕地面积 0. 06365 平方千米，主要农作物为小麦、水稻，主要经济来源为外地务工。

槽坊塆[Cāo fāng wān]　“槽坊”指酿酒作坊，“塆”指村庄。以经济活动命名。明洪武年间，郑姓居民从江西麻城迁至此郑家大塆，清康熙年间，从该塆迁出部分居民到此地，因塆中有一人会做生意，就在塆里开了酿酒的槽坊不久塆里又有几家开起槽坊，故名“槽坊塆”。该居民点位于牌坊村西北部，呈条状分布。

东接郑家新塆，西邻棠棣镇松林村张家独塆，南连八里村小张家塆，北靠棠棣镇松林村闫家塆。居民点面积0.11792平方千米，均为汉族。共有居民21户、103人，耕地面积0.0871平方千米，主要农作物为小麦、水稻，主要经济来源为外地务工。

棚子塆[Péng zǐ wān]　“棚子”指草棚，“塆”指村庄。以地理实体形态特征命名。明洪武年间，郑姓居民从江西麻城迁至此郑家大塆，清康熙年间，从该塆迁出部分居民到此地，因最初搭建草棚居住，繁衍成塆后，为让后代记住当年艰辛，就取名“棚子塆”。该居民点位于牌坊村东南部，呈条状分布。东接杨坡村王家塆，西邻郑家大塆，南连八里村卢家顶塆，北靠曹家塆。居民点面积0.16281平方千米，主要以郑姓为主，均为汉族，共有居民31户、137人，耕地面积0.11792平方千米，主要农作物为小麦、水稻，主要经济来源为外地务工。

沈夏塆[Shěn xià wān]　“沈夏”指沈姓和夏姓居民，“塆”指村庄。以姓氏命名。明洪武年间，沈姓居民从江西麻城迁至此地居住，不久又有夏姓居民来此居住，以“先到为大”惯例，取名“沈夏塆”。该居民点位于牌坊村北部，呈条状分布，东接夏家坟头，西邻棠棣镇松林村张家独塆，南连郑家新塆，北靠棠棣镇松林村闫家塆。居民点面积0.27738平方千米，主要以沈、夏两姓为主，均为汉族。共有居民47户、201人，耕地面积0.20368平方千米，主要农作物为小麦、水稻，主要经济来源为外地务工。

夏家坟头[Xià jiā fén tóu]　“夏家”指夏姓居民，“坟头”指为埋葬死人土堆。以姓氏命名。相传明嘉靖年间，夏姓居民从外地迁至此，因郑姓等居民先来，好地方都被占了，只有一个形似坟头的地方没有人愿意居住，就在此居住，繁衍成塆后，得名“夏家坟头”。该居民点位于牌坊村东北部，呈条状分布。东接杨坡村夏家塆，西邻郑家新塆，南连郑家大塆，北靠萧堰村邱家咀。居民点面积0.24187平方千米，主要以夏姓为主，均为汉族。共有居民42户、187人，耕地面积0.17152平方千米，主要农作物为小麦、水稻，主要经济来源为外地务工。

杨家塆[Yáng jiā wān]　“杨家”指杨姓居民，“塆”指村庄。以姓氏命名。明洪武年间，杨姓居民从江西麻城迁至此，后繁衍成塆，故名“杨家塆”。该居民点位于牌坊村西北部，呈条状分布。东接杨坡村夏家塆，西邻郑家大塆，南连曹家塆，北靠夏家坟头。居民点面积0.17554平方千米，主要以杨姓为主，均为汉族。共有居民36户、156人，耕地面积0.13467平方千米，主要农作物为小麦、水稻，主要经济来源为外地务工。

郑家大塆[Zhèng jiā dà wān]　“郑家”指郑姓居民，“大”指人口较多，“塆”指村庄。以姓氏命名。明洪武年间，郑姓居民从江西麻城迁至此，后繁衍成塆。清嘉庆年间，本塆一郑姓女子，要嫁到附近李姓人家，未嫁而夫亡，郑姓女子一生守节未再嫁，朝廷为其立守节牌坊，故名“郑家牌坊”。因人口较多，又名“郑家大塆”。该居民点位于牌坊村东北部，呈条状分布。东接杨家塆，西邻八里村张家塆，南连八里村卢家顶塆，北靠郑家新塆。居民点面积0.19162平方千米，主要以郑姓为主，均为汉族。共有居民32户、146人，耕地面积0.13735平方千米，主要农作物为小麦、水稻，主要经济来源为外地务工。

郑家新塆[Zhèng jiā xīn wān]　“郑家”指郑姓居民，“新塆”指新建不久的村庄。以姓氏命名。明洪武年间，郑姓居民从江西麻城迁至郑家大塆居住，清乾隆年间，部分居民从郑家大塆迁到此地居住，繁衍成塆后，取名“郑家新塆”。该居民点位于牌坊村东部，呈条状分布。东接夏家坟头，西邻槽坊塆，南连郑家大塆，北靠沈夏塆。居民点面积0.10519平方千米，主要以郑姓为主，均为汉族。共有居民22户、141人，耕地面积0.08978平方千米，主要农作物为小麦、水稻，主要经济来源为外地务工。

七、山寨村[Shānzhài Cūn]

“山寨”指在山中险要处设有防守的栅栏的据点，以建筑物命名。因早期该村为预防土匪在山上设有防守的栅栏而得名山寨村。

清属陆陂铺会，民国属晒书乡。1949年10月山寨村属安陆县巡店区辖；1952年10月属第二区巡店乡辖；1954年8月属巡店区巡店乡辖。1956年4月属第三指导小组巡店乡辖。1958年9月山寨村改为山寨大队，属幸福人民公社巡店管理区辖。同年底属巡店人民公社巡店管理区辖。1964年9月属巡店区巡店人民公社辖。1975年2月属巡店人民公社巡店管理区辖。1984年1月山寨大队改为山寨村，属巡店镇巡店乡辖。1987年属巡店镇辖，沿用至今。

该村位于巡店镇西南部，距政府所在地约5千米。东接同兴村，西邻涂杨村，南连辛榨乡高庙村，北靠同兴村。辖区占地面积约0.86028平方千米，全村主要为汉族，2014年年末，有5个自然塆：姚家塆、陆家塆、徐家塆、操家塆、高家塆，共有170户、960人，耕地面积约0.69479平方千米，主要农作物为小麦、水稻，主要经济来源为外地务工。

操家塆[Cāo jiā wān]　“操家”指操姓居民，“塆”指村庄。以姓氏命名。明洪武年间，操姓居民从江西麻城迁至今棠棣镇操家榨，繁衍成塆。部分村民于清康熙年间迁到此居住，故名“操家塆”。该居民点位于山寨村西部，呈条状分布。东接黄家塆，西邻高山，南连荒冲林场操家塆，北靠中徐塆。居民点占地面积约0.05963平方千米，全塆主要以操姓为主，主要为汉族，共有村民26户、84人，耕地面积约0.04288平方千米，主要农作物为小麦、水稻，主要经济来源为外地务工。

高家塆[Gāo jiā wān]　“高家”指高姓居民，“塆”指村庄。以姓氏命名。明洪武年间，高姓居民从江西麻城迁至当今的辛榨乡高店村高家塆，繁衍成塆。清康熙年间部分居民又迁到此地，故名“高家塆”。该居民点位于山寨村西部，呈条状分布。东接黄家塆，西邻荒冲林场操家塆，南连同兴村姚家塆，北靠徐家塆。居民点占地面积约0.05628平方千米，全塆主要以高姓为主，主要为汉族，共有村民17户、64人，耕地面积约0.04288平方千米，主要农作物为小麦、水稻，主要经济来源为外地务工。

陆家塆[Lù jiā wān]　“陆家”指陆姓居民，“塆”指村庄。以姓氏命名。明洪武年间，陆姓居民从江西麻城迁至今云梦县陆家寨，繁衍成塆。清康熙年间部分居民迁到此地居住，故名“陆家塆”。该居民点位于山寨村北部，呈条状分布。东接刘桥村下宋塆，西邻徐家塆，南连山寨围，北靠刘桥村刘家桥。居民点占地面积约0.5896平方千米，全塆主要以陆姓为主，主要为汉族，共有村民55户、185人，耕地面积约0.56615平方千米，主要农作物为小麦、水稻，主要经济来源为外地务工。

徐家塆[Xú jiā wān] “徐家”指徐姓居民，“塆”指村庄。以姓氏命名。明洪武年间，徐姓居民从江西麻城迁至今涂杨村上徐塆，繁衍成塆，清康熙年间分出部分居民到此地，分别为“中徐”“下徐”，后合为一个塆，故名“徐家塆”。该居民点位于山寨村西北部，呈条状分布。东接陆家塆，西邻涂杨村上徐塆，南连山寨围，北靠刘桥村汪家塆。居民点占地面积约0.15142平方千米，全塆主要以徐姓为主，主要为汉族，共有54户、182人，耕地面积约0.13132平方千米，主要农作物为小麦、水稻，主要经济来源为外地务工。

姚家塆[Yáo jiā wān] “姚家”指姚姓居民，“塆”指村庄。以姓氏命名。明洪武年间，姚姓居民从江西麻城迁至此今辛榨乡胡姚村姚家塆，繁衍成塆。清康熙年间，部分居民迁到此地居住，故名“姚家塆”。该居民点位于山寨村南部，呈条状分布。东接同兴村大姚塆，西邻荒冲林场操家塆，南连辛榨乡高庙村大陶塆，北靠陆家塆。居民点占地面积约0.15544平方千米，全塆主要以姚姓为主，主要为汉族，共有居民56户、234人，耕地面积约0.12194平方千米，主要农作物为小麦、水稻，主要经济来源为外地务工。

八、三里村[Sānlǐ Cūn]

三里村以境内桥梁名称派生而得名。因境内有座桥，离巡店镇和河德桥均为3里远，名“三里桥”，村名也由此而起。

1949年10月三里村属安陆县巡店区辖；1952年10月属第二区巡店乡辖；1954年8月属巡店区巡店乡辖。1956年4月属第三指导小组巡店乡辖。1958年9月三里村改为三里大队，属幸福人民公社巡店管理区辖。同年底属巡店人民公社巡店管理区辖。1964年9月属巡店区巡店人民公社辖。1975年属巡店人民公社巡店管理区辖。1984年1月三里大队改为三里村，属巡店镇巡店乡辖。1987年属巡店镇辖，沿用至今。

该村位于巡店镇东北，离政府所在地1.5千米。地处涢水冲积平原，地势平坦。东接沙洲村，西邻肖堰村、牌坊村，南连大坝村、杨坡村，北靠彭河村。辖区内面积1.32平方千米。2014年年末，有2个自然塆：三里桥吴、园子塆。有居民220户、920人，耕地面积为0.375平方千米，主要农作物为小麦、棉花、芝麻、油菜、杂粮、蔬菜等旱地作物，村委会现有工作人员4名，村内主要驻区单位有晒书台小学。

三里桥吴[Sān lǐ qiáo wú] “三里桥”指桥梁名称，“吴”指吴姓居民。以姓氏与桥梁名称派生而得名。明洪武年间，朝廷动员江西麻城一带吴姓百姓，移民到此，吴姓居民在园子塆以种菜为生。到清康熙年间，部分居民从园子塆迁到此地，因塆前有一道小河，就在河上建了一座桥，这座桥因离巡店镇和河德桥均三里远，得名“三里桥”，此塆也因此桥名为“三里桥吴”。该居民点位于三里村东北部，呈条状分布。东接沙洲村吴家塆，西邻牌坊村夏家坟头，南连杨坡村夏家塆，北靠园子塆。居民点面积为1.12平方千米，所住居民均为汉族。共有居民180户、720人，耕地面积0.295平方千米，主要农作物为小麦、水稻，主要经济来源以外地务工为主。

园子塆[Yuán zǐ wān] “园子”指种菜的地，“塆”指村庄。以地理实体形态特征命名。聚落的形成，有两种说法，一说洪武年间，朝廷动员江西麻城一带百姓移民到此，吴姓居民会种菜，就开辟了几块菜地，随着人口增多，辟的菜地也越多，最后全塆主要田地都是菜园。附近吴姓居民都是此塆迁出的，为了记住家族来此地最早是种菜为生的，人们把此塆取名“园子塆”。另一种说法是吴楚柏举之战，这里是半渡而击的主战场，战后有一支吴军驻扎此地，后来形成聚落，故而周边居民点居民都姓吴。该居民点位于三里村北部，呈条状分布。东接沙洲村吴家塆，西邻肖堰村岗上湾，南连三里村三里桥吴，北靠彭河村兴吴巷。居民点面积为0.2平方千米，所住居民均为汉族。共有居民40户、160人，耕地面积0.08平方千米，主要农作物为小麦、水稻，主要经济来源以外地务工为主。

九、涂杨村[Túyáng Cūn]

境内涂家塆、杨家塆居民点联称命名。

清属陆陂铺会，民国属晒书乡。1949年10月涂杨村属安陆县巡店区辖；1952年10月属第二区巡店乡辖；1954年8月属巡店区巡店乡辖。1956年4月属第三指导小组巡店乡辖。1958年9月涂杨村改为涂杨大队，属幸福人民公社巡店管理区辖。同年底属巡店人民公社巡店管理区辖。1964年9月属巡店区巡店人民公社辖。1975年属巡店人民公社巡店管理区辖。1984年1月涂杨大队改为涂杨村，属巡店镇巡店乡辖。1987年属巡店镇辖，沿用至今。

该村位于巡店镇西南部，距政府所在地约3千米。东接刘桥村，西邻桃李村，南连山寨村，北靠石场村。辖区占地面积约1.2平方千米，所住居民主要为汉族，2014年年末，辖区内共有6个自然塆：上徐塆、小陈塆、新塆、涂家塆、杨家塆、周家台子。常住居民128户、513人，耕地面积约0.52平方千米，主要农作物有小麦、水稻。村委会办公地址设在涂杨村，村民委员会共有工作人员3人。

上徐塆[Shàng xú wān] “上”指方位，位于村落北部，“徐”指徐姓居民，“塆”指村庄。以方位和姓氏综合命名。明洪武年间，徐姓居民从江西麻城迁至此，繁衍成塆，清康熙年间，部分居民迁到别处居住，而大房居民在此地，故名“上徐塆”。该居民点位于涂杨村东北部，呈条状分布。东接中徐塆，西邻桃李村柏树黄，南连荒冲林场陈家塆，北靠周家台子。居民点占地面积约0.2平方千米，主要以徐姓为主，主要为汉族。2014年年末，共有村民24户、154人，有耕地面积约0.103平方千米，主要农作物为小麦、水稻，主要经济来源以外地务工为主。

涂家塆[Tú jiā wān] “涂家”指涂姓居民，“塆”指村庄。以姓氏命名。明洪武年间，涂姓居民从江西麻城迁今辛榨乡菱湖村涂家塆，繁衍成塆，清康熙年间，部分居民迁到此地居住，故名“涂家塆”。该居民点位于涂杨村中部，呈条状分布。东接杨家塆，西邻小陈塆，南连周家台子，北靠涂杨塆。居民点占地面积约0.19平方千米，主要以涂姓为主，主要为汉族。共有村民34户、101人，耕地面积约0.098平方千米，主要农作物为小麦、水稻，主要经济来源以外地务工为主。

小陈塆[Xiǎo chén wān] “小”指面积规模，“陈家”指陈姓居民，“塆”指村庄。以姓氏命名。明洪武年间，陈姓居民从江西麻城迁至今桃李村大陈塆，繁衍成塆，清康熙年间，部分居民迁到此地居住，该村居民较少，故名“小陈塆”。该居民点位于涂杨村西部，呈条状分布。东接涂家塆，西邻桃李村四面陈，南连上徐塆，北靠李新塆。居民点占地面积约 0. 16 平方千米，主要以陈姓为主，主要为汉族。共有村民 29 户、125 人，耕地面积约 0. 084 平方千米，主要农作物为小麦、水稻，主要经济来源以外地务工为主。

新塆[Xīn wān]　“新”指设立时间短，“塆”指村庄。明洪武年间，李姓居民从江西麻城迁至今石场村李家塆，繁衍成塆，清康熙年间，部分居民迁到此地居住，故名“新塆”，别名“李新塆”。该居民点位于涂杨村北部，呈条状分布。东接石场村江家塆，西邻桃李村王家塆，南连杨家塆，北靠石场村圣旨塆。居民点占地面积约 0. 04 平方千米，所住居民主要为汉族。2014 年年末，共有村民 7 户、25 人，耕地面积约 0. 016 平方千米，主要农作物为小麦、水稻，主要经济来源以外地务工为主。

杨家塆[Yáng jiā wān]　“杨家”指杨姓居民，“塆”指村庄。以姓氏命名。明洪武年间，杨姓居民从江西麻城迁至此，繁衍成塆，故名“杨家塆”。该居民点位于涂杨村东部，呈条状分布，东接刘桥村汪帅塆，西邻涂家塆，南连中徐塆，北靠石场村岗上李。居民点占地面积约 0. 15 平方千米，主要以杨姓为主，主要为汉族。共有村民 19 户、94 人，耕地面积约 0. 076 平方千米，主要农作物为小麦、水稻，主要经济来源以外地务工为主。

周家台子[Zhōu jiā tái zǐ]　“周家”指周姓居民，“台子”指村落处在土台上。以姓氏命名。明洪武年间，周姓居民从江西麻城迁至此，看中一处较高土台，就在此居住，故名“周家台子”。该居民点位于涂杨村南部，呈条状分布。东接刘桥村汪家山，西邻桃李村新村，南连上徐塆，北靠涂家塆。居民点占地面积约 0. 1 平方千米，主要以周姓为主，主要为汉族。共有村民 12 户、39 人，耕地面积约 0. 042 平方千米，主要农作物为小麦、水稻，主要经济来源以外地务工为主。

十、文刘村[Wénliú Cūn]

因村委会境内所在地在文家塆与刘家塆居民点综合命名。

1949 年 10 月文刘村属安陆县巡店区辖；1952 年 10 月属第二区夹河乡辖；1954 年 8 月属巡店区夹河乡辖。1956 年 4 月属第三指导小组夹河乡辖。1958 年 9 月文刘村改为文刘大队，属幸福人民公社夹河管理区辖。同年底属巡店人民公社夹河管理区辖。1964 年 9 月属巡店区夹河人民公社辖。1975 年属巡店人民公社夹河管理区辖。1984 年 1 月文刘大队改为文刘村，属巡店镇夹河乡辖。1987 年属巡店镇辖，沿用至今。

该村位于巡店镇东部，离政府所在地约 1. 5 千米。地处涢水冲积平原，地势平坦。东接联河村，西邻长塘村，南连艾庙村，北靠顾李村。全村主要为汉族。2014 年年末，辖区内共有 3 个自然塆：曾家塆、刘家塆、文家塆。辖区内占地面积约 1. 62 平方千米，2014 年约 0. 23718 平方千米，主要农作物为小麦、棉花、芝麻、油菜、杂粮、蔬菜等旱地作物，主要经济来源为外出务工经商。

刘家塆[Liú jiā wān]　“刘家”指刘姓居民，“塆”指村庄。以姓氏命名。明洪武年间，文姓居民从江西麻城迁至文家塆，经几代人劳作积累，攒起一定家产。到清康熙年间，族中人经过商议，为了后代能通婚，就让二房文姓人在“文”边加“利刀”，成为“刘”姓。该族人经过繁衍成塆，故名“刘家塆”。该居民点位于北部文刘村北部，地处涢水冲积平原，地势平坦。居民点呈条状分布。东接顾李村顾家塆，西邻长塘村太平塆，南连文家塆，北靠曾家塆。居民点占地面积约 0.92 平方千米，全塆主要以刘姓为主，主要为汉族，2014 年年末，共有村民 146 户、514 人，耕地面积约 0.14137 平方千米，主要农作物为小麦、棉花、芝麻、油菜、杂粮、蔬菜等旱地作物，主要经济来源为外出务工经商。

文家塆[Wén jiā wān]　“文家”指文姓居民，“塆”指村庄。以姓氏命名。明洪武年间，文姓居民从江西麻城迁至此，见此地为涢水冲出的平原，土地肥沃，就选择在此居住，繁衍成塆，故名“文家塆”。该居民点位于北部文刘村北部，地处涢水冲积平原，地势平坦。居民点呈条状分布。东接刘家塆，西邻长塘村，南连长塘村黄李塆，北靠曾家塆。居民点占地面积约 0.3 平方千米，全塆主要以文姓为主，主要为汉族。共有村民 65 户、205 人，耕地面积约 0.04154 平方千米，主要农作物为小麦、棉花、芝麻、油菜、杂粮、蔬菜等旱地作物，主要经济来源为外出务工经商。

曾家塆[Zēng jiā wān]　“曾家”指曾姓居民，“塆”指村庄。以姓氏命名。明洪武年间，曾姓居民从江西麻城迁至此，请来风水先生选居住地，该姓居民自认为是孔子学生曾参的后人，在谱牒中采用曾姓家族字派，故名“曾家塆”。该居民点位于文刘村北部，地处涢水冲积平原，地势平坦。居民点呈条状分布。东接长塘村三屋塆，西邻文家塆，南连刘家塆，北靠顾李村门楼塆。居民点占地面积约 0.42 平方千米，全塆主要以曾姓为主，主要为汉族，共有村民 81 户、297 人，耕地面积约 0.06767 平方千米，主要农作物为小麦、棉花、芝麻、油菜、杂粮、蔬菜等旱地作物，主要经济来源为外出务工经商。

十一、武马村[Wǔmǎ Cūn]

武马村北面巍巍群山、依山五条山冈、像五匹骏马奔驰而下，以此得名。

清属铁石墩会，民国属西屏乡。1949 年 10 月武马村属安陆县巡店区管辖；1952 年 10 月属第二区铁石乡辖；1954 年 8 月属巡店区武马乡辖。1956 年 4 月属第三指导小组桑树乡辖。1958 年 9 月武马村改为武马大队，属幸福人民公社洪山管理区辖。同年底属巡店人民公社洪山管理区辖。1964 年 9 月属巡店区洪山人民公社辖。1975 年属巡店人民公社洪山管理区辖。1984 年 1 月武马大队改为武马村，属巡店镇桑树乡辖。1987 年属桑树乡辖，2001 年 4 月属巡店镇辖，沿用至今。

该村位于巡店镇西部，距政府所在地 18 千米。东接何程村，西邻京山县，南连短港水库，北靠武马岭林场。辖区占地面积 2.345 平方千米，全村均为汉族，2014 年年末，有 7 个自然塆：上马榨塆、上张熊塆、下马榨塆、学堂塆、易家塆、下张熊塆、竹林塆，共有村民 197 户、915 人，耕地面积 1.9162 平方千米，主要农作物为小麦、水稻，主要经济来源为外地务工。

上马榨塆[Shàng mǎ zhà wān]　“上”指方位，位置在高处的，与“下”相对，“马”指马姓居民，“榨”指榨油的榨坊，“塆”指村庄。以姓氏和经济活动综合命名。明洪武年间，马姓人从江西麻城来到此地，发现此地有平原，就在此地居住，后来程姓人也来居住，繁衍成塆后，在塆里开了榨坊，故名“上马榨塆”。该居民点位于武马村北部，呈条状分布。东接竹林塆，西邻上马塆，南连学堂塆，北靠武马岭。居民点占地面积约 0. 1541 平方千米，全塆主要以马姓为主，主要为汉族，共有村民 16 户、75 人，耕地面积约 0. 11457 平方千米，主要农作物为小麦、水稻，主要经济来源为外地务工。

上张熊塆[Shàng zhāng xióng wān]　“上”指方位，处原村落北部，“张熊”指张姓、熊姓居民，“塆”指村庄。以方位和姓氏综合命名。明洪武年间，张姓人从江西麻城来到此地，发现此地适合开垦，就在此地居住，后来熊姓人也来居住、繁衍成塆。清康熙年间，部分居民迁出，因此塆居北，故名“上张熊塆”。该居民点位于武马村南部，呈条状分布。东接何程塆，西邻竹林塆，南连易家塆，北靠武马岭。居民点占地面积约 0. 1474 平方千米，全塆主要以张姓、熊姓为主，主要为汉族，共有村民 26 户、113 人，耕地面积约 0. 12596 平方千米，主要农作物为小麦、水稻，主要经济来源为外地务工。

下马榨塆[Xià mǎ zhà wān]　“下马”指的是姓氏且与附近“上马”相区分，“塆”指的是村落。相传明洪武年间，马姓人从江西麻城来到上马榨塆居住，到清康熙年间，部分村民迁到此地居住，因地处原村落南，故名“下马榨塆”。该居民点位于武马村西部，呈条状分布。东接学堂塆，西邻京山县罗店镇刘港村上屋刘塆，南隔短港水库与京山县罗店镇刘港村洞王塆相望，北靠马家榨。全塆主要以马姓为主，均为汉族，共有 184 人，36 户，总面积 0. 2814 平方千米，占地面积 0. 03 平方千米，耕地面积 0. 19631 平方千米，主要农作物为小麦、水稻，主要经济来源为种植和外地务工。

下张熊塆[Xià zhāng xióng wān]　“下”指方位，村落处原塆南。“张熊”指张、熊姓居民，“塆”指村落。以方位和姓氏命名。明洪武年间，张姓人从江西麻城来到此地，发现此地适合开垦，后来熊姓人也迁来，均在上张熊塆居住，清康熙年间部分居民迁到此地，故名“下张熊塆”。该居民点位于武马村东北部，呈条状分布。东接易家塆，西隔短港水库与京山县罗店镇刘港村上屋刘相望，南隔短港水库与京山县罗店镇黄棚村小樊塆相望，北靠竹林塆。居民点占地面积约 0. 1474 平方千米，全塆主要以张姓、熊姓为主，主要为汉族，共有村民 15 户、132 人，耕地面积约 0. 1273 平方千米，主要农作物为小麦、水稻，主要经济来源为外地务工。

学堂塆[Xué táng wān]　“学堂”指学校的旧称，教育育人的地方，“塆”指村庄。明洪武年间，几姓人从江西麻城来到附近，发现此地适合开垦，就在此地居住。清康熙年间，有位读书人从外地来到此地，开设学堂，部分居民迁来居住，故名“学堂塆”。该居民点位于武马村西南部，呈条状分布。东接上下张熊塆，西邻下马榨塆，南隔短港水库与京山县罗店镇黄棚村小樊塆相望，北靠上马榨塆。居民点占地面积约 0. 18492 平方千米，全塆主要为汉族，共有村民 16 户、84 人，耕地面积约 0. 12462 平方千米，主要农作物为小麦、水稻，主要经济来源为外地务工。

易家塆[Yì jiā wān]　“易家”指的是姓氏，“塆”指的是村庄。相传明洪武年间，易姓人从江西麻城来到此地，发现此地适合开垦，就在此地居住，故名“易家塆”。该居民点位于武马村东北部，呈条状分布。东接何程村王家山，西隔短港水库与京山县罗店镇刘港村上屋刘相望，南隔短港水库与京山县罗店镇黄棚村小樊塆相望，北靠上张熊塆。全塆均为汉族，共有 96 人，14 户，总面积 0. 1809 平方千米，占地面积 0. 015 平方千米，耕地面积0.134平方千米，主要农作物为小麦、水稻，主要经济来源为种植和外地务工。

竹林塆[Zhú lín wān]　“竹林”指村落中植物茂密成林，“塆”指村庄。以物产命名。明洪武年间，张、程等几姓人从江西麻城来到此地，发现此地适合开垦，后来村民种植竹子，繁衍成片，故名“竹林塆”。该居民点位于武马村东北部，呈条状分布。东接上张熊塆，西邻上马榨塆，南连下张熊塆，北靠武马岭林果场新塆。居民点占地面积约0.1608平方千米，全塆主要为汉族，共有村民15户、98人，约耕地面积0.12864平方千米，主要农作物为小麦、水稻，主要经济来源为外地务工。

十二、武马岭林果场[Wǔmǎlǐng Línguǒ Chǎng]

1987年巡店区撤区建镇，分离桑树、洪山管理区，设立桑树乡。同年桑树乡决定成立武马岭林果场，为村级组织，属桑树乡管辖；2001年4月桑树乡并入巡店镇，武马岭林果场属巡店镇管辖。

该村位于巡店镇西南部，为丘陵山地地形。东接洪山村，西邻京山县，南连何程村武马村，北靠武马村，东北接洪山村。总面积1.6214平方千米，全村均为汉族，2014年年末，有6个自然塆：道士塆、马家凹、涂家塆、魏家塆、新塆、郑家塆，共有居民68户、338人，其中耕地面积0.69446平方千米，主要农作物为小麦、水稻，主要经济来源为外地务工。

道士塆[Dào shì wān]　“道士”指该村落出过一位为人办丧事的道士，“塆”指的是村庄。相传明洪武年间，几姓人从江西麻城来到此地，发现此地有平原，就在此地居住，清乾隆年间，此地出过一位名道士，生意做到方圆百余里，因而人们把此塆取名“道士塆”。道士塆位于武马岭林果场南部，为丘陵山地地形，呈条状分布。东接郑家塆，西邻京山县罗店镇大栗树村王家塆，南连武马村马家榨，北靠马家凹。全塆均为汉族，共有107人，27户，总面积0.5226平方千米，占地面积0.03平方千米，耕地面积0.25192平方千米，主要农作物为小麦、水稻，主要经济来源为种植和外地务工。

马家凹[Mǎ jiā wā]　“马家”指马姓居民，“凹”指周围高，中间低。以姓氏命名。明洪武年间，马姓人从江西麻城来到此地，发现此地势稍低，土地肥沃，就在此地居住，繁衍成塆，故名“马家凹”。该居民点位于武马岭林果场西北，为丘陵山地地形，居民点呈条状分布。东接新塆，西邻武马村上马家榨，南连武马村学堂塆，北靠道士塆。居民点占地面积约0.2546平方千米，全塆主要以马姓为主，主要为汉族，共有村民8户、43人，耕地面积约0.05595平方千米，主要农作物为小麦、水稻，主要经济来源为外地务工。

涂家塆[Tú jiā wān]　“涂家”指涂姓居民，“塆”指村庄。以姓氏命名。明洪武年间，涂姓人从江西麻城来到此地居住，繁衍成塆，故名“涂家塆”。该居民点位于武马岭林果场，为丘陵山地地形，居民点呈条状分布。东接洪山村，西邻新塆、马家凹，南连魏家塆，北靠洪山村。居民点占地面积约0.2077平方千米，全塆主要以涂姓为主，主要为汉族，共有村民11户、56人，耕地面积约0.1005平方千米，主要农作物为小麦、水稻，主要经济来源为外地务工。

魏家塆[Wèi jiā wān]　“魏家”指魏姓居民，“塆”指村庄。以姓氏命名。明洪武年间，魏姓人从江西麻城来到此地居住，繁衍成塆，故名“魏家塆”。该居民点位于武马岭林果场北部，呈条状分布，为丘陵山地地形。东接洪山村王家塆，西邻洪山村萧家塆，南连郑家塆，北靠洪山村涂家塆。居民点占地面积约0.201平方千米，全塆主要以魏姓为主，主要为汉族，共有村民15户、50人，耕地面积约0.08174平方千米，主要农作物为小麦、水稻，主要经济来源为外地务工。

新塆[Xīn wān] “新”指形成时间短，“塆”指村庄。该塆于1978年萧家塆居民迁移至此形成而命名。该居民点位于武马岭林果场中部，为丘陵山地地形，居民点呈条状分布。东接魏家塆，西邻马家凹，南连涂家塆，北靠魏家塆。居民点占地面积约0.2345平方千米，全塆主要为汉族，共有村民10户、40人，耕地面积约0.11524平方千米，主要农作物为小麦、水稻，主要经济来源为外地务工。

郑家塆[Zhèng jiā wān] “郑家”指郑姓居民，“塆”指村庄。以姓氏命名。明洪武年间，郑姓人从江西麻城来到此地居住，繁衍成塆，故名“郑家塆”。该居民点位于武马岭林果场东北部，为丘陵山地地形，居民点呈条状分布。东接洪山村丁家塆，西邻道士塆，南连新塆，北靠魏家塆。占地面积约0.201平方千米，全塆主要以郑姓为主，主要为汉族，共有村民12户、42人，耕地面积约0.07035平方千米，主要农作物为小麦、水稻，主要经济来源为外地务工。

十三、顾李村[Gùlǐ Cūn]

“顾李村”指顾家塆和李家上塆居民点，以居民点联称命名。取该村境内顾家塆和李家上塆的首字而命名。

清属两河口会，民国属廉让乡。1949年10月顾李村属安陆县巡店区辖；1952年10月属第二区夹河乡辖；1954年8月属巡店区夹河乡辖。1956年4月属第三指导小组夹河乡辖。1958年9月顾李村改为顾李大队，属幸福人民公社夹河管理区辖。同年底属巡店人民公社夹河管理区辖。1964年9月属巡店区夹河人民公社辖。1975年属巡店人民公社夹河管理区辖。1984年1月顾李大队改为顾李村，属巡店镇夹河乡辖。1987年属巡店镇辖，沿用至今。

该村位于巡店镇东南，距政府所在地2.5千米。东接南城山坡村，西邻大坝村，南连文刘村，北靠沙洲村。辖区内面积1.2平方千米，有4个自然塆：顾家塆、刘家塆、李家上塆、门楼塆。共有居民227户、891人，耕地面积0.6平方千米，主要农作物为小麦、棉花、芝麻、油菜、杂粮、蔬菜等旱地作物。村委会所在地刘家塆。

顾家塆[Gù jiā wān] “顾家”指顾姓居民，“塆”指村庄。以姓氏命名。该族居民本姓张，曾在朝中为官，后因得罪权贵，加上官印被盗，为了避祸，就带领全家族逃到此地，改了只顾君命的“顾”，后来繁衍成塆，故名“顾家塆”。该居民点位于顾李村西部，呈块状分布。东接涢水，西邻文刘村，南邻联河村董家塆，北靠沙洲村沙洲吴。居民点面积0.35平方千米，主要以顾姓为主，均为汉族。共有居民56户、280人，耕地面积0.1876平方千米，主要农作物为小麦、棉花、芝麻、油菜、杂粮、蔬菜等旱地作物，主要经济来源以外出务工经商为主。

李家上垮[Lǐ jiā shàng wān]　“李家”指李姓居民，“上”指村北部，“垮”指村庄。以姓氏命名。明洪武年间，朝廷动员江西麻城一带百姓移民到此地，李姓居民到此居住，繁衍后逐渐分出部分居民到村北边居住，因北为上，故名“李家上垮”。该居民点位于顾李村西部，呈条状分布。东接顾家垮，西邻大坝村三姓街，南连文刘村曾家垮，北靠沙洲村沙洲吴。居民点面积0.5平方千米，主要以李姓为主，均为汉族。共有居民76户、480人，耕地面积0.32平方千米，主要农作物为小麦、棉花、芝麻、油菜、杂粮、蔬菜等旱地作物，主要经济来源以外出务工经商为主。

刘家垮[Liú jiā wān]　“刘家”指刘姓居民，“垮”指村庄。以姓氏命名。明洪武年间，刘姓居民从江西麻城迁至此附近联河村刘家埫子，清康熙年间，分出部分居民在此居住，繁衍成垮，故名“刘家垮”。该居民点位于顾李村南部，地处涢水冲积平原，地势平坦呈条状分布。东接顾家垮，西邻门楼垮，南连文刘村刘家垮，北靠府河。居民点面积0.15平方千米，主要以刘姓为主，均为汉族。共有居民40户、131人，耕地面积0.088平方千米，主要农作物为小麦、棉花、芝麻、油菜、杂粮、蔬菜等旱地作物，主要经济来源以外出务工经商为主。

门楼垮[Mén lóu wān]　“门楼”指建筑形状，该村落最初以此建筑为特征，“垮”指村庄。以地理实体形态特征命名。明洪武年间，朝廷动员江西麻城一带百姓移到李家上垮居住，清康熙年间，从该垮分出部分居民来此垮居住，因来这垮的居民家产颇丰，在建房时，将大门建成当时少有的门楼，该垮故名“门楼垮”。该居民点位于顾李村西部，地处涢水冲积平原，地势平坦，呈条状分布。东接刘家垮，西邻李家上垮，南连曾家垮，北靠沙洲村沙洲吴。居民点面积0.22平方千米，所住居民均为汉族。共有居民45户、167人，耕地面积0.11平方千米，主要农作物为小麦、棉花、芝麻、油菜、杂粮、蔬菜等旱地作物，主要经济来源以外出务工经商为主。

十四、联河村[Liánhé Cūn]

以地理位置命名。该村位于巡店镇内府河东、西两侧，连接内府河两岸，故名联河。

清属两河口会，民国属廉让乡。1949年10月联河村属安陆县巡店区辖；1952年10月属第二区夹河乡辖；1954年8月属巡店区夹河乡辖。1956年4月属第三指导小组夹河乡辖。1958年9月联河村改为联河大队，属幸福人民公社夹河管理区辖。同年底属巡店人民公社夹河管理区辖。1964年9月属巡店区夹河人民公社辖。1975年属巡店人民公社夹河管理区辖。1984年1月联河大队改为联河村，属巡店镇夹河乡辖。1987年属巡店镇辖，沿用至今。

该村位于巡店镇东南部，距政府所在地1.5千米。地处涢水冲积平原，地势平坦。东接外府河，西邻艾庙村，南连新堤，北靠文刘村。辖区内面积2.83平方千米，有6个自然垮：刘家垮、大董家垮、小董家垮、黄家垮、严家垮、朱家咀。2014年年末，共有居民566户，1336人，均为汉族。耕地面积为1.2平方千米，主要农作物为小麦、棉花、油菜。村委会办公地址设在联河村六组，现有工作人员4名。

大董家塆[Dà dǒng jiā wān]　“大董家”指的是姓氏，且与小董家塆相对，“塆”指的是村落。相传明洪武年间，朝廷动员江西麻城一带百姓移民到此地，一董姓居民在此居住，故名董家塆。位于联河村村民东北部，地处涢水冲积平原，地势平坦，呈条状分布。东接外府河，西邻刘家塆，南连朱家咀，北靠文刘村刘家塆。主要以董姓为主，均为汉族。全塆180人，34户，总面积为0.32平方千米，其中有耕地面积0.06平方千米，要农作物为小麦、棉花、芝麻、油菜、杂粮、蔬菜等旱地作物，主要经济来源为外出务工经商。

黄家塆[Huáng jiā wān]　曾用名：碾子黄家塆。“黄家”指黄姓居民，“塆”指村庄。以姓氏命名。明洪武年间，朝廷动员江西麻城一带百姓移民到此地，黄姓居民到此居住，为了加工粮食方便，在塆边建起石制碾盘。故名“碾子黄家塆”，后来碾子不用，逐渐破坏，人们简称为“黄家塆”。该居民点位于联河村南部，呈条状分布。东接小董家塆，西邻严家塆，南连严家塆，北靠刘家塆。居民点面积0.12平方千米，主要以黄姓为主，均为汉族。共有居民40户、160人，耕地面积0.24平方千米，主要农作物为小麦、棉花、芝麻、油菜、杂粮、蔬菜等旱地作物，主要经济来源为外出务工经商。

刘家塆[Liú jiā wān]　曾用名：刘家垴子。“刘家”指刘姓居民，“塆”指村庄。以姓氏命名。明初，朝廷动员江西麻城一带百姓移民到此地，一刘姓居民迁到此地居住，见此地地势比周围略低，在此建房居住，故名“刘家垴子”，后因子孙繁衍，形成村落，简称“刘家塆”。该居民点位于联河村南部，地处涢水冲积平原，地势平坦，呈条状分布。东接外府河，西邻艾庙村，南连黄家塆，北靠文刘村。居民点面积为0.31平方千米，主要以刘姓为主，均为汉族。共有居民40户、210人，耕地面积0.21平方千米，主要农作物为小麦、棉花、芝麻、油菜、杂粮、蔬菜等旱地作物，主要经济来源以外出务工经商为主。

小董家塆[Xiǎo dǒng jiā wān]　“小”指人数少，“董家”指董姓居民，“塆”指村庄。以姓氏命名。明初，朝廷动员江西麻城一带百姓移民到此地，一董姓居民到河边董居住，清康熙年间，从河边董迁出部分居民到此地居住，因人数比原塆少，故名“小董家塆”。该居民点位于联河东南部，地处涢水冲积平原，呈条状分布。东接外府河，西邻黄家塆，南连黄家塆，北靠刘家塆。居民点面积为0.32平方千米，主要以董姓为主，均为汉族。共有居民32户、179人，耕地面积0.22平方千米，主要农作物为小麦、棉花、芝麻、油菜、水稻、杂粮等，主要经济来源以青壮年外出务工、经商为主。

严家塆[Yán jiā wān]　“严家”指严姓居民，“塆”指村庄。以姓氏命名。明洪武年间，朝廷动员江西麻城一带百姓移民到此地，严姓居民到此，见此地为涢水冲出的一片肥沃沙洲，就在此居住，故名“严家洲”，后来沙洲变成良田，人们忘记沙洲，就把此塆改称为“严家塆”。该居民点位于联河村南部，地处涢水冲积平原，地势平坦，呈条状分布。东接董家塆，西隔内府河与梅陈村梅家塆相望，南连新堤村刘家台子，北靠文刘村文家塆。居民点面积1.22平方千米，主要以严姓为主，均为汉族。共有居民192户、457人，耕地面积1.02平方千米，主要农作物为小麦、棉花、芝麻、油菜、杂粮、蔬菜等旱地作物，主要经济来源为外出务工经商。

朱家咀[Zhū jiā zuǐ]　“朱家”指朱姓居民，“咀”指地形如鹤嘴，“嘴”同“咀”。以姓氏与地理实体形态特征命名。明初，朝廷动员江西麻城一带百姓移民到此地，一朱姓居民迁到此地，看到此地伸向涢水的一个土坡，形如鹤嘴（方言称“咀”），就在此建房居住，繁衍成村落，故名“朱家咀”。该居民点位于联河村东南部，呈条状分布。东接外府河，西邻严家塆，南连辛榨乡红旗村汪家洲，北靠董家塆。居民点面积为0.31平方千米，主要以朱姓为主，均为汉族。共有居民28户、150人，耕地面积0.19平方千米，主要农作物为小麦、棉花、芝麻、油菜、杂粮、蔬菜等旱地作物，主要经济来源为外出务工经商。

十五、艾庙村[Àimiào Cūn]

“艾庙”指艾家庙居民点，以境内居民点名称派生而得名。明洪武年间，艾姓居民从江西麻城来到此地，繁衍成塆后，建起家庙，人称“艾家庙”，简称“艾庙”，村名依此而来。

清属两河口会，民国属廉让乡。1949年10月艾庙村属安陆县巡店区辖；1952年10月属第二区夹河乡辖；1954年8月属巡店区夹河乡辖。1956年4月属第三指导小组夹河乡辖。1958年9月艾庙村改为艾庙大队，属幸福人民公社夹河管理区辖。同年底属巡店人民公社夹河管理区辖。1964年9月属巡店区夹河人民公社辖。1975年属巡店人民公社夹河管理区辖。1984年1月艾庙大队改为艾庙村，属巡店镇夹河乡辖。1987年属巡店镇辖，沿用至今。

该村位于巡店镇东部。距镇政府所在地0.15千米，村委会所在地桥东小区。东接联河村，西邻内府河，南连新堤村，北靠大坝村河边王。辖区内面积1平方千米，共有3个自然塆：艾家塆、黄家塆、桥东小区。常住居民219户、914人，耕地面积0.57平方千米，主要农作物有小麦、棉花、芝麻、油菜、杂粮、蔬菜等旱地作物。

艾家塆[Ài jiā wān] “艾家”指的是姓氏，“塆”指的是村庄。以姓氏命名。相传明洪武年间，一位艾姓居民从江西麻城迁至此地居住，后繁衍成塆，故名“艾家塆”。本居民点位于艾庙村东部，东接联河村董家塆，西邻桥东小区，南连联河村严家塆，北靠文刘村刘家塆。主要以艾姓为主，均为汉族。全塆233人，67户，总面积0.26平方千米，其中有耕地面积0.14平方千米，主要农作物为小麦、棉花、芝麻、油菜、杂粮、蔬菜等旱地作物，主要经济来源以外地务工经商。

黄家独屋[Huáng jiā dú wū] “黄家”指黄姓居民，“独屋”指最初仅有一栋房屋。以姓氏命名。明初，朝廷动员江西麻城一带百姓移民到今联河村碾盘黄居住，清康熙年间，部分居民迁到此地居住，因最初仅建一栋房屋，故名“黄家独屋”。该居民点位于艾庙村西北部，地处涢水冲积平原，地势平坦，呈条状分布。东接文刘村刘家塆，西邻大坝村河边王，南连新堤村萧家塆，北靠长塘村长塘王。居民点面积为0.32平方千米，主要以黄姓为主，均为汉族。共有居民68户、268人，耕地面积0.19平方千米，主要农作物为小麦、棉花、芝麻、油菜、杂粮、蔬菜等旱地作物，主要经济来源以外地务工经商为主。

桥东小区[Qiáo dōng xiǎo qū] “桥东”指内府河桥的东部，“小区”指在城市一定区域内、具有相对独立居住环境的大片居民住宅。以地理位置命名。因当地是后来部分居民迁至内府河桥东命名。1980年代以后，原艾家塆和黄家独屋部分居民逐步迁到内府河桥东建房，形成一个新村落，1984年1月属巡店镇夹河乡艾庙村辖。1987 年 10 月属巡店镇艾庙村村民委员会辖，沿用至今。该居民点位于艾庙村西部，地势平坦，呈条状分布。东接黄家塆，西邻巡店居委会，南连辛榨乡大廖村十份塆，北靠大坝村河边王。居民点面积 0. 48 平方千米，主要为艾姓，均为汉族。共有居民 84 户、413 人，耕地面积 0. 24 平方千米，主要农作物为小麦、棉花、芝麻、油菜、杂粮、蔬菜等旱地作物，主要经济来源以外地务工为主。

十六、新堤村[Xīndī Cūn]

“新”指刚有的，“堤”指用土石等材料修筑的挡水的高岸，因境内堤坝名称命名。1942 年，中共领导下的抗日民主政府，见这一带常被涢水泛滥所淹，就发动群众，在这一带筑起长达数十里的长堤，使这一带居民摆脱洪水威胁。施工期间还有日伪军、国民党顽固派前来骚扰，为纪念这道长堤，抗日民主政府将萧家大塆与刘家台子取名“新堤村”，以作纪念，后此名一直沿用。

清属两河口会，民国属廉让乡。1949 年 10 月新堤村属安陆县巡店区辖；1952 年 10 月属第二区夹河乡辖；1954 年 8 月属巡店区夹河乡辖。1956 年 4 月属第三指导小组夹河乡辖。1958 年 9 月新堤村改为新堤大队，属幸福人民公社夹河管理区辖。同年底属巡店人民公社夹河管理区辖。1964 年 9 月属巡店区夹河人民公社辖。1975 年属巡店人民公社夹河管理区辖。1984 年 1 月新堤大队改为新堤村，属巡店镇夹河乡辖。1987 年属巡店镇辖，沿用至今。

该村位于巡店镇东南，距政府所在地 2 千米。村委会所在地萧家塆。东接外府河，西隔内府河与李河村相望，南连辛榨乡大廖村，北靠联河村。辖区内总面积 1. 5 平方千米，2014 年年末，辖区内共有 2 个自然塆：萧家塆、刘家台子。居民全部为汉族。常住居民 286 户、1258 人，耕地面积 0. 84 平方千米，主要农作物有小麦、水稻。村委会办公地址设在新堤村五组。

刘家台子[Liú jiā tái zǐ] “刘家”指刘姓居民，“台子”指村落建在一处比周围高出约 2 米的土台上。以姓氏与地理实体形态特征命名。明朝初年，朝廷动员江西麻城一带百姓移民到此地，一刘姓居民迁到此地居住，看到此地地势比周围略高，在此建房居住，后因子孙繁衍，形成村落，取名刘家台子，流传至今。该居民点位于新堤村东部，呈条状分布。东接外府河，西邻萧家塆，南连辛榨红旗村汪家洲，北靠联河村朱家咀。居民点占地面积约 0. 14 平方千米，主要以刘姓为主，主要为汉族。共有村民 17 户、109 人，耕地面积约 0. 073 平方千米，主要农作物为小麦、水稻，主要经济来源以外地务工为主。

萧家塆[Xiāo jiā wān] “萧家”指萧姓居民，“塆”指村庄。以姓氏命名。明朝初年，朝廷动员江西麻城一带百姓移民到此地，起初此地为张、夏等姓居民为多。到清康熙年间，萧姓居民从江南水乡(一说河南)流动捕鱼到此，发现这里地处涢水边，适合捕捞，就在这里落脚谋生。因萧姓居民在捕鱼生活中，运动量大，营养充足，繁衍迅速。百余年后，人数超过张、夏二姓，到民国时期，该塆已无张姓居民；夏姓居民只剩数户，因萧姓人口占大多数，就取名萧家塆，因塆北有一道高达近 3 米的高坡，亦名萧家坡。到新中国成立前，全塆居民已达近 300 户，故名“萧家塆”。该居民点位于新堤村西部，呈环状分布。东接刘家台子，西隔内府河与李河村李家河相望，南连辛榨大廖村三份垮，北靠联河村严家垮。居民点占地面积约 1.2 平方千米，主要以萧姓为主，主要为汉族。共有村民 259 户、1149 人，耕地面积约 0.77 平方千米，主要农作物为小麦、棉花、芝麻、油菜、水稻、杂粮等，主要经济来源为青壮年外出务工、经商。

十七、大坝村[Dàbà Cūn]

该村境内有一条大坝而命名。清属两河口会，民国属廉让乡。1949 年 10 月大坝村属安陆县巡店区辖；1952 年 10 月属第二区夹河乡辖；1954 年 8 月属巡店区夹河乡辖。1956 年 4 月属第三指导小组夹河乡辖。1958 年 9 月大坝村改为大坝大队，属幸福人民公社夹河管理区辖。同年底属巡店人民公社夹河管理区辖。1964 年 9 月属巡店区夹河人民公社辖。1975 年属巡店人民公社夹河管理区辖。1984 年 1 月大坝大队改为大坝村，属巡店镇夹河乡辖。1987 年属巡店镇辖，沿用至今。

该村位于巡店镇东，距政府所在地 1.5 千米。村委会所在地河边垮。东邻长塘村，西邻内涢水，南连艾庙村，北靠涢水。辖区内总面积 1.4 平方千米，有 3 个自然垮：河边垮、三姓街、老屋垮。共有居民 257 户、1067 人，耕地面积 0.715 平方千米，主要农作物为小麦、棉花、芝麻、油菜、杂粮、蔬菜等旱地作物。村委会办公地址设在大坝村河边垮北端。

河边垮[Hé biān wān]　又称“河边王”，“河边”指的是地理环境，“垮”指的是村庄。相传明洪武年间，朝廷动员江西麻城一带王姓百姓移民到老屋垮居住，到清康熙年间，部分居民决定迁出，看到此地位于涢水边，适合居住，就在此建房，繁衍成垮后，故名“河边垮”。该居民点位于大坝村西部，地势平坦，呈条状分布。东接长塘村长塘王，西隔内府河与杨坡村杨家坡中垮相望，南连艾庙村桥东小区，北靠沙洲村沙洲吴。主要以王姓为主，均为汉族。全垮 478 人，112 户，总面积 0.45 平方千米，占地面积 0.1 平方千米，耕地面积 0.32 平方千米，主要农作物为小麦、棉花、芝麻、油菜、杂粮、蔬菜等旱地作物，主要经济来源为外地务工与种植。

老屋垮[Lǎo wū wān]　“老屋”指建村时间较长，“垮”指村庄。以地理实体形态特征命名。明洪武年间，朝廷动员江西麻城一带百姓移民到此地，王姓居民到此居住，繁衍后逐渐分出部分居民到附近居住，周围王姓居民多为该垮分出，故名“老屋垮”。该居民点位于大坝村西部，地势平坦，呈条状分布。东接长塘村太平垮，西隔内府河与杨坡村上垮相望，南连河边王，北靠三姓街。居民点面积 0.388 平方千米，主要以王姓为主，均为汉族。共有居民 86 户、360 人，耕地面积 0.24 平方千米，主要农作物为小麦、棉花、芝麻、油菜、杂粮、蔬菜等旱地作物，主要经济来源以外地务工经商为主。

三姓街[Sān xìng jiē]　“三姓”指李、刘、汪三姓居民，“街”指街道。以姓氏命名。1958 年，兴起建“新农村”运动，附近李、刘、汪三姓居民商议迁到此地，建房时仿集镇街道样式建筑，故名“三姓街”。该居民点位于大坝村西部，居民点地处涢水冲积平原，地势平坦，呈条状分布。东接长塘村李家垮，西邻顾李村，南连老屋垮，北靠沙洲村。居民点面积 0.383 平方千米，主要以刘、李、汪三姓为主，均为汉族。共有居民 54 户、224 人，耕地面积 0. 15 平方千米，主要农作物为小麦、棉花、芝麻、油菜、杂粮、蔬菜等旱地作物，主要经济来源以外出务工经商为主。

十八、刘河村[Liúhé Cūn]

以地理位置命名。因该村早期所住居民以刘姓居多且位于漳河边。

清属铁石墩会，民国属西屏乡。1949 年 10 月刘河村属安陆县巡店区管辖；1952 年 10 月属第二区洪山乡辖；1954 年 8 月属巡店区洪山乡辖。1956 年 4 月属第三指导小组洪山乡辖。1958 年 9 月刘河村改为刘河大队，属幸福人民公社洪山管理区辖。同年底属巡店人民公社洪山管理区辖。1964 年 9 月属巡店区洪山人民公社辖。1975 年属巡店人民公社洪山管理区辖。1984 年 1 月刘河大队改为刘河村，属巡店镇桑树乡辖。1987 年属桑树乡辖，2001 年 4 月属巡店镇辖，沿用至今。

该村民委员会位于巡店镇西部，距政府所在地 18 千米。为丘陵山地地形，呈条状分布。东接周胡村，西邻洪山村，南连砂子村、洪山村，北靠木梓乡张寨村。辖区内面积 4 平方千米，有 9 个自然塆：黄家凹、董家垱、小张塆、刘家河、傅家榨、苏家塆、严刘塆、张家塆、蔡家咀。2014 年 1 月末，共有居民 360 户、1646 人，耕地面积为 1. 453 平方千米，主要农作物为小麦、水稻。村委会办公地址设在刘河村 6 组，现有工作人员 4 名。

蔡家咀[Cài jiā zuǐ]　“蔡家”指蔡姓居民，“咀”指地形像鹤嘴，“嘴”同“咀”。以姓氏与地理实体形态特征命名。明初，朝廷动员江西麻城一带百姓移民到此地，一蔡姓居民迁到此地，看到此地形如鹤嘴(方言称“咀”)，就在此建房居住，繁衍成村落，故名“蔡家咀”。该居民点位于刘河村西北部，呈条状分布。东接漳河，西邻漳河，南连张家塆，北靠漳河。居民点面积为 0. 38 平方千米，主要以蔡姓为主，均为汉族。共有居民 45 户、198 人，耕地面积 0. 187 平方千米，主要农作物为小麦、水稻，主要经济来源以外地务工为主。

董家垱[Dǒng jiā dàng]　“董家”指董姓居民，“垱”指便于灌溉的小土堤。以姓氏与地理特征综合命名。明洪武年间，董姓居民从江西麻城来到此地，发现此地较低，能蓄水(方言称“垱”)，适合开垦，就在此地居住，繁衍成塆后，取名“董家垱”。该居民点位于刘河村东北部，呈条状分布。东接黄家凹，西邻刘家河，南连程畈村港庙程，北靠漳河。居民点面积为 0. 3 平方千米，主要以董姓为主，均为汉族。共有居民 47 户、224 人，耕地面积 0. 15 平方千米，主要农作物为小麦、水稻，主要经济来源以外地务工为主。

傅家榨[Fù jiā zhà]　“傅家”指的是姓氏，“榨”指的是榨油作坊。相传明洪武年间，傅姓人从江西麻城来到此地，发现此地有平原，就在此地居住，繁衍成塆后，在塆里开了榨坊，故名“傅家榨”。该居民点位于刘河村东南部，呈条状分布。东接小张塆，西邻苏家塆，南连洪山村，北靠刘家河。主要以傅姓为主，均为汉族。全塆 115 人，28 户，总面积为 0. 24 平方千米，占地面积 0. 03 平方千米，耕地面积 0. 12 平方千米，主要农作物为小麦、水稻，主要经济来源为种植和外地务工。

黄家凹[Huáng jiā wā]　“黄家”指黄姓居民，“凹”指周围高、中间低。以姓氏与地理实体形态特征综合命名。明初，朝廷动员江西麻城一带百姓移民到此地，一黄姓居民迁到此地，见地势低凹，适合居住，就在此建房，繁衍成塆，故名“黄家凹”。该居民点位于刘河村东北部，呈条状分布。东接周胡村张家山坡，西邻董家垱，南连程畈村港庙程，北靠漳河。居民点面积为 0. 18 平方千米，主要以黄姓为主，均为汉族。共有居民 31 户、129 人，耕地面积 0. 085 平方千米，主要农作物为小麦、水稻，主要经济来源以外地务工为主。

刘家河[Liú jiā hé]　“刘家”指刘姓居民，“河”指位于漳河边。以姓氏命名。明洪武年间，刘姓居民从江西麻城来到此地，发现此地临漳河，适于生存，就在此地建房居住，后繁衍成塆，故名“刘家河”。该居民点位于刘河村东部，呈条状分布。东接董家垱，西邻苏家塆，南连傅家榨，北靠漳河。居民点面积为 0. 3 平方千米，主要以刘姓为主，均为汉族。共有居民 48 户、245 人，耕地面积 0. 149 平方千米，主要农作物为小麦、水稻，主要经济来源以外地务工为主。

苏家塆[Sū jiā wān]　曾用名：苏家坻。“苏家”指苏姓居民，“塆”指村庄。以姓氏命名。明洪武年间，苏姓居民从江西麻城来到此地，发现此地适合开垦，就在此地居住，繁衍成塆。故名“苏家塆”。该居民点位于刘河村中部，呈条状分布。东接刘家河，西邻严刘塆，南连洪山村刘家塆，北靠漳河。居民点面积为 0. 285 平方千米，主要以苏姓为主，均为汉族。共有居民 38 户、152 人，耕地面积 0. 143 平方千米，主要农作物为小麦、水稻，主要经济来源以外地务工为主。

小张塆[Xiǎo zhāng wān]　“张”指张姓居民，“小”指面积小，“塆”指村庄。以姓氏命名。明洪武年间，张姓人从江西麻城来到张家塆居住，清康熙年间部分居民迁到此塆居住，故名“小张家塆”，后改为“小张塆”。该居民点位于刘河村东部，呈条状分布。东接周胡村张家山坡，西邻刘家河，南隔洪山水库与砂子村上陶塆相望，北靠董家垱。居民点面积为 0. 1 平方千米，主要以张姓为主，均为汉族。共有居民 17 户、67 人，耕地面积 0. 049 平方千米，主要农作物为小麦、水稻，主要经济来源以外地务工为主。

严刘塆[Yán liú wān]　“严刘”指严姓和刘姓居民，“塆”指村庄。以姓氏命名。明洪武年间，严姓居民从江西麻城来到此地居住，后来刘姓居民也来居住，繁衍成塆，以“先到为大”惯例，取名“严刘塆”。该居民点位于刘河村西北部，呈条状分布。东接苏家塆，西邻张家塆，南连洪山村程家塆，北靠漳河。居民点面积为 0. 4 平方千米，主要以严、刘二姓为主，均为汉族。共有居民 50 户、228 人，耕地面积 0. 193 平方千米，主要农作物为小麦、水稻，主要经济来源以外地务工为主。

张家塆[Zhāng jiā wān]　“张家”指张姓居民，“塆”指村庄。以姓氏命名。明洪武年间，张姓居民从江西麻城来到此地居住，繁衍成塆，故名“张家塆”。该居民点位于刘河村西部，呈条状分布。东接严刘塆，西邻漳河，南连洪山村易家塆，北靠蔡家咀。居民点面积为 0. 4 平方千米，主要以张姓为主，均为汉族。共有居民 56 户、256 人，耕地面积 0. 2 平方千米，主要农作物为小麦、水稻，主要经济来源以外地务工为主。

十九、八里村[Bālǐ Cūn]

“八里村”指该村与巡店、木梓、桑树同是八里路程交点处，故称八里岔而取名八里村。

以地理位置命名。清属陆陂铺会，民国属晒书乡。1949 年 10 月八里村属安陆县巡店区辖；1952 年 10 月属第二区巡店乡辖；1954 年 8 月属巡店区巡店乡辖。1956 年 4 月属第三指导小组巡店乡辖。1958 年 9 月八里村改为八里大队，属幸福人民公社巡店管理区辖。同年底属巡店人民公社巡店管理区辖。1964 年 9 月属巡店区巡店人民公社辖。1975 年属巡店人民公社巡店管理区辖。1984 年 1 月八里大队改为八里村，属巡店镇巡店乡辖。1987 年属巡店镇辖，沿用至今。

该村位于巡店镇西北部，距政府所在地 4 千米。为丘陵山地地形。东接杨坡村，西邻石场村，南连刘桥村，北靠棠棣镇松林村。全村面积 1.5 平方千米，均为汉族，2014 年年末，有 10 个自然垮 11 个村民小组：胡家塆、道士塆、李家桥白屋塆、李家上塆、李家中塆、卢家顶塆、卢家西塆、卢家中塆、天星塆、小张家塆。共有居民 441 户、1614 人，耕地面积 1.2 平方千米，主要农作物为小麦、水稻，主要经济来源以外地务工为主。

道士塆[Dào shì wān] 曾用名：张家大塆。“张”指张姓居民，“家”指家族，“大”指面积较大，“塆”指村庄。“道士”指有位居民以道士为业且名声很响，“塆”指村庄。明洪武年间，张姓居民从江西麻城迁至此，繁衍成塆，清康熙年间，该塆有位居民以道士为业，生意在周围名声很响，周围人即以“道士塆”为此塆命名。该居民点位于八里村西北部，呈条状分布。东接牌坊村新屋塆，西邻张家塆，南连天星塆，北靠牌坊村槽坊塆。居民点面积 0.2 平方千米，以张姓为主，均为汉族。共有居民 53 户、187 人，耕地面积 0.13735 平方千米，主要农作物为小麦、水稻，主要经济来源以外地务工为主。

胡家塆[Hú jiā wān] 原来有楠竹林又名楠竹塆。“胡家”指胡姓居民，“塆”指村庄。以姓氏命名。明洪武年间，胡姓居民从江西麻城迁至此，繁衍成塆，故名“胡家塆”。该居民点位于八里村西北部，呈条状分布。东接天星塆，西邻石场村董家塆，南连桥上李塆，北靠张家塆。居民点面积 0.0938 平方千米，以胡姓为主，均为汉族。共有居民 28 户、84 人，耕地面积 0.0536 平方千米，主要农作物为小麦、水稻，主要经济来源为外地务工。

李家桥白屋塆[Lǐ jiā qiáo bái wū wān] “李家”指李姓居民，“桥”指该塆位于桥边，“白屋”指房子外墙刷白，“塆”指村庄。以姓氏与地理实体形态特征综合命名。明洪武年间，李姓居民从江西麻城迁至李家上塆居住，后来部分居民迁到此地居住，此地有条小河，河上有一座青石桥，同时塆出了很多名人、财主，家家注意房子装饰，总将外墙刷白，故名“李家桥白屋塆”。该居民点位于八里村西南部，呈条状分布。东接卢家中塆，西邻涂杨村江家塆，南连刘桥村水寨塆，北靠李家桥白屋塆。全塆面积 2.05 平方千米，以李姓、白姓为主，均为汉族，共有居民 63 户、207 人，耕地面积 0.16482 平方千米，主要农作物为小麦、水稻，主要经济来源以外地务工为主。

李家上塆[Lǐ jiā shàng wān] “李家”指李姓居民，“上”指该塆位于原塆北部，“塆”指村庄。以姓氏命名。明洪武年间，李姓居民从江西麻城迁至此，选择此地居住，后繁衍成塆，至清康熙年间，因原塆太大，需迁出部分居民，原长房居民留在此地，故名“李家上塆”。另说为该塆位于李姓塆最北，因北为上，故名“李家上塆”。该居民点位于八里村西南部，呈条状分布。东接卢家顶塆，西邻楠竹塆，南连刘桥村水寨塆，北靠楠竹塆。居民点面积 0.14 平方千米，以李姓为主，均为汉族。2014 年年末，共有居民 34 户、128 人，耕地面积 0.11 平方千米，主要农作物为小麦、水稻，主要经济来源为外地务工。

李家中塆[Lǐ jiā zhōng wān]　“李家”指李姓居民，“中”指该塆位于李家上塆南部，“塆”指村庄。以姓氏命名。明洪武年间，李姓居民从江西麻城迁至此，选择李家上塆居住，后繁衍成塆，至清康熙年间，因原塆太大，需迁出部分居民，二房居民迁到此地，故名“李家中塆”。另说为该塆位于李家上塆南，故名“李家中塆”。该居民点位于八里村西部，呈条状分布。东接卢家顶塆，西邻楠竹塆，南连李家桥白屋塆，北靠天星塆。居民点面积 0.14 平方千米，以李姓为主，均为汉族，分两个村民小组。共有居民 34 户、128 人，耕地面积 0.11 平方千米，主要农作物为小麦、水稻，主要经济来源为外地务工。

卢家顶塆[Lú jiā dǐng wān]　“卢家”指卢姓居民，“顶”指位于原塆南部，“塆”指村庄。以姓氏与地理实体形态特征综合命名。明洪武年间，卢姓居民从江西麻城迁至此，选择此地居住，后繁衍成塆，至清康熙年间，因原塆太大，需迁出部分居民，均在南部建房，故名“卢家顶塆”。该居民点位于八里村东部，呈条状分布。东接牌坊村郑家牌坊塆，西邻李家上塆，南连卢家中塆，北靠牌坊村棚子塆。居民点面积 0.13 平方千米，以卢姓为主，均为汉族。共有居民 42 户、189 人，耕地面积 0.1 平方千米，主要农作物为小麦、水稻，主要经济来源以外地务工为主。

卢家西塆[Lú jiā xī wān]　“卢家”指卢姓居民，“西”指位于原塆西部，“塆”指村庄。以姓氏命名。明洪武年间，卢姓居民从江西麻城迁至此，到清康熙年间，部分居民迁到此地居住，因位于原塆西部，故名“卢家西塆”。该居民点位于八里村东南部，呈条状分布。东接卢家中塆，西邻李家桥白屋塆，南连刘桥村卢家寨塆，北靠天星塆。居民点面积 0.13 平方千米，以卢姓为主，均为汉族。共有居民 45 户、189 人，耕地面积 0.11 平方千米，主要农作物为小麦、水稻，主要经济来源以外地务工为主。

卢家中塆[Lú jiā zhōng wān]　“卢家”指卢姓居民，“中”指该塆位于中间，不曾变动，“塆”指村庄。以姓氏命名。明洪武年间，卢姓居民从江西麻城迁至此，到清康熙年间，部分居民从此处迁到塆西部与南部居住，该塆位于中间，不曾变动，故名“卢家中塆”。该居民点位于八里村东部，呈条状分布。东接杨坡村郑家塆，西邻李家上塆，南连刘桥村芦家寨塆，北靠卢家顶塆。居民点面积 0.11 平方千米，以卢姓为主，均为汉族。共有居民 33 户、125 人，耕地面积 0.09 平方千米，主要农作物为小麦、水稻，主要经济来源以外地务工为主。

天星塆[Tiān xīng wān]　“天星”实为“天井”讹传而来，“塆”指村庄。以地理实体形态特征命名。明洪武年间，从江西移民至此，因该塆人家家资颇丰，好几家在建房时，都在家中建了用于通风采光的天井，因而人们叫此塆为“天井塆”，后来讹传为“天星塆”。该居民点位于八里村西南部，呈条状分布。东接牌坊村棚子塆，西邻楠竹塆，南连李家中塆，北靠小张家塆。居民点面积 1.32 平方千米，均为汉族。2014 年年末，共有居民 41 户、134 人，耕地面积 0.11926 平方千米，主要农作物为小麦、水稻，主要经济来源以外地务工为主。

小张家塆[Xiǎo zhāng jiā wān]　“小”指面积较小，“张家”指张姓居民，“塆”指村庄。以姓氏命名。明洪武年间，张姓居民从江西麻城迁至道士塆居住，至清康熙年间，部分居民迁到此地居住，因比道士塆小，故名“小张家塆”。该居民点位于八里村西北部，居民点呈条状分布。东接牌坊村郑家大塆，西邻石场村辜家塆，南连楠竹塆，北靠棠棣镇松林村辜家冲。居民点面积 0. 11 平方千米，以张姓为主，均为汉族。2014 年年末，共有居民 33 户、113 人，耕地面积 0. 10452 平方千米，主要农作物为小麦、水稻，主要经济来源以外地务工为主。

二十、甘聂村[Gānniè Cūn]

以境内居民点名称派生而得名。因该村内“聂家河”居民点为最早的居民点，故名。

清属铁石墩会，民国属西屏乡。1949 年 10 月甘聂村属安陆县巡店区管辖；1952 年 10 月属第二区桑树乡辖；1954 年 8 月属巡店区桑树乡辖。1956 年 4 月属第三指导小组桑树乡辖。1958 年 9 月甘聂村改为甘聂大队，属幸福人民公社桑树管理区辖。同年底属巡店人民公社桑树管理区辖。1964 年 9 月属巡店区桑树人民公社辖。1975 年属巡店人民公社桑树管理区辖。1984 年 1 月甘聂大队改为甘聂村，属巡店镇桑树乡辖。1987 年属桑树乡辖，2001 年 4 月属巡店镇辖，沿用至今。

该村民委员会位于巡店镇西部，距政府所在地 7 千米。东接荒冲，西邻肖杨村，南连大柯村，北靠桃李村。辖区内面积 2 平方千米，有聂家河、孙家塆、新塆 3 个自然塆。2014 年年末，共有居民 194 户、968 人，耕地面积 0. 7 平方千米，以种植水稻、小麦为主，村委会现有工作人员 3 人。

聂家河[Niè jiā hé]　“聂家”指的是姓氏，“河”指村庄地处漳河边。相传明洪武年间，聂姓人从江西麻城来到此地，发现此地有平原、临漳河，就在此地居住，繁衍成塆后，还在河对岸山上修建了聂家庙，因最初是因河选择此地，故名“聂家河”。该居民点位于甘聂村中部，呈条状分布。东接荒冲林场，西邻漳河，南连大柯村大柯塆，北靠孙家凹、桃李村。主要以聂姓为主，均为汉族，全塆 800 人，156 户，总面积 0. 7 平方千米，占地面积 0. 22 平方千米，耕地面积 0. 25 平方千米，主要农作物为水稻、小麦，主要经济来源为外地务工与种植。

孙家塆[Sūn jiā wān]　“孙家”指孙姓居民，“塆”指村庄。以姓氏命名。明洪武年间，孙姓居民从江西麻城来到此地居住，繁衍成塆，故名“孙家塆”。该居民点位于甘聂村北部，呈条状分布。东接荒冲林场，西邻漳河，南连聂家塆，北靠涂杨村中徐塆。居民点面积 0. 17 平方千米，主要以孙姓为主，均为汉族。共有居民 38 户、178 人，耕地面积 0. 12 平方千米，主要农作物为水稻、小麦，主要经济来源以种植和外地务工为主。

新塆[Xīn wān]　“新”指新建，“塆”指村庄。以建成时间较近命名。明洪武年间，聂姓人从江西麻城来到聂家河居住，1970 年，漳河发大水，聂家河部分居民房子被淹，水退后迁到此地，故名“新塆”。该居民点位于甘聂村南部，呈条状分布。东接辛榨乡高庙村大陶塆，西邻漳河，南连大柯村大柯塆，北靠桃李村、孙家凹。居民点面积 0. 04 平方千米，均为汉族。共有居民 8 户、30 人，耕地面积 0. 027 平方千米，主要农作物为水稻、小麦，主要经济来源以种植和外地务工为主。

二十一、何程村[Héchéng Cūn]

“何程”指何陈寨居民点，以境内居民点名称派生而得名。

清属铁石墩会，民国属西屏乡。1949年10月何程村属安陆县巡店区管辖；1952年10月属第二区铁石乡辖；1954年8月属巡店区武马乡辖。1956年4月属第三指导小组桑树乡辖。1958年9月改为何陈大队，属幸福人民公社洪山管理区辖。同年底属巡店人民公社洪山管理区辖。1964年9月属巡店区洪山人民公社辖。1975年属巡店人民公社洪山管理区辖。1984年1月何陈大队改为何陈村，属巡店镇桑树乡辖。1987年属桑树乡辖，2001年4月属巡店镇辖，乡镇合并时将何陈村的“陈”字误改为“程”字，沿用至今。

该村民委员会位于巡店镇西南部，距政府所在地17千米。东接砂子村，西邻武马村，南连短港水库，北靠洪山街。辖区面积1.65平方千米，有丁家塆、何程寨、何家畈、刘家塆、铁石塆、王家山、西塆易、新塆、窑塆、庄子塆10个自然塆。2014年年末，共有居民362户、1453人，耕地面积1.31平方千米，以种植水稻、小麦为主，村委会现有工作人员4人。

丁家塆[Dīng jiā wān] “丁家”指丁姓居民，“塆”指村庄。以姓氏命名。明洪武年间，丁姓居民从江西麻城来到此地居住，繁衍成塆，故名“丁家塆”。该居民点位于何程村东南部，呈条状分布。东接西塆易，西邻庄子塆，南连短港水库，北靠铁石塆。居民点面积0.47平方千米，主要以丁姓为主，均为汉族。共有居民40户、180人，耕地面积0.19平方千米，主要农作物为水稻、小麦，主要经济来源以种植和外地务工为主。

何程寨[Hé chéng zhài] 因当地为何姓和程姓聚居地，且以前曾筑有围墙命名。位于何程村西部，为丘陵地形，呈条状分布，东接刘家塆，西邻新塆，南连何家畈，北靠窑塆。主要以何姓和程姓为主，均为汉族，全塆248人，62户，总面积0.4平方千米，其中有耕地面积0.18平方千米，主要农作物为水稻、小麦，主要经济来源以种植和外地务工为主。

何家畈[Hé jiā fàn] “何家”指何姓居民，“畈”指田地。以姓氏命名。明洪武年间，何姓居民从江西麻城来到此地，发现此地有平原(方言称“畈”)，就在此地居住，繁衍成塆，故名“何家畈”。该居民点位于何程村东南部，呈条状分布。东接庄子塆，西邻新塆，南连短港水库，北靠何陈寨。居民点面积0.33平方千米，主要以何姓为主，均为汉族。共有居民20户、77人，耕地面积0.11平方千米，主要农作物为水稻、小麦，主要经济来源以种植和外地务工为主。

刘家塆[Liú jiā wān] “刘家”指刘姓居民，“塆”指村庄。以姓氏命名。明洪武年间，刘姓居民从江西麻城来到此地居住，繁衍成塆，故名“刘家塆”。该居民点位于何程村北部，东接铁石塆，西邻何陈寨，南连何家畈，北靠郑河渠道。居民点面积0.067平方千米，主要以刘姓为主，均为汉族。共有居民8户、37人，耕地面积0.023平方千米，主要农作物为水稻、小麦，主要经济来源以种植和外地务工为主。

铁石墩[Tiě shí dūn] “铁石”指的是当地古代传说山中有铁，故小山名为铁石墩。相传明洪武年间，几种姓氏的人从江西麻城来到此地，风水先生发现一座小山呈黑色，像有铁，就在此地居住，因小山名为

“铁石墩”，塆名也随着叫“铁石墩”。该居民点位于何程村东南部，呈条状分布。东接西塆易，西邻何家畈，南连庄子塆，北靠刘家塆。均为汉族，全塆 145 人，41 户，总面积 0. 27 平方千米，占地面积 0. 04 平方千米，耕地面积 0. 15 平方千米，主要农作物为水稻、小麦，主要经济来源为种植和外地务工。

王家山[Wáng jiā shān]　“王家”指王姓居民，“山”指地面形成高耸的部分。以姓氏命名。明洪武年间，王姓居民从江西麻城来到此地，请风水先生相中此地，繁衍成塆，因地处小山边，故名“王家山”。该居民点位于何程村南部，呈条状分布。东接何家畈，西邻武马村，南连短港水库，北靠何陈寨。居民点面积 0. 34 平方千米，主要以王姓为主，均为汉族。共有居民 51 户、206 人，耕地面积 0. 13 平方千米，主要农作物为水稻、小麦，主要经济来源以种植和外地务工为主。

西塆易[Xī wān yì]　“西”指该村落位于亲戚家西边，“塆”指村庄，“易”指易姓居民。以姓氏命名。明洪武年间，易姓居民从江西麻城来到云梦胡金店居住，清康熙年间发大水，原塆被淹，就投亲到此，住在亲戚家西边，故名“西边易”，后讹称为“西塆易”。该居民点位于何程村东北部，呈条状分布。东接应城周李塆，西邻铁石墩，南连丁家塆，北靠郑河渠道。居民点面积 0. 87 平方千米，主要以易姓为主，均为汉族。共有居民 46 户、280 人，耕地面积 0. 29 平方千米，主要农作物为水稻、小麦，主要经济来源以种植和外地务工为主。

新塆[Xīn wān]　“新”指新建不久，“塆”指村庄。以建成时间命名。因该居民点是近几年新建的而得名。该居民点位于何程村南部，呈条状分布。东接何家畈，西邻武马村，南连短港水库，北靠何陈寨。居民点面积 0. 24 平方千米，均为汉族。共有居民 30 户、110 人，耕地面积 0. 08 平方千米，主要农作物为水稻、小麦，主要经济来源以种植和外地务工为主。

窑塆[Yáo wān]　“窑”指烧制砖瓦的地方，“塆”指村庄。以经济活动命名。该村落清乾隆时开有一孔烧制砖瓦的窑，故名“窑塆”。该居民点位于何程村北部，呈条状分布。东接砂子村范家塆，西邻武马村马家榨，南连胡家塆，北靠武马岭林果场丁家塆。居民点面积 0. 16 平方千米，均为汉族。共有居民 30 户、110 人，耕地面积 0. 087 平方千米，主要农作物为水稻、小麦，主要经济来源以种植和外地务工为主。

庄子塆[Zhuāng zǐ wān]　“庄子”指财主庄田，“塆”指村庄。以经济活动命名。此塆田地原为大财主胡龙强所有，居民均以种田为主，故名“庄子塆”。该居民点位于何程村东南部，呈条状分布。东接西塆易，西邻何陈寨，南隔短港水库与应城市田店镇姜店村周家塆相望，北靠铁石墩。均为汉族。居民点面积 0. 13 平方千米，共有居民 13 户、60 人，耕地面积 0. 037 平方千米，主要农作物为水稻、小麦，主要经济来源以种植和外地务工为主。

二十二、李河村[Lǐhé Cūn]

以地理位置命名。因该村位于府河边且早期所住居民以李姓为主，故名。

1949 年 10 月李河村属安陆县巡店区辖；1952 年 10 月属第二区巡店乡辖；1954 年 8 月属巡店区巡店乡

辖。1956 年 4 月属第三指导小组巡店乡辖。1958 年 9 月李河村改为李河大队，属幸福人民公社巡店管理区辖。同年底属巡店人民公社巡店管理区辖。1964 年 9 月属巡店区巡店人民公社辖。1975 年属巡店人民公社巡店管理区辖。1984 年 1 月李河大队改为李河村，属巡店镇巡店乡辖。1987 年属巡店镇辖，沿用至今。

该村位于巡店镇人民政府所在地南部，离政府所在地 1.5 千米。呈条状分布。东接辛榨乡大廖村，西邻同兴村，南连高张村，北靠梅陈村。截至 2015 年 12 月，辖区面积 0.603 平方千米，有 4 个自然塆：李家塆、李家河、温家河、仰家塆。2014 年年末，共有居民 210 户、878 人，耕地面积为 0.396 平方千米，主要农作物为小麦、水稻。村委会办公地址设在李河村二组，现有工作人员 4 名。

李家河[Lǐ jiā hé] “李家”指李姓居民，“河”指位于涢水河边。以姓氏命名。明洪武年间，朝廷动员江西麻城一带百姓移民到此，李姓居民迁到此李家塆居住。至清康熙年间，由李家塆分出部分居民来此，见此地位于涢水边，适宜种植居住，就在此建房，故名“李家河”。该居民点位于李河村东南部，呈条状分布。东隔内府河与辛榨乡大廖村大廖塆相望，西邻同兴村袁家畈，南连高张村高家岗，北靠梅陈村梅家塆。居民点面积为 0.12 平方千米，主要以李姓为主，均为汉族。共有居民 45 户、188 人，耕地面积 0.1 平方千米，主要农作物为小麦、水稻，主要经济来源以外地务工为主。

李家塆[Lǐ jiā wān] “李家”指李姓居民，“塆”指村庄。以姓氏命名。明洪武年间，朝廷动员江西麻城一带百姓移民到此，李姓居民迁到此地居住，繁衍成塆后，故名“李家塆”。该居民点位于李河村东南部。呈条状分布。东隔内府河与辛榨乡大廖村十份塆相望，西邻同兴村袁家畈，南连高张村高家岗，北靠梅陈村梅家塆。居民点面积为 0.18 平方千米，主要以李姓为主，均为汉族。共有居民 51 户、251 人，耕地面积 0.16 平方千米，主要农作物为小麦、水稻，主要经济来源以外地务工为主。

温家河[Wēn jiā hé] “温家”指温姓居民，“河”指位于涢水河边。以姓氏命名。明洪武年间，朝廷动员江西麻城一带百姓移民到此，温姓居民迁到此地，繁衍成塆。因地处涢水边，故名“温家河”。该居民点位于李河村南部，呈条状分布。东隔内府河与辛榨乡大廖村大廖塆相望，西邻同兴村袁家畈，南连高张村高家岗，北靠梅陈村梅家塆。居民点面积为 0.18 平方千米，主要以温姓为主，均为汉族。共有居民 67 户、271 人，耕地面积 0.16 平方千米，主要农作物为小麦、水稻，主要经济来源以外地务工为主。

仰家塆[Yǎng jiā wān] “仰家”指的是姓氏，“塆”指的是村落。相传明洪武年间，朝廷动员江西麻城一带百姓移民到此，仰姓居民迁到此地居住，繁衍成塆后，故名“仰家塆”。该居民点位于李河村南部，呈条状分布。东隔内府河与辛榨乡大廖村大廖塆相望，西邻同兴村下宋塆，南连辛榨乡高张村高家岗，北靠梅陈村梅家大塆。主要以仰姓为主，均为汉族。全塆 168 人，47 户，总面积为 0.12 平方千米，占地面积 0.04 平方千米，耕地面积 0.1 平方千米，主要农作物为小麦、水稻，主要经济来源为外地务工与种植。

二十三、刘桥村[Liúqiáo Cūn]

以地理位置及建筑物命名。因当地早期曾有一刘姓人士在此建桥以方便来往行人而得名。

清属陆陂铺会，民国属晒书乡。1949 年 10 月刘桥村属安陆县巡店区辖；1952 年 10 月属第二区巡店乡辖；1954 年 8 月属巡店区巡店乡辖。1956 年 4 月属第三指导小组巡店乡辖。1958 年 9 月刘桥村改为刘桥大队，属幸福人民公社巡店管理区辖。同年底属巡店人民公社巡店管理区辖。1964 年 9 月属巡店区巡店人民公社辖。1975 年属巡店人民公社巡店管理区辖。1984 年 1 月刘桥大队改为刘桥村，属巡店镇巡店乡辖。1987 年属巡店镇辖，沿用至今。

该村位于巡店镇西部，距政府所在地 3 千米。为丘陵山地地形，呈条状分布。东接巡店镇，西邻涂杨村，南连同兴村，北靠八里村。辖区面积 1. 75 方千米，有 6 个自然塆：卢家寨塆、山上梅塆、宋万塆、汪家山上塆、汪帅塆、壕沟李。2014 年年末，共有居民 376 户、1764 人，耕地面积为 0. 98 平方千米，主要农作物为小麦、水稻。村委会现有工作人员 4 名。

壕沟李[Háo gōu lǐ] “壕沟”指塆周围挖有一道长的壕沟，“李”指李姓居民。明洪武年间，李姓居民从江西麻城迁至应城市长江埠一带，后繁衍成塆，至清康熙年间，因原塆太大，需迁出部分居民，部分居民迁到此地，为了防止匪患，全塆在周围挖起一道两米多深、十多米宽、百余米长的壕沟，当中装满水，故名“壕沟李”。该居民点位于刘桥村西部，呈条状分布。东接卢家寨塆，西邻涂杨村李家塆，南连汪帅塆，北靠八里村桥上塆。面积为 0. 129 平方千米，主要以李姓为主，均为汉族。共有居民 38 户、131 人，耕地面积 0. 124 平方千米，主要农作物为小麦、水稻，主要经济来源以外地务工为主。

卢家寨塆[Lú jiā zhài wān] “卢家”指卢姓居民，“寨”指围墙，“塆”指村庄。以姓氏命名。明洪武年间，卢姓居民从江西麻城迁至湖北麻城一带，后繁衍成塆，至清康熙年间，因原塆太大，需迁出部分居民，部分居民迁到此地，为了防止匪患，全塆在周围筑起围墙，形成寨子，故名“卢家寨塆”。该居民点位于刘桥村北部，呈条状分布。东接山上梅塆，西邻壕沟李，南连同兴村陆陂塆，北靠八里村卢家西塆。居民点面积为 0. 197 平方千米，主要以卢姓为主，均为汉族。共有居民 38 户、130 人，耕地面积 0. 15 平方千米，主要农作物为小麦、水稻，主要经济来源以外地务工为主。

山上梅塆[Shān shàng méi wān] “山上”指的是地势特征，“梅”指的是姓氏，“塆”指的是村庄。相传明洪武年间，梅姓居民从江西麻城迁至梅陈村梅家塆，后繁衍成塆，至清康熙年间，因原塆太大，需迁出部分居民，部分居民迁到此地，因此地处于小山顶，故名“山上梅”。该居民点位于刘桥村东北部，呈条状分布。东接巡店社区，西邻卢家寨塆，南连宋万塆，北靠杨坡村郑家塆。主要以梅姓为主，均为汉族。全塆 140 人，40 户，总面积为 0. 209 平方千米，占地面积 0. 04 平方千米，耕地面积 0. 142 平方千米，主要农作物为小麦、水稻，主要经济来源为外地务工与种植。

宋万塆[Sòng wàn wān] “宋万”指宋姓和万姓居民，“塆”指村庄。以姓氏命名。明洪武年间，朝廷动员江西麻城一带百姓移民到此，宋姓居民迁到今云梦县义堂镇宋家店居住，繁衍成塆，至清乾隆年间，部分居民迁到此地，不久又有万姓居民迁到此地，以“先到为大”惯例，故名“宋万塆”。该居民点位于刘桥村西南部，呈条状分布。东接梅陈村陈家咀，西邻汪家山，南连同兴村袁家畈，北靠山上梅。主要以宋、万二姓为主，均为汉族。全塆 329 人，93 户，总面积为 0. 373 平方千米，其中有耕地面积 0. 283 平方千米，主要农作物为小麦、水稻，主要经济来源以外地务工为主。

汪家山上塆[Wāng jiā shān shàng wān]　“汪家”指汪姓居民，“山上”指村落地处小山上，“塆”指村庄。以姓氏命名。明洪武年间，汪姓居民从江西麻城迁至汪帅塆一带，后繁衍成塆，至清康熙年间，因原塆太大，需迁出部分居民，部分居民迁到此地，因地处小山上，故名“汪家山上塆”。该居民点位于刘桥村西南部，呈条状分布，东接宋万塆，西邻涂杨村杨家塆，南连涂杨村徐家塆，北靠汪帅塆。主要以汪姓为主，均为汉族。全塆 158 人，48 户，总面积为 0. 235 平方千米，其中有耕地面积 0. 168 平方千米，主要农作物为小麦、水稻，主要经济来源以外地务工为主。

汪帅塆[Wāng shuài wān]　“汪帅”指汪姓和帅姓居民，“塆”指村庄。以姓氏命名。明洪武年间，朝廷动员江西麻城一带百姓移民到此，汪姓居民迁到此地，不久又有帅姓居民迁到此地，以“先到为大”惯例，故名“汪帅塆”。该居民点位于刘桥村西部，呈条状分布。东接壕沟李，西邻涂杨村杨家塆，南连汪家山上塆，北靠壕沟李。居民点面积为 0. 243 平方千米，主要以汪姓为主，均为汉族。共有居民 60 户、220 人，耕地面积 0. 167 平方千米，主要农作物为小麦、水稻，主要经济来源以外地务工为主。

二十四、梅陈村[Méichén Cūn]

“梅陈”指梅姓和陈姓居民，因该村所住居民以梅、陈二姓居多而得名。

清属陆陂铺会，民国属晒书乡。1949 年 10 月梅陈村属安陆县巡店区辖；1952 年 10 月属第二区巡店乡辖；1954 年 8 月属巡店区巡店乡辖。1956 年 4 月属第三指导小组巡店乡辖。1958 年 9 月梅陈村改为梅陈大队，属幸福人民公社巡店管理区辖。同年底属巡店人民公社巡店管理区辖。1964 年 9 月属巡店区巡店人民公社辖。1975 年属巡店人民公社巡店管理区辖。1984 年 1 月梅陈大队改为梅陈村，属巡店镇巡店乡辖。1987 年属巡店镇辖，沿用至今。

该村位于巡店镇南，离政府所在地 1 千米。东接新堤村，西邻刘桥村、同兴村，南连李河村，北靠巡店镇人民政府。辖区面积 0. 6 平方千米，有 2 个自然塆：陈家咀、梅家塆。2015 年 12 月，共有居民 268 户、共 1032 人，其中外来人口 68 户 136 人。梅陈村确权面积为 1206. 18 亩，主要农作物为小麦、水稻。村委会现有工作人员 3 名。

陈家咀[Chén jiā zuǐ]　“陈家”指陈姓居民，“咀”指地形像鹤嘴，“嘴”同“咀”。以姓氏与地理实体形态特征命名。明初，朝廷动员江西麻城一带百姓移民到此地，一陈姓居民迁到此地，看到此地一个土坡，形如鹤嘴(方言称“咀”)，就在此建房居住，繁衍成村落，故名“陈家咀”。该居民点位于梅陈村西部，呈条状分布。东接梅家塆，西邻刘桥村，南连李河村，北靠巡店镇人民政府所在地。居民点面积为 0. 2 平方千米，主要以陈姓为主，均为汉族。共有居民 108 户、353 人，确权面积 609. 84 亩，主要农作物为小麦、水稻，主要经济来源以外地务工为主。

梅家塆[Méi jiā wān]　“梅家”指梅姓居民，“塆”指村庄。以姓氏命名。明洪武年间，朝廷动员江西麻城一带百姓移民到此，梅姓居民迁到此地居住，繁衍成塆后，故名“梅家塆”。该居民点位于梅陈村东部，呈条状分布。东接新堤村，西邻刘桥村、同兴村，南连李河村，北靠巡店镇人民政府所在地。居民点面积为0.42平方千米，主要以梅姓为主，均为汉族。共有居民160户、679人。

二十五、彭河村[Pénghé Cūn]

“彭”指早期所住居民为彭姓，“河”指位于府河边，因该村位于府河边且早期所住居民以彭姓为主而命名。

1949年10月彭河村属安陆县巡店区辖；1952年10月属第二区巡店乡辖；1954年8月属巡店区巡店乡辖。1956年4月属第三指导小组巡店乡辖。1958年9月彭河村改为彭河大队，属幸福人民公社巡店管理区辖。同年底属巡店人民公社巡店管理区辖。1964年9月属巡店区巡店人民公社辖。1975年属巡店人民公社巡店管理区辖。1984年1月彭河大队改为彭河村，属巡店镇巡店乡辖。1987年属巡店镇辖，沿用至今。

该村位于巡店镇东北，离政府所在地2千米。呈条状分布。东接涢水，西邻棠棣镇务丰村，南连沙洲村，北靠棠棣镇河德村、李园村。辖区面积5.8平方千米，有汤家塆、兴吴巷、彭家河、吴家河、畜牧厂5个自然塆9个村民小组。2014年年末，共有居民365户、1530人。耕地面积为0.733平方千米，主要农作物为小麦、水稻。村委会办公地址设在彭河村2组，现有工作人员4名。

畜牧厂[Chù mù chǎng]　“畜牧厂”指所在区域内的建筑物。因地理特征命名。1958年以前为一座荒山，1958年彭河大队在此地建造畜牧厂并大力发展畜牧养殖业，2009年彭氏居民在此建房居住，逐渐形成畜牧厂居民点，系巡店镇彭河村村民委员会辖。该居民点位于彭河村西北部，呈条状分布。东接涢水，西邻棠棣镇务丰村梅家塆，南连兴吴巷，北靠棠棣镇河德村下桥塆。居民点面积为0.121平方千米，主要以彭姓为主，均为汉族。共有居民32户、82人，耕地面积0.055平方千米，主要农作物为小麦、水稻，主要经济来源以外地务工和畜牧养殖为主。

彭家河[Péng jiā hé]　“彭家”指彭姓居民，“河”指位于小河边。以姓氏命名。明洪武年间，朝廷动员江西麻城一带百姓移民到此，彭姓居民请风水先生相中在小河边居住，繁衍成塆后，取名“彭家河”。该居民点位于彭河村东北部，呈条状分布。东接沙洲村沙洲吴，西邻棠棣镇务丰村梅家塆，南连沙洲村河份吴，北靠棠棣镇李园村前胡家塆。居民点面积为1平方千米，主要以彭姓为主，均为汉族。共有居民170户、723人，耕地面积0.5平方千米，主要农作物为小麦、水稻，主要经济来源以外地务工为主。

汤家塆[Tāng jiā wān]　“汤家”指的是姓氏，“塆”指的是村落。相传明洪武年间，朝廷动员江西麻城一带百姓移民到此，汤姓居民迁到此地居住，繁衍成塆后，故名“汤家塆”。该居民点位于彭河村东北部，呈条状分布。东接沙洲村沙洲吴，西邻棠棣镇务丰村梅家塆，南连吴家河，北靠彭家河。主要以汤姓为主，均为汉族。全塆102人，24户，总面积为0.137平方千米，占地面积0.02平方千米，耕地面积0.071平方千米，主要农作物为小麦、水稻，主要经济来源为外地务工与种植。

吴家河[Wú jiā hé]　“吴家”指吴姓居民，“河”指该塆位于河边。以姓氏命名。明洪武年间，朝廷动员江西麻城一带百姓移民到此，吴姓居民在园子塆以种菜为生。到清康熙年间，部分居民从园子塆迁到此地，因地处涢水边，故名“吴家河”。该居民点位于彭河村南部，呈条状分布。东接沙洲村沙洲吴，西邻萧堰村岗上吴，南连沙洲村河份吴，北靠汤家塆。居民点面积为0.867平方千米，主要以吴姓为主，均为汉族。共有居民150户、620人，耕地面积0.4平方千米，主要农作物为小麦、水稻，主要经济来源以外地务工为主。

兴吴巷[Xīng wú xiàng]　“兴”指祈望兴旺，“吴”指吴姓居民，“巷”指胡同。以姓氏与地理实体形态特征及美好愿望综合命名。明洪武年间，朝廷动员江西麻城一带百姓移民到此，吴姓居民在园子塆以种菜为生。到清康熙年间，部分居民从园子塆迁到此地，塆里最早建房时，留有一条小巷，人们就把这条小巷称为“兴吴巷”，意在盼望吴姓兴旺。后来塆名也用此名。该居民点位于彭河村西北部，居民点呈条状分布。东接沙洲村河份吴，西邻棠棣镇务丰村梅家塆，南连萧堰村邱家咀，北靠畜牧厂。居民点面积为0.131平方千米，主要以吴姓为主，均为汉族。共有居民26户、128人，耕地面积0.064平方千米，主要农作物为小麦、水稻，主要经济来源以外地务工为主。

二十六、桑树村[Sāngshù Cūn]

“桑树”指集镇桑树店，以境内集镇桑树店名称派生而来。桑树店为周围较大集镇。

清属铁石墩会，民国属西屏乡。1949年10月桑树村属安陆县巡店区管辖；1952年10月属第二区桑树乡辖；1954年8月属巡店区桑树乡辖。1956年4月属第三指导小组桑树乡辖。1958年9月桑树村改为桑树大队，属幸福人民公社桑树管理区辖。同年底属巡店人民公社桑树管理区辖。1964年9月属巡店区桑树人民公社辖。1975年属巡店人民公社桑树管理区辖。1984年1月桑树大队改为桑树村，属巡店镇桑树乡辖。1987年属桑树乡辖，2001年4月属巡店镇辖，沿用至今。

该村位于巡店镇西部，距政府所在地10千米。东接桃李村，西南皆邻周胡村，北靠木梓乡黄冲村。辖区内共有桑树店、郑家塆2个居民点。2014年，共有居民250户、1350人，耕地面积1.52平方千米，以种植水稻、小麦为主，经济收入以务工、经商及种植为主。居委会现有工作人员3人。

桑树店[Sāng shù diàn]　“桑树”指当地最早有大桑树，“店”指出售商品的铺子。以地理实体形态特征命名。自唐代起，此地因为有棵大桑树，行人及过往客商，从附近漳河中上岸后，常在此歇脚。有孙氏夫妇最先在桑树下摆茶摊，卖小吃，逐渐把生意做大了，到清康熙年间，正式开集，以农历单日为热集，集镇起名“桑树店”。另说古时候，人们看到此地适合做生意，在旁边搭起3座茅棚，后来集镇由此发展起来，故名“三茅店”，后讹称为“桑树店”。该居民点位于洪山村西北部，村委会在居民点中。居民点呈条状分布，东接桃李村，西邻周胡村，南连肖杨村，北靠黄冲村。居民点面积1.52平方千米，均为汉族，共有居民250户、1350人，耕地面积0.36平方千米，主要农作物为水稻、小麦，主要经济来源以种植和外地务工为主。

郑家塆[Zhèng jiā wān]　“郑家”指郑姓居民，“塆”指村庄。以姓氏命名。明洪武年间，朝廷动员江西麻城一带百姓移民到周胡村上郑塆，清康熙年间，部分居民迁到此地，繁衍成塆后，因房头居后，故名“下郑塆”。后改为“郑家塆”。该居民点位于桑树村西北部。呈条状分布。东接桃李村，西邻周胡村，南连本村居民点，北靠黄冲村。居民点面积 0. 134 平方千米，主要以郑姓为主，均为汉族。共有居民 45 户、200 人，耕地面积 0. 08 平方千米，主要农作物为水稻、小麦，主要经济来源以种植和外地务工为主。

二十七、沙洲村[Shāzhōu Cūn]

该村古代为云梦泽北边的一片沙洲，故名。

清属陆陂铺会，民国属晒书乡。1949 年 10 月沙洲村属安陆县巡店区辖；1952 年 10 月属第二区巡店乡辖；1954 年 8 月属巡店区巡店乡辖。1956 年 4 月属第三指导小组巡店乡辖。1958 年 9 月沙洲村改为沙洲大队，属幸福人民公社巡店管理区辖。同年底属巡店人民公社巡店管理区辖。1964 年 9 月属巡店区巡店人民公社辖。1975 年属巡店人民公社巡店管理区辖。1984 年 1 月沙洲大队改为沙洲村，属巡店镇巡店乡辖。1987 年属巡店镇辖，沿用至今。

该村位于巡店镇东北，离政府所在地 1. 4 千米。东接涢水，西邻三里村，南连长塘大坝，北靠彭河村、棠棣镇李园村。辖区面积 2 平方千米，有沙洲塆、河份吴 2 个自然塆。2014 年年末，共有常住居民 203 户、806 人，耕地面积 0. 35 平方千米，以种植水稻、小麦为主。村委会现有工作人员 3 人，村委会办公地址设在河份吴。

河份吴[Hé fèn wú] “河份”指的是地理位置，“吴”指的是姓氏。相传明洪武年间，朝廷动员江西麻城一带吴姓百姓，移民到今三里村园子塆。到清康熙年间，部分村民从园子塆迁到此地，有位懂风水的居民发现这里地处河边，适合居住，就在此建房，故名“河份吴”。该居民点位于沙洲村西南部，呈条状分布。东接涢水，西邻三里村园子塆，南连大坝村三姓街，北靠彭河村吴家河。均为汉族，全塆 586 人，147 户，总面积 1 平方千米，占地面积 0. 04 平方千米，耕地面积 0. 256 平方千米，主要农作物为水稻、小麦，主要经济来源为外地务工与种植。

沙洲塆[Shā zhōu wān] “沙洲”指村落地处河边一片沙洲上，“塆”指村庄。以姓氏与地理实体形态特征综合命名。明洪武年间，朝廷动员江西麻城一带吴姓百姓，移民到今三里村园子塆。到清康熙年间，部分居民从园子塆迁到此地，有位懂风水的居民发现这里地处河边一片沙洲上，适合居住，就在此建房，故名“沙洲塆”。该居民点位于沙洲村东北部，呈条状分布。东接外府河，西邻彭河，南连顾李长塘，北靠棠棣镇李园村。居民点面积 0. 28 平方千米，均为汉族。共有居民 56 户、220 人，耕地面积 0. 09 平方千米，主要农作物为水稻、小麦，主要经济来源以种植和外地务工为主。

二十八、砂子村[Shāzǐ Cūn]

“砂子”指砂子岗小山名称，以该村境内砂子岗名称派生而来。

清属铁石墩会，民国属西屏乡。1949 年 10 月砂子村属安陆县巡店区管辖；1952 年 10 月属第二区桑树乡辖；1954 年 8 月属巡店区桑树乡辖。1956 年 4 月属第三指导小组桑树乡辖。1958 年 9 月砂子村改为砂子大队，属幸福人民公社桑树管理区辖。同年底属巡店人民公社桑树管理区辖。1964 年 9 月属巡店区桑树人民公社辖。1975 年属巡店人民公社桑树管理区辖。1984 年 1 月砂子大队改为砂子村，属巡店镇桑树乡辖。1987 年属桑树乡辖，2001 年 4 月属巡店镇辖，沿用至今。

该村民委员会位于巡店镇西部，距政府所在地 13 千米。东接程畈村，西邻洪山村，南连何陈村，北靠刘河村。面积 3.2 平方千米，辖区内共有 17 个自然塆：车锭塆、董家塆、范家塆、甘家塆、胡家塆、前塆、上砂子岗、上陶塆、沈家岭、王家塆、邬家塆、下砂子岗、下陶塆、向家塆、巷边程、槽坊塆、中塆。2014 年年末，常住居民 378 户、1687 人，其中耕地面积 1.7 平方千米，主要农作物有小麦、水稻。该村主要驻区单位明德小学、宝迪公司砂子养殖场，村委会办公地址设在砂子村，村委会共有工作人员 4 人。

槽坊塆[Cáo fāng wān]　“槽坊”指的是酿酒作坊，“塆”指的是村庄。相传明洪武年间，何、刘等姓人从江西麻城来到此地居住，繁衍成塆，其中一人善酿酒，就在塆里开了座酿酒作坊，故名“槽坊塆”。该居民点位于砂子村东南部，呈条状分布。东接下砂子岗，西邻邬家塆，南连应城市杨河镇汪店村龚家冲，北靠车锭子塆。所住居民均为汉族。全塆 52 人，13 户，总面积 0.2 平方千米，占地面积 0.015 平方千米，耕地面积 0.12 平方千米，主要农作物为小麦、水稻，主要经济来源为外地务工与种植。

车鋌塆[Chē tíng wān]　也叫“车鋌子塆”。“车鋌子”指的是古时产业，即制作绕棉纱或蚕丝的木棍。古代因该地有加工纺纱用的木鋌子作坊而得名。该居民点位于砂子村东部。呈条状分布。东接上砂子岗，西邻沈家岭，南连槽坊塆，北靠董家塆。所住居民均为汉族。全塆 72 人，15 户，总面积 0.22 平方千米，占地面积 0.02 平方千米，占地面积 0.02 平方千米，耕地面积 0.114 平方千米，主要农作物为小麦、水稻，主要经济来源为外地务工与种植。

董家塆[Dǒng jiā wān]　“董家”指董姓居民，“塆”指村庄。以姓氏命名。明洪武年间，董姓居民从江西麻城来到此地居住，繁衍成塆，故名“董家塆”。该居民点位于砂子村北部，呈条状分布。东接甘家大堰，西邻新塘水库，南连荒山，北靠荒山。居民点面积 0.1 平方千米，主要以董姓为主，均为汉族。共有居民 5 户、16 人，耕地面积 0.05 平方千米，主要农作物为小麦、水稻，主要经济来源以外地务工为主。

范家塆[Fàn jiā wān]　“范家”指范姓居民，“塆”指村庄。以姓氏命名。明洪武年间，范姓居民从江西麻城来到此地居住，繁衍成塆，故名“范家塆”。该居民点位于砂子村南部，距村委会所在地 1.8 千米。居民点呈条状分布。东接王家塆，西邻郑河西干渠，南连何程村，北靠向家塆。面积 0.12 平方千米，主要以范姓为主，均为汉族。共有居民 20 户、50 人，耕地面积 0.067 平方千米，主要农作物为小麦、水稻，主要经济来源以外地务工为主。

甘家塆[Gān jiā wān]　“甘家”指甘姓居民，“塆”指村庄。以姓氏命名。明洪武年间，甘姓居民从江西麻城来到此地居住，繁衍成塆，故名“甘家塆”。该居民点位于砂子村北部，呈条状分布。东接巡洪公路，西邻胡家塆，南连巡洪公路，北靠下洪山水库。面积 0.16 平方千米，主要以甘姓为主，均为汉族。共有居民 23 户、92 人，耕地面积 0.08 平方千米，主要农作物为小麦、水稻，主要经济来源以外地务工为主。

港边程[Gǎng biān chéng] 又名“港庙程”。“港边”指的是地理特征，“程”指的是姓氏。相传明洪武年间，程姓人从江西麻城来到此地，发现此地临漳河，村落建在码头(方言称“港”)边，故名“港边程”。该居民点位于砂子村北部，呈条状分布。东接程畈村程子畈，西邻洪山村，南连上陶家塆，北靠刘河村小张家塆。主要以程姓为主，均为汉族。全塆97人，21户，总面积0.24平方千米，占地面积0.03平方千米，有耕地面积0.121平方千米，主要农作物为小麦、水稻，主要经济来源为外地务工与种植。

胡家塆[Hú jiā wān] “胡家”指胡姓居民，“塆”指村庄。以姓氏命名。明洪武年间，胡姓居民从江西麻城来到此地居住，繁衍成塆，故名“胡家塆”。该居民点位于砂子村北部，呈条状分布。东接甘家塆，西邻上洪山水库，南连巡洪公路，北靠下洪山水库。居民点面积0.1平方千米，主要以胡姓为主，均为汉族。有2户、18人，耕地面积0.05平方千米，主要农作物为小麦、水稻，主要经济来源以外地务工为主。

前塆[Qián wān] “前”指的是处于村中的排序，“塆”指村庄。因砂子村5、6组分前中后三个塆，该塆位于在最前面而命名。该居民点位于砂子村南部，呈条状分布。东接农田，西邻公路，南连邬家塆，北靠中塆。居民点面积0.16平方千米，所住居民均为汉族。共有居民11户、46人，耕地面积0.08平方千米，主要农作物为小麦、水稻，主要经济来源以外地务工为主。

上砂子岗[Shàng shā zǐ gǎng] “上”指村落处在小山北部。“砂子岗”指小山名称。以姓氏与地理实体形态特征综合命名。明洪武年间，几姓人从江西麻城来到此地，发现此地有平原、临漳河，便在此地居住，繁衍成塆后，因处在名为“砂子岗”的小山北部，故名“上砂子岗”。该居民点位于砂子村东部，呈条状分布。东接程畈村，西邻车筳塆，南连下砂子岗，北靠程畈村。居民点面积0.32平方千米，所住居民均为汉族。共有居民29户、121人，耕地面积0.162平方千米，主要农作物为小麦、水稻，主要经济来源以外地务工为主。

上陶塆[Shàng táo wān] “上”指此塆居北，“陶”指陶姓居民，“塆”指村庄。以姓氏命名。明洪武年间，陶姓居民从江西麻城来到此地，发现此地有平原、临漳河，便在此地居住，繁衍成塆后。清康熙年间，部分居民迁出，此塆居北，故名“上陶塆”。该居民点位于砂子村西北部，呈条状分布。东接程畈村，西邻下洪山水库，南连下陶塆，北靠巷边程。居民点面积0.17平方千米，主要以陶姓为主，均为汉族。共有居民29户、131人，耕地面积0.087平方千米，主要农作物为小麦、水稻，主要经济来源以外地务工为主。

沈家岭[Shěn jiā lǐng] “沈家”指沈姓居民，“岭”指地面形成高耸的部分。以姓氏命名。明洪武年间，沈姓居民从江西麻城来到此地，发现此地处在小山顶适合居住，便在此地建房，繁衍成塆后，取名“沈家岭”。该居民点位于砂子村西北部，呈条状分布。东接砂子小学，西邻洪山村，南连简家塆，北靠荒山。居民点面积0.5平方千米，主要以沈姓为主，均为汉族。共有居民70户、343人，耕地面积0.34平方千米，主要农作物为小麦、水稻，主要经济来源以外地务工为主。

王家塆[Wáng jiā wān] “王家”指王姓居民，“塆”指村庄。以姓氏命名。明洪武年间，王姓居民从江西麻城来到此地居住，繁衍成塆，故名“王家塆”。该居民点位于砂子村东北部，呈条状分布。东接应城市，西邻范家塆，南连应城市，北靠邬家塆。居民点面积0.32平方千米，主要以王姓为主，均为汉族。共有居民24户、122人，耕地面积0.163平方千米，主要农作物为小麦、水稻，主要经济来源以外地务工为主。

邬家塆[Shàng wū jiā wān]　“邬家”指邬姓居民，“塆”指村庄。以姓氏命名。明洪武年间，邬姓居民从江西麻城来到此地居住，繁衍成塆。该居民点位于砂子村东南部。居民点呈条状分布。东接糟坊塆，西邻向家塆，南连王家塆，北靠前塆。居民点面积 0.44 平方千米，主要以邬姓为主，均为汉族。共有居民 45 户、165 人，耕地面积 0.22 平方千米，主要农作物为小麦、水稻，主要经济来源以外地务工为主。

下砂子岗[Xià shā zǐ gǎng]　“下”指方位，村落地处小山南。“砂子岗”指小山名。以姓氏命名。明洪武年间，几姓人从江西麻城来到此地，发现此地有平原、临漳河，便在此地居住，繁衍成塆后，因处在名为“砂子岗”的小山南，故名“下砂子岗”。该居民点位于砂子村北部，呈条状分布。东接应城市，西邻糟坊塆，南连应城市，北靠上砂子岗。居民点面积 0.25 平方千米，所住居民均为汉族。共有居民 21 户、95 人，耕地面积 0.127 平方千米，主要农作物为小麦、水稻，主要经济来源以外地务工为主。

下陶塆[Xià táo wān]　“下”指方位，村落位于南边，“陶”指陶姓居民，“塆”指村庄。以姓氏命名。明洪武年间，陶姓居民从江西麻城来到上陶塆居住，繁衍成塆后。清康熙年间，部分居民迁出到此，此塆居南，故名“下陶塆”。该居民点位于砂子村北部，呈条状分布。东接程畈村，西邻甘家塆，南连上董家塆，北靠上陶塆。居民点面积 0.23 平方千米，主要以陶姓为主，均为汉族。共有居民 18 户、95 人，耕地面积 0.117 平方千米，主要农作物为小麦、水稻，主要经济来源以外地务工为主。

向家塆[Xiàng jiā wān]　“向家”指向姓居民，“塆”指村庄。以姓氏命名。明洪武年间，向姓居民从江西麻城来到此地居住，繁衍成塆，故名“向家塆”。

中塆[Zhōng wān]　“中”指的是村里排序，“塆”指村庄。因砂子村 5 组分前中后三个塆，该塆位于在中间而命名。该居民点位于砂子村西北部，呈条状分布。东接农田，西邻公路，南连前塆，北靠砂子小学。居民点面积 0.2 平方千米，所住居民均为汉族。共有居民 12 户、42 人，耕地面积 0.11 平方千米，主要农作物为小麦、水稻，主要经济来源以外地务工为主。

二十九、石场村[Shíchǎng Cūn]

“石场”指石场塆居民点，因境内居民点名称派生命名。

清属陆陂铺会，民国属晒书乡。1949 年 10 月石场村属安陆县巡店区辖；1952 年 10 月属第二区巡店乡辖；1954 年 8 月属巡店区巡店乡辖。1956 年 4 月属第三指导小组巡店乡辖。1958 年 9 月石场村改为石场大队，属幸福人民公社巡店管理区辖。同年底属巡店人民公社巡店管理区辖。1964 年 9 月属巡店区桑树人民公社辖。1975 年属巡店人民公社巡店管理区辖。1984 年 1 月石场大队改为石场村，属巡店镇巡店乡辖。1987 年属巡店镇辖，沿用至今。

该村位于巡店镇西北部，距政府所在地约 6 千米。东接陪嫁塘，西邻棠棣黄冲村，南连巡洪公路，北靠棠棣松林村。辖区占地面积约 3.35 平方千米，全村主要为汉族，2014 年年末，共有董家塆、独屋塆、港边塆、岗上塆、辜家塆、染坊塆、圣旨塆、江家塆、张家塆、石场塆、四房塆、小操家塆、竹林塆 13 个自然塆。常住居民165户、702人，耕地面积约0.63平方千米，以种植水稻、油菜、小麦为主，居委会现有工作人员3人。村委会办公地址设在巡洪公路北面。

董家塆[Dǒng jiā wān]　“董家”指董姓居民，“塆”指村庄。以姓氏命名。明洪武年间，董姓居民从江西麻城迁至此，后来又有龙姓居民来此居住，繁衍成塆，以“先到为大”惯例，仍取名为“董家塆”。该居民点位于石场村西南部，呈条状分布。东邻八里村楠竹塆，西接石场塆，南连圣旨塆，北靠辜家塆。居民点占地面积约0.03平方千米，主要以董姓为主，主要为汉族，共有村民5户、20人，耕地面积约0.02平方千米，主要农作物为水稻、油菜、小麦，主要经济来源以种植和外地务工为主。

独屋塆[Dú wū wān]　曾用名：品独屋。“独屋”指居住人数较少的房屋，“塆”指村庄。以姓氏命名。明洪武年间，李姓居民从江西麻城迁至李家塆，繁衍成塆，清乾隆年间，一户居民因分家时怪分家不公，迁到此地居住，开始只建一栋房，故名“独屋塆”。该居民点位于石场村西南部，呈条状分布。东接圣旨塆，西邻陶李村王家塆，南连陶李村四面陈，北靠石场塆。居民点占地面积约0.021平方千米，主要为汉族，共有村民6户、25人，耕地面积约0.015平方千米，主要农作物为水稻、油菜、小麦，主要经济来源以种植和外地务工为主。

岗上塆[Gǎng shàng wān]　“岗”指山冈，“上”指原村落北部，“塆”指村庄。以方位和地理实体特征综合命名。明洪武年间，李姓居民从江西麻城迁至圣旨李，繁衍成塆，清乾隆年间，部分居民从大塆迁到此地，因地处小山冈，故名“岗上塆”。该居民点位于石场村西南部，呈条状分布。东接江家塆，西邻涂杨村涂杨塆，南连刘桥村汪帅塆，北靠陪嫁大塘水库。居民点占地面积约0.037平方千米，所住居民主要为汉族，共有村民7户、45人，耕地面积约0.03平方千米，主要农作物为水稻、油菜、小麦，主要经济来源以种植和外地务工为主。

港边塆[gǎng biān wān]　“港边”指的是地理特征，“塆”指的是村庄。相传明洪武年间，李姓居民从江西麻城迁至李家塆，繁衍成塆，清康熙年间，部分居民迁到此地居住，因此地有一小河（方言称“港”）汇入漳水，故名“港边塆”。该居民点位于石场村西部，呈条状分布。东接石场塆，西邻木梓村黄冲村滚子河（漳水），南连桃李村王家塆，北靠木梓乡黄冲村先生塆。均为汉族，全塆35人，8户，总面积0.056平方千米，占地面积0.01平方千米，耕地面积0.044平方千米，主要农作物为水稻、油菜、小麦，主要经济来源以种植和外地务工为主。

辜家塆[Gū jiā wān]　“辜家”指辜姓居民，“塆”指村庄。以姓氏命名。明洪武年间，辜姓居民从江西麻城迁至此，繁衍成塆，故名“辜家塆”。该居民点位于石场村西北部，呈条状分布，东接八里村张道士塆，西邻品独塆，南连董家塆，北靠棠棣镇胡巷村辜家冲。居民点占地面积约0.031平方千米，所住居民以辜姓为主，主要为汉族。共有村民6户、23人，耕地面积约0.019平方千米，主要农作物为水稻、油菜、小麦，主要经济来源以种植和外地务工为主。

江家塆[Jiāng jiā wān]　“江家”指江姓居民，“塆”指村庄。以姓氏命名。明洪武年间，江姓居民从江西麻城迁至今石场村李家塆，繁衍成塆，故名“江家塆”。该居民点位于石场村西南部，呈条状分布。东接八里村卢家西塆，西邻涂杨村新塆，南连八里村岗上李，北靠四房塆。居民点占地面积约0.017平方米，所住居民主要以江姓为主，主要为汉族，共有村民4户、16人，耕地面积约0.0067平方千米，主要农作物为水稻、油菜、小麦，主要经济来源以种植和外地务工为主。

染坊塆[Rǎn fáng wān]　“染坊”指中国旧时经营丝绸、棉布、纱线和毛织物染色及漂白业务的作坊，“塆”指村庄。以经济活动命名。明洪武年间，李姓居民从江西麻城迁至圣旨李，繁衍成塆，清乾隆年间，部分居民从大塆迁到此地，因有居民掌握染布技术，便在塆里开起染行，故名“染行塆”。该居民点位于石场村西南部，呈条状分布。东接竹林塆，西邻棠棣镇胡巷村操家冲，南连涂杨村小陈塆，北靠石场塆。居民点占地面积约0.06平方千米，所住居民主要为汉族，共有村民12户、48人，耕地面积约0.04平方千米，主要农作物为水稻、油菜、小麦，主要经济来源以种植和外地务工为主。

圣旨塆[Shèng zhǐ wān]　“圣旨”指中国封建社会时皇帝下的命令或发表的言论，“塆”指村庄。明代时当地有位讼师，曾帮人打官司胜诉，皇帝下圣旨免了所帮对象的罪，故名“圣旨塆”。该居民点位于石场村西南部，呈条状分布。东接八里村桥上李，西邻桃李村王家塆，南连涂杨村新塆，北靠石场塆。居民点占地面积约0.18平方千米，所住居民主要为汉族。共有村民56户、230人，耕地面积约0.06平方千米，主要农作物为水稻、油菜、小麦，主要经济来源以种植和外地务工为主。

石场塆[Shí chǎng wān]　“石场”指境内一原采石场，是开采石料的场地，“塆”指村庄。明洪武年间，李姓居民从江西麻城迁至圣旨李，繁衍成塆，清乾隆年间，部分居民从大塆迁到此地，因塆边原有采石场，故名“石场塆”。该居民点位于石场村西北部，呈条状分布，东接董家塆，西连港边塆，南连品独塆，北靠木梓乡黄冲村磙子河。居民点占地面积约0.05平方千米，所住居民主要为汉族，共有村民13户、62人，耕地面积约0.04平方千米，主要农作物为水稻、油菜、小麦，主要经济来源以种植和外地务工为主。

四房塆[Sì fáng wān]　相传明洪武年间，李姓居民从江西麻城迁至圣旨李，繁衍成塆，清乾隆年间，部分居民从大塆迁到此地，因居四房的居民迁到此，故名“四房塆”。该居民点位于石场村西南部，呈条状分布。东接八里村李家白屋塆，西邻涂杨村新塆，南连江家塆，北靠竹林塆。均为汉族，全塆42人，8户，总面积0.04平方千米，占地面积0.01平方千米，耕地面积0.013平方千米，主要农作物为水稻、油菜、小麦，主要经济来源以种植和外地务工为主。

小操家塆[Xiǎo cāo jiā wān]　“小”指形容词，面积小、“操家”指操姓居民，“塆”指村庄。因该村面积小，早期为操姓居民聚居地，故得名。该居民点位于石场村西南部，呈条状分布。东接八里村天星塆，西邻石场塆，南连董家塆，北靠八里村小张家塆。居民点占地面积约0.018平方千米，主要以操姓为主，主要为汉族，共有村民4户、21人，耕地面积约0.01平方千米，主要农作物为水稻、油菜、小麦，主要经济来源以种植和外地务工为主。

竹林塆[Zhú lín wān]　“竹林”指植物竹子，茂密成林，“塆”指村庄。以物产命名。明洪武年间，李姓居民从江西麻城迁至圣旨李，繁衍成塆，清乾隆年间，部分居民从大塆迁到此地，因有居民在塆边种植竹子，繁衍成林，故名“竹林塆”。该居民点位于石场村西南部，呈条状分布。东接八里村桥上李，西邻桃李村王家塆，南连四房塆，北靠圣旨塆。居民点占地面积约0.056平方千米，主要为汉族，共有村民7户、35人，耕地面积约0.044平方千米，主要农作物为水稻、油菜、小麦，主要经济来源以种植和外地务工为主。

三十、桃李村[Táolǐ Cūn]

曾用名：陶李大队。“桃李”指李家塆居民点，别名为桃李塆，以居民点别名派生命名。

清属程子畈会，民国属西屏乡。1949 年 10 月桃李村属安陆县巡店区管辖；1952 年 10 月属第二区桑树乡辖；1954 年 8 月属巡店区桑树乡辖。1956 年 4 月属第三指导小组桑树乡辖。1958 年 9 月桃李村改为桃李大队，属幸福人民公社桑树管理区辖。同年底属巡店人民公社桑树管理区辖。1964 年 9 月属巡店区桑树人民公社辖。1975 年属巡店人民公社桑树管理区辖。1984 年 1 月桃李大队改为桃李村，属巡店镇桑树乡辖。1987 年属桑树乡辖，2001 年 4 月属巡店镇辖，沿用至今。

该村位于巡店镇西南部，距政府所在地约 6 千米。东接甘聂村，西邻桑树村，南连肖杨村，北靠石场村。辖区占地面积约 2.345 平方千米，全村主要为汉族，2014 年年末，有 4 个自然塆：陈家塆、李家塆、王家塆、柏树黄，共有 365 户、1607 人，耕地面积约 1.43983 平方千米，主要农作物为小麦、水稻，主要经济来源为外地务工。

柏树黄[Bǎi shù huáng]　“柏树”指树植物，“黄”指黄姓居民。以物产和姓氏综合命名。明洪武年间，朝廷动员江西麻城一带百姓移民到此地，一位黄姓居民选择此地小山坡边居住，住下后在山坡上栽种很多柏树，黄姓人繁衍成塆后，人们以山上的柏树林称此塆为“柏树黄”。抗日战争时期，该塆发生过一场日军惨绝人寰的大屠杀，史称“柏树黄惨案”。该居民点位于桃李村南部，呈条状分布。东接甘聂村，西邻李家塆，南连甘聂村，北靠涂杨村。居民点占地面积 0.335 平方千米，全塆主要以黄姓为主，主要为汉族，共有村民 50 户、300 人，耕地面积约 0.201 平方千米，主要农作物为小麦、水稻，主要经济来源为外地务工。

陈家塆[Chén jiā wān]　又名大陈塆，四面陈。“陈家”指的是姓氏，“塆”指的是村落。该塆陈姓居民认为系西汉大将陈平后代，至明洪武年间，从江西麻城一带迁移到此，繁衍成塆，人口最多时达 800 多，故名“大陈塆”。该居民点位于桃李村西部。呈条状分布。东接涂杨村小陈塆，西邻漳河，南连李家塆，北靠石场村独屋塆。全塆主要以陈姓为主，均为汉族，共有 300 人，40 户，总面积 0.268 平方千米，占地面积 0.04 平方千米，耕地面积 0.201 平方千米，主要农作物为小麦、水稻，主要经济来源为外地务工与种植。

李家塆[Lǐ jiā wān]　以姓氏命名。晚清时期，李氏先人李见榻，从山东逃荒来到此地，见此地正处漳河边，适宜居住，便在此建房，繁衍成塆后，取名“李家塆”，别名“桃李塆”。该居民点位于桃李村中部，呈条状分布。东接涂杨村，西邻漳河，南连甘聂村，北靠本村三组。居民点占地面积 0.67 平方千米，全塆主要以李姓为主，均为汉族，共有村民 157 户、600 人，耕地面积 0.5689 平方千米，主要农作物为小麦、水稻，主要经济来源为外地务工。

王家塆[Wáng jiā wān]　“王家”指王姓居民，以姓氏命名。明洪武年间，朝廷动员江西麻城一带百姓移民到云梦胡金店王家堤居住。清康熙年间，部分居民迁到此地。一次一位赶猪的客商赶着一群猪到此地，突发疾病身亡，王姓居民把他葬在此地山咀上，大家又把他赶的猪养大，发了财。为了记住这位客商，就把此地命名为“赶猪咀”。又因塆旁边有座小山，塆名又叫“王家山”。中华人民共和国成立后改名“王家塆”。该居民点位于桃李村北部，呈条状分布。东接本村3组，西邻桑树村，南连漳河，北靠黄冲村。全塆主要以王姓为主，主要为汉族，共有村民120户、417人，耕地面积约0.402平方千米，主要农作物为小麦、水稻，主要经济来源为外地务工。

三十一、同兴村[Tóngxīng Cūn]

“同兴村”指居民点同兴店，希望来此开店经商的居民，生意兴隆、共同兴旺。

清属陆陂铺会，民国属晒书乡。1949年10月同兴村属安陆县巡店区辖；1952年10月属第二区巡店乡辖；1954年8月属巡店区巡店乡辖。1956年4月属第三指导小组巡店乡辖。1958年9月同兴村改为同兴大队，属幸福人民公社巡店管理区辖。同年底属巡店人民公社巡店管理区辖。1964年9月属巡店区巡店人民公社辖。1975年属巡店人民公社巡店管理区辖。1984年1月同兴大队改为同兴村，属巡店镇巡店乡辖。1987年属巡店镇辖，沿用至今。

该村位于巡店镇西南部，距政府所在地4.5千米。东接梅陈、李河村，西邻山寨村，南连辛榨乡，北靠刘桥村。辖区占地面积1.5平方千米，所住居民均为汉族，截至2015年4月，辖区内共有6个自然塆：同兴店、袁家畈、宋家院子、罗李赵、刘家坟、陆陂塆。常住居民310户、1321人，耕地面积0.885平方千米，主要农作物有小麦、水稻。村委会办公地址设在同兴店。

刘家坟[Liú jiā fén]　“刘家”指刘姓居民，“坟”指埋葬死人筑起的土堆，亦指塆边有形似坟头的大土堆。以姓氏和地理实体形态特征综合命名。明洪武年间，朝廷动员江西麻城一带百姓移民到此，刘姓居民迁到此地，因塆边有形似坟头大土堆，故名“刘家坟”。该居民点位于同兴村东部，呈条状分布。东接辛榨村，西邻荒冲林场，南连高庙村，北靠刘桥村。居民点占地面积约0.18平方米，所住居民主要为汉族，主要姓氏为刘姓，共有村民35户、135人，35户，耕地面积约0.09平方千米，主要农作物为小麦、水稻，主要经济来源以外地务工为主。

陆陂塆[Lù pí wān]　“陆陂”指的是池塘名，“塆”指的是村落。相传明洪武年间，朝廷动员江西麻城一带百姓移民到此，彭姓居民先到，后有赵、王、陈姓居民迁来，大家商议后，以塆边水池塘名“陆陂塘”名字作为塆名为“陆陂塆”。该居民点位于同兴村东北部，呈条状分布。东接宋家院子，西邻山寨村下徐塆，南连同兴店，北靠刘桥村刘家桥。所住居民均为汉族，全塆128人，27户，总面积0.16平方千米，占地面积0.03平方千米，耕地面积0.085平方千米，主要农作物为小麦、水稻，主要经济来源为外地务工与种植。

罗李赵[Luó lǐ zhào]　“罗李赵”指罗姓、李姓、赵姓居民，该村落主要是这三姓居民居住。以姓氏命名。明洪武年间，朝廷动员江西麻城一带百姓移民到此，罗姓居民迁到此地居住，不久又有李姓、赵姓居民来此，繁衍成塆后，以“先来后到”惯例，取名“罗李赵”。该居民点位于同兴村东北部，呈条状分布。东接袁家畈，西邻同兴店，南连新柳宅子，北靠刘桥村。居民点占地面积约0.3平方千米，主要以罗、李、赵三姓为主，主要为汉族。共有村民 85 户、280 人，耕地面积约 0.187 平方千米，主要农作物为小麦、水稻，主要经济来源以外地务工为主。

宋家院子[Sòng jiā yuàn zǐ]　“宋家”指宋姓居民，“院子”指垮周围曾筑有围墙。以姓氏命名。明洪武年间，朝廷动员江西麻城一带百姓移民到此，宋姓居民在此地居住，因曾遭匪患，后人就在垮周围筑起围墙，故名“宋家院子”。该居民点位于同兴村北部，呈条状分布。东接袁家畈，西邻同兴村 3 组，居民点占地面积约 0.2 平方千米，南连罗李赵，北靠刘桥村。主要以宋姓为主，主要为汉族。共有村民 32 户、130 人，耕地面积约 0.11 平方千米，主要农作物为小麦、水稻，主要经济来源以外地务工为主。

同兴店[Tóng xīng diàn]　“同兴”指希望共同兴旺，“店”指售卖货物的铺子，亦指村庄。以美好愿望命名。明洪武年间，朝廷动员江西麻城一带百姓移民到此地居住，到清康熙年间，有胡、姚等姓居民来此开店经商，因希望生意兴隆，故名“同兴店”。该居民点位于同兴村南部，呈条状分布。东接辛榨乡高庙村，西邻山寨村，南连高庙村，北靠巡荒公路。居民点占地面积约 0.25 平方千米，所住居民主要为汉族。共有村民 52 户、245 人，耕地面积约 0.164 平方千米，主要农作物为小麦、水稻，主要经济来源以外地务工为主。

袁家畈[Yuán jiā fàn]　“袁家”指袁姓居民，“畈”指田地，亦指村庄。以姓氏命名。明洪武年间，朝廷动员江西麻城一带百姓移民到此，袁姓居民在今烟店镇袁家畈居住，清康熙年间迁到此地，因此地也有一片小平原（方言称“畈”），故名“袁家畈”。该居民点位于同兴村东北部，呈条状分布。东接李河村，西邻同兴店，南连辛榨村，北靠梅陈村、李河村。居民点占地面积约 0.25 平方千米，主要以袁姓为主，主要为汉族。共有村民 55 户、230 人，耕地面积约 0.15 平方千米，主要农作物为小麦、水稻，主要经济来源以外地务工为主。

三十二、肖堰村[Xiāoyàn Cūn]

“肖堰”指池塘名，因境内池塘名称命名。

1949 年 10 月肖堰村属安陆县巡店区辖；1952 年 10 月属第二区巡店乡辖；1954 年 8 月属巡店区巡店乡辖。1956 年 4 月属第三指导小组巡店乡辖。1958 年 9 月肖堰村改为肖堰大队，属幸福人民公社巡店管理区辖。同年底属巡店人民公社巡店管理区辖。1964 年 9 月属巡店区巡店人民公社辖。1975 年 2 月属巡店人民公社巡店管理区辖。1984 年 1 月肖堰大队改为肖堰村，属巡店镇巡店乡辖。1987 年属巡店镇辖，沿用至今。

该村位于巡店镇东北，离政府所在地约 8 千米。为丘陵山地地形，呈条状分布。东接三里村，西邻棠棣镇务丰村，南连三里村，北靠彭河村。辖区占地面积约 2 平方千米，全村主要为汉族。截至 2015 年 12 月，辖区内共有 3 个自然垮：秦夏垮、邱家咀、岗上垮。村内有常住居民 210 户，共 858 人，耕地面积为约 0.67 平方千米，主要农作物为小麦、水稻。现有工作人员 4 名，村委会办公地址设在烟应公路边。

岗上垮[Gǎng shàng wān]　又名岗上吴。“岗上”指的是村落处在小山冈上，“吴”是姓氏。聚落的形成有两种说法，一说洪武年间，朝廷动员江西麻城一带百姓移民到此，吴姓居民在三里村园子垮居住。到清康熙年间，部分村民从园子塆迁到此地，有位懂风水的居民发现这座小山冈上适合居住，就在此建房，故名“岗上吴”。另一种说法是吴楚柏举之战，这里是半渡而击的主战场，战后吴军有一支驻扎此地，后来形成聚落，故而周边居民点居民都姓吴。岗上吴分上中下三岗，其中上岗有“寨”，作军事固守之用。该居民点位于肖堰村东部，呈条状分布。东接彭河村汤家塆，西邻棠棣镇务丰村毛家塆，南连秦夏塆，北靠彭河村兴吴巷。主要以吴姓为主，均为汉族。全塆 450 人，100 户，总面积为 0.4 平方千米，占地面积 0.1 平方千米，耕地面积 0.27 平方千米，主要农作物为小麦、水稻、油菜，主要经济来源为外地务工与种植。

秦夏塆[Qín xià wān]　“秦夏”指的是姓氏，“塆”指的是村落。相传明洪武年间，朝廷动员江西麻城一带百姓移民到此，起初秦姓居民来此居住，后来又有夏姓居民来此，以“先到为大”惯例，故名“秦夏塆”。该居民点位于肖堰村西部，呈条状分布。东接三里村园子塆，西邻棠棣镇务丰村梅家塆，南连牌坊村郑家大塆，北靠棠棣镇务丰村升子店胡。主要以秦、夏二姓为主，均为汉族。全塆 198 人，54 户，总面积为 0.2 平方千米，占地面积 0.05 平方千米，耕地面积 0.136 平方千米，主要农作物小麦、水稻，主要经济来源为外地务工与种植。

邱家咀[Qiū jiā zuǐ]　古名邱家咀。“邱家”指邱姓居民，“咀”指同音“嘴”形状像嘴的地方。以姓氏命名。此地无一邱姓，为何命名邱家咀一直是谜。当地有两种传说，一说明洪武年间，朝廷动员江西麻城一带百姓移民到此，邱姓居民有懂风水的，相中此地形如鹤嘴(方言叫“咀”)，就在此建房居住，故名“邱家咀”。又一说原名邱家咀，柏举之战半渡而击时邱姓逃走，吴军有人在此安居，原地名未变，故而全部姓吴。该居民点位于肖堰村北部，呈条状分布，东接岗上塆，西邻棠棣镇务丰村梅家塆，南连三里村，北靠棠棣镇河德村下桥塆。居民点占地面积约 0.112 平方千米，主要为汉族。共有村民 35 户、152 人，耕地面积约 0.08 平方千米，主要农作物为小麦、水稻，主要经济来源以外地务工为主。

三十三、肖杨村[Xiāoyáng Cūn]

“肖杨”指肖家塆和杨林张居民点，以该村境内萧家塆、杨林张居民点联称命名。

清属铁石墩会，民国属西屏乡。1949 年 10 月肖杨村属安陆县巡店区管辖；1952 年 10 月属第二区桑树乡辖；1954 年 8 月属巡店区桑树乡辖。1956 年 4 月属第三指导小组桑树乡辖。1958 年 9 月肖杨村改为肖杨大队，属幸福人民公社桑树管理区辖。同年底属巡店人民公社桑树管理区辖。1964 年 9 月属巡店区桑树人民公社辖。1975 年属巡店人民公社桑树管理区辖。1984 年 1 月肖杨大队改为肖杨村，属巡店镇桑树乡辖。1987 年属桑树乡辖，2001 年 4 月属巡店镇辖，沿用至今。

该村位于巡店镇西部，距政府所在地约 16 千米。东接漳河，西邻程畈村，南连应城市杨河镇栗树村，北靠周胡村。辖区占地面积约 1.93 平方千米，全村主要为汉族。辖区内共有畈上塆、胡家塆、栗树塆、卢老塆、卢新塆、孙家塆、萧家塆、新塆、徐家塆、张家塆、周杨塆 11 个自然塆。2014 年年末，共常住居民 270 户、1164 人，耕地面积约 1.57 平方千米，以种植水稻、小麦为主，村委会现有工作人员 4 人。

畈上塆[Fàn shàng wān]　“畈”指田地，“上”指位置在高处，与“下”相对，“塆”指村庄。相传明洪武年间，朝廷动员江西麻城一带百姓移民到此居住。一群人看到此处地势平坦为小平原(方言称“畈”)，适宜居住，就在此建房，故名“畈上塆”。该居民点位于肖杨村南部，呈条状分布。东接孙家塆，西邻程畈村和应城市杨河镇栗树村大陈塆，南连应城市杨河镇栗树村小陈塆，北靠周杨塆。居民点占地面积约0.14平方千米，主要为汉族，共有村民34户、142人，耕地面积约0.09平方千米，主要农作物为水稻、小麦，主要经济来源以种植和外地务工为主。

胡家塆[Hú jiā wān]　曾用名：胡家河。“胡家”指胡姓居民，“塆”指村庄。以姓氏命名。明洪武年间，胡姓居民从江西麻城来到此地居住，繁衍成塆，故名“胡家塆”。该居民点位于砂子村北部，呈条状分布。东接漳河，西邻程畈村程家咀，南连周杨塆，北靠卢新塆。居民点面积0.1平方千米，主要以胡姓为主，均为汉族。有2户、18人，耕地面积0.05平方千米，主要农作物为小麦、水稻，主要经济来源以外地务工为主。

栗树塆[Lì shù wān]　“栗树”指村庄边有棵大栗树，“塆”指村庄。以地理实体形态特征综合命名。明洪武年间，朝廷动员江西麻城一带百姓移民到此居住。张姓居民来此居住，后繁衍成塆，因塆边有棵大栗树，故名“栗树塆”。该居民点位于肖杨村北部，呈条状分布。东接漳河，西邻程畈村程家畈，南连胡家山，北靠周胡村杨林张。居民点占地面积约0.14平方千米，主要为汉族，共有村民9户、41人，耕地面积约0.09平方千米，主要农作物为水稻、小麦，主要经济来源以种植和外地务工为主。

卢老塆[Lú lǎo wān]　“卢”指卢姓居民，“老”指形成时间久远，“塆”指村庄。以姓氏命名。明洪武年间，朝廷动员江西麻城一带百姓移民到此居住。一位卢姓居民看到此地位于河边，适宜居住，就在此建房，故名“卢家河”。后因从此塆迁出部分居民，故名“卢老塆”。该居民点位于肖杨村东南部，呈条状分布。东接漳河，西邻程畈村伊家港，南连孙家塆，北靠徐家塆。居民点占地面积约0.23平方千米，主要以卢姓为主，主要为汉族，共有村民31户、140人，耕地面积约0.11平方千米，主要农作物为水稻、小麦，主要经济来源以种植和外地务工为主。

卢新塆[Lú xīn wān]　“卢”指卢姓居民，“新”指刚有的，村落建成时间较短，“塆”指村庄。以姓氏命名。明洪武年间，朝廷动员江西麻城一带百姓移民到此居住。一位卢姓居民到卢老塆居住，清康熙年间，部分居民迁到此地居住，故名“卢新塆”。该居民点位于肖杨村北部，呈条状分布。东接漳河，西邻程畈村程家咀，南连卢老塆，北靠周杨塆。居民点占地面积约0.2平方千米，主要以卢姓为主，主要为汉族，共有村民35户、153人，耕地面积约0.15平方千米，主要农作物为水稻、小麦，主要经济来源以种植和外地务工为主。

孙家塆[Sūn jiā wān]　“孙家”指居民多姓孙，“塆”指村庄。明洪武年间，朝廷动员江西麻城一带百姓移民到此居住。孙姓居民来此居住，后繁衍成塆，故名“孙家塆”。该居民点位于肖杨村南部，呈条状分布。东接桃李村孙家凹，西邻畈上塆，南连肖家塆，北靠芦家河。居民点占地面积约0.14平方千米，主要为汉族，共有村民11户、42人，耕地面积约0.09平方千米，主要农作物为水稻、小麦，主要经济来源以种植和外地务工为主。

肖家塆[Xiāo jiā wān] 曾用名：肖家河、肖家咀。“肖家”指肖姓居民，“塆”指村庄。以姓氏命名。明洪武年间，朝廷动员江西麻城一带百姓移民到此居住。一位肖姓居民看到此地适宜居住，就在此建房，繁衍成塆，故名“肖家塆”。该居民点位于肖杨村东南部，呈条状分布。东接漳河，西邻徐家塆，南连孙家港，北靠孙家塆。居民点占地面积约 0.17 平方千米，主要以肖姓为主，主要为汉族，共有村民 33 户、145 人，耕地面积约 0.12 平方千米，主要农作物为水稻、小麦，主要经济来源以种植和外地务工为主。

新塆[Xīn wān] “新”指该居民点建成时间较短，“塆”指村庄。该居民点位于肖杨村北部，呈条状分布，东接漳河，北连漳河，南连胡家塆，西接栗树塆。全塆 11 户，43 人，总面积 0.12 平方千米，占地面积 0.015 平方千米，耕地面积 0.08 平方千米，主要农作物为水稻、小麦，主要经济来源为种植和外地务工。

徐家塆[Xú jiā wān] “徐家”指徐姓居民，“塆”指村庄。以姓氏命名。明洪武年间，朝廷动员江西麻城一带百姓移民到此居住。一位徐姓居民看到此地适宜居住，就在此建房，繁衍成塆，故名“徐家塆”。该居民点位于肖杨村东北部，呈条状分布。东接漳河，西邻胡家河，南连芦家河，北靠漳河。居民主要为汉族，共有村民 30 户、129 人，耕地面积约 0.1 平方千米，主要农作物为水稻、小麦，主要经济来源以种植和外地务工为主。

张家塆[Zhāng jiā wān] 因当地为张姓聚居地命名。隶属巡店镇肖杨村村民委员会辖，位于肖杨村北部，呈条状分布，东接漳河，西邻程畈村，南连本村二组，北靠周胡村。主要以张姓为主，均为汉族，全塆 139 人，32 户，总面积 0.21 平方千米，其中有耕地面积 0.16 平方千米，主要农作物为水稻、小麦，主要经济来源以种植和外地务工为主。

周杨塆[Zhōu yáng wān] “周”指的是姓氏，“杨”指村落边曾有大片杨树，“塆”指的是村落。相传明洪武年间，朝廷动员江西麻城一带百姓移民到此居住。一位周姓居民看到此地河边适宜居住，就在此建房，并栽种了大片杨树，故名“周杨塆”。该居民点位于肖杨村东北部，呈条状分布。东接漳河，西邻程畈村伊家港，南连畈上塆，北靠胡家塆。主要以周姓和杨姓为主，均为汉族，全塆 90 人，20 户，总面积 0.153 平方千米，占地面积 0.02 平方千米，耕地面积 0.1 平方千米，主要农作物为水稻、小麦，主要经济来源为种植和外地务工。

三十四、杨坡村[Yángpō Cūn]

“杨坡”指杨坡塆居民点，以境内居民点名称派生而得名。

清属陆陂铺会，民国属晒书乡。1949 年 10 月杨坡村属安陆县巡店区辖；1952 年 10 月属第二区巡店乡辖；1954 年 8 月属巡店区巡店乡辖。1956 年 4 月属第三指导小组巡店乡辖。1958 年 9 月杨坡村改为杨坡大队，属幸福人民公社巡店管理区辖。同年底属巡店人民公社巡店管理区辖。1964 年 9 月属巡店区巡店人民公社辖。1975 年属巡店人民公社巡店管理区辖。1984 年 1 月杨坡大队改为杨坡村，属巡店镇巡店乡辖。1987 年属巡店镇辖，沿用至今。

杨坡村位于巡店镇北部，离政府所在地约1千米。东接烟应公路，西邻八里村，南连镇居委会，北靠农田。辖区占地面积约0.95平方千米，全村主要为汉族，辖区内共有王家塆、夏家塆、杨坡上塆、杨坡下塆、杨坡西塆、杨坡中塆、郑家塆7个自然塆。2014年年末，共有居民221户、924人，耕地面积约0.62平方千米，以种植水稻、小麦为主，村委会现有工作人员3人。

王家塆[Wáng jiā wān] “王家”指王姓居民，“塆”指村庄。以姓氏命名。明洪武年间，朝廷动员江西麻城一带百姓移民到此，王姓居民迁到此地居住，繁衍成塆后，故名“王家塆”。该居民点位于杨坡村北部，呈条状分布。东接杨坡上中塆，西邻牌坊村，南连杨坡西塆，北靠夏家塆。居民点占地面积约0.18平方千米，主要以王姓为主，主要为汉族，共有村民39户、175人，耕地面积约0.12平方千米，主要农作物为水稻、小麦，主要经济来源以种植和外地务工为主。

夏家塆[Xià jiā wān] “河边”指靠近河流的地方，“夏家”指夏姓居民，“塆”指村庄。以姓氏命名。明洪武年间，朝廷动员江西麻城一带百姓移民到此，夏姓居民到一条小河边，就在此居住，繁衍成塆，故名“河边夏”。又名“夏家塆”。该居民点位于杨坡村北部，呈条状分布。东隔内府河与大坝村三姓街相望，西邻牌坊村郑家大塆，南连杨坡上塆，北靠三里村三里桥吴。主要以夏姓为主，居民点占地面积约0.15平方千米，主要以王姓为主，主要为汉族，共有村民34户，128人，耕地面积约0.08平方千米，主要农作物为水稻、小麦，主要经济来源以种植和外地务工为主。

杨坡上塆[Yáng pō shàng wān] “杨”指杨姓居民，“坡”指山地倾斜的地方，“上”指居民在宗族中属长房，“塆”指村庄。以姓氏命名。明洪武年间，杨姓居民从江西麻城迁至此，选择在一道山坡上居住，后繁衍成塆，至清康熙年间，因原塆太大，需迁出部分居民，原长房居民留在此地，故名“杨坡上塆”。该居民点位于杨坡村北部，呈条状分布。东隔内府河与长塘村太平塆相望，西邻王家塆，南连杨坡中塆，北靠夏家塆。居民点占地面积约0.12平方千米，主要以杨姓为主，主要为汉族。共有村民32户、126人，耕地面积约0.084平方千米，主要农作物为水稻、小麦，主要经济来源以种植和外地务工为主。

杨坡西塆[Yáng pō xī wān] “杨”指杨姓居民，“坡”指山地倾斜的地方，“西”指方位，“塆”指村庄。以姓氏和方位综合命名。明洪武年间，杨姓居民从江西麻城迁至此，选择在杨坡上塆居住，到清康熙年间，因原塆人口太多，迁出部分居民到此地，因此塆位于原塆西部。故名“杨坡西塆”。该居民点位于杨坡村南部，呈条状分布。东接杨坡下塆，西邻郑家塆，南连巡店街，北靠王家塆。居民点占地面积约0.15平方千米，主要以杨姓为主，主要为汉族。共有村民33户、137人，耕地面积约0.08平方千米，主要农作物为水稻、小麦，主要经济来源以种植和外地务工为主。

杨坡下塆[Yáng pō xià wān] “杨”指杨姓居民，“坡”指山地倾斜的地方，“下”指居民在宗族中房头属最小，“塆”指村庄。明洪武年间，杨姓居民从江西麻城迁至此，选择在杨坡上塆居住，到清康熙年间，因原塆人口太多，迁出部分居民到此地，房头属较末等的部分居民在此居住，故名“杨坡下塆”。该居民点位于杨坡村北部，呈条状分布。东隔内府河与大坝村河边王相望，西接牌坊村郑家牌坊塆，南连巡店街，北靠杨坡中塆。居民点占地面积约0.087平方千米，主要以杨姓为主，主要为汉族，共有居民21户、88人，耕地面积约0.06平方千米，主要农作物为水稻、小麦，主要经济来源以种植和外地务工为主。

杨坡中塆[Yáng pō zhōng wān]　“杨”指杨姓居民，“坡”指山地倾斜的地方，“中”指居是在宗族中属中间房头，“塆”指村庄。以姓氏命名。相传明洪武年间，杨姓居民从江西麻城迁至此，选择在杨坡上塆居住，到清康熙年间，因原塆人口太多，迁出部分居民到此地，房头属中等的部分居民在此居住，故名“杨坡中塆”。该居民点位于杨坡村北部，呈条状分布。东隔内府河与大坝村河边王相望，西、南皆连杨坡下塆，北靠杨坡上塆。居民点占地面积约0.16平方千米，主要以杨姓为主，主要为汉族。共有村民35户、145人，耕地面积约0.12平方千米，主要农作物为水稻、小麦，主要经济来源以种植和外地务工为主。

郑家塆[Zhèng jiā wān]　“郑家”指郑姓居民，“塆”指村庄。以姓氏命名。相传明洪武年间，郑姓居民从江西麻城迁至附近郑家大塆，清康熙年间，从大塆迁出部分居民到此地，繁衍成塆，故名“郑家塆”。该居民点位于杨坡村北部，居民点呈条状分布。东接杨坡西塆，西邻八里村卢家中塆，南连刘桥村山上梅，北靠牌坊村郑家牌坊塆。居民点占地面积约0.1平方千米，主要以郑姓为主，主要为汉族，共有村民27户、125人，耕地面积约0.07平方千米，主要农作物为水稻、小麦，主要经济来源以种植和外地务工为主。

三十五、长塘村[Chángtáng Cūn]

“长塘”指较长的池塘，以境内一口长塘命名。

1949年10月长塘村属安陆县巡店区辖；1952年10月属第二区夹河乡辖；1954年8月属巡店区夹河乡辖。1956年4月属第三指导小组夹河乡辖。1958年9月长塘村改为长塘大队，属幸福人民公社夹河管理区辖。同年底属巡店人民公社夹河管理区辖。1964年9月属巡店区夹河人民公社辖。1975年属巡店人民公社夹河管理区辖。1984年1月长塘大队改为长塘村，属巡店镇夹河乡辖。1987年属巡店镇辖，沿用至今。

该村位于巡店镇东，距政府所在地约1.5千米。村委会所在地大塆份。东接文刘村，西邻内府河大坝村，南连艾庙村，北靠顾李村。辖区内占地面积约2平方千米，所在村民主要为汉族。辖区内共有5个自然塆和1个新区：大塆份、黄李塆、十门塆、太平塆、三塆及南河新区。2014年年末，共有居民407户、1519人，耕地面积约1.02平方千米，主要种植时令蔬菜和小麦、油菜、玉米、棉花等经济农作物。村委会办公地址设在长塘村。

大塆份[Dà wān fèn]　曾用名：大王份。“大塆份”指的是在该村的排行。相传明洪武年间，王姓居民从江西麻城迁至此，请来风水先生选居住地，长房居民居住此地，故名“大塆份”。本居民点位于长塘村东南，呈条状分布。东接文刘村文家塆，西邻十门塆，南连艾庙村艾家塆，北靠顾李村李家塆。主要以王姓为主，均为汉族。全塆309人，78户，总面积0.35平方千米，其中有耕地面积0.207平方千米，主要种植时令蔬菜和小麦、油菜、玉米、棉花等经济农作物。主要经济来源以外地务工为主。

黄李塆[Huáng lǐ wān]　即黄家塆。“黄李”指的是姓氏，“塆”指的是村落。相传明洪武年间，黄姓居民从江西麻城迁至此，请来风水先生选居住地，李姓居民得知后，也来此地居住，最后繁衍成塆，以“先到为大”惯例，故名“黄李塆”。该居民点位于长塘村西北部，呈条状分布。东接大王份，西邻长塘、大坝，南连十门塆，北靠长塘大坝三姓街塆。主要姓氏为黄姓和李姓，所住居民均为汉族。全塆205人，59户，总面积0.25平方千米，占地面积0.04平方千米，耕地面积0.137平方千米，主要种植时令蔬菜和小麦、油菜、玉米、棉花等经济农作物，主要经济来源为外地务工为主。

三塆[Sān wān] “三”指该村落王姓居民在宗族中属第三个门头(份)，“塆”指村庄。明洪武年间，朝廷动员江西麻城一带王姓百姓移民到今大坝村老屋塆居住，到清康熙年间，部分居民决定迁出，最早来此塆的王姓居民在宗族中属第三房，故名“三塆”。该居民点位于长塘村西部，呈条状分布。东接十门塆，西邻大坝村河边王，南连十门塆，北靠大坝老屋湾。居民点占地面积约0.18平方千米，所住居民主要为汉族。共有村民27户、135人，耕地面积约0.09平方千米，主要种植时令蔬菜和小麦、油菜、玉米、棉花等经济农作物，主要经济来源为外地务工为主，部分居民于1998年期间迁往南河新区居住。

十门塆[Shí mén wān] “十门”指当地居民最早为十个门头，“塆”指村庄。明洪武年间，朝廷动员江西麻城一带王姓百姓移民到今大坝村老屋塆居住，到清康熙年间，部分居民决定迁出，最早来此塆的王姓居民家财丰厚，生了6个儿子、4个女儿，6个儿子娶了媳妇，4个女儿招了女婿，成了10个门头，故名“十门塆”。该居民点位于长塘村北部，呈条状分布。东接大塆份，西邻三塆，南连艾庙村，北靠黄李塆。居民点占地面积约0.5平方千米，所住居民主要为汉族。共有村民87户、435人，耕地面积约0.29平方千米，主要种植时令蔬菜和小麦、油菜、玉米、棉花等经济农作物，主要经济来源为外地务工为主，部分居民于1998年期间迁往南河新区居住。

太平塆[Tài píng wān] “太平”指社会安定，当地少匪患，“塆”指村庄。明洪武年间，朝廷动员江西麻城一带百姓移民到此，繁衍成塆，清初常闹匪患，后经高人指点在塆前面挖一口塘，房屋迎塘建成一排，从此本塆很少受土匪侵扰，故名“太平塆”。该居民点位于长塘村西部，呈条状分布。东接文刘村文家塆，西邻黄家塆，南连三塆，北靠大坝。居民点占地面积约0.4平方千米，所住居民主要为汉族。共有村民119户、405人，耕地面积约0.27平方千米，主要种植时令蔬菜和小麦、油菜、玉米、棉花等经济农作物，主要经济来源为外地务工为主，部分居民于1998年期间迁往南河新区居住。

南河新区[Nán hé xīn qū] 南河新区于1998年村集体发展需要开始新建，主要居民由原6、7、8组居民迁居此地。现居住原6、7、8组居民78户、273人，主要经济来源为外地务工及经商为主。

三十六、周胡村[Zhōuhú Cūn]

“周胡”指周姓、胡姓居民，因境内居民点名称派生命名。

清属铁石墩会，民国属西屏乡。1949年10月周胡村属安陆县巡店区管辖；1952年10月属第二区桑树乡辖；1954年8月属巡店区桑树乡辖。1956年4月属第三指导小组桑树乡辖。1958年9月周胡村改为周胡大队，属幸福人民公社桑树管理区辖。同年底属巡店人民公社桑树管理区辖。1964年9月属巡店区桑树人民公社辖。1975年属巡店人民公社桑树管理区辖。1984年1月周胡大队改为周胡村，属巡店镇桑树乡辖。

1987年属桑树乡辖，2001年4月属巡店镇辖，沿用至今。

该村位于巡店镇西部，距政府所在地约10千米。东接桑树村，西邻程畈村，南连肖杨村，北靠刘河村。辖区占地面积约4平方千米，全村主要为汉族，辖区内共有6个自然垮：郑家垮、张家垮、李家垮、畈上周、骡园胡、熊家垮。2014年年末，共有居民360户、1646人，耕地面积为约0.744平方千米，主要农作物为小麦、水稻。现有工作人员4名，村委会办公地址设在周胡村4组。

畈上周[Fàn shàng zhōu] “畈上”指的是村落地处平原。“周”指的是姓氏。相传明洪武年间，周姓人从江西省麻城县过籍来到此地，见此地地势为小平原(方言称“畈”)后繁衍成垮，故名“畈上周”。该居民点位于周胡村东南部，呈条状分布。东接漳河，西邻官塘角，南连程畈村程子畈，北靠胡家垮。主要以周姓为主，均为汉族。全垮200人，40户，总面积为0.28平方千米，其中有耕地面积0.14平方千米，主要农作物为小麦、水稻，主要经济来源为外地务工与种植。

李家垮[Lǐ jiā wān] “李家”指李姓居民，“垮”指村落。以姓氏命名。明洪武年间，李姓人从江西省麻城县过籍来到此地，看到此地适宜开挖成池塘，就在此居住，后与附近垮中人合作开挖了大池塘，名为“官塘”。此垮地处塘角。故名“官塘角”。后来有人以人口最多的李姓取名“李家垮”。该居民点位于周胡村西南部，呈条状分布，东接桑树村，西邻程畈村，南连肖杨村，北靠洪山村。居民点占地面积约0.16平方千米，主要以李姓为主，主要为汉族。共有村民30户、120人，耕地面积约0.08平方千米，主要农作物为小麦、水稻，主要经济来源以外地务工为主。

骡园胡[Luó yuán hú] “骡园”指养骡马的地方，“胡”指的是姓氏。相传清康熙年间，胡姓人从外地来此，以为大财主家养骡马为生，故名“骡园胡”。该居民点位于周胡村北部，呈条状分布。东接漳河，西邻李家垮，南连畈上周，北靠张家山坡。主要以胡姓为主，均为汉族。全垮160人，30户，总面积为0.2平方千米，占地面积0.03平方千米，耕地面积0.107平方千米，主要农作物为小麦、水稻，主要经济来源为种植和外地务工。

熊家垮[Xióng jiā wān] “熊家”指的是姓氏，“垮”指的是村落。相传明洪武年间，朝廷动员江西麻城一带百姓移民到此，熊姓居民迁到此地居住，繁衍成垮后，故名“熊家垮”。该居民点位于周胡村东南部，呈条状分布。东接漳河，西邻程畈村程子畈，南连肖杨村杨林张，北靠肖杨村壕沟张。主要以熊姓为主，均为汉族。全垮270人，40户，总面积为0.4平方千米，占地面积0.05平方千米，耕地面积0.193平方千米，主要农作物为小麦、水稻，主要经济来源为种植和外地务工。

张家垮[Zhāng jiā wān] “张家”指的是姓氏，“垮”指的是村落。相传明洪武年间，朝廷动员江西麻城一带百姓移民到此居住。一位张姓居民看到此地小山坡适宜居住，就在此建房，故名“张家山坡”。后改名“张家垮”。该居民点位于周胡村西北部，呈条状分布，东接桑树店，西邻刘河村董家垮，南连胡家垮，北靠上郑垮。主要以张姓为主，均为汉族。全垮80人，20户，总面积为0.12平方千米，占地面积0.02平方千米，耕地面积0.065平方千米，主要农作物为小麦、水稻，主要经济来源为种植和外地务工。

郑家垮[Zhèng jiā wān] 曾用名：上郑垮。“郑家”指的是姓氏，“垮”指的是村落。相传明洪武年间，郑氏先祖居住在河南，时有兄弟8人均成家，因遇灾年，众人决定分家逃荒，家里仅一口锅，就把锅往地上一摔，铁锅破成8块，每家拿一块。其中一支流浪到此地，繁衍成塆。清康熙年间，长房住此，故名“上郑塆”，又名“郑家塆”。该居民点位于周胡村北部，呈条状分布，东接桑树村下郑塆，西邻刘河村黄家凹，南连张家山坡，北靠漳河。主要以郑姓为主，均为汉族。全塆200人，40户，总面积为0.34平方千米，占地面积0.04平方千米，耕地面积0.171平方千米，主要农作物为小麦、水稻，主要经济来源为外地务工与种植。

2015年安陆市棠棣镇平面示意图
烟
店
府
城
南
城
木
梓
巡
店
棠棣镇
府城街办
南城街办
安陆市
安陆站
省金银花基地
联合水库
百花水库
迎水寺水库
双城水库
董桥
横路
胡棚
黎龙
百花
金泉
董榨
三冲
蓝湾
新湾
石河
桃园
松林
金龙
务丰
肖堰
彭河
沙洲
三里
大坝
高庙
杨林
万店
护国
赵河
图 例
HBALHRXLAOGU

第七章　棠棣镇

第一节　概　况

棠棣镇[Tángdì Zhèn]位于安陆市西南部，地处府城西部偏南 8 千米处，东邻府河，与府城、南城隔河相望，西界木梓乡、雷公镇，南连巡店镇，北靠烟店镇。棠棣镇政府所在地海棠南街 11 号，属棠棣社区辖区。

棠棣镇南北长 15 千米，东西宽 13 千米，国土面积 83 平方千米。地形以浅丘陵为主，是一个半山半畈的农业大镇。全镇辖联合、轭头、杨巷、石河、董塆、新塆、棠棣、桃园、方卢、花园、蒋梅、松林、长岗、胡巷、务丰、河德、金龙、回龙、李园、陈河、张陈、天灯、墩塘、金泉、黎龙、十里、胡棚、百花、三冲、董榨共 30 个行政村(社区)，217 个村民小组，6852 户，31700 人，其中农业人口 25690 人，耕地面积 23.274 平方千米。

《安陆县志》记载，唐元和年间，就有“棠棣树店”的记载。古代称“中元店”，附近群众称为“棠棣树”。相传棠棣镇过去没有集镇，只是一座小山冈上长着一棵很大的棠棣树，附近有两户人家，一家姓张，一家姓胡，两家都待人和气，精于生意，这两户人家又是儿女亲家。两家的家长看到来去的行人都爱在棠棣树下歇脚，就商量两家一起到棠棣树边搭棚摆摊。由于两家的生意都不错，加上互相照应，南来北往的人们都喜欢在这里休憩，这里就慢慢形成了集镇。到正式开集的时候，张、胡两家都不愿意以自己的姓作集镇的名字，有人提议用棠棣树作名，大家都赞成，于是，这个名字就传下来了。

这里 1949 年 10 月分属木梓区、巡店区。1952 年 10 月分属第 3 区和第 2 区。1954 年 8 月属巡店区辖。1956 年 3 月属安陆县第三区公所。1956 年 4 月属第四指导小组辖。1958 年 9 月改称先锋人民公社，同年底更名为棠棣人民公社。1961 年更名为棠棣区。1966 年 9 月改为先锋区。1975 年 2 月安陆撤区并社，先锋区改为棠棣人民公社。1984 年元月为棠棣区。1987 年撤区改镇。

棠棣镇属于北亚热带季风气候区，兼南北气候特点，常年平均气温 15.9℃，无霜期 246 天，年降雨量

1030～1120毫米，降雨时间90～120天。全镇地势大部属岗垅起伏的丘陵，海拔在70米左右，沿府河一带为冲积平原，属油沙土；其他为典型的浅丘陵地形，以紫色土、黄棕壤为主。水田广布，适宜水稻、小麦等粮食作物生长。最高点是北部边缘的十里村杨家塆，海拔77.6米，最低点南部边陲府河畔，海拔39.7米。

棠棣镇土地肥沃，物产丰富。主要农作物有水稻、小麦、油菜、西瓜、花生、芝麻、豆类等；蔬菜有白花菜、胡萝卜、白萝卜、白菜、菠菜、苋菜、韭菜、芹菜、莴苣、花菜、茄子、西红柿、空心菜、黄瓜、瓠子、冬瓜、南瓜、扁豆、豇豆、莲藕等，尤以白花菜、白萝卜闻名；经济作物有金银花、茶叶、金佛手、食用仙人掌等；水产品有鲤、鳙、草鱼、甲鱼、乌鱼等；畜禽主要有猪、家禽、鹌鹑、大雁鹅等；林木有81科150属227种，主要有杨、柳、松、竹、杉、柏、银杏、板栗等。矿产以河沙、玄武岩、地下水为主。境内有百花、联合、双塘、迎水寺、翻身、棠棣、毛家官塘等7座小(一)、(二)型水库和东、西石河，水域总面积达7000亩。东有解放山西干渠、金泉一二级泵站，西有郑河东干渠。银杏、猪禽鱼养殖、蔬菜、冬枣等农业产业基地初步形成规模。

棠棣的集镇呈卫星式分布，共有11个：蒿桥山、金泉寺、花子店、河德桥、甘露庵、轭头店、棠棣树、松林棚子、共大、胡棚、务丰岗等。坚持“超前规划、高位推进、经营集镇、整体开发”的办法，实现了10余个集镇的改造升级，加快了城镇化步伐。着力打造了金(泉)李(园)线文明新村走廊，全面实施了清洁乡村工程，农村生产生活条件大为改善，村容村貌焕然一新。李园村被湖北省新农村建设领导小组评为新农村建设示范村。建有17.3平方千米优质稻基地，3.33333平方千米金银花基地，白花菜2平方千米，1.3333平方千米特色水产品养殖基地，年出栏优质猪4万头、85万只优质禽的优质畜禽养殖基地，成为促进农民持续增收的有力支撑。以电杆、刭管、步砖为主的预制建材业，以粮食加工、银杏加工、金银花加工为主的农产品加工业，以彩印、纺织、电子项目为主的新兴工业项目发展势头良好，已经成为新的经济增长点，促进了新型工业化进程。

棠棣的乡镇企业发展较快。棠棣镇百花民营经济园区距安陆城区只有一步之遥，东起蒿桥山，西至共大，以安京线公路为轴，园区已有楚金铁塔、禾丰、新兴达、百花加油站、石灰窑、玉光液化、彩色步砖厂、百花11万变电站等企业。银杏系列保健品享誉省内外，银杏叶出口欧美。新兴达、长生树保健品有限公司、圆星公司、玉光液化气站等支柱乡镇企业蒸蒸日上，带动全镇40余家民营企业蓬勃发展。

棠棣镇紧邻安陆市城区，区位优势十分明显。孝襄高速公路从南至北穿境而过，广(水)应(城)线、大(悟)宋(河)线、万(三里)肖(木梓)线三条省级公路纵横交错，城区二、三路公交车在东部十余村开通。三条省级干道加上金泉至李园、松林至轭头、棠棣至河德、河德至松林至长岗至蒋梅至棠棣等四条通村公路基本构成三纵四横的交通网络，实现了水泥(柏油)公路村村通，交通十分便利。该镇有3000门程控电话容量，安陆市区话网覆盖城郊的10个村；有移动、联通等基站3座，区域内移动通信无盲区，实现了有线电视和互联网村村通。境内有百花、金泉两个11万变电站，加上巡店变电站覆盖该镇南部的8个村，2002年已全部完成村级农网改造，能满足全镇工农业用电需求。

棠棣镇现有中学1所即棠棣镇中，有学生150余人；小学4所：镇小、百花小学、四联小学、李园小学，有在校生430余人。

坐落在棠棣镇大凹山主峰的原李白纪念馆，离安陆市区仅1千米。山下流淌着静静的涢水，是一组由门楼、碑廊、太白堂、展览厅、游亭、水榭等组成的高大建筑群，占地面积100余亩。李白纪念馆的主体建筑太白堂，系重檐庑殿式的仿唐建筑，古朴典雅，在44根红色大立柱的映衬下，灰筒瓦顶和白色花岗岩台基显得特别壮观巍峨。

第二节　社区（村）、居民点

一、百花社区[Bǎihuā Shèqū]

新改社区，原名百花村，隶属于棠棣镇。“百花”指花草树木繁多，清朝末期，英国传教士曾在此地建造了一个天主教堂，教堂内外种植了许多花草树木，故而得名。百花村位于棠棣镇东北部，村委会所在地花子店，距镇政府所在地5000米。东接黎垅村、金泉村，西邻百花水库，南连周天线，北靠s243线。全村有安京线，周天公路贯穿。截至2015年9月，辖区内共有5个自然塆：天主堂、廖家塆、胡家凹、花子店、薛家岗。户籍居民219户，共885人，总面积3.5平方千米，其中耕地面积0.619平方千米，以种植水稻、玉米为主。

1949年10月百花村属木梓区。1952年10月属第3区。1954年8月属巡店区。1956年3月属安陆县第三区公所。1956年4月属第四指导小组。1958年9月废第四指导小组设先锋人民公社，百花村更名为百花大队。同年底先锋人民公社更名为棠棣人民公社。1961年棠棣人民公社更名为棠棣区。1966年9月改为先锋区。1975年2月撤区并社，先锋区改为棠棣人民公社。1984年元月复置区（镇）、乡（镇）、村，百花大队更名为百花村，属棠棣区河德乡管辖。1987年10月安陆撤县建市，百花村属棠棣镇管辖。

百花村是一个城郊村，棠棣镇东大门。交通便利：安京线、周天线、二桥连接线、西城区外环线穿境而过，百花村到安陆市区只需5分钟的车程。实有居民380余户，2200余人，6个村民小组。在编村干部3人，党员33人。

百花村土地资源和水资源极为丰富，有百花水库和金泉水利工程灌溉支撑，确保了农业旱涝保收，又能发展水产养殖业。百花村商贸活跃。发展餐饮服务业达20余家，以百花野味一条街、“百花生态农庄”而出名，每天有近1000人到百花辖区内就餐和观光旅游，齐进公司建设五星级宾馆并在百花村落户。工业基础设施齐全，工业后劲较足，禾丰、安保、富棣田、林鑫等知名企业落户百花，新招商的蒸气砖厂、彩色钢瓦厂正准备投资建设。百花村生态休闲旅游产业前景广阔，以百花水库为中心的1千米绿化带吸引着大量的宾客在百花村就餐和观光。百花村办公场所设施完备，有办公楼一栋，内设便民服务厅、图书室、会议室、办公室、远程教育站点，外有文体娱乐广场，为创新新型中心村建设打下了坚实的基础。

胡家凹[Hú jiā wā]　隶属棠棣镇百花村村民委员会辖。该地为胡姓聚居地，且地势中间低三边高，故名。该居民点位于百花村中部，聚落呈条状分布，距村委会所在地500米。东接本村4组下薛家岗，西邻百花水库，南连本村2组廖家塆，北靠本村3组花子店。主要以胡姓为主，均为汉族，全塆25户，共105人。总面积0.18平方千米，其中耕地面积0.14平方千米，主要农作物为水稻、玉米，主要经济来源以外地务工为主。

花子店[Huā zǐ diàn]　隶属棠棣镇百花村村民委员会辖。传说从前有一叫花子(乞讨者)在此搭棚卖茶，后来有钱盖房设店经营生意而得名。该居民点位于百花村北部，聚落呈条状分布，为村委会所在地。东接黎龙村，西邻胡棚村，南连胡家塆，北靠十里村。所住居民姓氏以董、潘、周居多，均为汉族，全塆47户，共160人。总面积0.16平方千米，其中耕地面积0.11平方千米，主要农作物为水稻、玉米，主要经济来源以外地务工为主。

廖家塆[Liào jiā wān]　隶属棠棣镇百花村村民委员会辖。该地为廖姓聚居地而得名。该居民点位于百花村南部，聚落呈条状分布，距村委会所在地1000米。东接本村4组下薛家岗，西邻百花水库，南连本村1组天主堂，北靠本村6组胡家凹。主要以廖姓为主，均为汉族，全塆26户，共105人。总面积0.09平方千米，其中耕地面积0.05平方千米，主要农作物为水稻、玉米，主要经济来源以外地务工为主。

天主堂[Tiān zhǔ táng]　隶属棠棣镇百花村村民委员会辖。清末时期，一位英国传教士在此建了一座天主教堂而得名。该居民点位于百花村南部，聚落呈条状分布，距村委会所在地1500米。东南皆连金泉村，西邻三冲村，北靠薛家岗。居民以李、周、雷姓居多，均为汉族，全塆58户，共238人。总面积0.27平方千米，其中耕地面积0.212平方千米，主要农作物为水稻、玉米，主要经济来源以外地务工为主。

薛家岗[Xuē jiā gǎng]　隶属棠棣镇百花村村民委员会辖。该地为薛姓聚居地而得名。该居民点位于百花村东部，聚落呈条状分布，距村委会所在地1500米。东接河西部队，西邻胡家凹，南连冉家塆，北靠黎龙村。主要以薛姓为主，均为汉族，全塆63户，共250人。总面积0.24平方千米，其中耕地面积0.197平方千米，主要农作物为水稻、玉米，主要经济来源以外地务工为主。

二、陈河村[Chénhé Cūn]

隶属于棠棣镇。陈姓在河边居住而得名。陈河村位于棠棣镇东南部，村委会所在地陈河下塆，距镇政府所在地4000米。该村东接府河，西邻回龙村，南连李园村，北靠张陈村。辖区内共有2个自然塆：陈家上塆、陈家下塆。常住居民174户，共694人。总面积3平方千米，其中耕地面积1.3平方千米，以种植水稻、小麦为主。有党员29名，村委会工作人员2人。

1949年10月陈河村属木梓区。1952年10月属第3区。1954年8月属巡店区。1956年3月属安陆县第三区公所。1956 年 4 月属第四指导小组。1958 年 9 月废第四指导小组设先锋人民公社，陈河村更名为陈河大队。同年底先锋人民公社更名为棠棣人民公社。1961 年棠棣人民公社更名为棠棣区。1966 年 9 月改为先锋区。1975 年 2 月撤区并社，先锋区改为棠棣人民公社。1984 年元月复置区(镇)、乡(镇)、村，陈河大队更名为陈河村，属棠棣区河德乡管辖。1987 年 10 月安陆撤县建市，陈河村属棠棣镇管辖。

陈河上塆[Chén hé shàng wān]　隶属棠棣镇陈河村村民委员会辖。当地为陈姓聚居地且靠北边而得名。该居民点位于陈河村北部，聚落呈块状分布，距村委会所在地 100 米。东接张陈水泵，西邻回龙村，南连陈家下塆，北靠张陈水泵。主要以陈姓为主，均为汉族，全塆 69 户，共 269 人。总面积 0. 21 平方千米，其中耕地面积 0. 52 平方千米，主要农作物为水稻、小麦，主要经济来源以外地务工为主。

陈河下塆[Chén hé xià wān]　隶属棠棣镇陈河村村民委员会辖。当地为陈姓聚居地且靠南边而得名。该居民点聚落呈块状分布，村委会所在地。东接府河，西邻回龙村，南连本村农田，北靠陈河上塆。主要以陈姓为主，均为汉族，全塆 105 户，共 400 人。总面积 0. 78 平方千米，其中耕地面积 0. 215 平方千米，主要农作物为水稻、小麦，主要经济来源以外地务工为主。

三、董塆村[Dǒngwān Cūn]

隶属于棠棣镇。以村内较大的居民点董家塆作为村名。董塆村位于棠棣镇中部偏北，村委会所在地董家塆，距棠棣镇政府所在地 300 米。东接新塆村，西邻石河村，南连棠棣村，北靠轭头村。辖区内共有海棠北街和 8 个自然塆：陈家塆、董家塆、梨树塆、肖家塆、小陈家塆、张家塆、大李家塆、小李家塆。常住居民 262 户，共 1029 人。总面积 1. 8 平方千米，其中耕地面积 0. 87 平方千米，以种植水稻为主。村委会工作人员 3 人。

1949 年 10 月董塆村属木梓区。1952 年 10 月属第 3 区。1954 年 8 月属巡店区。1956 年 3 月属安陆县第三区公所。1956 年 4 月属第四指导小组。1958 年 9 月废第四指导小组设先锋人民公社，董塆村更名为董塆大队。同年底先锋人民公社更名为棠棣人民公社。1961 年棠棣人民公社更名为棠棣区。1966 年 9 月改为先锋区。1975 年 2 月撤区并社，先锋区改为棠棣人民公社。1984 年元月复置区(镇)、乡(镇)、村，董塆大队更名为董塆村，属棠棣区棠棣镇管辖。1987 年 10 月安陆撤县建市撤区并乡，董塆村属棠棣镇管辖。

陈家塆[Chén jiā wān]　隶属棠棣镇董塆村村民委员会辖。该地为陈姓聚居地而得名。该居民点位于董塆村北部，聚落呈块状分布，距村委会所在地 500 米。东接新塆村，西邻梨树塆，南连小陈家塆，北靠渠道。主要以陈姓为主，均为汉族，全塆 23 户，共 93 人。总面积 0. 093 平方千米，其中耕地面积 0. 08 平方千米，主要农作物为水稻，主要经济来源以外地务工为主。

董家塆[Dǒng jiā wān]　隶属棠棣镇董塆村村民委员会辖。该地为董姓聚居地而得名。该居民点位于董塆村北部，聚落呈块状分布，村委会所在地。东接新塆村，西邻轭松公路，南连村办公楼，北靠小陈家塆。主要以董姓为主，均为汉族，全塆 21 户，共 85 人。总面积 0. 07 平方千米，其中耕地面积 0. 06 平方千米，主要农作物为水稻，主要经济来源以外地务工为主。

梨树塆[Lí shù wān]　隶属棠棣镇董塆村村民委员会辖。以物产命名。该居民点位于董塆村北部，聚落呈块状分布，距村委会所在地600米。东接轭松公路，西邻迎水寺，南连董家塆，北靠轭头村。以侯、尚姓为主，均为汉族，全塆56户，共226人。总面积0.052平方千米，其中耕地面积0.046平方千米，主要农作物为水稻，主要经济来源以外地务工为主。

肖家塆[Xiāo jiā wān]　隶属棠棣镇董塆村村民委员会辖。该地为肖姓聚居地而得名。该居民点位于董塆村南部，聚落呈块状分布，距村委会所在地700米。东接芦塘，西邻石河村，南北皆与石河村相连。主要以肖姓为主，均为汉族，全塆1户，共6人。总面积0.007平方千米，其中耕地面积0.0056平方千米，主要农作物为水稻，主要经济来源以外地务工为主。

小陈家塆[Xiǎo chén jiā wān]　隶属棠棣镇董塆村村民委员会辖。当地为陈姓聚居地且面积小人口少，故而得名。该居民点位于董塆村北部，聚落呈块状分布，距村委会所在地400米。东接新塆村，西邻轭松公路，南边是董家塆，北靠陈家塆。主要以陈姓为主，均为汉族，全塆29户，共108人。总面积0.037平方千米，其中耕地面积0.03平方千米，主要农作物为水稻，主要经济来源以外地务工为主。

张家塆[Zhāng jiā wān]　隶属棠棣镇董塆村村民委员会辖。该地为张姓聚居地而得名。该居民点位于董塆村南部，聚落呈块状分布，距村委会所在地500米。东接镇西街，西邻石河村，南连周天公路，北靠李家塆。主要以张姓为主，均为汉族，全塆57户，共235人。总面积0.013平方千米，其中耕地面积0.0053平方千米，主要农作物为水稻，主要经济来源以外地务工为主。

大李家塆[Dà lǐ jiā wān]　隶属棠棣镇董塆村村民委员会辖。该地为李姓聚居地且面积大人口多，故名。该居民点位于董塆村南部，聚落呈块状分布，距村委会所在地400米。东为棠棣北街，西与石河村接壤，南与张家塆相邻，北邻小李家塆。主要以李姓为主，均为汉族，全塆44户，共161人。总面积0.05平方千米，其中耕地面积0.04平方千米，主要农作物为水稻，主要经济来源以外地务工为主。

小李家塆[Xiǎo lǐ jiā wān]　隶属棠棣镇董塆村村民委员会辖。该地为李姓聚居地且面积小人口少，故名。该居民点位于董塆村南部，聚落呈块状分布，距村委会所在地200米。东为棠棣北街，西为石河村，北与董家塆相邻，南连大李家塆。主要以李姓为主，均为汉族，全塆31户，共115人。总面积0.047平方千米，其中耕地面积0.039平方千米，主要农作物为水稻，主要经济来源以外地务工为主。

四、董榨村[Dǒngzhà Cūn]

隶属于棠棣镇。“董”指姓氏，“榨”指榨油坊，历史上董姓在此开榨坊。董榨村位于棠棣镇中东部，地处烟应线、周天线交会处，交通便利。村委会所在地甘露庵，距棠棣镇政府所在地6000米。董榨村东接三冲村周家碾盘，西邻桃园村谢家塆，南连金龙村聂家独屋，北靠联合村。辖区内共有甘露小区、董家塆、甘露庵、甘杨家塆、李家榨、罗家港、上周家塆、松林塆、下周家塆、徐家大塆、徐杨塆、榨塆、周家榨13

个自然垮。常住居民 257 户，共 1141 人。总面积 3.5 平方千米，其中耕地面积 0.93 平方千米，山地面积 0.33 平方千米，以种植水稻为主，村委会现有工作人员 4 人。董榨村以蛋鸭水产合作社为龙头，大力发展畜禽养殖。全村共有养鸭专业户 4 户，年产蛋量 180 万枚。全村养羊牛大户 2 户，年产牛 120 头，总产值达 40 万元。

民国时期属涢西区花园乡管辖。1949 年 10 月董榨村属木梓区。1952 年 10 月属第 3 区。1954 年 8 月属巡店区。1956 年 3 月属安陆县第三区公所。1956 年 4 月属第四指导小组。1958 年 9 月废第四指导小组设先锋人民公社，董榨村更名为董榨大队，属先锋人民公社甘露乡管辖。同年底先锋人民公社更名为棠棣人民公社。1961 年棠棣人民公社更名为棠棣区，三冲大队并入董榨大队。1964 年三冲从董榨析出。1966 年 9 月棠棣区改为先锋区。1975 年 2 月撤区并社，先锋区改为棠棣人民公社。1984 年元月复置区(镇)、乡(镇)、村，董榨大队更名为董榨村，属棠棣区河德乡管辖。1987 年 10 月安陆撤县建市撤区并乡，董榨村属棠棣镇管辖。

甘露小区[Gān lù xiǎo qū]　隶属棠棣镇董榨村村民委员会辖。明清时期，朝中有一名士大夫姓甘名露，在此地修建了一座庵堂，人称甘露庵。当时香火很旺盛，朝拜的人很多，加之交通便利，南来北往的客人在此歇息，形成了集镇，为农历双日集，该集镇被称为甘露街。2007 年更名为甘露小区。该居民点位于董榨村东北部，聚落呈块状分布，为村委会所在地。东接烟应公路，西邻董家垮，南连榨垮，北靠胡棚村董家垮。全垮 160 户，共 670 人。总面积 1 平方千米，其中耕地面积 120 亩，主要农作物为水稻、小麦，主要经济来源以外地务工为主。

董家垮[Dǒng jiā wān]　隶属棠棣镇董榨村村民委员会辖。该地为董姓聚居地而得名。该居民点位于董榨村北部，聚落呈条状分布，距村委会所在地 500 米。东接胡棚村，西邻甘家垮，南连竹林垮，北靠胡棚村。主要以董姓为主，均为汉族，全垮 28 户，共 134 人。总面积 0.173 平方千米，其中耕地面积 0.124 平方千米，主要农作物为水稻、小麦，主要经济来源以外地务工为主。

甘露庵[Gān lù ān]　隶属棠棣镇董榨村村民委员会辖。当地相传因过去朝中一名大夫姓甘名露在此建寺而得名。该居民点位于董榨村东北，聚落呈条状分布，村委会所在地。东接三冲村周家碾盘，西邻本村董家垮，南连榨垮，北靠胡棚村。主要以甘姓为主，均为汉族，全垮 36 户，共 150 人，总面积 0.11 平方千米，其中耕地面积 0.06 平方千米，主要农作物为水稻、小麦，主要经济来源以外地务工为主。

甘杨家垮[Gān yáng jiā wān]　隶属棠棣镇董榨村村民委员会辖。该地为甘姓、杨姓聚居地而得名。该居民点位于董榨村北部，聚落呈块状分布，距村委会所在地 1000 米。东接松林垮，西邻联合村，南连胡棚村，北靠联合村张家垮。主要以甘姓和杨姓为主，均为汉族，全垮 27 户，共 112 人。总面积 0.17 平方千米，其中耕地面积 0.13 平方千米，主要农作物为水稻、小麦，主要经济来源以外地务工为主。

李家榨[Lǐ jiā zhà]　隶属棠棣镇董榨村村民委员会辖。最初以李姓居民在此开设土布印花染色作坊，因印染质量在附近有名而得名。该居民点位于董榨村西部，聚落呈条状分布，距村委会所在地 1000 米。东接竹林垮，西邻桃园村，南连本村窑垮，北靠本村董家垮。主要以李姓为主，均为汉族，全垮 24 户，共 87 人。总面积 0.12 平方千米，其中耕地面积 0.08 平方千米，主要农作物为水稻、小麦，主要经济来源以外地务工为主。

罗家港[Luó jiā gǎng]　隶属棠棣镇董榨村村民委员会辖。亦称东罗家港。该居民点位于董榨村东南部，聚落呈条状分布，距村委会所在地2500米。东接周家榨，西邻桃园村夏家塆，南连花园村，北靠新独塆。主要以罗姓为主，均为汉族，全塆21户，共98人。总面积0.12平方千米，其中耕地面积0.069平方千米，主要农作物为水稻、小麦，主要经济来源以外地务工为主。

上周家塆[Shàng zhōu jiā wān]　隶属棠棣镇董榨村村民委员会辖。当地为周姓聚居地且位于北边，"上"为"北"之意而得名。该居民点位于董榨村东南部，聚落呈条状分布，距村委会所在地1500米。东接三冲村，西邻本村徐家大塆，南连本村下周家塆，北靠三冲村周家碾盘。主要以周姓为主，均为汉族，全塆27户，共118人。总面积0.127平方千米，其中耕地面积0.07平方千米，主要农作物为水稻、小麦，主要经济来源以外地务工为主。

松林塆[Sōng lín wān]　隶属棠棣镇董榨村村民委员会辖。以物产命名。该居民点位于董榨村西北部，聚落呈条状分布，距村委会所在地2000米。东接本村董家塆，西邻本村甘杨家塆，南连本村李家榨，北靠胡棚村。居民以甘姓居多，均为汉族。全塆13户，共58人。总面积0.08平方千米，其中耕地面积0.027平方千米，主要农作物为水稻、小麦，主要经济来源以外地务工为主。

下周家塆[Xià zhōu jiā wān]　隶属棠棣镇董榨村村民委员会辖。当地为周姓聚居地且位于上周家塆南边，"下"为"南"之意。该居民点位于董榨村东南部，聚落呈条状分布，距村委会所在地1500米。东接三冲村，西邻本村徐家大塆，南连本村周家榨，北靠上周家塆。主要以周姓为主，均为汉族，全塆27户，共118人。总面积0.127平方千米，其中耕地面积0.07平方千米，主要农作物为水稻、小麦，主要经济来源以外地务工为主。

徐家大塆[Xú jiā dà wān]　隶属棠棣镇董榨村村民委员会辖。该地为徐姓聚居地且人口多、房屋面积大而得名。该居民点位于董榨村中南部，聚落呈块状分布，距村委会所在地1000米。东接本村上周家塆、下周家塆，西邻桃园村西罗家岗，南连本村东罗家岗，北靠本村榨塆。主要以徐姓为主，均为汉族，全塆38户，共151人。总面积0.2平方千米，其中耕地面积0.09平方千米，主要农作物为水稻、小麦，主要经济来源以外地务工为主。

徐杨塆[Xú yáng wān]　隶属棠棣镇董榨村村民委员会辖。该地为徐姓、杨姓聚居地而得名。该居民点位于董榨村南部，聚落呈块状分布，距村委会所在地3000米。东接本村周家榨，西邻花园村、桃园村，南连金龙村聂家塆，北靠东罗家岗、周家榨。主要以徐姓和杨姓为主，均为汉族，全塆13户，共63人。总面积0.12平方千米，其中耕地面积0.08平方千米，主要农作物为水稻、小麦，主要经济来源以外地务工为主。

榨塆[Zhà wān]　隶属棠棣镇董榨村村民委员会辖。以经济活动命名。该居民点位于董榨村中南部，聚落呈块状分布，距村委会所在地300米。东接三冲村，西邻本村李家榨，南连本村徐家大塆，北靠本村村委会办公点。居民以聂、王姓居多，均为汉族，全塆17户，共69人。总面积0.12平方千米，其中耕地面积0.09平方千米，主要农作物为水稻、小麦，主要经济来源以外地务工为主。

周家榨[Zhōu jiā zhà] 隶属棠棣镇董榨村村民委员会辖。以居民姓氏和经济活动综合命名。该居民点位于董榨村东南部，聚落呈块状分布，距村委会所在地2000米。东接三冲村，西邻本村徐杨塆，南连金龙村，北靠本村下周家塆。主要以周姓为主，均为汉族，全塆22户，共95人。总面积0.17平方千米，其中耕地面积0.1平方千米，主要农作物为水稻、小麦，主要经济来源以外地务工为主。

五、墩塘村[Dūntáng Cūn]

隶属于棠棣镇。孙姓始祖在明朝末期由江西迁住湖北麻城，后迁于安陆县府河西岸居住，得名"孙家咀"。繁衍生息，形成两个大的村落。以府河为参照点，靠近府河的为前头塆，以西的居民点称为后头塆。孙家咀与金泉村交界处有一面积约24亩的大塘，塘中间有一土墩。金泉村的大路王家塆和小王家塆，以此塘名为王家大塘为由主张产权归金泉村所有；孙家咀孙姓家族则主张产权归孙家咀所有，并称王家大塘为墩塘。自民国至解放初期纠纷不断，产权始终未能明晰。1958年因用水发生械斗，孙家咀人为争取产权，1958年独立成村后命名为墩塘村。

墩塘村位于棠棣镇东部，村委会所在地后头塆与前头塆之间的金李公路边，距棠棣镇政府所在地5千米。墩塘村东与安陆城区一河之隔，西邻魏家凹，南连天灯村，北靠金泉村。辖区内共有2个自然塆：前头塆、后头塆。常住居民136户，共548人，总面积3.5平方千米，其中耕地面积0.18平方千米，以种植水稻、小麦为主。党员人数14人，村干部3人。

明朝开始形成此居民点。1949年10月孙家咀属金泉村属木梓区。1952年10月属第3区。1954年8月属巡店区。1956年3月属安陆县第三区公所。1956年4月属第四指导小组。1958年9月废第四指导小组设先锋人民公社，孙家咀从金泉析出为墩塘大队属先锋人民公社甘露乡管辖。同年底先锋人民公社更名为棠棣人民公社。1961年棠棣人民公社更名为棠棣区。1966年9月改为先锋区。1975年2月撤区并社，先锋区改为棠棣人民公社。1977年并入天灯大队，1979年从天灯大队析出。1984年元月复置区(镇)、乡(镇)、村，墩塘大队并入金泉大队更名为金泉村，属棠棣区河德乡管辖。1987年10月安陆撤县建市撤区并乡，墩塘村从金泉村析出，属棠棣镇管辖。

后头塆[Hòu tóu wān] 隶属棠棣镇墩塘村村民委员会辖。孙姓始祖在明朝末期由江西迁住湖北麻城，后迁于安陆县府河西岸居住，得名"孙家咀"。繁衍生息，形成两个大的村落。以府河为参照点，靠近府河的为前头塆，以西的居民点称为后头塆。该居民点位于墩塘村西部，聚落呈块状分布。东接前头塆，西邻金泉魏家凹，南连天灯村，北靠金泉一组冉家塆、大屋塆。居民以孙姓为主，均为汉族。全塆86户，共311人。总面积0.23平方千米，其中耕地面积0.127平方千米，主要农作物为水稻、小麦，主要经济来源以外地务工为主。

前头塆[Qián tóu wān] 隶属棠棣镇墩塘村村民委员会辖。孙姓始祖在明朝末期由江西迁住湖北麻城，后迁于安陆县府河西岸居住，得名"孙家咀"。繁衍生息，形成两个大的村落。以府河为参照点，靠近府河的为前头塆，以西的居民点称为后头塆。该居民点位于墩塘村东部，聚落呈块状分布。东接府河，西邻后头塆，南连天灯村，北靠金泉一组冉家塆、大屋塆。居民以孙姓为主，均为汉族，全塆 50 户，共 237 人。总面积 0. 16 平方千米，其中耕地面积 0. 055 平方千米，主要农作物为水稻、小麦，主要经济来源以外地务工为主。

六、轭头社区[Ĕtóu Shèqū]

新改社区，原名轭头村，隶属于棠棣镇。昔时雷公店、王义贞店至安陆县城的道路经过本村，弯道酷似农民耕地时牛肩上的轭头，故而得名。

轭头村位于棠棣镇西北部，村委会所在地周家塆，距棠棣镇政府所在地 3500 米。轭头村东接烟店镇横路村，西邻木梓乡汤冲村，南连本镇杨巷村、董塆村、石河村、新塆村，北靠烟店镇邓河村。安京线贯穿东西，轭松公路连接南北。截至 2015 年 5 月，辖区内共有 14 个自然塆：椿树独屋、费家独屋、高岗、康家塆、李家塆、罗家独屋、马家冲、梅家独屋、庙塆、冉家塆、严家垄、杨家塆、周家独屋、周家塆。户籍居民 166 户，共 828 人。实有居民 2500 人。辖区内总面积 3. 2 平方千米，耕地面积 1. 6 平方千米，主要农作物有水稻、小麦、油菜。已建成金银花基地 330 亩，苗木花卉基地 200 亩；新、扩建精养鱼池 120 亩。党员 34 人，村“两委”工作人员 5 人。

1949 年 10 月，轭头隶属于木梓区管辖，1954 年 8 月改为王店区管辖。1958 年建立人民公社，轭头大队隶属于先锋人民公社棠棣乡管辖。1975 年 2 月，撤区并社，轭头大队隶属于木梓人民公社管辖。1984 年元月，复置区(镇)、乡(镇)、村，轭头大队改名为轭头村，隶属于棠棣区棠棣镇管辖。1987 年 10 月，撤区并乡，原棠棣镇、河德乡合并为棠棣镇。轭头村隶属于棠棣镇管辖。

椿树独屋[Chūn shù dú wū]　隶属棠棣镇轭头村村民委员会辖。“椿树”指植物，有健康、长寿之意，“独屋”指初期只有一户居民，种有椿树，故名。该居民点位于棠棣镇轭头村南部，聚落呈块状分布，距村委会所在地 1800 米。东接轭松公路，西邻杨巷村，南连董塆村，北靠严家垄。所住居民吴姓居多，均为汉族。全塆 3 户，共 9 人。总面积 0. 1 为平方千米，其中耕地面积 0. 05 平方千米，主要农作物为小麦、水稻、油菜，主要经济来源以外地务工为主。

费家独屋[Fèi jiā dú wū]　隶属棠棣镇轭头村村民委员会辖。该地为费姓聚居地且最初只有一户居民而得名。该居民点位于棠棣镇轭头村东北部，聚落呈块状分布，距村委会所在地 1000 米。东接烟店镇横路村陶岗，西邻高家大塘，南连烟店镇横路村，北靠烟店镇横路村陶岗。主要以费姓居民为主，均为汉族。全塆 2 户，共 12 人。总面积 0. 02 为平方千米，其中耕地面积 0. 01 平方千米，主要农作物为小麦、水稻、油菜，主要经济来源以外地务工为主。

高岗[Gāo gǎng]　隶属棠棣镇轭头村村民委员会辖。该地为高姓聚居地且居住在山冈上而得名。该居民点位于棠棣镇轭头村西北部，聚落呈块状分布，距村委会所在地 1200 米。东接高岗大塘，西邻轭烟通镇公路，南连轭头集镇，北靠梅家独屋。主要以高、梅姓居民为主，均为汉族。全塆 4 户，共 16 人。总面积 0. 04 为平方千米，其中耕地面积 0. 02 平方千米，主要农作物为小麦、水稻、油菜，主要经济来源以外地务工为主。

康家塆[Kāng jiā wān]　隶属棠棣镇轭头村村民委员会辖。该地为康姓聚居地而得名。该居民点位于棠棣镇轭头村东南部，聚落呈 U 形分布，距村委会所在地 1500 米。东接联合水库，西邻周家塆，南连联合水库，北靠烟店镇横路村。主要以康姓居民为主，均为汉族。全塆 25 户，共 132 人。总面积 0. 28 为平方千米，其中耕地面积 0. 14 平方千米，主要农作物为小麦、水稻、油菜，主要经济来源以外地务工为主。

李家塆[Lǐ jiā wān]　隶属棠棣镇轭头村村民委员会辖。该地为李姓聚居地而得名。该居民点位于棠棣镇轭头村东南部，聚落呈块状分布，距村委会所在地 800 米。东接烟店镇横路村陶岗，西邻轭头村村委会办公楼，南连 243 省道，北靠烟店镇横路村陶岗。主要以李姓居民为主，均为汉族。全塆 9 户，共 36 人。总面积 0. 12 为平方千米，其中耕地面积 0. 06 平方千米，主要农作物为小麦、水稻、油菜，主要经济来源以外地务工为主。

罗家独屋[Luó jiā dú wū]　隶属棠棣镇轭头村村民委员会辖。该地为罗姓聚居地且最初只有一户居民而得名。该居民点位于棠棣镇轭头村东南部，聚落呈块状分布，距村委会所在地 1000 米。东接黎家大塘，西邻杨巷村，南连联合水库滩涂，北靠马家冲。主要以罗姓居民为主，均为汉族。全塆 3 户，共 12 人。总面积 0. 21 为平方千米，其中耕地面积 0. 1 平方千米，主要农作物为小麦、水稻、油菜，主要经济来源以外地务工为主。

马家冲[Mǎ jiā chōng]　隶属棠棣镇轭头村村民委员会辖。马姓聚居在两山之间狭长的谷地而得名。该居民点位于棠棣镇轭头村东南部，聚落呈块状分布，距村委会所在地 800 米。东接庙堰水库，西邻周家独屋，南连万家独屋，北靠 243 省道。主要以马姓居民为主，均为汉族。全塆 14 户，共 46 人。总面积 0. 1 为平方千米，其中耕地面积 0. 042 平方千米，主要农作物为小麦、水稻、油菜，主要经济来源以外地务工为主。

梅家独屋[Méi jiā dú wū]　隶属棠棣镇轭头村村民委员会辖。该地为梅姓聚居地且最初只有一户居民而得名。该居民点位于棠棣镇轭头村西北部，聚落呈块状分布，距村委会所在地 1300 米。东接烟店镇横路村，西邻轭烟公路，南连高岗大塘，北靠烟店镇邓河村。主要以梅姓居民为主，均为汉族。全塆 3 户，共 9 人。总面积 0. 04 为平方千米，其中耕地面积 0. 02 平方千米，主要农作物为小麦、水稻、油菜，主要经济来源以外地务工为主。

庙塆[Miào wān]　隶属棠棣镇轭头村村民委员会辖。因当地原为十八里大庙旧址。清末该塆有一座庙宇。此庙距德安府署十八里而得名十八里大庙。后因战乱香火逐渐衰败，僧人四散。“文化大革命”时期破四旧被拆除、倒塌，庙宇不复存在，但地名一直沿用至今。该居民点位于棠棣镇轭头村东南部，聚落呈块状分布，距村委会所在地 1000 米。东接康家塆，西邻庙堰水库，南连联合水库滩涂，北靠烟店镇横路村陶岗。所住居民程、周、卢、黎姓居多，均为汉族。全塆 12 户，共 46 人。总面积 0. 19 为平方千米，其中耕地面积 0. 08 平方千米，主要农作物为小麦、水稻、油菜，主要经济来源以外地务工为主。

冉家塆[Rǎn jiā wān] 隶属棠棣镇轭头村村民委员会辖。该地为冉姓聚居地而得名。该居民点位于棠棣镇轭头村西南部，聚落呈块状分布，距村委会所在地300米。东接李家塆，西邻轭头街东面，北靠243省道，南连熊塆水库。主要以冉姓居民为主，均为汉族。全塆4户，共12人。总面积0.05平方千米，其中耕地面积0.022平方千米，主要农作物为小麦、水稻、油菜，主要经济来源以外地务工为主。

严家垄[Yán jiā lǒng] 隶属棠棣镇轭头村村民委员会辖。因严姓聚居在垄上而得名。该居民点位于棠棣镇轭头村东南部，聚落呈块状分布，距村委会所在地1200米。东接联合水库，西邻杨巷村，南连椿树独屋，北靠鱼池、周家塆。主要以严姓居民为主，均为汉族。全塆6户，共26人。总面积0.1平方千米，其中耕地面积0.05平方千米，主要农作物为小麦、水稻、油菜，主要经济来源以外地务工为主。

杨家塆[Yáng jiā wān] 隶属棠棣镇轭头村村民委员会辖。该居民点位于棠棣镇轭头村西北部，聚落呈块状分布，距村委会所在地1000米。东接轭头集镇，西邻烟店镇邓岗村，南连243省道，北靠高岗。主要以张、雷、肖姓居民为主，均为汉族。全塆12户，共56人。总面积0.12为平方千米，其中耕地面积0.06平方千米，主要农作物为小麦、水稻、油菜，主要经济来源以外地务工为主。

周家独屋[Zhōu jiā dú wū] 隶属棠棣镇轭头村村民委员会辖。该地为周姓聚居地且最初只有一户居民而得名。该居民点位于棠棣镇轭头村西南部，聚落呈块状分布，距村委会所在地1000米。东接轭松公路，西邻杨巷村邓家塆，南连杨巷村，北靠轭头集镇。主要以周姓居民为主，均为汉族。全塆8户，共24人。总面积0.0448平方千米，其中耕地面积0.022平方千米，主要农作物为小麦、水稻、油菜，主要经济来源以外地务工为主。

周家塆[Zhōu jiā wān] 隶属棠棣镇轭头村村民委员会辖。该地为周姓聚居地而得名。该居民点位于棠棣镇轭头村东南部，聚落呈块状分布，距村委会所在地1000米。东接康家塆，西邻榨山，南连联合水库滩涂，北靠243省道。主要以周姓居民为主，均为汉族。全塆12户，共41人。总面积0.19平方千米，其中耕地面积0.08平方千米，主要农作物为小麦、水稻、油菜，主要经济来源以外地务工为主。

七、方卢村[Fānglú Cūn]

隶属于棠棣镇。清初时方家上塆和方家下塆是一个塆，方家上塆位于方家大堰的刓口下沿，名方家刓口。1984年从棠棣村析出时名方刓村。后因该村居民主要由方姓、卢姓等组成，1987年“方刓”改为“方卢”。

方卢村位于棠棣镇中南部，村委会所在地何家小塆新村小区，距棠棣镇政府所在地800米。东接桃园村、花园村，西邻蒋梅村、木梓乡曾毛村，南连蒋梅村，北靠棠棣村。截至2015年5月，辖区内共有7个自然塆：方家上塆、方家下塆、何家大塆、何家小塆、军卢家塆、卢家榨、代家塆。常住居民162户，714人。辖区总面积1.31平方千米，其中耕地面积0.9平方千米，主要农作物有水稻、小麦。

1949年10月，方刓是棠棣村的一部分，隶属于木梓区管辖。1952年10月属第3区。1954年8月属巡店区。1956年3月属安陆县第三区公所。1956年4月属第四指导小组。1958年9月废第四指导小组设先锋人民公社，棠棣村更名为棠棣大队，隶属于先锋人民公社棠棣乡管辖。1975年2月，撤区并社，棠棣大队隶属于棠棣人民公社管辖。1984年元月，复置区(镇)、乡(镇)、村，方刓村从棠棣村析出，隶属于棠棣区棠棣镇管辖。1987年10月，撤区并乡，原棠棣镇、河德乡合并为棠棣镇，方刓村更名为方卢村，隶属于棠棣镇管辖。

方家上垮[Fāng jiā shàng wān]　隶属棠棣镇方卢村村民委员会辖。以居民姓氏和方位综合命名，位于方家下垮北面，亦称方家刓口。本居民点位于棠棣镇方卢村委会所在地东南部，呈块状分布，距村委会所在地500米。东接桃园村，西邻公路，南连方家下垮，北靠代家垮。主要以方姓为主，均为汉族。全垮33户，共132人。总面积0.305平方千米，其中耕地面积0.171平方千米，主要农作物为小麦、水稻，主要经济来源以外地务工为主。

方家下垮[Fāng jiā xià wān]　隶属棠棣镇方卢村村民委员会辖。居民姓氏和方位综合命名，位于方家上垮南边。该居民点位于棠棣镇方卢村南部，聚落呈块状分布，距村委会所在地100米。东接桃园村，西邻方卢村河流，南连蒋梅村、花园村，北靠方家上垮。主要以方姓为主，均为汉族。全垮29户，共128人。总面积0.3平方千米，其中耕地面积0.226平方千米，主要农作物为小麦、水稻，主要经济来源以外地务工为主。

何家大垮[Hé jiā dà wān]　隶属棠棣镇方卢村村民委员会辖。该地为何姓聚居地且面积大人口多而得名。该居民点位于棠棣镇方卢村南部，聚落呈块状分布，距村委会所在地300米。东接何家小垮，西邻方卢村河流，南连张冲养殖场，北靠郭家垮。主要以何姓为主，均为汉族。全垮26户，共121人。总面积0.2平方千米，其中耕地面积0.17平方千米，主要农作物为小麦、水稻，主要经济来源以外地务工为主。

何家小垮[hé jiā xiǎo wān]　隶属棠棣镇方卢村村民委员会辖。该地为何姓聚居地且面积小人口少而得名。该居民点位于棠棣镇方卢村中部，聚落呈块状分布，为村委会所在地。东接代家垮，西邻方卢村河流，南连代冲养殖场，北靠何家大垮。主要以何姓为主，均为汉族。全垮19户，共65人。总面积0.18平方千米，其中耕地面积0.11平方千米，主要农作物为小麦、水稻，主要经济来源以外地务工为主。

军卢家垮[Jūn lú jiā wān]　隶属棠棣镇方卢村村民委员会辖。明朝时期，有位亲王死后下葬在垮北，朝廷派卢姓统领带人守墓，并买下许多田地，不完粮、不纳税、吃军饷，故称军卢家垮。该居民点位于棠棣镇方卢村南部，聚落呈块状分布，距村委会所在地700米。东接棠棣村，西邻蒋梅村，南连何家大垮，北靠新周天公路。主要以卢姓为主，均为汉族。全垮26户，共117人。总面积0.215平方千米，其中耕地面积0.148平方千米，主要农作物为小麦、水稻，主要经济来源以外地务工为主。

卢家榨[Lú jiā zhà]　隶属棠棣镇方卢村村民委员会辖。“卢家”指卢姓居民，“榨”指榨油作坊。该居民点位于棠棣镇方卢村东北部，聚落呈块状分布，距村委会所在地500米。东接桃园村，西邻代家垮，南连方园水库，北靠棠棣村。主要以卢姓为主，均为汉族。全垮13户。共84人，总面积0.172平方千米，其中耕地面积0.105平方千米，主要农作物为小麦、水稻，主要经济来源以外地务工为主。

代家垮[Dài jiā wān]　隶属棠棣镇方卢村村民委员会辖。以居民姓氏命名。该居民点位于棠棣镇方卢村村委会中部，聚落呈块状分布，距村委会所在地100米。东接卢家榨，西邻何家小塆，南连方家上塆，北靠棠花公路。主要以代姓为主，均为汉族。全塆14户，共62人。总面积0.168平方千米，其中耕地面积0.101平方千米，主要农作物为小麦、水稻，主要经济来源以外地务工为主。

八、河德村[Hédé Cūn]

河德村隶属于安陆市棠棣镇。“河德”指河德桥。河德桥也叫河坝桥、江东桥，在下石河入涢的交汇处横跨下石河。古代当地人叫涢水为乌江，该桥名“江东桥”，意为乌江就在东边的桥，与古文化遗址晒书台相邻。明代本邑人闫应元承接修造了现在的河坝桥。桥上游百米处有一座河床变迁形成的天然石坝，所以河德桥又名河坝桥。遇洪涝，石坝减缓了河水冲击桥墩的压力；遇干旱，石坝上游的河水灌溉两岸良田，人们都说河坝有德，于是又叫河德桥。清朝末年，桥面磨损毁坏，张姓道士再次承修。1954年当地村民在桥面的石条上浇灌水泥加固桥面。1983年冬，政府投资在老桥之西建造了一座钢筋水泥结构的大桥，2009年安陆市人民政府发文，把河德桥定为重点保护遗迹。

河德村位于棠棣镇的东南部，村委会所在地张家塆，距棠棣镇政府5000米。属丘陵地带，东接李园村、回龙村、张陈村，西邻务丰村、金龙村，南连巡店镇，北靠三冲村。截至2015年5月，辖区内共有8个自然塆：河德桥、凹字塆、陈家塆、金家塆、三姓塆、熊家塆、徐家塆、张家塆。常住居民195户，842人。辖区内总面积0.938平方千米，其中耕地面积0.5平方千米，主要农作物有水稻、小麦。

1949年10月河德村属木梓区。1952年10月属第3区。1954年8月属巡店区。1956年3月属安陆县第三区公所。1956年4月属第四指导小组。1958年9月废第四指导小组设先锋人民公社，河德村更名为河德大队属甘露乡管辖。同年底先锋人民公社更名为棠棣人民公社。1961年棠棣人民公社更名为棠棣区。1966年9月改为先锋区。1975年2月撤区并社，先锋区改为棠棣人民公社。1984年元月复置区（镇）、乡（镇）、村，河德大队更名为河德村，属棠棣区河德乡管辖。1987年10月安陆撤县建市，河德村属棠棣镇管辖。

凹字塆[Wā zì wān]　隶属棠棣镇河德村村民委员会辖。以地理特征命名。该居民点位于棠棣镇河德村东北部，聚落呈块状分布，距村委会所在地800米。东接张陈村梅家塆，西邻三姓塆，南连陈家塆，北靠棠棣镇三冲村聂家独屋、黄家大塘塆。所住居民以陈、蔡、张姓居多，均为汉族。全塆22户，共102人。总面积0.196平方千米，其中耕地面积0.1平方千米，主要农作物为小麦、水稻，主要经济来源以外地务工为主。

陈家塆[Chén jiā wān]　隶属棠棣镇河德村村民委员会辖。以居民姓氏命名。该居民点位于棠棣镇河德村北部，聚落呈块状分布，距村委会所在地200米。东接金家塆，西邻徐家塆，南连张家塆，北靠三姓塆、凹字塆。主要以陈姓为主，均为汉族。全塆15户，共63人。总面积0.15平方千米，其中耕地面积0.11平方千米，主要农作物为小麦、水稻，主要经济来源以外地务工为主。

河德桥[Hé dé qiáo]　隶属棠棣镇河德村村民委员会辖。以标志性建筑物命名。该居民点位于棠棣镇河德村南部，聚落呈块状分布，距村委会所在地1000米。东接李园村，西邻务丰村艾家塆，南连巡店镇彭河村，北靠熊家塆。所住居民以熊、彭姓居多，均为汉族。全塆49户，共200人。总面积0.15平方千米，其中耕地面积0.12平方千米，主要农作物为小麦、水稻，主要经济来源以外地务工为主。

金家塆[Jīn jiā wān] 隶属棠棣镇河德村村民委员会辖。以居民姓氏命名。该居民点位于棠棣镇河德村东部，聚落呈条状分布，距村委会所在地500米。东接回龙村聂家塆，西邻河德村张家塆，南连河德村熊家塆，北靠河德村凹字塆。主要以金姓为主，均为汉族。全塆15户，共78人。总面积0.115平方千米，其中耕地面积0.08平方千米，主要农作物为小麦、水稻，主要经济来源以外地务工为主。

三姓塆[Sān xìng wān] 隶属棠棣镇河德村村民委员会辖。全塆居住着徐、张、蔡三个姓氏的家族，故而得名。1982年由凹字塆迁入此地。该居民点位于棠棣镇河德村东北部，聚落呈块状分布，距村委会所在地700米。东接凹字塆，西邻张家塆，南连陈家塆，北靠三冲村聂家独屋。所住居民以徐、张、蔡居多，均为汉族。全塆5户，共14人。总面积0.02平方千米，其中耕地面积0.01平方千米，主要农作物为小麦、水稻，主要经济来源以外地务工为主。

熊家塆[Xióng jiā wān] 隶属棠棣镇河德村村民委员会辖。以居民姓氏命名。该居民点位于棠棣镇河德村南部，聚落呈块状分布，距村委会所在地1000米。东接李园村，西邻金龙村金家垅，南连河德桥，北靠张家塆。主要以熊姓、周姓为主，均为汉族。全塆56户，共252人。总面积0.25平方千米，其中耕地面积0.188平方千米，主要农作物为小麦、水稻，主要经济来源以外地务工为主。

徐家塆[Xú jiā wān] 隶属棠棣镇河德村村民委员会辖。以居民姓氏命名。该居民点位于棠棣镇河德村北部，聚落呈块状分布，距村委会所在地400米。东接三姓塆、陈家塆，西邻聂李家塆，南连张家塆、金家垅，北靠聂家独屋。主要以徐姓为主，均为汉族。全塆12户，共61人。总面积0.11平方千米，其中耕地面积0.08平方千米，主要农作物为小麦、水稻，主要经济来源以外地务工为主。

张家塆[Zhāng jiā wān] 隶属棠棣镇河德村村民委员会辖。以居民姓氏命名。该居民点位于棠棣镇河德村中部，聚落呈块状分布，为村委会所在地。东接金家塆，西邻金龙村金家垅，南连熊家塆，北靠陈家塆。主要以张姓为主，均为汉族。全塆16户，共68人。总面积0.1平方千米，其中耕地面积0.08平方千米，主要农作物为小麦、水稻，主要经济来源以外地务工为主。

九、胡棚村[Húpéng Cūn]

隶属于棠棣镇。昔时该地有一胡姓人家搭棚做生意而得名。胡棚村位于棠棣镇东北部，安京公路与烟应公路交叉处，属丘陵地带，村委会所在地胡棚街，距棠棣镇政府所在地4500米。东接上徐家塆，西邻孝襄高速，南连董榨村，北靠烟店镇董桥村。截至2015年5月，辖区内共有11个自然塆：陈家塆、董家寨1、董家寨2、杜家牌坊塆、高树塆、上胡家塆、上李家塆、下李家塆、郑磨塆、周家独塆和胡棚街。常住居民281户、1108人。辖区内总面积3.3平方千米，其中耕地面积1.2平方千米，主要农作物有水稻、小麦。村内主要驻区单位有大北农饲料科技有限公司、禾丰公司等。党员 33 人，村干部 4 人。

1949 年 10 月胡棚村属木梓区。1952 年 10 月属第 3 区。1954 年 8 月属巡店区。1956 年 3 月属安陆县第三区公所。1956 年 4 月属第四指导小组。1958 年 9 月废第四指导小组设先锋人民公社，胡棚村更名为胡棚大队属先锋人民公社甘露乡管辖。同年底先锋人民公社更名为棠棣人民公社。1961 年棠棣人民公社更名为棠棣区。1966 年 9 月改为先锋区。1975 年 2 月撤区并社，先锋区改为棠棣人民公社。1984 年元月复置区（镇）、乡（镇）、村，胡棚大队更名为胡棚村，属棠棣区河德乡管辖。1987 年 10 月安陆撤县建市撤区并乡，原棠棣镇、河德乡合并为棠棣镇，胡棚村属棠棣镇管辖。

陈家垮[Chén jiā wān]　隶属棠棣镇胡棚村村民委员会辖。以居民姓氏命名。该居民点位于棠棣镇胡棚村东部，属丘陵山地地形，聚落呈块状分布，距村委会所在地 500 米。东接百花水库，西邻胡棚村董家寨，南连李家垮，北靠胡棚村胡家棚子。主要以陈姓为主，均为汉族。全垮 20 户，共 70 人。总面积 0. 134 平方千米，其中耕地面积 0. 074 平方千米，主要农作物为小麦、水稻，主要经济来源以外地务工为主。

董家寨 1[Dǒng jiā zhài 1]　隶属棠棣镇胡棚村村民委员会辖。清朝时董姓始祖到此定居，为防匪患在垮四周挖塘，中间建寨子，得名董家寨。后人口增多，为便于管理，以垮子中间为界分为两个组，故名董家寨 1。该居民点位于棠棣镇胡棚村东南部，属丘陵山地地形，聚落呈块状分布，距村委会所在地 100 米。东接胡棚村董家寨 2，西邻胡棚村郑磨垮，南连董榨村，北靠胡棚村上李家垮。主要以董姓为主，均为汉族。全垮 30 户，110 人。总面积 0. 24 平方千米，其中耕地面积 0. 12 平方千米，主要农作物为小麦、水稻，主要经济来源以外地务工为主。

董家寨 2[Dǒng jiā zhài 2]　隶属棠棣镇胡棚村村民委员会辖。该居民点位于棠棣镇胡棚村东南部，属丘陵山地地形，聚落呈块状分布，距村委会所在地 100 米。东接下李家垮，西邻董家寨 1，南连董榨村，北靠上李家垮。主要以董姓为主，均为汉族。全垮 31 户，共 100 人。总面积 0. 2 平方千米，其中耕地面积 0. 1 平方千米，主要农作物为小麦、水稻，主要经济来源以外地务工为主。

杜家牌坊[Dù jiā pái fāng]　隶属棠棣镇胡棚村村民委员会辖。“杜家”指杜姓居民，“牌坊”指封建社会为表彰功勋、科第、德政以及忠孝节义所立的建筑物。此垮古名难以考证，明万历年后一直叫杜家牌坊。20 世纪 40 年代末期，牌坊毁圮，新中国成立后破除封建迷信，牌坊彻底根除。“文革”中开始叫杜家垮，2015 年复名杜家牌坊。该居民点位于棠棣镇胡棚村西部，属丘陵山地地形，聚落呈块状分布，距村委会所在地 500 米。东接高树垮，西邻联合村，南连高树垮，北靠烟店镇宋垅村。主要以杜姓为主，均为汉族。全垮 18 户，共 90 人。主要农作物为小麦、水稻，主要经济来源以外地务工为主。

高树垮[Gāo shù wān]　隶属棠棣镇胡棚村村民委员会辖。因当地地势较高，且昔时垮内种植有高大树木而得名。该居民点位于棠棣镇胡棚村西部，属丘陵山地地形，聚落呈块状分布，距村委会所在地 600 米。东接董家寨，西邻杜家垮，南连郑磨垮，北靠黄荆山部队。主要以董、郑两姓为主，均为汉族。全垮 26 户，共 80 人。总面积 0. 174 平方千米，其中耕地面积 0. 1 平方千米，主要农作物为小麦、水稻，主要经济来源以外地务工为主。

胡家垮[Hú jiā wān]　隶属棠棣镇胡棚村村民委员会辖。以居民姓氏命名，亦称下胡家垮、章胡家垮。

该居民点位于棠棣镇胡棚村东北部，属丘陵山地地形，聚落呈块状分布，距村委会所在地500米。东接百花村，西邻上胡家塆，南连陈家塆，北靠十里村。主要以胡姓为主，均为汉族。全塆40户，共200人。总面积0.168平方千米，其中耕地面积0.1平方千米，主要农作物为小麦、水稻，主要经济来源以外地务工为主。

上胡家塆[Shàng hú jiā wān]　隶属棠棣镇胡棚村村民委员会辖。清朝时胡姓在此定居，而此塆的东边又是一个全部姓胡的塆，且地势比本塆低，故此塆称为上胡家塆。该居民点位于棠棣镇胡棚村东北，属丘陵山地地形，聚落呈块状分布，距村委会所在地600米。东接下胡家塆，西邻高树塆，南连陈家塆，北靠十里村。主要以胡姓为主，均为汉族。全塆35户，共140人。总面积0.235平方千米，其中耕地面积0.134平方千米，主要农作物为小麦、水稻，主要经济来源以外地务工为主。

上李家塆[Shàng lǐ jiā wān]　隶属棠棣镇胡棚村村民委员会辖。明末清初因全塆户主均姓李，而在塆南也是一个李姓塆，地势比此塆要低，所以得名上李家塆。该居民点位于棠棣镇胡棚村东部，属丘陵山地地形，聚落呈块状分布，距村委会所在地600米。东接百花水库，西邻董家寨，南连下李家塆，北靠陈家塆。主要以李姓为主，均为汉族。全塆40户，共160人。总面积0.235平方千米，其中耕地面积0.141平方千米，主要农作物为小麦、水稻，主要经济来源以外地务工为主。

下李家塆[Xià lǐ jiā wān]　隶属棠棣镇胡棚村村民委员会辖。清朝时为李姓聚居地，因在其北方也有一李家塆，故称下李家塆。该居民点位于棠棣镇胡棚村东南部，属丘陵地形，聚落呈块状分布，距村委会所在地700米。东接百花水库，西邻董家寨2，南连百花水库，北靠上李家塆。主要以李姓为主，均为汉族。全塆10户，共50人。总面积0.1平方千米，其中耕地面积0.05平方千米，主要农作物为小麦、水稻，主要经济来源以外地务工为主。

郑磨塆[Zhèng mó wān]　隶属棠棣镇胡棚村村民委员会辖。昔时郑姓居民在此开磨坊而得名。该居民点位于棠棣镇胡棚村西南部，属丘陵山地地形，聚落呈块状分布，距村委会所在地700米。东接董家寨1，西邻联合村，南连董榨村，北靠高树塆。主要以郑、彭姓为主，均为汉族。全塆20户，共70人。总面积0.14平方千米，其中耕地面积0.056平方千米，主要农作物为小麦、水稻，主要经济来源以外地务工为主。

周家独塆[zhōu jiā dú wān]　隶属棠棣镇胡棚村村民委员会辖。该地为周姓聚居地且最初只有一户居民。该居民点位于棠棣镇胡棚村东南部，属丘陵山地地形，聚落呈块状分布，距村委会所在地700米。东接百花村，西邻董榨村，南连三冲村，北靠董家寨2。主要以周姓为主，均为汉族。全塆30户，共110人。总面积0.188平方千米，其中耕地面积0.1072平方千米，主要农作物为小麦、水稻，主要经济来源以外地务工为主。

十、胡巷村[Húxiàng Cūn]

隶属于棠棣镇。以村内居民点胡家巷命名。胡巷村位于棠棣镇西南部，属丘陵地带，村委会所在地松林村(松林、胡巷、长岗三村共建)，距棠棣镇政府所在地4000米。胡巷村东接松林村，西邻长岗村，南连巡店镇石场、八里村，北靠松林村。截至2015年5月，辖区内共有5个自然塆：胡巷林场、胡巷新街、辜张塆、操家塆、胡家巷。常住居民152户、756人，辖区内总面积2.5平方千米，其中耕地面积0.85平方千米，山场面积0.4平方千米，主要农作物有水稻、小麦。党员29人，共有工作人员3名。

1949年10月胡巷村属木梓区。1952年10月属第3区。1954年8月属巡店区。1956年3月属安陆县第三区公所。1956年4月属第四指导小组。1958年9月废第四指导小组设先锋人民公社，胡巷村更名为胡巷大队。同年底先锋人民公社更名为棠棣人民公社。1961年棠棣人民公社更名为棠棣区。1966年9月改为先锋区。1975年2月撤区并社，先锋区改为棠棣人民公社。1984年元月复置区(镇)、乡(镇)、村，胡巷大队更名为胡巷村，属棠棣区棠棣镇管辖。1987年10月安陆撤县建市撤区并乡，原棠棣镇、河德乡合并为棠棣镇，胡巷村属棠棣镇管辖。

操家塆[Cāo jiā wān]　隶属棠棣镇胡巷村村民委员会辖。以居民姓氏命名，亦称操家冲。该居民点位于棠棣镇胡巷村南部，聚落呈块状分布，距村委会所在地3000米。东接巡店镇石场村，西邻木梓乡黄冲村，南连巡店镇十塘村，北靠周家新村。主要以操姓为主，均为汉族。全塆41户，共172人。总面积0.47平方千米，其中耕地面积0.28平方千米，主要农作物为小麦、水稻，主要经济来源以外地务工为主。

辜张塆[Gū zhāng wān]　隶属棠棣镇胡巷村村民委员会辖。该地为辜姓、张姓聚居地而得名，亦名辜家冲。该居民点位于棠棣镇胡巷村东部，聚落呈块状分布，距村委会所在地1100米。东接松林村，西邻胡家巷，南连巡店镇八里村，北靠松林村。主要以辜、张两姓为主，均为汉族。全塆52户，共227人。总面积0.35平方千米，其中耕地面积0.23平方千米，主要农作物为小麦、水稻，主要经济来源以外地务工为主。

胡家巷[Hú jiā xiàng]　隶属棠棣镇胡巷村村民委员会辖。清朝时胡姓地主将自己的住宅建成六进间、五个天井，大门到堂屋要经过一条很长的巷子，故而得名。该居民点位于棠棣镇胡巷村南部，聚落呈块状分布，距村委会所在地1800米。东接辜家塆，西邻胡巷林场，南连巡店镇石场村，北靠胡巷新街。主要以胡姓为主，均为汉族。全塆37户，共147人。总面积0.28平方千米，其中耕地面积0.165平方千米，主要农作物为小麦、水稻，主要经济来源以外地务工为主。

胡巷新街[Hú xiàng xīn jiē]　隶属棠棣镇胡巷村村民委员会辖。“胡巷”指胡家巷，“新街”指新建的街道。原周家大塘塆搬迁于此。该居民点位于胡巷村南边，聚落呈条状分布，东北距棠棣镇街4000米，距村委会所在地1000米。东接松林村，西邻长岗村，南连胡家巷，北靠松林村。主要以胡、周姓为主，均为汉族。全塆68户，共327人。总面积0.5平方千米，其中耕地面积0.308平方千米，主要农作物为小麦、水稻，主要经济来源以外地务工为主。

胡巷林场[Hú xiàng lín chǎng]　隶属棠棣镇胡巷村村民委员会辖。最初当地称为胡家独屋，1972年胡巷大队在该处开山造林、种茶，故改名胡巷林场。该居民点位于棠棣镇街西南5000米、胡巷村中心，聚落呈块状分布。东接巡店镇石场村，西邻辜张塆，南连操家塆，北靠长岗村。主要以操姓为主，均为汉族。全塆3户，共17人。总面积0.054平方千米，其中耕地面积0.033平方千米，主要农作物为茶叶、树木，主要经济来源以外地务工为主。

十一、花园村[Huāyuán Cūn]

隶属于棠棣镇。清末民国初时当地有一谢家塆，修建有一座寺庙，庙内栽有桂花树，经过僧侣精心培养，树冠高大，香气浓郁，故得名谢家花园。

花园村位于棠棣镇中部，地处丘陵地带，村委会所在地杨家店，距棠棣镇政府所在地 2000 米。东接金龙村，西邻方卢村，南连八里河堤，北靠桃园村。截至 2015 年 5 月，该村共有 10 个自然塆：侯家稻场、下汾夏家塆、肖家桥、肖家寨后寨、肖家寨前寨、谢家花园、杨家店、章家畈、章家壕沟、中汾夏家塆。全村均为汉族，共有 268 户，共 1126 人，总面积 1. 756 平方千米，其中耕地面积 1. 5588 平方千米，主要农作物为水稻、小麦。现有党员 44 人。

清末形成聚落。民国时期设村。1949 年 10 月花园村属木梓区。1952 年 10 月属第 3 区。1954 年 8 月属巡店区。1956 年 3 月属安陆县第三区公所。聂李村、务丰村、花园村合并为花园村。1956 年 4 月属第四指导小组。1958 年 9 月废第四指导小组设先锋人民公社，花园村更名为花园大队。同年底先锋人民公社更名为棠棣人民公社。1961 年棠棣人民公社更名为棠棣区，金龙大队、务丰大队从花园大队析出。1966 年 9 月改为先锋区。1975 年 2 月撤区并社，先锋区改为棠棣人民公社，花园大队改名杨店大队。1984 年元月复置区(镇)、乡(镇)、村，杨店大队更名为花园村，属棠棣区棠棣镇管辖。1987 年 10 月安陆撤县建市撤区并乡，原棠棣镇、河德乡合并为棠棣镇，花园村属棠棣镇管辖。

侯家稻场[Hóu jiā dào chǎng]　隶属棠棣镇花园村村民委员会辖。明末清初时，当地为侯姓聚居地，因塆大人多，塆内有一大禾场供全塆人使用，故而得名。该居民点位于花园村西部，为丘陵山地地形，聚落呈块状分布，距村委会所在地 1000 米。东接章家壕沟，西邻方卢村，南连吴家坝，北靠黄家大塆。全塆主要以侯姓为主，均为汉族，共有 42 户，共 188 人。总面积 0. 2824 平方千米，其中耕地面积 0. 2556 平方千米，主要农作物为小麦、水稻，主要经济来源为外地务工。

下份夏家塆[Xià fén xià jiā wān]　隶属棠棣镇花园村村民委员会辖。清朝康熙年间夏姓三兄弟分家，老大住老屋，称为上份夏家塆。老二的居住点称为中份夏家塆。老三建房的地方，称为下份夏家塆。该居民点位于花园村北部，为丘陵山地地形，聚落呈块状分布，距村委会所在地 500 米。东接叶家塆，西邻肖家桥，南连肖家桥，北靠王家坝水库。全塆主要以夏姓为主，均为汉族，共有 21 户，共 86 人。总面积 0. 1347 平方千米，其中耕地面积 0. 1119 平方千米，主要农作物为小麦、水稻，主要经济来源为外地务工。

肖家桥[Xiāo jiā qiáo]　隶属棠棣镇花园村村民委员会辖。以居民姓氏及居民点附近设施综合命名。该居民点位于花园村东部，东临烟应公路 2 千米，为丘陵山地地形，聚落呈块状分布，距村委会所在地 1000 米。东接金龙村，西邻下份夏家塆，南连肖家后寨，北靠下份夏家塆。全塆主要以肖姓为主，均为汉族，共有 16 户，共 65 人。总面积 0. 0878 平方千米，其中耕地面积 0. 0744 平方千米，主要农作物为小麦、水稻，主要经济来源为外地务工。

肖家寨后寨[Xiāo jiā zhài hòu zhài] 隶属棠棣镇花园村村民委员会辖。清末民国初期匪患严重，当地肖姓居民在寨塆四周开挖壕沟800米、宽5米、深2.5米，建有炮楼和人行吊桥，故得名肖家寨后寨。该居民点位于花园村东北部，为丘陵山地地形，聚落呈块状分布，距村委会所在地1000米。东接金龙村，西邻张家畈，南连务丰村，北靠肖家桥。全塆主要以肖姓为主，均为汉族，共有29户，共116人。总面积0.1776平方千米，其中耕地面积0.1521平方千米，主要农作物为小麦、水稻，主要经济来源为外地务工。

肖家寨前寨[Xiāo jiā zhài qián zhài] 隶属棠棣镇花园村村民委员会辖。清末民国初期当地匪盗猖獗，由于后寨有壕沟，土匪难进入。前寨居民经过多年的房屋修建，做到了户户相通，且四周有很宽很厚的土寨墙，东南建有寨门，故得名肖家寨前寨。该居民点位于花园村东北部，为丘陵山地地形，聚落呈块状分布，距村委会所在地1200米。东接八里河坝，西邻肖家后寨，南连务丰村，北靠山地。全塆主要以肖姓为主，均为汉族，共有37户，共153人。总面积0.1782平方千米，其中耕地面积0.1554平方千米，主要农作物为小麦、水稻，主要经济来源为外地务工。

谢家花园[Xiè jiā huā yuán] 隶属棠棣镇花园村村民委员会辖。清末民国初该塆为谢姓聚居地，修建有一座寺庙，庙内栽有桂花树，经过僧侣精心培养，树冠高大，香气浓郁，故而得名。该居民点位于花园村西北部，为丘陵山地地形，聚落呈块状分布，距村委会所在地400米。东接下份夏家塆，西邻游家堰，南连杨家店，北靠桃园村。全塆主要以谢姓为主，均为汉族，共有36户，共145人。总面积0.2131平方千米，其中耕地面积0.1863平方千米，主要农作物为小麦、水稻，主要经济来源为外地务工。

杨家店[Yáng jiā diàn] 隶属棠棣镇花园村村民委员会辖。明末清初杨姓人家开有杂货店，后又开有猪肉屠案，是当时的农贸中心，故而得名。该居民点位于花园村中部，为丘陵山地地形，聚落呈块状分布，为花园村委会所在地。东接肖家桥，西邻腰堤，南连肖家后寨，北靠谢家塆。全塆主要以杨姓为主，均为汉族，共有24户，共103人。总面积0.18157平方千米，其中耕地面积0.1554平方千米，主要农作物为小麦、水稻，主要经济来源为外地务工。

章家畈[Zhāng jiā fàn] 隶属棠棣镇花园村村民委员会辖。章姓聚居在畈地而得名。该居民点位于花园村西南部，为丘陵山地地形，聚落呈块状分布，距村委会所在地500米。东接肖家都堰，西邻吴家小塆，南连八里河坝，北靠章家壕沟。全塆主要以章姓为主，均为汉族，共有27户，共113人。总面积0.1776平方千米，其中耕地面积0.1575平方千米，主要农作物为小麦、水稻，主要经济来源为外地务工。

章家壕沟[Zhāng jiā háo gōu] 隶属棠棣镇花园村村民委员会辖。清朝末年为防匪患，章姓人在塆西挖了2口大塘，环塆挖2米深壕沟与水塘相通，设人行小桥与外界相通，故名章家壕沟。该居民点位于花园村西南部，为丘陵山地地形，聚落呈块状分布，距村委会所在地500米。东接腰堤，西邻侯家稻场，南连章家畈，北靠桃园村。全塆主要以章姓为主，均为汉族，共有21户，共86人。总面积0.1374平方千米，其中耕地面积0.1213平方千米，主要农作物为小麦、水稻，主要经济来源为外地务工。

中份夏家塆[Zhōng fèn xià jiā wān] 隶属棠棣镇花园村村民委员会辖。清朝康熙年间夏姓三兄弟分家，老大住老屋，称为上份夏家塆。老二到现在的居民点建房谋生，称为中份夏家塆。老三建房的地方，称为下份夏家塆。该居民点位于花园村北部，为丘陵山地地形，聚落呈块状分布，距村委会所在地1000米。东接下份夏家塆，西邻游家塆，南连游家塆，北靠桃园村。全塆主要以夏姓为主，均为汉族，共有15户，共71人。总面积0.1863平方千米，其中耕地面积0.1662平方千米，主要农作物为小麦、水稻，主要经济来源为外地务工。

十二、回龙村[Huílóng Cūn]

隶属于棠棣镇。相传古时候有一个放牛娃生得古怪，相貌狰狞丑陋，满头长疱，让人望而生畏，人们不把他放在眼里，连小孩也欺负他，但他都忍住了，不与其他人一般见识。长大后，有一次一个大贪官路过此地，见这个怪人在路上既不让路、也不理睬，贪官便令手下人打他。怪人口吐大水将这些坏蛋冲得不知去向。原来这个怪人就是一条蛟龙。天庭得知这一消息，认为蛟龙闹出了人命要将他收回天庭并降罪于他。蛟龙请求玉皇大帝开恩，准予他每年三月三回家看老娘亲。他的孝心感动天和地，得到玉帝爷的应允。蛟龙每年三月三菜花黄的季节都要回家乡看望老母。后来当地老百姓建了一座寺庙以示纪念，这个寺就叫回龙寺。

回龙村得名于这个传说故事。它位于棠棣镇东南部，处丘陵地带，村委会所在地张家塆，距棠棣镇政府所在地5000米。东接陈河村，西邻河德村，南连李园村，北靠张陈村。截至2015年5月，该村内共有6个自然塆：陈家塆、聂家塆、喻家塆、孙家塆、张家塆、棚子塆。全村均为汉族，共有188户，共887人。总面积2平方千米，其中耕地面积1.436平方千米，主要农作物为水稻、小麦。主导产业为水稻种植和水面养殖，回龙村是安陆市棠棣镇生态渔业建设示范村。

1949年10月回龙村属木梓区。1952年10月属第3区。1954年8月属巡店区。1956年3月属安陆县第三区公所。1956年4月属第四指导小组。1958年9月废第四指导小组设先锋人民公社，回龙村更名为回龙大队属先锋人民公社甘露乡管辖。同年底先锋人民公社更名为棠棣人民公社。1961年棠棣人民公社更名为棠棣区。1966年9月改为先锋区。1975年2月撤区并社，先锋区改为棠棣人民公社。1984年元月复置区(镇)、乡(镇)、村，回龙大队更名为回龙村，属棠棣区河德乡管辖。1987年10月安陆撤县建市撤区并乡，原棠棣镇、河德乡合并为棠棣镇，回龙村隶属于棠棣镇管辖。

陈家塆[Chén jiā wān]　隶属棠棣镇回龙村村民委员会辖。以居民姓氏命名。该居民点位于回龙村北部，为丘陵山地地形，聚落呈块状分布，距村委会所在地300米。东接汉十高速，西邻祝家塆，南连张家塆，北靠汉十高速。全塆主要以陈姓为主，均为汉族，共有45户，共216人。总面积0.201平方千米，其中耕地面积0.1675平方千米，主要农作物为小麦、水稻，主要经济来源为外地务工。

孙家塆[Sūn jiā wān]　隶属棠棣镇回龙村村民委员会辖。以居民姓氏命名。该居民点位于回龙村西部，为丘陵山地地形，聚落呈块状分布，距村委会所在地米200米。东接棚子塆，西邻河德村，南连聂家塆，北靠汉十公路。全塆主要以孙姓为主，均为汉族，共有5户，共23人。总面积0.0201平方千米，其中耕地面积0.01675平方千米，主要农作物为小麦、水稻，主要经济来源为外地务工。

喻家塆[Yù jiā wān]　隶属棠棣镇回龙村村民委员会辖。以居民姓氏命名。该居民点位于回龙村南部，为丘陵山地地形，聚落呈块状分布，距村委会所在地300米。东接汉十公路，西邻聂家塆，南连西干渠，北靠棚子塆。全塆主要以喻姓为主，均为汉族，共有25户，共70人。总面积0.201平方千米，其中耕地面积0.134平方千米，主要农作物为小麦、水稻，主要经济来源为外地务工。

张家塆[Zhāng jiā wān]　隶属棠棣镇回龙村村民委员会辖。以居民姓氏命名。该居民点位于回龙村中部，为丘陵山地地形，聚落呈块状分布，为村委会所在地。东接汉十公路，西邻棚子塆，南连聂家塆，北靠陈家塆。全塆主要以张姓为主，均为汉族，共有70户，共356人。总面积0.322平方千米，其中耕地面积0.2358平方千米，主要农作物为小麦、水稻，主要经济来源为外地务工。

聂家塆[Liè jiā wān]　隶属棠棣镇回龙村村民委员会辖。以居民姓氏命名。该居民点位于回龙村南部，为丘陵山地地形，聚落呈块状分布，距村委会所在地300米。东接张家塆，西邻河德村，南连西干渠，北靠棚子塆。全塆主要以聂姓为主，均为汉族，共有15户，共76人。总面积0.1675平方千米，其中耕地面积0.1407平方千米，主要农作物为小麦、水稻，主要经济来源为外地务工。

棚子塆[Péng zi wān]　隶属棠棣镇回龙村村民委员会辖。清朝末期，安陆至应城公路经过此地，此塆有张姓、陈姓、喻姓、聂姓、孙姓、冯姓，有人到公路边搭棚子做小生意，故而得名。该居民点位于回龙村西部，为丘陵山地地形，聚落呈条状分布，距村委会所在地200米。东接张家塆，西邻河德村，南连聂家塆，北靠汉十公路。全塆均为汉族，共有40户，共150人。总面积0.2211平方千米，其中耕地面积0.0201平方千米，主要农作物为小麦、水稻，主要经济来源为外地务工。

十三、蒋梅村[Jiǎngméi Cūn]

隶属于棠棣镇。蒋、梅为该村两大姓氏，得名蒋梅村。蒋梅村位于棠棣镇中南偏西部，村委会所在地梅家大塆棠松公路东部，距棠棣集镇1.5千米，距松林集镇1.5千米，处丘陵地带。东接方卢村，西邻木梓乡曾毛村，南连松林村，北靠方卢村。截至2015年5月，该村共有9个自然塆：蔡家塆、二份塆、岗上塆、梅家大塆、彭家桥、三份塆、头份塆、吴家小塆。全村均为汉族，共有295户，共1169人。总面积2.47平方千米，其中耕地面积2.278平方千米，主要农作物为水稻、小麦。

蒋梅村是安陆市棠棣镇生态渔业建设示范村。由11名养殖户发起，注册资金15万元，成立的蒋梅村“碧涛水产养殖专业合作社”，吸纳养殖户50余户120余人。水产养殖主要以螃蟹、龙虾、黄鳝、鳜鱼等名、特、优品种为主，全村特种养殖面积1600亩；产品远销武汉、洪湖和上海等地。蒋梅村生态渔业休闲山庄集餐饮、娱乐、休闲于一体，实现了经营、养殖两不误。

1949年10月蒋梅村属木梓区。1952年10月属第3区。1954年8月属巡店区。1956年3月属安陆县第三区公所。1956年4月属第四指导小组。1958年9月废第四指导小组设先锋人民公社，蒋梅村更名为蒋梅大队。同年底先锋人民公社更名为棠棣人民公社。1961年棠棣人民公社更名为棠棣区。1966年9月改为先锋区。1975年2月撤区并社，先锋区改为棠棣人民公社。1984年元月复置区(镇)、乡(镇)、村，蒋梅大队更名为蒋梅村，属棠棣区棠棣镇管辖。1987年10月安陆撤县建市、撤区并乡，原棠棣镇、河德乡合并为棠棣镇，蒋梅村隶属于棠棣镇管辖。

蔡家塆[Cài jiā wān]　隶属棠棣镇蒋梅村村民委员会辖。以居民姓氏命名。该居民点位于蒋梅村西部，为丘陵山地地形，聚落呈块状分布，距村委会所在地1500米。东接头份塆，西邻木梓乡曾毛村毛家大塆，南连二份塆，北靠彭家桥。居民以蒋、蔡姓居多，均为汉族，共有25户，共84人。总面积0.3417平方千米，其中耕地面积0.2064平方千米，主要农作物为小麦、水稻，主要经济来源为外地务工。

二份塆[Èr fèn wān]　隶属棠棣镇蒋梅村村民委员会辖。当地蒋姓分成若干份，此居民点属第二份。该居民点位于蒋梅村西南部，坐东北朝西南，为丘陵山地地形，聚落呈块状分布，距村委会所在地1500米。东接蔡家塆，西邻双塘水库主坝，南连三份塆，北靠彭家桥。居民以蒋姓居多，均为汉族，共有22户，共94人。总面积0.3886平方千米，其中耕地面积0.1541平方千米，主要农作物为小麦、水稻，主要经济来源为外地务工。

岗上塆[Gǎng shàng wān]　隶属棠棣镇蒋梅村村民委员会辖。因该居民点位于山冈之上而得名。又名张家岗。该居民点位于蒋梅村南部，坐南朝北、坐西朝东各一半，为丘陵山地地形，聚落呈块状分布，距村委会所在地1500米。东接棠松公路，西邻三份塆，南连艾家塆，北靠梅家大塆西头。居民以蒋、张姓居多，均为汉族，共有24户，共92人。总面积0.3015平方千米，其中耕地面积0.1407平方千米，主要农作物为小麦、水稻，主要经济来源为外地务工。

梅家大塆[Méi jiā dà wān]　隶属棠棣镇蒋梅村村民委员会辖。该地为梅姓聚居地且面积大人口多而得名。该居民点位于蒋梅村中部，距棠棣集镇1.5千米，房屋以南向为主，分为东西两头。棠松公路穿插而过，路东为7组，路西为6组。7组为村委会办公所在地。为丘陵山地地形，聚落呈块状分布。东接吴家小塆，西邻头份塆，南连岗上塆，北靠方卢村何家小塆、方家小塆。全塆以梅姓居多，均为汉族，共有101户，共361人。总面积0.4087平方千米，其中耕地面积0.2781平方千米，主要农作物为小麦、水稻，主要经济来源为外地务工。

彭家桥[Péng jiā qiáo]　隶属棠棣镇蒋梅村村民委员会辖。该地为彭姓聚居地，且距塆100米处河面有一座古桥，故名。该居民点位于蒋梅村西北部，坐西朝东，前后二层两塆，中间棠长公路由此经过，为丘陵山地地形，聚落呈块状分布，距村委会所在地1500米。东面隔河与何家大塆相望，西邻木梓乡曾毛村毛家大塆，南连头份塆，北面是河，河北是何家塆、卢家塆。全塆以彭姓为主，均为汉族，共有30户，共111人。总面积0.4556平方千米，其中耕地面积0.2687平方千米，主要农作物为小麦、水稻，主要经济来源为外地务工。

三份塆[Sān fèn wān]　隶属棠棣镇蒋梅村村民委员会辖。当地为蒋姓的第三大份而命名。该居民点位于蒋梅村东部，为丘陵山地地形，聚落呈块状分布，距村委会所在地500米。东接岗上塆，西邻双塘水库，南连艾家塆，北靠河流。全塆均为汉族，共有20户，共106人。总面积0.26平方千米，其中耕地面积0.1662平方千米，主要农作物为小麦、水稻，主要经济来源为外地务工。

头份塆[Tóu fèn wān]　隶属棠棣镇蒋梅村村民委员会辖。当地为蒋姓第一大份而得名。该居民点位于蒋梅村西南部，1972年前坐东朝西，1972年后全塆整体搬迁过岗，坐西朝东。为丘陵山地地形，聚落呈块状分布，距村委会所在地1500米。东接河流、方家剅口，西邻蔡家塆，南连三份塆，北靠彭家桥。居民以蒋姓居多，均为汉族。共有37户，共154人。总面积0.402平方千米，其中耕地面积0.27202平方千米，主要农作物为小麦、水稻，主要经济来源为外地务工。

吴家小塆[Wú jiā xiǎo wān]　隶属棠棣镇蒋梅村村民委员会辖。该地为吴姓聚居地且面积小人口少而得名。村落坐北朝南，棠松公路从该塆通过。为丘陵山地地形，位于蒋梅村东部，聚落呈块状分布，距村委会所在地1500米。东接吴家坝，西邻梅家大塆，南连务丰村、松林村高家塆，北靠河流、花园村。居民以吴姓居多，均为汉族，共有36户，共167人。总面积0.536平方千米，其中耕地面积0.402平方千米，主要农作物为小麦、水稻，主要经济来源为外地务工。

十四、金龙村[Jīnlóng Cūn]

隶属于棠棣镇。传说一条龙由北向南而行，降落于此地。清朝时，有金姓人听闻这个传说后到此地居住，认为沾龙气、居龙脉，可福泽子孙后代。民国初年又有周、徐两姓迁入。

金龙村位于棠棣镇东南部，为丘陵山地地形，村委会所在地烟应公路河德街，距棠棣镇政府5500米。该村东接河德村，西邻八里河坝，南连务丰村，北靠河德村。全村均为汉族，共有2个自然塆：叶家塆、金家龙，另有胡家塆、聂李家塆无人居住。共有135户，548人。总面积1.072平方千米，其中耕地面积0.6963平方千米，主要农作物为小麦、水稻，主要经济来源为外地务工。

1949年10月聂李村属木梓区。1952年10月属第3区。1954年8月属巡店区。1956年3月属安陆县第三区公所，聂李村与务丰村并入花园村。1956年4月花园村属第四指导小组。1958年9月废第四指导小组设先锋人民公社，花园村更名为花园大队隶属于先锋人民公社甘露乡管辖。同年底先锋人民公社更名为棠棣人民公社。1961年棠棣人民公社更名为棠棣区，聂李大队从花园大队析出。1966年9月棠棣区改为先锋区。1975年2月撤区并社，先锋区改为棠棣人民公社。1984年元月复置区(镇)、乡(镇)、村，聂李大队更名为金龙村，属棠棣区河德乡管辖。1987年10月安陆撤县建市撤区并乡，原棠棣镇、河德乡合并为棠棣镇，金龙村隶属于棠棣镇管辖。

叶家塆[Yè jiā wān]　隶属棠棣镇金龙村村民委员会辖。以居民姓氏命名。该居民点位于金龙村西北部，聚落呈条状分布，距村委会所在地1700米。东接烟应公路，西邻八里河坝，南连棠河路，北靠董榨村。全塆主要以叶姓为主，均为汉族，共有21户，共181人。总面积0.133平方千米，其中耕地面积0.122平方千米，主要农作物为小麦、水稻，主要经济来源为外地务工。

金家龙[Jīn jiā lóng]　隶属棠棣镇金龙村村民委员会辖。传说一条龙由北向南而行，降落于此地。清朝时金姓人闻传说到此地居住，认为沾龙气、居龙脉，可福泽子孙后代。民国初年周、徐两姓迁入，随安陆方言习惯将此地叫金家龙。该居民点位于金龙村南部，为丘陵山地地形，聚落呈条状分布，为村委会所在地。东北接河德村，西邻八里河坝，南连务丰村。全塆主要以金姓为主，均为汉族，共有 114 户，共 367 人。总面积 0. 0042 平方千米，其中耕地面积 0. 2 平方千米，主要农作物为小麦、水稻，主要经济来源为外地务工。

胡家塆[Hú jiā wān] 隶属于棠棣镇金龙村。清朝末年有胡姓人氏到此定居，其人生得瘦小，人们将其居住地称为胡家寿(瘦)子塆，也称胡家塆。后有雷、孙两姓居民迁入。现该自然塆于 2014 年实施国家增减挂钩土地平整项目而迁出。

聂李家塆[Niè lǐ jiā wān] 隶属于棠棣镇金龙村。当地为聂、李两姓命名。现该自然塆于 2014 年实施国家增减挂钩土地平整项目而迁出。

十五、金泉村[Jīnquán Cūn]

隶属于棠棣镇。该村金峰山上古有金泉寺，又名金泉禅寺。宋代王象之《舆地碑目·德安军碑记》载：在武则天延载元年(公元 694 年)就有金泉寺的记载。清代《安陆县志》《德安府志》记载，该寺修竹茂林、庭院幽深、磬声破天。寺内设有山舫、向日亭、梅圃、钟鼓塔、金泉古井、樱桃古渡数处景点。抗日战争期间该寺被日军烧毁。20 世纪 80 年代在遗址上建过太白公园。

金泉村位于棠棣镇东部，为丘陵山地地形，村委会所在地大路王家塆 35 号，林鑫食品有限公司隔壁，距棠棣镇政府所在地 7000 米。东接府河，西邻百花村，南连墩塘村，北靠河西部队。全村均为汉族，现有 14 个自然塆：大路王家塆、河边二组、架子山塆、李家岗、陆塆、冉家塔、上四塆、孙家塆、魏家凹、下四塆、小王家塆、王家祠堂塆、彭家独屋、冉家独屋，另有李家独屋、张家独屋已无人居住。共有 348 户，共 1142 人。总面积 1. 4271 平方千米，其中耕地面积 1. 1725 平方千米。主要农作物为小麦、水稻，主要经济来源为外地务工，主要驻区单位有安陆市林鑫食品有限公司、金泉村卫生室。村委会工作人员 4 人。

1949 年 10 月金泉村属木梓区。1952 年 10 月属第 3 区。1954 年 8 月属巡店区。1956 年 3 月属安陆县第三区公所。1956 年 4 月属第四指导小组。1958 年 9 月废第四指导小组设先锋人民公社，金泉村更名为金泉大队，属先锋人民公社甘露乡管辖。同年底先锋人民公社更名为棠棣人民公社。1961 年棠棣人民公社更名为棠棣区。1966 年 9 月改为先锋区。1975 年 2 月撤区并社，先锋区改为棠棣人民公社。1984 年元月复置区(镇)、乡(镇)、村，墩塘大队并入金泉大队，金泉大队更名为金泉村，属棠棣区河德乡管辖。1987 年 10 月安陆撤县建市撤区并乡，原棠棣镇、河德乡合并为棠棣镇，墩塘村从金泉村析出，金泉村隶属于棠棣镇管辖，沿用至今。

大路王家塆[Dà lù wáng jiā wān] 传说清朝时当地有一条长约 1 千米的大路，路较宽，路边居住的王姓家族人数多，故称大路王家塆，也叫大路塆。本塆人说他们的居住点不叫“大路王”，应该是“大陆塆”，村民只知道祖辈相传，为何叫“大陆塆”不知其所以原。附近河边王的村民说南边古代是乌江。从地貌看，这里往南，李园、墩塘、一直到云梦……都是古代的云梦泽，为何叫大陆塆有待考证。该塆隶属棠棣镇金泉村村民委员会辖。该居民点位于金泉村西北部，为丘陵山地地形，聚落呈条状分布，为村委会所在地。东接小陆塆，西邻冉家独屋，南连林鑫食品厂、村办公楼，北靠本村水渠。全塆主要以王姓为主，均为汉族，共有 40 户，共 158 人。总面积 0. 1005 平方千米，其中耕地面积 0. 0536 平方千米，主要农作物为小麦、水稻，主要经济来源为外地务工。

河边二组[Hé biān èr zǔ] 隶属棠棣镇金泉村村民委员会辖。清朝康熙年间王姓始祖在府河边定居，繁衍至新中国成立后共 9 户，人称河边塆。2000 年因修西干渠，整体迁移到西干渠西边。该居民点为丘陵山地地形，聚落呈条状分布，距村委会所在地 1000 米。东接府河，西邻王家祠堂，南连墩塘村，北靠蒿桥港。全塆主要以王姓为主，均为汉族，共有 25 户，共 56 人。总面积 0. 0335 平方千米，其中耕地面积 0. 0134 平方千米，主要农作物为小麦、水稻，主要经济来源为外地务工。

架子山塆[Jià zi shān wān] 隶属棠棣镇金泉村村民委员会辖。古代山顶放有一个铁架子，重达 1 吨左右，故名架子山。因无人看管，1980 年左右消失了。该居民点位于金泉村，为丘陵山地地形，聚落呈条状分布，距村委会所在地 1000 米。东接本村 1 组冉家塆、墩塘村，西邻百花村，南连三冲村，北靠本村 9 组魏家洼。居民以魏姓居多，均为汉族，共有 25 户，共 130 人。总面积 0. 1273 平方千米，其中耕地面积 0. 1072 平方千米，主要农作物为小麦、水稻，主要经济来源为外地务工。

李家岗[Lǐ jiā gǎng] 隶属棠棣镇金泉村村民委员会辖。以居民姓氏命名。该居民点位于金泉村北部，为丘陵山地地形，聚落呈条状分布，距村委会所在地 800 米。东接金泉禅寺，西邻本村大路王家塆，南连陆塆，北靠河西部队。全塆主要以李姓为主，均为汉族，共有 42 户，共 195 人。总面积 0. 1139 平方千米，其中耕地面积 0. 0804 平方千米，主要农作物为小麦、水稻，主要经济来源为外地务工。

陆塆[Lù wān] 隶属棠棣镇金泉村村民委员会辖。以居民姓氏命名。该居民点位于金泉村中部，为丘陵山地地形，聚落呈块状分布，距村委会所在地 300 米。东接下四塆，西邻大路王家塆，南连冉家塆，北靠河西部队。全塆主要以陆姓为主，均为汉族，共有 38 户，共 220 人。总面积 0. 1474 平方千米，其中耕地面积 0. 1139 平方千米，主要农作物为小麦、水稻，主要经济来源为外地务工。

冉家塔[Rǎn jiā tǎ] 隶属棠棣镇金泉村村民委员会辖。“冉家”指冉姓居民，“塔”指有着特定的形式和风格的中国传统建筑。该居民点位于金泉村西南部魏家凹西南 500 米，为丘陵山地地形，聚落呈块状分布，距村委会所在地 1000 米。东接魏家凹，西邻百花村，南连架子山塆，北靠百花村。全塆主要以冉姓为主，均为汉族，共有 22 户，共 130 人。总面积 0. 1072 平方千米，其中耕地面积 0. 0938 平方千米，主要农作物为小麦、水稻，主要经济来源为外地务工。

上四塆[Shàng sì wān] 隶属棠棣镇金泉村村民委员会辖。当地有 4 个小塆组成一个大塆，人称四塆。此居民点位于下四塆北边而得名。该居民点位于金泉村北部，为丘陵山地地形，聚落呈块状分布，距村委会所在地 800 米。东为富棣田纺织公司，西邻陆塆，南是冉家塆，北靠墩塘村。全塆主要以王姓为主，均为汉族，共有 14 户，共 59 人。总面积 0. 0335 平方千米，其中耕地面积 0. 0268 平方千米，主要农作物为小麦、水稻，主要经济来源为外地务工。

孙家塆[Sūn jiā wān] 隶属棠棣镇金泉村村民委员会辖。又名大屋塆。该居民点位于金泉村东部，为丘陵山地地形，聚落呈块状分布，距村委会所在地1000米。东接墩塘村，西邻下四塆，南连墩塘村，北靠上四塆。全塆主要以孙姓为主，均为汉族，共有9户，共45人。总面积0.0335平方千米，其中耕地面积0.02412平方千米，主要农作物为小麦、水稻，主要经济来源为外地务工。

魏家凹[Wèi jiā wā]　隶属棠棣镇金泉村村民委员会辖。清康熙年间魏姓始祖在此山凹定居，全塆住房围绕一口大塘而建，形成一个半包围的“凹”字，故而得名。该居民点位于金泉村西南部，为丘陵山地地形，聚落呈块状分布，距村委会所在地900米。东接下四塆，西邻百花村，南连墩塘村，北靠本村李家独屋。全塆主要以魏姓为主，均为汉族，共有45户，共250人。总面积0.1876平方千米，其中耕地面积0.1608平方千米，主要农作物为小麦、水稻，主要经济来源为外地务工。

下四塆[Xià sì wān]　隶属棠棣镇金泉村村民委员会辖。当地有4个小塆组成一个大塆，人称四塆。此居民点位于上四塆南边而得名。该居民点位于金泉村南部，为丘陵山地地形，聚落呈块状分布，距村委会所在地600米。东接孙家塆，西邻王家大塆，南连墩塘村，北靠上四塆。全塆主要以孙、李、冉姓为主，均为汉族，共有47户，共150人。总面积0.2755平方千米，其中耕地面积0.1273平方千米，主要农作物为小麦、水稻，主要经济来源为外地务工。

小王家塆[Xiǎo wáng jiā wān]　隶属棠棣镇金泉村村民委员会辖。该居民点以居民姓氏及村庄规模命名。位于金泉村东北部，为丘陵山地地形，聚落呈块状分布，距村委会所在地600米。东接河边塆，西邻本村陆塆，南连本村冉家塆，北靠金泉泵站渠道。全塆主要以王姓为主，均为汉族，共有47户，共120人。总面积0.0804平方千米，其中耕地面积0.0402平方千米，主要农作物为小麦、水稻，主要经济来源为外地务工。

王家祠堂[Wáng jiā cí táng]　隶属棠棣镇金泉村村民委员会辖。该居民点位于金泉村东北部，为丘陵山地地形，聚落呈块状分布，距村委会所在地600米。东接河边塆，西邻小陆塆，南连上四塆，北靠原李白纪念馆。全塆主要以王姓为主，均为汉族，共有30户，共100人。主要农作物为小麦、水稻，主要经济来源为外地务工。

彭家独屋[Péng jiā dú wū]　隶属棠棣镇金泉村村民委员会辖。清朝康熙年间彭姓始祖在此定居，繁衍至清末只有4户人家，人称彭家独屋。1979年张姓迁入。本居民点位于金泉村东北部，为丘陵山地地形，呈块状分布，距村委会所在地700米。东接大路塆，西邻张家独屋，南连冉家独屋，北靠百花村。全塆主要以彭姓为主，均为汉族，共有52人，10户，主要农作物为小麦、水稻，主要经济来源为外地务工。

冉家独屋[Rǎn jiā dú wū]　隶属棠棣镇金泉村村民委员会辖。清康熙年间冉姓始祖在此定居，人称冉家独屋。至清末只有3户冉姓人家、1户杨姓人家。本居民点位于金泉村西南部，为丘陵山地地形，呈块状分布，距村委会所在地300米。东接大路塆，西邻李家独屋，南连魏家凹，北靠彭家独屋。全塆主要以冉、杨姓为主，均为汉族，共有20人，4户。主要农作物为小麦、水稻，主要经济来源为外地务工。

李家独屋[Lǐ jiā dú wū]　隶属棠棣镇金泉村村民委员会辖。2015年9月修建城际高铁安陆西站而拆迁。

张家独屋[Zhāng jiā dú wū]　隶属棠棣镇金泉村村民委员会辖。2015年9月修建城际高铁安陆西站而拆迁。

十六、黎龙村[Lílóng Cūn]

隶属于棠棣镇。以辖区内居民点黎家垅命名。

黎龙村位于棠棣镇东北部，村委会所在地黎家大塆北 50 米处，距棠棣镇政府 7000 米。该村东接水寨村、蒿桥村，西邻十里村，南连百花村，北靠张岗村。截至 2015 年 5 月，辖区内共有 10 个自然塆：管事塆、蒿桥岗、黑龙凹、黎家大塆、黎家小塆、时家独塆、徐家大塆、徐家下塆、余家塆、蔡家塆。常住居民 243 户，共 1090 人。总面积 3 平方千米，其中耕地面积 0.59 平方千米，以种植水稻、小麦为主。党员 37 人，村干部 3 人。

1949 年 10 月黎龙村属木梓区。1952 年 10 月属第 3 区。1954 年 8 月属巡店区。1956 年 3 月属安陆县第三区公所。1956 年 4 月属第四指导小组。1958 年 9 月废第四指导小组设先锋人民公社，黎龙村更名为黎龙大队。同年底先锋人民公社更名为棠棣人民公社。1961 年棠棣人民公社更名为棠棣区。1966 年 9 月改为先锋区。1975 年 2 月撤区并社，先锋区改为棠棣人民公社。1984 年元月复置区(镇)、乡(镇)、村，黎龙大队更名为黎龙村，属棠棣区河德乡管辖。1987 年 10 月安陆撤县建市，棠棣镇和河德乡合并为棠棣镇，下辖棠棣管理区、河德管理区、百花管理区、松林管理区，黎垅村系百花管理区辖。

管事塆[Guǎn shì wān] 隶属棠棣镇黎龙村村民委员会辖。传说此塆从前有位绅士很有名气，爱管闲事，不论谁家发生什么矛盾，他都能摆平，伸张正义，深得众人敬佩，故而得名。该居民点位于黎龙村东北部，聚落呈块状分布，距村委会所在地 150 米。东接蒿桥山，西邻黎家大塆，南连百花村，北靠水寨村。居民以李、黄姓居多，均为汉族。全塆 29 户，共 129 人。总面积 0.164 平方千米，其中耕地面积 0.092 平方千米，主要农作物为水稻、小麦，主要经济来源以外地务工为主。

蒿桥岗[Hāo qiáo gǎng] 隶属棠棣镇黎龙村村民委员会辖。以地理位置命名。该居民点位于黎龙村东部，聚落呈块状分布，距村委会所在地 300 米。东接蒿桥村，西邻黎家大塆，南连蒿桥部队，北靠水寨村。居民以李姓居多，均为汉族，全塆 40 户，共 197 人。总面积 0.178 平方千米，其中耕地面积 0.086 平方千米，主要农作物为水稻、小麦，主要经济来源以外地务工为主。

黑龙凹[Hēi lóng wā] 隶属棠棣镇黎龙村村民委员会辖。该处地势较低，恰似一条黑龙嵌在山凹中，故名。该居民点位于黎龙村北部，聚落呈块状分布，距村委会所在地 60 米。东接水寨村，西邻黎家小塆，南连黎家大塆，北靠徐家大塆。居民以李姓居多，均为汉族。全塆 9 户，共 48 人。总面积 0.083 平方千米，其中耕地面积 0.035 平方千米，主要农作物为水稻、小麦，主要经济来源以外地务工为主。

黎家大塆[Lí jiā dà wān] 隶属棠棣镇黎龙村村民委员会辖。该地为黎姓聚居地且面积大人口多而得名，亦称黎家垅。该居民点位于黎龙村南部，聚落呈块状分布，为村委会所在地。东接蒿桥山，西邻禾丰公司，南连百花村，北靠黑龙凹。主要以黎姓为主，均为汉族，全塆 25 户，共 130 人。总面积 0.173 平方千米，其中耕地面积 0.09 平方千米，主要农作物为水稻、小麦，主要经济来源以外地务工为主。

黎家小塆[Lí jiā xiǎo wān]　隶属棠棣镇黎龙村村民委员会辖。该地为黎姓聚居地且面积小人口少而得名。该居民点位于黎龙村西部，聚落呈块状分布，距村委会所在地 100 米。东接黎家大塆，西邻蔡家塆，南连安京公路，北靠徐家塆。主要以黎姓为主，均为汉族，全塆 8 户，共 40 人。总面积 0. 08 平方千米，其中耕地面积 0. 028 平方千米，主要农作物为水稻、小麦，主要经济来源以外地务工为主。

时家独塆[Shí jiā dú wān]　隶属棠棣镇黎龙村村民委员会辖。该地为时姓聚居地且最初只有一户居民。该居民点位于黎龙村西南部，聚落呈块状分布，距村委会所在地 300 米。东接黎家大塆，西部、南部皆连百花村，北靠安京公路。主要以时姓为主，均为汉族，全塆 15 户，共 72 人。总面积 0. 13 平方千米，其中耕地面积 0. 05 平方千米，主要农作物为水稻、小麦，主要经济来源以外地务工为主。

徐家大塆[Xú jiā dà wān]　隶属棠棣镇黎龙村村民委员会辖。该地为徐姓聚居地且面积大人口多而得名。该居民点位于黎龙村北部，聚落呈块状分布，距村委会所在地 1000 米。东接水寨村，西邻十里村，南连徐家下塆，北靠十里村刘家塆。主要以徐姓为主，均为汉族，全塆 49 户，共 175 人。总面积 0. 227 平方千米，其中耕地面积 0. 149 平方千米，主要农作物为水稻、小麦，主要经济来源以外地务工为主。

徐家下塆[Xú jiā xià wān]　隶属棠棣镇黎龙村村民委员会辖。传说徐姓二兄弟，一个居住在北边现属十里村的徐家塆，一个居住在南边黎龙村的徐家塆，人们习惯称北为上、南为下，故称黎龙村的徐家塆为徐家下塆。该居民点位于黎龙村西北部，聚落呈块状分布，距村委会所在地 300 米。东接黑龙凹，西邻十里村，南连黎家小塆，北靠徐家大塆。主要以徐姓为主，均为汉族，全塆 29 户，共 125 人。总面积 0. 15 平方千米，其中耕地面积 0. 086 平方千米，主要农作物为水稻、小麦，主要经济来源以外地务工为主。

余家塆[Yú jiā wān]　隶属棠棣镇黎龙村村民委员会辖。以居民姓氏命名。该居民点位于黎龙村西部，聚落呈块状分布，距村委会所在地 1000 米。东接徐家下塆，西邻十里村，南连安京公路，北靠十里村。主要以余姓为主，均为汉族，全塆 10 户，共 45 人。总面积 0. 05 平方千米，其中耕地面积 0. 03 平方千米，主要农作物为水稻、小麦，主要经济来源以外地务工为主。

蔡家塆[Cài jiā wān]　隶属棠棣镇黎龙村村民委员会辖。以居民姓氏命名。该居民点位于黎龙村西部，聚落呈块状分布，距村委会所在地 2000 米。东接黎家小塆，西邻十里村，南连安京公路，北靠徐家塆。主要以蔡姓为主，均为汉族，全塆 29 户，共 129 人。总面积 0. 188 平方千米，其中耕地面积 0. 091 平方千米，主要农作物为水稻、小麦，主要经济来源以外地务工为主。

十七、李园社区[Lǐyuán Shèqū]

隶属于棠棣镇。此处属府河沉积平原，李姓始祖在此辟园种菜，故名。

李园社区位于府河西岸、棠棣镇东南部，居委会住地金(泉)李(园)公路上胡家塆处，距棠棣镇政府所在地 6000 米。东邻府河，西接河德村，南连巡店沙洲村、彭河村，北靠陈河村、回龙村。截至 2015 年 6 月，辖区内共有 4 个自然塆：董家塆、胡家独屋、居民新村、中心村。常住居民 520 户，共 2200 人。总面积2.53平方千米，其中耕地面积1.5平方千米，以种植水稻、小麦为主。该辖区内主要驻区单位有棠棣镇李园小学、安陆市长生树保健品有限公司等。有党员70名，居委会现有工作人员4人。2006年李园村党总支被中组部评为“全国先进基层党组织”，2008年被评选为“全国绿色小康村”，2013年摘得“孝感市首届最美乡村”桂冠，2014年被命名为湖北省“绿色示范乡村”。

1949年10月李园村属木梓区。1952年10月属第3区。1954年8月属巡店区。1956年3月属安陆县第三区公所。1956年4月属第四指导小组。1958年9月废第四指导小组设先锋人民公社，李园村更名为李园大队属先锋人民公社甘露乡管辖。同年底先锋人民公社更名为棠棣人民公社。1961年棠棣人民公社更名为棠棣区。1966年9月改为先锋区。1975年2月撤区并社，先锋区改为棠棣人民公社。1984年元月复置区（镇）、乡（镇）、村，李园大队更名为李园村，属棠棣区河德乡管辖。1987年10月安陆撤县建市撤区并乡，原棠棣镇、河德乡合并为棠棣镇，李园村隶属于棠棣镇管辖。2001年，将李园村更名为李园社区，隶属棠棣镇管辖。

董家塆[Dǒng jiā wān]　隶属棠棣镇李园社区居民委员会辖。以居民姓氏命名。该居民点位于李园社区东南部，聚落呈块状分布，距社区居委会所在地500米。东接府河，西邻胡家独屋，南连巡店镇沙洲村，北靠中心村。主要以董姓为主，均为汉族，全塆300人，98户。总面积0.15平方千米，其中耕地面积0.087平方千米，主要农作物为水稻、小麦，主要经济来源以外地务工为主。

胡家独屋[Hú jiā dú wū]　隶属棠棣镇李园社区居民委员会辖。以居民姓氏命名，亦称胡家塆。该居民点位于李园社区东部，聚落呈块状分布，为社区居委会所在地。东接董家塆，西邻中心村，南连董家塆，北靠金李公路。主要以胡姓为主，均为汉族，全塆120人，28户。总面积0.08平方千米，其中耕地面积0.037平方千米，主要农作物为水稻、小麦，主要经济来源以外地务工为主。

居民新村[Jū mín xīn cūn]　隶属棠棣镇李园社区居民委员会辖。当地为2008年新农村建设形成而命名。该居民点位于社区中心，聚落呈块状分布，距社区居委会所在地400米。东接曾家塆，西邻黎家塆、章家塆，南连董家塆、黄家塆，北靠李家塆。居民以李、胡、董、章、高、曾姓居多，均为汉族，全塆80人，18户。总面积0.15平方千米，其中耕地面积0.087平方千米，主要农作物为水稻、小麦，主要经济来源以外地务工为主。

中心村[Zhōng xīn cūn]　隶属棠棣镇李园社区居民委员会辖。为1997年新农村建设所形成而命名。该居民点位于本村中部，聚落呈块状分布，以村委会为中心，分布在金李公路两边。东接府河，西邻河德桥，南到董家塆，北到陈河村。均为汉族，全塆980人，196户。总面积2平方千米，其中耕地面积0.2平方千米，主要农作物为水稻、小麦，主要经济来源以外地务工为主。

十八、联合村[Liánhé Cūn]

隶属于棠棣镇。原名甘家祠堂，新中国成立后本村与新塆交界处有一联合水库，故名联合村。

联合村位于棠棣镇北部，村委会所在地安京公路联合村罗家塆，鹌鹑场南100米。距棠棣镇政府所在地4000米。东接胡棚村，西邻轭头村，南连新塆村，北靠烟店镇横路村。截至2015年5月，辖区内共有8个自然塆：祠堂塆、黄荆山、六份塆、王家塆、罗家塆、新街、郑家塆、郑家榨。本村居民198户828人，外来户360人。总面积3.4平方千米，其中耕地面积1.2平方千米，以种植水稻、小麦为主。

1949年10月这里属木梓区。1952年10月属第3区。1954年8月属巡店区。1956年3月属安陆县第三区公所。1956年4月属第四指导小组。1958年9月废第四指导小组设先锋人民公社，联合村更名为联合大队。同年底先锋人民公社更名为棠棣人民公社。1961年棠棣人民公社更名为棠棣区。1966年9月改为先锋区。1975年2月撤区并社，先锋区改为棠棣人民公社。1984年元月复置区（镇）、乡（镇）、村，联合大队更名为联合村，属棠棣区棠棣镇管辖。1987年10月安陆撤县建市撤区并乡，联合村属棠棣镇管辖。

祠堂塆[Cí táng wān]　隶属棠棣镇联合村村民委员会辖。甘氏在当地是个大家族，人口众多，清朝时修建了一个祠堂，人称甘家祠堂。现在简称祠堂塆。该居民点位于联合村南部，聚落呈块状分布，距村委会所在地1400米。东接六份塆，西部南部皆连新塆村，北靠联合水库。主要以甘姓为主，均为汉族，全塆200人，50户。总面积0.33平方千米，其中耕地面积0.27平方千米，主要农作物为水稻、玉米，主要经济来源以外地务工为主。

黄荆山[Huáng jīng shān]　隶属棠棣镇联合村村民委员会辖。当地有一座山，因山上长满黄荆树，故名黄荆山，居民点在此建房形成的聚落称为黄荆山。该居民点位于联合村北部，聚落呈条状分布，距村委会所在地100米。东接胡棚村，西邻烟店镇横路村，南连新塆村，北靠烟店镇横路村。主要以黄姓为主，均为汉族，全塆826人，共189户。总面积1.6平方千米，其中耕地面积1.2平方千米，主要农作物为水稻、玉米，主要经济来源以外地务工为主。

六份塆[Liù fèn wān]　隶属棠棣镇联合村村民委员会辖。当地甘氏家族第六份形成而命名，亦称六福塆。该居民点位于联合村东南部，呈块状分布，距村委会所在地1200米。东接胡棚村，西邻祠堂塆，南连董榨村，北靠安京公路。主要以甘姓为主，均为汉族，全塆120人，37户。总面积0.3平方千米，其中耕地面积0.2平方千米，主要农作物为水稻、玉米，主要经济来源以外地务工为主。

王家塆[Wáng jiā wān]　隶属棠棣镇联合村村民委员会辖。以居民姓氏命名。该居民点位于联合村东部，聚落呈块状分布，距村委会所在地1000米。东接胡棚村，西邻郑家塆，南连六份塆，北靠安京线。主要以王姓为主，均为汉族，全塆120人，35户。总面积0.25平方千米，其中耕地面积0.2平方千米，主要农作物为水稻、玉米，主要经济来源以外地务工为主。

罗家塆[Luó jiā wān]　隶属棠棣镇联合村村民委员会辖。以居民姓氏命名。该居民点位于联合村中部，聚落呈块状分布，距村委会所在地300米。东接小王家塆，西邻新街，南连郑家塆，北靠安京公路。主要以罗姓为主，均为汉族，全塆80人，16户。总面积0.1平方千米，其中耕地面积0.053平方千米，主要农作物为水稻、玉米，主要经济来源以外地务工为主。

新街[xīn jiē]　隶属棠棣镇联合村村民委员会辖。1956年修建联合水库，选址在土库塆。土库塆村民搬迁到山冈上形成了一条新的街道，得名新街。该居民点位于联合村西部，聚落呈块状分布，距村委会所在地

1000 米。东接黄荆山，西邻联合水库，南连郑家塆，北靠安京公路。居民以雷、甘、江、段、李姓居多，均为汉族，全塆 178 人，40 户。总面积 0.23 平方千米，其中耕地面积 0.13 平方千米，主要农作物为水稻、玉米，主要经济来源以外地务工为主

郑家塆[Zhèng jiā wān]　隶属棠棣镇联合村村民委员会辖。以居民姓氏命名。该居民点位于联合村北部，聚落呈块状分布，距村委会所在地 800 米。东接二级站渠道，西邻联合水库，南连甘家祠堂，北靠罗家塆。主要以郑姓为主，均为汉族，全塆 95 人，20 户。总面积 0.1 平方千米，其中耕地面积 0.063 平方千米，主要农作物为水稻、玉米，主要经济来源以外地务工为主。

郑家榨[Zhèng jiā zhà]　隶属棠棣镇联合村村民委员会辖。清朝末期郑姓由外地到此定居，得名郑家塆。后与他人联合办了一家榨油房，得名郑家榨。该居民点位于联合村中北部，聚落呈块状分布，距村委会所在地 500 米。东接胡棚村，西邻罗家塆，南连黄荆山，北靠安京公路。主要以郑姓为主，均为汉族，全塆 123 人，26 户。总面积 0.13 平方千米，其中耕地面积 0.1 平方千米，主要农作物为水稻、玉米，主要经济来源以外地务工为主。

十九、三冲村[Sānchōng Cūn]

隶属于棠棣镇，该村居民分布在三条大冲(黄家冲、李家冲、梨树冲)居住，故名三冲村。

三冲村位于棠棣镇东部，村委会所在地黄家大塆，距棠棣镇政府所在地 5000 米。该村东接张陈、金泉村，西邻董榨村，南连河德村，北靠胡棚村。辖区内共有 6 个自然塆：黄家大塆、李家大塆、聂家独塆、周家大塆、周家独塆、周家碾盘。常住居民 165 户，共 726 人。总面积 2.5 平方千米，其中耕地面积 0.8 平方千米，以种植水稻、小麦为主，村委会工作人员 3 人。

1949 年 10 月，大岗村属于木梓区管辖。1952 年 10 月属第三区。1954 年 8 月撤销木梓区，大岗村属巡店区管辖。1956 年 3 月属安陆县第三区公所。1956 年 4 月属第四指导小组。1958 年 9 月废第四指导小组设先锋人民公社，大岗村更名为大岗大队属先锋人民公社管辖。同年底先锋人民公社更名为棠棣人民公社。1961 年棠棣人民公社更名为棠棣区，大岗大队并入董榨大队。1964 年从董榨析出。1966 年 9 月棠棣区改为先锋区。1975 年 2 月，撤区并社，大岗大队隶属于棠棣人民公社管辖。1984 年 1 月大岗大队更名为黄堰村，不久更名为三冲村。1987 年 10 月，撤区并乡，原棠棣镇、河德乡合并为棠棣镇，三冲村隶属于棠棣镇管辖。

黄家大塆[Huáng jiā dà wān]　隶属棠棣镇三冲村村民委员会辖。明洪武年间黄姓始祖在此定居，开挖有一口大塘，故名黄家大塘。清初从北边搬来李姓人家，发展很快，该居民点李姓人口居多，但仍命名为黄家大塆。该居民点位于三冲村西南部，聚落呈块状分布，村委会所在地。东接李家塆，西邻董榨村，南连聂家塆，北靠周家独屋。主要以李、黄姓为主，均为汉族，全塆 136 人，31 户。总面积 0.3 平方千米，其中耕地面积 0.1 平方千米，主要农作物为水稻、小麦，主要经济来源以外地务工为主。现该村塆居民多数搬迁

到公路旁，老塆变为基本农田。

李家大塆[Lǐ jiā dà wān]　隶属棠棣镇三冲村村民委员会辖。以居民姓氏命名。该居民点位于三冲村东北部，聚落呈块状分布，距村委会所在地500米。东接双塘，西邻村委会，南连天桥，北靠周家独屋。主要以李姓为主，均为汉族，全塆142人，34户。总面积0.33平方千米，其中耕地面积0.17平方千米，主要农作物为水稻、小麦，主要经济来源以外地务工为主。

聂家独塆[Niè jiā dú wān]　隶属棠棣镇三冲村村民委员会辖。以居民姓氏和地理实体特征综合命名。该居民点位于三冲村南部，聚落呈块状分布。东接冉家山，西邻烟应公路，南连河德村凹字塆，北靠本村黄家大塆。主要以聂姓为主，均为汉族，全塆105人，23户。总面积0.2平方千米，其中耕地面积0.1平方千米，主要农作物为水稻、小麦，主要经济来源以外地务工为主。现该塆全部搬迁到烟应公路两边，原址为一苗木基地。

周家大塆[Zhōu jiā dà wān]　隶属棠棣镇三冲村村民委员会辖。此居民点旁边有一廖家山，故名山边塆。因居民点人口众多，均为周姓，故名周家大塆。后有张姓迁入。该居民点位于三冲村西北部，聚落呈条状分布，距村委会所在地500米。东接百花村天主堂，西邻汉十公路，南连本村李家塆，北靠胡棚村。主要以周姓为主，均为汉族，全塆110人，25户。总面积0.3平方千米，其中耕地面积0.18平方千米，主要农作物为水稻、小麦，主要经济来源以外地务工为主。

周家独塆[Zhōu jiā dú wān]　隶属棠棣镇三冲村村民委员会辖。民国时期周姓在此定居，种了几片梨树，当地人称为梨树塆。因户数少、人口少、房屋少，故称周家独塆。该居民点位于三冲村东北部，聚落呈块状分布，距村委会所在地500米。东接百花水库，西邻汉十公路，南连团山，北靠百花中学。主要以周姓为主，均为汉族，全塆107人，24户。总面积0.24平方千米，其中耕地面积0.072平方千米，主要农作物为水稻、小麦，主要经济来源以外地务工为主。

周家碾盘[Zhōu jiā niǎn pán]　隶属棠棣镇三冲村村民委员会辖。清朝时一周姓大户人家做了一座碾盘，供全塆居民给粮食去壳使用，故名。该居民点位于三冲村西北部，聚落呈块状分布，距村委会所在地600米。东接汉十公路、周家大塆，西邻烟应公路、董榨村，南连村委会，北靠胡棚村。主要以周姓为主，均为汉族，全塆126人，28户。总面积0.25平方千米，其中耕地面积0.17平方千米，主要农作物为水稻、小麦，主要经济来源以外地务工为主。

二十、十里村[Shílǐ Cūn]

隶属于棠棣镇。该村距城区约10千米路而得名。十里村位于棠棣镇东北部，村委会所在地二桥连结线北部，距棠棣镇政府所在地7千米。东接烟店镇水寨村、棠棣镇黎龙村，西邻烟店镇董桥村、黄荆山部队，南连棠棣镇百花村、胡棚村，北靠烟店镇董桥村、龚岗村、张岗村。截至2015年5月，辖区内共有8个自然塆：白家塆、何家塆、六组杨家塆、刘家塆、三组杨家塆、潘家塆、黎家塆、郑家塆。常住居民208户、

1037人。辖区内总面积1.96平方千米，其中耕地面积1.3平方千米，主要农作物有水稻、小麦。村内主要驻区单位有十里村卫生室、安陆市翔信米业有限公司等。有工作人员4名。

1949年10月十里村属木梓区。1952年10月属第3区。1954年8月属巡店区。1956年3月属安陆县第三区公所。1956年4月属第四指导小组。1958年9月废第四指导小组设先锋人民公社，十里村更名为十里大队。同年底先锋人民公社更名为棠棣人民公社。1961年棠棣人民公社更名为棠棣区。1966年9月改为先锋区。1975年2月撤区并社，先锋区改为棠棣人民公社，十里大队更名为潘杨大队。1984年元月复置区（镇）、乡（镇）、村，潘杨大队更名为十里村，属棠棣区河德乡管辖。1987年10月安陆撤县建市，十里村属棠棣镇管辖。

白家塆[Bái jiā wān]　隶属棠棣镇十里村村民委员会辖。相传明朝年间两白姓人家结伴在此居住，得名白家塆。该居民点位于棠棣镇十里村东部，聚落呈块状分布，距村委会所在地400米。东接黎龙村，西邻潘家塆，南连黎家塆，北靠刘家塆。主要以白姓为主，均为汉族。全塆130人，30户。总面积0.201平方千米，其中耕地面积0.1072平方千米，主要农作物为小麦、水稻，主要经济来源以外地务工为主。

何家塆[Hé jiā wān]　隶属棠棣镇十里村村民委员会辖。民国时期称为黎家塆，因黎姓绝后，再也没有黎姓人口，更名为何家塆。2004年修建安应公路，陈家塆居民全部搬迁到何家塆。该居民点位于棠棣镇十里村西南部，聚落呈块状分布，距村委会所在地1300米。东接杨家塆，西邻黄荆山部队，南连棠棣镇胡棚村，北靠烟店镇董桥村。主要以何姓为主，均为汉族。全塆45人，10户。总面积0.0804平方千米，其中耕地面积0.0362平方千米，主要农作物为小麦、水稻，主要经济来源以外地务工为主。

杨家塆（6组）[Yáng jiā wān（6 zǔ）]　隶属棠棣镇十里村村民委员会辖。清朝年间3户人家从陕西迁来此地，原名杨家巷子，北边2户人家，南边1户人家，塆中有一条路，西部群众到德安府从此路过而得名杨家巷子，新中国成立后更名为杨家塆。该居民点位于棠棣镇十里村西南部，聚落呈块状分布，距村委会所在地1000米。东接白家塆、杨家塆、何家塆，西邻烟店镇董桥村，南连黎家塆，北靠烟店镇龚岗村。居民以杨姓居多，均为汉族。全塆105人，25户。总面积0.201平方千米，其中耕地面积0.0918平方千米，主要农作物为小麦、水稻，主要经济来源以外地务工为主。

刘家塆[Liú jiā wān]　隶属棠棣镇十里村村民委员会辖。以居民姓氏命名。该居民点位于棠棣镇十里村东北部，聚落呈块状分布，距村委会所在地1200米。东接烟店镇张岗村、水寨村，西邻潘家塆，南连白家塆，北靠3组杨家塆。主要以刘姓为主，均为汉族。全塆80人，20户。总面积0.1608平方千米，其中耕地面积0.0804平方千米，主要农作物为小麦、水稻，主要经济来源以外地务工为主。

杨家塆（3组）[Yáng jiā wān（3 zǔ）]　隶属棠棣镇十里村村民委员会辖。相传明朝时潘、杨共4户人家迁入此地居住，繁衍生息，得名潘杨家塆。后分为潘家塆和杨家塆。该居民点位于棠棣镇十里村东北部，聚落呈块状分布，距村委会所在地1500米。东接烟店镇张岗村，西邻潘家塆，南连刘家塆，北靠烟店镇龚岗村、张岗村。主要以杨姓为主，均为汉族。全塆132人，31户。总面积0.2144平方千米，其中耕地面积0.1139平方千米，主要农作物为小麦、水稻，主要经济来源以外地务工为主。

黎家塆[Lí jiā wān]　隶属棠棣镇十里村村民委员会辖。相传清朝末年黎姓三户人家迁入此地，繁衍生息形成村落，得名黎家塆。该居民点位于棠棣镇十里村东部，聚落呈块状分布，距村委会所在地 1000 米。东接黎龙村，西邻杨家塆，南连棠棣镇百花村，北靠白家塆。主要以黎姓为主，均为汉族。全塆 175 人，42 户。总面积 0. 3551 平方千米，其中耕地面积 0. 2023 平方千米，主要农作物为小麦、水稻，主要经济来源以外地务工为主。

郑家塆[Zhèng jiā wān]　隶属棠棣镇十里村村民委员会辖。清乾隆年间一郑姓人家自蒿桥郑家塝迁入此地居民，繁衍生息形成村落，故名。该居民点位于棠棣镇十里村南部，聚落呈块状分布，距村委会所在地 1500 米。东接黎家塆，西邻杨家塆，南连棠棣镇百花村，北靠黎家塆、杨家塆。主要以郑姓为主，均为汉族。全塆 140 人，33 户。总面积 0. 3149 平方千米，其中耕地面积 0. 1822 平方千米，主要农作物为小麦、水稻，主要经济来源以外地务工为主。

潘家塆[Pān jiā wān]　隶属棠棣镇十里村村民委员会辖。相传明朝时潘、杨共 4 户人家迁入此地居住，繁衍生息，得名潘杨家塆。后分为潘家塆和杨家塆，潘家新塆就是潘家塆。该居民点位于棠棣镇十里村西北部，聚落呈块状分布，距村委会所在地 900 米。东接白家塆、杨家塆、何家塆，西邻烟店镇董桥村，南连黎家塆，北靠烟店镇龚岗村。主要以潘姓为主，均为汉族。全塆 230 人，52 户。总面积 0. 4355 平方千米，其中耕地面积 0. 2144 平方千米，主要农作物为小麦、水稻，主要经济来源以外地务工为主。

二十一、石河村[Shíhé Cūn]

隶属于棠棣镇。以流过辖区的河流名称命名。

石河村位于棠棣镇西部，村委会所在地徐家大塆后面，距棠棣镇政府所在地 1000 米。该村东接董塆村，西邻木梓乡群力村、曾毛村，南连棠棣集镇，北靠杨巷村。截至 2015 年 5 月，辖区内共有 7 个自然塆：河东塆、胡家大塆、刘家塆、史家上塆、史家中塆、史家下塆、徐家大塆。常住居民 163 户、687 人，辖区内总面积 2. 4 平方千米，其中耕地面积 0. 8 平方千米，主要农作物有水稻、小麦。有党员 25 人，工作人员 3 名。

1949 年 10 月石河村属木梓区管辖，1954 年 8 月撤木梓区，石河属王店区管辖。1958 年 9 月建立人民公社，石河村更名为石河大队属先锋人民公社管辖。年底先锋人民公社更名为棠棣区。1966 年 9 月棠棣区更名为先锋区。1975 年 2 月先锋区更名为棠棣公社，同时木梓人民公社从棠棣人民公社析出，石河大队属木梓人民公社管辖。1984 年 1 月复置区(镇)、乡(镇)、村，石河大队更名为石河村属棠棣区棠棣镇管辖。1987 年撤区并乡，石河村属于棠棣镇管辖至今。

河东塆[Hé dōng wān]　隶属棠棣镇石河村村民委员会辖。位于撮箕口河东边而得名。该居民点位于石河村西北部，棠棣集镇西 2 千米，聚落呈条状分布，距村委会所在地 1200 米。东邻双塘水库，西邻木梓乡群力村，南连木梓乡群力村，北靠杨巷村。所住居民以李、周姓居多，均为汉族。全塆 122 人，30 户。总面积 0. 4 平方千米，其中耕地面积 0. 2586 平方千米，主要农作物为小麦、水稻，主要经济来源以外地务工